elefante

elefante

Edição
Tadeu Breda
Luiza Brandino

Assistência de edição
Érika Nogueira Vieira

Preparação
Fábio Fujita

Revisão
Eduarda Rimi

Capa & projeto gráfico
Mateus Valadares

Diagramação
Daniela Miwa Taira

Assistência de arte
Yana Parente

Direção de arte
Bianca Oliveira

CAPITAL FÓSSIL

A ASCENSÃO DO MOTOR A VAPOR E AS RAÍZES DO AQUECIMENTO GLOBAL

TRADUÇÃO
HUMBERTO DO AMARAL

ANDREAS MALM

PARA LATIFA

1

NO CALOR DO PASSADO: RUMO A UMA HISTÓRIA DA ECONOMIA FÓSSIL

Nesses amplos saguões, a potência benigna do vapor conjura a seu redor uma miríade de criados solícitos, e a cada um deles atribui tarefas regradas, substituindo os dolorosos esforços musculares pelas energias de seu próprio braço gigantesco e pedindo em troca nada mais do que a atenção e a destreza necessárias para corrigir aquelas pequenas aberrações que, por vezes, ocorrem no processo de manufatura.

– Andrew Ure, *The Philosophy of Manufactures* [A filosofia das manufaturas] (1835)

As mudanças químicas que assim ocorrem fazem aumentar constantemente na atmosfera grandes quantidades de ácido carbônico [ou seja, dióxido de carbono] e de outros gases nocivos à vida animal. As formas como a natureza decompõe esses elementos ou os reconverte para o estado sólido não são suficientemente conhecidas.

– Charles Babbage, *On the Economy of Machinery and Manufactures* [Da economia do maquinário e das manufaturas] (1835)

Além disso, que benefícios os seus motores a vapor e o seu ferro fundido trouxeram para nós? Sem falar no gás natural, cujas explosões frequentes ameaçam um dia mandar a própria Babilônia pelos ares.

– Trabalhador anônimo, "Imprisonment for Debt" [Prisão por dívida], ***The Metropolitan*****, maio 1834**

O aquecimento global é o subproduto involuntário por excelência. No começo do século XIX, um fabricante de algodão de Lancashire que decidisse abandonar sua antiga roda-d'água e investisse em um motor a vapor, erguesse uma chaminé e encomendasse carvão de uma mina das redondezas muito provavelmente não consideraria a possibilidade de que seus atos pudessem guardar algum tipo de relação com a dimensão do gelo no Oceano Ártico, com a salinidade do solo no Delta do Nilo, com a altitude das Maldivas, com a frequência das secas no Chifre da África, com a diversidade de espécies anfíbias nas florestas tropicais da América Central, com a disponibilidade de água nos rios asiáticos ou até mesmo com os riscos de inundação do Tâmisa ou ao longo da costa da Inglaterra. Ainda assim, a literatura daquela época é pontuada por pressentimentos esporádicos. Um lampejo notável de apreensão quanto às consequências atmosféricas do uso de motores a vapor em fábricas pode ser encontrado no primeiro capítulo do clássico tratado de Charles Babbage, *On the Economy of Machinery and Manufactures* [Sobre a economia do maquinário e das manufaturas]. Babbage é considerado o pai do computador moderno; seu livro é tido como o primeiro a introduzir "a fábrica na dimensão da análise econômica".[1] A breve observação de Babbage antecede em cerca de três décadas as explicações de John Tyndall para o efeito estufa e em cerca de sessenta anos o primeiro cálculo, feito por Svante Arrhenius, para o aumento das temperaturas na superfície da Terra após a intensificação das emissões de dióxido de carbono (chamado de "ácido carbônico" também por Arrhenius).[2]

Mas as investigações com viés ambiental desse economista pioneiro foram imediatamente truncadas por uma absoluta falta de conhecimento sobre o tema. Babbage se aproximava de territórios inexplorados. E, em vez de enfrentá-los, seu livro prossegue como um longo encômio às maravilhas da máquina — acima de tudo, aos "freios que ela disponibiliza contra a desatenção, a ociosidade e a desonestidade dos agentes humanos".[3] Com essa formulação, Babbage articula o *leitmotif* do pensamento burguês que corresponde aos procedimentos operacionais daqueles manufatureiros que, ignorantes quanto a possíveis efeitos nocivos, lutavam contra as idiossincrasias importunas dos trabalhadores humanos justamente com a instalação crescente de máquinas movidas a motores a vapor cada vez mais potentes. Quem tinha mais razões para sentir medo eram os que estavam na outra ponta do maquinário.

Agora eles sabem o que fazem

Hoje a ciência desse subproduto está perfeitamente clara. E esse tem sido o caso, em linhas gerais, praticamente desde que o capitalismo se libertou daqueles adversários que de fato existiram: em 1990, o Painel Intergovernamental sobre Mudanças Climáticas (IPCC) apresentou seu primeiro relatório sobre o destino provável de um mundo em aquecimento. Os fatos e projeções serviram de base para a Convenção-Quadro das Nações Unidas sobre Mudança do Clima (UNFCCC), firmada na Cúpula da Terra no Rio de Janeiro, em 1992, e ratificada por todos os membros da ONU, que se comprometeram a "evitar interferências antropogênicas perigosas no sistema climático" com o *corte* de emissões de gases de efeito estufa — dentre os quais, sobretudo, o dióxido de carbono. Ainda assim, em 2012 as emissões globais de CO_2 foram 58% maiores do que em 1990.[4] Naquele momento, o IPCC preparava seu quinto relatório — a cada nova edição, uma certeza maior das implicações desastrosas da permanência dos "negócios de sempre" (*business as usual*) —, enquanto um dilúvio contínuo de alertas científicos desabava sobre a humanidade. Uma seleta aleatória de alguns dos principais jornais entre 2012 e 2014: em função das altas temperaturas, os furacões vêm se tornando nitidamente mais fortes em todas as bacias oceânicas; a população de borboletas da América do Norte embarcou em uma jornada arriscada rumo ao norte, na tentativa de fugir do calor crescente; ecossistemas árticos se aproximam rapidamente de todo um conjunto de pontos de inflexão; o limiar a partir do qual o manto de gelo da Groenlândia mergulhará em um derretimento irreversível — com o aumento do nível dos mares em seis metros — corresponde a um aquecimento de 1,6 °C, e não aos 3,1 °C que se supunha; o retraimento das geleiras em Tien Shan se encontra em aceleração, principalmente nas áreas onde elas são mais essenciais para a irrigação durante o verão, e alguns rios já estão reduzidos a pequenos córregos; a constatação do escurecimento, do ressecamento e do declínio da vegetação das florestas tropicais congolesas desde meados da década de 1980; as mudanças climáticas poderão erradicar o equivalente à totalidade das atuais safras de milho, soja, trigo e arroz em regiões determinantes de produção até o final do século XXI; a antiga meta de manter o aquecimento global abaixo de 2 °C — amplamente vista como obsoleta, dados os penosos impactos já sentidos com um acréscimo de mero 0,85 °C — tem saído rapidamente de nosso alcance; e a lista continua.[5] Todo mundo está a par disso. Não importa se as pessoas escolhem ignorar, abafar, negar ou se afligir com o conhecimento a respeito desse estado de coisas, tudo isso está no ar, mais carregado a cada ano que passa. E, ainda assim, os descendentes dos manufatureiros de Lancashire, cujo domínio agora abarca o globo inteiro, decidem diariamente investir em novos poços de petróleo, novas termelétricas, novos aeroportos, novas rodovias, novas instalações produtoras de gás natural liquefeito e novas máquinas que substituam trabalhadores humanos, de modo que as emissões não só continuam a crescer como se aceleram. Na década de 1990, o aumento anual das emissões de CO_2 era em média de 1%; a partir de 2000, essa cifra passou a 3,1% — o triplo da taxa de crescimento anterior, superando os piores cenários previstos pelo IPCC e demonstrando uma tendência que ainda não exibe sinais de reversão: quanto mais conhecimento há sobre as consequências, mais combustíveis fósseis são queimados.[6]

Como nos metemos nessa confusão?

A história sob um céu carregado

Nas primeiras páginas de seu aclamado *Political Ecology* [Ecologia política], Paul Robbins vai ao Parque Nacional de Yellowstone para examinar o que se esconde sob um verniz de preservação da vida selvagem. Para um olhar destreinado, os atributos icônicos da paisagem podem parecer perfeitamente naturais. Na verdade, são resultado de uma produção intensa. Os caçadores nativos que antigamente vagavam por aquelas terras foram removidos por decreto; os lobos foram primeiro extintos e então reintroduzidos. As autoridades administrativas alternaram entre o abate das populações de alces e a tolerância diante da explosão de seus números, entre a supressão de incêndios e a inação frente à sua disseminação pelos vales e as marcas que deixaram na biota. A cada passo, caminhando em meio a florestas e na beira de rios, avistando alguns animais, mas não outros, Robbins identifica os efeitos das lutas por poder que varreram o parque: entre o Estado e as populações nativas, entre caçadores e ambientalistas, entre hoteleiros e cientistas. Com as matérias-primas que estavam à mão, agentes políticos criaram a ecologia de Yellowstone e muitas vezes desencadearam consequências inesperadas.[7]

Alguém que viaje pelas fronteiras das mudanças climáticas de hoje — sem falar nas de amanhã — encontrará uma paisagem ainda mais completamente moldada por humanos poderosos. Condições climáticas, tipos de vegetação, biomas inteiros e até mesmo o próprio mar podem revelar efeitos adversos da queima de combustíveis fósseis. Mas onde Robbins é capaz de traçar um certo pertencimento da paisagem de Yellowstone a decisões específicas tomadas no passado — a ausência de nativos, dada sua remoção histórica —, o viajante das mudanças climáticas é, pela própria natureza das coisas, incapaz de enxergar linhas tão diretas. Uma ilhota submersa carrega todo o fardo de uma história a que faltam diferenciações. Nenhuma decisão isolada, nenhuma emissão de uma tonelada de gases de efeito estufa pode ser conectada a essa cena em particular: a queima de um barril de petróleo texano não pode ser apontada como causa de uma seca na região do Levante. Cada impacto das mudanças climáticas antropogênicas carrega consigo a marca de todos os atos humanos com forçante radioativa, de modo que são representantes infinitesimais de dois agregados em movimento — o resultado e a origem —, intimamente ligados, mas estranhamente desconectados um do outro. Ao contemplarmos ecossistemas transformados de modo abrupto, nosso olhar é forçado a se desviar para a sociedade humana a fim de compreender o que aconteceu — mas para onde devemos nos voltar? Apenas uma totalidade pode ser objeto de interesse. Chamaremos provisoriamente essa totalidade de "economia fóssil".

Visto de outro ângulo, o aquecimento global é um sol que lança impiedosamente uma nova luz sobre nossa história. Só agora começa a ficar claro o significado real da queima de carvão e da emissão de fumaça por chaminés na Manchester de 1842. Quando descobriram o aquecimento global, os cientistas da natureza repassaram aos historiadores uma descoberta que ainda precisava ser feita nos moldes de algo como uma escala abrangente: esses acontecimentos estavam lá havia dois séculos, imperceptíveis até o presente. Agora é o momento de esgaravatar todas as possibilidades, de exumar as implicações climáticas de incontáveis ações — não só porque a menor lufada de fumaça na Manchester de 1842 liberou uma quantidade de CO_2 que permaneceu na atmosfera desde então e desempenhou um papel microscópico na criação do clima atual, mas também, e mais importante, porque a economia fóssil se estabeleceu, se arraigou e se expandiu durante esse processo. É como se uma nova dimensão houvesse se revelado na história moderna de uma hora para outra. Basta pensar, sob essa luz, na construção das redes ferroviárias e do Canal de Suez, na introdução da eletricidade, na descoberta do petróleo no Oriente Médio, na ascensão dos subúrbios, no golpe da CIA contra Mohammad Mossadegh, na abertura da economia chinesa com Deng Xiaoping, na invasão estadunidense do Iraque... Como uma série de momentos na totalidade histórica da economia fóssil — com o aprofundamento de seus canais, com a introdução de volumes cada vez maiores de combustíveis fósseis na fogueira —, esses eventos se revestem retroativamente de nova significância e demandam um retorno, de olhos bem abertos, à história.

Seria essa uma história ambiental? A maioria das preocupações tradicionais da área — digamos, o desmatamento, a poluição do ar, a extinção de espécies pela caça ou pela pesca predatórias, por movimentos patógenos ligados ao comércio ou à invasão — sinaliza algum tipo de imediatidade histórica: a derrubada de uma floresta *é* o desmatamento. Em *The Chimney of the World: A History of Smoke Pollution in Victorian and Edwardian Manchester* [A chaminé do mundo: uma história da poluição do ar na Manchester vitoriana e eduardiana], Stephen Mosley aponta que "a fumaça podia ser facilmente percebida por quatro dos cinco sentidos: era possível vê-la, tocá-la, sentir seu cheiro e seu gosto".[8] Claramente engajado em uma história ambiental, Mosley escreve como o mundo natural em Manchester e seus arredores foi transformado com a disseminação explosiva de densas nuvens negras no século XIX. Mas a queima de carvão naquela cidade também tinha outras ramificações, que, por assim dizer, só viriam a se assentar sobre o ambiente muito mais tarde, depois de toda uma série de mediações biogeoquímicas e sociais. A escrita dessa história deveria ser uma tarefa central, mas, ainda assim, está fadada a manifestar uma qualidade estranha de distanciamento com relação às repercussões ambientais. Na medida em que estamos interessados na economia fóssil como instigadora das mudanças climáticas, suas dimensões ecológicas devem ser inseridas nos parênteses da posteridade de um modo que dificilmente se aplica a outros problemas da história ambiental: mesmo os resíduos nucleares, cuja precipitação radioativa é comparável ao aquecimento global em termos de duração, são imediatamente constituídos e gerenciados como tais. As mudanças climáticas antropogênicas — e isto faz parte de sua própria definição — têm suas raízes *do lado de fora* do domínio da temperatura e da precipitação, das tartarugas e dos ursos polares, e dentro de uma esfera de práxis humana que, em uma única palavra, poderia ser resumida como *trabalho*.

No cruzamento entre clima e história, a maioria do fluxo acadêmico tem se movido até agora na outra direção. A busca por causas meteorológicas para eventos passados experimenta hoje um renascimento espetacular: as flutuações climáticas, dizem, têm um dedo ou dois de participação em tudo, desde o colapso da civilização maia e as conquistas dos vikings até a caça às bruxas e a Revolução Francesa. Com a promessa de acontecimentos análogos para o futuro, essa empreitada se vale de dados sobre temperatura e precipitações para explicar crises, guerras, perseguições, sublevações e outras questões sociais — explicações cuja busca tem bastante valor em si mesma (ainda que com certas armadilhas bem conhecidas), mas que não são particularmente apropriadas para a construção de uma historiografia do aquecimento global. Trata-se aqui da busca não pelo clima na história, mas pela *história no clima*. Dados sobre a legislação fabril ou sobre políticas de livre-comércio devem oferecer subsídios para a pluviosidade e o gelo, e não o contrário; em um mundo em aquecimento, a causalidade corre, ao menos de início, da fábrica para a fumaça. É esse salto sobre fossos ontológicos que precisa ser reconstruído.

Nas últimas décadas, a teoria crítica avançou em direção ao espaço e se distanciou da dimensão do tempo, outrora tão privilegiada como veículo clássico para estrutura, causalidade, ruptura e possibilidade. Dentro do materialismo histórico, essa "virada espacial" levou à ascensão meteórica da geografia crítica, que hoje se equipara ou mesmo extrapola a consagrada disciplina de história em termos de inovação e influência: a estrela de David Harvey brilha mais forte do que a de qualquer historiador marxista. Neil Smith, outro especialista na área, louva a vitória do espaço sobre o tempo em *Uneven Development: Nature, Capital, and the Production of Space* [Desenvolvimento desigual: natureza, capital e a produção de espaço], em que cita, em sinal de aprovação, frases de efeito como "estamos na época da simultaneidade"; "talvez a época atual esteja acima de todas as outras épocas do espaço"; "hoje as profecias envolvem projeções geográficas, e não históricas" (seja lá o que isso signifique) — e até mesmo endossa a infame teoria de Francis Fukuyama sobre o "fim da história" ao declarar que "o tempo histórico parece de fato ter terminado".[9] O aquecimento global deveria fazer com que fantasias como essas fossem deixadas de lado.

Alguns andares abaixo da mesa em que estas palavras estão sendo escritas, pessoas vão trabalhar de carro, fazem visitas e viajam de carro, transportam suas compras e suas sacolas de supermercado para lá e para cá de carro, mas nenhum desses exemplos oferece sequer um vislumbre de simultaneidade. Para começo de conversa, os carros são movidos a energia fóssil, um legado da fotossíntese originado há centenas de milhões de anos. Os veículos não foram inventados agora; eles se disseminaram no século XX. A opção por utilizá-los como meio de transporte, em detrimento de bondes, ônibus ou bicicletas, é condicionada por uma vasta infraestrutura de terminais petrolíferos, refinarias de petróleo, fábricas de asfalto, redes rodoviárias, postos de gasolina — sem falar na indústria cinematográfica, nos grupos lobistas, nos anúncios —, que não caíram do céu neste exato momento, mas que foram construídos *ao longo do tempo* e acabaram por acumular um peso e uma inércia tais que outras formas de transporte acabaram excluídas, ou pelo menos impossibilitadas de se tornar predominantes. Esse processo é chamado por alguns estudiosos de "lock-in do carbono": uma consolidação de tecnologias baseadas em combustíveis fósseis que evita alternativas e obstrui políticas de mitigação das mudanças climáticas — um fruto envenenado da história.[10] Ademais, há razões para suspeitar que as ondas de calor e as secas que assolam parte do país e levam residentes a dirigir para fora das cidades em busca de alívio tenham alguma relação com as mudanças climáticas — sinais do porvir, um estado climático em construção —, e, caso essa suspeita esteja ao menos parcialmente correta, nem mesmo as condições meteorológicas pertencem de todo ao presente. São produto de emissões passadas. Enquanto isso, as emissões produzidas por carros indo e vindo produzirão seus maiores impactos sobre gerações ainda nem nascidas: uma chuva de mísseis invisíveis visando o futuro.

Independentemente de como olhamos para nosso clima em mutação, nos vemos nas garras do fluir do *tempo*. A transferência do carbono de reservas geológicas para o fogo e daí para a atmosfera, para dentro de um ciclo de carbono já em andamento e no qual esse carbono esteve isolado por eras e eras, põe esse processo em movimento. Mas os efeitos sempre demoram a chegar. Leva tempo para que certa porção de emissões de CO_2 se concretize como uma quantidade correspondente de calor e até que esse aquecimento cobre seu preço integral dos ecossistemas. Para cada emissão acrescentada aos volumes anteriores, há um aumento da concentração atmosférica do gás, e seus efeitos se acumulam ainda mais em observância ao "princípio fundamental da ciência climática: emissões são cumulativas".[11] Não fosse pelos bilhões de toneladas de CO_2 já presentes na atmosfera, a liberação de uma tonelada desse gás não seria tão perigosa; é o acúmulo total que eleva as temperaturas, e quanto maiores as emissões, menores as perspectivas de limitação para o aumento em curso. Se a humanidade quiser evitar certo limiar de aumento de temperatura — digamos, 2 °C —, as emissões deverão ser limitadas a uma quantidade determinada — aproximadamente um trilhão de toneladas —, e a cada ano em que as emissões continuam (sem falar nos anos em que *aumentam*), mais se esbanja esse orçamento.[12] Se uma tonelada for emitida neste instante, um quarto dela permanecerá na atmosfera por centenas de milhares de anos.[13] Caso esperássemos mais algum tempo e só então derrubássemos a economia fóssil com um único golpe, ela ainda lançaria uma longa sombra no futuro: mesmo com as emissões reduzidas a zero, os mares ainda poderiam continuar a subir por muitas centenas de anos, com uma expansão lenta das águas conforme o calor fosse alcançando profundidades cada vez maiores nos oceanos. Um oceano em expansão e em aquecimento poderia então desequilibrar as camadas de gelo, derreter solos de permafrost, desestabilizar hidratos de metano ou desencadear outros mecanismos de retroalimentação séculos depois de um cessar total de emissões — isto é, a partir da ultrapassagem de certo limite histórico —, o que estaria em sintonia com "a longa memória do sistema climático".[14] Assim, as mudanças climáticas são, em seu âmago, um emaranhado confuso de escalas temporais. As variáveis fundamentais do processo — a natureza dos combustíveis fósseis, as economias neles baseadas, as sociedades neles viciadas, as consequências de sua combustão — operam ao longo de intervalos temporais que aparentemente não se relacionam, mas que se refratam, todos eles, no presente elusivo e em movimento de um mundo em aquecimento; em um sentido mais elevado do termo, toda *conjuntura* combina agora relíquias e flechas, ciclos e adiamentos que abarcam desde as maiores profundezas do passado até o futuro mais distante por meio de um "agora" que não é contemporâneo de si mesmo.[15] Nossa época é, quando muito, uma época de diacronicidade.

Em *A Perfect Moral Storm: The Ethical Tragedy of Climate Change* [Uma tempestade moral perfeita: a tragédia ética das mudanças climáticas], Stephen M. Gardiner, talvez o filósofo que mais contribuiu para destacar essa questão, escreve que "o aspecto temporal é particularmente marcante", e esse aspecto nos coloca em uma encruzilhada. Dado que o aquecimento global é "gravemente concentrado" (cada momento experiencia uma temperatura mais alta remetida direto do passado) e "substancialmente postergado" (os efeitos cumulativos das emissões atuais projetados para o futuro), o que vem à tona é uma estrutura ética distorcida. Uma pessoa que prejudique as outras com a queima de combustíveis fósseis não poderá nem potencialmente se encontrar com suas vítimas, que ainda nem sequer existem. Ao viver no aqui e no agora, esse indivíduo colherá todos os benefícios da combustão com apenas alguns dos danos dela decorrentes, que serão sentidos por sujeitos que ainda não estão aqui e não podem dar voz à sua oposição. Assim, raciocina Gardiner, cada geração se vê diante de um incentivo perverso a "passar a bola" para a seguinte, que também extrairá benefícios de sua própria queima de combustíveis fósseis enquanto evita as penúrias a ela relacionadas, e assim por diante, em um círculo vicioso de imposição de males.[16]

Rob Nixon chamaria esse processo de "violência lenta". Em *Slow Violence and the Environmentalism of the Poor* [Violência lenta e o ambientalismo dos pobres], Nixon se bate com um problema intimamente relacionado ao de Gardiner, ainda que do ponto de vista da teoria literária. "A violência, em geral, é concebida como um evento ou uma ação imediata no tempo, explosiva e espetacular no espaço e que entra em erupção com uma visibilidade sensorial instantânea", escreve o autor. Mas há também um tipo diferente de violência: não veloz, mas em câmara lenta; não instantânea, mas incremental; não corpo a corpo, mas que se desenrola ao longo de amplos intervalos de tempo *e que tem o ecossistema como meio*, sendo, portanto, bem mais difícil de capturar no interior de um livro ou nas telas de um computador do que disparos de um atirador de elite. Quando uma empresa descarta substâncias químicas tóxicas em um país pobre, a violência só é sentida gradualmente, "desvinculada, por obra do tempo, de suas causas originais", nunca contemporânea ao ato em si; Nixon situa a queima de combustíveis fósseis na mesma categoria.[17] E então pergunta: como a violência lenta poderia ser representada em narrativas que prendam nossa atenção? Quais são seus equivalentes nos romances policiais, nos épicos de guerra, nos filmes de ação? Sintomaticamente, Nixon encontra e lê contos e ensaios sobre a violência lenta no desastre de Bopal, na exploração de petróleo no Golfo Árabe e no Delta do Níger, nas megabarragens da Índia, nos parques naturais da África do Sul e no urânio empobrecido no Iraque, *mas não localiza nenhum que trate das mudanças climáticas como tal*. Aqui, a capacidade de imaginar a violência parece ter chegado ao limite.

Há, entretanto, muito mais nessas temporalidades do que apenas dilemas éticos e de representação. Quanto mais os "negócios de sempre" continuarem, mais difícil será nos libertarmos deles. Cada rodada de novos oleodutos, navios-tanque e plataformas de extração em águas profundas sobrecarrega as décadas seguintes com uma massa ainda mais pesada de infraestrutura que nos aprisiona ao carvão, aprofundando os sulcos da dependência de trajetória (*path dependency*). Cada geração no comando do aumento das emissões contribui mais do que a geração anterior para o acúmulo de CO_2 na atmosfera.[18] A cada ano em que o planeta continuar a aquecer, e as temperaturas, a disparar a patamares ainda mais elevados, as condições da vida na Terra serão ainda mais determinadas pelas emissões passadas, de modo que a força exercida pelo punho dos tempos idos sobre a atualidade se intensifica — ou, em outras palavras, *o poder causal do passado invariavelmente aumenta* até chegar ao ponto em que já será, de fato, "tarde demais". O significado desse terrível destino, que costuma ser apontado no discurso das mudanças climáticas, é *o desmoronamento final da história para dentro do presente.*

Em geral, a história não funciona dessa forma. É esperado que os ecos da travessia do Rubicão feita por César, da queda da dinastia Ming, da formação do califado de Sokoto ou da queda da Bastilha desapareçam conforme o tempo avança — não há mecanismos internos capazes de amplificá-los. Mas, em tempos de aquecimento global, as leis de bronze da economia e da geofísica empurram o passado pelas costas, por assim dizer. "A tradição de todas as gerações passadas é como um pesadelo que comprime o cérebro dos vivos", afirma Karl Marx de modo bastante célebre em *O 18 de brumário de Luís Bonaparte*: em um mundo em aquecimento, essa compressão é cada vez mais intensa tanto no corpo dos vivos quanto em seus arredores, em uma consolidação implacável da tirania do passado.[19] Esse processo, sem dúvida, será muito mais do que uma progressão gradual. Eventos climáticos extremos convertem os desgastes da violência lenta em um espetáculo fotogênico: pense nas inundações do Paquistão ou nos incêndios incontroláveis do Colorado, nos Estados Unidos. Os desastres súbitos das mudanças climáticas abruptas — a ultrapassagem fatal de pontos críticos (*tipping points*) no sistema terrestre — marcariam a irrupção repentina da história acumulada da economia fóssil no palco do presente. De fato, isso já vem acontecendo, conforme eventos climáticos fora de estação começam a ser a nova regra: quando vaga pelas ruas de Nova York no meio de novembro sem ainda ter tido oportunidade de usar um casaco, Julius, o protagonista do romance *Cidade aberta*, de Teju Cole, não pode deixar de suspeitar, com um "incômodo repentino", que isso se deve a um efeito do aquecimento global.[20] Diferentemente de equívocos populares na mídia (e do próprio ceticismo de Julius), hoje é perfeitamente possível atribuir uma onda de calor específica ou outra anomalia do clima ao aumento subjacente das temperaturas médias, na ausência das quais esse tipo de evento teria sido absolutamente improvável.[21] As marcações da temperatura em um termômetro podem ser legitimamente consideradas um barômetro para a invasão continuada do passado no presente.

De tudo isso decorre uma temporalidade bastante peculiar da política das mudanças climáticas. Poucos temas, se é que há algum outro, têm uma urgência tão amplificada incorporada a eles por pura força das leis da física: o ponto do *tarde demais* se aproxima a cada dia, e, quanto mais perto fica, mais imediatos e irrestritos deverão ser os cortes de emissões. A tradição das gerações passadas está nos calcanhares dos vivos e lhes deixa duas escolhas: forçar um caminho para fora dos "negócios de sempre" — e quanto mais apertado o passo, mais extremas terão de ser as medidas — ou sucumbir diante de um destino acumulado e insuportável. No momento em que este livro é escrito [2015], ambos os cenários permanecem possíveis. A famosa "janela de oportunidade" para a abolição da economia fóssil e para a estabilização do clima dentro de limites toleráveis — ou mesmo o retorno a condições mais seguras — ainda está aí; se as emissões fossem reduzidas a zero, o aumento das temperaturas logo se estreitaria.[22] Uma empreitada como essa teria de pôr em cena uma investida de ampla escala contra os pesadelos estruturais que nos foram legados pelo passado. Seria uma revolução contra a história, um êxodo, uma fuga de última hora — e precisaríamos saber contra o que estaríamos lutando.

Nada do que dissemos tem como objetivo negar que o espaço é uma dimensão crucial ou que os geógrafos tenham enriquecido a teoria crítica com uma abundância de novas ideias; abordaremos a questão do espaço e nos valeremos dessas ideias de maneira bastante extensiva ao longo deste livro. Mas este é um momento particularmente ruim para decretar a morte do tempo.[23] Os espaços da mudança climática só são relevantes na medida em que se envolvem na inteireza do processo: as *mudanças*, o *aquecimento*. E essa tempestade é eminentemente temporal.

O que queremos dizer com "economia fóssil"? Uma definição simples seria: uma economia de crescimento autossustentável baseada no consumo cada vez maior de combustíveis fósseis e que, assim, gera um aumento contínuo de emissões de dióxido de carbono. Sinônimo aproximado dos "negócios de sempre" no léxico da política do clima, essa economia, afirmamos, é o principal motor do aquecimento global. Seu advento se dá na Revolução Industrial, cujo grande feito histórico foi inaugurar uma era de "crescimento autossustentável", no sentido de um processo de crescimento que não fosse episódico, evanescente ou que pudesse ser rompido após uma breve florescência, mas que se mostrasse persistente e incessante — uma progressão secular impelida por suas próprias forças internas.[24] Em termos biofísicos ou termodinâmicos, é claro que nenhum crescimento pode se alimentar de si mesmo: uma das lições fundamentais da economia ecológica é a de que o crescimento sempre depende da extração e da dissipação dos recursos naturais. Mas, graças a mecanismos que serão especificados mais adiante, o fogo do crescimento moderno reproduz um gás econômico que necessariamente queima na forma de mais crescimento — o resultado do processo o incita a ir mais adiante, o ciclo reforçado e recomeçado em uma escala ainda maior —, e é nesse sentido, e apenas nele, que se pode falar em autossustentabilidade. A economia fóssil veio à luz quando aquele fogo começou a ser alimentado pelo combustível material da energia fóssil.

Agora enxergamos imediatamente que, sob essa definição, a economia fóssil não pode explicar toda a influência humana sobre o clima. A queima de combustíveis fósseis é só uma das causas do aquecimento global, assim como o Sol é apenas um dos corpos no sistema solar, e o presidente dos Estados Unidos, somente parte de uma equipe mais ampla: as outras, comparativamente irrelevantes, gravitam ao redor dela. A "mudança no uso do solo" — leia-se: o desmatamento — responde por um quarto de todas as emissões de CO_2 desde 1870, mas sua participação vem diminuindo ao longo dos séculos, e agora corresponde a cerca de 8% das emissões atuais; todo o restante se deve praticamente aos combustíveis fósseis.[25] E ainda temos os outros gases de efeito estufa —

metano, dióxido de nitrogênio, ozônio, hexafluoreto de enxofre etc. —, cujas histórias sociais precisariam ser contadas para que um panorama completo pudesse vir à tona. Pode-se dizer com segurança, porém, que a queima de combustíveis fósseis é o núcleo duro do problema, quantitativamente dominante e qualitativamente determinante. Ela merece atenção especial.

Se as emissões de dióxido de carbono deixassem de aumentar e permanecessem constantes, as concentrações atmosféricas ainda continuariam a subir: no fim das contas, o que de fato importa para o clima são os volumes absolutos de CO_2. Então, por que incluir o *aumento* deles na definição de economia fóssil? Porque é essa união entre expansão econômica e consumo de energia fóssil que tem elevado as emissões até os níveis absolutamente insustentáveis — e que ainda seguem em crescimento — de hoje: esse é o processo efetivamente existente, o amálgama que nos trouxe a este ponto mais quente. Três grandes desvios da regra são possíveis. Uma economia que cresça enquanto suas emissões se estabilizam, mesmo que em níveis mais altos, pode ser classificada como uma economia fóssil *desvinculada*; ela ainda pode ser esmagadoramente baseada em combustíveis fósseis, mas apenas um dos dois elementos continua em movimento. Uma economia sem tendências em nenhum dos dois aspectos pode ser chamada de uma economia fóssil *em estado estacionário*, ao passo que, com a redução deliberada das emissões — devido a um colapso espontâneo, a políticas públicas orquestradas de forma deliberada ou a algum outro fator —, tem-se uma economia fóssil *em declínio*. Na medida em que é possível dizer que chegaram a existir, essas variantes têm sido exceções que comprovam a regra ou aberrações nos "negócios de sempre" (aparências de desvinculação desmentidas por maiores emissões incorporadas em importações; situações de estado estacionário como atributos transitórios de uma crise, como em 2009; declínios, sobretudo no Leste Europeu nos anos 1990, seguidos de rebotes).[26] Nenhuma dessas manifestações enfraquece a definição para nosso objeto de investigação histórica.

A economia fóssil tem um caráter de totalidade, de uma entidade distinguível: uma estrutura socioecológica na qual certo processo econômico e certa forma de energia foram fundidos. Ela demonstra algum grau de identidade ao longo do tempo; contrariamente aos axiomas do individualismo metodológico, é nos fluidos dela que o indivíduo embriônico se encontra em suspensão. Uma pessoa nascida hoje na Inglaterra ou na China adentra uma economia fóssil preexistente, que há muito admitiu uma existência própria e que confronta o recém-nascido ao se apresentar como fato objetivo. Essa economia possui poderes causais concretos — mais notavelmente o poder de alterar as condições climáticas do planeta Terra, mas isso apenas como função de sua capacidade de direcionar a conduta humana. O administrador de uma fábrica será pressionado a obter energia pela conexão à corrente elétrica proveniente da usina termelétrica mais próxima, em vez de construir sua própria roda-d'água. O proprietário de uma empresa despachará suas mercadorias para o mercado mundial em navios cargueiros, e não em veleiros. Uma operadora de caixa pode ter poucas opções além de se deslocar até o supermercado de carro — ela, sem dúvida, não irá a cavalo — e, se quiser sair de férias, encontrará uma publicidade intensa em que aviões aparecem como opção de transporte. Aliás, nenhuma dessas ações emissoras de gases de efeito estufa seria possível sem a integração a uma economia fóssil: sozinho em uma ilha ou vivendo em um país intocado por essa economia, um indivíduo não seria capaz de levar a cabo nenhuma delas. Desse modo, a economia fóssil é uma substância inteiramente *histórica*. Em um reino longínquo, há muitos e muitos anos, ela deve ter passado por seu próprio nascimento. Os poderes causais que ela exerce hoje são características emergentes: nem sempre estiveram lá. Alguns agentes devem tê-la criado por meio de eventos que se cristalizaram em um momento de construção, assim como, uma vez erguida, a estrutura de um prédio passa à condição de um atributo duradouro do mundo; arraigada no ambiente, ela condiciona os movimentos das pessoas em seu interior. Com o tempo, passa a aparentar ser indistinguível da própria vida: os "negócios de sempre". Mas a economia fóssil foi, em algum momento, construída e, desde então, reproduzida e ampliada, e tudo o que é construído ao longo do tempo pode ser potencialmente derrubado (ou deixado para trás).[27]

Então, como foi que tudo começou? Até onde nos levaria uma busca pelo momento da construção? Ainda que muitos países pudessem reivindicar ser o berço da modernidade, do capitalismo, do Iluminismo ou da democracia liberal, a economia fóssil tem uma única terra natal incontestável: a Grã-Bretanha respondia por 80% das emissões globais de CO_2 provenientes da queima de combustíveis fósseis em 1825, e por 62% em 1850.[28] Há uma margem de erro nessas cifras, mas elas nos dão uma ideia de proporção e de tendências que sugere que a Grã-Bretanha perdeu parte de sua proeminência conforme o consumo de combustíveis fósseis se disseminou para outros países, mas continuou a gerar *mais da metade* das emissões mundiais por boa parte do século XIX. As origens de nossos apuros devem ser localizadas em solo inglês.

Como consequência, tem havido um pequeno afluxo de interessados em revisitar a Revolução Industrial inglesa em busca de pistas de como tudo isso aconteceu e, não menos importante, do que pode ser feito agora. Naquela época, houve uma transição energética — definida mais diretamente como "a mudança de um sistema econômico dependente de uma fonte de energia e tecnologia, ou de uma série delas, para outro". Estamos agora a caminho de uma nova transição, e assim essa linha de raciocínio continua; precisamos aprender com o passado sobre como proceder, no presente, da melhor maneira possível.[29] Se pensarmos na economia fóssil não como um edifício estático mas como um trem que, em algum momento do passado, foi colocado em trilhos perigosos, precisamos de conhecimentos sobre o mecanismo de alteração de curso capaz de nos realocar num trajeto mais seguro. A Revolução Industrial inglesa se revestiria aqui do status de um arquivo ímpar de lições. O que elas nos dizem? "Primeiro, a transição foi lenta. Segundo, foi guiada pelos preços. Terceiro, exigiu novas tecnologias." Acrescente-se a tudo isso iguais medidas de capital humano, descoberta científica, cooperação e um egoísmo estreito, e, como conclui o historiador Robert Allen, uma futura transição para formas sustentáveis de energia também compartilhará dessas características. E, mais importante, "as pessoas respondem a incentivos de preço".[30]

Uma lição que costuma ser tirada da adoção dos combustíveis fósseis é exatamente o fato de que ela se deu de forma prolongada e passou por diversas fases de experimentação vacilante, com a lenta dominação das novas formas de energia. Desse modo, uma mudança *que se afastasse* desses combustíveis também seguiria o mesmo ritmo e evitaria "um aumento de escala prematuro nas tecnologias e indústrias".[31] É preciso dar tempo para a transição. Ainda mais crítica, como veremos, é a suposta lição dos preços: os combustíveis fósseis teriam ganhado a corrida original porque eram mais baratos, e agora a mesma vantagem deveria ser assegurada às alternativas renováveis caso elas pretendam ter alguma chance. Além disso, se a Revolução Industrial inglesa servir de modelo para "a segunda revolução industrial" ou para revoluções verdes, de baixo carbono ou sustentáveis, uma outra lição também parece inevitável: "Não é a ação comunitária que move as empresas de pequeno e médio portes, mas a ideia do lucro. O fato de" os instigadores das mudanças daquela época serem "capitalistas que concorriam uns com os outros e que, como resultado, enriqueceram" nos previne de acreditar que "somente iniciativas comunais podem levar à mudança radical".[32] O lento desenrolar de tecnologias a preços mais baixos por iniciativa de capitalistas: eis o manual a ser seguido.

Mas qualquer paralelismo direto com os processos de entrada e de saída de uma economia fóssil é falso. Esse tipo de raciocínio se assemelha à falácia de pressupor que o presente é essencialmente igual ao passado, de modo a permitir a transferência imediata de princípios de um para o outro, como nos momentos em que generais, esquecendo da regra de Heráclito segundo a qual não é possível banhar-se duas vezes no mesmo rio, traçaram suas estratégias com base em lições deixadas por batalhas antigas e sofreram fragorosas derrotas. Como vários estudiosos já apontaram, a transição hoje iminente — isso se de fato for iminente — seria motivada por uma urgência de protelar ou ao menos minimizar mudanças climáticas catastróficas, um perigo até então inédito para a humanidade e que, sem dúvida, não figurou nos cálculos dos primeiros industrialistas britânicos. A qualidade mais valorizada das energias renováveis consistiria em uma emissão zero ou baixa de dióxido de carbono: um benefício público, e não uma vantagem privada. O tempo já se caracteriza por ser curto. Por essa e outras razões, a próxima transição não pode compartilhar dos atributos canônicos da Revolução Industrial inglesa; desta vez, ela precisaria ser, acima de tudo, *planejada de forma coletiva*.[33] Mas ela enfrentaria obstáculos no caminho. As medidas necessárias para uma desativação do uso de combustíveis fósseis de maneira rigorosa, rápida e politicamente guiada poderiam, como o IPCC observa de forma concisa em seu "Summary for Policymakers" [Sumário para formuladores de políticas públicas] de 2007, ser "difíceis de implementar" devido àquilo que os painéis sobre o tema rotulam como uma "limitação essencial": mais especificamente, *"a resistência de interesses particulares*".[34] Nessas poucas palavras, todo um mundo de antagonismos pode ser visto de relance. Ora, então os combustíveis fósseis precisam ser descartados para que a civilização humana resista e prospere — mas há "interesses particulares" no caminho. Quais são esses interesses?

Talvez essa seja uma razão melhor para revisitar a Revolução Industrial. Se a economia fóssil é um trem que nunca para e que está em aceleração constante mesmo quando se aproxima do precipício, a tarefa a ser realizada consiste em puxar os freios (ou talvez se jogar para fora) a tempo — e se há um maquinista que tenta impedir que isso aconteça, ele provavelmente esteve na locomotiva há algum tempo: precisamos saber quem ele é e como trabalha (ou talvez seja um motor automático, um veículo autônomo, mas a necessidade seria a mesma). É possível que os interesses que, em algum momento, tenham posto o trem para funcionar ainda o estejam conduzindo. Assim, a transição anterior não serviria tanto como modelo para a próxima, mas mais como *uma chave para entender e remover obstáculos*. Não há como sabê-lo ao certo: trata-se de uma mera suspeita. É certamente concebível que as razões iniciais para a adoção dos combustíveis fósseis não estejam em absoluto relacionadas com os interesses que hoje continuam a se agarrar a eles e que podem ter se assenhorado da situação em algum ponto da jornada. Mas, se quisermos conhecer mais sobre as forças propulsoras da economia fóssil, sobre suas leis de movimento e os interesses nela investidos, o início parece um bom ponto de partida.

Moldemos ou não esta investigação como uma busca por parábolas ou por inimigos, a suposição subjacente é de que ações significativas podem ser tomadas: ainda não é tarde demais. Mas, e se for? "Se não agirmos até 2012, será tarde demais", declarou Rajendra Pachauri, presidente do IPCC, em 2007: "O que fizermos nos próximos dois ou três anos determinará nosso futuro. O momento de definição é agora".[35] E se essa afirmação não fosse mera retórica, mas uma previsão certeira a ser cumprida em breve — haveria então algum sentido em mergulhar nos anais da economia fóssil? Talvez este seja um dos poucos temas históricos capazes de despertar interesse mesmo sob níveis oceânicos dois metros mais elevados. Ou, acompanhando Gardiner: existe um "dever de *prestar testemunho* da gravidade dos problemas mesmo quando há poucas esperanças de mudá-los".[36] A razão militante para estudar a história da economia fóssil tem um apoio meditativo. Ambos se resumem, nos termos mais simples possíveis, a uma questão candente: como chegamos a essa situação?

O momento do vapor

Retornamos, então, para a Revolução Industrial na esperança de que ela nos revele as razões para a fusão entre crescimento e combustíveis fósseis, dos quais o primeiro foi o carvão. Mas a queima de carvão na Grã-Bretanha se dá há milênios. Desde a Idade do Bronze e da ocupação romana até a Idade Média, o fogo proporcionado pelo carvão era apreciado por seu calor intenso, e utilizado, como veremos, no avivamento de cerimônias religiosas, no aquecimento de casas, no preparo de alimentos e no processamento de alguns materiais, sobretudo na forja do ferro. Ainda assim, poucos defenderiam que a economia fóssil tenha surgido por volta de 2000 Antes da Era Comum (AEC), 50 da Era Comum (EC) ou no século XIII. A união entre o crescimento autossustentável e a queima de carvão não existia em nenhuma dessas épocas, já que o primeiro desses elementos ainda não se havia desenvolvido e o segundo permanecia limitado à produção de calor. A Grã-Bretanha ainda precisaria esperar a Revolução Industrial para esquematizar a fórmula do crescimento *e* dar início a um salto qualitativo nas formas de consumo de carvão: a transformação do calor em movimento ou a conversão de energia térmica em mecânica com o uso do *motor a vapor*.

Nos primeiros motores a vapor, o carvão era queimado para forçar o movimento vertical de um pistão bastante adequado para o bombeamento de água, mas para pouco mais do que isso. Outra forma de movimento se fazia necessária: nas palavras de um tratado de meados do século XIX, "de todos os tipos de movimento, o mais frequentemente necessário às artes é o da rotação contínua. Manufaturas de todos os tipos são impulsionadas por máquinas que obtêm seus movimentos de uma roda".[37] Foi a façanha abaladora das estruturas de James Watt que conectou o fogo do carvão à roda. Com o dispositivo que patenteou em 1784, Watt finalmente "adaptou o movimento do pistão para produzir *movimento circular contínuo* e, assim, fez com que seu motor se aplicasse a todos os propósitos manufatureiros", como relata outro tratado.[38] Assim, estavam estabelecidas as fundações da economia fóssil.

E o que o motor rotativo a vapor conseguia fazer, mas as lareiras e as bombas manuais não conseguiam? De maneira mais óbvia, ele era capaz de impulsionar uma *máquina*: o sustentáculo primordial do crescimento autossustentável, que aumentou a produção per capita e a produtividade do trabalho em uma aceleração universal que ainda não se encerrou. Como fonte de energia térmica, o carvão era útil para toda uma gama de processos que se valiam dele, mas apenas como fonte de energia mecânica — rotativa — é que seu uso podia alimentar a produção de todo tipo de mercadoria. "As máquinas", explicava a *Rees' Cyclopædia* [Enciclopédia de Rees], a compilação mais importante de conhecimentos técnicos das primeiras décadas do século XIX, "são os órgãos com os quais o movimento é alterado em sua velocidade, em seu período e em sua direção, e desse modo adaptado a qualquer propósito"; uma vez que o carvão fosse utilizado para alimentá-las, o combustível poderia começar a correr para as veias de uma economia pulsante e em expansão.[39] Neste livro, estudaremos de que forma o carvão, como combustível fóssil, foi ligado às máquinas graças à ascensão do motor estacionário a vapor nas manufaturas da Grã-Bretanha.

Um motor rotativo também era capaz de propulsionar um *veículo*, o segundo ponto de apoio do crescimento autossustentável, que, do mesmo modo, obtinha movimento graças a rodas, cruzava mares e porções de terra transportando mercadorias — matérias-primas, produtos finais — para dentro e para fora das fábricas. Uma continuação deste estudo, intitulado *Fossil Empire* [Império fóssil], tratará do motor a vapor móvel em escala global. O calor atuava sobre materiais dotados de certas propriedades químicas; as bombas eram capazes de impulsionar líquidos verticalmente. Máquinas e veículos eram capazes, sozinhos, de fabricar e distribuir a mais ampla variedade concebível de mercadorias; ao operá-los com o uso do carvão, o motor a vapor fez com que, pela primeira vez, os combustíveis fósseis fossem essenciais para que o crescimento se espalhasse por extensões ilimitadas. Além disso, a combustão do carvão em casebres e forjas inglesas nunca impeliu *outros* países à adoção do combustível. Foram as máquinas e os veículos que tiveram o poder de projetar a economia fóssil para além das Ilhas Britânicas, graças à pressão da concorrência econômica e da invasão militar. Um país inundado por mercadorias vindas de fábricas movidas a vapor ou atacado pela força avassaladora dos barcos a vapor sentiria as esporas da necessidade externa e talvez buscasse emular a tecnologia a fim de salvar a própria indústria e sobreviver como nação; enquanto o carvão se manteve restrito principalmente ao interior de residências britânicas, as comunidades distantes tiveram poucos motivos para prestar atenção.

É claro que a existência de veios de carvão na Grã-Bretanha — ou, na verdade, em qualquer continente — não foi uma condição suficiente para a transição. O mesmo vale para o motor rotativo a vapor. Na forma de estrato rochoso, esse artefato não poderia, como objeto físico tácito, disparar por si só a fagulha de algo como a economia fóssil. A mera presença do motor, tal como certificada nos documentos legais conferidos a seus inventores, não nos diz nada sobre a extensão de seu uso, sobre sua função na economia ou sobre sua propensão a emitir dióxido de carbono: a atmosfera não sente o alento das patentes. A história é repleta de invenções fossilizadas em objetos de museu ou de fantasias no estilo de um Da Vinci, de forma que a questão do motor a vapor é uma questão sobre *por que ele foi adotado e difundido* — na Grã-Bretanha e, acima de tudo, na indústria do algodão. Foi lá que ele suplantou a roda-d'água. Antes do vapor, a indústria algodoeira inglesa — a via expressa da Revolução Industrial, na qual o crescimento autossustentável apareceu pela primeira vez — impulsionava suas máquinas com o uso da água. Então qual motivo levou os capitalistas do algodão a passar da água para o vapor? Ao examinarmos as causas dessa transição original, talvez possamos nos aproximar de uma compreensão dos mecanismos que iniciaram, e talvez até tenham conduzido, o processo hoje conhecido como "negócios de sempre".

Enxergando a potência como poder

Em inglês, a palavra *power* [poder, energia, potência, força] tem um significado duplo: "potência", como a intensidade de uma força da natureza, de uma corrente de energia, uma quantidade de trabalho em um intervalo de tempo; "poder", como uma relação entre humanos, uma autoridade, uma estrutura de dominação. A associação não é tão próxima em outras das principais línguas europeias. *Motive power* [força motriz] e *absolute power* [poder absoluto] são *fuerza motriz* e *poder absoluto* em espanhol — sem que haja conexões aparentes aí —, enquanto o francês distingue entre *énergie* [energia] e *courant* [corrente] do lado natural das coisas e *puissance* [potência] e *pouvoir* [poder] no aspecto social, que equivalem aproximadamente a *Kraft/Strom* [energia/corrente] e *Macht/Gewalt* [potência/poder] em alemão (daí *Atomkraft* [energia nuclear], de um lado, e *Weltmacht* [potência mundial], de outro). Por que os dois polos se combinaram em um só na língua inglesa? Uma investigação de etimologias europeias como essa está além do escopo deste estudo: tudo o que podemos fazer é constatar esse fato intrigante.

Mas esses dois polos também se fundem na realidade? Apesar da confluência semântica no mundo anglófono, a termodinâmica e o poder social são quase sempre tratados como "fenômenos distintos, um hábito incentivado pela estruturação da pesquisa acadêmica em disciplinas", como observado em uma tentativa recente de cruzar esse fosso.[40] Duas obras respeitadas em cada um dos respectivos hemisférios exemplificam essa separação. Em *Energy in Nature and Society: General Energetics of Complex Systems* [A energia na natureza e na sociedade: energética geral de sistemas complexos], Vaclav Smil oferece uma definição exata de potência como "a taxa de fluxo de energia", ou "$W = {}^{J}/_{s}$", em que J representa joules, s, segundos, e W, a unidade de potência: os watts de James.[41] Dito de outra forma, a potência é entendida aqui como a taxa de realização de trabalho na transformação de energia — e, aparentemente, isso é tudo, já que, apesar do caráter nominalmente transdisciplinar de sua obra, Smil não faz muito mais do que observar que há outro significado para o termo, e menos ainda para concretizar um movimento concreto entre ambos.

Passemos agora para o clássico sociológico de Steven Lukes, *O poder: uma visão radical*, mas apenas para encontrar agora o outro olho fechado. Aqui a sobreposição entre "cavalos de potência" e "lutas por poder" só é mencionada para indicar o caos terminológico que rodeia o "poder" e a "potência" na sociedade: a natureza do poder social só poderá ser destilada se despida de todas as associações com fenômenos mecânicos através de um ato inaugural essencial de distinção analítica.[42] Nas dezenas de dissecações do conceito que preenchem as páginas de Lukes, não há sinal de que o poder possa ser, *ao mesmo tempo*, energético e interpessoal — tampouco há vislumbres de qualquer potencial para sondar o âmago do poder social com o auxílio de sua base mecânica. A deriva coloquial entre os dois polos — reflexiva, não percebida e perfeitamente realista — tem sua contraparte em uma severa segregação intelectual. A língua inglesa pode conter uma verdade básica da qual a pesquisa científica se distanciou; em todo caso, ela nos permite formular uma hipótese geral que sirva de linha mestra para todo o restante desta obra: *a potência e o poder derivados dos combustíveis fósseis foram, desde o princípio, dúplices em sentido e natureza.* O vapor como forma superior de poder e de potência (*power*) foi precisamente isso. Os dois momentos não podem ser isolados entre si, já que *constituem um ao outro* em uma unidade — são opostos que se interpenetram de ponta a ponta.

Está provado, além de qualquer dúvida razoável, que o aquecimento global não é resultado de causas naturais. A radiação solar, a desgaseificação vulcânica, as variações endógenas no ciclo do carbono e outras suspeitas similares foram decisivamente isentadas de responsabilidade pelo aumento de temperaturas, com as causas centrais firmemente atribuídas ao lado social da equação. Uma vez que cruzamos essa linha, encontramos imediatamente o *poder* — na verdade, isso se dá assim que usamos o termo "combustíveis fósseis". Esses combustíveis, por definição, são a materialização de relações sociais.[43] Até hoje, nenhum pedaço de carvão ou gota de petróleo se transformou, sozinho, em combustível, e nenhum ser humano se envolveu com a extração sistemática de larga escala desse tipo de material para satisfazer apenas as necessidades de subsistência: os combustíveis fósseis dependem do trabalho assalariado ou forçado — o poder de alguns de direcionar o trabalho de outros — como condição de sua própria existência. Se levarmos a mensagem da ciência do clima a sério, deveremos direcionar nossa atenção para esse duplo sentido de poder e potência, e em primeiro lugar no processo do trabalho. É esse o ponto de contato entre os humanos e o resto da natureza, no qual os recursos biofísicos são assimilados aos circuitos do metabolismo social, e no qual o carvão, o petróleo e o gás natural são extraídos, transportados e vinculados a máquinas: queimados. O processo é pessoalizado. "Como agentes principais da transformação da energia e da matéria através dos processos de trabalho", escreve a historiadora ambiental Stefania Barca, "os trabalhadores são a interface primária entre sociedade e natureza", detentores mas também alvos do poder.[44] *É essa* a esfera em que a economia fóssil deve ter se originado.

Até agora, e por razões particulares, nem a história ambiental nem a laboral esteve muito propensa a ligar os pontos entre os trabalhadores e o ambiente mais amplo, entre a classe e o clima. O mesmo silêncio reina na pesquisa sobre energia durante a Revolução Industrial. De fato, as mudanças climáticas permanecem, em si mesmas, sobretudo como objeto das ciências naturais, apesar de um surto recente de interesse dentro das ciências sociais. Somos inundados por dados sobre efeitos catastróficos, mas há uma pobreza comparativa de ideias e análises relativas a suas causas e seus impulsionadores.[45] Ou, para parafrasear Marx: a maior parte da ciência climática ainda habita essa atmosfera silenciosa, na qual tudo se passa à luz do dia, mas não adentra o terreno oculto da produção, onde os combustíveis fósseis são de fato produzidos e consumidos. Ao menos por ora, os cientistas vêm interpretando o aquecimento global como um fenômeno que ocorre na natureza; a questão, no entanto, consiste em rastrear suas origens humanas. Somente assim preservaremos ao menos uma possibilidade hipotética de mudança de curso.

2

ESCASSEZ, PROGRESSO, NATUREZA DA ESPÉCIE HUMANA? TEORIAS SOBRE A ASCENSÃO DO MOTOR A VAPOR

O vapor como resposta à escassez

Muito antes que o aquecimento global começasse a se insinuar na modernidade, um rápido passar de olhos teria sido suficiente para encontrar a energia no âmago da Revolução Industrial: no retrovisor dos historiadores, em meio às facetas mais perceptíveis, estavam os novos modos de aproveitamento das forças da natureza em favor da produção. O decano da pesquisa moderna sobre o papel desempenhado pela energia na Revolução Industrial é E. A. Wrigley. Em um artigo pioneiro de 1962, Wrigley abordou pela primeira vez ideias que, mais tarde, seriam desenvolvidas em uma grande narrativa das dinâmicas da mudança na Grã-Bretanha dos séculos XVIII e XIX e, de modo mais geral, do crescimento econômico.[1] Dentro do que ele viria a chamar de "economia orgânica", todas as formas de produção material têm o solo como base. Matérias-primas, energia térmica e força motriz — corpos humanos e animais usados para pôr as coisas em movimento — são produtos do rendimento da fotossíntese de um determinado momento no presente. Esse rendimento é limitado. Não há como aumentá-lo, a não ser pela inclusão constante de mais solo. Uma economia orgânica em crescimento inevitavelmente acabará por se ver apanhada em meio a uma competição feroz por recursos escassos, de modo a tornar "o aumento radical permanente da oferta de matérias-primas industriais" — uma condição necessária para o crescimento autossustentável — "muito difícil de conseguir".[2] A dependência do solo impõe um gargalo estreito à produção industrial. Os combustíveis fósseis acabam com esse gargalo.

A Grã-Bretanha pré-industrial era uma economia orgânica arquetípica em que fazendeiros obtinham diretamente do solo tudo de que precisavam: alimento, forragem para animais — alguns tosquiados, outros abatidos, ainda outros utilizados para carga —, mobília, materiais de construção e, originalmente, até mesmo o combustível para as fogueiras: tudo vinha dos campos e das florestas. Fiandeiros e tecelões, curtidores de couro e tintureiros, serradores e carpinteiros, ferreiros e marceneiros trabalhavam com os frutos de uma única e mesma terra, como era o caso da lã, do linho, do couro, da pelagem de animais, da palha, do carvão vegetal e, não menos importante, da própria madeira. Um setor em ascensão poderia continuar a crescer desde que se assenhorasse de uma fatia maior da torta em comparação com os outros. Dentro do apertado orçamento energético da economia orgânica, em que todas as atividades concorriam pelo acesso à mesma área finita de produtividade fotossintética, o processo de crescimento não teria condições de se tornar universal ou autossustentável: cedo ou tarde, ele acabaria por se esvair.

Wrigley, é claro, tomou essa ideia emprestada de David Ricardo, a quem dá amplo crédito. De acordo com Ricardo, o crescimento precisa reivindicar mais solos férteis. Desde que a economia seja jovem e o país, esparsamente povoado, isso não será um problema, mas, em algum momento, "terras de qualidade inferior" terão de começar a ser utilizadas para o cultivo: brejos, terrenos íngremes e prados em regiões montanhosas até então intocados serão esquadrinhados em busca de mais solo onde a expansão possa acontecer. Mais produtos precisarão ser arrancados de solos cada vez mais estéreis com emprego de quantidades maiores de trabalho. A natureza passa de doadora para tomadora: "na proporção em que se torna mais avara de suas dádivas, exige um preço maior por seu trabalho"; os preços dos gêneros alimentícios extraídos do solo aumentam. Os lucros caem, a acumulação desaba; emanado das limitações naturais, um mergulho generalizado rumo à paralisia econômica se consolida: a estagnação, escreve Ricardo em uma formulação reiteradamente citada por Wrigley, "necessariamente se tornará permanente, *em virtude das leis naturais que limitam a capacidade produtiva da terra*".[3] É essa corrente causal que Wrigley aplica à Revolução Industrial. Ela explica a adoção dos combustíveis fósseis.

O novo sistema — a que Wrigley designa como "inorgânico" ou "de base mineral" — finalmente quebrou o feitiço da estagnação. Quando se voltaram para o carvão, as indústrias de ferro, cerâmica, tijolos, vidro e sal, entre outras, venceram as restrições da área de superfície do solo com a escavação dos depósitos de fotossíntese *passada*, e panoramas inteiramente novos de expansão se abriram debaixo das florestas e dos campos. Mais tarde, nessa mesma estrada subterrânea, carros, navios, trens, aviões e todos os tipos de bens de consumo e de capital viriam a se originar dos combustíveis fósseis, graças aos quais uma economia em crescimento perpétuo poderia passar voando por cima das barreiras ricardianas. Na concepção de Wrigley, essas limitações explicam não só a preferência por combustíveis fósseis como também, e talvez mais significativamente, as próprias condições para o crescimento autossustentável. Só quando os capitalistas britânicos removeram as pedras tumulares que cobriam o carvão é que foi possível conjurar uma expansão de vida eterna.

Um método empregado por Wrigley e por seus seguidores para ilustrar essa lógica consiste em converter o carvão em hectares de terra que teriam sido necessários para gerar a mesma quantidade de energia. Em 1750, todo o carvão produzido na Inglaterra seria equivalente a 1,75 milhão de hectares de mata, ou 13% do território nacional. Em 1800, a substituição de todo o carvão por madeira teria demandado 4,5 milhões de hectares, ou 35% da superfície territorial britânica; em 1850, as cifras subiram, respectivamente, para 19,5 milhões de hectares e 150%. Assim, já desde 1750, uma hipotética conversão total do carvão em madeira na economia britânica teria "representado uma proporção significativa do uso superficial de um solo para o qual havia uma competição para muitos outros usos"; em 1800, esse processo teria sido "bastante impraticável"; em 1850 — quando o limiar de 100% foi extrapolado —, "uma impossibilidade patente". Em outras palavras, "na ausência do carvão como fonte energética, as pressões ricardianas teriam se mostrado bastante intensas": florestas derrubadas, solos exauridos, um crescimento cada vez mais emperrado.[4] Em cálculos similares inspirados por Wrigley, Rolf Peter Sieferle conclui que, já nos anos 1820, o carvão liberou uma área equivalente à superfície total da Grã-Bretanha, enquanto Paolo Malanima, também ancorado firmemente em Wrigley, estima que, na ausência de combustíveis fósseis, em 1900 a Europa teria precisado de uma extensão territorial mais de 2,7 vezes maior do que a superfície total do continente, com um acréscimo para mais de *vinte vezes* em 2000.[5]

Mas as pressões aliviadas pelo carvão não tinham um caráter exclusivamente ricardiano. Decorriam tanto da reprodução quanto da produção. De acordo com Wrigley, o teorema de Malthus para uma população em crescimento geométrico e para uma produção de alimentos em crescimento aritmético, com a criação de uma tendência de queda de produção por cabeça, era de fato válido em uma economia orgânica. Os argumentos do velho clérigo — segundo o qual, como as plantas brigam por espaço dentro das fronteiras comprimidas do planeta, e como todos os animais têm uma "tendência constante de crescer além dos meios de subsistência", um excedente populacional impossibilitado de se alimentar será gerado — serão inafastáveis *enquanto os combustíveis fósseis não tiverem sido arrastados para dentro da economia.*[6] Até esse momento, o crescimento populacional necessariamente causará um declínio nos padrões de vida, já que mais pessoas precisarão dividir a mesma quantia fixa de terra em frações menores. Depois desse ponto, as pressões sobre o solo serão aliviadas de maneira dramática: o carvão permitirá um crescimento populacional vertiginoso. Eis aí outro motivo para seu uso.

No entanto, a formulação mais bem articulada do componente malthusiano desse argumento está em um estudo de Richard G. Wilkinson, hoje conhecido por seu trabalho sobre os impactos insalubres da desigualdade social em livros como *O nível: por que uma sociedade mais igualitária é melhor para todos*. Em *Pobreza e progresso: um modelo ecológico de desenvolvimento econômico*, Wilkinson, como sugerido pelo título, tenta derivar um modelo mais geral de desenvolvimento a partir do caso da Revolução Industrial inglesa. As pessoas não inventam novas tecnologias porque vivem em opulência, mas porque — e apenas quando — são pobres. A pobreza é um sintoma da escassez de recursos. Trata-se de uma condição que vem à tona quando a população humana sucumbe a tendências inatas, comuns a "toda população animal",[7] de se reproduzir além dos limites de sua base de recursos — uma transcrição quase literal das deduções iniciais do ensaio de Malthus (somada a uma dose de Darwin).[8] Em condições normais, os humanos procurarão manter um equilíbrio ecológico precário e farão acomodações por meio de normas culturais, no que se incluem desde o infanticídio até tabus a respeito de promiscuidade sexual. Por alguma razão, contudo, esse equilíbrio pode acabar se rompendo — e é aí que as coisas começam a se movimentar.

Uma sociedade que não consegue controlar sua avidez pela procriação devido a um "distúrbio de alguma parte do sistema cultural" mergulha em carência. Ela não tem escolha a não ser inovar. Com o aumento, em dado nicho, de um número de indivíduos impossível de sustentar, a escassez "*obriga* a sociedade a fazer alguma alteração no modo como tira seu sustento do meio": exatamente o que aconteceu no final do século XVII, às vésperas da Revolução Industrial. Os casais ingleses perderam o autocontrole, e as taxas de fertilidade dispararam; a população crescente recorreu, de início, às reservas disponíveis na base de recursos, mas, já no século XVIII, o colapso atingiu níveis catastróficos e forçou a Inglaterra a embarcar na "substituição de recursos baseados na utilização da terra por minerais". O carvão solucionou a crise de superpopulação. Como em todas as inovações da Revolução Industrial, a exploração dos combustíveis fósseis foi o resultado de uma "luta corajosa de uma sociedade pressionada por obstáculos ecológicos", de uma "resposta direta à escassez de um determinado recurso", de decisões "feitas à força".[9]

Portanto, Ricardo e Malthus são os pais desse modo de pensar a energia na Revolução Industrial. A grande ironia, segundo Wrigley, é que ambos declararam a impossibilidade do crescimento autossustentável no exato momento em que os obstáculos a esse tipo de crescimento foram eliminados. Ainda assim, eles nos legaram as ferramentas adequadas para que a transição pudesse ser compreendida. Nessa valiosa caixa de ferramentas também podemos encontrar as reflexões de Adam Smith, como defende Kenneth Pomeranz em *A grande divergência: a China, a Europa e a construção da economia mundial moderna*, uma obra que pautou muito da história econômica no século XXI. Pomeranz argumenta que a Inglaterra e a China — ou, mais precisamente, o Delta do Yangtzé — seguiram em essência as mesmas trajetórias até chegar ao século XIX. Ambas exibiam altas densidades populacionais e altos graus de especialização e de divisão smithiana do trabalho, além de uma tendência que se acentuava de forma gradual para o transporte de cargas, a negociação e as trocas comerciais: em suma, para o crescimento econômico. Do mesmo modo, ambas alcançaram produtividade agrícola crescente, mercados de trabalho e de terras relativamente livres e melhorias nos padrões de vida — enquanto se lançavam de cabeça no colapso ecológico. As limitações da terra estavam prestes a derrubá-los quando a Inglaterra percebeu todo o potencial de suas reservas de carvão.

A explicação de Pomeranz para a grande divergência entre a Inglaterra e o Delta do Yangtzé no século XIX tem duas frentes: colônias e carvão, a que apenas a Inglaterra tinha acesso. Não foi uma constelação de relações sociais e de tecnologias que pôs o Ocidente em sua rota de excepcionalidade; suas instituições e proficiências mecânicas básicas eram, sim, para todos os efeitos, *idênticas* às do Extremo Oriente. Mas o carvão da China continental precisava ser transportado por distâncias proibitivas até chegar à costa, enquanto as manufaturas inglesas dispunham de minas carboníferas senão sob seus próprios pés, ao menos de fácil acesso a seus navios. A China fracassou em transportar combustíveis fósseis para suas estufas de crescimento smithiano situadas no litoral e, ao permanecer limitada pela finitude da terra, começou a regredir; a Inglaterra se tornou um líder mundial. Ancorada na proximidade de suas dádivas minerais (e em seus domínios distantes, com pouca influência do lado estritamente energético do processo), a Europa Ocidental — tendo a Inglaterra como cerne — "se tornou uma aberração bem-afortunada" que "rompeu as limitações fundamentais no uso da energia e na disponibilidade de recursos que até então restringiam os horizontes *de todos*".[10] Com essa interpretação para a divergência, Pomeranz, na prática, eleva o motor tríplice da divisão do trabalho, da troca econômica e do crescimento populacional — Smith, Ricardo e Malthus — à condição de vetor global igualmente presente na China e na Inglaterra do século XVIII, e igualmente ameaçado pelas limitações universais do acesso à terra. Só os bem-afortunados habitantes da ilha europeia puderam, então, escavar um túnel que levava ao crescimento exponencial.

O endosso à escola de pensamento capitaneada por Wrigley foi alçado à condição de quase consenso. O ponto culminante está em sua obra magna *Energy and the English Industrial Revolution* [A energia e a Revolução Industrial inglesa], de 2010, e essa concepção merece hoje o epíteto de paradigma, com a maioria das pesquisas tradicionais sobre o tema no encalço de sua estrela-guia. Como as limitações de acesso ao solo ricardianas predominam nas formulações expostas na obra, deixando em segundo plano a procriação das populações de Malthus e tendo Smith como figura relativamente periférica, vamos nos referir a essa concepção como o "paradigma ricardo-malthusiano". Astrid Kander e seus colegas resumem a tese fundamental em *Power to the People: Energy in Europe over the Last Five Centuries* [Força para o povo: a energia na Europa nos últimos cinco séculos], um estudo que adorna as explicações de Wrigley com mais números: "O início da transição energética foi desencadeado pela necessidade de substituição de recursos naturais *que começavam a escassear* diante de uma demanda crescente".[11] Uma libertação, uma fuga, uma saída — aqui, naquilo que à primeira vista parece ser uma análise coerente e convincente, a mudança para os combustíveis fósseis é causada pela escassez e, ao mesmo tempo, aponta para o futuro como ato inaugural de um crescimento autossustentável.

Como, então, o paradigma ricardo-malthusiano explica a ascensão do motor a vapor? Wrigley, para começar, identifica o vapor como a ruptura decisiva com a economia orgânica. Enquanto a queima de carvão se limitou à produção de calor, o valor do mineral permaneceu limitado, com perspectivas duvidosas de alívio contra as maldições de Ricardo e Malthus. Mas, assim que o combustível se tornou fonte de potência mecânica, "o caminho estava livre para que a produtividade individual realizasse um salto quântico. Agora a tartaruga já não se arrastava; corria. A produção podia tomar a dianteira da população".[12] A potência mecânica — e não térmica — acabou com o gargalo, e isso só aconteceu no *segundo quarto do século XIX*, quando, como observou Wrigley, o motor a vapor passou a ser o mobilizador primário em (algumas) manufaturas. A primeira a ser libertada de seu cativeiro foi a indústria algodoeira. Ela abrigou mais motores do que qualquer outro setor da economia britânica até talvez 1870, em um período em que esses mesmíssimos motores eram "o mais importante consumidor individual de carvão".[13]

Wrigley, um ricardiano termodinâmico, construiu seu modelo com base nas limitações da fotossíntese do presente: as plantas capturam uma fração da radiação solar incidente e convertem-na em matéria orgânica no solo, que é limitado, deixando apenas uma base energética exígua a ser extraída por humanos. A economia orgânica da Grã-Bretanha pré-industrial se caracterizava por sua dependência total de *plantas*, fosse direta (lenha como combustível) ou indiretamente (forragem para animais de carga, e assim por diante). É aqui que os teoremas de Ricardo entram em vigor: "A resposta para uma demanda crescente por energia só podia vir do produto da fotossíntese das plantas. Isso necessariamente significava, portanto, uma pressão ainda maior sobre o solo. E, a longo prazo, essa pressão era um problema".[14] Mas, se é verdade que a adoção do motor a vapor nas manufaturas consistiu em um passo essencial para fora das restrições da economia orgânica e para dentro do crescimento contínuo, e se a virtude do carvão estava na desvinculação entre as necessidades energéticas e a fotossíntese do presente, então, para que o modelo de Wrigley se sustentasse, os mobilizadores primários que foram substituídos pelo vapor deveriam ter sido abastecidos por plantas: fornos que queimavam lenha ou músculos que queimavam alimentos. E esse não era de modo algum o caso. A *água* era o elemento sobre o qual as indústrias britânicas — sobretudo a algodoeira — surfavam antes de se voltarem para o vapor. O motor a vapor de Watt suplantou a roda-d'água, mas, como é evidente, não por causa das limitações inerentes da fotossíntese do presente. A água não é uma planta nem precisa se alimentar de plantas para que possa correr.

A fim de identificar a exigência ricardiana na transição da água para o vapor, Wrigley precisa romper o vínculo entre o solo e a noção de escassez, e expandir esta última para abarcar todos os tipos de falta — como, no caso, uma falta de quedas-d'água. Em seu texto original de 1962, Wrigley observa a demora entre a invenção de Watt (nos anos 1780) e a adoção do vapor pela indústria algodoeira (no segundo quarto do século XIX), e defende que "foi somente depois de uma geração de expansão ter feito com que a necessidade de potência extrapolasse as capacidades do braço humano e da roda-d'água que o motor a vapor começou a ser utilizado".[15] Nessa versão dos eventos, as rodas-d'água teriam sido descartadas *porque não eram capazes de proporcionar as quantidades exigidas de energia, já que seus insumos estavam em falta.* As "quedas-d'água ainda não exploradas e com altura adequada" eram agora "poucas e distantes", em uma correspondência aproximada à lei ricardiana dos retornos decrescentes presumivelmente concretizada no aumento dos preços da água em comparação com o vapor.[16]

Wilkinson se dá por satisfeito com essa mesma história. "O uso da força hidráulica era restrito pelo número de correntes de água que apresentassem locais apropriados para a instalação de fábricas: novos locais desse tipo se tornaram muito escassos em várias partes do país durante o século *XVII*", enquanto "o carvão para alimentar a máquina a vapor era abundante — especialmente na boca da mina. *A difusão do uso da energia a vapor foi impulsionada por fatores ecológicos*".[17] Mas, continua Wilkinson, pulando de um século para o outro, "somente no final do século XVIII, quando as novas fábricas de algodão começaram a aumentar a procura de energia gerada por motores rotativos e quando *não havia mais locais adequados para a instalação de fábricas*, é que Boulton e Watt" inventaram o motor a vapor e livraram as manufaturas de uma crise aguda.[18] Igualmente a par das implicações da revolução do vapor, Pomeranz afirma que, "não importa o quanto fossem aprimoradas, as rodas-d'água simplesmente não tinham o mesmo potencial energético necessário para atender de modo significativo uma população em rápido crescimento"; Kander e outros pupilos de Wrigley, que copiam essa visão que concebe o motor a vapor como um verdadeiro salto quântico, afirmam que a água "não acompanharia o crescimento populacional" e, por isso, teve de ser abandonada.[19] Um nicho ecológico que chegava a seu limite, uma penúria aquática que bloqueava um crescimento maior: eis aí a explicação ricardo-malthusiana para a ascensão do motor a vapor. Veremos como ela se encaixa no registro histórico.

O vapor como fogo humano

Em 9 de maio de 2013, a concentração diária média de dióxido de carbono atmosférico medida no alto de um vulcão havaiano, no observatório Mauna Loa, a mais antiga estação de monitoramento de CO_2 do mundo e referência global para o acompanhamento do aumento desse gás, ultrapassou pela primeira vez o índice de 400 partes por milhão (ppm).[20] Esse marco figurou em poucas manchetes. Para a comunidade científica e para os membros mais preocupados do público, esse era mais um lembrete do fato perturbador de que a composição da atmosfera está indo pelos ares em velocidade recorde. A última vez que as concentrações de CO_2 pairaram perto de 400 ppm foi há pelo menos 2,5 milhões de anos, durante a época do Plioceno; acredita-se que seus valores tenham permanecido abaixo de 500 ppm desde o início do Mioceno, por volta de 24 milhões de anos atrás, na história profunda. Durante o Holoceno — a época que começou com o fim da última era do gelo, há quase 12 mil anos —, sua flutuação oscilou entre 260 e 285 ppm, como uma bola que rola gentilmente entre dois trilhos: as fronteiras dentro das quais a civilização sedentária se desenvolveu. No último milênio as variações foram inferiores a 5 ppm, até que a Revolução Industrial lançou o gás para uma nova órbita.[21] Atualmente, a concentração aumenta 2 ppm *a cada ano*.

Dado que o dióxido de carbono atua como um termostato que regula a temperatura na Terra, e dado que a temperatura estabelece as condições climáticas em que todas as formas de vida terrestre poderão existir, a magnitude desse aumento — de 285 ppm ainda em meados do século XIX para os atuais 400 ppm, e subindo — promove o *Homo sapiens* à condição de agente geológico. Hoje a espécie humana manuseia algumas das variáveis mais fundamentais do sistema terrestre. Os marcos epocais — no sentido geológico amplo (Plioceno, Mioceno, Holoceno), não no sentido histórico mundano (sassânida, fatímida, vitoriano) — foram alterados, e o tempo histórico vem alcançando e penetrando o tempo geológico. O Holoceno chegou ao fim. Ou é o que afirma um coro crescente de geólogos, químicos, historiadores ambientais, cientistas da sustentabilidade e outros estudiosos, que defendem a ideia de uma nova época que raiou sobre o planeta: o "Antropoceno". O termo

> sugere que agora o planeta deixou sua época geológica natural, o atual estado interglacial denominado Holoceno. As atividades humanas se disseminaram e aprofundaram de tal modo que rivalizam com as grandes forças da natureza e conduzem a Terra para uma *terra incognita* planetária.[22]

O que se afirma, claro, não é que os humanos nunca tenham deixado marcas sobre o ambiente em época anteriores, mas que houve uma escalada qualitativa. Nem mesmo eventos como as extinções da megafauna no Pleistoceno ou o desmatamento das colinas do Mediterrâneo foram capazes de afetar *todos* os ecossistemas, alcançar todos os nichos de vida terrestre e aquática ou modular o estado do planeta como um todo de uma só vez: ou seja, exatamente o que a sobreacumulação de calor no interior da biosfera causada pelo aumento de CO_2 está conseguindo fazer agora. Apesar disso, e como os teóricos do Antropoceno fazem questão de destacar, o aquecimento global é apenas uma das mudanças de fato epocais forjadas pelos humanos. Além do carbono, vários ciclos de elementos essenciais para a vida — notavelmente o nitrogênio, o fósforo e o enxofre — se encontram agora fora dos eixos devido à sobre-extração e à sobre-emissão humanas; o ciclo da água foi perturbado pelo represamento de rios e pela derrubada de florestas; o sexto grande evento de extinção de espécies está em curso; os oceanos estão se acidificando; a camada de ozônio está em rarefação; e a lista continua. Sinais da ascendência humana sobre o planeta inteiro parecem perpassar todas as esferas da vida. Ainda assim, os defensores do conceito do Antropoceno tendem a conceder lugar de honra ao aquecimento global e à ascensão de seu principal agente químico como evidências de uma nova era: "Propomos que as concentrações atmosféricas de CO_2 podem ser usadas como indicador único e simples para rastrear a progressão do Antropoceno", escrevem Will Steffen e colegas, e a proposta é bastante consistente.[23] Nenhuma outra perturbação da biosfera rivaliza com o potencial destrutivo dessa alteração.

Uma questão então se impõe: quando tudo isso começou? O advento do neologismo remonta a um breve artigo escrito por Paul Crutzen, químico atmosférico laureado com o prêmio Nobel. Intitulado "Geology of Mankind" [Geologia da humanidade] e publicado em 2002 na revista *Nature*, o texto começa com a observação de que o clima global pode abandonar seu comportamento natural "por muitos dos próximos milênios", ao que se segue um anúncio impressionante:

> Pode-se dizer que o Antropoceno começou na parte final do século XVIII, quando as análises de ar aprisionado no gelo polar mostram o começo de concentrações globais crescentes de dióxido de carbono e de metano.

Essa data também calha de coincidir com o projeto de James Watt para o motor a vapor em 1784.[24]

A cronologia viralizou. Na vicejante literatura do Antropoceno, o nascimento dessa época é com frequência, senão habitualmente, associado à invenção do motor rotativo a vapor de Watt, apontado como o artefato que catapultou a espécie humana para uma dominação de espectro total do planeta. Entre os que são citados como precursores do conceito se inclui Henri Bergson, que lançou um olhar para um futuro bastante longínquo em *A evolução criadora*, de 1907:

> Um século passou-se desde a invenção da máquina a vapor e mal começamos a sentir o tranco profundo que nos infligiu. O que não impede que a revolução por ela provocada na indústria tenha transtornado as relações entre os homens. Ideias novas levantam-se. Sentimentos novos estão em vias de eclodir. Em milhares de anos, quando a distância do passado só deixar perceber suas grandes linhas, nossas guerras e nossas revoluções contarão muito pouco, supondo que ainda sejam lembradas; mas talvez se fale da máquina a vapor, com as invenções de todo tipo que lhe servem de séquito, como nós falamos do bronze ou da pedra talhada; *ela servirá para definir uma era.*[25]

Ou quem sabe o fim de todas as eras? Em *Hyperobjects: Philosophy and Ecology after the End of the World* [Hiperobjetos: filosofia e ecologia depois do fim do mundo], o celebrado ecocrítico Timothy Morton esboça uma nova e ousada visão de mundo apropriada ao Antropoceno em geral e ao aquecimento global em particular, e fala com mais propriedade do que muitos. "O fim do mundo já aconteceu. Podemos ser desagradavelmente precisos quanto à data em que o mundo chegou ao fim", escreve Morton, que dá ao evento uma interpretação bastante ímpar e uma data muito exata: "Aconteceu em abril de 1784, quando James Watt patenteou o motor a vapor, um ato que deu início ao lançamento de carbono na crosta terrestre — mais precisamente, a origem da humanidade como força geofísica em escala planetária".[26] Então, graças à patente de Watt, o mundo já não existe mais.

Hipérboles do tipo à parte, nem sempre são muito convenientes as razões que apontam o motor a vapor como carrasco de épocas. O pequeno aumento na concentração de CO_2 que pôde ser detectado no gelo polar do final do século XVIII se manteve bem dentro da variação natural do Holoceno; ele não poderia ter sido causado por uma patente que acabara de ser aprovada; naquela época, as emissões provenientes do desmatamento ainda eram maiores do que as emanadas pelos combustíveis fósseis. Um raciocínio que equipare a chegada do vapor com a queda de um meteoro ou com o final de um período glacial deve ser *qualitativo*, nas linhas esboçadas mais acima: o vapor anunciou a nova união entre crescimento e combustíveis fósseis, ou, nas palavras do best-seller climático *The Burning Question* [A questão candente], "o ciclo de retroalimentação energia-sociedade entrou em altíssima rotação".[27] Nada disso pode ser inventado. Por mais simbólica que seja, uma patente não passa de um pedaço de papel; não foi Watt que deu origem aos "negócios de sempre", mas sim os industriais que escolheram *adotar* o motor a vapor.

Então o que é que os teóricos do Antropoceno têm a dizer sobre as causas concretas da ascensão do vapor? Não muito. O que propõem é uma moldura geral para a compreensão da causalidade histórica por trás da transição para os combustíveis fósseis, que, por motivos de necessidade lógica, eles deduzem a partir da natureza humana. Se a dinâmica fosse dotada de um caráter mais contingente, a narrativa de uma espécie inteira — o *anthropos* como tal — que chega à supremacia biosférica seria difícil de sustentar: a "geologia da humanidade" precisa estar enraizada nas propriedades desse mesmo ser. Qualquer concepção diferente resultaria na geologia de alguma entidade menor, talvez de algum subconjunto de *Homo sapiens*. Desse modo, a resposta para as questões históricas é contada em torno de um elemento clássico: o fogo. Só a espécie humana é capaz de manipular o fogo.

Em "Carbon and the Anthropocene" [O carbono e o Antropoceno], os célebres cientistas climáticos Michael R. Raupach e Joseph G. Canadell observam que a vida na Terra "criou vastas reservas de carbono detrital — os restos deixados por organismos baseados em carbono após a morte". Os combustíveis fósseis se encaixam nessa categoria básica, assim como também é o caso da vegetação e dos corpos de animais mortos. Mas, desde por volta de meio milhão de anos atrás, os ancestrais da humanidade começaram a *queimar* sistematicamente esse carbono detrital conforme foram aprendendo a dominar o elemento do fogo, a acendê-lo, espalhá-lo e apagá-lo conforme desejassem. Essa capacidade única conferiu uma vantagem à estirpe humana, permitindo que ela se aproveitasse, sozinha, de formas exossomáticas de energia. Nisso estaria "o gatilho evolutivo fundamental para o Antropoceno". Foi essa habilidade que levou a humanidade direto à

> descoberta de que a energia poderia ser derivada não só de carbono detrital biótico, mas também do carbono detrital fóssil, inicialmente do carvão. Essa fonte muito mais concentrada de energia catalisou avanços tecnológicos *que acabaram por levar à explosão tecnológica da era industrial* e daí ao Antropoceno em sua definição comum. No Antropoceno, a espécie humana passou a dominar o planeta [...]. A energia exossomática foi, e ainda é, um *catalisador essencial* para esse evento, e *a razão principal* para sua disponibilidade reside no fato de que, muito antes da era industrial, uma espécie primata em particular aprendeu a aproveitar as reservas de energia armazenadas no carvão detrital.[28]

Vale a pena fazermos uma pausa para analisar o que está sendo dito aí. Não é que o Antropoceno tenha começado muito antes da Revolução Industrial; Raupach e Canadell seguem a cronologia de Crutzen. Em vez disso, o que eles afirmam é que o "catalisador essencial" e a "razão principal" para a disseminação da queima de combustíveis fósseis em larga escala durante a era industrial estão, na verdade, no domínio do fogo por uma espécie primata em particular cerca de meio milhão de anos atrás. Aprender a andar com um ano de idade é a razão para saber dançar salsa hoje: o mesmo vale para a humanidade, que primeiro queima uma árvore e depois, quinhentos mil anos mais tarde, um barril de petróleo. Sob a perspectiva de Raupach e Canadell, a linha realmente corre direto do domínio original do fogo para os picos de emissões de CO_2 na China do começo do século XXI. A própria existência do "carbono detrital fóssil", combinada ao conhecimento primordial da humanidade sobre como queimar a variante biótica, *levou* à explosão tecnológica da era industrial, a partir da qual todo o resto surgiu como resultado desse trajeto. Independentemente do que pensarmos sobre a substancialidade dessas afirmações, é importante ressaltar, mais uma vez, que sua estrutura lógica é indispensável para a manutenção da narrativa do Antropoceno: algum atributo comum à espécie como um todo deve ter aberto o caminho para essa época geológica que lhe é própria.

Para a teórica literária Karen Pinkus, o presente é indistinguível de um passado muito distante. Houve poucas novidades em quase um milhão de anos. "O presente" — o que hoje se denomina Antropoceno — "começa por volta de 992 mil anos atrás, quando o *Homo erectus* se levanta" e acende uma fogueira, um primeiro passo que conduz diretamente ao segundo, no século XVI, quando a lenha escasseia na Grã-Bretanha e o carvão é adotado como combustível, ao que se segue a invenção conclusiva de 1784.[29] O geógrafo Nigel Clark vai ainda mais longe. Declara que as mudanças climáticas "são, principalmente, resultado da escalada da capacidade humana de combustão" que remonta ao manejo do fogo pelo *Homo erectus* na savana africana há 1,6 milhão de anos — um discurso-padrão sobre o Antropoceno; mas, na sequência, Clark pergunta: "*Que tipo de planeta é esse que dá à luz uma criatura capaz de fazer uma coisa dessas?*".[30]

A inclinação à piromania seria inerente à própria Terra. Um depósito de fogos de artifício que gira em torno do Sol, o planeta possui uma atmosfera rica em oxigênio, elementos inflamáveis e muitos materiais propensos à ignição; desde que a Terra existe, sua superfície vem queimando. Onde quer que haja vegetação, cedo ou tarde irrompe um incêndio. Os humanos não teriam feito mais do que articular esse DNA geológico, com a potencialização das "tendências pirófitas do próprio planeta" e a aceleração "de um imperativo de combustão que define a própria Terra", do qual "a propensão recente ao aproveitamento de biomassa sedimentada e fossilizada é apenas a manifestação mais recente". Eis aí o conceito do Antropoceno levado a seus limites exteriores. A agência humana seria agora o meio com que o planeta concretiza sua destrutividade latente, e a combustão de carvão e petróleo seria uma espécie de ventriloquismo telúrico ou de piromania delegada. Para Clark, a Terra, como corpo celestial, é um incendiário ativo: ela investiu no fogo, "apostou no fogo" — e foi "perversa o suficiente para produzir uma criatura ígnea" conhecida como homem.[31] Sob esse ponto de vista, a causa definitiva das mudanças climáticas no Antropoceno, implementadas pelo motor a vapor e por todas as outras tecnologias, não é um evento distante na evolução da espécie humana, mas *a gênese do próprio planeta há cerca de quatro bilhões de anos*, diante de cujas rochas combustíveis um filho incendiário não demorou a emergir.

Mas Clark está nos extremos da teoria do Antropoceno. É mais comum traçar a linha de causalidade até o início da evolução humana, mas não antes disso; rumina-se sobre os últimos feitos fósseis do "primata do fogo, *Homo pyrophilus*", como na popularização do pensamento antropocêntrico pelo ex-ativista ambiental Mark Lynas em seu livro apropriadamente intitulado *A espécie divina: como o planeta pode sobreviver à era dos seres humanos.*[32] Há ainda outras ocasiões em que temas malthusianos familiares são mobilizados para explicar a adoção dos combustíveis fósseis. No entanto, a contribuição original e a imagem sintomática da teoria — ou talvez devamos atribuir a ela o status mais humilde de narrativa — do Antropoceno não é nem o fogo, nem a escassez, mas precisamente a crença na *espécie humana* como origem do motor a vapor, da queima de combustíveis fósseis, das mudanças climáticas e das correspondentes aflições biosféricas: há uma discussão constante sobre algo identificado como "a empreitada humana", uma força que agora colide com o resto da natureza. No que consiste exatamente essa empreitada não é jamais especificado, mas somos levados a entender que se trata de toda uma espécie que age para concretizar predisposições presentes desde os primeiros dias dos hominídeos.[33]

Os debates continuam a eclodir em torno dos detalhes do Antropoceno: alguns defendem uma data de nascimento muito anterior para a época, mas a Revolução Industrial ainda goza de um quase consenso. Desde 2008, e com a expectativa de mais alguns anos de negociação antes da chegada a um veredito, a Comissão de Estratigrafia da Geological Society of London está considerando o anúncio formal do Antropoceno como nossa época atual. Alguns poucos dissidentes afirmam que o conceito pertence à "cultura pop", e não à prática estratigráfica rigorosa — e, de fato, o termo viveu uma carreira bastante espetacular desde o artigo de Crutzen de 2002, com sua disseminação para muito além da torre de marfim e sua adoção por todos, desde o jornal *The Economist* até acadêmicos marxistas.[34] Seja ou não declarado o sucessor oficial do Holoceno, o Antropoceno já se infundiu nos discursos sobre o aquecimento global e sobre outras facetas das mudanças ambientais; mesmo que exclusivamente por conta dessa influência, o conceito se tornou uma realidade a ser reconhecida. E, sob uma análise mais cuidadosa, também pode ser parte do problema.

"O moinho movido pelo braço humano nos dá a sociedade com o suserano; o moinho a vapor nos dá a sociedade com o capitalista industrial." Assim afirma aquela que, sem dúvida, é a mais famosa das declarações de Karl Marx a respeito do vapor. A frase aparece em *Miséria da filosofia*, o ataque de Marx às ideias de Pierre-Joseph Proudhon, no contexto de uma tentativa de explicar não a ascensão do motor a vapor, mas as mudanças sociais em geral e o desenvolvimento das relações de produção capitalistas em particular. Em sua máxima, Marx verbaliza a hipótese inequívoca e, no interior da tradição marxista mais ampla, altamente influente sobre a seta da causalidade em uma economia que, como no caso da Grã-Bretanha, se industrializava: o vapor gera o capital — e não o contrário.

Mais precisamente, o vapor engendra a divisão e a organização do trabalho que reconhecemos como típicas do capitalismo: "O trabalho se organiza e se divide diferentemente conforme os instrumentos de que dispõe. O moinho manual supõe uma divisão distinta daquela requerida pelo moinho a vapor". Algum tipo de roteiro anexo à tecnologia do motor a vapor ditaria um certo elenco de capitalistas, trabalhadores, contramestres, assistentes e outros papéis a serem ocupados no interior da fábrica e que transbordariam para a sociedade como um todo. A inversão dos termos — a colocação das relações antes do maquinário na sequência causal — equivaleria a "chocar-se contra a história"; em *Miséria da filosofia*, não restam mais dúvidas sobre a instância determinante ou a direção do progresso. "Adquirindo novas forças produtivas, os homens mudam seu modo de produção e, ao mudar o modo de produção, a maneira de ganhar a vida, eles mudam todas as suas relações sociais".[35] É essa lei histórica que é ilustrada pelo aforismo do moinho manual/moinho a vapor, com o vapor escolhido como força produtiva emblemática que molda a sociedade à sua própria imagem.

Essa versão da teoria marxista da história — há outras, sem dúvida, a serem investigadas mais adiante — é eventualmente referida como "determinismo das forças produtivas"; sua exposição clássica se encontra em *A teoria da história de Karl Marx: uma defesa*, de G. A. Cohen, em que o filósofo analítico enfrenta duas questões deixadas em suspenso por Marx e Engels. A primeira: o que faz com que a tecnologia se desenvolva por conta própria? A segunda: como esse desenvolvimento vem a determinar a sociedade? Ou, na terminologia marxista: qual é o motor que conduz as forças produtivas adiante na história e por meio de qual sistema de transmissão elas governam as relações de produção? Cohen responde com o retrato do "homem" como um ser inserido em um ambiente hostil, em uma natureza rude e impiedosa que nunca atende às necessidades humanas: a "situação da humanidade é uma situação de escassez material".[36] Para melhorar suas chances, o ser humano deve se lançar ao trabalho e, mais especificamente, ativar suas duas faculdades únicas de inteligência e racionalidade. Ele será inteligente o bastante para inventar uma pá que permita escavar a crosta terrestre em menos tempo e com menos esforço do que antes, e caso seu irmão tenha a opção de empunhar essa recém-inventada pá, será racional o bastante para utilizá-la. A escassez ofereceria o incentivo permanente à invenção; a inteligência conceberia soluções elegantes; a racionalidade garantiria a adoção delas; sempre em busca de novas formas de prevalecer sobre a natureza, os seres humanos impulsionariam perpetuamente suas forças produtivas, e esse "crescimento da capacidade humana é o processo central da história. A necessidade desse crescimento explica por que *há* história".[37]

O conhecimento emergiria ao longo do caminho. "O desenvolvimento das forças produtivas é, em grande medida, o aumento do conhecimento de como controlar e transformar a natureza", escreve Cohen, que prossegue com uma citação de Marx: "O moinho manual nos dá a sociedade com o suserano; o moinho a vapor nos dá a sociedade com o capitalista industrial" — uma criação do capitalista alimentada a vapor que, em sua base, resulta do avanço do conhecimento. A *raison d'être* do motor é sua superioridade tecnológica: ele confere aos seres humanos novas habilidades para combater a escassez, para serem mais eficientes, para extrair recursos da natureza em taxas mais elevadas. O vapor está lá porque representa o progresso. Na verdade, o conhecimento do motor seria condição suficiente para empregá-lo; sugerir o contrário significaria uma "afronta [à] racionalidade humana".[38] Dada a forma como são constituídos — inteligentes e racionais —, os humanos sempre se valerão de todo tipo de conhecimento descoberto que facilite sua luta contra uma natureza parcimoniosa; as forças produtivas são o conhecimento concretizado e, como tais, prevalecerão.

Mas, de que modo algo como o motor a vapor organizaria as questões íntimas do ser humano? Cohen, que convenientemente era um filósofo, responde com um experimento mental centrado em um dispositivo utilizado para a produção de energia mecânica: um moinho d'água. Ainda que não escolha nem o moinho manual, nem o moinho a vapor, Cohen provavelmente tem o aforismo em mente quando constrói sua história; de fato, ela pode ser lida como uma explicação para o que Marx queria dizer. "Imaginemos", começa o autor, "uma sociedade produtivamente débil, cujos membros, que vivem em igualdade no plano da subsistência, desejam melhorar sua existência." Essa é a situação original de escassez. Agora "um deles imagina que a introdução de moinhos no leito do rio do qual dependem para a irrigação aumentaria o fluxo de água em direção ao solo, aumentando o seu rendimento e, portanto, aumentando o bem-estar de todos". Esse é o momento da inteligência humana. "Ele apresenta sua ideia à comunidade, *que se impressiona com ela*, e imediatamente um grupo é encarregado de projetar e construir os artefatos respectivos."[39] Essa é a hora da racionalidade — e, aparentemente, de um processo de tomada coletiva de decisões, um tipo de deliberação democrática a respeito da introdução ou não da invenção.

Os dispositivos, então, "são instalados em pontos estratégicos do leito do rio e testados, participando do teste todos os membros da comunidade". Sábios como são, todos avaliam corretamente os benefícios proporcionados pelas máquinas, e logo há a convocação de voluntários dispostos a operá-las. E é aí que os problemas começam. Ninguém se oferece. A operação do aparelho é um trabalho enfadonho; ninguém suporta sequer pensar a respeito; em vez disso, concordam que sejam sorteados os infelizes trabalhadores. Mas logo fica evidente que esse rebarbativo trabalho não poderá ser executado sem supervisão. A partir desse momento — estabelecido pelas exigências tecnológicas do moinho d'água —, "uma estrutura de classe (supervisores, agricultores, acionadores de moinhos) aparece no seio do que era uma comunidade igualitária".[40] É o alvorecer da história das relações de classe.

Assim, em decorrência da inserção de sua constituição física na vida dos homens, as forças produtivas estabeleceriam em primeiro plano novas relações de produção, interviriam na sociedade e selecionariam a organização de que precisam para se desenvolver por completo. Como essa teoria se aplicaria ao motor a vapor? Cohen não faz essa investigação — ele não investiga *nenhum* caso real —, mas a forma como uma linha narrativa básica que obedeça a essa lei poderia se desenvolver é bastante óbvia: antes do motor, os seres humanos sofriam com escassez de energia. Um indivíduo foi inteligente o bastante para inventá-lo. Por serem racionais, seus colegas de comunidade imediatamente viram o valor desse conhecimento e não pensaram duas vezes antes de lutar contra a escassez; o motor a vapor foi prontamente instalado. Em função das exigências técnicas desse aparato, inauguraram-se os papéis de capitalista industrial, de supervisor e de operador de fábrica, os quais, com o crescimento constante da produção, passaram a ser respectivamente proprietário, fiscal e servo do motor.[41]

Essa é, de fato, a narrativa que dominou muito da historiografia sobre a Revolução Industrial e, em particular, sobre a ascensão do motor a vapor; fora do marxismo, nas correntes burguesas tradicionais, essa linha do tempo é mais conhecida como "determinismo tecnológico", ou simplesmente "tecnicismo". Em *Capital and Steam-Power: 1750-1800* [Capital e máquinas a vapor: 1750-1800], escrito em meados dos anos 1960, John Lord retrata a ascensão do vapor como a escalada de degraus científicos que vão de protótipos iniciais utilizados em minas a projetos consumados em fábricas. Ao inventar o motor rotativo, Watt

> concluiu o rompimento entre empregador e empregado — houve uma separação total. Uma classe capitalista havia evoluído, e a admissão em suas fileiras só poderia ser alcançada por acidente. O progresso da condição de aprendiz à de mestre era a exceção, e não a regra, e é essa a linha divisória que tem perturbado o mundo desde que foi traçada.[42]

A versão marxista integra um corte mais amplo do determinismo tecnológico, diferenciado por duas crenças.[43] Em primeiro lugar, a difusão das novas tecnologias é assegurada por certa superioridade que lhes é intrínseca à própria constituição. Em segundo, essa mesma constituição traz consigo um conjunto correspondente de papéis sociais. Aplicado o raciocínio à ascensão do vapor, o motor rotativo teria prevalecido sobre mobilizadores primários alternativos devido a uma melhor performance, uma maior eficiência ou alguma propriedade técnica similar — de modo bastante análogo à forma como o moinho d'água de Cohen elevava a produtividade agrícola — e, assim, teria convocado capitalistas e trabalhadores a participar de um relacionamento especial. A teoria é totalmente compatível com o — e, na verdade, se justapõe ao — paradigma ricardo-malthusiano e à narrativa do Antropoceno: os três desenvolvem algum tipo de doutrina da "empreitada humana". A questão do vapor pode servir como a prova dos nove para todos eles. Como conduzir esse teste?

Tanto o paradigma ricardo-malthusiano quanto o determinismo das forças produtivas resultam em hipóteses razoavelmente simples para as causas da ascensão do vapor. Se acabássemos descobrindo que a transição ocorreu apesar de a energia disponibilizada por mobilizadores primários alternativos ter continuado *abundante* e *mais barata* — se não se constatasse nem escassez nem um aumento em seus preços relativos —, então a hipótese ricardo-malthusiana ficaria por um fio. Se a força produtiva que rivalizasse com o motor a vapor retivesse um potencial considerável para uma façanha tecnológica ainda não exaurida no tempo da transição, ou se o vapor triunfasse mesmo sem uma vantagem nítida nos termos neutros e instrumentais da performance e da eficiência, a hipótese do determinismo das forças produtivas (e do determinismo tecnológico) estaria em maus lençóis. E sofreria um golpe ainda mais duro se as relações de produção — particularmente entre capital e trabalho — tivessem imposto a seleção do motor a vapor, e não o contrário. As afirmações causais da narrativa do Antropoceno, por outro lado, são de natureza mais conceitual, filosófica e, quem sabe, até mesmo metafísica; refletiremos sobre elas mais adiante. Mas, caso alguns humanos introduzissem o motor a vapor *contra a resistência explícita de outros humanos*, então seria difícil sustentar uma visão que o situa como resultado de um projeto de toda a espécie. Só com o uso de dados poderemos resolver essa questão. Se os dados contradisserem as três estruturas teóricas, precisaremos construir outra explicação para a ascensão do motor a vapor e, mais amplamente, outra teoria para a economia fóssil. Um ponto de partida pode ser, então, a hipótese — caso apoiada pelos dados — de que o motor a vapor surgiu como uma forma de poder exercida por algumas pessoas contra outras.

3

A LONGEVIDADE DO FLUXO: ENERGIA INDUSTRIAL ANTES DO CARVÃO

Fluxo, potência animada, estoque

O "mobilizador primário" tem um significado estranhamente duplo. Em todo dicionário e enciclopédia de língua inglesa, duas definições para o termo *prime mover* andam lado a lado: há, primeiro, o mobilizador primário metafísico, o impulso original e inamovível, o "agente que causa a si mesmo e que é a causa de todas as coisas" — com Deus como referente corriqueiro — ou, de outra forma, "o ser que se move a si mesmo e que é a origem de todo movimento". Esse fenômeno é distinguível precisamente por não depender de qualquer estímulo externo. Deus não precisa de combustível. Mas aí, em segundo lugar, há o mobilizador primário mecânico, que, de acordo com a edição de 1989 do Webster's Dictionary, também é um "agente inicial", mas de uma espécie bem diferente: trata-se de "uma máquina, uma roda-d'água ou um motor a vapor que recebe e modifica a energia suprida por alguma fonte natural".[1] Nesse sentido mais terreno, o mobilizador primário é tudo, menos autopropulsionado. Em vez disso, ele é absolutamente dependente de "alguma fonte natural" — um insumo —, sem a qual não colocará em movimento nem a si mesmo nem outra entidade.

Na Grã-Bretanha do início do século XIX, o termo desceu dos céus e adotou seu segundo sentido de maneira definitiva em meio às fábricas e oficinas de todo o reino. Em *Treatise on the Steam-Engine* [Tratado sobre o motor a vapor], de 1827, John Farey notou a inversão da definição metafísica: "Aqui deve ser ressaltado que o primeiro mobilizador, na verdade, não produz a força com que opera, mas é adaptado para coletar e concentrar a energia que emana de alguma causa natural, de modo a derivar o movimento a partir dessa causa".[2] O ato inicial do proprietário de fábricas, do mecânico ou do montador de máquinas consistia em localizar e se apropriar de uma fonte adequada e *já existente* na natureza, e a tarefa do mobilizador primário correspondia à mera extração daquela potência e de sua transmissão para outros corpos.

Havia uma variedade de mobilizadores primários disponíveis. As opções principais eram os moinhos de vento, as rodas-d'água, as moendas a cavalo, os seres humanos e os motores a vapor, e todos eles se enquadravam nesta definição prosaica: o mobilizador primário é um mecanismo para a geração de potência mecânica que, com base em uma fonte energética, põe outros mecanismos em movimento. Podemos então agrupar os mobilizadores primários em categorias de acordo com suas *fontes de energia*. Sob quais rubricas? Os termos "carbono neutro" e "carbono intensivo" denotam propriedades das fontes energéticas que são de grande interesse para nós e provavelmente ainda maior para as gerações futuras, mas não para os produtores da época. Escritores do início do século XIX estavam de fato cientes dos altos teores de carbono no carvão, mas esse não era um fator decisivo para a escolha de fontes de energia; o mesmo vale para a dicotomia "renovável" versus "não renovável".

Outras dicotomias falham em aspectos diferentes. Como já vimos, E. A. Wrigley propôs uma distinção entre uma economia "orgânica" baseada nos produtos da fotossíntese e uma economia "inorgânica" dependente de combustíveis fósseis. Mas os termos são infelizes. Não importa por quanto tempo tenha ficado no subsolo, o carvão é uma substância da natureza orgânica (daí sua combustão liberar carbono); o vento e a água, não. Assim, um industrial que troque sua roda-d'água por um motor a vapor teria passado de uma fonte de energia inorgânica para uma orgânica e se deslocado em uma direção histórica oposta àquela que Wrigley tinha em mente. A rotulação da economia inorgânica como "mineral" também não parece ajudar, já que essa classificação igualmente se aplicaria às Idades do Ferro e do Bronze; assim como inválida é a distinção entre fontes "animadas" e "inanimadas", já que a água, o vento e o carvão são, todos eles, inanimados. Precisamos de conceitos melhores para revelar as dinâmicas da transição histórica e para apontar com precisão as propriedades que *efetivamente importavam* para seus agentes. O Sol pode ser um ponto de partida mais adequado. Todos os mobilizadores primários disponíveis para os industriais britânicos por volta da virada do século retiravam sua potência de fontes energéticas que, em última instância, provinham do Sol. Mas, se é verdade que todas as fontes se originavam das reações nucleares do Sol, também não se pode perder de vista que cada uma delas se localizava a distâncias variáveis daquela morada celeste, em diferentes pontos no espaço e no tempo da Terra. Cada uma tinha suas qualidades distintivas, suas lógicas próprias — ou aquilo a que nos referiremos como seu *perfil espaçotemporal*. Havia três categorias básicas.

O fluxo de energia. Algumas fontes de energia que se originavam no Sol fluíam pela biosfera, não capturadas pela fotossíntese, mas acessíveis à coleta e à concentração direta por mobilizadores primários projetados para esse propósito. Chamamos essa categoria de "fluxo". Tanto o vento quanto a água pertenciam a ela. Os manufatureiros as encontravam como transformações praticamente imediatas da radiação solar a serem capturadas por apenas um instante, conforme passassem por um determinado ponto: um moinho se valia da intensidade dos ventos que sopravam, uma roda-d'água aproveitava a força da água corrente. Assim que esses estímulos eram coletados, deixavam os mobilizadores primários para trás e seguiam seus caminhos. A ativação deles não exigia um trabalho humano especial: o movimento já fazia parte de sua presença.

Apesar disso, o fluxo era determinado por condições particulares de espaço e de tempo. Para começo de conversa, sua disponibilidade se dava em função dos atributos da paisagem: ele podia ser encontrado em certos lugares, mas não em outros, e, como as linhas de transmissão ainda estavam em um futuro muito distante, tinha de ser aproveitado no próprio local. O vento não sopraria dentro de uma ravina ou na base de um vale profundo, mas mais provavelmente em terrenos litorâneos planos ou no alto de uma colina; para que pudesse ser capturada por uma roda, a água precisava correr por um córrego que, por definição, é um atributo específico e que, independentemente do terreno, não se espalha por toda parte. O fluxo era sujeito às flutuações temporais das condições meteorológicas. O vento poderia estar mais fraco em determinado dia, mas uma tempestade violenta poderia acontecer no seguinte; a depender da estação do ano e das condições meteorológicas do dia ou mesmo da hora, a água poderia congelar, evaporar, transbordar ou correr na altura média do córrego. Em suma, o fluxo era condicionado *no espaço* por sua circulação através da paisagem e *no tempo* por sua integração aos ciclos climáticos. Outra de suas características é bem apresentada por Babbage:

> Pode-se observar, sobre essas máquinas com que se produz potência, que, ainda que elas sejam uma imensa aquisição para nós, se considerarmos duas das fontes de sua energia — as forças do vento e da água —, não fazemos mais do que apenas utilizar corpos que por natureza estão em estado de movimento; mudamos as direções de seus deslocamentos a fim de torná-los subservientes a nossos propósitos, mas não acrescentamos nem subtraímos a qualidade do movimento existente.[3]

O fluxo não era, sob nenhum aspecto, esgotado ou enfraquecido por seu uso na manufatura. Um moinho de vento ou uma roda-d'água não reduziam a oferta de nenhum dos dois estímulos: salvo por alguma mudança fundamental nas condições meteorológicas ou por uma reestruturação da paisagem, o vento e a água estavam destinados a voltar com força total, não importando quantas fábricas impelissem.

Eis aí o perfil do fluxo, fundado em sua aparição no espaço e no tempo: resultado praticamente imediato da radiação solar, ele existia antes ou em separado da fotossíntese, independentemente do trabalho humano, incorporado à paisagem, refém dos ciclos do clima e das estações, inalterado em sua fonte pelo consumo. Outras fontes de energia que não fossem o vento ou a água evidentemente precisariam observar os mesmos critérios; a energia solar propriamente dita e a força das ondas e das marés vêm à mente. Havia alguma dose de conhecimento sobre a energia aproveitável diretamente dos raios solares na Grã-Bretanha do século XIX, mas essas noções nunca se materializaram em um mobilizador primário com aplicações potenciais para as fábricas. A energia das marés tem uma linhagem antiga, mas não era uma opção séria para a indústria.[4] A energia das ondas ainda dependia de descobertas científicas de outra era. Assim, em nossa investigação histórica, reservaremos o conceito de "fluxo" para o vento e para a água, mas manteremos uma janela aberta para a expansão do termo em um momento posterior.

Potência animada. Algumas fontes de energia eram corporificadas em criaturas vivas na forma da força de músculos que moviam objetos. Chamaremos essa categoria de "potência animada". Ela abarca animais e seres humanos. Como heterótrofos, ambos estavam ao menos um passo mais distante da radiação solar, já que dependiam de autótrofos para a produção de compostos orgânicos complexos via fotossíntese. Ainda assim, o intervalo de tempo que separava a radiação incidente e a chegada dos animais e dos seres humanos era relativamente curto: a comida com que seus corpos se construíam podia levar meses ou, como no caso do gado de corte, anos para amadurecer na forma de alimento, mas dificilmente mais do que isso; os raios solares ainda estavam frescos, por assim dizer, em seus tecidos.[5]

A potência animada estava condicionada aos imperativos do *metabolismo*. Tanto os corpos de animais quanto os de seres humanos exigiam a ingestão constante de nutrientes para energizar suas atividades, o sono para a recuperação de suas forças e, de preferência, algum período de descanso e lazer para esses mesmos fins. Enquanto a temporalidade do fluxo era contingente às condições meteorológicas, sua contraparte na potência animada se subordinava às exigências metabólicas: salvo raras exceções às regras de administração do trabalho, os corpos poderiam ser levados a operar máquinas em climas úmidos ou secos, mas não por vários dias e noites e sem a ingestão de comida. O uso dos animais e dos humanos não estava vinculado ao mesmo lugar de seu advento. Movíveis dentro de paisagens, eles poderiam ser deslocados de suas habitações e concentrados em locais selecionados, ainda que isso pudesse resultar em uma diminuição de sua energia potencial: circunscritos por seus metabolismos, eles acabariam sobrecarregados por qualquer trabalho, exauridos ou algo pior depois de realizar tarefas penosas. Por fim, tanto animais quanto seres humanos eram dotados, em graus variados, de *vontade* própria, uma faculdade ausente no vento e na água, o que poderia fazer com que um trabalho externo fosse necessário para a mobilização das energias potenciais de seus músculos. Ambos podem ser abordados como fontes que transmitem movimento para outros dispositivos — uma moenda a cavalo, um moinho manual — ou, ao menos no caso dos humanos, empregado *diretamente* como mobilizador primário — pernas que movem pedais, dedos que manipulam lançadeiras pela trama de um tecido.[6]

O estoque de energia. Finalmente, uma fonte de energia consistia nas relíquias da energia solar de um passado muito distante. Chamamos essa categoria de "estoque".[7] Sabe-se que o petróleo era utilizado como combustível em algumas regiões afastadas da Grã-Bretanha no início do século XIX, mas o carvão era a única parte do estoque disponível *de facto* para os industriais. As reservas desse combustível foram geradas em alguma era antiga, e essa propriedade característica já estava completamente concretizada quando a indústria algodoeira britânica surgiu: desde havia muito o carvão era rotulado como um combustível *fóssil*. Em 1835, John Holland deu um tratamento razoavelmente bem informado sobre o tema em *History and Description of Fossil Fuel, the Collieries, and Coal Trade of Great Britain* [História e descrição dos combustíveis fósseis, das áreas de mineração e do comércio de carvão na Grã-Bretanha], um misto de tratado geológico, história dos negócios e relato social. Como o autor deixa claro, o carvão se originava por um processo "em que *os restos de corpos vivos são sucessivamente acumulados de modo não menos fixo do que as rochas que os contêm*".[8] Hoje sabemos que, em algum momento, a matéria vegetal foi recoberta por pântanos, transformada em turfa e, então, uma vez submetida aos efeitos do calor e da pressão, aos poucos perdeu seu conteúdo aquoso e se solidificou em carvão. Noventa por cento das reservas mundiais provêm do período homônimo Carbonífero — entre 360 milhões e 286 milhões de anos atrás, quando a taxa de recobrimento do carvão chegou a níveis 600 vezes mais altos do que a média dos outros 98% da história da Terra graças a condições excepcionalmente favoráveis: climas úmidos, vastas planícies alagáveis e a colonização de planaltos, pântanos e litorais por grandes plantas lenhosas que proporcionaram uma abundância de materiais para a formação de carvão.[9]

Foi esse legado que os empreendedores britânicos do final do século XVIII e início do XIX encontraram como fonte de energia *fora da paisagem*. Fora da superfície terrestre visível, visitada e ocupada por seres humanos, os depósitos de carvão estavam escondidos em um mundo subterrâneo que poucos se arriscariam a desbravar, a não ser para retirar combustíveis.[10] O ponto de acesso despontava no horizonte na forma de poços com roldanas para a extração em minas superficiais, galerias na encosta de montanhas ou escavações equipadas com bombas, carroças, pás e outras ferramentas, mas *a fonte de energia em si* permanecia desvinculada dos arredores. Trazido à superfície na forma passiva e avulsa de pequenos fragmentos, o carvão podia ser livremente transportado e armazenado de maneiras que não eram aplicáveis nem à água ou ao vento nem a animais ou a seres humanos: a separação entre carvão e paisagem trazia consigo uma mobilidade e uma capacidade de armazenamento únicas. Mas um de seus pré-requisitos era uma quantidade considerável de trabalho humano. O vento e a água se manifestavam por conta própria; o carvão precisava ser escavado, carregado e levado até a superfície.

O estoque ocupava uma posição similar também no que se refere à dimensão temporal: parecia estar situado *fora do tempo*. Nem as flutuações das condições meteorológicas, nem os imperativos metabólicos influenciavam sua temporalidade; afastados do tempo diário, histórico, sazonal e até mesmo civilizacional, os depósitos de carvão eram independentes de tudo o que ocorria nas escalas temporais perceptíveis aos cidadãos da Grã-Bretanha. Em vez disso, o carvão era a herança de condições meteorológicas *passadas*, de metabolismos *passados*, de topografias *passadas*, todos eles perdidos para sempre. Daí decorria, aliás, que o carvão nunca estava "por natureza em estado de movimento", para tomarmos Babbage de empréstimo mais uma vez: nunca alguém foi tocado, esmagado, derrubado ou arrastado para longe por um pedaço de carvão que se movesse sozinho. Congelada no espaço e no tempo, a energia potencial altamente concentrada do estoque teria de passar por um processo química e tecnologicamente intricado de transformação em energia mecânica: a *raison d'être* do motor a vapor. Os mobilizadores primários do fluxo ou da potência animada tinham apenas de retransmitir movimento para as máquinas; o motor a vapor precisava conjurá-lo do zero. Isso ainda implicava a destruição completa do carvão durante seu consumo — um aspecto inerente de seu uso e que estava ausente em todas as demais alternativas. Ao incendiar o carvão, os humanos, ao mesmo tempo, liberavam sua capacidade de pôr objetos em movimento *e* o exauriam, descarregando os poderes transientes daquelas pedras escuras *e* as transformando em fumaça e cinzas. O único modo de converter carvão em movimento consistia, literalmente, em consumi-lo.

A ascensão das fábricas movidas a água

As primeiras máquinas de fiar se baseavam exclusivamente na potência animada e no fluxo. A "spinning Jenny" de Hargreaves,[11] a máquina hidráulica de fiar de Arkwright e a "mula" de Crompton[12] foram originalmente projetadas para serem impelidas por humanos ou por cavalos; com exceção da spinning Jenny, esses dispositivos logo foram conectados a rodas-d'água em escalas muito maiores. Nenhum deles foi desenvolvido para um mobilizador primário baseado em estoque.[13] O grande surto de inovação no campo da fiação do algodão que marcou a segunda metade do século XVIII e proporcionou os alicerces da Revolução Industrial ganhou terreno graças a fontes de energia mais próximas à radiação solar e que, não fossilizadas, mas em movimento, eram dotadas de uma presença fulgurante no tempo e no espaço. Enquanto isso, no setor da tecelagem, o trabalho continuava igual ao que havia sido desde tempos imemoriais, com teares manuais instalados em residências e para os quais o corpo humano era o único mobilizador primário.

Os cavalos eram fundamentais para a tecelagem, porque moviam as invenções e as fábricas. Por não precisarem de rios, do vento dos campos ou de outros atributos imutáveis da paisagem, eles podiam ser alocados em qualquer lugar, em número que variava de acordo com as necessidades da manufatura, desde um único animal a dúzias deles trabalhando lado a lado; a instalação de moendas a cavalo era barata. Esses méritos — mobilidade, flexibilidade, baixo custo — fizeram desses animais uma aquisição útil para novatos da indústria algodoeira.[14] Mas as conquistas que esse tipo de tração podia alcançar eram limitadas. Rapidamente exaustos, a velocidade dos animais diminuía conforme crescia o peso das máquinas; via de regra, os cavalos não eram capazes de trabalhar em níveis satisfatórios de eficiência por mais de oito horas, e ainda que essa duração pareça corresponder à de uma jornada de trabalho moderna, a nascente indústria algodoeira almejava muito mais. Parelhas de revezamento precisavam ser instituídas: os imperativos metabólicos limitavam a força ao longo do tempo. Em termos de espaço, os cavalos eram corpulentos; como qualquer outro animal de tração (e também seres humanos), apenas um certo número poderia ser abarrotado em uma moenda ou agrupado de modo significativo ao redor de outro objeto a ser movido ou girado. Donos da própria cabeça, esses animais nem sempre eram confiáveis para o papel de servos dedicados, e quanto mais se exigisse deles, com mais frequência eles tinham de ser substituídos — e mais alto era o custo da forragem. Quando a Grã-Bretanha mergulhou nas Guerras Revolucionárias Francesas nos anos 1790, o preço dos alimentos começou a subir, e os custos de provisionamento passaram a pesar bastante sobre negócios movidos a cavalo.[15] Como unidade literal de potência, o cavalo foi apenas algo passageiro. Ao longo da década de 1790, a temporalidade e a espacialidade dos animais acabaram por representar um grilhão no caminho das longas jornadas de trabalho e do novo maquinário da aquecida indústria algodoeira: era necessário que um mobilizador primário diferente entrasse em cena.

Ao menos em teoria, a propulsão eólica era uma opção viável. Por volta de 1800, cerca de cinco mil moinhos operavam em dias em que o vento soprava na Inglaterra, a maior parte deles localizada em condados ao sul e a leste, onde eram usados para moer milho, drenar o solo e serrar madeira, com "múltiplos moinhos de velas desfraldadas para apanhar a brisa".[16] Os custos de instalação eram baixos. Seu uso não era tão estritamente ligado a um local específico da paisagem, como no caso da roda-d'água: o vento soprava *por sobre* a região, e não em uma margem ou em algum tipo de sulco. Mas havia uma desvantagem saliente que quase interditava considerações mais sérias sobre o emprego da propulsão eólica na indústria de algodão. "O uso dessa espécie de força mecânica", escreve Charles F. Partington em seu manual para um motor a vapor de 1836, "é, no entanto, limitado sobretudo à moagem do milho, à prensagem de sementes e a outras manipulações simples; a grande irregularidade do elemento impede sua aplicação àqueles processos que exigem movimentos contínuos".[17] O vento nunca desempenhou um papel notável nas fábricas de algodão.[18] Em vez disso, foi nas asas de outra fonte antiga de energia que a indústria aprendeu a voar: a água.

Conhecido desde antes de Cristo, o princípio da roda-d'água era a imagem da simplicidade: uma estrutura circular com pás ou baldes dispostos de modo a interceptar a água que escoasse de terrenos mais altos para áreas mais baixas, capturando alguma energia produzida naturalmente durante o processo.[19] A Grã-Bretanha era fartamente dotada desse tipo de insumo. Vindas do Atlântico Norte, as chuvas costumavam inundar duas regiões — a Escócia e o norte da Inglaterra — que também calhavam de compartilhar de um legado pleistocênico de rios abundantes entalhados por águas de derretimento de lagos glaciais. A maioria dos rios corria o ano inteiro, quase nunca assoreava e mantinha dimensões modestas no percurso que cortava o terreno montanhoso. Essas condições contrastavam fortemente com as de outras partes do mundo, em particular na Índia e na China, onde as vazões de rios gigantes estavam sujeitas a flutuações violentas ao longo das estações, migrando de uma hora para outra ao longo das planícies e varrendo consigo fardos pesados de lodo.[20] Entre os condados ingleses, Lancashire foi especialmente privilegiado: os montes Peninos forçavam as nuvens que se aproximavam a liberar precipitações intensas, coletavam as águas em bacias de drenagem situadas nas áreas mais elevadas e as distribuíam por toda a região através de vários riachos, regatos e rios maiores. A Escócia tinha sido ainda mais profusamente abençoada.

Foi sobre esse pilar que Richard Arkwright construiu seu império de fábricas, começando em Cromford, um pequeno vilarejo nos rincões rurais de Derbyshire que tinha um atrativo excepcional: "uma notável Corrente de Água", nas palavras do próprio Arkwright.[21] Essa corrente — um braço do Rio Derwent — tinha a fama de não congelar durante o inverno. Inaugurado em 1772, o protótipo da fábrica de Cromford empregou cerca de trezentas pessoas; cinco anos depois, erguida uma fábrica vizinha, a produtividade duplicou; no final dos anos 1780, a força de trabalho total do complexo somava aproximadamente 1.150 pessoas, e a expansão continuava. Já no começo do século XIX, Cromford era considerada o início de uma nova era, e essa percepção ainda se justifica. A criação do sistema fabril deflagrou uma nova forma de acumulação de capital disseminada significativamente pelos próprios investimentos galopantes de Arkwright: a primeira fábrica de fiação de algodão de Manchester, em 1780, mais duas em Derbyshire, uma em Staffordshire, duas na Escócia e mais uma em Cromford — todas movidas a água. Nas palavras de Edward Baines, autor de *History of the Cotton Manufacture in Great Britain* [História da manufatura de algodão na

Grã-Bretanha], de 1835, "a riqueza fluía para ele com força total de suas fábricas administradas com maestria". O fundador da fábrica moderna atingiu taxas de lucro acima da marca de 50% e, na ocasião de sua morte, em 1792, um obituário declarou que "ele morreu imensamente rico", deixando para trás fábricas "cujos rendimentos são maiores que os da maioria dos principados alemães [...]. Segundo fomos informados, *sir* Richard, dotado das qualidades necessárias para o acúmulo da riqueza, dominava no mais alto grau a arte de preservá-la".[22]

Como ambiente para a acumulação e manutenção de riquezas colossais como essa, a fiação de algodão naturalmente despertou o interesse de outros homens com acesso a capital. Em um enorme catálogo dos seguidores de Arkwright intitulado *The Water-Spinners* [Os fiandeiros de água], o historiador Chris Aspin detalha como esses donos de fábricas buscaram, e com frequência obtiveram, a fortuna que *sir* Richard havia posto diante deles como chamariz, e cita, a título de ilustração, duas linhas de um poema composto em 1789 por um industrial de Yorkshire chamado Robert Heaton: "Oh! Moeda! Moeda! Nítido ora vi/ Que, sincero, me enamoro de ti".[23] "O capital", escreveu Baines, "fluiu em torrentes para esse tipo de manufatura, atraído pelos lucros sem paralelos que ela proporcionava".[24] O boom se espalhou por toda a Grã-Bretanha, conforme empreendedores ávidos passaram a invadir os vales úmidos de Derbyshire, de Nottinghamshire, do País de Gales e, sobretudo, de Lancashire, onde um jornal local foi coberto de anúncios de terrenos ideais. Um visitante que passava pelas regiões a sudeste do país em 1792 anotou em seu diário que "todos os vales enxameiam de manufaturas de algodão, algumas não maiores do que uma cabana — pois, graças a um reservatório, qualquer riacho poderá supri-los".[25] Em 1788, estimava-se haver duzentas manufaturas de algodão movidas a água e construídas de acordo com os princípios de Arkwright — um aumento de dez vezes em oito anos —, das quais quase um quarto podia ser encontrado em Lancashire; na virada do século, ao menos mil delas se espalhavam por vários condados ingleses. Mas foi a Escócia, apenas um passo atrás de Lancashire, que emergiu como o segundo centro nevrálgico do algodão. Em 1793, o *Statistical Account of Scotland* [Relatório estatístico da Escócia] reportou de Glasgow que "fábricas de algodão, áreas de branqueamento e de estamparia foram erigidas em quase todos os córregos da vizinhança, de modo a garantir água suficiente para movimentar máquinas, além de muitas outras erguidas em distâncias bastante consideráveis".[26] Locais particularmente favoráveis foram encontrados nas fronteiras com as Highlands escocesas, onde o gradiente acentuado dos rios adentrava os terrenos mais baixos, e os córregos com frequência serpenteavam em torno de penínsulas onde manufaturas incomumente grandes podiam ser construídas a fim de produzir uma concorrência feroz com as fábricas mais ao sul.

Aos olhos dos contemporâneos, a ascensão da fábrica movida a água resultou em uma ruptura atordoante com rotinas passadas. No estilo bombástico de Andrew Ure, Cromford e sua prole marcaram o fim de uma era em que

> por toda parte as manufaturas eram débeis, e seus desenvolvimentos, flutuantes, disparando à frente com exuberância em dada estação e murchando quase até a raiz na seguinte, como se fosse uma planta anual. Seu perene crescimento começou agora na Inglaterra e atraiu capitais em correntes abundantes para irrigar os ricos domínios da indústria.[27]

Essa narrativa heroica levou golpes severos da tendência gradualista defendida por pesquisas revisionistas mais recentes — ao que tudo indica, ao menos. A obra do historiador econômico Nicholas Crafts desestabilizou a visão tradicional dos anos 1780 como a década revolucionária em que o sistema fabril atingiu a Grã-Bretanha vindo do nada e acendeu a fagulha do crescimento moderno, com sua marca registrada de altos níveis de desenvolvimento mantidos a cada ano. O crescimento total na produtividade real de mercadorias não chegou a 2% até o começo da década de 1820, de modo que seu aumento se deu de forma muito mais "gradual" — uma palavra-chave em Crafts — do que se costumava pensar. Mas essa cifra é um *agregado*. Se a economia britânica continuou a ser como um gramado praticamente plano e de lento crescimento até metade do século XIX, então ao menos um marco despontou de seu solo muito antes disso. "Há uma grande dispersão nas taxas de crescimento setoriais, sobretudo entre 1770 e 1811", observa Crafts. "O algodão é visto como um ramo de crescimento excepcionalmente rápido." Ao analisar essa indústria mais de perto, Crafts não falhou em discernir um surto espetacular na década de 1780, quando a produtividade real do algodão saltou em média 12,76% ao ano — o dobro da taxa dos anos 1770 — em comparação com 0,95% do couro, 0,54% da lã, 3,79% do ferro e 2,36% do carvão, indicadores todos em queda com relação a níveis ligeiramente mais altos na década anterior. "Há um avanço 'médio' mais gradual a ser estabelecido ao lado da aceleração explosiva na indústria têxtil do algodão", particularmente na linha da fiação, para a qual toda a discussão sobre uma revolução continua justificada.[28] Visto sob essa perspectiva, o efeito do revisionismo de Crafts se apresenta mais como uma desfolhação da Revolução Industrial: a retirada de folhas de outros setores e a exposição de um tronco de algodão.[29]

A ascensão acentuada do algodão por volta de 1780 derivou da tomada de um mercado já existente — o do vestuário, uma das necessidades humanas mais básicas — pelo tipo de fábrica desenvolvido pela primeira vez por Richard Arkwright.

Com máquinas movidas a água, o algodão era convertido em fios em uma fração do tempo exigido pela roda de fiar, pela spinning Jenny, pela máquina de fiar hidráulica ou pela "mula", o que aumentou a produtividade em várias ordens de magnitude. Empreendedores de vanguarda que instalassem tecnologias de ponta conseguiriam dominar segmentos inteiros do mercado com a fixação segura de preços abaixo daqueles cobrados por concorrentes ultrapassados *e* acima dos custos de produção — enquanto, ao mesmo tempo, a queda dos preços garantiria uma ampliação da demanda pelos produtos —, alcançando, assim, superlucros arquetípicos. Foi esse o caminho que Arkwright pavimentou. Não havia equivalente em nenhuma outra linha da indústria; fora dos muros das fábricas de algodão, as tecnologias tradicionais continuavam a preponderar, de modo a deixar metade de todos os ganhos de produtividade em manufaturas antes de 1830 concentrada nesse único ramo. "O rápido aumento no comércio de algodão parece estar, em grande medida, em dívida com a introdução mais liberal de maquinário em todas as suas fases em comparação com todas as nossas outras manufaturas de base", afirma a *Rees' Cyclopædia* — e, de modo mais geral, "é para essa fonte que devemos nos voltar em busca *do crescimento de todos os tipos de patrimônio*".[30]

E os patrimônios, sem dúvida, cresceram. Taxas de lucro na faixa de 30% a 50% não eram nada raras nas primeiras duas ou três décadas que se seguiram a Cromford. Além de atraírem recém-chegados

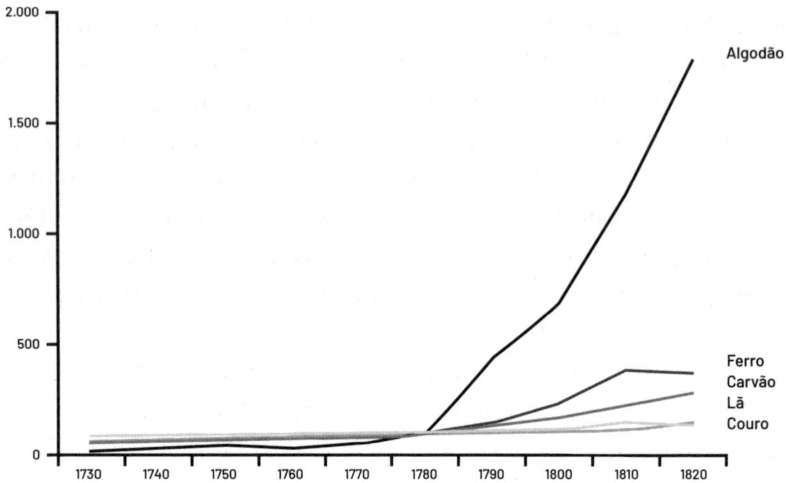

Figura 1. A explosão do algodão. Crescimento em cifras indexadas de produção real para cinco setores manufatureiros britânicos, 1730-1820. 1780 = 100.
Fonte: R. V. Jackson, "Rates of Industrial Growth During the Industrial Revolution", *The Economic History Review*, v. 45, n. 1, 1992, p. 18.

para o negócio, essas cifras também ofereciam um meio crucial para expansões adicionais: os lucros *realimentavam* as fábricas e eram reinvestidos no incremento da capacidade produtiva, em máquinas novas e aprimoradas, em rodas-d'água mais poderosas. Uma nova lógica de expansão autoalimentada foi implantada na economia britânica, ou, nas palavras de Nick Harley, colega de Crafts: "Com sua nova tecnologia e organização, o algodão originou um processo de 'desenvolvimento' com *mudanças qualitativas* que não eram encontradas" nos arredores, e, mais precisamente: melhorias incessantes na produtividade, alta lucratividade, reinvestimento de lucros e, assim — com a multiplicação do rendimento —, *acumulação contínua de capital industrial*.[31] O crescimento autossustentável havia chegado. Levaria ainda cerca de meio século para assumir controle total da economia britânica — esse é o ponto principal das descobertas revisionistas —, mas, em uma indústria em particular, um impulso até então desconhecido entraria em uma espiral de crescimento a partir dos anos 1780. E sua energia pulsante derivaria do fluxo. O sistema fabril, de onde as mercadorias eram despejadas em quantidades inéditas, emergiu graças à água.[32] O carvão não participou desse redemoinho. Os dois parceiros da economia fóssil — crescimento autossustentável, energia vinda do estoque — ainda tinham de ser reunidos.

A economia protofóssil

Antes de ser queimado para aquecer moradias ou preparar comida, o carvão era usado em rituais de cremação — ao menos é o que parecem indicar os registros arqueológicos. Nos primeiros usos comprovados do combustível nas Ilhas Britânicas, o carvão servia para gerar o calor necessário ao processo crematório no sul do País de Gales durante a Idade do Bronze. Mas foi apenas com a chegada dos romanos que o consumo do mineral ganhou certa regularidade. As propriedades inflamáveis e caloríficas dessas pedras escuras eram conhecidas pelas civilizações greco-romanas, como relata o *History and Description of Fossil Fuel*, em que Holland cita Teofrasto, estudante e sucessor de Aristóteles: "Essas substâncias fósseis, chamadas de carvão e quebradas em pequenas porções para que possam ser utilizadas, são terrosas; mas servem à ignição e queimam como lenha"; em alguns lugares, continua Teofrasto, "são usadas por ferreiros".[33] Durante a ocupação das Ilhas Britânicas, os romanos começaram sistematicamente a escavar, transportar e queimar carvão para uma variedade de propósitos: aquecer guarnições militares e lares, trabalhar o ferro em ferrarias, processar sal e malte, preservar o fogo perpétuo no templo de Minerva.[34] Já no primeiro século da Era Comum, o consumo de carvão alcançou todas as suas formas básicas pré-vapor.

Após a partida dos romanos, os depósitos permaneceram adormecidos por sete longos séculos. O carvão fez uma primeira reaparição entre ferreiros e camponeses do século XIII, embora isso ainda não tenha acarretado "maiores consequências para a vida nacional em comparação com a China antiga" — e até menos do que isso, como logo veremos —, nas palavras de John Nef, estudioso inigualável da incipiente indústria de carvão britânica.[35] Uma decolada mais definitiva ocorreu no final do século XVI. Os anos por volta de 1560 marcaram o início de uma potencial febre do carvão, transformando todos os principais setores de maneira significativa em um curto espaço de tempo; pelo próximo século e meio, a produtividade nacional provavelmente disparou para mais de dez vezes. Vamos nos referir a esse período como "o salto elisabetano". Ele coincidiu com a disseminação do carvão como combustível para o aquecimento doméstico: em *Description of England* [Descrição da Inglaterra], de 1577, William Harrison observou que o "grande comércio" de carvão "começou a crescer das forjas para as cozinhas e os aposentos, como já pode ser percebido na maioria das vilas e cidades que se espalham pelo litoral".[36] Uma única cidade, no entanto, absorvia a maior parte desse carvão para cozinhas e aposentos: Londres. Nenhum outro mercado se comparava ao londrino, e nenhuma outra cidade do mundo que lhe fosse contemporânea passava perto de ser tão inundada por combustíveis fósseis.

Assim, no salto elisabetano, a combustão de carvão britânica se deslocou para as lareiras, com a injeção desse combustível em uma atividade econômica primordial: a própria geração de calor e o preparo de alimentos. Mas, concomitantemente, o consumo industrial também avançava. Profissões artesanais familiarizadas com aquelas pedras escuras desde a época medieval passaram por uma expansão *e* se voltaram de modo decisivo para o carvão mineral; conforme as ferrarias que fabricavam e remendavam um pouco de tudo — de ferraduras a foices, de pás a fechaduras, de armas a pregos — aumentavam suas atividades, foram aos poucos abandonando o carvão vegetal. Já em 1552, um mercador comentava que os ferreiros que compravam carvão mineral dos campos mais a nordeste "não conseguem viver sem [ele] mais do que um peixe sem água".[37] Desejosos de vastas quantidades de combustível para aquecerem seus caldeirões, os cervejeiros se tornaram consumidores vorazes; produtores de salitre, sabão, amido, telhas e cachimbos dependiam de um suprimento constante de carvão; fábricas de cerâmica e padarias, vidrarias e fornos de cal, salinas e refinarias de açúcar prosperavam sob o fogo. As demandas de todos esses setores se somavam a uma *longue durée* de consumo crescente de carvão por força da dependência do calor, sobretudo para a fervura de líquidos. Todos substituíram a madeira pelo carvão. E usavam o combustível com o mesmo objetivo elementar que uma mulher da época para cozinhar o jantar, aquecer a casa ou dar banho nas crianças: o consumo imediato de energia térmica. A busca por potência não motivava nenhum desses usos.

Como devemos avaliar esses avanços a passos largos no emprego do carvão? De acordo com John Hatcher, o único acadêmico que arriscou um estudo que se aproximava em abrangência e escopo do *Rise of the British Coal Industry* [A ascensão da indústria de carvão britânica] de Nef, "nas décadas iniciais do século XVII, partes substanciais da Grã-Bretanha já se encontravam bem avançadas na estrada rumo à dependência do carvão"; no início do século XVIII, o país inteiro estava "em vias de se tornar uma economia baseada no mineral". Subjacente a essa declaração está a estimativa de Hatcher de que "os combustíveis fósseis eclipsaram os combustíveis vegetais como principais provedores de calor para a nação" — sem dúvida no ano de 1700, mas possivelmente antes de 1650.[38] Nef articula uma análise similar sobre o divisor de águas do final do século XVI; ao citar vários testemunhos da época sobre a indispensabilidade do carvão no século XVII, o autor defende que o combustível já se tornara, àquela altura, parte da vida britânica: "Em mais de uma ocasião, Shakespeare reúne seus personagens ao redor de uma fogueira de carvão".[39] Então a economia fóssil já tinha surgido?

Antes de responder à questão, algumas considerações adicionais são necessárias. Primeiro, e mais óbvio: como proporcionava energia exclusivamente na forma de calor, o carvão ainda precisaria entrar em qualquer competição com a água, o vento, cavalos ou humanos como força motriz para a manufatura. Nas indústrias em que o carvão conquistou algum espaço, o modo de consumo era qualitativamente idêntico àquele dos adoradores de Minerva, dos ferreiros de Teofrasto e dos cremadores da Idade do Bronze. Mas foi nas cozinhas e nos aposentos que o carvão passou a ser usado de forma mais extensiva: antes de 1700, mais da metade de todo o carvão produzido na Grã-Bretanha era queimado em residências. Como Hatcher deixa claro, o salto elisabetano se deu principalmente graças à substituição da lenha pelo carvão como fonte de aquecimento residencial e para o preparo de refeições; o mercado das pedras escuras se expandiu na medida em que elas se tornaram "uma mercadoria de subsistência básica". Esse processo secular de substituição — incompleto, sem dúvida, mas de proporções maciças — levou o consumo de carvão a patamares até então inéditos, nos quais, contudo, se estabilizou. Os potenciais de crescimento de cozinhas e aposentos eram naturalmente restritos, e no final do século XVI suas limitações já se faziam sentir: "Na ausência de novos usos para quantidades muito substanciais de carvão, a continuação de um rápido crescimento só poderia advir *de um aumento populacional*".[40] Esse crescimento era lento.

Mas a demanda doméstica por carvão era inflada por um outro processo: a urbanização. Quanto mais pessoas vivessem nas cidades, maior seria a necessidade de um combustível que pudesse ser concentrado em um mesmo local. A madeira determinava padrões relativamente dispersos de ocupação, já que vilarejos e cidades dependiam de florestas adjacentes; ao crescerem, seus moradores desmatariam os arredores e extinguiriam a oferta de insumos da região. Com o carvão, áreas de conurbação — com Londres à frente — podiam contar com o fornecimento de calor para uma grande quantidade de casas, já que o combustível podia ser rebocado ou transportado por navios diretamente para o centro das cidades e acumulado. Conforme a urbanização se intensificava com rapidez nos séculos XVI e XVII, e a capital inchava mais e mais, a demanda por carvão também subia; ao mesmo tempo, a mudança para o carvão fez com que esse adensamento populacional fosse possível.[41] Essa dialética de urbanização e consumo de carvão viria a produzir graves consequências em uma conjuntura muito posterior.

No entanto, a Grã-Bretanha do século XVII não cumpria todos os critérios que definimos como necessários para a configuração de uma economia fóssil. Não havia dinâmicas de crescimento autossustentável a que os combustíveis fósseis pudessem ser vinculados; o sustentáculo primordial desse tipo de dinâmica — a máquina — ainda não havia aparecido em nenhuma escala; as operações manufatureiras extensivas que efetivamente aconteciam continuavam a depender da potência animada e do fluxo como fontes de energia mecânica. O aquecimento de residências e o preparo de refeições nunca alimentaram um crescimento infinito nem compeliram outras pessoas a adotar combustíveis fósseis; eles eram buscados no silêncio dos lares, delimitados pelo número de pessoas que viviam em cada casa. Uma diretriz aritmética grosseira pode ser traçada: uma economia fóssil ainda não terá nascido enquanto mais da metade de todo o consumo de carvão ocorrer na esfera doméstica.

Mas isso não diminui a impressionante conquista que foi o salto elisabetano, como insiste Hatcher: "Bem antes do século XVIII, o carvão já havia se tornado o principal insumo industrial". Com a importante exceção da fabricação de ferro, "o carvão era queimado em todas as principais indústrias em que o fornecimento de calor fosse parte significativa do processo produtivo" — e a significância do calor na indústria não deve ser subestimada.[42] Desse modo, o rótulo mais adequado para o tipo de economia produzido pelo salto elisabetano parece ser o de *protofóssil*. Uma economia protofóssil é aquela que, para tomar Hatcher de empréstimo, está *em vias de* se tornar fóssil, e talvez já esteja até bastante avançada em seu percurso, mas *ainda não chegou lá*. A transição para uma economia fóssil propriamente dita permanece no futuro, e a travessia para o outro lado ainda não está de forma alguma decidida. Se pensarmos em uma estrada (a economia protofóssil) que conduz, entre outros destinos, a uma ponte (a transição) que leva a outro domínio (a economia fóssil), há vários resultados possíveis para os viajantes: eles podem dar meia-volta antes de chegar à ponte, ou podem parar, ou despencar do abismo, ou cair da ponte, ou simplesmente pegar uma saída e seguir outro rumo.

Algo do tipo parece ter ocorrido no império Song do Norte. O carvão vinha sendo utilizado como combustível na China desde pelo menos o século IV, mas o consumo só decolou de verdade em meados do século XI, sob os auspícios da dinastia Song sediada na porção nordeste do Reino do Meio. A indústria do ferro tomou a dianteira: arados, pás, foices e outros implementos agrícolas; espadas, arcos, flechas e outras armas; moedas, pregos, tachos para a evaporação de sal e uma gama de outros produtos fluíam das oficinas diretamente para mercados efervescentes e para um Estado que se fortificava. Naquilo que era nada menos do que um milagre econômico precoce, a indústria da região tinha o carvão como base. Ao longo do século XI, houve uma mudança do uso do carvão vegetal para o do coque em fornalhas e forjas, com a substituição da lenha pelo carvão como fonte de calor em todos os setores, desde o momento da fusão de minérios até o produto final. A dinastia Song roubava todos os holofotes da Grã-Bretanha de muitos séculos depois. Já nos anos 1070, as fundições de duas de suas regiões industriais mais vibrantes queimavam, juntas, uma quantidade anual de carvão equivalente a 70% do montante total *de todas as indústrias metalúrgicas britânicas no início do século XVIII.*[43]

Muitas outras indústrias chinesas — de tijolos, telhas, sal — adotaram o carvão, como também foi o caso, de modo crucial, das residências em Kaifeng, capital do império. Com um milhão de habitantes já no final do século XI, a metrópole era duas vezes maior que a Londres *do final do século XVII*; lutando contra invernos gelados e abençoado por minas recém-escavadas facilmente acessíveis por barcos — a uma distância de menos de um terço daquela entre Newcastle e Londres —, o governo organizou mercados de carvão e incitou as residências de Kaifeng a abandonar combustíveis tradicionais ligados à madeira. No começo do século XII, "nem uma única casa queimava lenha". "Os últimos 75 anos da dinastia Song do Norte", por volta de 1050 a 1127, foram, na visão de Robert Harwell, principal autoridade no assunto, "um período em que o norte da China se tornou o centro de mudanças significativas e talvez revolucionárias nas fontes de combustíveis; uma época em que o carvão se transformou na *fonte mais importante de calor para uso tanto industrial quanto doméstico*", sem paralelos em nenhum outro lugar do mundo antes, no mínimo, do salto elisabetano.[44] E então tudo desmoronou. A dinastia Song do Norte foi substituída pela do Sul; as fundições silenciaram e as minas de carvão foram fechadas, em uma reversão total de um breve florescimento. Nos séculos que se seguiram, o consumo de carvão se disseminou lentamente para outras partes da China e, durante os períodos Ming e Qing, pode até ter ultrapassado os números da dinastia Song do Norte em extensão, mas não avançou em direção a novas áreas ou se libertou do redil protofóssil.[45]

Comparado à dinastia Song do Norte, o salto elisabetano parece ligeiramente menos precoce. Na verdade, ele nada mais fez do que repetir uma velha façanha de uma terra muito distante: de um ponto de vista histórico, não havia nele nada de qualitativamente novo, e sua ocorrência não disparou o aquecimento global mais do que a dinastia Song havia feito. Os dois diferiam no fato de que a economia protofóssil da Grã-Bretanha deu lugar a uma transição fundamental, enquanto o mesmo não aconteceu com a China (nem mesmo muito depois do início das interações comerciais e geopolíticas que fossilizaram completamente a Grã-Bretanha). Ainda que o prefixo *proto-* carregue uma conotação teleológica difícil de apagar, podemos aplicar o termo *protofóssil* com alguma margem para o desenvolvimento inconclusivo como parte de sua própria definição. Mais precisamente, uma economia protofóssil é aquela em que (1) uma indústria de carvão se desenvolveu, com minas subterrâneas e um mercado constante; (2) o carvão se tornou a principal fonte de aquecimento na esfera doméstica; (3) o carvão penetrou na indústria como provedor de calor; (4) o consumo doméstico é predominante; e (5) taxas impressionantes de crescimento no consumo do carvão são alcançadas durante fases de substituição sem que nenhum crescimento econômico autossustentável seja atribuível a combustíveis fósseis. Todos os cinco critérios foram cumpridos pela Grã-Bretanha do início do período moderno; na dinastia Song do Norte, há dúvida apenas em relação ao quarto, devido à insuficiência de dados. Isso deve bastar para designar ambas como economias protofósseis, mas poucos exemplos adicionais vêm à mente — de fato, no alvorecer do século XVIII, "a produção de carvão na Grã-Bretanha era muitas vezes superior do que a de todo o resto do mundo".[46] Outras economias industriais avançadas, como as dos Estados Unidos ou da Alemanha, só trocaram a lenha pelo carvão como principal fonte de aquecimento doméstico *depois* que a Grã-Bretanha terminou a transição para uma economia fóssil e que motores a vapor foram importados para movimentar fábricas. Poucas economias se tornaram protofósseis antes que eles — e os britânicos — se fossilizassem, mas o fenômeno estava lá.

Disso decorre que nenhum relato sério sobre a história da economia fóssil pode ignorar a Grã-Bretanha protofóssil como a estrada que levou até aquela ponte. A mudança para o carvão como fonte principal de calor nos séculos XVI e XVII figura de forma proeminente nas narrativas sobre energia e Revolução Industrial — sobretudo no paradigma ricardo-malthusiano — e constitui uma pedra de toque para qualquer análise das raízes dos apuros de hoje. Assim, retornaremos a essa questão em um capítulo posterior. Revisitaremos alguns aspectos menosprezados da obra de Nef e, acima de tudo, perguntaremos o que de fato causou o salto elisabetano e por que sua trajetória foi tão única.

Repelido a vapor

Assim como as rodas-d'água e o uso comum do carvão, os princípios do motor a vapor parecem ter suas origens na Antiguidade greco-romana. A descoberta fundamental não é difícil de encontrar: a água em ebulição emite uma substância em estado gasoso — o vapor — que possui uma força capaz de empurrar objetos que estejam em seu caminho, que se expande com o calor e cria um vácuo quando condensada. Dessas propriedades surge a possibilidade da construção de um mobilizador primário. Os vários experimentos com o vapor, dos brinquedos de Heron de Alexandria, de Galileu e do marquês de Worcester, passando pelos motores de Savery e de Newcomen até chegar às várias patentes de Watt — o condensador separado, o motor de dupla ação, a engrenagem planetária —, formam um *Bildungsroman* [romance de formação] recontado sem cessar, uma das sequências mais cuidadosamente estudadas e aduladas dos anais da ciência ocidental; não há por que retraçá-la aqui. No *annus mirabilis* de 1784, com todos os componentes de um motor rotativo a vapor em seus devidos lugares, Watt obteve sua quarta e decisiva patente. Restava apenas adotar e difundir a invenção. Para elaborar propostas comerciais para suas máquinas, Watt contava, é claro, com seu parceiro de negócios Matthew Boulton, um empreendedor da indústria metalúrgica de Birmingham extremamente enérgico que, ao farejar um potencial de grandes lucros, começou a cortejar o inventor no final da década de 1760.

A única opção tecnicamente viável de combustível para o motor a vapor era o carvão, uma fonte concentrada e densa de energia contra a qual a lenha não tinha a menor chance. Extremamente ineficiente em seu consumo de combustíveis, o motor de Newcomen havia sido ligado a bocas de minas em que o carvão era abundante e poderia ser esbanjado sem problemas, mas o condensador separado, patenteado por Watt em 1769, cortou o consumo em um terço e permitiu que o motor — que ainda não era mais do que um tipo de bomba alternativa — fosse usado onde o carvão era mais escasso, e de modo mais notável nas minas de estanho da Cornualha. No começo dos anos 1780, contudo, o mercado da mineração disponível para a Boulton & Watt já estreitava. Exortando seu parceiro a entregar resultados, Boulton apontou outro nicho em ascensão: "Não há outra Cornualha no mundo, e a linha mais provável para o consumo de nossos motores é sua aplicação em fábricas, que é sem dúvida um setor bastante amplo". O algodão e o motor rotativo eram o futuro. Como encarnação do "manufatureiro capitalista revolucionário", Boulton teve a presciência de identificar como seu alvo principal o sistema fabril que despontava em Cromford: a grande promessa estava nas fábricas até então movidas a água. "A gente de Manchester já ergue fábricas de algodão suficientes, mas quer motores para operá-las", ou, em uma de suas formulações mais famosas, comunicada em junho de 1781: "As pessoas de Londres, Manchester e Birmingham são loucas por fábricas a vapor; assim, sejamos inteligentes e tomemos a dianteira" — e, de novo, em 1782: "Acho que as fábricas representam *uma área interminável* e que será mais permanente do que essas minas efêmeras".[47] Uma vez concluído o motor rotativo, bastaria provar sua superioridade para que as carteiras dos proprietários de fábricas se abrissem. Seria necessário construir um modelo para que a máquina pudesse ser exibida para esses industriais e para todas as outras pessoas.

Enquanto Watt dava os toques finais em sua quarta patente, Boulton concebeu a ideia da construção de um moinho para triturar milho em Londres como forma de divulgação na vida real e como uma espécie de janela para dentro do processo. Após superar certo ceticismo em meio aos moedores acostumados ao uso da água, Boulton, Watt e seus parceiros de empreitada construíram a primeira instalação a ser projetada para um motor a vapor na margem do Tâmisa, perto da ponte

Blackfriars. A Albion Mill foi inaugurada em 1786 como o estabelecimento industrial mais avançado em exibição na capital, com a demonstração das capacidades técnicas do motor de movimentar não menos do que dez mós; os preços do milho no mercado de Londres caíram, e manufatureiros curiosos correram para ver a máquina.[48] Por volta da mesma época, o primeiro fio de algodão era produzido pelo novo mobilizador primário.

No ano da quarta patente — suposta data de nascimento do Antropoceno —, os irmãos Robinson, donos da enorme fábrica de Papplewick e de quatro outras fábricas de algodão espalhadas pelo Rio Leen, em Nottinghamshire, encomendaram da Boulton & Watt um motor do tipo rotativo. A máquina foi entregue e montada em 1786. Com uma capacidade de 10 cavalos de potência para complementar a força do córrego, esse motor rotativo a vapor foi o primeiro a impulsionar uma fábrica de algodão; aproveitando o embalo, os Robinson encomendaram um segundo motor para outra fábrica em construção. Entre os primeiros seguidores de Arkwright, o conjunto de fábricas dos Robinson em Leen havia alcançado, já em meados dos anos 1780, um tamanho e um nível de sofisticação tecnológica extraordinários, e o gosto que os irmãos demonstravam por inovações saídas do forno os encorajava o bastante para arriscar as ideias da Boulton & Watt. Mas os Robinson acumularam decepções. Por acharem a operação de seus motores intoleravelmente dispendiosa, eles os utilizavam apenas nas ocasiões em que o rio estava baixo, e, no começo da década de 1790, venderam o segundo exemplar. Em uma queixa que assombraria o motor a vapor ao longo da transição — e, na verdade, muito além dela —, os Robinson culpavam os motores por gastos excessivamente altos com combustível. O carvão custava de onze a doze xelins por tonelada naquele distrito e tinha como elemento de comparação a água que corria de graça no Rio Leen. Conforme o experimento com o vapor foi se desenrolando, os Robinson continuaram a refinar seu poderoso arsenal aquático: reservatórios amplos, rodas enormes, governadores centrífugos, engrenagens de ferro, e não de madeira. No lugar do vapor, foi essa a base — antiga, mas modernizada — em que eles se apoiaram. O primeiro teste do motor a vapor na indústria algodoeira não terminou bem.[49]

Já em 1790, a Boulton & Watt havia conseguido vender uma dúzia de motores para manufatureiros de algodão na Inglaterra, dos quais cinco abandonaram a propulsão por água e três, a propulsão a cavalo. Mesmo assim, a questão da disseminação da tecnologia ainda os frustraria por muito mais tempo do que o esperado. Richard Arkwright, por exemplo, flertou com a ideia de instalar máquinas a vapor em Cromford, mas acabou por rejeitá-la em razão dos altos custos do combustível. Livrou-se do motor em sua fábrica em Nottingham depois de apenas um ano de testes; Watt o rotulou como "obstinado".[50] Em 1791, um manufatureiro em Wellington respondeu a uma oferta da Boulton & Watt: "Dado que os gastos de um pequeno motor, assim como o consumo de carvão e de água, são bem maiores do que supus necessário para nosso trabalho, parece mais recomendável instalar nossas máquinas em um curso de água a cerca de 1,5 quilômetro de distância de nosso estabelecimento". No final das contas, os manufatureiros "loucos por fábricas a vapor" acabaram por não se mostrar tão loucos assim. Os dois parceiros admitiram que "Manchester parece reticente quanto à adoção de nossos motores", e Watt ofereceu uma declaração ainda mais sóbria: "Ouvi dizer que há tantas fábricas situadas em córregos poderosos no norte da Inglaterra que em breve o setor deverá estar saturado".[51]

Alguns avanços foram feitos, no entanto. Os sócios da McConnel & Kennedy compraram um terreno em Manchester para a instalação de uma nova grande fábrica em 1797, soltaram todos os cavalos que até então operavam suas mulas de fiar e investiram em um motor da Boulton & Watt; dentro de alguns anos, garantiram a posição de líderes do mercado de fiação na Algodonópolis.[52] Em algumas das cidades algodoeiras de Lancashire — em particular Oldham e Preston —, os manufatureiros estavam relativamente ansiosos por adotar o novo mobilizador primário, e diversos deles se batiam pela liderança no mercado com a ajuda de mulas de fiar movidas a vapor.[53] Com o século se aproximando do fim, a intuição de Matthew Boulton foi ao menos em parte concretizada: a indústria de algodão substituiu a mineração como seu maior mercado até então. De um total de 289 motores montados na Inglaterra pela Boulton & Watt entre 1775 e 1800, 84 estavam localizados em fábricas de algodão e representavam 29% do número total; áreas de mineração apareciam em um distante segundo lugar, com trinta itens vendidos. Ainda assim, a água mantinha sua supremacia na indústria. Em 1800, esses 84 motores teriam de ser contrapostos a cerca de mil fábricas de algodão movidas a água; na Escócia, cerca de cem fábricas abrigavam um total de sete motores.[54]

A rápida captura da indústria que Boulton havia previsto nunca chegou perto de acontecer durante o seu tempo de vida ou o de seu sócio. Tudo, menos linear ou automática, a transição da água para o vapor, em vez disso, assumiu a forma de uma briga prolongada na qual a água, às vezes, parecia *ganhar* terreno. Arkwright e os Robinson passavam longe de ser os únicos manufatureiros de algodão a voltar para ela depois de testar o vapor nas últimas décadas do século XVIII; outro caso de vulto foi o de Robert Owen, que, em 1797, abandonou uma das maiores fábricas movidas a vapor de Manchester em troca das águas de New Lanark. Ironicamente, a própria Boulton & Watt descobriu que o uso de rodas-d'água em sua oficina no Soho seria mais lucrativo até depois de já bem adentrado o século XIX, como ocorreu também com seus colegas nos mercados de metal, ferro e aço nas Midlands.[55]

Como mobilizador primário amplamente difundido, bastante familiar, confiável e barato, a roda-d'água ofereceu uma resistência robusta. Em 1807, John Robinson, professor de filosofia e amigo de longa data de Watt, que no passado inspirara o interesse do jovem inventor pelo vapor, ofereceu um retrato sombrio para o futuro do motor:

> Em todas as fábricas é necessário que uma potência considerável seja empregada a fim de atingir o propósito almejado. A água é a força mais comum, e, de fato, a melhor, por ser a mais constante e uniforme, enquanto o vento às vezes sopra com grande violência e outras se faz completamente ausente. As fábricas também podem ser movidas pela força do vapor, como era o caso do moinho de Albion em Londres; mas *o custo do combustível, sem dúvida, impedirá por completo a generalização desse modo de construção de fábricas*.[56]

O palco para a união fatídica entre o crescimento autossustentável e a queima de combustíveis fósseis — cada qual com sua própria linhagem independente — parece ter sido montado já nessa época. Desde o começo dos anos 1790, o motor a vapor era amplamente reconhecido como um mobilizador primário funcional para a fiação de algodão, capaz de responder, em termos puramente técnicos, às demandas das fábricas; na virada do século, 25 exemplares da Boulton & Watt haviam sido exportados para outros países — Países Baixos, França, Espanha e até mesmo Rússia —, na maioria das vezes para moer grãos ou cunhar moedas.[57] A falta de conhecimento técnico sem dúvida não impediu a rápida mudança para o vapor na indústria algodoeira britânica. Pelo contrário, logo após a patente de 1784, o motor ficou bastante conhecido como uma contestação séria à roda-d'água, e os dois mobilizadores primários corriam como que em pistas paralelas entre as quais os industriais podiam alternar. No alvorecer do século XIX, estabeleceu-se assim um dos enigmas mais persistentes da história econômica: nas palavras diretas de Robert Allen, "a explicação da lenta adoção do motor a vapor na indústria de algodão é um problema importante para os historiadores dessa tecnologia".[58] Mas o problema pode muito bem ser formulado em ordem reversa. O processo exige uma explicação não apenas sobre as razões que fizeram com que essa adoção ocorresse tão tarde como também sobre *as razões que fizeram com que o motor a vapor acabasse por ser adotado.*

4

"HÁ ENERGIAS PODEROSAS NESSAS MASSAS": A MOBILIZAÇÃO DA POTÊNCIA EM UMA ÉPOCA DE CRISE

A primeira crise estrutural do capitalismo industrial

No começo dos anos 1820, a longa onda de prosperidade da indústria de algodão entrou em uma extraordinária efervescência. Da Escócia a Derbyshire, parques industriais foram construídos e ampliados como nunca até então, equipados com motores novos ou com rodas-d'água gigantescas, e os donos de fábricas se lançaram no encalço de todas as vias possíveis de expansão. Os investimentos eram facilitados pelo acesso ao crédito. Com taxas de juros em níveis excepcionalmente baixos e com o fluxo livre de dinheiro via bancos rurais, todas as pessoas abastadas com aparente solidez eram convidadas a tomar parte no frenesi de empréstimos. As fronteiras da prudência nos negócios foram brutalmente transgredidas. No verão de 1825, as vendas de produtos de algodão britânico para mercados estrangeiros se reduziram; com a chegada do outono, os bancos começaram a ruir sob o peso de empréstimos concedidos a clientes insolventes em maior ou menor grau. O pânico se espalhou. Em 8 de dezembro, o primeiro grande banco de Londres entrou em colapso, o que disparou uma reação em cadeia, de início entre seus correspondentes rurais e, posteriormente, muito além: os pagamentos começaram a ser suspensos banco após banco. Na semana seguinte, o jornal *Manchester Guardian* fez o balanço das ruínas do sistema financeiro britânico: "Na experiência do mais velho dos homens de negócios, nunca houve uma semana tão prenhe em calamidades para o mundo comercial quanto esta que agora se encerra".[1] O maior colapso financeiro do século XIX tinha começado — de fato, "o colapso de dezembro de 1825 não teve (e talvez ainda não tenha) precedentes em sua ferocidade", escreveu o historiador Boyd Hilton dois anos antes de 2008. Com um calafrio, os contemporâneos acabariam por se referir a ela simplesmente como "o pânico".[2]

Esse evento, no entanto, foi mais do que uma mera bolha. Sob a espuma dos excessos e das quebras financeiras, desequilíbrios profundos vieram à tona: em dezembro de 1825, a primeira crise estrutural do capitalismo industrial começava em seu país natal. E no centro de tudo estava o algodão. A bonança dos anos anteriores foi bruscamente freada conforme as exportações caíram aos níveis mais baixos em uma década. Produtores e comerciantes que haviam acumulado algodão cru, novelos e tecidos durante os meses finais de superaquecimento subitamente já não conseguiam encontrar clientes; mesmo em Manchester — lar de algumas das indústrias mais sólidas —, dezenas de empresas foram à falência; o desemprego nos distritos manufatureiros disparou.[3] Em sua agora regular seção "State of Trade", o jornal *The Times* noticiou, em fevereiro de 1826, que várias das fábricas de Manchester vinham reduzindo as horas de produção pela metade ou menos, já que os comerciantes continuavam sobrecarregados pelo excedente: "Não há nem uma diminuição de estoques, nem um aumento na demanda". Três anos depois, essa mesma estagnação perdurava com força total e levava o recém-lançado *Circular to Bankers* — possivelmente o primeiro periódico sobre negócios, anterior à *Economist* — a observar que a situação "difere de todos os casos precedentes de crise essencialmente neste aspecto: o mal está se espalhando de forma gradual e permanente" e que "a destruição do capital está avançando de modo mais regular e dramático do que em qualquer outra época". Quando cinco anos se passaram sem que o cenário melhorasse, o *Circular* concluiu que a gloriosa era da manufatura e do comércio se aproximava do fim absoluto.[4]

Os lucros da indústria de algodão foram praticamente obliterados. "Considero que houve um lucro considerável na fiação de algodão antes de 1826; mas, desde aquele período, não tem compensado", explica um manufatureiro de Manchester a uma comissão parlamentar que investigava a crise em 1833; uma profusão de declarações similares pode ser encontrada em relatórios e inquéritos da época, provenientes tanto de empresas individuais quanto da indústria algodoeira — e até mesmo do capital industrial como um todo.[5] Tudo tinha sido "em vão para a acumulação de capital", lamentava Henry Houldsworth, um dos principais manufatureiros de algodão de Manchester e Glasgow, cujo diagnóstico era corroborado por vendedores de linho e estampadores de calicô, fabricantes de lã e de ferro, compradores de dívidas, construtores e fundidores de latão. Como alertava o *Circular to Bankers*, "todas as pessoas que negociam com grandes capitais" devem esperar "uma certa perda".[6] Depois de 1825, uma curva de lucros decrescentes abarcava a maior parte, se é que não a totalidade, do capitalismo britânico; no que se refere ao algodão, os superlucros de 50% da era Arkwright haviam caído para uma média de 5% ou menos uma década após o pânico. A estrada que levava daqueles primeiros lucros até estes últimos não era difícil de mapear. "A que circunstâncias você atribui o baixo nível de lucros no comércio de algodão?", perguntou a comissão de 1833 a Kirkman Finlay, proprietário de algumas das maiores fábricas movidas a água da Grã-Bretanha, a quem ainda retornaremos. Finlay respondeu: "A uma produção extremamente grande em comparação com a demanda", induzida por "altas taxas de lucros em tempos passados, que, ao atrair uma grande quantidade de capital para o negócio, necessariamente levaram aos baixos níveis de lucros que vemos hoje".[7]

A bolha do começo dos anos 1820 agravou o mal-estar. Como um dos banqueiros de Manchester declarou em seu depoimento, um excesso das fábricas foi gerado naqueles dias de especulação insana, "não porque houvesse um aumento de demanda por produtos, mas porque os envolvidos estavam se saindo bem e tinham a oportunidade de pegar dinheiro emprestado".[8] O resultado, de acordo com um coro de manufatureiros e economistas, inspetores e conhecedores de fábricas, foi a *sobreprodução*. Definida de modo mais simples como um excesso continuado de capacidade produtiva em comparação com a demanda, a sobreprodução era a manifestação de uma *crise estrutural* — não uma recessão breve e facilmente superável, mas um dilema duradouro ancorado nos próprios sucessos da indústria de algodão. Justamente porque o setor passou por essa explosão de produtividade — a fonte de superlucros —, os investidores se lançaram naquilo que também poderia ser chamado de uma sobreacumulação do capital que foi se avolumando no final do século XVIII e veio à tona em 1825. Dito de outro modo, havia empresas demais em atividade; a corrida do ouro havia induzido um excesso de pessoas em busca de fortuna à construção de fábricas, que saturaram os mercados e causaram a queda dos preços e dos lucros. Uma vez instalada a crise, a concorrência se tornou feroz. "Estamos extremamente alarmados com essas graves perdas", confidenciou a empresa McConnel & Kennedy a um de seus agentes em 1831, e prosseguiu em um tom ainda mais agourento: "Caso estes tempos difíceis perdurem, todas as grandes empresas que não tinham fundos amplos para gastar antes do início da crise atual acabarão afundando uma após a outra".[9] Só as mais aptas dentre elas sobreviveriam a essa provação.

No final de 1833, a recuperação enfim teve início. Apoiados no aumento da demanda em mercados estrangeiros, os preços da maioria das principais mercadorias, incluindo produtos de algodão, começaram a sair de seus níveis tétricos. Pela primeira vez desde 1825 houve uma explosão na construção de novas fábricas; entre 1834 e 1836, o número de instalações nas principais cidades algodoeiras de Lancashire e Cheshire aumentou 32,5%. Nesses dois anos de breve exuberância, as pressões da crise estrutural foram comprimidas em algumas decisões importantes sobre fontes de energia, conforme os manufatureiros foram se voltando para certos mobilizadores primários e máquinas, e se afastando de outros. Então, no final de 1836, outra bolha especulativa estourou — desta vez inflada pelo boom das ferrovias —, as exportações de algodão entraram em queda livre e, em 1837, a crise voltou com tudo, e o ciclo de 1825 se repetiu quase à perfeição. Mais anos de fome se seguiram até que, em 1841 e 1842, a hiperdepressão mais desastrosa do século recaiu sobre a Grã-Bretanha. "Dizia-se que todos os distritos manufatureiros estavam à beira da falência generalizada".[10] Greves gerais e revolução espreitavam por todo o reino.

Desde o primeiro dia, a crise estrutural era, em iguais medidas, econômica e social. No verão de 1824, o Parlamento revogou as Combination Laws [Leis de associação, que proibiam os sindicatos] que, após um quarto de século em vigor, haviam se mostrado ineficientes e, aos olhos de muitos, francamente contraproducentes. Em vez de neutralizar uma ameaça, argumentavam os críticos burgueses, a proibição de todas as atividades sindicais radicalizava os "braços" e os levava a conspirações clandestinas ao impedi-los de vocalizar mesmo as demandas mais singelas. Na transição dos anos 1810 para os 1820, os próprios trabalhadores começaram a atuar de forma conjunta contra essas leis tão odiadas; quando os fiandeiros de algodão entraram em greve — em 1818, 1821, 1823 —, passaram imediatamente à mobilização pelo direito de criar sindicatos, enquanto tecelões, sapateiros, mecânicos e outras categorias mais ou menos organizadas reforçaram essas demandas com petições que exigiam a revogação das normas. A confiança da classe governante na estratégia de repressão escancarada desapareceu. No início de junho de 1824, uma norma que legalizava os sindicatos passou pela Câmara dos Comuns sem votação e até mesmo sem debates.[11]

O resultado imediato foi uma enxurrada de greves. Correndo em disparada como se tivessem sido libertados de um calabouço, os trabalhadores da indústria do algodão apareceram em Glasgow, Manchester e em outras cidades de Lancashire para marchar pelas ruas, organizar reuniões locais e despachar delegações para distritos vizinhos sem que precisassem ocultar suas ações; no final de 1824, o salário dos fiandeiros saltou entre um quinto e um terço.[12] Mal as Combination Laws foram abolidas, os interesses manufatureiros começaram a instigar uma campanha para reeditá-las. "Criou-se um enorme alarido, em grande parte da imprensa nacional, contra as associações de trabalhadores", observou o *Manchester Guardian* em outubro de 1825, enquanto o sistema financeiro dava os primeiros sinais de que ia quebrar.[13] Mas o gênio já tinha saído da lâmpada. Os sindicados, que haviam visto a luz da legalidade e se mobilizaram rápido para preservar seu direito de existir, responderam com uma avalanche de protestos, petições e comissões na capital. O Parlamento foi cauteloso; o ano de 1825 terminou com um acordo. Uma nova norma especificava que tentativas de obrigar alguém a parar de trabalhar ou a se registrar para uma negociação coletiva seriam consideradas violações criminais, mas o direito à greve e à criação de sindicatos permanecia consagrado, com a essência da revogação intocada. Em meio ao povo, essa vitória parcial deu sustentação às paralisações: carvoeiros, carpinteiros, oleiros, cordoeiros, sapateiros que faziam calçados femininos e cardadores de lã estavam entre os trabalhadores que largaram suas ferramentas em 1825. Quando a disputa parlamentar foi solucionada, uma nova geração de associações começou a brotar, algumas delas emergidas da clandestinidade e outras organizadas pela primeira vez.[14] Foi assim que as forças de trabalho lançaram uma ofensiva militante *no momento em que o capital colapsava.*

Surtos de insurreição popular começaram a pontuar a crise estrutural. Dia após dia, pareciam levar a Grã-Bretanha às raias de uma revolução total: primeiro o levante de Lancashire de 1826, depois as Revoltas de Swing, em 1830, a rebelião no sul do País de Gales, em 1831, a crise da Reforma de 1831-1832, o sindicalismo geral de 1832-1834; todos esses movimentos foram sucedidos em 1838 pela forma suprema da contestação cartista, que culminou com a greve geral de 1842 — o momento quase revolucionário mais crítico do século XIX, se não de toda a história moderna da Grã-Bretanha.[15] A guerra de classes assolava os distritos manufatureiros. A imprensa trabalhista que despontava no início dos anos 1830 adotou um tom beligerante: "Uma revolução não é necessariamente algo ruim", afirmava o *The "Destructive" and Poor Man's Conservative.* "Se os tiranos não permitirem a reforma de uma sociedade por meios morais e pacíficos, então deverão estar preparados para o uso de meios *físicos* e *violentos*"; daí a declaração do jornal: "Guerra! Guerra!! Guerra!!!" — uma guerra já em curso, "uma guerra do *trabalho* contra o *capital*", em que "os *Sindicatos* são a medida preliminar — são a fortaleza em que as armas do poder popular poderão atuar sobre o tecido pútrido da corrupção aristocrática".[16] Essa retórica não passou despercebida pelas ordens superiores.

A Mad, Bad and Dangerous People? [Uma gente louca, má e perigosa?], indaga o título do magistral estudo de Boyd Hilton sobre a Inglaterra nos anos 1783-1846: a única emoção a tomar a classe dirigente e a tingir esse período era o "medo — medo da revolução, das massas, do crime, da fome, da pobreza, da desordem e da instabilidade". O terror começou já em 1789, mas o monstro da gente louca, má e perigosa se tornou ainda mais assustador depois de 1825, e por duas razões: ele agora marchava sobre um solo que também estremecia com os terremotos da depressão econômica e arregimentava as "armas" especiais de trabalhadores combativos organizados em sindicatos. "O choque psicológico de dezembro de 1825", escreve Hilton, "foi ainda pior do que os fatos concretos"; a partir de então, rumores sobre o próximo pânico e suas prováveis vítimas seriam ouvidos incessantemente e se misturariam a uma angústia diante do povo feral que sentia os efeitos da crise na pele. No segundo quarto do século, a expectativa de vida em freguesias industriais caiu a níveis que não eram vistos desde a peste negra; as taxas de mortalidade dispararam, enquanto a altura média da população despencou.[17] Raquíticos e deformados, os corpos dos pobres eram, em si, uma fonte de medo, e a crise se refletia no horror burguês pelas massas imundas, doentes e infectadas, cujas inclinações revolucionárias pareciam ser tão contagiosas quanto a varíola ou o cólera. Em 1842, o jornalista e historiador William Cooke Taylor deu início a uma jornada particular em busca de fatos nos distritos manufatureiros. Taylor ficou petrificado:

> Quando um estranho passa pelas massas de seres humanos que se acumulam no entorno das fábricas e estamparias de Manchester e das cidades vizinhas, não pode deixar de contemplar essas "colmeias superlotadas" com sentimentos de ansiedade e de apreensão que crescem quase a ponto do assombro. Assim como o sistema a que ela pertence, essa população é NOVA; mas, a cada hora que passa, aumenta em extensão e força [...] [e dá forma a] um avolumamento lento e gradual de um oceano que, em algum futuro não muito distante, arrastará todos os elementos da sociedade para o alto, em seu seio, e os levará — sabem os céus para onde. Há energias poderosas adormecidas nessas massas.[18]

Nada menos do que a sobrevivência da ordem capitalista parecia estar em jogo. Havia um elemento de histeria nesse medo todo — afinal, nenhuma Revolução Britânica de fato aconteceu —, mas as insurreições eram bastante reais, assim como as contradições fundamentais que afligiam a economia. No final de 1842, outra recuperação teve início: da mesma forma como ocorrera na metade da década anterior, a prosperidade retornou à indústria do algodão — até que todas as curvas tornaram a se voltar para baixo, com uma nova depressão se aproximando da intensidade da que ocorreu em 1837.[19] Foi só em 1848 que o capitalismo britânico conseguiu superar o impasse e adentrar uma era de renascença contínua. Nesse mesmo ano, o cartismo entrou em colapso. Nós nos referiremos a esse período intermediário, de 1825 a 1848, como a "crise estrutural" ou, simplesmente, "a crise". Foi aí que a mudança decisiva para o vapor se concretizou.

A ascensão do Homem de Ferro

Enquanto faziam as primeiras tentativas de mecanizar a fiação do algodão, os inventores dos anos 1730 sonhavam com uma "máquina circular" capaz de produzir novelos "sem a intervenção de dedos humanos".[20] Quase um século depois, o sonho ainda não se realizara. Na época do pânico de 1825, uma grande variedade de mulas de fiar de Crompton predominava nos moinhos de algodão britânicos e respondia por talvez até 90% de todos os fusos do país: os dedos humanos eram constantemente chamados a intervir para assegurar seu bom funcionamento. Os fusos eram fixados em um carro, um tipo de caixa comprida que corria sobre trilhos que se comunicavam com rolos colocados sobre hastes. Ao avançar em direção ao fiandeiro por ação do mobilizador primário, o carro era então empurrado de volta, em direção oposta aos rolos, pela força dos músculos do operador, cujos dedos regulariam simultaneamente a velocidade de rotação dos fusos e garantiriam que o fio não se rompesse, se soltasse ou emaranhasse. Sem braços fortes e mãos hábeis, não seria possível produzir um novelo. Em outras palavras, havia *resíduos significativos de potência animada* na operação de uma mula de fiar: ainda que um mobilizador primário externo impelisse os primeiros gestos, o corpo humano ainda empregava suas energias para a conclusão do movimento, sinal claro de uma mecanização incompleta. Esse tipo de trabalho não podia ser realizado por qualquer homem ou mulher. Um fiandeiro — a profissão era reservada a homens — tinha de ser forte e esguio, de tato apurado, capaz de coordenar diferentes tipos de ação e de reorganizá-las na sequência. Esses profissionais continuaram indispensáveis, envoltos em uma aura de perícia enquanto manejavam os fios da produção. Caso desejassem, poderiam fazer a fábrica inteira parar por completo.[21]

Em seu *Forces of Labor: Workers' Movements and Globalization since 1870* [As forças do trabalho: movimentos de trabalhadores e globalização desde 1870], Beverly Silver descreve como alguns trabalhadores tinham uma forma particularmente intensa de "poder de barganha no ambiente de trabalho" — em especial, "os trabalhadores que estão envolvidos em processos produtivos estreitamente integrados, nos quais uma paralisação pontual de atividades em um nodo essencial causaria interrupções em uma escala muito mais ampla do que essa paralisação em si".[22] Foi exatamente essa forma de poder que estimulou a militância dos fiandeiros do começo do século XIX. Edward Tufnell, um comissário do grande Factories Inquiry [Inquérito das fábricas] de 1833, lamentava o fato de esses empregados, que compunham apenas um décimo da força de trabalho em uma fábrica típica — já que os cardeiros, empacotadores, reparadores de fios e outros assistentes eram bem mais numerosos —, realizarem "um trabalho absolutamente necessário para o funcionamento da fábrica", de modo que uma interrupção "forçaria todos os seus colegas a serem demitidos ao mesmo tempo". Logo após a revogação das Combination Laws, o movimento dos sindicatos de fiandeiros "subjugou a maior das manufaturas do mundo à sua autoridade", fechou fábricas por vários meses e fez a economia inteira de refém — "e *conseguiu* manter altas as taxas de salários".[23] De fato, nos anos que se seguiram, os salários dos fiandeiros foram elevados além dos níveis de 1825, *apesar da crise*, e atingiram um pico em 1831, com 30 xelins por semana na região de Manchester e 26 xelins em Bolton, Oldham, Preston e Blackburn. Seus salários eram mais altos até mesmo que os dos engenheiros. Para os proprietários, a situação era insuportável: enquanto os sindicatos continuassem a impedir cortes salariais — e até mesmo a impor *aumentos* —, as perspectivas de ressurreição dos lucros continuariam bastante lúgubres.[24]

A disputa, entretanto, não se limitava ao salário. Em seu âmago, tratava-se de uma luta por poder em um momento em que os proprietários precisavam afastar toda contestação à sua permanência no assento do motorista a fim de conduzir suas empresas para a segurança. Associações de trabalhadores de todos os tipos "constrangem os poderes produtivos, espalham a desconfiança entre os capitalistas" e os degradam a "um estado de servidão", escreveu Andrew Ure, professor e consultor privado frequentemente citado como uma autoridade em todas as questões relacionadas à indústria e, ao mesmo tempo, especialista na assistência prática aos principais donos de fábricas de Lancashire e das Midlands, muitos dos quais haviam sido seus estudantes.[25] Contra a concretização dessa distopia, Ure postulava o ideal da automação. "Automático", bradava ele em seu *Dictionary of Arts, Manufactures and Mines* [Dicionário das artes, manufaturas e minas], é "um termo empregado para designar as artes econômicas que são levadas a efeito pelo maquinário autônomo. A palavra é empregada pelos fisiologistas para expressar movimentos involuntários" — uma associação estabelecida, desse modo, entre o movimento automático e a falta de vontade própria. Na fisiologia das fábricas, todos os movimentos devem partir de fora do corpo humano. "O termo *automático* é agora aplicado para o maquinário autônomo ou que tenha *em si a capacidade de regular seus movimentos por completo,* ainda que *a força motriz derive de fora*".[26] A solução para o problema com os fiandeiros residia nessa fórmula.

Os proprietários chegaram à mesma conclusão antes que Ure pusesse suas ideias no papel. Uma antiga ideia se tornou um desejo ardente: se a mula de fiar pudesse ser "autônoma" — capaz de recolocar o carro em sua posição original, controlar a velocidade de rotação dos fusos, formar um novelo bem-acabado e, não menos importante, coordenar todos os movimentos *com o uso de seus próprios mecanismos* —, não haveria mais necessidade de braços. Em 22 de janeiro de 1825, o *Manchester Guardian* informou seus leitores sobre a eclosão de uma nova greve, desta vez capitaneada pelos fiandeiros em Hyde. "Os braços que já deixaram seus empregos desfilaram pelo estabelecimento, e se imagina que, em breve, seus números aumentarão significativamente", com um alcance estimado em dez mil trabalhadores.[27] Com as Combination Laws fora de cena, já não se podia contar com o Estado para prender grevistas ou líderes sindicais. Depois de três meses de impasse, os senhores do algodão de Hyde — que costumavam concorrer uns com os outros, mas que agora se uniam para pensar juntos — decidiram então procurar um homem que talvez fosse capaz de resgatá-los: Richard Roberts, o gênio de uma oficina de máquinas de manufatura em Manchester, administrada em conjunto com seu sócio Thomas Sharp. Uma delegação saída de Hyde implorou a Roberts que inventasse uma mula de fiar autônoma. E foi o que ele fez.

O fruto dessas súplicas foi concretizado na patente nº 5.138, de 1825,[28] em que Roberts afirmava ter automatizado completamente o processo de fiação — e cuja novidade consistia "nas circunstâncias dos movimentos da máquina, e não nos movimentos em si", que haviam sido apenas copiados das mãos dos fiandeiros. Cinco anos depois, a primeira mula de fiar operacional deixou a oficina da Sharp, Roberts & Co. — "com efeito, a primeira máquina realmente automática do mundo", segundo Kristine Bruland, historiadora da tecnologia da Revolução Industrial.[29] Quando o conhecimento do dispositivo chegou ao público geral pelas páginas do *London Journal of Arts and Sciences*, um periódico que compilava invenções recentes, não havia mais ambiguidades quanto à identidade de sua força motriz. "*Movida pela força do vapor*, a máquina deve possuir em si propriedades regulatórias que produzirão os diferentes ajustes em geral realizados pelas mãos de um fiandeiro habilidoso".[30] Andrew Ure discorreu sobre a superioridade desse "autoagente" (*self-actor*): daí em diante, só haveria necessidade de assistentes, que não teriam "nada mais a fazer a não ser observar os movimentos", unir fios rompidos, remover rolos terminados e limpar as máquinas, com a fiação inteira realizada "pelo vapor ou outra força".[31] A mula de fiar autônoma não foi somente a primeira máquina verdadeiramente automática; foi também a primeira invenção da indústria algodoeira a ser vinculada, desde o nascimento, ao motor a vapor como mobilizador primário. Ela foi nutrida com o estoque. E, o que é mais importante, sua difusão na indústria do algodão viria a coincidir com uma revolução generalizada no uso de energia: a procissão triunfal da mula de fiar autônoma — ou o "Homem de Ferro" (*Iron Man*), como viria a ser conhecida entre seus operadores — também era a procissão do vapor. Mas os elos entre os dois eram mais complexos do que o *London Journal of Arts and Sciences* sugeria. Na verdade, uma mula de fiar autônoma poderia perfeitamente ser movida por uma roda-d'água: nenhum vínculo tecnológico a ligava ao vapor. A conexão era de uma natureza bem diferente.

Ao contrário da Boulton & Watt, a Sharp, Roberts & Co. não precisou convencer seus clientes a comprar máquinas: loucos pelo Homem de Ferro, os manufatureiros mal podiam esperar por sua chegada. A partir de 1830, o modelo autônomo dominou a construção de mulas para a fiação de novelos rústicos e médios. Durante o boom de meados da década de 1830, com a retomada do comércio servindo de motivação para o desmanche de máquinas antigas ainda em funcionamento, somas maciças foram investidas no aumento da capacidade de produção pela primeira vez desde o pânico, com gastos pesados em Homens de Ferro novos em folha — que tinham a vantagem adicional de expelir entre um quarto e um quinto mais novelos por unidade de tempo do que aqueles produzidos por fiandeiros de carne e osso que operassem uma mula de fiar comum. Cada vez mais manufatureiros aproveitaram a oportunidade para se proteger contra futuras eclosões de militância sindical, e em alguns lugares a decisão foi tomada no calor do confronto.[32]

Já no ocaso do boom, os trabalhadores de Preston exigiram aumentos salariais de 18% como a parte que lhes cabia da recente prosperidade. Os proprietários responderam com uma oferta de 10%, sob condição de que todos os fiandeiros assinassem um acordo em que se comprometiam a não se filiar a nenhum sindicato: as negociações salariais se transformaram em uma disputa aberta pelo poder dentro das fábricas. Os 650 fiandeiros de Preston rejeitaram a oferta dos patrões e iniciaram uma greve no começo de novembro de 1836 que lançou no campo de batalha um número dez vezes maior de trabalhadores envolvidos em outras tarefas, com a paralisação de todas as trinta fábricas. Nesse momento, os capitalistas do algodão tomaram a iniciativa: Homens de Ferro foram trazidos para Preston pela primeira vez, e os fiandeiros organizados foram substituídos por uma combinação de autoagentes e de braços recém-contratados. No começo da primavera, não só a greve, mas todo o sindicato dos fiandeiros de Preston se desintegrou. O revés ressoou por todo o condado de Lancashire.[33]

Na Escócia, os fiandeiros havia muito tempo eram conhecidos pelas capacidades de subverter a autoridade capitalista no chão de fábrica, ditando quem poderia ser empregado e quais máquinas deveriam ser usadas; mas, no começo de 1837, os manufatureiros de Glasgow decidiram recuperar o controle de uma vez por todas: foi anunciada uma redução salarial que obliteraria duas décadas de ganhos sindicais. A adesão à greve daí resultante envolveu cerca de 36 mil trabalhadores e deixou a cidade "à beira de um estado de insurreição", nas palavras do xerife de Lanarkshire; depois de três meses, contudo, os recursos se esgotaram e as fileiras de grevistas começaram a sucumbir. Os industriais selaram a vitória com a demissão de centenas de operadores homens e com a contratação de mulheres jovens para substituí-los, às quais atribuíram a tarefa de acompanhar o Homem de Ferro: a mula de fiar autônoma se difundiu pelo distrito de Glasgow com força e velocidade.[34] A partir de então, os sindicatos de fiandeiros escoceses não passariam de uma sombra da grandiosidade de outrora.

Em abril de 1838, o *Edinburgh Review*, um respeitado jornal *whig* [liberal], deleitou-se com o recuo dos sindicatos em todos os setores do front. "Muitas das novas fábricas de fiação em Manchester e em Glasgow são construídas de modo a dispensar inteiramente o emprego de fiandeiros; e as cifras lhes asseguraram uma situação tal que lhes permitiu reduzir pela metade o número de braços contratados"; devido às greves recentes, dizia-se que a Sharp, Roberts & Co. estaria "sobrecarregada de pedidos". Uma década mais tarde, os proprietários de fábricas e seus aliados se congratulariam uns aos outros por uma vitória esmagadora: "Como consequência", gabava-se Roberts de sua invenção em 1851, "as paralisações cessaram quase por completo no departamento de fiação. Se hoje os fiandeiros entram em greve, raramente são autorizados a voltar a trabalhar".[35] O poder de barganha da categoria havia sido minado na base. Um tipo de fiandeiro ainda era necessário para ajustar a mula de fiar autônoma de quando em quando, alimentá-la com algodão cru e óleo e limpá-la, mas esse trabalho fora gravemente degredado; de fato, os fiandeiros foram renomeados para "maquinistas de filatório", dado que suas atribuições já não se referiam mais à fiação de algodão, mas a operar *máquinas* que fiavam algodão. Nos anos 1840, os salários haviam caído à metade do que eram antes da introdução do Homem de Ferro, em uma queda sem precedentes no mercado de trabalho britânico da época. Agravado ainda mais pela hiperdepressão, esse *déclassement* foi um cataclismo completo: "Conhecemos fiandeiros que antes ganhavam de 25 a 30 xelins por semana e que hoje se oferecem para peneirar cascalho por 1 xelim por dia — e imploram pelo emprego", diz um relato de Manchester do final de 1841.[36] Foram raras as vezes que a sorte de um grupo decisivo da Revolução Industrial se alterou tão rápido.

Como todos sabiam, no entanto, o Homem de Ferro não era *literalmente* autônomo. Quando Edward Baines enalteceu os poderes da máquina, não deixou as verdadeiras fontes de seu movimento em dúvida, ainda que, aparentemente, tenha confundido o inventor e o combustível: "Watt, com a agência mais sutil e mais potente do vapor, pôs em movimento um braço de ferro que nunca vacila ou se cansa, que rodopia em torno de dois mil fusos em uma única máquina". Se o autoagente era uma arma que visava enfraquecer os sindicatos, pode-se dizer que o vapor era a munição. Ao investigar a ascensão da máquina em Stockport, o inspetor fabril Leonard Horner perguntou a um manufatureiro em 1842: "A proporção de braços para cada cavalo de potência se alterou nos últimos anos?". A resposta: "No departamento de fiação, *houve uma queda palpável graças a máquinas aperfeiçoadas*" — menos braços, mais energia mecânica.[37] Na verdade, agora que todos os movimentos do carro ficavam por sua conta, o Homem de Ferro demandava cerca de *60% mais cavalos de potência* do que seu antecessor para a fiação da mesma quantidade de algodão.[38]

Dito de outro modo, o capital prevaleceu sobre o trabalho na indústria decisiva da economia britânica — esmagou os sindicatos, restabeleceu a devida hierarquia, extraiu mais produção de menos trabalhadores a um menor custo — com o uso do *poder* e da *potência*. A automação extraiu sua força de uma fonte extrínseca de energia. Foi a modificação dessa fonte que possibilitou aos capitalistas do algodão iniciar o processo de resgate de lucros à custa do trabalho. Seu surgimento foi quase resultado de uma reflexão a posteriori — e, de fato, é esse o status tradicional de considerações desse tipo —, mas o poder garantido pelo capital através da reestruturação tecnológica da indústria de algodão foi conjurado diretamente da *potência presente na natureza extra-humana*. Para esse processo, no entanto, os acontecimentos que tiveram lugar no departamento de tecelagem foram tão cruciais quanto aqueles no da fiação.

A ascensão do tear mecânico

A fiação do algodão era só metade do processo. O produto obtido ainda precisaria ser tecido para que servisse para vestir ou aquecer. Mesmo muito tempo depois de a fiação já ter sido dominada pelo maquinário, praticamente nenhuma mudança havia sido introduzida nas tecnologias e nos usos energéticos antigos da tecelagem: ao receber os rolos saídos das fábricas de algodão, um tecelão terceirizado os inseria em seu tear de madeira e passava a lançadeira com a trama ao longo da urdidura, de um lado para o outro, várias e várias vezes, até que o tecido estivesse firme e uniforme. Para a força do movimento, o tecelão contava "principalmente com os músculos das costas, que são mantidos em ação constante e vigorosa, enquanto outra ordem de músculos é empregada com pouca capacidade de variação ao mover a lançadeira e as bobinas", como observou o cirurgião Peter Gaskell, "e o esforço exigido se torna, depois de um tempo, penoso".[39] Meio século após Cromford, corpos exauridos ainda serviam de complemento às mais modernas fábricas de fiação. Os tecelões continuavam a trabalhar em casa e sem supervisão direta, mas estavam enredados em uma teia de dependência dos proprietários, que "terceirizavam" o emprego dos novelos, examinavam o tecido concluído, pagavam pelo trabalho e lucravam com as mercadorias ao vendê-las no mercado. Ironicamente, a ascensão da fábrica movida a água — o salto para uma revolução tecnológica permanente dentro das fábricas — desencadeou o maior boom em uma indústria artesanal tradicional da história britânica.[40] Com a simbiose de músculos e rios, a indústria do algodão se desenvolvia pela primeira vez *graças à exploração do fluxo e da potência animada.*

Não que a tecelagem a vapor fosse desconhecida. O "tear mecânico" havia sido inventado em 1784, aprimorado nas décadas seguintes e se provado equivalente ou superior aos teares manuais, mas costumava ser esnobado pelos manufatureiros. O princípio geral do dispositivo foi sintetizado pelo economista mais relevante da época, J. R. McCulloch: "Nesse tipo de tear, a lançadeira é passada, e toda parte do trabalho é desempenhada pelo maquinário; apenas a união dos fios que se rompem continua a ser realizada de forma manual".[41] Mas foram os teares manuais que, nas décadas próximas à virada do século, absorveram o crescimento do algodão e se proliferaram ainda mais nos casebres e nos porões. "No final dos anos 1820, é possível que, sozinhos, os teares manuais utilizados na tecelagem de algodão tenham superado o número de teares mecânicos em uma proporção de até quatro para um", de acordo com Geoffrey Timmins, autor de *The Last Shift: The Decline of Handloom Weaving in Nineteenth-Century Lancashire* [A última mudança: o declínio da tecelagem manual no Lancashire do século XIX] — de fato, em 1829 havia aproximadamente 240 mil tecelões manuais (cada qual presumivelmente equipado com ao menos um tear) contra 55 mil teares mecânicos, o que torna a proporção de quatro para um ligeiramente subestimada.[42] Com um número aproximado de 250 mil pessoas — e talvez até o dobro disso, já que os parentes também se dedicavam em maior ou menor grau ao trabalho —, os tecelões manuais eram o maior grupo de trabalhadores vinculados a *qualquer tipo* de indústria britânica, e seu estilo de vida e experiência eram bem mais típicos do que os dos fiandeiros.

Eis aqui outro enigma clássico na história econômica da Revolução Industrial: por que uma tecnologia primitiva não só sobreviveu, mas *prosperou* por tanto tempo? Parte da resposta está nos preços extraordinariamente baixos do trabalho. Quando, no final do século XVIII, as fábricas começaram a despejar quantidades até então inauditas de novelos, a demanda por tecelões capazes de transformá-los em tecido disparou, assim como os rendimentos dessa classe; em resposta, a profissão foi tomada de assalto por dezenas de milhares de trabalhadores — antigos fiandeiros manuais cujas funções se tornavam redundantes nas fábricas, tecelões que trabalhavam em tecidos deixados para trás pelo algodão, camponeses agora incapazes de sobreviver da terra, trabalhadores provenientes de minas de chumbo fechadas, imigrantes irlandeses, soldados e marinheiros desmobilizados após as Guerras Revolucionárias Francesas. O tear manual e as ferramentas auxiliares eram baratos e fáceis de dominar; em contraste com a fiação, o processo de tecelagem não exigia habilidades especiais. No início do século XIX, um *excedente na oferta de tecelões* já era uma condição fixa do ramo. A ausência de requisitos mínimos de qualificação fez com que esse tipo de trabalho fosse uma opção-padrão para pessoas pobres e outros perfis de despossuídos, que, uma vez iniciados no ofício, encontrariam dificuldades para achar outros empregos. A isso se acrescenta um privilégio peculiar: a ausência de supervisão constante, da imposição de ritmos de trabalho, de barulho e de todas as outras pragas da produção mecanizada. Um refúgio contra a fábrica, a tecelagem manual continuou a seduzir pessoas desfavorecidas por mais tempo do que um cálculo estritamente econômico teria justificado.[43]

Essa miríade de tecelões manuais acabaria por prejudicar a posição da própria categoria. Diante da deterioração do equilíbrio de forças, esses profissionais viram suas taxas de remuneração iniciarem uma longa e dolorosa queda por volta de 1805; de 23 xelins, naquele ano, o salário semanal médio desabou para 8 xelins em 1820 e 6 xelins em 1830. Naturalmente, os tecelões tentaram defender sua subsistência através da ação coletiva, mas o potencial grevista que demonstraram no século XVIII começava agora a se dissipar com rapidez, e a capacidade que antes tinham de interromper a produção ficou comprometida pela existência potencial, em um mercado supersaturado, de outros trabalhadores para os quais os donos de fábricas de algodão poderiam repassar encomendas. Nenhum trabalhador era indispensável. Além disso, a ampla dispersão de tecelões no espaço — cada qual em seu próprio domicílio, espalhados por vales e colinas — impedia ações coordenadas, em mais um contraste com o que acontecia com a concentração de fiandeiros; nas negociações sobre as taxas de remuneração, os proprietários de fábricas podiam jogar um tecelão contra o outro sem que nenhum deles tivesse consciência disso. A falta de outras oportunidades de emprego em zonas rurais, a natureza casual de grande parte do ofício — muitos tecelões mantinham um pé no trabalho agrícola — e a grande presença de mulheres, crianças e idosos em famílias de tecelões derrubavam ainda mais os rendimentos.[44] Tudo isso resultou em *uma desvalorização extrema do trabalho dos tecelões manuais.*

Quanto mais barato o trabalho, menos razões havia para substituí-lo por máquinas. Mesmo no início dos anos 1790, quando os salários ainda eram comparativamente decentes, experimentos com teares mecânicos resultaram em fracassos comerciais devido aos altos preços do vapor. Em 1793, os proprietários de uma empresa de tecelagem solicitaram que a Boulton & Watt os ajudasse a se desfazer de um motor que haviam instalado para impelir seus teares, lamentando que os custos "do carvão em nossa vizinhança sufocam toda possibilidade de vantagem": seria mais lucrativo voltar ao trabalho terceirizado doméstico.[45] Os baixos preços do trabalho dos tecelões manuais eram perceptíveis em relação não apenas ao carvão, mas também ao capital fixo necessário em uma fábrica de tecelagem. Um capitalista que terceirizasse sua produção de tecidos precisaria investir em um depósito, mas pouco mais do que isso, ao passo que, caso desejasse construir uma fábrica de tecelagem, precisaria ocupá-la com suas próprias máquinas — e seu próprio mobilizador primário. Em 1818, John Kennedy, da McConnel & Kennedy, descobriu que, embora esta última opção aumentasse a produtividade, “ainda é problemático saber se essa economia com trabalho compensará *o custo da energia e do maquinário*, e as desvantagens de se estar obrigado a manter um estabelecimento de teares mecânicos em funcionamento constante”.[46] Enquanto os tecelões estivessem bem espalhados em grandes áreas e desempenhassem o papel de mobilizadores primários de forma inextricável de seus metabolismos corporais, os manufatureiros podiam transitar entre eles, contratar alguns, dispensar outros e dançar conforme as flutuações do mercado sem se sobrecarregar com investimentos maciços em maquinário. Desse modo, a preservação da indissociabilidade entre mobilizador primário e trabalhador continuou a ser algo racional do ponto de vista do capital, *mesmo quando a tecelagem movida a vapor já dava provas de sua proficiência tecnológica* nos primeiros anos do século XIX. Foi a *superabundância de potência animada* que adiou a transição para o estoque — e não a falta de uma tecnologia movida a vapor para a tecelagem, nem uma ineficiência em comparação com o trabalho manual, nem ainda uma ausência de conhecimentos sobre o tema.

A superabundância não pode, no entanto, ser explicada por características inerentes à potência animada. Sua ocorrência se deu mais em função das condições concretas das relações de classe da época — a presença de uma população despossuída, a aversão à disciplina fabril, as dificuldades de sindicalização no ambiente rural — e da própria natureza não qualificada do trabalho. Mas essas considerações levantam mais uma questão: por que, então, a mudança para o vapor acabou acontecendo? Os tecelões ficaram escassos e mais caros de uma hora para a outra? É o que o paradigma ricardo-malthusiano nos faria pensar, mas a realidade era o oposto disso. O colapso de 1825 foi a “calamidade final” para os tecelões manuais, como Baines formula com propriedade.[47] Forçados a cortar gastos, os proprietários deram início a novas rodadas de reduções impiedosas nas taxas de remuneração, que foram inevitavelmente copiadas por todos os concorrentes que não quisessem ficar com produtos encalhados. Os tecelões reagiram com a produção de mais peças a fim de tentar garantir sua subsistência, o que só resultou em jornadas de trabalho mais longas — as quais, segundo relatos, chegavam a catorze, dezesseis e até mesmo dezoito horas — e em uma saturação bastante pronunciada do mercado. Os salários continuaram a cair, até que, em meados dos anos 1830, uma das testemunhas das Comissões Especiais que investigavam as tribulações dos tecelões anunciou a tétrica faixa de rendimentos semanais médios: de quatro a cinco xelins, no máximo sete xelins para os tecelões mais requisitados e refinados; de modo bastante literal, centenas de milhares de trabalhadores eram reduzidos à pele e aos ossos da existência humana.[48] A potência animada *estava mais superabundante e barata do que nunca.*

Quando as Combination Laws foram revogadas, os sindicatos de tecelões já estavam quebrados, mas, conforme a pauperização foi se agravando, os trabalhadores desorganizados recorreram à única arma que ainda possuíam. "*Que não se suponha que o tecelão é incapaz de revidar.* Materiais são desviados em quantias sem paralelos em outros negócios, e manufaturas são notoriamente mantidas apenas com os frutos desses desfalques", declarou um comitê de tecelões e de proprietários simpatizantes de Bolton em uma petição destinada ao Parlamento.[49] Um tecelão experiente poderia desenvolver uma destreza para a manipulação das peças de tecido encomendadas, esticando-as, de modo a usar menos fios do que o necessário e guardar um pouco de algodão. Em vez de devolver os novelos poupados ao legítimo dono, poderia então vendê-los para terceiros. Raramente houve uma escassez de manufatureiros dispostos a comprar esse tipo de butim, fornecido a preços mais baixos do que o dos produtos lícitos: um mercado paralelo surgiu sob a superfície respeitável da indústria algodoeira. Obviamente, isso significava um aborrecimento considerável para os manufatureiros "honestos", que perdiam parte de suas propriedades para um buraco negro de fraudes e acabavam privados de parte de seus lucros já baixos diante da discrepância entre a compra dos fios e a produção de fato. Por mais que não dispusessem de poder de barganha no ambiente de trabalho, os tecelões tinham suas próprias formas de sabotar a acumulação.

Esses atos funcionavam como uma espécie de redistribuição ilícita de renda. Ainda que exigisse a participação de manufatureiros "desonestos", a prática de desfalques havia se originado da necessidade — e da oportunidade — de ganhar um pouco mais de dinheiro, na melhor das hipóteses o suficiente para conseguir pagar as próprias contas. Para Baines, o flagelo emanava das próprias regras internas desse grupo de trabalhadores:

> Eles são mais independentes do que trabalhadores fabris; são seus próprios senhores; recebem seus materiais e, às vezes, não devolvem os tecidos por semanas a fio; e — o que é lamentável, mas de ocorrência bastante comum —, em caso de necessidades prementes ou de forte tentação, podem desfalcar alguns rolos da trama dos empregadores a fim de comprar pão ou cerveja.[50]

Quase tão irritante quanto o desvio de materiais era a insegurança com relação à entrega de tecidos nas datas e horas especificadas. "O tempo de trabalho está fundamentalmente sob o controle deles", continua a litania de Baines. "Eles podem começar ou parar de trabalhar conforme bem entenderem: não estão obrigados a obedecer pontualmente às convocações dos sinos da fábrica"; ao trabalharem sob o poder de ninguém mais do que eles mesmos, os tecelões adquiriam "os hábitos mais ociosos, irregulares e dissolutos".[51] Havia uma contradição palpável entre a terceirização doméstica e o sistema de trabalho nas fábricas — entre a tecelagem não mecanizada e a fiação mecanizada —, mantida sob controle somente em função das amplas margens de lucro da era pré-colapso. De fato, os desfalques eram em maior ou menor grau *inerentes* ao sistema de terceirização doméstica, e reclamações sobre desvios eram comuns desde o século XVI. Depois de 1825, a prática parece ter escalado em conjunto com a pobreza dos tecelões e, em geral, era considerada seu principal incentivo: quando o tecelão "não tem um centavo no bolso ou um pedaço de pão na mesa, o que ele não fará para aplacar o choro de seus filhos?", raciocinava o manufatureiro de musselina John Makin. "É a angústia absoluta [que] leva muitos homens a fazê-lo", declarou um tecelão de Aberdeen diante das Comissões Especiais, que reconheceram, em 1835, que "a venda de trama e urdidura desviadas se tornou um comércio que excede todas as estimativas".[52] Ao atingir proporções epidêmicas, o fenômeno como tal passou a ser mais nocivo para a pressionada classe dos proprietários como um todo. Mas uma solução análoga ao Homem de Ferro aguardava nos bastidores.

Em meados dos anos 1820, os jornais dos distritos algodoeiros começaram a clamar por uma transição para os teares mecânicos como única forma de erradicar os esquemas de desvio de materiais. Uma década depois, Makin enumerou alguns motivos bastante diretos por trás da ascensão da máquina:

> Não penso que o tear mecânico de fato torne o tecido mais barato; a vantagem, e esta é uma vantagem bastante grande, está em produzir certa quantidade de tecido em certo intervalo de tempo, de modo a ser possível cumprir contratos com segurança e também manter o controle sobre os materiais da manufatura; essas são as duas grandes considerações que levaram ao tear mecânico.[53]

A comissão de Bolton estava igualmente confiante de que, caso "as despesas de construção, abastecimento, maquinário, peças, administração e preparo" fossem levadas em conta, a tecelagem automatizada ainda seria mais cara do que a produção manual, mas teria a vantagem decisiva de garantir "uma quantidade de trabalho sob controle e uma administração mais imediatas, além do impedimento de desfalques". Em uma linha similar, uma comissão real[54] concluiu em 1840 que "o custo de produção do manufatureiro é muito aumentado, e, consequentemente, *a demanda pelo trabalho manual de tecelões, muito diminuída* pelo desvio de mercadorias têxteis".[55] E, de fato, as lamúrias sobre furtos de materiais silenciaram após a troca dos músculos pela máquina.

Tudo isso aponta uma conclusão surpreendente. *Foram os custos excessivamente baixos da potência animada, e não sua escassez ou seu alto preço, que puseram os manufatureiros na direção das máquinas movidas a estoque.* Como os rendimentos pós-1825 foram baixos a ponto de em geral não alcançarem sequer os níveis de subsistência, os tecelões manuais, como estratégia de sobrevivência, tiveram de intensificar os desvios de materiais, o que, por sua vez, provocou um acúmulo de perdas e uma concorrência catastrófica entre os manufatureiros. *Aumentar* os preços pagos por peça — pagar mais pela potência animada que operava os teares — estava, é claro, fora de cogitação em condições de crise estrutural e de um desequilíbrio extremo de forças entre tecelões e proprietários de fábricas. Para um único capitalista, a mudança para os teares mecânicos representaria então a garantia mais segura contra roubos; para o capital do algodão como um todo, ela parecia contribuir muito para erradicar o mercado clandestino e consolidar o controle sobre o trabalho.

Mas, se a proteção contra os desfalques fosse a *única* meta, os proprietários poderiam se limitar a agrupar os teares manuais em galpões e arrastar os tecelões até eles para que trabalhassem como antes, só que sob os olhos vigilantes de supervisores. No entanto, como um terceirizador de Manchester explicou ao comissário Tufnell, os tecelões eram levados a trabalhar em ritmo constante apenas "nas fábricas operadas por motores a vapor"; seria somente ao sujeitar os tecelões a *um mobilizador primário central* que as idiossincrasias seriam extirpadas, e as velocidades e regularidades, ajustadas às demandas do sistema fabril.[56] Nenhum poder similar a esse poderia ser mobilizado com a simples reunião de braços. Além disso, o tear mecânico produzia pelo menos três vezes mais tecido por unidade de tempo, uma melhora bastante valiosa em anos de margens de lucro mais estreitas. Essa dianteira na produtividade estava disponível desde a virada do século, mas aumentou ainda mais nos anos 1820 e 1830, ao mesmo tempo que a epidemia de desfalques transformou os baixos preços do trabalho dos tecelões manuais — que antes compensavam as vantagens do tear mecânico — em uma maldição. "Máquinas movidas a vapor e que produzem mercadorias *com menos perturbações e custos* do que até o mais engenhoso dos artesãos podem, desse modo, ser consideradas à luz do trabalhador mais habilidoso", alegava a Comissão Especial de 1835 enquanto digeria seus ganhos.[57]

Uma primeira onda de implementação aconteceu durante a bonança de meados dos anos 1820. No final daquela década, um consenso burguês veio à tona quanto ao futuro do setor: "Não temos, de fato, a menor dúvida de que a tecelagem por máquinas está fadada, muito em breve, a substituir completamente a produção manual", declarou J. R. McCulloch em 1827. Uma segunda onda de escala muito maior coincidiu com o boom generalizado de meados dos anos 1830. O terreno se transformava com rapidez, e em definitivo: "Praticamente a cada semana que passa", relatou um terceirizador de Manchester em 1835, "o tear mecânico faz incursões contra o tear manual e o suplanta em uma fábrica ou em outra, e isso em uma dimensão bastante considerável". Um terceiro movimento do braço para a máquina ocorreu em meados dos anos 1840, em conformidade com os ciclos econômicos; em 1850, a mudança já estava praticamente concluída: 250 mil teares mecânicos agora ofuscavam 40 mil tecelões manuais. Doze anos depois, apenas três mil indivíduos continuavam a trabalhar na profissão moribunda.[58]

Desse modo, a mula de fiar autônoma e o tear mecânico passaram a ser difundidos conjuntamente quando a tecelagem foi por fim incorporada ao sistema fabril: "E os tecelões, sobretudo mulheres jovens, passaram a ser empregados sob regulamentos iguais àqueles de outras partes da fábrica".[59] Duplo do Homem de Ferro, o tear mecânico também contava com o mérito de que sua operação demandava a assistência "apenas" de mulheres novas, e a grande maioria das que trabalhavam com o tear mecânico eram moças adolescentes ou com vinte e poucos anos. Duas hienas muito parecidas foram mortas com uma única cajadada mecânica — ou, nas palavras de um supervisor de uma manufatura de algodão nas proximidades de Leeds:

> Muitas das melhorias recentes no maquinário tiveram sua introdução acelerada tanto pelas *condutas exasperantes dos trabalhadores* anteriormente empregados em atividades mais ligadas ao trabalho manual quanto pelo desejo de levar produtos ao mercado a preços mais baixos. Como exemplos, eu citaria a prensa para estamparia no setor de calicô [que abordaremos mais adiante], o tear mecânico e as mulas de fiar autônomas.[60]

As "condutas exasperantes dos trabalhadores" podiam assumir a forma de quatro meses de greve ou de uma tonelada de materiais desviados, de máquinas ociosas e também de fios que desapareciam. Ambas as estratégias negavam ao manufatureiro a utilização total de sua propriedade e demonstravam os perigos do *trabalhador irregular*, o arqui-inimigo universal do incipiente capital algodoeiro britânico. E ambas foram repelidas em fábricas cujos mobilizadores primários centrais passaram a impulsionar a fiação *e* a tecelagem.[61]

Foi aí que emergiu a "fábrica conjunta". Gigante de uma nova geração de estabelecimentos, ela integrava toda a cadeia produtiva em um extenso complexo e, mais particularmente, amalgamava o autoagente e o tear mecânico em uma ponta de lança tecnológica movida esmagadoramente a vapor. Já em 1831, as fábricas conjuntas respondiam por 58% de todos os trabalhadores da indústria algodoeira de Lancashire. A potência pulsava através delas em quantidades cada vez maiores: por toda parte, a automação da produção de algodão aumentou a taxa de cavalos de potência por trabalhador de 1 para 4,54 em 1835, e de 1 para 3,1 em 1850.[62] Nelas, o tear mecânico representava uma mudança qualitativa maior do que a mula de fiar autônoma, na medida em que vinculava pela primeira vez a tecelagem a um mobilizador primário não humano e inaugurava novas reivindicações quanto à energia mecânica, cuja maior parte era extraída do estoque. "No tear mecânico, todo o movimento é produzido pelo vapor", declarou casualmente um representante da Câmara dos Comuns no início dos anos 1840.[63] Assim como no caso da fiação, a vitória capitalista se materializou com a mobilização do poder: a proteção contra desfalques, a regulamentação dos ritmos de trabalho, uma maior produtividade, a exploração do trabalho feminino e juvenil, maiores lucros ou prejuízos menores, a coalescência de dois grandes departamentos da produção algodoeira sob a égide de um único capital — tudo isso articulado a um *acesso ilimitado à energia mecânica*. Para os tecelões manuais, esse foi um evento de extinção. Em seu ramo, o vapor funcionou como munição em um sentido ainda mais profundo do que no caso dos fiandeiros.

Mas, por que o vapor? Por que não a água? Muitas das primeiras e maiores fábricas conjuntas eram movidas por rios. O afastamento da fiação e da tecelagem da mão humana *poderia ter* levado à água — não havia obstáculo tecnológico à vista —, então por que a automação se voltou para o estoque? A avidez energética da indústria do algodão teria agora alcançado um ponto em que o fluxo já não seria mais capaz de satisfazê-la? Será que a união entre máquinas de fiar autônomas e teares mecânicos ansiava por algo mais do que os rios britânicos podiam oferecer? É a essas questões que nos dirigiremos agora.

5

ENIGMAS DA TRANSIÇÃO: AS DURADOURAS VANTAGENS DA ÁGUA

Cronologia da transição

Antes de avançarmos, precisamos fazer uma pausa para tentar especificar quando exatamente ocorreu a transição para a propulsão a vapor na indústria do algodão. A partir de que momento seria possível dizer que ela foi bem-sucedida? Em *Technological Change and the British Iron Industry, 1700-1870* [Mudanças tecnológicas e a indústria britânica do ferro, 1700-1870], Charles K. Hyde afirma que "uma inovação suplanta uma tecnologia mais antiga quando cerca de 90% da produção resulta do novo processo".[1] Traduzido para a indústria do algodão, isso sugeria que a mudança se concretizou quando o motor a vapor passou a responder por cerca de 90% da produção — ou, mais precisamente, dos *cavalos de potência totais*. O teto é alto e os critérios são rígidos; o que se exige é uma substituição quase absoluta dos antigos mobilizadores primários. Um marco mais flexível poderia ser fixado em 50%: ultrapassado o primeiro limiar de *metade* de todos os cavalos de potência, o vapor teria se tornado predominante. Mas também é possível pensar em duas definições mais qualitativas e menos aritmeticamente precisas. Se um mobilizador primário antigo continuasse a ser uma opção viável e atraente para *novos investimentos* em um ponto X ao longo do tempo, mas não mais em um ponto Y, no qual praticamente todos os investimentos já estariam direcionados a seu rival em ascensão, a transição já teria comprovadamente ocorrido. Ou, então, o que marcaria o salto seriam as *decisões políticas fundamentais* que conduzem os manufatureiros de uma fonte de energia para outra. Quando se trata da ascensão do motor a vapor na indústria de algodão britânica, o preenchimento desses critérios se sobrepõe com bastante proximidade no tempo, mas voltaremos nossa atenção à fronteira de senso comum dos 50%, quando o mobilizador primário em ascensão veio a ser responsável pela *maioria* da potência.

"Há poucos motivos para duvidar", proclamou Stanley Chapman, o principal historiador dos anos 1970 a se dedicar à indústria algodoeira, "que as rodas-d'água proporcionaram a maior parte da potência utilizada pela indústria do algodão *até depois de 1820*". Então uma mudança brusca ocorreu. No começo da década de 1820, a maioria das fábricas de Manchester ainda era movida a água, e "houve de fato poucas mudanças no padrão dos edifícios fabris até mais ou menos 1825". No entanto, dez anos depois, o vapor "predominava como forma de mobilização em todas as cidades algodoeiras do norte da Inglaterra", e as fábricas movidas a água resistiam apenas no interior.[2] No curso de uma única década após o colapso, uma conversão concentrada varreria os principais distritos algodoeiros. Chapman estabeleceu seu panorama com base em um conhecimento amplo sobre a indústria, e não em dados específicos; em contornos vagos, o argumento do autor sugere uma transição abrupta da água para o vapor na indústria inglesa de algodão entre o início dos anos 1820 e o final dos 1830.

Como já vimos, contudo, o vapor ascendeu em detrimento não só da água. Os corpos humanos eram o mobilizador primário concorrente nos departamentos de tecelagem. Qualquer cronologia da transição deve levar em conta *tanto* o papel desempenhado pela água na produção mecanizada *quanto* o da tração humana na produção não mecanizada de algodão — fluxo e potência animada. G. N. von Tunzelmann, cuja obra sobre o vapor é a base sobre a qual todas as pesquisas subsequentes se apoiam, acrescentou uma conjectura a respeito do tema em seu clássico *Steam Power and British Industrialization to 1860* [O motor a vapor e a industrialização britânica até 1860], publicado em 1978:

"Mesmo na indústria de algodão", escreve ele, "é provável que até os anos 1820 *os seres humanos fossem responsáveis pela produção de mais força motriz do que os motores a vapor*".[3] Se as forças das rodas-d'água e dos músculos humanos geravam, cada uma, mais potência do que o vapor nesse intervalo de tempo, então os motores ainda não responderiam por mais do que uma fração do total (30%, digamos).

A inclusão de tecelões nesse cálculo — um passo necessário — adia a transição para o vapor, independentemente de como queiramos defini-la. E também complica o procedimento estatístico: estimativas de cavalos de potência produzidos por tecelões estão fadadas a ser ainda mais conjecturais do que no caso das rodas-d'água. Von Tunzelmann não apresentou evidências que comprovassem o que dizia, mas, como vimos, ainda havia mais de quatro teares manuais para cada tear mecânico em 1829. Isso significava que tecelões manuais também produziam quatro vezes a quantidade de energia mecânica consumida pelos teares mecânicos? É difícil saber. Um número aproximado para seus cavalos de potência totais teria de multiplicar os cavalos de potência médios do trabalho muscular exercido em uma unidade do tempo — uma variável sabidamente nebulosa para todo trabalho humano — pelo tempo de trabalho efetivo, que tinha a má fama de ser irregular entre os tecelões manuais. Em geral, no entanto, considera-se que um adulto saudável produz cerca de 0,1 cavalo de potência durante períodos constantes de trabalho manual, e, a julgar pelos relatos da época, os tecelões manuais trabalhavam duro para lutar contra a pobreza.[4] Como regra geral, podemos supor, portanto, que cada um desses trabalhadores produzia 0,1 cavalo de potência ao usar o tear.

Por outro lado, em meados da década de 1830, estimava-se que dez teares mecânicos exigissem um cavalo de potência proveniente de um motor a vapor para funcionar em uma fábrica média na velocidade adequada, de modo a totalizar uma relação de um tear mecânico para 0,1 cavalo de potência — cifra por acaso idêntica à obtida pelos terceirizados nos casebres e nos porões. Dez tecelões manuais equivaliam a dez teares mecânicos em termos de rendimento e exigências energéticos.[5] Desconsideradas diferenças potenciais no número médio de horas em que os dois tipos de tear estavam normalmente em operação, podemos então formular a hipótese de que a relação de teares manuais para mecânicos *correspondia aproximadamente* à relação entre a propulsão humana e não humana, a maioria da qual, mas não toda, era proveniente de motores a vapor. Se isso é verdade, então os seres humanos podem de fato ter oferecido quatro vezes a quantidade de força motriz produzida pelo vapor nos departamentos de tecelagem de algodão até 1829.

Mas, e quanto à indústria de algodão como um todo? Sob a hipótese do 0,1 cavalo de potência por tecelão manual, haveria algo como 24 mil cavalos de potência gerados por seres humanos durante o ápice da tecelagem manual na década de 1820 — excluídos os resíduos de potência animada na fiação (portanto, uma estimativa conservadora). Essas cifras podem ser comparadas a um total de 46.309 cavalos de potência proveniente de motores a vapor na indústria de algodão em 1838, ano em que os inspetores fabris forneceram a primeira estimativa confiável. Anos atribulados separam os dois números, mas a conjectura de Von Tunzelmann — de que havia mais potência proveniente de humanos do que do vapor até os anos 1820 — só pode ser tida como plausível se postularmos uma expansão extremamente rápida na capacidade dos motores a vapor. Por mais extremo que possa parecer, no entanto, há motivos para acreditar que foi exatamente isso que aconteceu.

Pouco depois da publicação do clássico de Von Tunzelmann, John Kanefsky apresentou uma dissertação que garimpava registros históricos sobre a difusão da tecnologia motriz industrial britânica entre 1760 e 1870 com uma abrangência inédita. Ainda que Kanefsky analise a fundo a indústria do algodão, seus números principais dizem respeito à capacidade de potência de *toda* a indústria britânica. Em 1800, os moinhos de água geravam pouco mais de 70% dos aproximadamente 170 mil cavalos de potência provenientes de mobilizadores primários não humanos; os motores a vapor respondiam por pouco mais de 20%, e os moinhos de vento ofereciam os 9% restantes. Kanefsky prossegue em suas estimativas com base em dados do ano de 1830: nessa época, o vapor já havia alcançado a água, e ambos respondiam por cerca de 165 mil cavalos de potência, ou 47,1% do total, com um pico de 20 mil cavalos de potência em números absolutos atribuíveis à propulsão eólica, cuja participação caíra para 5,7%.[6] Se optarmos pelo critério do senso comum, os anos 1830 teriam então marcado a mudança para o vapor em escala nacional e em todos os ramos da indústria: "De acordo com minhas melhores estimativas", conclui Kanefsky, "os motores a vapor chegaram à metade da capacidade total entre cerca de 1835 e 1840".[7] Esse limite deve ter sido excedido em um momento anterior na indústria do algodão, já que outros ramos de produção — inclusive no setor têxtil — foram bem mais lentos na adoção do vapor.

Kanefsky, porém, não se esforçou para quantificar a contribuição dos corpos humanos. Tampouco se arriscou a fazer estimativas sobre a capacidade de potência na indústria do algodão antes do "Factory Returns" [Relatório das fábricas] de 1838. Se fizermos uma análise retrospectiva a partir dessa data, com cautela e sobriedade, poderemos chegar a um terreno mais seguro. Há demonstração sólida de que o vapor galopou a uma velocidade sem precedentes em meados dos anos 1830: nos dois condados geminados e fundamentais de Lancashire e Cheshire, a capacidade dos motores em fábricas de algodão aumentou atordoantes 62% entre 1835 e 1838, com um acréscimo acumulado de 15.377 cavalos de potência em três frenéticos anos.[8] Ao subtrairmos esses números dos valores *totais* para a indústria do algodão em 1838, chegaremos à capacidade potencial máxima do vapor de 30.932 cavalos de potência em 1835 — um número elevado e improvável, já que essa capacidade naturalmente também aumentava em outros condados. Qual seria a resposta que o fluxo e a potência animada teriam oferecido contra aproximadamente 30 mil cavalos de potência provenientes do estoque em 1835? Se tomarmos uma estimativa conservadora para o número de tecelões manuais naquele ano e somarmos os cavalos de potência produzidos pela água em 1838 — supondo que tenham deixado de aumentar —, músculos e rodas responderiam, juntos, por cerca de 30.405 cavalos de potência em 1835, *quantia praticamente igual à dos motores a vapor* (e isso de acordo com pressupostos que, em sua maioria, são favoráveis a estes últimos).[9] Em outras palavras, o estoque deve ter ultrapassado o marco de 50% entre 1834-1835 e 1838, *na esteira do boom de meados daquela década*. É claro que tal cronologia se baseia em conjecturas, na melhor das hipóteses, controladas, mas se encaixa bem com outras evidências e análises. Podemos inferir que a ascensão do vapor foi finalizada em meados da década de 1830.

O boom que veio a seguir provocou uma segunda aceleração. Após mais uma rodada de investimentos em meados dos anos 1840, o novo mobilizador primário chegou perto do teto mais alto defendido por Hyde, mesmo depois de contabilizados os músculos humanos: em 1850, 82% dos cavalos de potência totais na indústria de algodão britânica derivavam do vapor, 13% da água e 5% de humanos.[10] Mesmo que ainda faltasse um pouco para os 90%, era nítido que o estoque vinha virando o jogo contra o fluxo e a potência animada desde os anos 1820, e não demoraria muito até que o limiar final fosse cruzado.

Por mais significativos que os músculos humanos tenham sido para o processo de adoção do vapor, a água era a única concorrente real como fonte de energia para a produção *mecanizada*. Para a transição bilateral da água ao vapor, o enquadramento em nossas duas definições qualitativas pode, portanto, ser de maior importância: um ponto no tempo em que as rodas-d'água foram consideradas obsoletas e incapazes de levar a uma maior acumulação de capital teria marcado um desfecho radicalmente diferente de um momento anterior em que essa força ainda se expandia. Decisões políticas podem ter afastado os manufatureiros da água e inviabilizado seu uso contínuo. Como veremos, ambas as conjunturas, assim como a extrapolação do limiar de 50%, estavam presentes no segundo quarto do século XIX. Mesmo que o teto de Hyde só viesse a ser completamente alcançado alguns anos mais tarde, podemos concluir que a transição para o vapor ocorreu de fato durante a crise estrutural e coincidiu com a automação da produção de algodão. Podemos, então, seguir adiante e testar uma série de hipóteses quanto às razões que levaram as coisas a se dar dessa maneira.

Água escassa?

O âmago do paradigma ricardo-malthusiano reside na crença de que a escassez foi a mãe da economia fóssil, o que se estende, como vimos, à transição de que tratamos: a falta de água levou os manufatureiros britânicos a um beco sem saída, e eles não tiveram outra opção a não ser alterar a rota para o vapor. A hipótese foi submetida aos devidos testes pela primeira vez por Robert B. Gordon, em um artigo de 1983 publicado na *Economic History Review* sob o título "Cost and Use of Water Power During the Industrialization in New England and Great Britain: A Geological Interpretation" [Custo e uso da potência hídrica durante a industrialização na Nova Inglaterra e na Grã-Bretanha: uma interpretação geológica]. "Se for possível demonstrar", escreveu Gordon,

> que quase toda a potência hídrica fisicamente disponível nas regiões industriais foi explorada antes do uso mais significativo do vapor, a hipótese da crise energética estará comprovada. Mas, se houvesse recursos hídricos não aproveitados durante esse período, precisaríamos recorrer a fatores sociais para defender essa hipótese.[11]

Para sermos precisos, este último resultado rejeitaria a hipótese por completo. Uma explicação totalmente diferente — social — seria necessária para justificar a adoção do vapor.

Continuando em sua análise, Gordon passa a uma reconstrução meticulosa das condições meteorológicas, geológicas e topográficas das áreas industriais estudadas. Após excluir locais onde os custos da instalação de uma fábrica teriam sido proibitivos, o autor identificou quedas-d'água disponíveis em onze rios nos distritos manufatureiros da Inglaterra. Na sequência, computou as áreas de drenagem, os gradientes de queda e os volumes de água a fim de avaliar a potência total que poderia ser disponibilizada e, finalmente, chegou aos resultados indicados na Tabela 1 — não para os anos 1780 ou 1790, quando, ainda adolescente, a indústria do algodão crescia ao lado dos rios, mas já para o ano de 1838.

Essas estimativas, aponta Gordon, haviam sido alcançadas com base em pressupostos conservadores. Para calcular a potência utilizável total, Gordon considerou a eficiência energética das rodas-d'água em apenas 40%, mas modelos de melhor qualidade poderiam facilmente dobrar esse rendimento já na década de 1830. Mesmo assim, a maioria dos onze rios só era utilizada em 5% ou menos de seus potenciais em 1838, ano em que a quantidade absoluta de potência hídrica na indústria têxtil britânica *chegou ao ápice*. Caso supuséssemos que apenas 15% desse potencial poderia ser explorado a baixos custos, prossegue Gordon, ainda haveria uma ampla margem de reservas inexploradas, de modo que a conclusão é bastante clara: "Não houve crise energética". Em termos mais gerais — aplicáveis também à Nova Inglaterra —, Gordon afirmou que:

> Uma quantidade maior de potência hídrica poderia ser obtida com a continuidade da expansão geográfica dos distritos industriais sem que se encontrassem altos custos iniciais ou um excesso de custos variáveis, de transporte ou de outros tipos. Disso decorre que os limites físicos ao acesso barato à potência hídrica não foi uma limitação para o desenvolvimento da indústria.[12]

Bacia hidrográfica	Potência utilizável total, MW	Fração utilizada em 1838, %
Derwent	44	1,7
Dove	30	0,8
Irwell	4	3,4
Ribble	52	3,0
Spodden	6	7,2
Mersey	56	6,5
Aire	38	4,1
Trent	111	1,4
Tame	15	1,0
Erewash	2	1,9
Leen	1	3,4

Tabela 1. Aproveitamento do potencial de energia hídrica na Inglaterra. Fonte: R. B. Gordon, "Cost and Use of Water Power During Industrialization in New England and Great Britain: A Geological Interpretation", *The Economic History Review*, v. 36, n. 2, 1983, p. 258.

Em *Water Power in Scotland: 1550-1870* [Potência hídrica na Escócia: 1550-1870], publicado um ano depois do artigo de Gordon, John Shaw avaliou essa parte do reino de maneira similar. "A potência hídrica utilizável na Escócia nunca foi totalmente concretizada, salvo por algumas regiões favorecidas por outros atributos".[13] Assim, esses dois estudos pareceriam apontar uma direção diametralmente oposta à da hipótese ricardo-malthusiana: nenhuma escassez hídrica assomava no horizonte, nenhuma carência generalizada se manifestava — nem mesmo nos distritos centrais do algodão. Em vez disso, a mudança para o vapor aconteceu apesar da *abundância geral* de quedas-d'água não exploradas. Examinaremos muitas outras evidências que apoiam essa conclusão; é preciso observar, contudo, que a potência total disponibilizada pelos rios britânicos poderia muito bem ter sido insuficiente para as necessidades energéticas totais da indústria britânica em um momento *posterior* — digamos, no começo do século XX. Mas isso não teria relação com as causas que levaram à transição para o vapor. Nada que acontece *depois* de um fato pode explicar sua ocorrência.

Água cara?

Se a água fosse escassa, seus preços deveriam ser altos e estar em ascensão. "Um teste necessário para a escassez de uma mercadoria é o aumento de seu preço em um livre mercado em comparação com os índices gerais de preços", declara Brinley Thomas, um ricardo-malthusiano fervoroso.[14] Argumentos a favor da existência de uma crise energética só seriam defensáveis se a demanda por água excedesse a oferta e, com isso, elevasse seus custos; caso o vapor se apresentasse como solução para essa crise, esse recurso seria necessariamente *mais barato*. Contudo, não é só o ricardo-malthusianismo que está em jogo aqui. Seguidores do paradigma não estão sozinhos na suposição de que as mudanças de preços conduzem a mudanças tecnológicas: de acordo com a economia neoclássica típica, alterações nas provisões de recursos levam ao aumento nos custos de alguns fatores e incentivam as empresas a substituir insumos dispendiosos por equivalentes mais baratos através de novas tecnologias. São inúmeras as variantes em que o modelo axiomático vem sendo aplicado à Revolução Industrial Britânica. Em sua análise tradicional intitulada *Prometeu desacorrentado: transformação tecnológica e desenvolvimento industrial na Europa ocidental desde 1750 até os dias de hoje*, David Landes sustenta que a propensão à mudança de bens de alto para baixo custo, mesmo que sugira um abandono doloroso de costumes e seguranças arraigados, é a marca distintiva de "uma racionalidade maior" que diferenciou a Grã-Bretanha dos outros países. Via de regra, mudanças tecnológicas só ocorreriam quando houvesse "uma necessidade de aprimoramento em razão da inadequação das técnicas vigentes, ou uma necessidade de aprimoramento criada por aumentos autônomos dos custos dos fatores"; os industrialistas britânicos teriam exibido uma "austeridade" esclarecida ao reagir com prontidão a essa necessidade e ao trocar o oneroso pelo econômico.[15] A lógica burguesa exigiria medidas como essas.

No clima do início do século XXI, pode haver uma razão adicional para crer nos baixos custos dos combustíveis fósseis como causa original de sua utilização. Um dos maiores empecilhos que se percebe hoje na adoção de energias renováveis está em seus preços relativamente mais altos: os combustíveis fósseis continuam dominantes porque são irresistivelmente baratos. Em busca de paralelismos entre as transições para o carbono e do carbono, o tema raramente sai de nosso campo de visão: ao aplicar as ferramentas-padrão neoclássicas para a análise da ascensão do carvão, Allen infere que "o timing da mudança para o carvão e a invenção de tecnologias destinadas a expandir seu uso eram reflexos dos preços do carvão, do trabalho e do capital".[16] Haveria demanda porque o carvão seria sedutoramente barato. Em *The Most Powerful Idea in the World: A Story of Steam, Industry, and Invention* [A ideia mais poderosa do mundo: uma história do vapor, da indústria e da invenção], uma abordagem popular do vapor impregnada de otimismo tecnológico, William Rosen lança um alerta similar sobre um mundo em aquecimento no qual o carvão custa "um décimo dos preços do vento, da água e da energia solar": "Se a história do motor a vapor nos ensina alguma coisa, é que *o combustível de menor preço sempre ganha*".[17] Mas seria essa a lição correta?

A operação de uma roda-d'água pode exigir investimentos substanciais. Havia uma série de custos fixos: a roda em si, suas fundações, um edifício para protegê-la, uma barragem para armazenar e regular o fluxo de água. Se colonizasse um local a partir do zero, o manufatureiro precisaria pagar pela construção de um sistema de conexões — pequenos canais, comportas, dutos de saída — destinado a levar a água da represa para a roda, e depois de volta para o rio. "Essas conexões", escreve William Fairbairn, um dos mais celebrados engenheiros britânicos do século XIX e um dos principais arquitetos de fábricas de algodão, "não raro são difíceis de construir e são tão dispendiosas quanto a própria represa. Em muitos dos maiores trabalhos a que estive ligado, os custos das conexões alcançaram somas de muitos milhares de libras".[18] Como algumas paisagens eram mais favoráveis do que outras, esses custos fixos variavam bastante. A abertura de canais e barragens em terrenos rochosos seria mais cara do que em lugares de solo argiloso; regiões que proporcionassem gradientes naturalmente íngremes e córregos velozes exigiriam, em comparação, poucas modificações. Também não é preciso dizer que, quanto maiores as instalações de coleta de potência hídrica, maiores os custos.

Um motor a vapor era formado, em primeiro lugar, pelo motor em si: os preços cobrados custeavam o ferro, o latão e o cobre, o volante de inércia, a caldeira e as tubulações. Mas o manufatureiro também teria de pagar a mão de obra empregada para modelar e providenciar todos os componentes, e o motor precisaria ser montado sobre uma estrutura sólida que, situada dentro de uma casa de máquinas anexa à fábrica, o mantivesse no lugar e reduzisse vibrações — e, se isso não bastasse, os motores do final do século XVIII e começo do XIX tinham uma propensão a quebrar e a exigir grandes reparos, que costumavam levar até um mês para ser concluídos. As taxas de depreciação excediam de longe as das rodas-d'água. Rodas de madeira novas tinham uma expectativa de vida útil de vinte anos, enquanto os melhores modelos de ferro podiam continuar em operação por mais de um século — uma idade da qual os motores a vapor não chegavam perto.[19] Os custos fixos do vapor eram, de fato, mais fixos do que os da água: motores antigos eram desmanchados, não retificados. Os sistemas motorizados eram alheios a variações na paisagem.

Mas os custos mais determinantes para o equilíbrio geral eram de outra natureza. Referiam-se aos insumos. O preço do carvão variava conforme a distância das minas e as redes de transporte disponíveis; a água em si era gratuita, mas o direito de usá-la em geral pressupunha um arrendamento de terras. Perto da virada do século, os custos da potência hídrica eram, como vimos, baixos a ponto de torná-la superiormente mais barata aos olhos de muitos dos manufatureiros de algodão: "É bem sabido que a potência do motor a vapor é obtida a grandes custos", afirmou John Sutcliffe, um montador de máquinas de Halifax com ampla experiência na indústria do algodão, em 1816.[20] Teria o equilíbrio pendido em direção ao vapor no momento da transição? A fim de explorarmos essa possibilidade, podemos começar olhando alguns poucos casos daquilo que poderia ser chamado de uma *segunda geração* de moinhos de água. No início dos anos 1820 — alguns desde o final da década de 1810 —, muitos proprietários de fábricas já grandes que esbanjavam crédito barato se lançaram a novas expansões e modernizações. Para azar dessa segunda geração, no entanto, seus representantes haviam nascido na véspera da aposentadoria da água na indústria do algodão: as fábricas construídas no começo dos anos 1820 foram deixadas para trás, agonizaram ou começaram a fracassar nas décadas de transição para o vapor. Esses empresários são os candidatos ideais para testarmos a hipótese da mudança pautada por preços.

Kirkman Finlay, filho do abastado comerciante escocês James Finley, investiu em três fábricas de propulsão hídrica nos primeiros anos do século XIX: Ballindaloch, no Rio Endrick; Catrine, no Ayr; e Deanston, no Teith — estas duas últimas as joias da coroa da James Finlay & Co. Em 1824, o administrador de Catrine fez uma visita a William Fairbairn e sugeriu que a fábrica fosse modernizada. Os motores a vapor, é claro, eram em algum grau uma opção em voga, mas os envolvidos concordaram em instalar duas rodas-d'água gigantescas, mais tarde conhecidas como "os Leões de Catrine", com capacidade total de 240 cavalos de potência. "Com a forma adequada de balde e uma aplicação judiciosa de água, considerou-se que elas eram amplamente suficientes para mobilizar a totalidade do maquinário então existente sem o auxílio do vapor", escreveu Fairbairn em retrospecto; além disso, as conexões e as engrenagens foram ampliadas para comportar duas rodas adicionais "para o caso de um aumento de maquinário".[21] Grandes e festejadas conquistas da engenharia, os Leões de Catrine acabaram, porém, ofuscados por uma estrutura ainda mais poderosa em Deanston. Na região dessa fábrica, dizia-se que o Rio Teith corria "com um curso veloz", e suas ondas se quebravam "em cristas com belas ondulações prateadas";[22]

no começo da década de 1820, planejava-se desviar o rio para um novo canal, construir uma barragem, aumentar a queda-d'água e instalar não menos que oito rodas sob a supervisão de Fairbairn. Em 1832, três rodas haviam sido instaladas; uma quarta, já entregue, esperava o aumento das necessidades de potência. Por volta dessa época, as rodas de Deanston foram coletivamente batizadas como "Hércules" e descritas com deslumbramento pelo *Chambers's Edinburgh Journal*: "Elas são o que de mais gigantesco já vimos e, com suas inúmeras hastes, distribuem a totalidade da vasta potência concentrada para todos os diferentes departamentos",[23] totalizando 320 cavalos de potência ou pouco menos. Fairbairn se referia a elas como "talvez as maiores máquinas hidráulicas que existem".[24]

De uma só vez, os Leões de Catrine e o Hércules de Deanston impulsionaram a ascensão dos Finlay à posição de maior indústria de fiação da Grã-Bretanha. Nos anos 1830, a empresa tinha mais de 2.300 trabalhadores empregados em três fábricas, o que a deixava bem à frente, por exemplo, da McConnel & Co. — a antiga McConnel & Kennedy —, com 1.500 operários em estabelecimentos movidos a vapor em Manchester. Os teares mecânicos foram introduzidos na Catrine já em 1806, de modo a torná-la a primeira fábrica conjunta da Grã-Bretanha; Deanston seguiu o mesmo caminho em 1807. Logo depois de Roberts, os administradores das duas fábricas inventaram suas próprias variantes da mula de fiar autônoma, cujos mecanismos viriam a ser impulsionados pelos Leões e pelo Hércules, e exportados para terras longínquas; no começo dos anos 1830, Kirkman Finlay ainda estava confiante no futuro. No topo da indústria, ele continuava a ampliar suas obras como se fossem monumentos à persistência dos potenciais ainda não completamente explorados da água. Interrogado no inquérito sobre a crise de 1833, Finlay ventilou suas expectativas de que competidores menores seriam extirpados do mercado, enquanto as empresas mais avançadas, como a dele, se manteriam na linha e esperariam pela volta de "lucros razoáveis": "É com essa convicção", explicou ele,

> que agora gasto meu dinheiro com a edificação de estabelecimentos, *dispondo de energia em abundância e que não custa nada*; é com essa convicção que continuo a gastar dinheiro com a edificação de estabelecimentos como os que venho descrevendo.

— Seus estabelecimentos são movidos a água, e o senhor dispõe de uma abundância de potência hídrica não empregada?

— Sim.

— Supondo que o senhor se visse obrigado a construir um motor a vapor para movimentar o maquinário nessas novas instalações, a situação do setor o encorajaria a fazê-lo?

— Eu não me instalaria em lugares onde um motor fosse necessário; uma situação como essa não seria apropriada à minha concepção de como um estabelecimento desse tipo [ou seja, uma fábrica de algodão] deve ser.[25]

Os Leões e o Hércules estavam entre as estruturas de propulsão hídrica mais caras do reino, com suas barragens e túneis, canais e comportas, casas de máquinas e dutos de saída custeados por dezenas de milhares de libras. Uma vez instalados, no entanto, os custos de sua manutenção e reparos eram irrisórios, e, mais importante, os insumos "não custavam nada", nas palavras de Finley.[26] No final dos anos 1830 e início dos anos 1840, o carvão de uma mina próxima podia ser levado a Deanston por seis xelins e dois pennies por tonelada, similar ao preço cobrado em Edimburgo e menor até mesmo do que em Birmingham. Havia uma "boa quantidade de carvão" a ser adquirida; "por todo o trajeto, a estrada é boa e bem nivelada", o que reduzia as despesas com o transporte do carvão para a fábrica — e, ainda assim, o administrador da fábrica declarou que "o *custo do combustível* inviabiliza o uso do vapor".[27] Mesmo diante de uma quantia tão monumental de capital fixo, as rodas-d'água ainda despontavam como o único mobilizador primário razoável *com base nos preços de insumos*.

No início de 1844, os Finlay encomendaram uma avaliação independente de suas três fábricas movidas a água. Ao apresentarem um relatório diretamente da capital da indústria algodoeira escocesa, os avaliadores declararam ter realizado "uma investigação minuciosa de suas capacidades e da qualidade das máquinas e sua eficiência comparadas com as de estabelecimentos situados em Glasgow", para averiguar "seu verdadeiro valor". Um item determinante foi o custo da força motriz. Quanto ao Catrine, "a mesma potência em Glasgow, incluindo a capacidade total nos aspectos exigidos, carvão, desgastes, transporte e despesas diversas relacionadas", teria acarretado um custo adicional de 242 libras, 13 xelins e 10 pence por ano: ao pouparem nessas despesas associadas ao vapor, os Leões representavam *ganhos* significativos para os Finlay. "Analisada a potência nos mesmos termos constatados em Catrine, há em Deanston uma aparente economia de cerca de 700 libras por ano", continuam os avaliadores.[28] Mesmo assim, o relatório considerou que as fábricas de algodão de tamanho equivalente em Glasgow eram mais lucrativas; na verdade, e como veremos mais adiante, a avaliação certificou a *inferioridade* dos estabelecimentos de Catrine e de Deanston em relação às fábricas movidas a vapor de Glasgow — mas de acordo com um cálculo totalmente diferente daquele relacionado ao oferecimento de energia. Em termos de custo por cavalo de potência gerado, Catrine e Deanston garantiriam *economias* valiosas para seus proprietários até bem tarde, em meados dos anos 1840.

A uma curta viagem a cavalo de Manchester, Samuel Greg fundou a Quarry Bank Mill no decisivo ano de 1784; de acordo com o livro de memórias da empresa, "não se conhecia nenhuma outra força para fazer as fábricas funcionarem senão o vento ou a água, e S. Greg costumava contar como correu o país em busca de água". Na bonança do início dos anos 1820, quando outra forma de mobilização já era muito bem conhecida, Greg e seus filhos decidiram mais uma vez encomendar uma roda-d'água — não um par ou um trio, como em Catrine e em Deanston, mas uma única roda de ferro de cerca de 100 cavalos de potência.[29] A represa foi ampliada e alargada, e a roda, instalada em uma câmara profunda embaixo do estabelecimento, de modo a aumentar drasticamente a queda-d'água, que depois era levada de volta ao rio por um túnel de quase 1,5 quilômetro de extensão. Responsável por mais do que dobrar a capacidade anterior, a nova roda era outra das maravilhas hidráulicas daqueles dias: "Poucas no país se comparam em tamanho e eficiência", escreveu um visitante anônimo, que observou que "as lentas e majestosas revoluções parecem a encarnação mesma da força e da dignidade", e "exibi-la tem sido o orgulho de seu dono, e contemplá-la, o deslumbramento do espectador".[30]

A Quarry Bank Mill era uma instalação incomumente grande de propriedade de uma empresa que estava no topo da indústria. Ao contar a quantidade de fios de algodão produzida em todas as suas cinco fábricas — dentre as quais Quarry Bank continuou a ser a menina dos olhos —, Andrew Ure apelidou a empresa Samuel Greg & Co. de "o maior negócio do reino", enquanto o distinto lorde Ashley, representante da Câmara dos Comuns, referia-se a ela como "o maior estabelecimento da Europa".[31] Mulas de fiar autônomas foram compradas, e dois barracões para teares mecânicos foram anexados à fábrica em meados da década de 1830. Sempre propensos a acompanhar os custos relativos da água e do vapor, os Greg anotavam suas comparações a intervalos regulares: em 1828, a "roda-d'água, os dutos e as barragens custaram tanto quanto um motor a vapor de igual potência", mas um "motor custa 12 libras por cavalo de potência em carvão", e nisso estava toda a diferença. Em 1849, o administrador de Quarry Bank calculou que a produção de 100 cavalos de potência com o uso de vapor custaria 274 libras a mais por ano. O exercício foi repetido sete anos depois, quando a capacidade da roda havia sido expandida para 172 cavalos de potência: a fim de cobrir os mesmos cavalos de potência com o uso do vapor, "teríamos de utilizar 23 toneladas de carvão por semana ou 1.196 toneladas por ano a 9/5 por tonelada, equivalendo a 563 libras, 2 xelins e 4 pence por ano em carvão".[32] No curso dessas quatro décadas — e já com a segunda metade do século XIX bem avançada —, a capacidade hidráulica da Quarry Bank Mill despontava como uma vantagem pecuniária altamente valorizada pelos Greg, com potenciais para ganhos relativos futuros ainda não exauridos.

Os irmãos Henry e Edmund Ashworth tinham duas fábricas em Eagley Brook, um afluente do Rio Irwell perto de Bolton. Em um percurso que agora já nos é familiar, ampliaram seus ativos e construíram megarrodas nos anos 1820: na fábrica de Egerton, uma das criações de Fairbairn — parceiro da empresa por um breve período — girava três vezes por minuto e produzia até 140 cavalos de potência; Cooke Taylor relatou que a "imensa roda-d'água é uma das maravilhas de Lancashire e atrai multidões de visitantes". As dimensões totais das instalações dos irmãos Ashworth se multiplicaram quinze ou dezesseis vezes entre 1818 e 1834, e fizeram com que a companhia fosse uma das líderes no ramo do algodão de fios finos. Sob a estrela de Henry, dotado de um caráter combativo e impetuoso, e envolvido em inúmeras controvérsias políticas, a empresa também se tornaria um polo de resistência contra as pressões do vapor. Henry declarava viver em um casamento bastante feliz com a água. Certa vez, informou a um visitante que a roda de Egerton lhe poupava vinte libras por semana em despesas com carvão, o que, caso fosse verdadeiro, teria superado os feitos do Hércules de Deanston; em 1843, Fairbairn estimou os ganhos anuais em mais modestas 560 libras.[33]

Os Finlay, os Greg e os Ashworth não representavam a indústria algodoeira do segundo quarto do século XIX: eram pesos-pesados do ramo, titãs movidos a água que contemplavam muito de cima toda uma floresta de fábricas de pequeno e médio portes. No entanto, uma enormidade de outras declarações confirma essas experiências no campo dos insumos. Entrevistado pelo Factories Inquiry de 1833, John Cheetham, cujas três fábricas de fiação em Stockport eram movidas a vapor, declarou que um manufatureiro dotado de potência hídrica gozava de "uma vantagem sobre seus concorrentes". Ainda a respeito desse mesmo assunto, o comissário Tufnell perguntou:

> — Por que o senhor acredita que essa vantagem existe ainda hoje sobre os demais concorrentes no ramo?
> — Porque é um fato bem estabelecido que a potência hídrica é mais barata do que o carvão.
> — Então, se o proprietário de uma fábrica decidir montar uma manufatura, ele poderá sempre fazê-lo de modo mais barato ao comprar uma queda-d'água, e não um motor a vapor?
> — Sim; desde que não pague caro demais por sua água.
> — Supondo que não pague demais por um motor a vapor, estaria esse proprietário em igualdade de condições?
> — Não; porque o preço do combustível é um obstáculo maior do que o preço de um motor a vapor.
> — Por que é mais barato comprar uma queda-d'água do que um motor a vapor?
> — Por isto: a oferta constante de água é muito mais barata para a mobilização de um motor [*sic*] do que a oferta de carvão.[34]

Realmente, esse "fato bem estabelecido" foi reiterado por outros que foram ouvidos no inquérito. Thomas Worsley, um lojista de Stockport que antes havia trabalhado para sindicatos como inspetor amador, rodando o distrito para monitorar a adesão a normas e regulamentos, comparou os proprietários de fábricas de algodão movidas a água a seus competidores a vapor:

> Seu funcionamento é mais barato: ainda que possa ser difícil provar a razão, em geral se reconhece que, de uma forma ou de outra, *é isso* que acontece. Se amanhã eu pretendesse contratar uma forma de propulsão, ou, como se costuma dizer na região, fazer as máquinas girarem, poderia encontrá-la nas áreas rurais ao redor de Manchester a um terço do custo do que teria de pagar em Manchester ou em outra cidade manufatureira; assim, de uma forma ou de outra, o funcionamento dos moinhos de água é mais barato do que o das fábricas a vapor.[35]

Uma década mais tarde, em 1842, o jornal *Preston Chronicle* recomendaria o uso da roda-d'água em comparação com um motor a vapor de mesma potência sob a afirmação de que essa opção traria ao investidor economias "de ao menos quinhentas libras por ano".[36] Significativamente, essa estimativa de ganhos anuais se aproxima bastante das faixas de valores de Catrine e Deanston, de Quarry Bank e de Egerton; não necessariamente somas gigantescas para uma empresa individual, esses valores, no entanto, representavam um diferencial bastante explícito a favor da água.

Como, então, os custos dos insumos evoluíram na época da transição? Mesmo que a água permanecesse mais barata, seria possível que os preços do carvão tenham *caído*? Se isso aconteceu, talvez tenha havido uma redução no fosso entre ambos e um aumento no interesse pelo motor a vapor em termos estritamente econômicos (já que haveria um aumento da eficiência do combustível, uma variável a que voltaremos mais adiante). Os preços do carvão de fato caíram após as Guerras Napoleônicas, mas os índices gerais de preços caíram *ainda mais rápido* na deflação que se instalou no pós-guerra: até 1830, os preços do carvão diminuíram um terço menos do que os índices médios — o que se traduziu em um *aumento* relativo dos custos do carvão. Nas duas décadas seguintes, os preços do carvão se destacaram por sua estabilidade. O que os determinava? O trabalho, acima de tudo. Nos anos 1830-1860, 51% dos custos totais da mineração de carvão britânica consistiam em salários, de longe o maior componente, a ser comparado com 9,6% de suprimentos e 7,8% de arrendamentos de terras.[37] Quando os proprietários de fábricas movidas a vapor compravam carvão para alimentar seus motores, pagavam principalmente *pelo trabalho vivo* necessário para extrair o mineral do solo. Não houve sinais substanciais de queda nos preços do carvão nas décadas da transição, nem uma revolução tecnológica na mineração, tampouco um estreitamento do fosso entre a água e o vapor no que diz respeito ao puro custo de insumos: o trabalho manteve o valor do carvão acima do da água com uma margem de segurança bastante grande.

A água não era exatamente gratuita. Era preciso negociar arrendamentos de terras e pagar aluguéis aos proprietários do solo, a não ser — e esta não era uma situação rara — que o dono da fábrica também fosse o dono do terreno. Informações sobre os custos desse tipo de acerto são mais esparsas do que dados sobre os preços do carvão, mas todos os números disponíveis indicam que eles permaneceram relativamente baixos. Nos anos 1840, uma média estimada é de 5 libras por cavalo de potência ao ano em moinhos de água, em comparação com 15 libras por 25 cavalos de potência em motores a vapor, ou 12 libras para um motor de 100 cavalos de potência. Em outras palavras, o custo para extrair uma quantidade de energia mecânica de um motor a vapor teria sido ao menos *duas vezes maior* a essa altura da transição.[38] Nas palavras de Kanefsky, a água seria "preferível ao vapor *mesmo em 1870 caso apenas os fatores de custo fossem considerados*" — e, de fato, já em 1879, o *Bradford Observer* publicaria um artigo sobre os custos relativos das duas fontes de energia e proclamaria que "fábricas alimentadas com potência hídrica demonstram marcada vantagem contra aquelas que são totalmente dependentes do uso de vapor".[39] Mas, a essa altura, é claro, a transição já estava concluída havia muito tempo. As evidências que apresentamos aqui se encaixam bem com todas as reconstruções modernas sobre custos de potência — incluindo equipamento, instalações, insumos e todos os outros componentes — nas décadas mais importantes. A conclusão provisória, a ser confirmada por mais evidências, é altamente significativa para a história da economia fóssil. *A transição para o vapor na indústria de algodão britânica ocorreu apesar dos custos persistentemente mais baixos da água.*

No fundo, isso parece ter se dado em função dos perfis espaçotemporais do fluxo e do estoque. Incorporado à paisagem, o fluxo não exigia que o trabalho humano invocasse seus poderes; um contrato de arrendamento ou um título de propriedade asseguravam acesso legal ao solo, e aí a água jorraria, por assim dizer, de graça. Em estado dormente, externo à paisagem, o estoque só poderia ser transformado em uma fonte concreta de energia através da inclusão maciça de trabalho humano a ser mobilizado nas longas correntes que se estendiam das profundezas das minas até a superfície e, via transporte, desembocavam ao lado de motores que convertiam vapor em movimento rotativo. Diferente da água, o carvão, fisicamente livre, circulava pelo mercado como uma mercadoria que precisava ser repetidamente comprada a fim de alimentar o mobilizador primário. O preço do combustível variava de acordo com o local e com suas comunicações; se estivesse próximo de uma mina ou bem conectado a um canal, estrada ou ferrovia, um manufatureiro de algodão poderia encontrá-lo a preços relativamente baixos — mas jamais o encontraria de graça.

Rodas-d'água pequenas, irregulares e ineficientes?

Uma última possibilidade é que as rodas-d'água fossem simplesmente incapazes de gerar a mesma quantidade de potência que os motores a vapor. Para passarem essa impressão, Kander e colegas sobrepuseram a capacidade de uma roda-d'água *medieval* média — meros 3-5 cavalos de potência — aos maiores motores *do ano de 1900*, que chegavam a 12 mil cavalos de potência.[40] Enganação acadêmica, alguém poderia dizer. Pôr a capacidade máxima de um trem-bala de 2014 contra a velocidade média de uma carruagem do Antigo Egito nos dirá muito pouco sobre os motivos de os sistemas de transporte terem sido revolucionados no começo do século XIX. Para que possa ser minimamente útil à análise das dinâmicas da transição, a comparação deve, é claro, ser realizada *com base nos anos em que ela efetivamente aconteceu*: em 1838, as rodas-d'água da indústria de algodão inglesa geraram uma média de 16,6 cavalos de potência, e os motores, 28,5. Nas fábricas da Escócia, por sua vez, o número de 37,4 para as rodas é contrastado com o de 29 para motores.[41] Essas eram médias que incluíam rodas-d'água minúsculas construídas por fiandeiros mesquinhos no riacho mais próximo, mas as *maiores de todas* as instalações energéticas ainda tendiam a singrar pelos rios: no início dos anos 1820, um motor de fábrica de 60 cavalos de potência era considerado grande, quando Fairbairn e outros engenheiros projetavam rodas-d'água com o dobro dessa capacidade. O maior motor a vapor na Manchester de 1844 atingia exatamente 300 cavalos de potência, mas essa taxa era uma exceção; na época, os engenheiros hídricos se aproximavam de valores máximos similares para cada peça produzida. Durante as décadas cruciais da transição — dos anos 1820 até os anos 1840 —, as maiores fábricas de algodão continuaram a ser movidas por água, frequentemente com rodas estupendas instaladas em pares, trios ou mesmo em grupos maiores.[42]

Desconsiderados os caprichos das condições meteorológicas, será que as rodas-d'água eram menos *estáveis* na produção de potência do que os motores? "A roda-d'água", escreve William Stanley Jevons em *The Coal Question* [A questão do carvão],

> possui uma tendência natural à uniformidade de movimentos, ainda mais aperfeiçoada do que aquela que o "regulador" de Watt proporciona ao motor. A potência hídrica é, nesse aspecto, a melhor força motriz, às vezes usada nesse sentido, no qual uma máquina muito delicada precisa ser movida a uma taxa perfeitamente constante.[43]

Essa declaração foi proferida em 1866; quatro décadas antes, Farey reconhecia que um "motor a vapor jamais produzirá um movimento perfeitamente uniforme", não importa quão grande ele seja. "Se examinado com rigor, o movimento de todas as fábricas ou máquinas operadas por motores a vapor será identificado como irregular em algum grau", de modo a atribuir uma outra vantagem para as rodas — não na Idade Média, mas bem às portas da transição.[44]

Kanefsky, por sua vez, percebeu que, ao longo dos anos 1830, "o algodão produzido por moinhos de água, de modo geral, ainda era considerado superior àquele produzido pelo motor a vapor" devido à uniformidade inigualável de movimentos daqueles primeiros.[45] Já na segunda metade do século, as rodas-d'água eram menos propensas a falhas mecânicas e a quebras, desde que fossem protegidas contra galhos flutuantes e outros objetos prejudiciais. Não tinham propensão a explosões súbitas ou a pegar fogo — percalços do vapor que recebiam ampla divulgação —, tampouco eram difíceis de entender ou de operar. Seriam elas terrivelmente ineficientes? O motor a vapor ofereceria um alívio ao povo britânico ao armá-lo com uma eficiência muito superior na extração de energia? Nesse aspecto, nem mesmo Kander e colegas deixam de observar as diferenças reais: na época da transição, as rodas modernas transmitiam 85% da energia mecânica das quedas-d'água para as máquinas, enquanto os motores a vapor, em geral, convertiam menos de 2% da energia presente no carvão em movimento, com os melhores espécimes chegando a 4%.[46] O motor não superava a roda nem em capacidade absoluta, nem em uniformidade, nem em eficiência energética. O oposto está mais próximo da verdade.

Para além dos números, o enigma

Uma inferência com implicações bastante alarmantes para a história da economia fóssil parece inevitável. A transição da água para o vapor na indústria de algodão britânica não ocorreu porque a água era escassa, mais cara ou tecnologicamente menos potente — pelo contrário, o vapor chegou à supremacia *apesar de a água ser abundante, mais barata e, ao menos, igualmente poderosa, regular e eficiente*. Mas, por ora, aceitaremos essa constatação apenas como uma conclusão provisória; mais evidências são necessárias para que a solidez e a magnitude da afirmação fiquem mais claras. Seus termos só servem para intensificar o enigma. Se não foi por essas razões esperadas, então *por que* os capitalistas do algodão se voltaram para o motor? E, mais particularmente, por que diabos eles adotariam um mobilizador primário quase universalmente considerado mais caro?

Por incrível que pareça, pouco tem sido feito para oferecer uma resposta: Gordon não deu continuidade a suas demonstrações de que as limitações físicas nunca foram um obstáculo para a água. Shaw concluiu sua obra sobre a Escócia afirmando que "o fim da Era da Potência Hídrica se concretizou não tanto em face de fraquezas inerentes mas graças a mudanças na escala das unidades industriais, nos padrões de trabalho, na distribuição da população e nas metas econômicas"; apesar disso, nunca tentou especificar a natureza dessas mudanças nebulosas ou como exatamente elas resultaram no fim de uma época.[47] Após derrubarem explicações comuns para a ascensão do vapor, Chapman,

Von Tunzelmann e Kanefsky também deixam a questão no ar. Os véus que envolvem as causas não foram removidos, mas adensados.

Um fracasso científico — como deve ser considerado —, a incapacidade de explicar a transição é parcialmente enraizada na obsessão com a *contabilidade* hoje tão característica da disciplina da história econômica. Ao trabalharem com números, Von Tunzelmann, Kanefsky e Gordon produzem alguns cálculos formidáveis, descartam afirmações descuidadas sobre o que aconteceu e esboçam os contornos do cenário, mas não dão forma às *causas do movimento dos manufatureiros de um ponto para outro*. Para fazer isso, as ferramentas necessárias não são as calculadoras. Os modelos gerais de equilíbrio escondem o poder e os antagonismos debaixo do tapete e só podem nos conduzir até certo ponto. Os conflitos entre administradores e operários no chão de fábrica, a propaganda fervorosa do maquinário e a resistência obstinada contra ele, a indiferença diante de algumas das promessas tecnológicas, a vontade de lucrar sobre os outros e muito mais do que aconteceu durante a Revolução Industrial simplesmente não podem ser captados pela aritmética.[48]

Von Tunzelmann abre sua dissertação — a base para seu estudo clássico — com uma epígrafe de *Tempos difíceis*, de Dickens:

> Tantas centenas de mãos nessa fábrica; tantas centenas de cavalos-vapor. Sabe-se, com a força de uma única libra de peso, o que fará o motor; porém, nem todos os calculadores da dívida nacional poderão dizer-me a capacidade para o ódio e o amor, para o patriotismo ou o descontentamento, para a decomposição da virtude em vício, ou o inverso, em qualquer momento, na alma de seus silenciosos servos, de rostos compostos e ações reguladas. Não há mistério no motor; há um mistério insondável no mais ínfimo de seus servos, para sempre.[49]

Como se pretendesse confirmar o diagnóstico de Dickens para a mentalidade industrial e buscasse falar na língua do sr. Gradgrind, Von Tunzelmann se manteve no interior do domínio das tantas libras de peso e dos vários cavalos de potência. Na parte final de sua dissertação, ele admite "não ter tido nada a dizer sobre questões sociais após ter citado Charles Dickens logo no início". Kanefsky fez uma confissão tardia parecida: "Sem dúvida, a maior de todas as imperfeições está no tratamento dos *fatores que afetaram a difusão da potência*": mais particularmente, "teria sido desejável conseguir discutir as influências não econômicas" — no sentido de não aritméticas — "na escolha do mobilizador primário".[50] Será somente nesse domínio que os enigmas da transição poderão ser resolvidos. Precisamos de uma metodologia diferente: uma abordagem mais qualitativa, que, com um bloco de notas na mão, se aventure no coração de Coketown.[51]

6

FUGINDO DO FLUXO DOS BENS COMUNS: A EXPANSÃO DA POTÊNCIA HÍDRICA QUE NUNCA OCORREU

O Watt aquático

Em algum momento no final dos anos 1770, um grupo de manufatureiros que esquadrinhavam as áreas rurais escocesas em busca de locais apropriados para a instalação de fábricas movidas a água deu com os olhos na Ilha de Bute. Situada no estuário de Clyde, à sombra de montanhas íngremes e frequentemente nevadas, aquela porção de terra era bastante plana, com uma população esparsa de fazendeiros, pescadores e tecelões de linho reunidos em torno de Rothesay, o único vilarejo da região. Mas o local impressionou os homens com o ativo essencial que eles buscavam: uma abundância de água. Seguindo a deixa de Arkwright, o grupo escolheu a vila para a construção de uma fábrica de algodão de cinco andares, a primeira ou segunda estrutura do tipo na Escócia; os problemas, no entanto, não tardaram a aparecer. "Mesmo em épocas de chuva, as perspectivas de uma oferta regular e constante de água suficiente para mobilizar a fábrica tanto de dia quanto de noite são desesperadoras", reclamou um administrador em 1785; mais tarde, naquele mesmo ano, a fábrica de Rothesay foi posta à venda. Os novos donos lutaram para torná-la um empreendimento lucrativo.

Depois de adicionarem um segundo prédio e mulas de fiar maiores, por volta de 1800 decidiram aumentar a capacidade de energia com dois motores a vapor — mas a situação só se agravou, já que, enquanto a água havia sido originalmente considerada uma vantagem natural da Ilha de Bute, o carvão, trazido de Glasgow, era negociado a preços excepcionalmente altos. Os gastos com combustível quebraram as pernas dos administradores, e, em 1813, as Rothesay Mills foram novamente vendidas por uma ninharia.[1] A partir daí começaria a era de ouro da empresa.

Em seus tempos de jovem estudante de mecânica, Robert Thom canalizou suas paixões para "a inteireza da teoria da hidráulica e, particularmente, dada a natureza de seus passatempos, às propriedades da água como força motriz". Após um período como administrador de uma fábrica de algodão, ele enxergou na barganha de Rothesay uma oportunidade para fazer fortuna e concretizar suas visões grandiosas: se a questão da potência fosse tratada com sabedoria, havia ali potenciais a serem explorados. Thom decidiu eliminar a necessidade de motores a vapor e transformou a Ilha de Bute inteira em um laboratório de testes para projetos de vanguarda na administração de recursos hídricos. As águas pluviais da ilha estavam bem longe de chegar em sua totalidade até Rothesay: com objetivo de capturar um volume hídrico maior, Thom começou a riscar campos e colinas com aquedutos ou "cortes" que interceptavam o escoamento e o redirecionavam para uma represa central. Como o terreno era plano, foi necessário trabalhar com baixos gradientes e escavar cortes bastante largos para conduzir a água, mas Thom estava determinado a criar o sistema de modo flexível e não intrusivo. Onde outros engenheiros teriam visto a necessidade de pontes e túneis, Thom trabalharia com base em um princípio "bastante oposto a tudo isso; tratava-se simplesmente de seguir a linha apontada pela natureza".[2] Os aquedutos projetados, como o orgulhoso inventor explicaria mais tarde, "nunca são levados a atravessar vales com o uso de pontes ou a cruzar terrenos elevados por meio de cortes profundos, mas são invariavelmente conduzidos a acompanhar as curvas dos terrenos inclinados, não importa quão tortuoso o percurso a que devam assim se conformar". Com descidas suaves em declives e passagens por uma série de reservatórios auxiliares, os canais recolheriam as dádivas do céu sem causar danos à terra: "Toma-se o cuidado de não retalhar nem agredir o solo de modo irresponsável".[3] Para Thom, dançar com a água conforme ela fluía pela paisagem parecia uma forma de arte.

O passo seguinte consistia em assegurar uma oferta de água perfeitamente estável, independente da estação do ano e das condições do dia. Para isso, Robert Thom, fiel aos ideais de seu tempo, desenvolveu a mais espetacular de suas criações: a "comporta auto-operada". Assim como muitas outras invenções mecânicas, esse tipo de comporta se baseava em uma ideia enganosamente simples. Quando os volumes aumentavam em um aqueduto que se conectava a uma fábrica e a roda-d'água recebia mais água do que era capaz de utilizar, a vazão precisava ser reduzida. Thom instalou uma boia no aqueduto, conectou-a a uma alavanca e fixou a alavanca a uma comporta: quando o nível da água subia, o mesmo acontecia com a boia; a alavanca era acionada e a comporta se fechava. Menos água passaria então pelo canal e chegaria à fábrica. Do mesmo modo, quando o nível da água caísse abaixo do ponto em que a roda desaceleraria, a boia desceria com ele; a alavanca seria acionada, e a comporta, aberta. Arquitetada para perceber a flutuação dos níveis de água e reagir de acordo com as necessidades da fábrica, a comporta auto-operada "sempre abrirá por conta própria e, graças a esse único mecanismo, deixará passar a quantidade de água desejada". Excedentes provenientes de chuvas intensas ficariam retidos nos reservatórios auxiliares; ao prevenirem inundações no solo adjacente, esses reservatórios liberariam a água em dias mais secos através de comportas automáticas similares — de fato, Thom também chamava essas represas de "auto-operadas". Como alegava o inventor, tratava-se de um sistema otimizado, projetado para operar "com perfeita regularidade" e que sempre distribuiria a oferta de água de acordo com a demanda existente.[4]

Concluído em 1824, o sistema hidráulico de Rothesay deixou os observadores da época atônitos. Um relato publicado na *Mechanic's Magazine* retransmitiu seus feitos a um público mais amplo: "Desse modo, a potência hídrica das Rothesay Mills mais do que duplicou, e os proprietários conseguiram deixar inteiramente de lado seus motores a vapor, reduzindo gastos que até então haviam inviabilizado o lucro em seus trabalhos".[5] Equipadas com o poder amplificado da água e aliviadas do fardo do carvão, as Fábricas Rothesay finalmente se tornaram um negócio próspero. Tendo Thom como proprietário, cerca de setecentos funcionários eram empregados na fiação de novelos, que depois eram enviados para duzentos tecelões manuais terceirizados espalhados por toda a ilha, de onde calicôs de primeira qualidade eram despachados para mercados distantes.

Em 1821, a Royal Society of Arts condecorou Thom com a Grande Medalha de Prata por seu "aparato hidráulico auto-operado", e, por volta da mesma época, o inventor também recebeu um visitante proveniente do pacato porto de Greenock, um comerciante chamado George Robertson. Naquela época, Greenock se encontrava nos estertores de uma crise hídrica severa: no verão, era necessário levar carroças de água para abastecer seus habitantes. A localização da cidade em uma planície estreita, espremida à frente pelo mar e atrás por altas colinas, parecia obstruir o acesso a fontes próximas de água; as colinas "formavam uma barreira aparentemente intransponível" que impedia o acesso a rios abundantes mais adiante. Robertson havia muito buscava uma solução para o problema e chegara a abordar o próprio James Watt, que, filho mais ilustre da cidade, nascera em Greenock em 1736. Mas, quando o comerciante e o inventor caminharam entre as colinas, Watt declarou que aquela era uma missão impossível. Os rios da montanha estariam para sempre fora de alcance.[6]

Depois de visitar os cortes e reservatórios da Ilha de Bute, e testemunhar o que Thom realizara, Robertson agora discutia a questão com ele. Será que Thom poderia salvar Greenock de suas provações? Thom fez perguntas sobre a topografia da região, ouviu que as colinas e os rios eram muito próximos, mas fora de alcance, e respondeu que, ao que tudo indicava, seria perfeitamente possível reproduzir o sistema de Bute em uma escala maior para o transporte de água para a cidade. Um reconhecimento preliminar dos arredores de Greenock reforçou seu otimismo: havia "um número imenso de boas fontes que fluíam da face das colinas" — na verdade, "nunca vi outro lugar com fontes de água com essa qualidade, pureza e gosto".[7] Mas as fontes reservavam promessas ainda maiores. Do ponto de vista dos homens públicos e de negócios de Greenock, a cidade sofria de outra crise não menos grave: uma escassez de fábricas, sobretudo de algodão.

Atrasado em alguns anos pelo trabalho continuado que exercia em casa, Thom apresentou seu relatório completo sobre Greenock em 1824. O texto foi endereçado a Michael Shaw, que exercia direitos nobiliárquicos sobre o distrito; entre suas propriedades estavam as "águas de Shaw", um dos principais córregos das colinas; e lorde Shaw demonstrou interesse ativo no projeto. Thom estava confiante: "uma oferta abundante para a cidade e para seus projetos de infraestrutura fabril, tal como existem hoje, é uma questão comparativamente fácil de resolver". Primeiro seria construído um grande reservatório para armazenar uma quantidade de água suficiente para vários anos de uso, de preferência em um prado do outro lado das colinas. Depois, um aqueduto de 10,5 quilômetros seria erguido, "de modo a fazer a água passar *ao redor* daquela barreira, que não pode ser vencida *por cima*" — o obstáculo que Watt considerou intransponível —, o qual, todo ele equipado com comportas auto-operadas, transportaria o líquido para um segundo "reservatório de regulação" um pouco acima da cidade.[8] Depois de serpentear pelas colinas, a água estaria então imediatamente acessível tanto às pessoas quanto à "infraestrutura fabril" que, naquele momento, ocupavam Greenock.

"Parece-me, contudo, que não devemos parar por aí", continuou Thom. Não só a satisfação das necessidades mais básicas dos habitantes de Greenock podia ser facilmente alcançada como a cidade também oferecia condições unicamente favoráveis para o estabelecimento de fábricas de algodão. Thom propôs a escavação de dois minirrios artificiais a partir do reservatório de regulação: uma linha a leste e outra a oeste que correriam colina abaixo em direção ao mar e ofereceriam, numa única tacada, uma estimativa de 1.666 cavalos de potência de propulsão hídrica para futuros investidores. Dividido esse número por 33 fábricas, cada uma delas teria acesso a 50 cavalos de potência, uma base substancial para uma dinâmica indústria local de algodão (tenhamos em mente que a capacidade média dos motores a vapor na indústria de algodão escocesa era de 29 cavalos de potência em 1838). Segundo as projeções de Thom, esse sistema atrairia um capital total "superior a um milhão de libras esterlinas" para as novas fábricas; a paisagem de Greenock mudaria para sempre; as propriedades seriam valorizadas; "mansões em construção poderiam ser vistas por toda parte", com proprietários de terras e fazendeiros compartilhando "da prosperidade generalizada". E tudo isso sem os atributos bastante desagradáveis do vapor.

> Aqui não teríamos motores a vapor que vomitam fumaça e poluem a terra e o ar por quilômetros de distância; pelo contrário, teríamos o puro "córrego da montanha" que passa em profusão incessante e carrega consigo seu frescor, saúde e vigor; em seu percurso ao longo da cidade, por sua vez, tudo aquilo que tivesse uma tendência contrária seria arrastado por ele para dentro daquele reservatório de saúde purificador de elementos — o oceano. Em suma, caso judiciosamente instalados e construídos com bom gosto, esses projetos representariam de longe o maior de todos os objetos *de arte* jamais vistos sobre as margens do Clyde.[9]

A ideia, admitia Thom, poderia parecer inverossímil para olhos destreinados — e talvez Watt devesse ser incluído entre os ignorantes —, mas havia ainda mais benefícios aguardando por detrás das colinas. O projeto agora esboçado passava "longe de esgotar a potência hídrica contida nos recursos de Greenock": Thom considerava que a duplicação da capacidade de potência em até 3 mil cavalos era uma estimativa modesta. Nesse nível, o sistema disponibilizaria para Greenock "quase tanta potência, advinda da água, quanto hoje se obtém do vapor em toda a infraestrutura fabril em Glasgow e arredores". Uma nova Algodonópolis desceria dos céus transportada pelos córregos mais elevados. Quando o relatório se espalhou entre os homens respeitáveis de Greenock, "todos foram pegos de surpresa; alguns ficaram igualmente estupefatos e deleitados com a proposta; mas a maioria estava disposta a considerá-la um sonho".[10] Não demorou muito, porém, até que Thom, Robertson e Shaw — o trio responsável pelo projeto, composto pelo inventor, pelo comerciante e pelo proprietário de terras — convencessem autoridades municipais e nacionais. Uma sociedade por ações (*joint-stock company*) foi formada em 1824, constituída por um Ato do Parlamento e dotada de um grande orçamento para executar o plano sob a direção de Thom: aqueles, afinal, eram os dias da rapsódia industrial.[11]

Em 26 de novembro de 1825, o *Manchester Guardian* publicou uma peça publicitária em que os diretores da Shaws' Water Company — em uma tentativa de se aproximarem do centro do capital algodoeiro — anunciavam: "aluga-se potência hídrica". O reservatório que se formava armazenaria uma quantidade de água equivalente a um suprimento completo para quatro meses nas estações mais secas do ano, independentemente do que possa cair sobre ele ou ser arrastado para dentro dele durante esse período; e, como a vazão do Rio Shaws é ampla e constante, não há, portanto, o menor risco de que as fábricas venham a parar em qualquer ocasião por falta de água. Quedas-d'água que, sozinhas, equivalem a uma potência entre 30 e 120 cavalos podem ser aproveitadas; e duas ou mais dessas quedas-d'água podem ser unificadas, caso necessário, de modo a serem aplicadas a uma mesma fábrica.[12]

Doze dias depois, o primeiro banco de Londres entrou em colapso.

Fique com a água, se puder, e abandone esses motores caros e fumacentos

O sistema hidráulico do Rio Shaws foi inaugurado com grande fanfarra em abril de 1827. O *Greenock Advertiser* descreveu de modo exultante como as comportas foram abertas primeiro para o reservatório de regulação, depois para a linha leste, "e a corrente desceu aos saltos a cada queda sucessiva e rolou ao longo dos níveis alternados com uma agitação assombrosa". Vários milhares de espectadores maravilhados viram seus infortúnios hídricos desaparecerem em um instante. "Com a aparição do aqueduto, uma mudança total agora toma lugar: aquilo que poucos minutos antes fora um canal seco e irrelevante agora exibia uma torrente impetuosa" que corria para um moinho de grãos recém-construído, no qual uma roda "vertiginosa" começou a girar. Ao concluir seu relato daquele dia histórico, o *Advertiser* observou uma ironia subjacente ao espetáculo:

> Não podemos deixar de ressaltar, como circunstância das mais singulares, que o local de nascimento de Watt tenha vindo a se tornar palco para a exibição das primeiras demonstrações práticas, em grande escala, de uma grande potência mecânica que rivaliza com a utilidade de suas invenções; e que tenha sido o meio para a adição de outro nome [isto é, Robert Thom] ao brilhante registro de homens engenhosos que, de um só golpe, provaram ser os benfeitores de seu país e de toda a humanidade.[13]

Contudo, dos 33 espaços preparados para locação, apenas quatro haviam sido ocupados até o momento da inauguração. Nenhum dos estabelecimentos fabricava algodão.[14]

A culpa do pouco interesse no aluguel dos espaços foi atribuída ao pânico. "Não fosse pelas convulsões de 1826 no mundo mercantil", escreveu a *London Encyclopædia* em 1829, "os meios agora disponíveis para obtenção de força motriz, oferecidos para locação pela Shaws' Water Company *por cerca de um oitavo do custo da potência derivada do vapor*, teriam induzido muitos manufatureiros a se instalarem aqui". Mas as esperanças não haviam sido abandonadas: a *Encyclopædia* estava convicta de que os investidores obedeceriam à razão e correriam para as quedas-d'água "em poucos anos".[15] Enquanto a empresa esperava a chegada de inquilinos, a construção do sistema continuava, com o avanço tranquilo das escavações e expansões e de um reservatório principal que logo teria capacidade para resistir a uma seca de vários anos. Em 1845, o *New Statistical Account of Scotland* confirmou, por observações de primeira mão, a certeza "de uma oferta uniforme e abundante" de água; relatou-se que as comportas auto-operadas desempenhavam seus papéis de modo impecável.[16] Nas quase duas décadas que se seguiram à inauguração, a experiência tinha,

> em certo sentido, mais do que confirmado as expectativas mais otimistas de seu idealizador. Durante esse período, não houve a menor deficiência de potência hídrica por um dia que fosse. O fornecimento tem sido uniforme e constante, muito melhor do que todas as outras forças usadas para movimentar o maquinário.[17]

Fileira após fileira, os espaços para fábricas eram preparados entre quedas-d'água artificiais que geravam, cada uma delas, cerca de 54 cavalos de potência ao agir sobre rodas-d'água. A capacidade de potência total excedeu as estimativas originais de Thom, e os números foram aumentando conforme o sistema crescia. A capacidade máxima posta em operação no sistema hidráulico do Shaws foi de cerca de 2 mil cavalos de potência, ou um pouco mais do que isso, mas seus potenciais nunca foram integralmente explorados: nos anos 1830, Thom e a empresa insistiam em que não menos do que outros 5 mil cavalos de potência poderiam ser ativados caso necessário. Para termos uma noção das dimensões envolvidas, essas cifras poderiam ser comparadas à capacidade dos motores a vapor na indústria do algodão de Lanarkshire, dominada pela cidade de Glasgow, em 1838: um total de 3.696 cavalos de potência.[18] Se ao menos os investidores tivessem demonstrado interesse, uma segunda Glasgow, ainda maior, mas totalmente movida a água, poderia ter surgido em Clyde.

Também havia consenso sobre um outro fator determinante: em termos financeiros, o sistema de distribuição de água era eminentemente um sucesso, exibindo vantagens substanciais contra o vapor. "É inegável", proclamou o *New Statistiscal Account* em 1845, "que a potência hídrica proporcionada é muito mais barata do que aquela que decorre do vapor": os custos desta última força motriz, "mesmo em Glasgow, na vizinhança imediata do carvão, não é inferior a trinta libras por ano para cada cavalo de potência", enquanto a Shaws' Water Company entregava potência hídrica a uma taxa maravilhosa de duas a quatro libras, "com a vantagem adicional de que, ao contrário dos motores a vapor, não há desgaste ou risco de falhas ou deficiências de abastecimento".[19] Os aluguéis, é claro, eram usados para cobrir despesas com a construção e a manutenção do sistema. Tratava-se de um projeto colossal de infraestrutura, o maior do tipo em qualquer curso d'água britânico — e, ainda assim, proporcionava energia mecânica a uma fração do custo do vapor.

Thom acreditava ter escrito a receita para a ressurreição da indústria de algodão britânica. De fato, ele professava haver superado os dois principais problemas da potência hídrica: a fixidez espacial e as flutuações temporais. Com aquedutos que ziguezagueavam pela paisagem, espiralavam por colinas e se reclinavam de forma quase imperceptível pelas planícies, as fábricas podiam ser alimentadas por fontes distantes; os reservatórios e as comportas auto-operadas anulavam todas as irregularidades. "Somos capazes de transportar água dos lugares mais remotos e inacessíveis", proclamava a *Mechanic's Magazine* na primeira reportagem sobre Thom em 1829, "para situações mais bem adaptadas aos locais dos moinhos, fábricas, vilas etc.", e agora o elemento da água "trabalhará com a mesma precisão de uma engrenagem de relógio". A *Encyclopædia* saudou Thom como "inventor da potência hídrica artificial" e previu que manufatureiros de todo o país se bateriam em tentativas de copiar seus planos "para o abandono da agência bem mais custosa do vapor".[20]

Na primeira fase da crise estrutural, Robert Thom ficou célebre na Grã-Bretanha como um preeminente apóstolo da água. Relatos sobre suas conquistas estavam repletos de expectativas de que essa fonte de energia estivesse à beira de uma renascença nacional, com a redução do uso do vapor e do carvão e a oferta de uma fundação mais lucrativa e racional para a indústria. Thom entoava um ousado grito de guerra. "Este de fato", escreveu o inventor,

> tem sido até agora o *éclat* [brilho] do motor a vapor: sempre que uma fábrica encontra escassez de água, seja em função de seu crescimento, seja de uma estação seca, nada poderia ser ouvido além de um chamado geral — "instale um motor a vapor e deixe de depender da água"; vários exemplos impressionantes de onde esse conselho foi seguido podem ser apontados a menos de oitenta quilômetros de Glasgow, quando apenas uma fração dos custos iniciais do motor a vapor poderia ter dado acesso a uma fonte repleta e perpétua de água. Isso, no entanto, não pode perdurar; e, assim, no lugar do chamado geral "instale motores a vapor e seja independente da água", esperamos em breve ouvir seu substituto, "fique com a água, se puder, e abandone esses motores caros e fumacentos".[21]

É só no *post festum* que esse manifesto carrega um toque de quixotismo. Por um breve momento, a corrida entre Watt e Thom ainda estava em aberto.

Discórdia no Irwell

Os olhares do capital algodoeiro de Lancashire se voltaram bem cedo para Thom. De suas cidadelas dentro e ao redor da Algodonópolis, essa classe de pessoas via o mundo, de modo geral, pelas páginas do *Manchester Guardian*, fundado em 1821 por um negociante de algodão e escrito e lido por proprietários de fábricas: "Fossem amigos ou inimigos, o *Guardian* era 'a bíblia dos senhores do algodão'", nas palavras do biógrafo do jornal.[22] Em fevereiro de 1827, essa bíblia publicou um estudo sobre as "grandes melhorias hidráulicas na Escócia", narrando a história de Rothesay e de Greenock e cobrindo Thom de elogios.

O inventor conjurara os poderes da água com mais intensidade do que "muitos de nossos leitores suporiam ser possível". Ele recuperara seus lucros ao dispensar o vapor, resistira à seca de 1826 — à qual ainda voltaremos — com seu reservatório em Bute cheio na chegada do outono e oferecera seus serviços ao povo sedento de Greenock, onde o sistema de distribuição de água galgava as colinas. "Se tais resultados muito bem-sucedidos foram experimentados graças a esses projetos na Escócia, não vemos bons motivos para que também não possam ser obtidos na Inglaterra". O *Guardian* propunha, então, importar o conceito de Thom para o próprio coração do distrito algodoeiro de Lancashire: Manchester e redondezas. O Rio Irwell seria o candidato perfeito.

> Se toda a água que desce o Rio Irwell ao longo do ano pudesse ser distribuída de modo equilibrado durante esse mesmo período de tempo, sua potência *disponível* para mobilizar o maquinário seria prodigiosamente aumentada, e seu consequente valor para o país, proporcionalmente majorado [...]. Se fosse possível formar um ou dois reservatórios contendo de dois milhões a três milhões de pés cúbicos de água [...], esse seria um dinheiro excepcionalmente bem investido; e os proprietários de fábricas poderiam facilmente arcar com um percentual bastante significativo do capital, dados os benefícios que receberiam.[23]

Essa revelação desencadeou uma onda de projetos para reservatórios *à la* Thom por todo o Lancashire e condados vizinhos que ofereciam a promessa de uma expansão maciça na oferta energética da indústria local. Mas os planos para um maior potencial foram abortados. Em vez de uma renascença hidráulica, os anos 1830 viram uma guinada em direção ao vapor: duas rotas estavam abertas, e o capital britânico escolheu uma delas. Por que não a pechincha de Thom? A recuperação da dinâmica histórica da transição exige uma exploração do caminho não trilhado; como apontou a historiadora econômica Maxine Berg, tem havido uma palpável falta de interesse nas "rotas alternativas que, por alguma razão, foram bloqueadas" durante as fases iniciais da industrialização.[24] Esta é uma delas.

Os reservatórios provavelmente são tão antigos quanto os moinhos de água. Frequentemente utilizado de maneira intercambiável com as palavras "represa" e "barragem", o termo designa um lago artificialmente construído conectado a uma roda-d'água operando, principalmente, dentro de uma estrutura diária: as comportas permaneciam fechadas durante a noite, de modo a represar a água e armazená-la para o próximo dia de trabalho. Nos primeiros dias da indústria de algodão britânica, os manufatureiros normalmente construíam ou mantinham estruturas do tipo — às vezes chamadas "reservatórios particulares" — para uso próprio.[25] Os reservatórios inspirados por Thom e programados para serem construídos em Lancashire eram completamente diferentes. Podiam ter uma função diária, mas também operavam em *temporadas*, armazenando quantidades de outra magnitude de água para ser utilizada durante períodos de más condições climáticas. Mais significativamente, essas eram construções *coletivas*, realizadas não por um único capitalista disposto a melhorar o fluxo imediato até seu moinho, mas por um *grupo* de capitalistas, um consórcio, uma sociedade por ações ou algum outro tipo de organização guarda-chuva, de modo que a responsabilidade pelas necessidades energéticas dos manufatureiros ao longo de todo o rio ou trecho seria compartilhada. Além disso, no universo jurídico da Grã-Bretanha do início do século XIX, esse tipo de projeto assumia necessariamente um caráter *político*: sua implementação só seria possível se autorizada por um Ato do Parlamento "local" ou "privado", de forma muito semelhante à das linhas férreas, estradas pedagiadas ou cercamentos de terras. Nessa escala, seria impossível — e ilegal — que um proprietário de fábrica decidisse prosseguir sozinho.

Em Greenock, como vimos, os capitais locais se amalgamaram em uma sociedade por ações. O Ato do Parlamento estipulava com grande minúcia a quantidade de água corrente a ser oferecida — 1.200 pés cúbicos [quase 34 mil metros cúbicos] por minuto, 12 horas por dia —, o posicionamento das comportas auto-operadas, o tamanho dos canais, os limites dos direitos dos proprietários de fábricas para realizar suas próprias terraplenagens e todas as responsabilidades e obrigações dos locadores. Dois árbitros deveriam ser indicados: um para a empresa, outro para os locatários. Dia após dia, eles monitorariam a operação das comportas e das rodas-d'água; em caso de disputa, um terceiro árbitro seria convocado por eles para resolver a questão. A empresa tinha direito de aplicar algumas sanções contra um proprietário que danificasse os canais ou que, de alguma maneira, infringisse as regras, e consagrou-se uma medida de democracia local: caso os proprietários de ao menos três quartos das fábricas estivessem de acordo, os regulamentos poderiam ser alterados.[26] Com isso, o consumo de energia se tornou questão de controle público e de tomada coletiva de decisões em uma relação triangular entre empresa-locatários-Parlamento. No aqueduto do Rio Shaws, nenhum capitalista era inteiramente seu próprio chefe.

Já no Irwell, um aparato ainda mais complexo teria de ser montado. Baines contou trezentos moinhos de água no trecho de utilização mais intensa, enquanto Cooke Taylor estava "certo de que o vale desse pequeno córrego possui mais riquezas do que o maior rio da Europa", e acrescentou: "Se rios tivessem sentimentos, o Irwell teria motivos para reclamar, já que é o rio mais explorado e sobrecarregado no universo".[27] A bacia do Irwell era para a indústria o que o Tigre e o Eufrates haviam sido para a agricultura: fértil e intensamente cultivado, lar de centenas de moinhos antigos ou novos que não paravam de tilintar — e que eram empregados não apenas para o algodão como também para a lã penteada, o papel, a madeira, o ferro, o branqueamento de tecidos e a estamparia — de Bacup, ao norte, até o centro de Manchester. Poderiam todos esses agentes ser reunidos sob um único guarda-chuva?

A tentativa foi levada a cabo no verão de 1831, tendo como meta inicial estabelecer um reservatório coletivo nas vizinhanças de Bolton. Como primeira imitação lancastriana da obra de Thom, esse único tanque de água permitiria que um grupo seleto de proprietários de fábricas "dispensasse a assistência de motores a vapor" e obtivesse grandes benefícios pecuniários, como relatou o *Guardian*.[28] Reunidos em um hotel em Manchester, os proprietários e ocupantes das fábricas e quedas-d'água afetadas concordaram que o reservatório acabaria de fato por matar dois coelhos com uma cajadada só: o excesso de água que atrapalhava a movimentação das rodas-d'água e as falhas no abastecimento que também causavam efeitos similares. A liberação diária da água represada aumentaria o volume médio do rio. Um local adequado havia sido identificado nas freguesias de Turton e Entwistle, e, assim, decidiu-se por uma candidatura à obtenção de um Ato do Parlamento e elegeu-se um comitê para preparar o projeto de lei, sob a liderança técnica de Thomas Ashworth. Irmão mais novo de Henry e Edmund, Thomas era um engenheiro promissor que buscara proteger os interesses de sua família na manufatura movida a água ao se especializar em infraestruturas hidráulicas; à sombra de seus dois impetuosos irmãos, Thomas viria a ter parte em todos os principais projetos de Lancashire e estrelaria como resposta do condado à figura de Thom. O projeto de lei passou pelo Parlamento; a construção do reservatório começou em 1832.[29]

Situado nas proximidades da nascente de um riacho que desaguava no Rio Eagley e, de lá, no Irwell, o reservatório de Turton e Entwistle teria apenas um efeito limitado sobre os volumes e a regularidade do rio principal. Aferrados à ideia e galvanizados por essa primeira vitória, os manufatureiros se juntaram, assim, a Thomas Ashworth para traçar um plano bem mais ambicioso: cobrir praticamente *todos* os afluentes com reservatórios. Com um mandato expedido em outro encontro geral de proprietários de fábricas, Ashworth e seu colaborador Peter Ewart — outrora um representante comercial da Boulton & Watt, e agora senhor de sua própria fábrica de algodão a vapor em Manchester — identificaram um total de quinze locais favoráveis "com considerável elevação acima do nível do mar", cada um deles com potencial para gerar "uma grande extensão de queda".[30] Muitos dos mapas produzidos na ocasião sobreviveram, pintados a aquarela e tudo o mais.

No final, os quinze reservatórios do projeto para o Irwell estavam previstos para armazenar 2.41,3 milhões de pés cúbicos [quase 683 milhões de metros cúbicos] de água e gerar ao menos 6.600 cavalos de potência para uso de 745 fábricas já em operação — além de um número desconhecido de futuras instalações programadas para quedas-d'água até então desocupadas —, a um custo total de 59.016 libras. Era um projeto colossal. As cifras para a capacidade de potência total podem ser comparadas aos 9.925 cavalos de potência de *todos* os motores a vapor da cidade de Manchester em meados dos anos 1830: um terço menor, mas uma adição gigantesca à energia mecânica da área. Thomas Ashworth estimava que muitos dos reservatórios duplicariam, triplicariam ou quadruplicariam os volumes de então, e, "além do grande aumento de potência a ser alcançado, o fornecimento será a todo momento constante e uniforme, de forma a afastar, assim, a principal objeção à potência hídrica, a saber: sua irregularidade".[31]

O *Manchester Guardian* estava radiante diante de previsões tão promissoras. Seus artigos mais pareciam peças de publicidade e ressaltavam repetidamente as vantagens especiais dos projetos thomianos em Lancashire: em nenhuma outra parte do reino havia "tanta potência hídrica disponível dentro de uma mesma circunscrição". "Um número

Figura 2. Frontispício dos mapas de Thomas Ashworth e Peter Ewart para os quinze reservatórios previstos para o projeto do Irwell.
Fonte: Lancashire Record Office, Papers on Irwell Valley Reservoir Schemes (Preston), projetos e seções de reservatórios propostos, não datado, c. 1833 (DDX951/13).

imenso de fábricas dependentes de rios" sujeitos a enormes flutuações aguardava se ver livre desses inconvenientes e, uma vez liberto do uso do vapor, mergulhar em lucros: o *Guardian* fez uma análise comparativa do projeto do reservatório de Turton e de Entwistle, calculado para gerar cerca de 1.500 cavalos de potência, uma quantia "que, com o uso do vapor, exigiria um consumo anual de sessenta mil toneladas de carvão, cujo valor, a cinco xelins por tonelada, consistiria em quinze libras". As somas muito superiores que decorreriam da multiplicidade de reservatórios agora propostos "podem ser imediatamente calculadas com base nos dados já existentes". Após reiterar as recompensas financeiras — nas quais os custos de construção, é claro, eram embutidos nos aluguéis esperados —, o *Guardian* concluía que "há pouquíssimos modos de investir capital que apresentem perspectivas tão razoáveis de ganho".[32]

Uma entidade semidemocrática seria criada para administrar os interesses comuns. Segundo o projeto de lei dos reservatórios do Irwell submetido ao Parlamento no final de novembro de 1832, todos os ocupantes de fábricas alimentadas por águas de qualquer um dos quinze reservatórios teria direito de participar das reuniões gerais, mas o direito ao voto seria diferenciado. Os ocupantes pagariam "taxas" para o financiamento coletivo dos custos de construção e manutenção, e cada um deles de acordo com a água que utilizasse: as taxas seriam cobradas "em proporção ao número de pés completos de quedas-d'água ocupados". Uma quantidade mínima de uso formaria a base para um voto; caso um proprietário ocupasse uma queda-d'água maior e pagasse o dobro, teria direito a dois votos; se sua taxa fosse exigida com relação a três vezes a unidade mínima, teria três votos, e assim por diante. Se deixasse de pagar a taxa, o direito de votar seria automaticamente perdido.

Oriundo das fileiras dos proprietários de fábricas, um grupo de comissários — a ser eleito em assembleias gerais — seria nomeado para aferir e cobrar essas taxas; comprar terrenos e revender lotes que saíssem de uso; examinar córregos e quedas-d'água; e construir comportas e vertedouros, canais e barragens, represas e aterros, além de outras estruturas consideradas necessárias "para oferecer e assegurar uma oferta regular de água". Uma quantidade considerável de poder seria atribuída a esses comissários. Caso alguém cobrado pelo uso da água deixasse de pagar, os comissários estariam livres para obter a soma "pelo arresto e venda de mercadorias e bens móveis que sejam de propriedade do devedor". Indivíduos que danificassem propositalmente qualquer propriedade ligada ao reservatório podiam ser presos sem a necessidade de mandados e estariam sujeitos a penalidades severas; os comissários teriam o direito de pagar informantes que ajudassem na captura dessas pessoas.[33] O que se propunha não era tanto uma sociedade por ações, mas um tipo de governo ciliar no meio do caminho entre a autoridade municipal e a burocracia corporativa, ao qual se atribuíam poderes para taxar os ocupantes, prover suas necessidades energéticas, regular a oferta e até mesmo caçar contraventores. Um proprietário de fábrica receberia potência hídrica de forma barata e regular, mas não pelas mãos de seu próprio capital.

O projeto de lei foi lido no Parlamento pela primeira vez em 25 de março de 1833 — mas, depois disso, os rastros do reservatório do Irwell subitamente desaparecem.[34] Um silêncio se instala. Algo fica bastante claro: nenhum dos quinze reservatórios foi construído. O projeto nunca foi aprovado pelo Parlamento, mas o destino dos esboços permanece envolto nas brumas da história, já que não há relatos diretos sobre *por que* sua realização naufragou. Normalmente, um projeto de lei local dessas dimensões teria sido submetido a um inquérito; um comitê próprio teria sido formado para ouvir os argumentos de grupos interessados contrários ou favoráveis à proposta, documentar os depoimentos em minutas escritas a mão e, possivelmente, apresentar um parecer. Procedimentos similares relacionados a projetos de reservatórios subsequentes sobreviveram até hoje. Mas, em 16 de outubro de 1834, ocorreu um dos desastres científicos tão característicos da disciplina da história, a abertura de um rombo nos registros que não poderia ser preenchido por nenhum laboratório ou modelos de simulação: o Parlamento pegou fogo. No pior incêndio que Londres testemunhara desde 1666, as labaredas consumiram a Casa dos Comuns, incluindo incontáveis relatórios, petições e livros que se espalhavam sobre bancos e prateleiras.[35] Os materiais que podiam existir sobre o projeto do Irwell viraram fumaça.

Nossa única esperança, então, é seguir pisando com cuidado entre os poucos cacos de evidência que sobraram e que refletem a natureza da oposição ao projeto. Ao que tudo indica, sua base mais forte residia nos próprios capitalistas: poucos estavam contentes com a ideia de reservatórios e taxas. Nos primeiros meses de 1833, Ashworth e Ewart tomaram notas de uma pesquisa realizada nas fábricas situadas ao longo dos córregos: o primeiro manufatureiro a ser entrevistado, na vizinhança de Bolton, expressou uma oposição inequívoca. "Nem os reservatórios propostos", declarou o homem, "nem o reservatório de Entwistle trarão benefício algum, seja para sua fábrica de papel em Farnworth, seja para sua fábrica de algodão em Prestolee." Outros afirmavam que as fábricas estavam distantes demais dos reservatórios para que pudessem colher qualquer benefício que fosse; mesmo que liberada bem cedo de manhã, a água ainda levaria horas para chegar às quedas a jusante. "O sr. Seddon é um opositor ferrenho dos reservatórios propostos, já que considera que a água demorará oito horas para chegar até ele, situado a doze quilômetros de Holden", onde ficaria o maior dos lagos planejados. Os proprietários de estamparias já possuíam toda a água de que precisavam e, assim, não obteriam "nenhuma vantagem" com o projeto; um proprietário pensava que "o reservatório pretendido lhe será danoso ao proporcionar água *barrenta*, e não *límpida*"; outro esperava que todos os ganhos fossem perdidos, uma vez que a integralidade da água adicional seria "retida pelo moinho mais acima", enquanto um terceiro considerava que uma barragem próxima "não lhe seria de uso algum caso se permitisse que a água passasse durante a noite". Aparentemente, os proprietários de fábricas não só não conseguiam se unir ao redor da proposta como também não eram capazes de concordar quanto às razões de seu descontentamento.

Outros estavam entusiasmados: o sr. Rothwell, da Woods Road Cotton Mill, explicou que com muita frequência lhe faltava água durante "períodos de uma, duas ou três horas", de modo que "uma oferta constante seria um enorme benefício para mim". Alguns declaravam sua disposição de pagar as taxas caso as vantagens fossem comprovadas. No venerável complexo Radcliffe, um dos mais antigos estabelecimentos da geração Arkwright, de propriedade de *sir* Robert Peel e de sua família, todo o espectro de opiniões estava representado: a fábrica de fiação "nunca tivera falta de água depois de comprar uma roda nova" e, assim, não precisava de um reservatório; os setores de estamparia e de branqueamento não enxergavam ganhos, mas aceitariam pagar as taxas caso houvesse uma materialização de benefícios; os serviços anexos de branqueamento "consideravam que seriam amplamente beneficiados".[36] Mesmo entre vizinhos próximos, as necessidades energéticas podiam variar bastante. Por definição, um reservatório abarcaria todos em um sistema de distribuição abrangente. A incongruência entre as demandas das fábricas individuais e a oferta proporcionada por uma estrutura de grande escala começou a despedaçar a proposta.

Em janeiro de 1832, com o projeto de lei a caminho do Parlamento, o *Manchester Guardian* avistou os perigos à frente: "Ousamos dizer que será um pouco difícil conceber um sistema de classificações que cubra cada proprietário exatamente de acordo com o benefício recebido; em muitos casos, isso dependeria de circunstâncias às quais nenhuma regra geral pode ser aplicada". Apesar disso, o jornal — o principal incentivador do projeto — estava otimista com as perspectivas de criação de um "sistema toleravelmente justo" caso interesses mesquinhos fossem mantidos a distância. "É de esperar, portanto, que nenhuma inveja causada por maiores benefícios conferidos a outros indivíduos induza os interessados a retirar seu consentimento frente a uma medida tão cheia de vantagens para eles mesmos e para a vizinhança".[37] Mas parece ter sido exatamente o que aconteceu. Por mais coletivamente vantajoso que fosse, o projeto instigava as ambições individuais a frustrá-lo.

Os engenheiros encarregados perceberam os sinais desfavoráveis. Em uma mensagem impressa dirigida aos proprietários de fábricas em fevereiro de 1833, Ewart admitiu que "será impossível, através de qualquer distribuição prática da oferta aumentada de água, arranjá-la de modo que todos os estabelecimentos à beira desses córregos se beneficiem exatamente na mesma proporção". Essa impossibilidade já espalhava as sementes da deserção: alguns manufatureiros bem servidos "não estão propensos a aderir às medidas necessárias" — ou seja, a pagar pela água necessária aos outros. Descompassos entre as necessidades energéticas de fábricas rio acima, onde os córregos tendiam a ser mais irregulares, e aquelas situadas mais abaixo, onde a água chegaria mais tarde, complicavam ainda mais as tentativas de fixar rotinas aceitáveis para todos. Ewart se viu forçado a propor um sistema ainda mais fragmentado e complexo para a fixação das taxas.[38] As reivindicações conflitantes — algumas pessoas com toda a água de que precisariam, outras com medo de perdas de água dos reservatórios, outras ainda que não conseguiam perceber mudanças significativas — deram lugar a um projeto excessivamente turbulento: as brigas parecem tê-lo matado. Mas não há como afirmar isso com certeza, já que o fim do projeto para o reservatório do Irwell se perdeu em meio às cinzas do incêndio parlamentar, assim como, mais provavelmente, no menos espetacular desgaste dos dados ao longo do tempo.

O que está claro é que um sistema de distribuição de água de dimensões irwellianas deparou com enormes conflitos de interesses. Uma vez que era necessário para ampliar a capacidade de aproveitamento de um rio como o Irwell, o projeto suscitou problemas de coordenação e de distribuição de recursos que não existiriam com a bem-aventurada adoção de um motor a vapor adicional, de uma caldeira maior ou de uma tonelada a mais de carvão por dia. De fato, uma potência hídrica dessa escala, nessa época e nesse lugar, parecia sofrer de algumas contradições socioecológicas peculiares — e que evaporavam com o uso do carvão. Para aprendermos mais sobre essas contradições, podemos nos voltar a outros projetos de reservatórios programados para a década de 1830.

Divisões no Rio Tame

Sem se abalarem pelo fracasso no Irwell, os proprietários de fábricas na vizinhança de Saddleworth, em West Riding of Yorkshire, instalados dos dois lados da fronteira entre os distritos de algodão, a oeste, e as áreas de produção de lã, a leste, lançaram seu próprio projeto em meio ao boom de meados da década de 1830. No final de 1836, Thomas Ashworth revelou planos para três amplos reservatórios ao longo do Rio Tame. Dois ficariam próximos à nascente e o outro, em um dos afluentes; todos direcionariam suas cargas conforme o rio fosse passando por uma série de cidades antes de se fundir com outro córrego em Stockport a fim de formar o Rio Mersey, e então seguiria seu curso, através da parte mais ao sul de Lancashire, rumo ao mar.[39] Desta vez, Ashworth tinha como objetivo a produção adicional de 3.400 cavalos de potência a serviço de algo entre quarenta e cinquenta fábricas. Ainda que mais modesto que seu predecessor no Irwell, o projeto de Saddleworth também buscava inundar os distritos têxteis centrais — de algodão e lã — em uma abundância e uma constância de água; o Tame, clamava Ashworth, estava ocupado "de uma ponta à outra por fábricas tão próximas entre si quanto poderiam ser convenientemente posicionadas".[40] Aí estava uma segunda tentativa de reforçar um dos cursos d'água mais estratégicos da topografia da Inglaterra industrial.

Um projeto de lei para os reservatórios de Saddleworth chegou ao Parlamento em fevereiro de 1837; logo de saída, encontrou resistência de vários grupos de peticionantes e foi devidamente remetido a um comitê especial. Posteriores ao incêndio, os procedimentos internos sobreviveram. Thomas Ashworth oferecia um banquete de vantagens. Com cálculos elaborados, buscava demonstrar que economias lucrativas estavam à espera dos manufatureiros que deixassem de depender da queima do carvão, o que levou o presidente do comitê a perguntar:

> — Consideradas as características do país, você tem alguma dúvida no que se refere à afirmação de que eles [os reservatórios] proporcionarão energia mecânica mais barata?
> — Creio que o plano proposto seja o modo mais barato de fazê-lo: oferecer energia mecânica [...]. Seria, sem dúvida, um grande benefício para toda fábrica próxima ao córrego que esteja com falta de água [...].
> — Você tem consciência de que um grande número [de fábricas] é movido a vapor?
> — Sim, um grande número, mas não todas.
> — De que modo, caso empreguem o vapor, serão beneficiados? Perderão os rendimentos de seus investimentos?
> — Com a água, a economia será maior.
> — Eles desistirão de utilizar o vapor?
> — Sim, não tenho dúvida de que desistirão.[41]

Vários donos de fábricas se apresentaram ao comitê para confirmar as declarações de Ashworth. Como alternativa hipotética aos reservatórios de Saddleworth, o comitê perguntou ao proprietário de uma fábrica de fiar movida a água na ramificação principal do Tame: "Se algum de nós se comprometesse a presenteá-lo com um motor a vapor, você ficaria contente?". "Desde que você me desse carvão junto com ele", o homem respondeu com sarcasmo. O escriturário da fábrica de algodão movida a água em Reddish, próximo a Stockport, reclamou que as baixas sazonais nos níveis hídricos às vezes forçavam a empresa a recusar pedidos maiores; os reservatórios permitiriam a aceitação de todos os tipos de pedidos, e "é claro que queimaríamos menos carvão se tivéssemos mais potência hídrica".[42]

Mas também havia oposição. Petições antirreservatórios circulavam, e reuniões públicas eram convocadas por uma variedade de proprietários, manufatureiros, empresas construtoras de canais e "habitantes", enquanto, nos depoimentos tomados pelo comitê, a tendência a um apoio mais vacilante começava a emergir em meio aos próprios donos de fábricas. Os críticos voltavam as atenções às grandes diferenças de necessidade energética entre as fábricas mais próximas à nascente, as situadas no meio do trajeto do rio e aquelas posicionadas mais a jusante: fábricas abaixo de Stockport, onde o Tame se fundia com o Mersey, supostamente seriam as menos beneficiadas. Defensores do projeto encontravam dificuldades em explicar como a água poderia ser útil para todos; liberada dos reservatórios no começo da manhã, poderia demorar doze horas ou mais até atingir a parte mais baixa do rio, quando então a jornada de trabalho já teria terminado. Em dado momento, no entanto, Ashworth replicou que esse tipo de problema poderia ser resolvido com "reservatórios intermediários", que represariam a água e a liberariam a tempo para o turno da manhã. Mas essa solução exigiria *uma coordenação ainda mais intensa* entre os proprietários de fábricas, um planejamento mais centralizado, despesas mais significativas e taxas mais altas.[43]

O manifesto antirreservatório mais eloquente a ter sobrevivido foi escrito pelos administradores de Ellis Fletcher, um capitalista de destaque na região, sob cuja posse se encontravam três fábricas na porção final do Rio Tame. Como primeira razão para se oporem ao projeto, apontaram o egoísmo dos proprietários de fábricas da parte superior do rio, que estavam mais próximos das regiões propostas para a construção do reservatório: "A medida tem como objetivo beneficiar" aqueles proprietários nas colinas, "que, com este Ato, obrigam outras pessoas que não recebem vantagens semelhantes a contribuir com os custos da empreitada". Quanto aos administradores em si, eles já recebiam água suficiente "para todos os propósitos" e tinham pouco apetite para gastar dinheiro com os outros. As taxas propostas eram de 55 xelins a cada 30 centímetros de queda, mas não havia nenhuma chance de que os valores parassem por aí; gastos adicionais e aumentos eram uma certeza, o que levou os administradores de Fletcher a projetar prejuízos financeiros de três mil libras por ano com o pagamento de taxas "impostas contra nossa vontade". Naquela que talvez seja a mais reveladora de suas formulações, eles afirmaram que, instalados na parte superior do rio, os defensores do projeto,

> por seu número e também pela altura de suas quedas, terão a capacidade de reunir mais votos e de controlar todos os proprietários e ocupantes das quedas-d'água das partes inferiores do rio no que se refere à quantidade e ao valor das taxas, e assim terão em suas mãos o poder de cobrar esses valores dos outros para que sejam aplicados em benefício próprio.[44]

O poder sobre a oferta de energia ficaria concentrado, literalmente, no topo.

Em seu depoimento, Ashworth reconheceu uma espécie de centralismo democrático como forma pretendida de autoridade: "Com os proprietários de fábricas como comissários, eles terão o poder de produzir seus próprios arranjos" para a regulação do fluxo. Evidentemente intragável para muitos, a visão de Ashworth começava a trincar. "Uma oposição muito poderosa" de manufatureiros da parte mais ao sul do Tame e de Mersey forçou os defensores do projeto a abandonar suas intenções de cobrar taxas de todas as fábricas e, em vez disso, repassou todos os custos aos proprietários posicionados mais acima.[45] Isso significava aumentar as taxas cobradas dos pagadores restantes. Teria o encolhimento da base causado a derrocada da proposta? Mais uma vez, não há como saber exatamente, pois o término do projeto de Saddleworth é tão opaco quanto o de seu antecessor: nenhum dos reservatórios foi construído; mais uma expansão planejada do uso da potência hídrica foi abortada no escuro. Mas começamos a perceber um padrão.

Projetos para reservatórios coletivos gigantes se mostraram controversos e levavam os proprietários a se posicionar uns contra os outros. Alguns ansiavam por uma quantidade maior e mais certeira de potência hídrica e estavam dispostos a pagar alguma quantia para financiar todas as vantagens comuns; outros estavam satisfeitos com o que já possuíam, suspeitavam de prejuízos futuros à oferta de água a que já tinham acesso e ressentiam o que consideravam como tentativas de outras empresas de manipulá-los — ou ainda apresentavam todas essas ressalvas ao mesmo tempo, com pouca disposição a pagar taxas enquanto o governo já exigia outros tributos de seus negócios. De modo mais geral, *as forças dissidentes da competição contradiziam a demanda por uma coordenação cuidadosa que era inerente a todos esses projetos*: todos devem compartilhar a água corrente, mas os manufatureiros privilegiavam seus interesses particulares mais imediatos.

Os anos 1830 viram uma breve ofensiva dos amigos da água nos distritos manufatureiros ingleses, com Ashworth na dianteira, mas as fileiras logo cederam. Na década de 1840, a batalha pela ampliação maciça da capacidade de aproveitamento da água nessa região crucial já havia sido essencialmente perdida. Apenas algumas poucas vitórias aparentes — pequenos reservatórios em Turton e Entwistle, Glossop e Holme — indicavam o que poderia ter sido alcançado.[46] Além disso, por alguma razão Ashworth nunca adotou os cortes, os aquedutos ou as comportas auto-operadas de Robert Thom: seus projetos consistiam apenas em reservatórios, com relativamente pouca manipulação do sistema fluvial. Tivesse a criação mais intervencionista de Thom — testada e conhecida na época — sido aplicada em Lancashire, as capacidades de potência totais teriam excedido aquelas vislumbradas por Ashworth para o Irwell e em Saddleworth. Mas o uso da engenharia hidráulica para a produção de mercadorias foi cortado na raiz; abundantes e baratos, os potenciais da água permaneceriam inexplorados.

Não quando outros lucravam

Enquanto isso, na Escócia, Thom continuou a esboçar projetos para praticamente todos os maiores centros de manufatura. Em 1829, finalizou um relatório sobre a viabilidade de um sistema de reservatórios — completo, com cortes e comportas auto-operadas — que alimentaria fábricas em Glasgow e arredores. Otimista como sempre, Thom afirmou que o aborrecimento da irregularidade no acesso à água seria superado "com gastos moderados", mas havia um complicador: como decidir o "melhor método de condução da água do reservatório para as fábricas. Em todos os momentos, essa é uma questão de alguma dificuldade; e, em muitos casos, assim como neste, tem sido responsável por muita animosidade e litigância, com suas conhecidas consequências desagradáveis e pouco lucrativas". As disputas poderiam ser evitadas caso o fornecimento fosse organizado para que todas as fábricas recebessem água dentro do previsto em um cronograma diário bastante rígido; medidores permanentes deveriam ser instalados embaixo de todos os estabelecimentos, "de modo que até uma criança possa dizer, apenas de olhar para eles", se a cota devida havia sido recebida ou não. Caso esses arranjos fossem adotados, todos os motivos de discussão — tão comum e destrutiva — desapareceriam.[47] Mas, na verdade, foi o projeto de Glasgow que desapareceu sem deixar rastros nos anais inexistentes da história não concretizada.

Em Greenock, os investimentos continuavam a chamar atenção por sua ausência. Em meados da década de 1830, a Shaws' Cotton Spinning Company estava pronta para operar a primeira fábrica de algodão, equipada com uma megarroda de 200 cavalos de potência em uma única peça. Em meados de 1840, no entanto, apenas onze outras fábricas estavam em operação na linha leste, produzindo farinha, milho, lã, linho, papel e outras mercadorias, mas não o tão esperado algodão. Ainda havia oito vagas desocupadas na linha leste, e a linha oeste — com treze espaços planejados — não havia sido sequer inaugurada. E nunca viria a ser.[48] A visão de Thom para "trinta ou quarenta construções amplas e elegantes que se erguem como um crescente sobre Greenock" e cintilam como um exemplo para o resto da Grã-Bretanha não virou realidade: no final do século, esse ainda era o maior sistema de potência hídrica do reino, e bastante singular. Thom dizia ter "construído um grande número" de reservatórios — "provavelmente mais do que qualquer outro homem vivo" —, porém, negligenciado e sem ter visto suas obras publicadas, teve uma velhice amarga.[49] Após sua morte, em 1847, seria esquecido com a mesma intensidade que James Watt, seu companheiro greenoquiano, viria a ser idolatrado (embora o reservatório cidade acima ainda se chame Loch Thom).

Thom não estava exatamente sozinho: muitos outros inventores e engenheiros bolaram ideias criativas para aproveitar o fluxo de energia e passar longe do vapor. Ao escrever para a *Scots Mechanic's Maganize*, um "cavalheiro de Ayrshire" anônimo propôs uma combinação das capacidades da água e do vento. Em situações em que um moinho de água sofresse com a irregularidade de oferta, mas "onde não se possa recorrer às invenções engenhosas do sr. Thom, da Rothesay Cotton Works" — presumivelmente porque o terreno era plano demais —, a resposta estaria no ar. O vento em si não era mais confiável do que a água, mas poderia ser utilizado de forma lucrativa para ativar uma bomba e reconduzir a água *de volta* para um reservatório acima do moinho: quando ele soprasse, a represa seria reabastecida; quando nem o vento nem a água estivessem disponíveis em quantidades suficientes, a água represada poderia ser liberada para servir como um amortecedor contra os caprichos do clima. Ao se valer da energia eólica a custo praticamente zero e permitir que amplos reservatórios fossem construídos longe de terrenos inclinados, tal solução, defendia o cavalheiro, conferiria à potência hídrica uma nova oportunidade para brilhar.[50] A proposta não deu em nada.

Um inventor de Manchester voltou a atenção para a energia das marés. Uma série de reservatórios coletaria a água em momentos de maré alta e depois a dividiria entre rodas-d'água quando o mar retrocedesse: o homem sugeria "a construção de barreiras em portos, como em Liverpool e Hull, em rios longos ou no mar, de forma a acumular a água das marés por detrás delas, em reservatórios; e as entidades corporativas dessas cidades poderiam alugar a potência daí decorrente para a operação de uma fábrica".[51] A ideia não pegou. Um engenheiro de Dundee ponderou novas formas de armazenamento dos "aguaceiros fertilizantes dos céus" — e o potencial para 2 mil cavalos de potência em um reservatório no Rio Leven deveria seduzir "mesmo o mais parcimonioso dos proprietários de fábrica" a gastar algum dinheiro —, mas se desesperou quando tentou descrever as cores da água para aqueles que não eram capazes de ver:

> Ainda que todos os proprietários de fábrica saibam e sintam o mal [da irregularidade sazonal] e muitos deles estejam convencidos de que reservatórios de tamanho suficiente poderiam remediá-lo, mesmo assim *a dificuldade de obter a cooperação de todos os interessados para aprimorar um córrego aproveitável* [...] [tem] em muitos casos impedido mesmo a tentativa de fazer aquilo que seria não só lucrativo para os indivíduos como também *um bem público.*

As colinas e os vales perfeitamente formados da Escócia se impunham como "uma reprimenda aos proprietários de fábricas de geração em geração".[52]

Thom sugeriu uma explicação similar em 1843, quando perguntado sobre suas experiências com projetos de reservatórios:

— Os proprietários de fábricas se oferecem para custear eles mesmos a construção de um aterro?
— Com muita frequência, sem dúvida, mas de modo geral não se oferecem.
— Não quando outros lucravam com isso?
— *Certamente não para outras pessoas.*[53]

A dificuldade de obter cooperação entre os proprietários de fábricas era o calcanhar de aquiles de todas as ideias para aplicações mais eficientes do fluxo — sobretudo da água — ventiladas na conjuntura essencial da crise. Livre de preocupações similares, uma opção mais crua parecia mais atraente. No primeiro volume de *A History of Industrial Power in the United States, 1780-1930* [Uma história da potência industrial nos Estados Unidos, 1780-1930], dedicado à potência hídrica "no século do motor a vapor", Louis C. Hunter descreve a disseminação de reservatórios coletivos na Nova Inglaterra (a que voltaremos): depois de algum tempo, a mesma dificuldade vinha à tona. Os manufatureiros que alugavam a potência hídrica de provedores centrais "viam sua independência de ação limitada de diversas formas pelo sistema de fornecimento de que eram parte. O motor a vapor", por outro lado, "proporcionava um meio *de fuga e de independência* [...]. Com o motor e a caldeira, o proprietário da fábrica poderia agir conforme desejasse e praticamente sem aluguéis ou obstáculos".[54] A camisa de força da água dos reservatórios coletivos — ainda que poderosos e baratos — poderia ser arrancada com o movimento de um pistão.

Uma fuga fóssil contra os bens comuns em fluxo

O fluxo de energia não era interrompido pelas cercas das propriedades privadas. Não respeitava certidões ou títulos, não se curvava a transações monetárias; seguia seu curso, impassível diante do conceito de propriedade privada porque estava sempre em movimento. Essa circunstância já era havia muito reconhecida pela lei inglesa. Em 1835, o verbete para "Água e cursos d'água" do *The Law-Dictionary, Explaining the Rise, Progress, and Present State of the British Law* [O dicionário legal, com explicações sobre a ascensão, o desenvolvimento e o atual estado das leis britânicas], uma coleção de precedentes extraídos de milhares de casos, começava assim:

> Está bem estabelecido pela lei da Inglaterra que a água que flui em um córrego é, em sua origem, *publici juris* [de direito público]. No direito romano, a água corrente, a luz e o ar eram considerados como alguns desses itens, denominados de *res communes* e definidos como "coisas cuja propriedade não é de ninguém, mas de uso de todos".[55]

Em outras palavras, a água corrente, a luz e o ar constituíam *res communes* porque eram fisicamente impossíveis de capturar para apropriação exclusiva e, portanto, deveriam pertencer coletivamente ao povo: bens comuns por decreto da natureza. Em seu influente *Commentaries on the Laws of England* [Comentários sobre as leis da Inglaterra], de 1770, William Blackstone proclamou que "os objetos de domínio ou de propriedade são *coisas*, em contraposição a *pessoas*", mas, curiosamente, a água não se enquadrava em nenhuma das duas categorias:

> Pois a água é uma coisa móvel, que vagueia, e deve necessariamente continuar sendo um bem comum pela lei da natureza; de modo que, quanto a ela, somente se pode gozar de uma propriedade temporária, transitória e usufrutuária: daí que, se um corpo hídrico corre para fora de meu açude e para dentro do de outro homem, não tenho direito de reivindicá-lo.[56]

Haveria então de fato algo na *natureza* da água, da luz e do ar que tornaria suas energias incongruentes com os princípios da propriedade privada? Parece que sim: por suas próprias determinações físicas — seu perfil espaçotemporal —, o fluxo circulava incessantemente pela paisagem, incentivado ou desencorajado pelos ciclos climáticos e insensível às tentativas de interferência humana: uma força criada, desperdiçada e recuperada pela natureza em si mesma, como diria Babbage. Nenhum suposto proprietário conseguiria cortá-la e transportá-la para outro lugar ou armazená-la para mais tarde, confiá-la a alguém ou descartá-la; apenas o uso temporário seria capaz de excluir os outros, mas somente até que chegasse a vez deles. Essas eram as coordenadas ecológicas dentro das quais todas as tentativas de expansão da capacidade de potência hídrica na Grã-Bretanha do começo do século XIX teriam de se desenvolver.

Os projetos de reservatórios que examinamos não foram os únicos a serem discutidos; muito provavelmente há outros, tanto arquivados quanto concretizados, a serem escavados. Tudo indica, no entanto, que os proprietários de fábricas se opuseram aos projetos em razão de uma falta de disposição ou de habilidade para se submeter ao *planejamento, à coordenação e ao custeio coletivos* necessários à expansão da capacidade hídrica nessa escala. Alguns não vislumbravam benefícios privados e, assim, não queriam pagar. Outros, vítimas dos constantes antagonismos entre fábricas nas partes superiores e inferiores do rio, anteviam que os demais estabelecimentos causariam interrupções no fluxo; um outro grupo se opunha à centralização da autoridade. Em todos esses casos, o ponto de partida da oposição era o fato de que a administração de um rio — para o bem dos proprietários de fábricas como grupo — exigia que os envolvidos colaborassem com seus vizinhos. Como um bem comum em fluxo, os rios não poderiam ser expandidos de forma privada; em vez disso, os manufatureiros se veriam, nas palavras de Hunter, "capturados por redes complexas de relações institucionais que os tornavam algo consideravelmente abaixo da condição de agentes livres no que se refere ao fornecimento de energia".[57] O ligar e o desligar das máquinas teriam de estar em sintonia com os de outras fábricas, e seria necessário aderir a cronogramas, respeitar regulamentos e receber fiscais, aceitar comissões de arbitragem e comparecer a reuniões; os projetos individuais para a expansão da capacidade das fábricas teriam de se harmonizar com as empreitadas coletivas. As taxas cobradas poderiam muito bem não acompanhar exatamente os benefícios colhidos pelo empreendimento. Com efeito, os sistemas de reservatórios representavam uma forma de *mobilizadores primários coletivizados*, com a imposição precária da lógica de *res communes* da água contra manufatureiros desconfiados.

"Todos os pontos de vista estreitos e imediatamente egoístas devem ser mantidos completamente de fora", como os interessados eram admoestados por Robert Thom no relatório original sobre o reservatório de Greenock.[58] Mas esse certamente não era o *zeitgeist* [espírito do tempo]. A lógica da propriedade privada foi violentamente acentuada durante a crise estrutural, com a fábrica alçada à condição de território a ser defendido em uma batalha de todos contra todos que se dava numa guerra mais ampla contra o trabalho. Os projetos de reservatórios oferecem uma nova fartura de evidências de que a potência hídrica era, na verdade, abundante, mais barata do que o vapor e tecnicamente viável na época da transição, mas expansões maciças futuras baseadas nela parecem ter naufragado nas relações capitalistas de propriedade na Grã-Bretanha tal como articuladas durante a crise. O óleo da propriedade privada e a água não se misturavam.

A potência animada e o estoque não eram dotados de nenhuma dessas propriedades físicas inconvenientes. Mais cavalos ou corpos humanos poderiam ser reunidos ou contratados de forma privada, sem necessidade de coordenação com estranhos e com concorrentes — mas, como vimos, essas formas de mobilização foram excluídas por outros motivos. Restava o estoque. A maior prova da enorme vantagem do motor a vapor nesse sentido e de seu potencial social ilimitado para canalizar a expansão bloqueada no contexto dos rios é o silêncio absoluto quanto ao assunto: não se ouvia nenhum proprietário de fábrica a vapor protestar contra um manufatureiro situado mais adiante e que tivesse instalado um motor adicional. Planos de expansão não precisavam ser sincronizados com os de outras pessoas, e, a despeito do preço que pagasse pelo carvão — mesmo que mais alto do que os custos em Greenock, Turton ou Entwistle —, um empreendedor individual poderia ajustá-lo perfeitamente a seu próprio consumo. O fogo era todo dele.

Ironicamente, o mesmo perfil espaçotemporal que tornava o carvão mais caro do que a água também fazia com que ele fosse mais apropriado para o capital. Levados ao mercado pelo trabalho humano, pedaços de estoque circulavam com liberdade física e estavam disponíveis para combustão de forma completamente, e mesmo necessariamente, desvinculada de outros usuários. Aqui a propriedade privada dos manufatureiros de algodão encontrava uma fonte de energia bastante conveniente à sua lógica: quebrada em pequenos fragmentos, utilizável conforme a necessidade, suscetível à concentração e à acumulação, divisível. "Em suma, uma força motriz que, em vários aspectos, era de fato um presente muito bem-vindo da natureza também era com frequência acompanhada de uma falta de independência no uso e na administração de seus recursos", e, para piorar, os custos dessas forças, na formulação cortante de Hunter, envolviam "o gasto de *energias emocionais* de que os usuários de motores a vapor estavam inteiramente isentos".[59] Com isso, estamos de fato bem distantes da racionalidade exemplar que David Landes e inúmeros outros estudiosos imputam aos industrialistas britânicos. O esgotamento da energia emocional como fator para a escolha do motor a vapor — claramente a opção mais cara? Não é o que se esperaria de empreendedores esclarecidos, sem dúvida.

Na verdade, havia mais atributos repelentes do que só relações comunais complicadas. Como Gordon apontou — também no contexto estadunidense, mas em considerações aplicáveis à Grã-Bretanha —, os projetos de reservatórios exigiam *conhecimentos* consideráveis em engenharia e em administração (encarnados em figuras como Thom e Ashworth). Esse tipo de empreendimento elevava as exigências de inteligência e de educação que eram impostas aos manufatureiros. O vapor era uma opção mais grosseira, de compreensão e manipulação mais fáceis, não era uma arte: oferecia oportunidades para uma "descapacitação administrativa".[60] Os reservatórios enredavam os investidores em uma empreitada científica *demais* — e, portanto, também cooperativa; com o vapor, os industriais não precisariam se dedicar ativamente à ciência, mas se limitavam a recebê-la pronta e a fazê-la funcionar dentro de suas esferas privadas. Nesse sentido, o motor ganhou da roda-d'água porque era a força produtiva *menos avançada*.

Os projetos de reservatório sugeriam uma alternativa real ao vapor. Nas palavras de Von Tunzelmann, "se os motores a vapor não tivessem sido inventados, não precisaríamos de muita imaginação para supor que esforços mais organizados de regulação do fornecimento de água teriam sido empregados".[61] Mas, é claro, "inventados" deve ser lido aqui como "adotados": foi tudo questão de escolha entre as tecnologias disponíveis. Não é preciso dizer que expansões adicionais de reservatórios teriam produzido suas próprias consequências ecológicas, mas não estamos discutindo a conveniência ambiental ou a destrutividade de instalações titânicas de aproveitamento da potência hídrica: estamos analisando as dinâmicas da transição. Já na época da crise estrutural, e sobretudo durante o boom de meados dos anos 1830 — em torno do qual os projetos de reservatórios estavam logicamente agrupados —, as necessidades energéticas do capital algodoeiro nas regiões mais centrais haviam aumentado a ponto de a continuação do uso da potência hídrica passar a depender de qualidades sociais que simplesmente não estavam presentes. O vapor, no entanto, dificilmente teria triunfado graças apenas às desvantagens coletivistas da água. Ele também deve ter tido alguns méritos próprios.

7

UMA PASSAGEM SÓ DE IDA PARA A CIDADE: AS VANTAGENS DO VAPOR NO ESPAÇO

Onde se pode arranjar trabalhadores facilmente

John Farey, filho de um agrimensor, administrador de propriedades rurais e escritor de mesmo nome, nasceu em Londres, em 1791. O filho herdou as inclinações do pai, mas, fiel às tendências de sua época, trocou a terra pelas máquinas. Escritor e projetista talentoso, começou a visitar as oficinas e fábricas inglesas no início do século XIX, realizando esboços detalhados dos utensílios mecânicos mais recentes e descrevendo seus modos de operação. A indústria têxtil o encantou de forma bastante peculiar. Com passagens por duas fábricas, patentes para aprimoramentos menores em várias máquinas, uma amizade com James Watt e outros agentes essenciais, além de longas excursões por distritos manufatureiros, Farey acumulou conhecimentos consideráveis sobre o funcionamento da indústria britânica, e não tardou a colocá-los a serviço de rendimentos financeiros.[1]

Com o pai e os irmãos, John Farey tocava uma empresa de consultoria em um campo que hoje seria chamado de pesquisa e desenvolvimento. Assim como Ure, seu contemporâneo, Farey ajudava inventores na concretização de ideias e, de modo significativo, aconselhava manufatureiros sobre quais máquinas instalar; como uma musa técnica a serviço de capitalistas ávidos para aprender as rotas mais lucrativas, ele nunca se via sem clientes e conseguia cobrar honorários consideráveis. De acordo com seu biógrafo, Farey era a "parteira das ideias de outros homens" e, precisamente nessa posição, exercia uma influência especial na difusão de tecnologias: seu trabalho "teve um impacto imenso na disseminação do conhecimento sobre novos maquinários e processos, que, por sua vez, deve ter influenciado o desenvolvimento industrial e econômico da Grã-Bretanha".[2] John Farey Jr. servia como um veículo entre patentes abstratas — como as de Watt — e usuários concretos em fábricas, a quem informava sobre as vantagens materiais de um dispositivo em comparação com outro.

A somatória da experiência de Farey com o conteúdo de suas conversas com os proprietários de fábricas foi publicada em *A Treatise on the Steam-Engine: Historical, Practical, and Descriptive* [Um tratado sobre o motor a vapor: histórico, prático e descritivo]. Escrito como expansão de um aclamado artigo sobre o vapor para a *Rees' Cyclopædia*, assim como de verbetes de grande relevância como "manufatura de algodão" e "água", *Treatise* foi publicado em 1827; concebido como um manual técnico, seu texto era entremeado por alguns argumentos bastante persuasivos a favor do novo mobilizador primário. O gênero dos manuais e guias de introdução ao mundo do vapor cresceu rapidamente nessa época, e Farey não era seu representante mais vendido; textos mais breves e acessíveis tinham maior circulação. Mas outros escritores se referiam ao livro como "a obra mais satisfatória já publicada" sobre motores a vapor, e hoje os dois volumes do tratado ocupam seu próprio espaço como "a melhor monografia sobre tecnologia produzida durante a Revolução Industrial", nas palavras de Von Tunzelmann.[3] Se há algum lugar em que podemos procurar por representações precisas das percepções da época sobre os méritos do vapor, é nessa obra.

Seguindo as pegadas do pai, Farey Jr. propalava a visão de que a tecnologia era benéfica para a civilização em um sentido bastante peculiar. De acordo com Farey pai, a compulsão da vasta maioria da população de se dedicar incessantemente ao trabalho pesado "em benefício e acomodação dos outros é tão inseparável da sociedade civilizada como a sombra é da substância que a projeta". Índice do progresso, o aumento da riqueza sempre pressupõe o trabalho exaustivo, como explicado por Farey pai com estranha franqueza: "Tais indivíduos só podem ser chamados *ricos* ou ser donos de propriedades se, portanto, forem capazes de comandar o trabalho dos outros, em geral denominados *pobres*".[4] Para o filho, o objetivo do motor a vapor não era nada menos do que expandir a substância através da ampliação, ou talvez do adensamento, de sua sombra. Seu *Treatise* abre com uma declaração igualmente direta:

> A menos que a industriosidade da classe trabalhadora seja aplicada de modo sistemático e voltado para o uso das máquinas, não alcançaremos mais que um pequeno excedente da riqueza necessária para manter uma classe educada na sociedade e para produzir aquele estado de opulência geral que conduz ao progresso da civilização e ao desenvolvimento do intelecto.

Era nesse sentido que o motor a vapor promovia o mais elevado "estado de opulência e civilização": ele facilitava a produção de um *excedente de riqueza*.[5]

Mais especificamente, na introdução de seu *Treatise*, Farey compara a água e o vapor como fontes de potência. Ele não sugere nenhum tipo de escassez absoluta quanto à primeira. A vantagem do vapor não estava na exclusividade de sua abundância ou na supremacia de seus preços mais baixos: não há considerações do tipo em sua avaliação. Em vez disso, defendia Farey, o vapor "costuma ter preferência porque uma manufatura movida a vapor pode ser instalada em qualquer situação conveniente", enquanto "a potência hídrica só poderá ser obtida em situações específicas e que, muitas vezes, são desfavoráveis em outros aspectos". De importância particular,

> quedas-d'água naturais são quase sempre encontradas em rios situados em áreas rurais distantes; mas os motores a vapor podem ser instalados *no centro de cidades populosas, onde se pode arranjar trabalhadores facilmente*. O motor a vapor costuma ser privilegiado como mobilizador primário dessas fábricas, que são compostas de algumas máquinas pequenas e que exigem, cada uma delas, algumas operações delicadas; essas máquinas necessitam de considerável assistência a ser prestada pelos trabalhadores que conduzem suas ações e as abastecem com os materiais sobre os quais

> elas operam. Como todas as manufaturas dessa natureza, que dependem de muitas pessoas aptas ao trabalho, elas são conduzidas de forma mais vantajosa com o uso de motores a vapor em cidades populosas do que em comparação com o uso da potência hídrica no interior: essa observação cabalmente se comprova pelo número de grandes manufaturas em Londres, Manchester, Leeds e Glasgow.[6]

Algumas páginas adiante, ele retoma a questão. Os motores a vapor "ocupam o lugar da água, do vento ou dos moinhos a cavalo, de modo que, *em vez de transportar o trabalho até a fonte de energia*, o mobilizador primário é colocado onde for mais conveniente para o manufatureiro".[7] Com o vapor, a potência poderia ser utilizada em função do trabalho.

Em 1833, J. R. McCulloch submeteu um argumento similar na coluna que mantinha na *Edinburgh Review*:

> A vantagem real da aplicação da força do vapor para colocar as máquinas de uma fábrica de fiação ou um certo número de teares mecânicos em movimento parece ser bastante mal interpretada. Não se trata tanto da economia direta de trabalho, como na possibilidade do desempenho das atividades em condições mais adequadas. O trabalho realizado com a ajuda do rio é em geral mais barato do que aquele efetuado com o vapor, e às vezes bem mais barato. Mas a invenção do motor a vapor nos aliviou da necessidade da construção de fábricas em situações inconvenientes apenas em função da existência de uma queda-d'água. Ela permitiu que esses estabelecimentos sejam colocados *no centro de uma população treinada em hábitos industriosos*.[8]

McCulloch também retomaria esse argumento várias vezes: "A água é uma máquina [*sic*] mais barata, mas, por outro lado, nem sempre temos acesso a água corrente". O motor a vapor "pode ser aplicado em todas as situações; com base no número de habitantes ou de outras instalações, ele pode ser utilizado onde quer que o estabelecimento de manufaturas seja mais desejável". Mas os habitantes não deveriam ser apenas mais numerosos em certas localidades: também era necessário, como McCulloch ressalta de forma reiterada, que eles adquirissem um caráter "industrioso" — em outras palavras, que se resignassem à disciplina senhorial dentro da fábrica.[9]

Nos argumentos dos vendedores — amplamente veiculados na época da transição, como veremos —, o vapor tinha a vantagem principal de ultrapassar as barreiras da obtenção não da energia, mas do *trabalho*. O motor era um meio superior para a extração de excedente de riqueza da classe trabalhadora porque, diferente da roda-d'água, podia ser montado em praticamente qualquer lugar. No fim das contas, os diferenciais de ambos se enraizavam nos perfis das duas fontes de energia. Condicionada pelos atributos da paisagem, a água corrente só podia ser encontrada em alguns lugares; inseparáveis da superfície da terra, suas correntes não podiam — em função da ausência de eletricidade e, é preciso acrescentar, do tiro pela culatra que resultou dos projetos de Thom — ser transferidas para lugares distantes. Enquanto insumo, a água não era portátil. Como Fairbairn apontou em seu *Treatise on Mills and Millwork* [Tratado sobre as fábricas movidas a água e o trabalho ali realizado], as rodas-d'água recebiam a

> energia da queda ou da corrente d'água, e sua potência ou efeito dinâmico dependiam claramente da quantidade de água fornecida e da altura da qual ela caía, ou da velocidade no ponto de aplicação. Daí as rodas-d'água, em geral, serem instaladas às margens de rios em que um grande corpo hídrico esteja disponível e perto de alguma queda natural ou artificial de altura considerável no leito do rio.[10]

Fairbairn aconselhava os investidores que estivessem à procura de locais para construir uma fábrica movida a água a calcular as precipitações e o escoamento da região, a pesquisar as bacias de drenagem — charcos e lagos garantiriam um fluxo mais constante —, a inspecionar o conteúdo do solo, a examinar os níveis de umidade e de temperatura: todas as condições meteorológicas, geológicas e topográficas relevantes deveriam ser mapeadas. Com sorte, o investidor encontraria a mistura perfeita de chuvas fartas, quedas íngremes no leito do rio e, logo acima delas, uma encosta suave em que grandes quantidades de água se acumulassem naturalmente. A potência utilizável total era uma função do volume *e* do gradiente, e os melhores locais para a instalação de fábricas podiam ser encontrados na interface entre terrenos montanhosos e planícies, onde quedas adequadas se combinavam com amplas quantidades de água — como nos vales de Lancashire e da Escócia.

Mesmo que a Grã-Bretanha possuísse as paisagens adequadas em abundância, sempre havia uma impressão de que a potência hídrica era refém das variações locais da natureza. "A melhor roda-d'água", explica o engenheiro Robertson Buchanan em seu *Practical Essays on Mill Work and Other Machinery* [Ensaios práticos sobre o trabalho realizado em moinhos e outras máquinas], "é aquela projetada para produzir os melhores resultados quando suprida por um córrego que proporcione uma *dada* quantidade de água em uma *dada* queda".[11] A produção teria de se acorrentar a esses aspectos naturais "dados"; e, aos olhos de Farey, McCulloch e colegas, isso se havia mostrado uma inconveniência. Os rios não estavam nem lotados, nem exauridos, tampouco era caro explorá-los, embora fossem imutavelmente locais: nada do que proporcionassem aos manufatureiros poderia ser transportado a trabalhadores fáceis de arranjar e treinados em hábitos industriosos. O vapor, por outro lado, repousava sobre as características opostas exibidas pelo perfil do estoque.

Até aqui, a defesa do motor a vapor parece bastante simples — mas quais exatamente eram as dificuldades que os proprietários de fábricas movidas a água encontravam quando procuravam trabalhadores? Eles não gozariam de alguns benefícios por estarem distantes de cidades que borbulhavam de descontentamento e sindicalização? Os trabalhadores não seriam *mais* facilmente controlados nos vales isolados do que nos centros fluidos da Grã-Bretanha urbana? Em que exatamente consistia a vantagem das cidades nesse aspecto? Será que o motor a vapor, com suas demandas por carvão e água para caldeiras e condensadores, realmente teria rompido laços com a necessidade de posicionamento espacial específico? E, não menos importante: por que esse fator teria operado com mais intensidade depois, e não antes, de 1825? Para aceitarmos como verdadeiras as afirmações de Farey e McCulloch sobre a transição, devemos identificar de maneira mais precisa de que modo o fator da mobilidade espacial pode ter sido articulado ao longo da crise estrutural.

Colônias para levar o trabalho até a energia

As primeiras fábricas de algodão foram construídas onde os empreendedores encontraram água. Todos os demais pré-requisitos necessários à fiação mecanizada — o algodão cru, as máquinas, os braços, os tijolos, o dinheiro — eram transportáveis no espaço; daí o acesso à água ser determinante para a escolha do local, como quando Samuel Greg subiu em seu cavalo, saiu de casa, em Manchester, e percorreu os rincões rurais em busca de margens adequadas. Esse mesmo procedimento foi utilizado na fundação de Cromford e Papplewick, New Lanark e Rothesay, Deanston e Catrine, Egerton e Radcliffe — todas locações escolhidas em função do que podemos chamar de atributos hidropaisagísticos. Dos dias de Arkwright em diante, os garimpeiros do algodão se espalharam pelos Montes Peninos, em Lancashire, por Derwent e pelos vales irmãos em Derbyshire, pelos vales do Clyde e do Teith na Escócia — para citar apenas alguns — em busca de fontes inexploradas e prolíficas de água: um movimento de *distanciamento* das cidades parecia ser inerente a esse tipo de propulsão. Como parte do fluxo, os rios não podiam ser empilhados verticalmente, mas poderiam ser alargados horizontalmente na forma de ramificações. As coordenadas espaciais da água ditavam a dispersão dos moinhos ao longo de áreas amplas — ou, dito de outra forma, a dependência com relação à potência hídrica gerava uma *dinâmica centrífuga* na indústria.[12]

Vales e colinas não só abrigavam grandes quedas e outros atributos hidropaisagísticos favoráveis: as margens de rios dentro das cidades poderiam ficar apinhadas. Por mais que a Grã-Bretanha apresentasse uma abundância geral de água, o desabastecimento *local* era um fato da vida industrial. Uma vez tomados os melhores lugares no entorno dos centros comerciais, era possível que surgissem congestionamentos e que produtores vizinhos se acotovelassem para garantir suas cotas de água: mesmo que transbordante no geral, era possível que todo o suprimento de um local em particular já estivesse completamente explorado. Esses congestionamentos de fábricas vieram à tona em certos trechos do Irwell, em Nottingham, no entorno de Perth, no Rio Aire, em Yorkshire e em muitas outras regiões privilegiadas, nas quais os proprietários de fábricas expressavam desde cedo suas frustrações com a lotação. Quando um ponto de saturação era alcançado, o prosseguimento da expansão com base na água só passava a ser possível com investimentos em novas fábricas situadas em outros locais ou mesmo com a realocação completa de fábricas já existentes, com as forças centrífugas espiralando conforme crescia esse ramo de negócios.[13]

Mas, como fatores independentes e predominantes de localização, os atributos hidropaisagísticos não constituíam empecilhos *per se*. Fábricas foram construídas por séculos ao lado de água corrente. Não se tratava de algo mais grave do que o crescimento de vilas de pescadores ao longo da costa, do que pastores conduzindo seus rebanhos para pastar em charnecas, do que plantações de milho banhadas de sol em extensões planas e férteis, ou do que a incorporação costumeira de outras atividades econômicas à paisagem: a dinâmica centrífuga da potência hídrica só se tornaria um problema *em uma conjuntura histórica* de relações entre seres humanos. Quanto melhor a água, menor seria, frequentemente, a necessidade de braços. Quanto mais longe dos centros populacionais estabelecidos os manufatureiros se aventurassem, menores as chances de encontrar força de trabalho à espera de emprego: vilarejos abarrotados de cidadãos ansiosos para entrar em uma fábrica raramente ladeavam as corredeiras mais poderosas. Parecia haver um descompasso entre a força motriz e um certo tipo de "pessoa própria ao trabalho" — descompasso cuja retificação viria a ser a primeira tarefa do capitalista.

Quando transportou suas máquinas para os remansos de Cromford, Arkwright precisou, como ato fundacional de sua empreitada, reunir uma força de trabalho no local. Com a rápida exaustão dos parcos estoques de trabalhadores dispostos nas proximidades, ele divulgou anúncios em jornais distantes e convocou ferreiros, carpinteiros, tecelões e fiandeiros a fazerem a jornada até Cromford, onde receberiam "bons salários".[14] A maioria da força de trabalho acabou sendo importada de Manchester, Nottingham e Derby; vindos de longe daquelas "boas correntes de água", os migrantes precisaram ser abrigados em algum lugar. Nas três décadas finais do século XVIII, Arkwright financiou a construção de centenas de unidades habitacionais — muitas com hortas comunitárias anexas —, um mercado, uma casa comunal e outros componentes essenciais de um povoado onde os trabalhadores estariam dispostos a morar e a ficar. Cromford emergiu, assim, não apenas como o protótipo da fábrica movida a água, mas como o diagrama para a *colônia fabril*, definida mais simplesmente como um vilarejo, com moradias e comodidades básicas agrupadas em torno de um moinho de água, construída pelo proprietário e senhor. "Levar o trabalho até a energia", na expressão de Farey, era sua *raison d'être*: onde não houvesse cidades, uma colônia teria de ser projetada para atrair trabalhadores, abrigá-los, equipá-los com ferramentas e cuidar de suas necessidades mais básicas. Durante o boom de Arkwright, assim que o tamanho das fábricas extrapolasse a oferta local de trabalho, as colônias frequentemente cresciam para incluir escolas, centros de formação religiosa, igrejas ou capelas, mercearias ou lojas de mantimentos, talvez estradas e pontes, possivelmente uma hospedaria e, sem dúvida, uma mansão para o administrador. Sem a assistência de autoridades ou de verbas públicas, toda a construção era bancada pelo próprio manufatureiro.[15]

O sistema centrado na água construído em Cromford acabaria, no entanto, responsável pela própria derrocada. A invenção mais notável de Arkwright não seria uma máquina específica, mas a organização de muitas máquinas ao redor de um mobilizador primário central: em sua fábrica, os dispositivos foram alinhados para que o algodão passasse pela cardagem, pelas reunideiras, pelos passadores, pelas maçaroqueiras e pelos filatórios: todas as máquinas envolvidas eram energizadas pela propulsão da roda-d'água. Um mobilizador primário impulsionava uma série de máquinas e, diferente do que acontecia nos casebres ou nas oficinas, precisava ser não humano: "A energia era essencial para o sistema fabril", enfatiza Stanley Chapman, já que a "sincronização de uma sequência de máquinas altamente especializadas não poderia ser alcançada por uma força manual".[16] Foi a centralidade mecânica do mobilizador primário não humano, sua *propulsão de um processo integrado de produção*, que deu à fábrica lugar de destaque: uma propriedade que emergiu desse modo de organização do trabalho coletivo e que continua conosco desde Arkwright.

Mas o sistema fabril também exigia, citando Farey, "muitas pessoas aptas ao trabalho" e que fossem treinadas de forma bem específica. Um tecelão, ferreiro ou fazendeiro que trabalhasse em sua própria casa, loja ou campo seguia o ritmo que escolhesse e desempenhava os momentos de produção conforme ditassem suas capacidades. Na fábrica, o trabalhador precisava se adequar ao movimento do mobilizador primário central. Em conjunto com um time inteiro de empregados cujas atividades deveriam começar e ser pausadas, retomadas e interrompidas conforme indicado, o operário era forçado a seguir um ritmo e a realizar as ações ditadas em uníssono pelo conjunto de máquinas. Seria necessário se submeter aos comandos do manufatureiro e de seus supervisores, que reforçavam a adesão com base em regras preestabelecidas; os braços — como eram tão significativamente chamados — deveriam saber como realizar esforços consistentes, respeitar as ferramentas como propriedade alheia, curvar-se diante de estranhos e trabalhar em lugares abarrotados de gente.[17]

A fábricas movidas a água puseram em cena um regime de *disciplina fabril* que, em sua primeira aparição, era altamente repugnante para a maioria das pessoas. Como elas poderiam ser convencidas a se candidatar para trabalhar nesses barracões? "É difícil para alguém nascido em uma região industrial madura, habitada por trabalhadores fabris pacientes e disciplinados", escreveu o historiador econômico Arthur Redford em 1926, "perceber as dificuldades envolvidas na criação deliberada de uma comunidade fabril". A cultura tradicional de trabalho relativamente livre, festejada não como uma utopia distante, mas como a única forma conhecida de vida, fazia com que mesmo os despossuídos hesitassem em entrar nas fábricas, cujas arquitetura e arregimentação se assemelhavam àquelas das *workhouses*.[18] Mesmo que os braços acabassem por se apresentar diante dos portões, não havia garantia de que voltariam a aparecer no dia seguinte, de que acompanhariam o ritmo de trabalho ou de que executariam os comandos recebidos na devida ordem: o recrutamento de operários que aquiescessem à disciplina logo se mostrou uma dor de cabeça persistente para os primeiros capitalistas industriais.[19]

Quando os Finlay compraram a fábrica de Deanston em 1806, os donos anteriores já se haviam esforçado por duas décadas para criar uma sólida força de trabalho a partir da matéria-prima escorregadia que tinham às mãos. "As poucas pessoas que professavam conhecimentos na arte" de fiação do algodão haviam sido, segundo as lembranças de James Smith, administrador de Deanston na época dos Finlay,

> encontradas em Glasgow, e algumas vinham da Inglaterra; mas esses indivíduos tinham, em geral, hábitos relaxados e errantes, e raramente permaneciam por um longo período no estabelecimento. A parte mais respeitável dos habitantes locais era, de início, avessa à procura por empregos em fábricas, já que considerava desonroso trabalhar naquilo a que chamavam de "um trabalho em público".[20]

Como fontes alternativas de força de trabalho, havia os habitantes das Highlands escocesas ou os fazendeiros irlandeses que, expulsos de suas terras, agora vagavam pela Escócia em busca de sustento, mas que, embora mais desesperados do que os escoceses já assentados, eram ao menos tão avessos quanto eles a integrar o sistema fabril. "Os inexperientes suspeitavam das fábricas, sobretudo o povo das Highlands, que as viam como uma forma de encarceramento, com os sons e visões interiores de máquinas em funcionamento dando forma a algum nível de terror dentro deles", nas palavras de um cronista de Deanston; de acordo com o *Chamber's*, esses indivíduos ficavam "encabulados de entrar nessas torres de Babel, com seus sons e visões desconhecidos: eles as consideravam um tipo de prisão".[21]

Por volta da virada do século, Deanston ficou desativada por longos períodos devido à falta de trabalhadores. Como tarefa mais urgente, os novos proprietários precisavam conseguir trabalhadores de longo prazo; assim, construíram um assentamento na safra das novas megacolônias às margens do Teith, em conexão particularmente com o projeto Hércules. "Os anos de 1820 a 1840 serão lembrados como um período de construção de grandes obras. Nesse breve intervalo de vinte anos surgiram a nova Deanston House, o vilarejo Deanston", um novo canal, uma represa e grandes aterros, "todos eles construídos a altos custos, sob o olhar vigilante do sr. Smith, e Deanston se tornou célebre por toda parte", afirma um memorando de circulação interna.[22] Ao providenciarem aos trabalhadores hortas comunitárias, uma igreja, uma escola, "uma biblioteca" e uma "mercearia", os Finlay finalmente atingiram a meta de garantir uma oferta confiável de trabalhadores. "A população aí coletada de várias localidades, e constituída de todos os matizes das classes inferiores, foi gradualmente moldada em uma comunidade respeitável; e a industriosidade, o conforto e a felicidade começaram a reinar firmes em meio a ela", nas palavras autocongratulatórias de Smith.[23] Mas os custos dessa conquista se mostrariam bem onerosos.

Um processo similar se desenrolou em Catrine, onde os Finlay converteram outra fábrica debilitada em um empreendimento lucrativo graças à construção de uma colônia. Em 1833, o comissário fabril James Stuart declarou que entre oitocentos e novecentos empregados trabalhavam em Catrine, "todos ocupando casas originalmente construídas pela companhia, de descrição muito diferente e superior com relação àquelas em geral ocupadas por pessoas de mesma situação de vida neste país. Eles têm à disposição uma igreja e todos os estabelecimentos necessários para sua acomodação".[24] Porém, mais uma vez, o sucesso de Catrine se revelaria um fardo pesado para os Finlay. Mais ao sul, a Quarry Bank Mill crescera e se tornara uma comunidade rural autocontida depois que o estoque local de braços e de residências fora absorvido; até mesmo os tijolos dos novos prédios eram produzidos nas dependências do estabelecimento, a partir da argila encontrada no local. Antes de 1815, 1.300 libras haviam sido empregadas na construção de moradias; entre 1819 e 1831, não menos do que 6 mil libras haviam sido gastas com a construção de 42 novos casebres e uma mansão. As famílias eram atraídas para as colônias por moradias mais espaçosas do que as disponíveis nas cidades, cada uma delas com hortas de bom tamanho para o cultivo de vegetais, e, ao longo da década de 1820, os Greg acrescentaram uma escola, uma capela e uma loja, além de concederem espaço a várias sociedades de vocação virtuosa.[25] Essa era a receita para o recrutamento de mão de obra — mas não para o sucesso financeiro duradouro.

Seguindo o exemplo de Cromford quase meio século depois, a segunda geração levou o conceito das colônias ao ápice de seu esplendor: a apropriação da potência hídrica em geral dependia de um processo de *agrupamento da força de trabalho*, de concentração, em um mesmo local, de trabalhadores vindos de todas as direções possíveis. Esse era o atributo que definia as colônias, cujas estruturas em si mesmas tinham como objetivo atrair trabalhadores para um lugar e fixá-los ali.[26] No começo, os proprietários de fábricas até poderiam subsistir com as reservas locais, mas, conforme os negócios crescessem, teriam de reunir operários de uma área de captura cada vez maior e aquartelá-los em alojamentos pagos pela empresa. O descompasso entre energia e população, inerente à dinâmica centrífuga, podia se manifestar com certo atraso, *à medida que a oferta de água excedesse a disponibilidade de força de trabalho*; a abundância relativa de energia abria espaço para a expansão continuada, enquanto a escassez relativa de braços forçava os proprietários a conjurar povoados inteiros.

Assim, cada trabalhador representava um investimento vivo. Como uma mercadoria comprada por mais do que apenas o pagamento de um salário, sua presença dependia do capital fixo das residências, das hortas, das vendas e das capelas, assim como de esforços consideráveis para inculcar-lhes habilidades e um mínimo de disciplina. Mas o trabalhador podia ir embora. Já em 1777, o *Derby Mercury* anunciou que Richard Arkwright mandara um ferreiro para uma casa de correção por "ter se ausentado do estabelecimento de seu senhor sem autorização";[27] incidentes de trabalhadores fugidos eram comuns em Cromford e em outras das primeiras colônias, divulgados em anúncios regulares de buscas por fugitivos, dos quais se dizia serem manifestações "daquele espírito inquieto e migratório que é uma das características peculiares das populações manufatureiras".[28] Já nessa época, a rotatividade dos trabalhadores chegava a níveis excruciantes em Manchester e também em outros centros urbanos: o sistema fabril era uma novidade em todos os lugares, e a classe trabalhadora então nascente estremecia diante "dessas torres de Babel". Mas, quando os trabalhadores desapareciam de uma colônia, a perda tinha uma magnitude especial, já que a lacuna deixada precisava ser preenchida com novas rodadas de recrutamento, mais anúncios em jornais, preparativos para a migração proveniente de locais distantes e talvez até melhorias nas moradias. Uma contradição geral erguia a cabeça mais uma vez: a água estava lá, mas não os trabalhadores facilmente arranjados e treinados em hábitos industriosos. Antes da crise, no entanto, uma solução estava amplamente disponível para os proprietários de fábricas rurais movidas a água. Eles podiam adquirir trabalhadores *desprovidos de liberdade*.

Uma mudança do trabalho forçado para o motor a vapor

Antes do uso de motores a vapor, os moinhos "eram construídos em situações de mobilização de uma potência hídrica considerável, mas em geral em ambientes rurais distantes de concentrações populacionais", como *sir* Robert Peel lembrou em 1816, valendo-se de sua experiência profissional sobre como lidar com esse dilema: "Para operar essas máquinas, a população excedente de grandes cidades era procurada, e muitos milhares de crianças pobres eram fornecidas por Londres, Birmingham e outros distritos populosos".[29] Quando as fábricas movidas a água clamaram por mais operários nos anos 1780, as freguesias das cidades estavam de prontidão para socorrê-las. Nessa época, as *poorhouses* calhavam de estar abarrotadas de crianças; os supervisores estavam ansiosos para se livrar desses pivetes e filhos ilegítimos e enviá-los como "aprendizes" que se vinculariam por dívidas aos manufatureiros de algodão, que por sua vez os alimentariam, vestiriam e explorariam conforme bem entendessem. Os meninos e as meninas em si não tinham voz nas negociações, é claro. Assim que caísse nas mãos de uma freguesia, a criança poderia ser despachada se essa fosse a vontade do supervisor, e, uma vez selada a transferência, ela seria uma propriedade *de facto* de seu novo mestre.[30]

Para as fábricas que cresciam às margens dos rios no final do século XVIII, o trabalho assalariado baseado em relações voluntárias não era uma opção suficiente; os aprendizes tinham os grandes méritos de estar disponíveis, privados de suas vontades e acostumados desde a primeira infância à hierarquia estrita das *poorhouses*, além de não ocuparem uma posição jurídica que lhes permitisse se opor a experimentos tecnológicos ou organizacionais. Diferentemente de famílias de trabalhadores assalariados, eles não precisavam de casebres particulares e podiam ser alojados às centenas em dormitórios, ou "casas de aprendizes", bem mais baratos. Era possível ordenar que trabalhassem durante a noite — algo com que os trabalhadores livres só consentiriam se recebessem alguma compensação — e, enquanto crianças sem dívidas costumavam pular de uma fábrica para outra em busca de melhores condições de trabalho, as que haviam sido arrastadas das *poorhouses* eram mantidas aprisionadas por vários anos. Um aprendiz endividado médio, enviado de uma freguesia de Londres para um manufatureiro de algodão entre os anos 1760 e 1830, iniciava seus serviços aos 12 anos e terminava aos 21, o que significava ter trabalhado por nove anos — potencialmente metade de sua vida laboral — sem nenhum tipo de remuneração.[31] Como Katrina Honeyman defende em seu importante estudo *Child Workers in England, 1780-1820: Parish Apprentices and the Making of the Early Industrial Labour Force* [Trabalho infantil na Inglaterra, 1780-1820: aprendizes de freguesias e a construção da primeira força de trabalho industrial], esse sistema deu um "pontapé inicial imprescindível para empresas que, de outro modo, ou não teriam se estabelecido, ou cujo crescimento subsequente teria sido restringido"; proletariados sob demanda indispensáveis, os aprendizes eram usados "em todos os tipos de firmas, grandes ou pequenas, bem ou malsucedidas", mas particularmente nas fábricas de algodão movidas a água.[32] Quanto mais isoladas as instalações, maior a dependência.

Em Quarry Bank, o primeiro aprendiz chegou em 1785, um ano depois da abertura da fábrica. De acordo com o contrato, Thomas Royley, uma "criança pobre" de 11 anos da freguesia de Newcastle, estava obrigado a trabalhar para Samuel Greg até os 21 anos. Durante esses dez anos, ele "deve servir em todos os negócios lícitos de acordo com sua perspicácia e capacidade; e, de forma honesta, ordeira e obediente, saber seu lugar em todas as circunstâncias e se comportar bem diante de seu assim chamado senhor", que lhe abasteceria de "carnes, bebidas, equipamentos, abrigo e higiene". Mais tarde, o livro de memórias da empresa justificou o recurso a esse tipo de trabalho — "diante da circunstância de que raramente populações são encontradas ao lado da potência hídrica, quase todas as primeiras manufaturas eram necessariamente tocadas por aprendizes" — e declarou sem remorsos que as crianças endividadas "sem dúvida contribuíram tanto com suas capacidades quanto com seus baixos salários para o sucesso da empresa".[33] O mesmo se aplicava aos Peel, que empregavam cerca de mil aprendizes em suas fábricas de Bury na virada do século; à New Lanark, onde se contabilizavam quinhentos aprendizes; à Catrine, à Holywell, no País de Gales, ao conjunto de fábricas de Samuel Oldknow em Stockport e a centenas de outras fábricas — todas elas lançavam mão dos aprendizes para superar a contradição entre a dinâmica centrífuga, de um lado, e a distribuição populacional e as atitudes diante da disciplina fabril, de outro.[34] Em suma, as fábricas movidas a água passaram a *depender do trabalho forçado* para existir e se expandir. Mas essa não era uma solução livre de suas próprias contradições.

Os abusos desenfreados provocaram a lenta ascensão de uma onda de interferências legais no sistema de aprendizes. Esgotados por jornadas de trabalho cujo padrão era de catorze a quinze horas por dia, possivelmente subnutridos e, por definição, encarcerados, os aprendizes ainda eram submetidos a surras com pedaços de madeira para que permanecessem acordados durante o expediente noturno, a açoites com chicotes de tiras de couro como punição por um desempenho abaixo do esperado e até mesmo a experimentos de tortura. As fábricas rurais movidas a água adquiriram a reputação de colônias penais para crianças inocentes. Sob pretexto de uma filantropia misericordiosa, o Parlamento reagiu com as leis de 1802 e 1816, nas quais algumas restrições foram impostas pela primeira vez: teto para as jornadas de trabalho, limitação da distância a que os aprendizes poderiam ser enviados, especificações sobre as responsabilidades dos proprietários de fábricas na manutenção de um nível mínimo de saúde para as crianças. Mas a aplicação das normas permaneceu inconstante, e os senhores quase sempre faziam o que queriam com seus ativos.[35] Em seu abrangente estudo, Honeyman desmente crenças anteriores sobre a curta duração do sistema de aprendizes, que demonstra ter continuado a crescer e a supurar até bem depois de 1800, chegando ao ápice por volta de 1820 e iniciando o declínio a partir de então. As intervenções políticas que puseram fim ao tráfico de crianças só ocorreram nas décadas de 1830 e 1840, sob o impacto do período de inquietação laboral. No livro de memórias de Quarry Bank, os Greg se recordam do término do sistema de aprendizes com muito amargor: "Como instituição de caridade, nenhuma seria capaz de superá-la, mas finalmente foi desmantelada pelas dificuldades que emanavam das Leis de Fábricas (Factory Acts) dos 'comitês por jornadas mais curtas' e de uma 'filantropia mórbida', ou do desdém 'oficial', ou de uma inveja contra o setor, e sobretudo contra o setor do algodão" — em várias referências ao movimento por jornadas de trabalho menores, tema do capítulo seguinte.[36]

Antes que a supressão legal entrasse em cena, no entanto, um processo talvez mais importante de reavaliação espontânea estava em curso em meio aos proprietários de fábricas. O emprego de aprendizes não oferecia uma solução verdadeiramente satisfatória para as contradições com as quais os manufatureiros se confrontavam. Entre as desvantagens estavam os custos de manutenção: ainda que não se pagassem salários, as crianças endividadas estavam sob custódia permanente de seus senhores e geravam custos e procedimentos relacionados à assistência médica, à manutenção da ordem nos dormitórios e a pelo menos uma educação rudimentar, obrigações que de outro modo caberiam aos pais ou a instituições sociais, e que tomavam um tempo considerável.[37] Em 1833, Henry Ashworth declarou sua preferência por crianças não endividadas, já que "não gostaria de ficar encarregado da tutela e subsistência delas"; um manufatureiro, afirmava o *Westminster Review*, "naturalmente escolheria seus trabalhadores jovens entre as populações que o rodeiam, em meio às quais encontraria tantos quantos necessários e diante dos quais não teria nenhum tipo de obrigação no momento em que deixassem as fábricas". E a melhor forma de garantir essa escolha foi o motor a vapor. Graças à aplicação do vapor e à realocação para as cidades, como apontou um observador em 1819, os proprietários "se libertaram dos cuidados e responsabilidades" relacionados a seus trabalhadores infantis, e todos os custos de reprodução foram transferidos para terceiros.[38]

Um tema mais consistentemente destacado era a falta de motivação dos trabalhadores. Isso incluía a vontade de fugir. Assim que se tornavam fiandeiros experientes, os aprendizes deparavam com uma tentação especial de escapar para alguma fábrica onde receberiam pagamento, uma fuga que teria mais probabilidade de acontecer nos estágios finais de seus contratos — precisamente quando eram mais valiosos para seus senhores, que haviam investido bastante em sua subsistência e treinamento. Por isso, os proprietários faziam tudo o que estava a seu alcance para impedir e punir tentativas de fuga. Robert Hyde Greg, filho de Samuel e administrador da Quarry Bank Mill, ameaçou raspar o cabelo de todas as crianças que tentassem escapar e utilizava uma cela de confinamento solitário para as que fossem capturadas; as fujonas eram caçadas com o uso de anúncios de jornal, buscas policiais e cooperação com supervisores de freguesias, o que indica o valor dado a essas propriedades adolescentes. Mesmo que a rotatividade total fosse mais baixa do que a observada entre crianças livres, as debandadas de aprendizes podem muito bem ter sido mais custosas.[39]

Ao longo das décadas de 1810 e 1820, os aprendizes passaram a ser amplamente considerados os trabalhadores mais desatentos, desinteressados e rebeldes de todos.[40] Submetidos à coação física, esses jovens não tinham vontade nenhuma de trabalhar. Ainda que fossem objetos apropriados para muitos experimentos, algumas das técnicas disciplinares mais cruciais não produziam resultados: não era possível aplicar multas contra eles, seus pais não poderiam ser advertidos e — de longe o ponto mais importante — eles estavam protegidos da ameaça da demissão. O único castigo que poderia ser aplicado com alguma eficiência era o físico. Quanto a incentivos, havia pouco ou nenhum estímulo positivo a ser oferecido aos aprendizes: não havia salários, comissões por peça produzida, bônus ou horas extras. Paradoxalmente, a servidão absoluta minimizava os modos disponíveis para extrair a quantidade máxima de trabalho, como explica Richard Muggeridge, comissário da New Poor Law [Nova lei dos pobres]: "O incentivo à industriosidade e à boa conduta", relata Muggeridge em 1836, "se perde quando os jovens se sentem em estado de sujeição"; sem "possuir motivos para se aprimorar ou ambições de excelência, esse trabalhador provavelmente se dedica a fazer o mínimo possível; os interesses de seu empregador correm exatamente em sentido contrário ao dele, já que desejaria o máximo possível sob o menor custo", e esse conflito se mostraria insolúvel.[41] Em um sistema fabril que amadurecia, a ativação de uma *compulsão intrínseca ao trabalho* despontava como um objetivo-chave para a administração industrial.

A nascente dessa compulsão estava no vapor. No contexto da indústria algodoeira do começo do século XIX, a escolha entre os trabalhos livre e forçado não poderia ser apartada da escolha entre mobilizadores primários. Um exemplo particular das duas opções foi dado por James McConnel, um célebre manufatureiro do ramo da fiação de Manchester cuja empresa já era havia muito conhecida como McConnel & Kennedy: em 1835, em meio ao boom, McConnel ampliou seu negócio ao comprar um novo conjunto de fábricas de fiação próximo a Bakewell, em Derbyshire. Duzentas jovens aprendizes com idades entre 14 e 21 anos operavam as máquinas. Em dado momento, cinquenta delas fugiram para assumir empregos remunerados, pois "pensavam entregar seus trabalhos para seu senhor a troco de nada", e deixaram para trás colegas que demonstravam seus próprios descontentamentos, como relatou um McConnel visivelmente frustrado:

> Por exemplo, ao voltarem de seus trabalhos, sobretudo se já estivesse escuro, elas cantavam, a uma só voz, o que poderíamos chamar de canções revolucionárias, em que faziam referência a suas próprias condições de aprendizes, com provocações contra seus senhores [...]. O sentimento de insatisfação se manifestava de forma contínua e em milhares de modos diferentes.

Castigos corporais frequentes eram uma "necessidade" na fábrica movida a água de Bakewell, afirmava McConnel, mas não conseguiam alterar a produtividade relativa entre os trabalhos livre e forçado. Lá prevalecia uma "diferença impressionante a favor dos braços assalariados", já que, "para eles, o trabalho está associado a uma recompensa e ao conforto de seus lares. Os aprendizes trabalham menos do que outros braços, e aquilo que fazem, fazem pior", de modo que "o capital gasto em prédios e máquinas é menos produtivo do que quando temos acesso a um conjunto de braços industriosos e habilidosos". Mas, então, por que McConnel optara por aprendizes? Porque,

> se os aprendizes não fossem escolhidos para desempenhar o trabalho nos moinhos, seria impossível operá-los, já que [estão] construídos em uma situação de tal isolamento que, caso toda a população de idade adequada e que vivesse a até três quilômetros da fábrica pudesse ser levada a trabalhar nele, ainda haveria uma insuficiência de trabalhadores.
>
> — E por que as fábricas eram construídas em locais tão afastados?
>
> — Pela vantagem da potência hídrica.

Ao optar por ampliar suas fábricas em Bakewell, McConnel escolheu uma rota contrária à tendência geral dos anos de expansão econômica. Como proprietário de algumas das maiores fábricas movidas a vapor de Manchester, ele adquirira uma fábrica rural por conta da vantagem da água barata — só para cair em um atoleiro de jovens aprendizes que "exalavam provocações". A maioria dos capitalistas do algodão fez o movimento oposto, e o caso de McConnel elucida uma das razões: "A experiência geral decidiu contra o sistema [de aprendizes]". No entanto, como o próprio McConnel admitiria, havia a possibilidade de escolher a potência hídrica *e* o trabalho livre, com a obtenção do segundo através de uma esplêndida colônia — mas a construção de casebres para famílias em Bakewell imediatamente após a compra teria causado uma "perda severa".[42] Na Quarry Bank Mill, a redução relativa da força de trabalho aprendiz a partir da década de 1820 andou de mãos dadas com um dispendioso aprimoramento das instalações, a fim de atrair substitutos livres.[43] Uma dependência crescente do trabalho livre tendia, como veremos mais detalhadamente em breve, a aumentar os custos e a reduzir a lucratividade das colônias, o que acabaria por realçar os benefícios da solução a vapor.

Escrevendo no ápice do boom, Muggeridge oferece uma explicação mordaz para a derrocada do sistema de aprendizes — mais precisamente, a recente

> aplicação do motor a vapor nas manufaturas. Diferentemente das primeiras fábricas construídas, que precisavam ser erguidas onde a energia pudesse ser encontrada e que tinham de atrair uma população até elas para que o trabalho fosse realizado, o motor a vapor foi levado até a população. *Colina ou vale, montanha ou baixada, rio ou arroio, tudo era indiferente*; o motor a vapor poderia ser construído em qualquer lugar, com o combustível (por aqui [em Lancashire] de fácil obtenção) e a população como únicos requisitos para garantir sua capacidade de adaptação aos propósitos manufatureiros.[44]

A desvinculação entre estoque e paisagem permitiu que os capitalistas buscassem trabalho assalariado, e não forçado — um benefício bastante considerável. A mudança para o vapor foi uma das principais causas para o declínio do sistema de aprendizes, mas a relação causal também operou — como é mais significativo para nós — em sentido oposto. Quando queria expandir sua produção em meados dos anos 1830, o manufatureiro médio de algodão estava bastante ciente de todas as limitações legais à utilização total do trabalho dos aprendizes criadas pela Lei de Fábricas de 1833 — uma primeira vitória parcial do movimento pela redução das jornadas de trabalho — *e* das muitas experiências negativas que os empregadores tiveram com o desempenho de crianças pobres. Desse ponto de vista, o vapor de fato oferecia um método superior para energizar a exploração do trabalho.

Os vulcões da luta de classe que entraram em erupção durante a crise estrutural eram de natureza predominantemente urbana. Mas, então, os manufatureiros não teriam evitado o calor caso houvessem se mudado para o interior? Robert Thom sem dúvida pensava que sim. Um argumento que privilegiava a água em detrimento do vapor era o da "superioridade do caráter dos trabalhadores do campo", facilmente confirmável por um olhar sobre o comportamento dos operários "em cidades abarrotadas e populosas como Manchester, Glasgow, Leeds etc. durante as últimas comoções *radicais*, assim como no curso da *organização laboral* mais recente", ponderou Thom em 1829. Nas colônias, as relações eram supostamente amigáveis. Lá "a conexão antiga e natural entre senhor e servo ainda se mantém intacta", enquanto nas cidades a "troca perpétua de braços" dissolve todos os vínculos e resulta em anonimidade e animosidade entre os envolvidos. Consequentemente, o plano de Thom para "fazer da potência hídrica algo aplicável de modo mais geral" — os reservatórios, os canais, as comportas auto-operadas — foi "concebido para distanciar os estabelecimentos manufatureiros das cidades superlotadas" e esfriar a lava social do pós-1825.[45]

É, sem dúvida, significativo que o principal apóstolo da água se valesse do mesmo argumento básico dos defensores do vapor: esse tipo de mobilizador é melhor porque garante mais industriosidade e mais ordem em meio aos braços. Aí estava um dos campos de batalha decisivos da crise, no qual as forças motrizes em conflito precisavam provar seu valor. Havia, além disso, certo atrativo intuitivo na defesa feita por Thom: Ure temia que as fábricas que concentravam "uma vasta população no interior de um circuito bastante fechado" proporcionassem "todas as facilidades para a associação secreta e para a união cooperativa entre os trabalhadores", enquanto Robert Hyde Greg, assim como Thom, destacava a "confiança mútua" entre senhores e braços nas colônias rurais, um sentimento que já não existia nas cidades.[46] A *água* seria a solução para o antagonismo de classe?

A fim de explorarmos os prós e os contras das colônias do ponto de vista do capital algodoeiro, precisamos primeiro considerar seus custos de forma mais aprofundada. Em comparação com as cidades, no interior os salários eram mais baixos por uma margem raramente menor do que três ou quatro xelins por semana. As razões fundamentais para esse fosso eram antigas e simples: as famílias de trabalhadores rurais frequentemente mantinham um pé na agricultura e, ao garantir ao menos uma fração de suas necessidades, reduziam os custos totais de reprodução; com aluguéis mais altos, era mais caro viver nas cidades. Para atrair trabalhadores livres de forma legal, as colônias tinham de oferecer rendimentos acima do nível dos trabalhadores locais — em alguns casos, como o dos fiandeiros adultos do sexo masculino empregados pelos Ashworth, os salários eram mais altos do que a média regional —, mas, via de regra, os pagamentos em dinheiro nas colônias ficavam efetivamente *abaixo* das remunerações nas fábricas urbanas e muito longe daqueles oferecidos em centros como Manchester.[47]

Pagamentos em dinheiro não são, no entanto, uma medida útil para as diferenças entre os padrões de vida dos trabalhadores, justamente porque alguns recursos alimentares e prazeres das colônias — uma vaca para cada trabalhador, uma horta com vegetais — não apareciam nas folhas de pagamento; pelo mesmo motivo, tampouco nos dizem muito sobre os custos para os capitalistas. Era raro que salários decentes bastassem para convencer fazendeiros a abandonar seu estilo de vida ou habitantes de cidades a migrar: os proprietários douravam suas pílulas com garantias de emprego, pagamentos de bônus, residências gratuitas ou aluguéis baixos e vários outros privilégios desses híbridos de fábrica e domicílio. No fundo, todas essas vantagens representavam investimentos em capital fixo. A própria construção de uma vila era, é claro, um empreendimento trabalhoso; há casos da era Arkwright em que proprietários de fábricas foram à falência após terem investido capital demais no alojamento de trabalhadores, e investimentos ainda mais pesados se seguiram na bonança do começo da década de 1820.[48] Com o trabalho livre assalariado em ascensão, além do crédito facilitado e de uma corrida de proporções nacionais para a expansão da capacidade de produção, alguns manufatureiros contraíram dívidas consideráveis ao reformar e ampliar seus povoamentos — entre eles a Dennistoun, Buchanan & Co., que, em 1823, assumiu a fábrica movida a água de Stanley às margens do Rio Tay, na Escócia. A empresa embarcou imediatamente em um projeto maciço de agrupamento de força de trabalho, como descreveu o inspetor fabril James Stuart:

> Os senhores da Dennistoun, Buchanan & Co., proprietários deste esplêndido estabelecimento, recentemente reuniram, juntos, uma população de dois ou três milhares de pessoas em um distrito rural perfeitamente saudável, no qual não havia, até então, fábrica alguma, e construíram um vilarejo amplo com casebres de boa aparência, limpos e confortáveis, ergueram uma igreja ao custo de mais de três mil libras [...]. Eles garantiram um estipêndio permanente para um representante do clero, construíram uma escola e um edifício educacional, também remuneraram o professor,

e montaram uma roda-d'água de 200 cavalos de potência e três novas instalações fabris, além de ter feito passar uma estrada por dentro da vila — tudo isso com recursos próprios, em um total de 160 mil libras.[49] Esses valores teriam sido oito vezes maiores do que o custo de implementação do reservatório de Turton e Entwistle, ou cerca de três vezes mais do que os custos estimados para todo o projeto do Irwell.

Por volta dessa mesma época, Henry e Edmund Ashworth esbanjaram dinheiro na construção de casas para camponeses em New Eagley, a maior de suas duas fábricas; dizia-se que essas residências eram "construídas com pedras e continham de quatro a seis cômodos cada; aos fundos, todas possuíam benfeitorias proveitosas".[50] Além de bibliotecas, capelas e uma escola, os irmãos também construíram uma estufa para videiras, uma fonte, um lago com peixes, uma instalação para plantação e colheita de pêssegos ao longo de todo o ano, um pomar, casas de verão com tetos de palha: todas essas instalações foram concebidas como partes integrantes de uma fundação rural palatável para o trabalho fabril. A empreitada saiu bem caro. Foi também o caso dos salários acima da média pagos para trazer professores para as escolas e para remunerar os dois médicos que se ocupavam de New Eagley e de Egerton. Desse modo, as fábricas rurais movidas a água desenvolveram um caráter bifronte, com dormitórios superlotados montados em celeiros e casebres caprichosos com terraços; trabalhadores juvenis forçados e trabalhadores livres bajulados; calabouços de servidão e hortas exuberantes; punição e prazer; e as frações de cada um desses componentes se rearranjavam de acordo com as manifestações concretas de um desafio fundamental: obter e reter trabalhadores ao lado de quedas-d'água. Casas de verão e celas de confinamento solitário eram duas faces da mesma moeda. Perto do fim do sistema de aprendizes, os Finlay, os Greg e muitos outros haviam mudado, como vimos, para o outro time; nas palavras de um administrador fabril escocês, "na época os proprietários assumiram grandes despesas para reunir famílias perto de suas fábricas, dada a aversão dos camponeses pela manufatura".[51]

Os custos alteraram o equilíbrio entre a água e o vapor. Em 1826, um "fabricante de fios pragmático" anônimo publicou um cálculo sobre os preços desses dois mobilizadores primários na *Glasgow Mechanics' Magazine* e incluiu, como custos associados à água, o aluguel devido ao proprietário do terreno, despesas com barragens e comportas e valores gastos no transporte de matérias-primas e com prepostos entre a fábrica e o mercado. Mesmo assim, a comparação com o preço do carvão consumido pelo motor a vapor resultava em um saldo positivo para a água

> a uma taxa de uma libra e dez xelins por cavalo de potência; mas isso deve ser mais do que contrabalançado pelo grande adiantamento de capital que é necessário para começar a operar no interior, onde é preciso construir um vilarejo e perder tempo com a formação de um conjunto regular de trabalhadores, além de outros inúmeros inconvenientes que, em muitos casos, demandam anos para ser superados.[52]

Dentro das cidades, nenhuma dessas providências era necessária. Residências, ruas, escolas, hospitais, capelas, igrejas — ainda que não fosse o caso de lagos e plantações de pêssegos — já estavam prontos porque, em essência, os trabalhadores também já estavam lá.[53] Um proprietário de uma fábrica instalada em uma cidade não teria de pagar *diretamente* por melhoramentos comunais. Depois de 1825, isso deve ter feito uma diferença significativa: a construção de vilarejos inteiros em áreas remotas viria a ser a forma mais intimidadora de investimento durante a crise, com todas as incertezas envolvidas e diante de uma concorrência que perdera liquidez e lutava para continuar viva. Ainda que Thom recomendasse um recuo para o campo, longe dos turbulentos centros urbanos, sua audiência de manufatureiros tendia a caminhar na direção contrária, em parte, como é possível inferir, porque a crise fez com que os projetos de colônias — e talvez também os reservatórios thomianos — parecessem arriscados demais. Nesse aspecto, a bonança de meados dos anos 1820 nunca mais se repetiria.

Mas, se as colônias realmente conseguissem sufocar o antagonismo de classe, seria muito possível que valessem todo o trabalho envolvido. Será, então, que elas ofereciam os portos seguros que Thom vislumbrava? A oferta de casas certamente podia ser transformada em uma ferramenta disciplinar eficaz: um trabalhador adulto livre que vivesse em uma colônia e desagradasse a seu senhor poderia perder não só o emprego como também a residência de sua família. A ameaça de despejo era um impedimento à fermentação e à organização laboral — um obstáculo invejado por muitos manufatureiros urbanos. Ainda que tivesse de se ocupar com a vida do trabalhador em todas as dimensões — erradicar desejos de fuga, fiscalizar comportamentos fora do horário de trabalho —, o dono de uma colônia detinha, do mesmo modo, mais poderes de domesticação. As cidades não pertenciam a apenas um manufatureiro; as colônias, sim. Em seu laboratório, o capitalista e seus administradores podiam planejar os ambientes domésticos, escrever regras, patrulhar ruas, inspecionar trabalhadores e casas, manter registros de conduta, supervisionar como a reverência era ensinada nas escolas e, com o uso de várias outras técnicas, fundir poderes econômicos e sociais naquilo que assumiria caráter similar a um sistema totalitário. Henry reconhecia que, às vezes, se pensava que ele e seu irmão "exerciam uma autoridade bastante despótica".[54]

A colônia poderia ser retratada como algo similar a um latifúndio ou domínio senhorial: as casas dos trabalhadores, escreveu Gaskell, "são construídas pelo proprietário da fábrica em contiguidade imediata com o estabelecimento. Todas as coisas ligadas ao modo de vida dos empregados estão imediatamente sob os olhos do manufatureiro"; ali "surgiu uma população fixa que é uma parte tão constituinte da propriedade dos senhores quanto o maquinário".[55] Havia resquícios de relações feudais nas fábricas movidas a água — assim como na dependência do trabalho forçado e, na verdade, na própria natureza do mobilizador primário. O proprietário reunia em uma só pessoa o investidor e o rentista, o senhorio e o administrador de igreja, o chefe de polícia e o industrialista; os trabalhadores se agrupavam em torno de seu núcleo hídrico "assim como em outros tempos os camponeses se reuniam sob a proteção do castelo feudal", escreveu o jornalista francês Léon Faucher em seu *Manchester in 1844: Its Present Condition and Future Prospects* [Manchester em 1844: suas condições atuais e perspectivas futuras].[56]

Para muitos observadores horrorizados com a desintegração das pirâmides paternalistas e com os rompantes da guerra de classes, as colônias pareciam demonstrar que a busca pelo lucro e os ideais da antiga ordem ainda podiam ser combinados.

Em outras palavras, Thom não estava sozinho em sua paixão burguesa tardia pelas colônias, tampouco delirava quando propôs que as fábricas deixassem o vapor urbano de lado e se transferissem para as águas rurais a fim de domar a classe trabalhadora com mais eficácia. Outros contemporâneos também ponderaram soluções similares na década de 1820. Um manufatureiro de algodão declarou ter vendido sua participação em uma fábrica de Glasgow operada por fiandeiros do sexo masculino e se retirado para "um moinho no interior que tem sido trabalhado, sobretudo, por mulheres" como forma aparentemente bem-sucedida de "se livrar das associações entre trabalhadores". Durante as greves de 1829, dizia-se que os produtores de fios finos de algodão de Manchester consideravam uma realocação em massa para o interior.[57] Por um breve período, algumas bússolas podem ter apontado para esse caminho — mas só até que a lava começasse a jorrar também de dentro das colônias.

Movimentos grevistas nas colônias

Henry Ashworth espumava de ódio contra sindicatos. Ele se referia à legalização da associação entre trabalhadores como "essa lei indulgente"; pouco tempo depois, os fiandeiros em suas fábricas e nas de seu irmão se sindicalizaram em massa. A paz das colônias começava a ruir. As tensões se elevaram em março de 1830, quando os Ashworth ampliaram a quantidade de fusos por máquina de fiar *e* reduziram os índices dos salários em 25% em Egerton e 9% em New Eagley: vários fiandeiros se recusaram a trabalhar sob essas novas condições. Não demorou até que uma substituição total dos trabalhadores se concretizasse e, instantaneamente, trouxesse de volta o problema da oferta de trabalho em Eagley Brook. Após a demissão da vanguarda sindical, os Ashworth tiveram de divulgar anúncios, via imprensa e panfletos, em busca de fiandeiros fura-greve em Stockport, Ashton-under-Lyne,

Bolton e Manchester. Os irmãos sabiam que havia profissionais desempregados dentro da Algodonópolis e os cortejaram, mas, apesar de distribuírem gratuitamente cobertores, lençóis e colchas, fracassaram em atrair mais do que uma dúzia deles.[58]

O âmago da greve era de origem totalmente local: o jovem identificado como líder do movimento havia sido enviado por uma *workhouse* adjacente a New Eagley e educado na escola da colônia — uma víbora nutrida desde a infância no seio dos Ashworth. Em 10 de abril de 1830, esse rapaz incitou uma turba de cerca de sessenta fiandeiras a descarregar sua raiva nas instalações da colônia. Usando roupas femininas — talvez alguns homens disfarçados também tenham participado —, atacaram o casebre de um recém-contratado fiandeiro de Manchester, destruíram a mobília, espancaram o homem até que ficasse inconsciente e o jogaram na rua, depois seguiram em direção à casa do administrador de New Eagley, que, sob ameaças de morte, fugiu pela chaminé. A rebelião continuou na escola da colônia. O tom do relato no *Manchester Guardian* era de indignação:

> Primeiro, quebraram as janelas de várias cabanas, além daquelas da escola erguida com recursos próprios pelos senhores Ashworth para uso das crianças empregadas na fábrica e para outras que residissem na vizinhança [...]. O dano causado é muito considerável, com quase trezentos painéis de vidro quebrados nos casebres e na escola.[59]

Antes que o alvoroço chegasse ao alvo principal — a própria fábrica movida a água de New Eagley, logo abaixo do vilarejo —, alguém soou o sino da fábrica e fez com que policiais chegassem ao local. Quatro homens e uma mulher foram presos, enquanto os demais fugiram a tempo. Depois da rebelião, New Eagley foi totalmente militarizada: "Alguns policiais especiais se comprometeram a proteger as pessoas empregadas pelos senhores Ashworth, e a fábrica é vigiada todas as noites por homens bem armados", como o *Guardian* informou a seus leitores.[60] A proteção foi estendida para as cabanas e para a fábrica de Egerton, com seiscentos soldados adicionais mantidos de prontidão em Bolton para o caso de ataques.

A rebelião em si mesma nada tinha de extraordinário para a época, nem mesmo chegou à imprensa londrina; a disputa logo terminou em favor dos Ashworth, que forçaram seus empregados a renunciar formalmente à filiação sindical. Mas o preço dessa vitória foi bastante alto. Os lucros da fábrica de New Eagley foram dizimados: aferidos em 5,7% em 1829, caíram para 0,7% em 1830 e, conforme as dificuldades continuaram mesmo após a restauração da tranquilidade, chegaram a 0% em 1831. Ainda que também estivesse alinhado com as tendências gerais, neste caso o colapso nos lucros foi resultado direto dos custos que os Ashworth tiveram com a troca de funcionários. Em seu depoimento ao Factories Inquiry de 1833, os irmãos soltavam fogo pelas ventas:

> Os supostos amigos da classe trabalhadora, não por acaso chamados de agitadores, mantiveram por vários anos uma discórdia constante entre nossos empregados (que os apoiam) e nós mesmos; causaram graves interrupções em nossos negócios; por vezes através de discordâncias quanto ao tema dos salários, outras através de intromissões em nossa autoridade ou nas regulações de nossos assuntos mercantis e, por fim, com elucubrações sobre as folhas de ponto [ou seja, demandas pela redução legal da jornada de trabalho]. Esperamos, portanto, que o resultado da presente investigação possa levar à imposição ou à adoção das medidas legislativas cabíveis.[61]

Ainda que muitos dos capitalistas urbanos compartilhassem dessa belicosidade, os irmãos Ashworth desenvolveram uma reputação nacional como principais líderes na cruzada contra o trabalho organizado, e Henry viajava pelas principais zonas de batalha (incluindo Preston em 1837) para coletar lições para sua própria luta. Em todos os conflitos em New Eagley e Egerton, os irmãos insistiam na rendição incondicional dos trabalhadores e na renúncia completa aos sindicatos.[62] Essas medidas eram consideradas questão de sobrevivência.

Mesmo assim, os resultados foram parcos, já que a força de trabalho permaneceu agitada ao longo das décadas de 1830 e 1840. Em 1836, com seus recursos comprometidos pelo boom, Henry escreveu cartas particulares a Edwin Chadwick — antigo presidente do Factories Inquiry e agora comissário da "polícia rural" — em que informava que "temos nossos homens sob o compromisso de que não se juntarão a sindicatos, mas está comprovado que alguns deles estão contribuindo com os fundos coletivos e, com uso de subterfúgios, escondem os nomes das fábricas". Na véspera do Natal, os irmãos enviaram a Chadwick uma lista de boicote dos fiandeiros mais problemáticos e exigiram intervenção policial.[63] No final dos anos 1830, os trabalhadores adotaram o cartismo, e, em 1842, uma greve geral varreu as colônias dos Ashworth com tanta facilidade como no resto de Lancashire; na síntese ligeiramente parcial de Cooke Taylor, as fábricas eram "visitadas por um grupo que se formava, as máquinas eram paradas, e os trabalhadores, obrigados [*sic*] a ir para casa". Trabalhadores em greve também se aproximaram do vale de Quarry Bank, devastaram o alojamento das moças aprendizes e uma loja de provisões, e "a fábrica foi paralisada e assim permaneceu pelas três semanas seguintes".[64]

Mais ao norte, na Escócia, dizia-se que cerca de duzentos funcionários empregados pelos Finlay haviam se sindicalizado no começo dos anos 1830 "com o propósito de forçar os empregadores a pagar salários mais elevados"; quando os patrões se negaram, iniciaram uma greve em dezembro de 1834. Os ânimos se exaltaram quando fura-greves foram trazidos de Catrine. Os grevistas tentaram "obstruir esses trabalhadores com a formação de uma multidão considerável ao redor deles e jogaram terra etc. sobre eles, e atacaram muitos deles, e fizeram uso de linguagem ameaçadora e abusiva", de acordo com a petição do administrador para a Alta Corte Judiciária de Edimburgo.[65] A Dennistoun, Buchanan & Co. mal havia despejado seus milhares de libras na colônia de Stanley quando aquele núcleo populacional virou um dos baluartes do sindicato dos fiandeiros, enquanto o administrador de uma das sete fábricas de algodão em Neilston, movida pelo Rio Levern, reclamava, em 1837, que "a administração dos trabalhadores tem se mostrado uma tarefa muito mais difícil por dois ou três anos além do que deveria ser; e um espírito de insubordinação e insatisfação parece se espraiar com rapidez entre as classes trabalhadoras".[66]

Em algum momento no curso desses anos, o projeto de realocação dos rios proposto por Robert Thom se despedaçou. Como ficava evidente, as colônias não eram santuários contra a luta de classes. Pelo contrário, os eventos do começo e de meados da década de 1830 as arremessaram justamente para as linhas de frente, já que eram consideradas *mais vulneráveis* a ataques do que as fábricas urbanas, e por isso tinham de repelir greves, sindicatos e outras manifestações de inquietação laboral com uma fúria maior. É claro que as fábricas rurais movidas a água sofreram com greves por décadas, mas os movimentos do começo dos anos 1830 pareciam se encontrar em uma conjuntura especial: desencadeados pela revogação das Combination Laws, chegaram a colônias onde enormes quantidades de capital fixo haviam sido empregadas. Como o *Guardian* enfatizou, a escola vandalizada em New Eagley fora custeada pelos Ashworth "com recursos próprios", assim como seus trezentos painéis de vidro. Uma rebelião urbana poderia ser igualmente ou até mais destrutiva, porém, fora dos portões da fábrica, havia menos propriedades dos industriais a serem alvejadas do que nas colônias, *onde tudo era propriedade deles*. Exatamente por serem empreendimentos dispendiosos e de titularidade integral dos manufatureiros, as colônias eram mais vulneráveis aos bastões de trabalhadores enfurecidos.

Disso decorre que a suposta paz em torno do "castelo feudal" revelava fragilidade não só porque as construções incorporavam quantidades enormes de capital, mas também, e crucialmente, porque *os senhores prejudicariam a si mesmos ao demitir trabalhadores rebeldes*. Demissões em massa eram uma das armas preferidas dos capitalistas dentro das cidades; nas colônias, um procedimento similar obrigaria os proprietários a atrasarem seus relógios e a recomeçarem o recrutamento. Ainda que a ameaça de demissão contra um único baderneiro representasse, para ele, o obstáculo da falta de moradia, sua aplicação era paradoxalmente muito mais difícil para *coletivos* de trabalhadores do que seria em áreas urbanas, onde, comparativamente, esses operários poderiam ser substituídos com pouco esforço. As mesmas limitações também valiam para a contratação de fura-greves. No começo da crise estrutural, as ondas grevistas chegaram às colônias, desfizeram a harmonia e puseram os administradores em uma luta nervosa e potencialmente ruinosa contra os sindicatos. Depois do final da década de 1820, já não se ouviam mais planos de realocar fábricas algodoeiras no interior.

Uma cristalização espacial do trabalho assalariado

No final de 1833, quando a depressão pós-pânico enfim deu lugar a uma recuperação, os manufatureiros que dependiam da água se viram diante de uma provação fundamental: seriam eles capazes não só de manter a mesma escala de operações, mas de *expandi-la*? Poderiam acompanhar seus concorrentes movidos a vapor quando se iniciasse uma nova corrida pela expansão da capacidade? Tratava-se, acima de tudo, de uma questão ligada ao trabalho. Em junho de 1834, Edmund Ashworth lamentava a "escassez de trabalhadores" e os salários elevados, e detalhava os apuros de donos de fábricas de fiação como ele: "A prática aqui, caso o proprietário esteja com falta de trabalhadores, costuma ser a de recorrer a superintendentes de pobres e a *workhouses* em busca de famílias sustentadas pela freguesia, o que nem sempre tem sido realizado com sucesso ultimamente". Robert Hyde Greg reclamava ainda mais. "Neste momento, as máquinas de uma de nossas fábricas estão paradas por doze meses por [falta de] braços. Em outra, não podemos ligar nosso maquinário pelo mesmo motivo", de forma que um boom continuado ameaçaria aplicar uma tensão insuportável sobre a empresa: "A menos que algum imprevisto ocorra, o próximo ano será naturalmente de aumento de nossas manufaturas, prédios etc., e, se for esse o caso, demandas adicionais por trabalho também aumentarão ainda mais os sindicatos, a bebedeira e os altos salários".[67] Pela primeira vez no boom do algodão, as fábricas movidas a água não podiam depender de canais publicamente organizados para o recrutamento de força de trabalho adicional.

Enquanto isso, lá estavam as cidades. Poucas transformações da sociedade britânica do início do século XIX foram tão perceptíveis e amplamente comentadas como o crescimento explosivo dos centros urbanos: "Uma nova sociedade emergiu graças à congregação de grandes massas de trabalhadores não qualificados em cidades densamente povoadas", observou um parlamentar em 1844.[68] Em 1750, Londres era o único centro inglês com uma população que excedia cinquenta mil habitantes; meio século depois, havia oito centros; passado outro meio século, esse número subiu para 29, dos quais nove tinham mais de cem mil habitantes. Em 1801, 66,2% da população inglesa ainda morava no campo, mas essa fração caiu drasticamente, e a década de 1840 viu as proporções se inverterem de modo irreversível: o censo de 1851 registrou pela primeira vez uma maioria de habitantes em áreas urbanas. A Escócia passou por uma mudança similar com a ascensão continuada de Glasgow, que ultrapassou Edimburgo por volta de 1800, com Paisley em seu encalço.[69]

A urbanização britânica foi um processo *sui generis*: em 1851, o restante do mundo ainda era esmagadoramente rural, com talvez um décimo da humanidade vivendo em cidades. Esse excepcionalismo persistiu ao longo de todo aquele século. Em 1890, 61,9% da população da Inglaterra e do País de Gales vivia em cidades com pelo menos dez mil habitantes, enquanto as cifras para a nação que ocupava o segundo lugar na lista, a Bélgica, eram de 34,5%; a França respondia por 25% e a China, por 4,4%. Em 1900, a região metropolitana de Manchester — que incluía cidades-satélites como Bolton, Oldham e Stockport — continha a maior concentração de populações humanas no planeta. Em nenhum momento daquele século, no entanto, a urbanização britânica avançou mais rápido do que no período que vai de 1811 a 1825. A primeira metade da década de 1820 marcou um recorde, com um aumento anual de 2,6% das populações urbanas da Inglaterra. Certas cidades exibiam taxas ainda mais atordoantes, com um inchaço da população de Manchester a uma média de 3,9% ao ano durante a décade de 1820, fenômeno acompanhado por várias outras cidades industriais ao norte, mas superado por uma metrópole cujo crescimento era mais veloz do que o de todas as outras: Glasgow. Um ritmo de urbanização como o vivido pela Grã-Bretanha nos anos que antecederam o pânico não seria atingido nos países capitalistas mais avançados até as décadas próximas de 1900.[70] Dito de outro modo, os anos mais decisivos da transição da água para o vapor foram *imediatamente precedidos pelo maior surto de urbanização já visto na Grã-Bretanha* e provavelmente em todo o resto do mundo.

Já bem avançado no século XVII, o êxodo rural na Inglaterra passou por uma aceleração gradual antes de atingir seu ponto culminante no século XIX, quando os fluxos humanos foram dominados por pessoas que abandonavam seus vilarejos rumo às novas conurbações de Lancashire. Nos quarenta anos entre 1776 e 1816, a maior parte do aumento das populações urbanas se materializou através desse escoamento constante de gente que dava adeus a seus vales e charnecas. Esses recém-chegados dificilmente seriam mais aptos ao trabalho fabril do que se tivessem sido abordados em suas terras natais, talvez não muito distantes de uma queda-d'água, mas não tardou até que tivessem filhos. As cidades manufatureiras transbordavam desproporcionalmente de jovens, a faixa etária mais disposta a arrumar as malas e se mudar, e todos esses homens e mulheres — que também eram os segmentos mais férteis da população, para os quais as razões para postergar relações íntimas desapareciam nas cidades — começaram a se reproduzir. A migração deu lugar ao crescimento natural como maior fonte de aumento das populações urbanas; por acaso, a mudança ocorreu exatamente nas décadas de 1810 e 1820.[71] Daí em diante, as fileiras de citadinos incharam, principalmente nas segundas gerações: meninos e meninas nascidos e criados em cidades, sem lembranças próprias de outras formas de existência social. E foi *aí* que os manufatureiros encontraram uma reserva de força de trabalho sem paralelos — tanto em termos quantitativos quanto qualitativos.

Mas, se homens e mulheres jovens se mudavam para cidades em busca de emprego, por que não respondiam com flexibilidade às demandas das fábricas movidas a água, mesmo que estas estivessem instaladas em fins de mundo? Ou, para formular a pergunta de modo neoclássico: como a oferta de trabalho para as fábricas movidas a água poderia ser relativamente inelástica no mesmo momento em que a Grã-Bretanha do século XIX se destacava por altas taxas de migração? A primeira coisa a ter em mente aqui é o fato de que um número bem reduzido de pessoas se mudou para cidades em busca *especificamente* de trabalho como fiandeiros, reparadores de fios, maquinistas de filatório ou tecelões para a indústria do algodão; a maioria estava à procura de *qualquer* trabalho não qualificado. Como Richard Dennis aponta em seu *English Industrial Cities of the Nineteenth Century: A Social Geography* [Cidades industriais inglesas do século XIX: uma geografia social], em geral os migrantes

> não possuíam habilidades especiais e se deslocavam por curtas distâncias para a cidade mais próxima ou para uma cidade maior onde houvesse uma demanda substancial por trabalho não qualificado — na construção civil, nas docas, nos mercados, como trabalhadores braçais ou como lavadeiras "autônomas", vendedores ambulantes ou feirantes.[72]

Para uma jovem de quinze anos que deixava a casa dos pais em uma aldeia nos Montes Peninos, provavelmente seria indiferente encontrar serviço como empregada doméstica ou na indústria do algodão: ela se estabeleceria em meio aos mercados de trabalho mais densos que estivessem disponíveis. Esses mercados eram invariavelmente urbanos. O algodão, afinal de contas, era uma indústria *excepcional*, e, por mais qualitativamente importante que tenha sido para a acumulação de capital, falhou até mesmo em chegar perto de absorver o grosso da população assalariada. Em 1821, os trabalhadores fabris da indústria algodoeira britânica representavam não mais do que 2% de toda a força de trabalho do reino: mesmo em Lancashire, constituíam menos de um quinto da população total, ainda que essa fração fosse consideravelmente mais alta em cidades específicas.[73]

Assim, uma colônia poderia ser uma gota longe do oceano. As cidades eram os primeiros destinos óbvios, e, "uma vez que os trabalhadores se estabelecessem, os custos de voltar a se mudar e a falta de conhecimento sobre as condições em outros lugares inibiam a facilidade de um novo ajuste", nas palavras do historiador econômico Sidney Pollard;[74] como era natural, informações sobre as condições em fábricas remotas e isoladas eram bastante incompletas. Padrões irregulares de povoamento demonstravam forte tendência de autorreforço: quanto maior o influxo de migrantes em uma cidade, maior a base humana, mais intensa a vida industrial e comercial, e maior o influxo de ainda mais migrantes vindos de ainda mais longe. Os centros exerciam uma atração tremenda sobre os trabalhadores. Charles Hulbert, um dos primeiros manufatureiros de algodão a estabelecer uma fábrica de fiação no Rio Severn, em Shropshire, nos anos iniciais do século XIX, deparou com a esperada escassez de oferta e considerou que os trabalhadores agrícolas eram mais lentos para aprender o trabalho fabril do que "jovens que vivem em distritos manufatureiros". Apesar disso, tivera esperanças de que,

> com os salários mais baixos nesses distritos [rurais] e depois que nossos braços tenham sido instruídos, lucraríamos com base apenas na diferença nos preços do trabalho: e, até aí, isso se havia mostrado correto. Mas muitos de nossos trabalhadores treinados, não obstante contratados com salários regulares por três anos, partiram para Manchester, Stockport etc. Logo descobrimos que, se quisermos conduzir nossos negócios em escalas maiores, nas quais haja necessidade de trabalho manual mais acessível, *isso deverá acontecer na vizinhança de manufaturas semelhantes*, onde um aumento de salários atrairia rapidamente o número de braços necessários.[75]

Os trabalhadores abandonavam as fábricas movidas a água em Yorkshire e desapareciam nos labirintos urbanos de Lancashire ou, saídos de colônias próximas, seguiam a pé até Glasgow para tentar a sorte. O magnetismo das cidades emanava, mais essencialmente, do maior espectro possível de oportunidades de trabalho não qualificado, mas outras atrações mais genéricas da vida urbana — incluindo zonas de prostituição — não podem ser ignoradas. As cidades eram imbatíveis em seu crescimento e, ao produzirem um desejo de permanência, reduziam a elasticidade da oferta de trabalho para as fábricas rurais movidas a água. Cristalizações espaciais das relações de trabalho assalariado, elas eram antípodas das margens despovoadas dos rios. Os trabalhadores assalariados compunham a maioria esmagadora das principais cidades em Lancashire e na Escócia, estimados em 81% em Ashton, 90% em Stalybridge, 85% em Stockport e 84% em Oldham no começo dos anos 1840.[76] Mas, em seus contornos gerais, esse padrão já estava consolidado antes de 1825. Haveria, então, algum motivo para supor que esse fenômeno teria servido de atração para que os manufatureiros fizessem a transição para o vapor de forma mais efetiva após o início da crise?

Os chamarizes das cidades antes e depois de 1825

Desde muito cedo, o motor a vapor foi vendido e comprado como uma espécie de passagem só de ida para a cidade, onde os manufatureiros encontrariam grandes quantidades de força de trabalho administrável. Em 1818, John Kennedy descreveu como o motor proporcionava uma salvação contra a maldição da reposição constante de trabalhadores que partiam: "As quedas-d'água perderam valor; em vez de levar as pessoas até a energia, percebeu-se ser preferível instalar a energia em meio ao povo, onde quer que fosse mais necessária".[77] Como a empresa McConnel & Kennedy havia sido uma das primeiras gigantes do vapor na indústria algodoeira, podemos supor que Kennedy falava com base em sua experiência pessoal: era *essa* a razão principal para a escolha do estoque quando a maioria dos manufatureiros ainda optava pelo fluxo. Em 1823, igualmente antes do momento determinante da transição, Robert Buchanan escreveu sobre o valor particular do motor de Watt: "A energia e as pessoas podiam ser concentradas sem maiores dificuldades no local mais favorável"; dentro das cidades, a "oferta continuada e o empenho constante desses numerosos braços" tornavam as operações mais lucrativas.[78]

Ao escreverem no passado, tanto Kennedy quanto Buchanan parecem sugerir que a flexibilidade do motor a vapor era o principal motivo para sua aplicação bem *antes* da crise. E, de fato, isso explicaria a introdução do vapor em fábricas de algodão por volta da virada do século, quando a abundância e possivelmente também os baixos custos e a superioridade tecnológica da água eram *ainda maiores* do que se mostrariam um pouco mais tarde. A escolha do vapor antes de 1825 tinha de ter como base um trunfo que superaria todas aquelas vantagens impressionantes; a mobilidade espacial parece ter pesado para alguns proprietários. Já nos anos 1810, a instalação de grandes fábricas dentro de Manchester ou de Glasgow era considerada uma receita de sucesso.[79]

Depois de 1825, os atrativos relativos do vapor urbano se multiplicaram. Quando um capitalista decidia a localização de uma fábrica de algodão nos anos 1780 ou 1790, a disciplina fabril ainda era um fenômeno recente em todos os lugares, e as populações urbanas eram tão pouco familiares com ela quanto qualquer outro agrupamento de pessoas: fazia bastante sentido, então, colher os benefícios da água barata. Mas, nas cidades da década de 1830, "a segunda geração de trabalhadores fabris crescera, e seus pais estavam muito ansiosos para que os filhos fossem aceitos nas fábricas", nas palavras de Pollard. A educação de trabalhadores nativos os habituava a um mundo de máquinas tilintantes, de supervisores e sinos que marcavam a jornada de trabalho, e as gerações subsequentes se resignaram à vida nas fábricas de um modo que as pessoas do interior — fossem pobres do sul, tecelões manuais do norte, habitantes das Highlands da Escócia ou fazendeiros de todos os lugares — não se resignavam (e talvez nunca se resignassem).[80] A *essa* altura, a instalação de uma fábrica de algodão em um contexto rural, onde o recrutamento teria de começar da estaca zero, talvez equivalesse a uma regressão aos anos 1780 e 1790, com a perda, pelo manufatureiro, dos efeitos do processo de aculturação.

Já em 1846, Henry Ashworth percebeu que as fábricas urbanas movidas a vapor haviam assumido uma dianteira histórica. "Caso você seja atraído para uma locação rural induzido pela potência hídrica, precisará de uma geração ou duas antes que as pessoas estejam suficientemente aptas a trabalhar de forma lucrativa, em comparação com aquelas que estão nas cidades". Poucos manufatureiros sacrificariam várias décadas à espera de que seus funcionários rendessem um lucro mediano; o vapor estava um salto à frente ao conferir acesso às reservas urbanas, e o empreendedor dotado de um instinto de sobrevivência se via obrigado a segui-lo. Em 1834, James Fernley, proprietário de uma fábrica movida a vapor em Manchester, gabou-se das vantagens que obtivera: "Há essa constante superabundância de trabalhadores no mercado, de modo que, creio eu, *sempre consigo obter um número suficiente de braços acostumados ao trabalho e empregá-los* — o que é sempre preferível".[81] Henry McConnel, irmão e sócio de James, às vezes sofria com a escassez de trabalho infantil, mas "há uma grande abundância de trabalhadores acima de dezoito anos", e os que eram contratados, "em geral, são educados em nossas próprias instalações, de modo que, conseguindo evitar, raramente nos envolvemos com estranhos".[82] As fábricas movidas a vapor de propriedade da empresa em Manchester eram, em outras palavras, autossuficientes em força de trabalho adulta; na verdade, nem a McConnel & Kennedy nem outros manufatureiros de algodão parecem ter experimentado *qualquer* dificuldade em encontrar força de trabalho, desde que se ativessem ao vapor, dentro das cidades.

A "superabundância" era uma bênção particularmente oportuna, e o contraste ficava mais acentuado do que o normal em um boom. Enquanto em fevereiro de 1835 Henry Ashworth lamentava junto a Chadwick o fato de "haver nesta vizinhança uma escassez maior de pessoas trabalhadoras como jamais vi", três meses mais tarde, indagado a respeito da mesma escassez, o manufatureiro de Manchester Robert Gardner respondeu: "Não, certamente não; há uma superabundância de fiandeiros". Enquanto os Greg caçavam de cima a baixo braços que operassem suas máquinas, Peter Ewart testemunhava, de dentro da Algodonópolis, que "temos de cinco a seis candidatos quando surge uma vaga em nosso estabelecimento".[83] *Aí estavam os verdadeiros gargalos para a expansão da potência hídrica.* Quando o momento crítico chegou, Fernley, McConnel, Gardner, Ewart e seus compatriotas do vapor urbano dispunham de um trampolim para o boom que era bem diferente dos tocos que estavam à mão em Styal e Egerton.

Assim, a intensificação desse primeiro atrativo espelhava uma contradição que se agravava entre a dinâmica centrífuga do fluxo e o crescimento de cidades, agora alimentadas menos pela migração do que pela reprodução *in situ*.

Em segundo lugar, a superabundância a que os capitalistas urbanos se referiam explodiu após 1825. O desemprego crônico dos operários fabris foi um dos aspectos fundamentais da crise, causado não só pela estagnação em si, mas também pelo progresso tecnológico, com fiandeiros demitidos em razão da introdução do Homem de Ferro e de seus auxiliares, e forçados a vadiar pelas cidades e a bater de porta em porta. O efeito combinado da depressão pós-1825 e da automação foi um excedente quase permanente de força de trabalho que se concentrava naturalmente nas cidades e potencializava de modo radical a vantagem espacial do vapor.[84] Em terceiro lugar, e talvez mais importante, a mudança do tear manual para o tear mecânico praticamente *dobrou* a demanda por operadores de máquinas nas fábricas. Mesmo em 1813, havia duas vezes mais tecelões manuais do que operários fabris na indústria algodoeira britânica. Seus números estagnaram com a primeira disseminação do tear mecânico no começo da década de 1820; depois, um ponto de bifurcação coincidiu com o início do boom de meados dos anos 1830, como pode ser visto com clareza. Daí em diante, a categoria de trabalhadores que exerciam suas atividades dentro de casa diminuiria cada vez mais, até se transformar em uma minoria que, em pouco tempo, seria completamente extinta; duzentos mil tecelões manuais desapareceram entre 1825 e 1848, enquanto aproximadamente a mesma quantidade foi acrescentada ao número de operários — em parte devido à expansão das indústrias, mas de modo mais significativo em face da automação.[85] A ascensão do tear mecânico trazia a tiracolo a destruição de toda uma tribo de trabalhadores residenciais autônomos e a concomitante criação de uma infantaria subordinada de braços fabris: a automação não exterminou a demanda por força de trabalho, mas trocou um tipo de trabalho por outro. E o novo tipo era mais fácil de ser encontrado nas cidades.

Diferentemente do que se passava no departamento de fiação, a tecelagem mecanizada foi uma atividade urbana desde o início. Ela alterava os cálculos da localização. Enquanto a tecelagem tradicional acompanhou a fiação mecanizada, a inserção de uma fábrica em um rincão

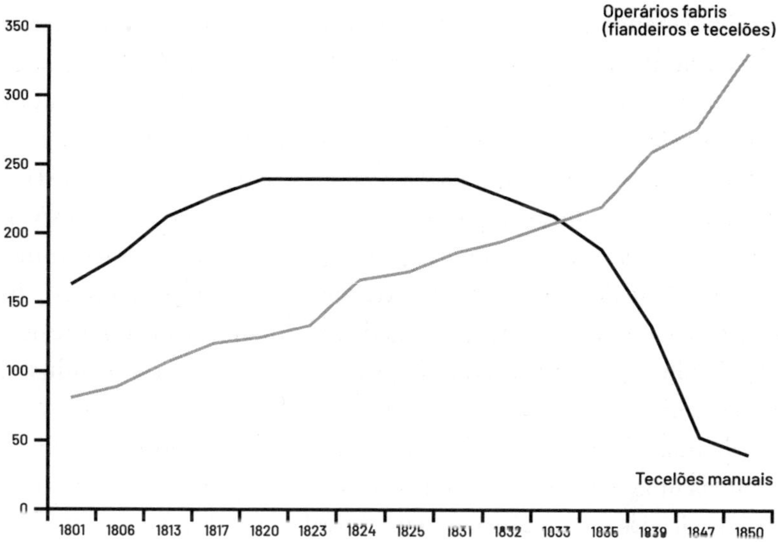

Figura 3. Tecelões manuais e operários fabris na indústria algodoeira britânica, 1801-1850. Números de tecelões e operários em milhares.
Fonte: G. H. Wood, *The History of Wages in the Cotton Trade During the Past Hundred Years*. Manchester: Sherrat and Hughes, 1910, p. 125.

rural permaneceu factível ou mesmo conveniente, já que as residências circundantes costumavam estar envolvidas com a indústria por meio da terceirização doméstica do trabalho. Uma fábrica conjunta, por outro lado, aumentava a necessidade de contratados *e* rompia os laços com a rede de trabalhadores semiagrícolas e semidomésticos que povoavam o interior mais ao norte, o que fazia, de uma só vez, aumentar o valor das concentrações espaciais de pessoas e diminuir a necessidade de trabalhadores externos. Assim como a mula de fiar autônoma, o tear mecânico exigia de seus maquinistas uma resignação absoluta aos ditames da máquina. Seu uso arrastou a indústria para as cidades com força redobrada.

Em quarto lugar, a substitutividade dos trabalhadores citadinos adquiria uma nova significância estratégica em tempos de confrontos ferozes de classe. Romântico incorrigível, *sir* Walter Scott deplorava o declínio da colônia e a ascensão da fábrica a vapor urbana, e, nesse processo, capturou o apelo comercial das massas anônimas:

> Quando o maquinário era movido pela água, o manufatureiro precisava buscar algum local isolado onde obtivesse uma queda-d'água adequada, e então seus trabalhadores comporiam a população de uma vila ao redor dele, e ele necessariamente concederia alguma atenção, em maior ou menor grau, à moral e às necessidades desses indivíduos, tomaria conhecimento de suas pessoas e do caráter delas, e exerceria sobre eles uma influência salutar, como homens que dele dependeriam e que estariam intimamente conectados a ele e ao futuro do estabelecimento. Hoje as coisas mudaram bastante: as manufaturas são transferidas para grandes cidades, *onde um homem pode reunir quinhentos trabalhadores em uma semana e dispensá-los na seguinte* sem que desenvolva qualquer conexão mais profunda com eles do que aquela em que se troca o trabalho de uma semana pelo salário de uma semana, e *igualmente sem qualquer solicitude adicional quanto a seus destinos, como se fossem lançadeiras velhas.*[86]

Por força de sua fixidez espacial, a potência hídrica obrigava o manufatureiro a formar *relações pessoais* com os braços que empregava, fossem eles aprendizes endividados cujas necessidades precisavam ser atendidas ou trabalhadores livres para os quais teceria um casulo que abarcava todos os aspectos da vida, desde a instrução religiosa até os cuidados médicos básicos. Ao distanciá-lo de seus vizinhos, o motor a vapor, por outro lado, permitia ao capitalista tratar seus trabalhadores "como se fossem lançadeiras velhas". Agora, desconhecidos e imateriais em qualquer outro aspecto que não fosse o da capacidade de trabalho temporariamente contratada, os empregados poderiam ser descartados à vontade, substituídos com facilidade e deixados à própria sorte no mercado imobiliário. Se a administração dos trabalhadores de fábricas rurais movidas a água oscilava entre os polos da escravidão e da sedução, nas fábricas urbanas a vapor não havia necessidade de nada disso: era lá que os trabalhadores fabris se assemelhavam mais de perto a uma *mercadoria* impessoal e objetificada.

Na medida em que a revogação das Combination Laws restringia as opções de ataques físicos contra sindicatos e grevistas, a ausência de entraves para a substituição de trabalhadores passou a ser ainda mais importante. O confronto de 1837 em Preston é um bom exemplo. O sindicato foi derrotado não apenas com a introdução de autoagentes, mas igualmente com o uso de demissões em massa: dos 650 fiandeiros empregados antes dos acontecimentos, apenas 367 foram autorizados depois a retornar para as fábricas (muitos deles como maquinistas). Durante a greve, os patrões orquestraram esforços para recrutar novos braços e treiná-los no processo de fiação — uma tarefa dramaticamente simplificada nos estabelecimentos onde mulas de fiar automáticas haviam sido instaladas — e, conforme novas levas de trabalhadores não sindicalizados foram sendo empregadas, os sindicatos desmoronaram. Em Glasgow, a batalha final daquele mesmo ano chegou a uma conclusão idêntica: a reposição de fiandeiros do sexo masculino por jovens mulheres e pelo Homem de Ferro destruiu as fileiras sindicais.[87]

Em Oldham, os manufatureiros se sentiram tão confiantes quanto ao acesso a fontes de trabalho que, "a fim de inteirar os empregados da natureza de suas vontades", se recusaram prontamente a recontratar até mesmo aqueles trabalhadores que se haviam rendido em uma greve no final de 1836.[88] "Consideramos a ameaça de demissão um dos meios mais eficazes de garantir a obediência adequada e a subordinação devida em meio a todos os braços que empregamos", afirmaram em 1834 os proprietários de uma fábrica movida a vapor em Dukinfield.[89] Dentro das cidades algodoeiras de Lancashire, os manufatureiros adquiriram o hábito de expor a regra do aviso prévio de duas semanas para que todos os braços pudessem vê-la — um luxo impossível nas colônias, onde os patrões ambicionavam contratos de longo prazo. Durante toda a guerra entre trabalho e capital na indústria algodoeira, a capacidade de escolher entre trabalhadores se mostrou uma arma decisiva. Menos vulneráveis à sublevação do que os capitalistas das colônias, os proprietários de fábricas urbanas tinham um espaço de manobra bem mais considerável em seus enfrentamentos contra o inimigo organizado e eram capazes de reduzi-lo a uma lançadeira velha por vias não disponíveis a nenhum manufatureiro rural.

A licença para "reunir quinhentos trabalhadores em uma semana e dispensá-los na seguinte" foi, assim, altamente valorizada depois de 1825 e libertou os manufatureiros — e isto pode contar como o quinto atrativo das cidades — de ter de gastar dinheiro com a construção de uma colônia. Toda essa massa de capital fixo prendia o proprietário à região por um longo período e limitava sua liberdade de realocação em busca de trabalho mais maleável. "Quando a natureza do trabalho é tal que não se mostra possível removê-lo", escreveu Babbage, "os proprietários ficam mais expostos a prejuízos provenientes de associações entre os trabalhadores". Os manufatureiros prósperos protegiam a possibilidade de escapar para lugares nos quais não houvesse sindicatos despóticos, mas alguns mobilizadores primários os acorrentavam ao solo. Um deles os libertava: "Quando o maquinário de uma fábrica consiste em uma multitude de motores separados, cada um deles completo em si mesmo, e todos movidos por uma única fonte de energia, *como no caso do vapor*, então a mudança é muito menos inconveniente".[90] As contradições de classe da crise só poderiam ser solucionadas — ou deslocadas — com uma fundação baseada no vapor. Ao menos cinco fatores aumentavam a atração das locações urbanas após 1825 (a presença de uma segunda geração de trabalhadores fabris; a superabundância de braços desempregados; a duplicação da demanda por operadores de máquinas após a adoção do tear mecânico; o aumento da significância estratégica da substitutividade dos trabalhadores; e a liberdade com relação a colônias caras e limitantes) e caracterizavam tantas outras razões convincentes para que a automação da produção do algodão se fixasse no estoque, e não no fluxo. Somente dessa forma seria possível exercer poder concentrado sobre as pessoas.

Já em 1829, as previsões para a Quarry Bank Mill eram lúgubres. O pânico atingira a empresa em cheio, e um Samuel Greg envelhecido pouco fez para melhorar as perspectivas — ou ao menos era o que pensava seu filho, Robert Hyde. Em uma carta endereçada ao pai, Hyde previu que "o capital é agora tão abundante, e a competição, tão extrema" que impediriam todos os lucros em um futuro imediato, uma situação verdadeiramente indigna para a família: "Se há quem consiga *viver*, nosso dever é enriquecer". No âmago dessas dificuldades, estava "o Velho Moinho", cujas perdas constantes eram um estorvo para a empresa: seu maquinário era ultrapassado, e os prédios, um fardo pesado, suscitando "reflexões sérias sobre se não seria melhor abandonar o lugar".[91] Não foram tomadas medidas tão drásticas, porém. Em vez disso, à morte do *pater familias* em 1834 se seguiu um *lifting* tecnológico no Velho Moinho, com a ligação de autoagentes e teares mecânicos a rodas-d'água. Mas havia limites à expansão: novos tecelões, maquinistas de filatório, reparadores de fios e outros trabalhadores teriam de ser levados até as instalações. Cercada de encostas íngremes de ambos os lados e dotada de alguns terrenos propensos a alagamentos, a paisagem ditava um alto custo para expansões adicionais da colônia. "A natureza do solo ao redor do moinho de Q. B. quase não admite a possibilidade de ampliação da empresa, mesmo que isso seja desejável. *A pequena população também proíbe maiores ampliações do lugar*", conforme raciocínio reproduzido pelo livro corporativo de memórias.[92]

Felizmente para os Greg, no entanto, havia outras opções disponíveis. Desde meados dos anos 1820, o portfólio familiar incluía duas fábricas conjuntas movidas a vapor dentro de Lancaster e de Bury. Durante o curso da década de 1830, Robert Hyde canalizou para elas quase todos os novos investimentos; de fato, já em 1832 a fábrica de Lancaster superara o "Velho Moinho" em tamanho. Como sua irmã em Bury, a fábrica tinha uma vantagem decisiva contra Quarry Bank e as duas outras fábricas movidas a água menores que também eram de propriedade da empresa: a oferta de força de trabalho que já vivia nas proximidades. Livres dos transtornos das colônias, as duas fábricas a vapor geravam lucros consistentes a ponto de tapar os buracos das perdas sofridas junto aos córregos. Não mais uma líder, mas agora uma retardatária, a Quarry Bank Mill sobreviveu por algumas décadas; as expansões futuras seriam direcionadas ao vapor urbano.[93] Os Ashworth, que não possuíam ativos similares, ficaram para trás na corrida pela automação e, conforme os anos 1830 passavam voando, perderam a posição de liderança tecnológica na produção de fios finos. Seus funcionários fugiram para Bolton e para outras cidades de Lancashire; frequentemente multados pela má qualidade do serviço e exauridos pela atividade pesada nas máquinas de fiação ampliadas, a única forma de manter esses empregados nas fábricas era a oferta de salários relativamente altos. Os lucros foram comprimidos, e os planos de expansão, cancelados. Os Ashworth continuariam ativos no ramo por várias décadas, mas nunca mais retomariam a dianteira, agora em mãos de manufatureiros mais bem-sucedidos que usavam, principalmente, o vapor.[94]

Mais ao norte, os Finlay, em 1844, encomendaram, como vimos, uma avaliação independente de suas três fábricas movidas a água: ao compararem Catrine com uma fábrica típica de Glasgow, os avaliadores concluíram que a água trazia uma economia de 242 libras, 13 xelins e 10 pence por ano para a empresa — "soma que não consideramos equivaler *ao custo adicional de administração necessário*". Do mesmo modo, as economias com o custo de carvão em Deanston, em valores próximos a 700 libras, eram anuladas pelo "custo extra de administração comparado com uma fábrica em Glasgow". A fábrica menor de Ballindaloch teria se saído ainda pior se não fosse o alto valor de seu terreno.[95] Duas semanas depois de receberem um veredito preto no branco sobre suas colônias — mais baratas do que as fábricas movidas a vapor em termos de energia, mais caras no geral devido às dificuldades do trabalho rural —, os Finlay puseram à venda os três estabelecimentos. Depois de desistirem do Hércules, pretendiam se desfazer de uma capacidade de potência de pelo menos 600 cavalos — o dobro do maior motor a vapor de Manchester —, mas, sintomaticamente, não encontraram um único comprador que se interessasse por Deanston ou por Catrine. Apenas Ballindaloch foi vendida. As duas megafábricas se agarraram à empresa como insígnias da desgraça, e não como medalhas de honra; como ambas operaram quase sempre no prejuízo por duas décadas, sua avaliação patrimonial foi rebaixada nos registros da empresa, com sua produção se arrastando em teares obsoletos.[96]

Robert Thom passou por essa mesma experiência amarga. Em 1834, analisou o incrível sucesso da implementação de seu projeto para o sistema hidráulico do Rio Shaws, com a oferta perfeitamente regular e barata de água para os investidores:

> E, apesar de todas essas vantagens, as quedas-d'água são inauguradas muito lentamente — ainda há cerca de trinta delas represadas —, enquanto, durante o mesmo intervalo de tempo em que elas estiveram no mercado, uma grande quantidade de fábricas a vapor foi construída em Glasgow, ainda que lá o uso do vapor custe cerca de vinte libras por cavalo de potência, ou quase sete vezes mais o custo da potência hídrica em Greenock. Essa preferência por Glasgow existe, mas por quê? Porque ali está a sede principal do comércio na Escócia, com *uma população treinada e pronta para essas fábricas*.[97]

Assim, as afirmações de Farey e de McCulloch eram fortemente confirmadas pelos manufatureiros de algodão envolvidos na prática diária da indústria. Essas declarações ecoavam em manuais de motores a vapor, e alguns deles incluíam até mesmo esta citação de seu próprio criador: *"Em vez de transportar o trabalho até a fonte de energia, o agente primário é colocado onde for mais conveniente para o manufatureiro"*, como defendeu Watt a respeito de seu motor, com a ênfase atribuída por ele mesmo.[98] A seguinte avaliação, datada de 1781, é ainda mais notável em sua presciência: "Nossos motores rotativos, que agora se encontram bem completos, são certamente muito aplicáveis à mobilização de fábricas de algodão em todos os casos em que a conveniência da instalação de um estabelecimento em uma cidade ou manufatura já construída *compensará os custos do carvão*".[99] Levou apenas meio século para que as previsões de Watt se concretizassem.

A saliência e a frequência desse tipo de declaração — proclamada por todos, desde Watt, via manuais, até entre os perdedores hidráulicos — indicam um conhecimento compartilhado entre analistas e capitalistas, engenheiros e economistas, proprietários de fábricas e montadores de máquinas: apesar de suas enormes desvantagens, o vapor era adotado *em razão de sua mobilidade no espaço*. Essa vantagem era predominante sobretudo por seu alcance no mercado de trabalho. Mesmo do outro lado da transição, o argumento era constantemente reiterado; já bem tarde, em 1866, Jevons ainda sustentava que, "quando uma queda-

-d'água natural e abundante está à disposição, *nada é mais barato ou melhor do que a potência hídrica*. Mas tudo depende das circunstâncias locais". Algumas dessas circunstâncias trabalhavam em detrimento dessa fonte de energia: "Mais uma vez, a necessidade de levar os trabalhadores até a energia, e não a energia até os trabalhadores, é a desvantagem da água", o que punha um ponto-final no assunto.[100]

Daí a transição ter tudo a ver com poder e potência. *Foi o mesmíssimo desejo de subordinação do trabalho humano — que havia incentivado a automação — que conduziu o capital algodoeiro ao vapor.* As visões semifeudais de Thom e de outros idealizadores das colônias simplesmente falharam em se adequar à lógica do período, conforme os autoagentes e os teares mecânicos tiveram de ser montados como armas contra os trabalhadores — e criaram parcialmente suas próprias plataformas — no interior de áreas construídas. Se damos um passo para trás na história, surge uma ironia: *o mesmíssimo desejo por disciplina fabril, que despontou primeiro nas fábricas movidas a água, acabou por causar a derrocada desse tipo de instalação*. Contudo, é claro, a oferta de mão de obra não era o único ímã das cidades.

O vapor e as economias de aglomeração

Uma colônia movida a água tinha de reunir não só trabalho mas também matérias-primas e outros componentes. Uma vez prontos para a venda, os produtos tinham de ser levados até os mercados, e, por isso, John Farey defendeu que outro mérito do vapor era "permitir que uma manufatura seja estabelecida nas proximidades dos mercados, tanto para a compra de seus materiais quanto para a venda de seus produtos, em vez de transportar os materiais até uma queda-d'água".[101] Merecedora de seu apelido, a Algodonópolis servia como nervo central para a distribuição de algodão cru e produtos finalizados, e a densidade de seus mercados permitia a especialização de longo prazo em determinados tamanhos de novelos e em variedades de tecidos, enquanto também proporcionava todos os tipos de serviços e comodidades básicas: bancos, depósitos, iluminação a gás, bolsa de valores. Uma parcela crescente da indústria gravitava ao seu redor. Depois de 1825, as fábricas situadas mais longe, nos vales fora de Lancashire, em condados como Yorkshire e Derbyshire, sucumbiram aos montes à força centrípeta de Manchester. Os mercados de novelos e tecidos estavam apinhados de vendedores; em um clima de grave sobreprodução, a necessidade de estar perto dos pontos de venda passou a ser uma exigência. Aos olhos de Faucher, residia aí a razão determinante para o lamentável abandono das salubres colônias:

> Em vez de buscarem mobilizadores primários, os manufatureiros forçaram os mobilizadores primários a virem até eles; e, como o carvão é abundante em quase todas as partes da Inglaterra, esses produtores fixaram seus estabelecimentos em vista apenas das vantagens proporcionadas por grandes cidades comerciais para a compra de materiais e venda de produtos.[102]

Mas essa não era a *única* vantagem. Em um artigo intitulado "On the Changes in the Locality and Processes of Textile Manufacturers Consequent on the Application of Steam to their Production" [Das mudanças na localidade e nos processos dos manufatureiros têxteis que se seguiram à aplicação do vapor em suas produções], Cooke Taylor ressaltou que a superioridade do distrito central de Lancashire "consistia em possuir uma população treinada *e* mercados estabelecidos" — e ainda havia outros benefícios.[103]

O avanço constante do maquinário tendia a se dar dentro de aglomerações urbanas, e não nas colônias externas. Nos lugares onde as fábricas eram agrupadas muito próximas umas às outras, os proprietários se estimulavam mutuamente a inventar e adotar novos utensílios, e a concentração espacial *em si* impelia a concorrência para buscar maquinários mais produtivos. Estufas de inovação, as grandes cidades fervilhavam de informações sobre os últimos modelos, ideias para novas invenções e mecânicos capacitados para executá-las, como os da Sharp, Roberts & Co.[104] Ainda que esse fator, assim como a oferta de trabalho e a proximidade dos mercados, seja revestido de certa atemporalidade que permite considerá-lo como parte da explicação para a introdução do vapor antes de 1825, sua urgência, ressalte-se, foi potencializada pela crise. Versões de autoagentes e de teares mecânicos se sucediam umas às outras em grande velocidade e com aprimoramentos em detalhes técnicos; quem vacilasse em adotá-los poderia facilmente despencar desse precipício.

Tomados em conjunto, esses fatores, no vocabulário econômico moderno, se enquadram sob a rubrica "economias de aglomeração" ou "desenvolvimento de *clusters*". A lógica básica era bem compreendida por contemporâneos como Cooke Taylor. "Ocupações industriais", escreve ele, "têm sempre uma tendência perceptível a se agregar em torno de um núcleo já formado, em vez de se implantar em solo virgem, *mesmo onde as vantagens naturais pareceriam estabelecer uma preferência por uma nova localidade*".[105] Uma vez iniciado o processo, as sinergias de oferta de trabalho, mercados, polos tecnológicos, compartilhamento de infraestrutura e outros atributos do núcleo tendiam a se aprofundar por conta própria e atrair cada mais novas fábricas, e assim sucessivamente, em um movimento em espiral cada vez mais distanciado dos atributos originais do lugar. O motor a vapor foi a condição *sine qua non* para essas aglomerações. A dinâmica centrífuga da potência hídrica constituía sua antítese, em uma dicotomia exposta por McCulloch:

> Um número indeterminado de motores a vapor pode ser construído na vizinhança imediata uns dos outros, de modo que todos os departamentos de uma manufatura podem ser reunidos e transportados para uma mesma cidade, e quase para uma mesma fábrica. A combinação e a adaptação de seus usos, e a consequente economia de trabalho, seriam assim produzidas de um modo que teria sido bastante impraticável caso fosse necessário construir fábricas em partes diferentes do interior, e com frequência em situações inconvenientes, exclusivamente em função das quedas-d'água.[106]

Como consequência, o ciclo assumiu a forma de uma guinada em direção à cidade, outra em direção ao estoque, a seguinte em direção à cidade, e assim por diante. É óbvio que os centros urbanos precederam o vapor: Manchester como umbigo da indústria de algodão, as cidades de Lancashire como centros manufatureiros, Glasgow como uma estrela mais ao norte — todas antecederam James Watt. As primeiras fábricas dentro dos limites da cidade contribuíram para o crescimento urbano e trouxeram a reboque mais trabalhadores, comerciantes, engenheiros e mecânicos, que, por sua vez, levaram mais fábricas a se amontoarem nesses locais e ampliaram a vantagem do vapor sobre a água. Assim como no caso da disciplina fabril, foram as próprias fábricas movidas a água que deram início a essa jornada. A maioria dos centros algodoeiros, se não todos, havia sido originalmente movida pelo fluxo, mas, em algum momento, suas posições mesmas como centros precipitaram uma mudança para o estoque. Stockport, por exemplo, se desenvolveu primeiro como um aglomerado de manufaturas de seda e, posteriormente, de algodão, e se aproveitava das correntes dos rios Goyt, Tame e Mersey. Capital, capacitação, trabalhadores e oficinas se reuniam na cidade, mas, conforme os lugares mais favoráveis começaram a ser ocupados, uma nova expansão em direção às margens dos rios determinaria — dada a ausência de projetos de distribuição de água — a saída dos limites do território. A única forma de continuar dentro de Stockport e preservar as vantagens da concentração geográfica seria, então, adotar o vapor.[107] Em termos mais gerais, os proprietários de moinhos de água que reinvestiam seus lucros em estabelecimentos comerciais adjacentes, fossem eles lojas de máquinas ou bancos, lançavam as sementes das transições locais — ou: a produção algodoeira com base no fluxo se mostrou *uma empreitada que se autossabotava*.

Aqui, mesmo que apenas hipoteticamente, o fluxo abarcava outras fontes além da água. Um dia, no final da década de 1860, quando preparava uma palestra sobre a economia do carvão, William Stanley Jevons deparou com uma matéria de jornal sobre o inventor sueco-estadunidense John Ericsson, que "se dedica a disponibilizar um novo combustível para substituir o carvão e um novo mobilizador para substituir o vapor. Há vários anos ele vem experimentando uma concepção de coleta e concentração do calor irradiado pelo Sol", o que denominava de "motor solar". Jevons recortou a matéria e passou o entusiasmo que sentiu para o papel. Essa era a "mais sólida" de todas as soluções sugeridas para aquilo que Jevons percebia ser uma iminente escassez de carvão,

> e, de minha parte, de fato não considero essa ideia como uma noção improvável de ser algum dia concretizada. Mas, caso isso aconteça, qual seria o resultado para nós? — simplesmente o fato de que seremos substituídos, e os centros da indústria serão transferidos para as partes mais ensolaradas do planeta. Em Manchester, de uma forma ou de outra, temos pouco sol e precisamos de manipulações para utilizar a luz [...]. A tendência das

coisas é tal que é provável que acabemos por inventar o carvão como fonte de luz solar, [e não] a luz solar como concorrente do carvão.[108]

A "tendência das coisas", sugeria então Jevons, não era inerente ao Sol ou à Terra, mas, pelo contrário, derivava da concentração da produção de mercadorias que estava em curso no universo que rodeava Manchester. Se esse processo evitava compromissos mais firmes entre "motores solares" e o capital britânico nos anos 1860, seus efeitos eram mais tangíveis no uso da água. O choque entre a tendência das coisas e os potenciais da energia solar viria a se manifestar de maneira mais intensa em um momento posterior.

Uma primeira emancipação relativa no espaço

Até agora, o motor a vapor acionado por carvão parece ser a fórmula para a liberdade no espaço. Mas o carvão era mais barato nas proximidades das minas; longe delas, seus custos podiam ser proibitivos. O carvão seria tão diferente da água, então? A resposta tem de ser afirmativa: os laços entre o vapor e certas locações eram terminantemente mais flexíveis. Para as rodas-d'água, a contiguidade física aos córregos era uma *necessidade absoluta*; para os motores, a proximidade das minas se caracterizava como uma vantagem *relativa* no mercado de combustíveis — uma questão de preço. Mas, ainda que essa fosse de fato uma diferença qualitativa, as magnitudes das variações geográficas no preço do carvão ainda podiam exercer uma influência vinculante sobre os manufatureiros.

Já bem tarde, no início dos anos 1840, o preço do carvão dobrava a quinze quilômetros de distância das minas. Vendido por dez xelins ou menos a tonelada, a área em que o carvão era mais barato permanecia confinada entre 15% e 20% da Inglaterra e do País de Gales.[109] Nenhum canal ou estrada de ferro era capaz de compensar os benefícios relativos da proximidade das minas, e mesmo variações pequenas podiam resultar em implicações significativas para os capitalistas do algodão, já que as despesas com carvão equivaliam a um quinto dos custos totais em uma fábrica a vapor típica. Daí decorre que as cidades com minas em suas entranhas — Oldham, Wigan, Ashton — ganhassem atenção especial desses proprietários, de forma que, no processo de transição, houve na verdade uma correspondência profunda entre a localização dos estabelecimentos e a das minas. Essa circunstância não era ignorada pelos contemporâneos: "Qualquer um que pegue um mapa da Inglaterra em que os campos de carvão estejam marcados poderá indicar, de pronto, os maiores centros da indústria britânica", ressaltava McCulloch. Segundo cálculos de Von Tunzelmann, 96% de todas as fábricas têxteis britânicas de 1838 se localizavam dentro da área dos dez xelins.[110]

Mas, se os preços do carvão atraíam os proprietários para perto das minas, não haveria também aí uma restrição contra a tão festejada liberdade de escolha de locação que ele proporcionaria? Felizmente, certa convergência espacial garantia essa experiência de libertação: as populações treinadas em hábitos industriosos tendiam a *coincidir* com os campos de carvão. Algumas das maiores concentrações de trabalhadores podiam ser encontradas praticamente em cima das minas. Transferências de sede para Glasgow, Manchester, Paisley ou Burnley prometiam fartas reservas *tanto* de população *quanto* de combustível, o que permitiria aos manufatureiros renunciar à água e chegar aonde queriam estar, mesmo que sob a orientação (comparativamente mais gentil) dos preços do carvão. "Uma oferta abundante de trabalho, assim como de combustível e de água para a potência mecânica, deve ser uma das principais considerações na instalação de uma fábrica", aconselhava Ure; por sorte, quando o combustível a ser utilizado era o carvão, todos esses elementos podiam ser encontrados no mesmo lugar.[111]

Seria essa apenas uma feliz coincidência? Dificilmente. Como sabemos, o uso do carvão em cidades era bem mais antigo do que o da potência hídrica; desde o salto elisabetano, era o carvão que proporcionava calor nas cozinhas e nos cômodos da Grã-Bretanha que se urbanizava. Na economia protofóssil, o carvão havia adquirido a função histórica principal de "permitir um aumento na densidade populacional" — em Londres, graças aos barcos vindos dos campos mais ao norte, e, nas regiões manufatureiras de Lancashire e de Lanarkshire, graças aos trilhos que levavam diretamente às minas.[112] O propósito original do carvão — fornecer calor para a população — abriu um corredor para a concentração populacional, que, na sequência, em um tipo de artimanha histórica, atraiu os manufatureiros para longe da água como fonte de energia mecânica. As pilhas de carvão contribuíram para o padrão de povoamento centralizado, enquanto os moinhos de água estavam em contradição com esse padrão — portanto, a conversão para o vapor solucionou a questão ao reunir capital e trabalho. As cristalizações espaciais do trabalho assalariado que desempenharam um papel fundamental na transição para o vapor *tinham seus fundamentos no consumo protofóssil do carvão* — incluindo, é claro, a queima de carvão para o fornecimento de calor na manufatura. Nessa dialética, que abarca mais de meio milênio, a abundância de carvão nas minas ao norte da Grã-Bretanha foi uma condição necessária — mas não suficiente — para todas as etapas. (Ainda precisamos examinar as dinâmicas do salto elisabetano.) Assim, a correspondência geográfica entre as ofertas de trabalho e de carvão no segundo quarto do século XIX não pode ser considerada nem uma imposição geológica nem um acidente histórico: foi produto de processos prolongados na interface entre as duas esferas.

Um motor a vapor, no entanto, não funcionava só à base de carvão. Ele suplicava por água, que era empregada de forma mais óbvia em sua caldeira, mas, não menos importante, também em seus condensadores, nos quais o líquido esfriava o vapor para criar um vácuo. Seria então o motor tão dependente de um corpo hídrico volumoso como a roda-d'água? A rigor, sim. Em 1850, das 107 fábricas de algodão em Manchester e Salford, 54% eram diretamente adjacentes a vias navegáveis; 77% estavam situadas a menos de 18 metros e 94% a menos de 160 metros de um rio ou canal. Cortada pelos rios Irwell, Medlock e Irk, por cinco grandes canais e incontáveis vias navegáveis "privadas" que se espraiavam a partir de vias principais, Manchester era uma Veneza industrial. Os proprietários de fábricas podiam simplesmente abrir uma linha de água até seus estabelecimentos a fim de alimentar seus motores, e o mesmo se aplicava a Preston, Oldham, Bolton e outras cidades algodoeiras de Lancashire, onde os manufatureiros podiam cavar seus próprios reservatórios e preenchê-los com a água disponível — até mesmo a do esgoto.[113]

Esse tipo de prática mostra quão diferente era a dependência dos motores a vapor no que se refere à água. Eles não tinham necessidade de uma queda-d'água ou mesmo de água *corrente*, tampouco dependiam de atributos de hidropaisagem específicos — precisavam de água, fosse ela parada, desprovida de gradientes de queda ou até mesmo pútrida. Esse tipo de água era fácil de encontrar em quase qualquer lugar, sobretudo depois da "mania dos canais" dos anos 1790, quando "um sistema completo de comunicação hídrica foi rapidamente estabelecido" ao norte da Inglaterra; sistemas de saneamento básico subsequentes garantiram uma cobertura ainda maior.[114] Em todo caso, a maioria das cidades se localizava ao lado de rios ou córregos, e o legado original criado pela localização em si mesma podia ser agora utilizado, por meio de canais e de canos, para o consumo dos motores, que, quando organizados em grandes grupos, eram muito mais simples de satisfazer do que as rodas-d'água. As caldeiras e os condensadores jamais trouxeram uma dinâmica centrífuga à tona. A água era levada até os estabelecimentos com a mesma facilidade que o carvão. Ambos os recursos mantiveram a produção de algodão como uma atividade terrestre: o vapor não oferecia nenhuma emancipação *absoluta* quanto ao espaço, independentemente das manifestações que essa libertação pudesse ter assumido, mas uma desvinculação *relativa*, real e preciosa. Dada a convergência entre a oferta de força de trabalho e as economias de aglomeração, de um lado, e as ofertas de carvão e de corpos hídricos, de outro, a liberdade espacial assegurada pelo vapor era tudo o que o capital poderia almejar nesse estágio da história. Rodadas subsequentes de emancipação relativa ainda estavam à espera.

Um paradoxo do fluxo e do capital no espaço

A imobilidade da propulsão direta baseada na água seria um problema apenas sob circunstâncias históricas específicas. Por quase dois milênios, sua utilização havia sido considerada um fato da vida, o jeito de ser da natureza — nem mais nem menos do que isso. Porém, na Inglaterra do segundo quarto do século XIX, ela se tornou insuportável para a maioria dos manufatureiros de algodão. Um viajante não sente a desvantagem de não conhecer determinada língua antes de adentrar o território onde ela é falada. Vimos que o desejo por maior mobilidade espacial — sobretudo a fim de buscar as reservas mais lucrativas de força de trabalho — foi uma das principais *causas* da transição; o ponto de vista mais disseminado, por outro lado, retrata a indústria urbana como um *efeito* do vapor. Em 1860, o inspetor fabril Alexander Redgraves proclamou que "a máquina a vapor é a mãe das cidades manufatureiras".[115] Ainda que essa não seja uma declaração completamente imprecisa, provavelmente seria mais correto dizer que *as cidades manufatureiras foram as mães da máquina a vapor*, não como invenção, mas como mobilizadora primária da indústria algodoeira britânica. É claro que a relação de causalidade é recursiva e dialética, mas há fortes evidências de que as concentrações de populações treinadas em hábitos industriosos — assim como de mercados, oficinas e todos os outros atributos atraentes das cidades — fizeram com que os capitalistas do algodão *se voltassem para o vapor*.

Ao afirmarmos que a oferta de água ainda era abundante no segundo quarto do século XIX, fizemos referência aos potenciais totais. Mas a dinâmica centrífuga partia de centros onde havia limites locais à água: seria ridículo defender que o fluxo oferecia espaço ilimitado para a expansão. A verdade está exatamente no oposto. Mas esse reconhecimento não pode ser uma conclusão, e sim um ponto de partida para a tarefa de compreender *a natureza dos limites e o ímpeto por transcendê-los*. A escassez geograficamente localizada determinava a vantagem espacial do vapor — ao mesmo tempo, também havia a possibilidade de que a água fosse escassa em outro sentido: um proprietário de fábricas poderia, certo dia, simplesmente descobrir que precisaria de mais potência do que sua queda-d'água era capaz de gerar. Confrontado com esse beco sem saída, havia, em essência, quatro opções: ele poderia tentar utilizar a água disponível de forma mais plena e eficiente, adotando alguma forma de melhoramento técnico; adotar o motor a vapor; desmontar sua fábrica e transportá-la para outra queda-d'água com uma capacidade maior; ou se satisfazer com a escala de produtividade existente nessa fábrica em particular e continuar sua expansão em outra região inexplorada, com base ou na água ou no vapor. Era nestas duas últimas opções que a abundância geral de água entrava em jogo, com a subutilização como função de decisões de investimento em novas formas de mobilização. Nas duas primeiras formas, uma situação de limitação "pura" da água se materializaria. Não havia fenômeno equivalente no uso do estoque.

"Um motor a vapor pode ser montado em qualquer lugar, e, caso um aumento de potência seja almejado, outros motores podem ser acrescentados; mas uma fábrica movida a água tem seus limites naturais", escreveu Farey.[116] Ao adotar o vapor, o capitalista poderia se manter onde estava e evitar ser arremessado para fora do centro — bastaria acrescentar mais um motor.

A busca por mais potência não pode ser separada da busca pela automação: foi a difusão da mula de fiar autônoma e do tear mecânico que levou à necessidade de energia além dos limites dos rios em dezenas, se não centenas, de fábricas por toda a Grã-Bretanha.[117] Conforme os manufatureiros chegavam aos limites absolutos de suas quedas-d'água nesse período, essas "lacunas de energia" geograficamente localizadas devem então ser atribuídas à *compulsão por expandir a produção e* — como uma forma concreta de tal expansão — *por substituir o trabalho humano por máquinas*. Além disso, a mula de fiar autônoma e o tear mecânico se voltavam para o vapor porque a alternativa os teria privado de seus poderes *sociais*: a dinâmica centrífuga da água barata teria levado os capitalistas para longe da oferta de trabalhadores, dos mercados e dos centros de desenvolvimento tecnológico, desintegraria seu controle sobre o trabalho, enfraqueceria suas posições competitivas e os divorciaria de um progresso de máquinas novas e aprimoradas. A automação e a transição foram duas dimensões de um único processo histórico que, sustentado pelo perfil espacial peculiar do estoque, se acelerou marcadamente após 1825.

Situados no exterior — ou, melhor dizendo, no interior remoto — da paisagem terrestre, os veios de carvão só eram acessíveis por um buraco cavado no chão. Nesse lugar específico — a entrada da mina —, as cargas eram erguidas do subterrâneo; a mina em si, com seus poços e túneis, podia se espalhar pelo subsolo, mas a transferência do carvão proveniente dos depósitos inferiores até as paisagens terrestres em toda sua extensão tinha de ocorrer por essa abertura estreita. A entrada do carvão no mundo dos humanos (excluídos os próprios mineiros) era, assim, *centralizada no espaço*, em lugares dos quais seus fragmentos seriam *transportados* para os consumidores e onde seriam *armazenados* sem que, à espera passiva pela combustão, precisassem de maior atenção. Pela primeira vez na história, o conversor e a fonte de energia — o motor e a mina — estavam dissociados no espaço, o que permitia às fábricas permanecerem próximas umas das outras. A água fluía em rios. Para utilizá-la, os estabelecimentos tinham de formar uma fila bem espaçada ao longo dos rios, e não um núcleo aglomerado em torno de um centro.

Há um paradoxo surpreendente aqui. O fluxo estava "por natureza em estado de movimento", nas palavras de Babbage; o estoque era absolutamente estático. Ainda assim, do ponto de vista do capital algodoeiro, à medida que se acumulava no espaço, *o fluxo era estacionário, e o estoque, móvel,* com a transposição do imóvel e do ininterrupto entre ambas as fontes de energia. Isso só pode significar que as relações capitalistas de propriedade na Grã-Bretanha do começo do século XIX haviam produzido *uma forma própria de espacialidade,* que, depois de passar por um momento de contradição aguda, teve de reorganizar a natureza. Nem as cristalizações da força de trabalho nem os imperativos da disciplina laboral, tampouco a necessidade de funcionários, ou mercados, ou máquinas, emanavam da natureza; o que aconteceu foi o inverso: *eles* precisavam construir e rearranjar a *natureza* a partir dos materiais disponíveis. Mais adiante, seguiremos as implicações desse paradoxo até suas conclusões teóricas e políticas. A tarefa que agora se impõe diante de nós é a de avançar do espaço para essa outra dimensão, talvez igualmente relevante para o condicionamento da transição da água para o vapor: o tempo.

8

UMA FORÇA EM QUE SE PODE CONFIAR: AS VANTAGENS DO VAPOR NO TEMPO

Exigências pesadas sobre os rios britânicos

"A principal objeção à potência hídrica", como já ouvimos de Thomas Ashworth, era "sua irregularidade". Ashworth, Thom e outros defensores dos projetos de reservatórios assumiram a missão de amenizar esse problema, mas seus planos natimortos mantiveram a água refém das condições meteorológicas. "Ela se manifesta conforme o clima", como um manufatureiro de lã descreveu sua fonte de energia: se, nas palavras de Louis C. Hunter, o sistema fluvial "podia ser comparado a um motor vasto e disperso, com muitas saídas de potência, então era o clima que proporcionava a força dinâmica que o punha em movimento".[1] Mas o motor pararia sempre que as condições meteorológicas assim determinassem. O gelo fechava fábricas por semanas a fio durante o inverno, sobretudo no norte da Escócia. Períodos secos que reduzissem os níveis dos rios e temporais que os elevassem a ponto de fazer submergir as rodas-d'água eram uma grande preocupação; esses dois fenômenos desacelerariam ou interromperiam o funcionamento do maquinário. Algumas fábricas eram abençoadas com uma oferta constante de água durante o ano inteiro, mas as flutuações eram regra: "Córrego irregular, ocasionalmente um dia ou um dia e meio perdido para cheias. Em estações secas, por algumas semanas, apenas três quartos do trabalho concluído", nas condições presentes na Quarry Bank Mill esboçadas por Samuel Greg no Factories Inquiry. Dos 89 proprietários e administradores de fábricas de algodão movidas a água que responderam aos questionários dessa investigação, 69% declararam que as variações no nível dos rios interrompiam suas produções.[2] A montanha-russa sazonal podia ser agressiva a ponto de privar os manufatureiros de suas fontes de energia por várias semanas — mas, reitere-se, isso só seria um tormento sob certas circunstâncias históricas que eram novas no tempo.

As condições climáticas ditavam as regras do jogo da potência hídrica desde tempos imemoriais. Tradicionalmente, córregos menos caudalosos durante verões secos não seriam mais aberrantes ou enlouquecedores do que o fato de que os grãos não podiam ser colhidos no meio do inverno ou de que os campos não deveriam ser arados no meio de uma tempestade. Enquanto a moagem do milho, o beneficiamento do algodão, a produção do papel ou qualquer outra atividade que dependesse da água estivesse a serviço de clientes situados nas vizinhanças, uma interrupção, nas palavras de John Shaw,

> era uma fonte de inconveniência, mas nada mais grave do que isso; sempre havia outras atividades a serem realizadas, poucas pessoas eram empregadas em moinhos, e a maioria desses estabelecimentos tinha uma capacidade excedente adequada que permitia a conclusão das cotas de trabalho assim que os níveis de água voltassem ao normal.[3]

Essa indulgência frente aos rios erráticos persistiu até mesmo na Grã-Bretanha do século XVIII, mas a produção de mercadorias para exportação logo a tornou inadmissível: não mais voltados ao atendimento de necessidades locais, e sim dedicados à maximização dos lucros com a venda em mercados desvinculados dos calendários britânicos, os manufatureiros dificilmente se permitiriam desacelerações ou interrupções no trabalho.[4] Eles precisavam espremer os rios para retirar-lhes o máximo de produção.

Mais orientada para a exportação do que qualquer outro ramo, a indústria do algodão cultivava uma nova sensibilidade aos altos e baixos da água, mas esse era apenas um dos fatores que aumentavam o patamar de suas exigências. Quando os Greg reclamavam de "algumas horas perdidas diariamente por duas ou três semanas", o parâmetro em que se baseavam era de, pelo menos, doze horas de produção ininterrupta; uma diminuição no volume do rio os forçaria a uma redução temporária de escala para talvez dez horas. Como é evidente, isso não seria um problema caso a jornada normal de trabalho terminasse por aí — sem falar em um dia de trabalho hipotético de oito ou seis horas de duração. Na verdade, a julgar pelo tipo de reclamações que se costumava fazer, uma demanda de seis a dez horas por trabalho ininterrupto movido a água teria sido bastante fácil de satisfazer ao longo de todo o ano de forma regular e confiável. *Mas não se esperava que a jornada de trabalho parasse por aí.* Excluídas as pausas para refeição, o padrão nos distritos algodoeiros centrais na época do Factories Inquiry era de doze horas de segunda a sexta-feira, e de nove horas aos sábados — 69 horas semanais —, enquanto jornadas ainda mais longas continuavam a ser comuns; na fábrica de Thom em Rothesay, a produção começava às 5h30 da manhã e se estendia ininterrupta por treze horas e meia.[5] A aritmética básica nos diz que períodos longos como esses seriam rigorosos para qualquer curso de água em comparação às demandas decorrentes de jornadas de trabalho mais curtas.

Uma tendência secular de longas jornadas de trabalho continuava a se impor sobre trabalhadores e rios da Grã-Bretanha do final do século XVIII e início do XIX. No ano 1200, estima-se que um camponês adulto do sexo masculino trabalhava 1.620 horas por ano; em 1300, um trabalhador eventual se dedicava cerca de 1.440 horas; em 1600, um fazendeiro ou mineiro trabalhava 1.980 horas. Em 1840, a cifra para todos os trabalhadores britânicos estava demarcada em 3.105 horas, considerando um ano de 45 semanas, e 3.588 horas em um ano com 52 semanas — aproximadamente *o dobro* da quantidade de trabalho desempenhado meio milênio antes, ou uma quantidade adicional de mil horas em comparação com 1750. Esse prolongamento da labuta anual foi resultado tanto da ampliação das jornadas de trabalho quanto da diminuição de feriados, que até meados do século XVII vinham se tornando *mais* numerosos. Dentro dessas tendências mais amplas, o sistema fabril compelia trabalhadores e rios à conclusão de tarefas diárias cada vez mais extenuantes do que na maioria dos outros setores da economia; em conjunto com a priorização das exportações, foi esse prolongamento da jornada de trabalho que *constituiu* a irregularidade como um problema próprio ao fluxo, em analogia com sua fixidez espacial.[6] Surge, então, mais um aspecto: por qual razão havia esse impulso para esticar os dias de trabalho?

Os comissários do Factories Inquiry fizeram a mesma pergunta e receberam respostas como "lucros", "uma taxa maior de lucro", "um desejo extraordinário de aumentar os lucros" — nas palavras escolhidas pelos Ashworth —, "amor pelo dinheiro" e variações similares desse mesmo tema. Mas outro fator intimamente relacionado recebeu mais menções. A instalação das máquinas para produzir algodão era cara: uma hora de descanso era uma hora de dinheiro desperdiçado. Extraordinariamente importante nessa linha da indústria, o capital fixo fornecia um potente incentivo para que os custos fossem distribuídos pela maior quantidade possível de produtos; uma hora a mais de funcionamento de uma fábrica significava mais mercadorias produzidas pelos mesmos maquinários, prédios, rodas-d'água e motores.[7] O economista Nassau William Senior deixou essa questão bastante clara ao citar seu amigo Henry: "'Quando um trabalhador', como ouvi do sr. Ashworth, 'coloca sua pá de lado, ele inutiliza, por aquele período, um capital equivalente a dezoito pence. Quando um de nossos empregados deixa a fábrica, ele inutiliza um capital equivalente a cem libras'".[8] Daí Henry Ashworth ter todas as razões para manter seus empregados dentro das fábricas, *assim como suas rodas-d'água girando*, pelo máximo de tempo possível.

Os manufatureiros de algodão buscaram o lucro máximo por meio da adoção de máquinas excepcionalmente avançadas e a cujos brados por produção permanente os rios se viram obrigados a responder: a automação, consequentemente, fez subir o tom desses gritos. "Conforme o trabalho manual deixa de ser utilizado, cada diminuição no tempo em que o capital fixo é mantido em atividade deve ser respondida com um maior efeito no aumento dos custos de produção", considerou Leonard Horner, inspetor fabril, em 1841. Independentemente de qual mobilizador primário utilizassem, todos os capitalistas do algodão compartilhavam desses aguilhões, mas havia alguns incentivos especiais que pesavam sobre as fábricas movidas a água. Conforme incorporavam quantias excepcionalmente grandes de capital fixo — como costumava ser o caso com as colônias —, essas fábricas eram *menos flexíveis* do que os estabelecimentos a vapor, cujos proprietários não tinham tanto a perder caso algumas horas fossem cortadas da jornada de trabalho.[9] Na verdade, os dois mobilizadores primários tinham perfis de custo opostos: as rodas-d'água enterravam grandes quantias de capital em rios cujo uso era gratuito, enquanto os custos mais pesados dos motores a vapor estavam no *capital circulante* — o carvão, que só precisava ser gasto quando os motores estavam em funcionamento. Um trabalhador que deixasse sua pá de lado seria, assim, menos danoso para uma fábrica a vapor do que para um estabelecimento movido a água.

Esse era o padrão que os rios britânicos tinham de alcançar. Oscilações nos níveis de água não teriam sido um problema tão agudo não fossem os mercados distantes, a questão do lucro, as máquinas e outras formas de capital fixo, com tudo isso sobreposto às antigas — e comparativamente suaves — variações do clima no norte da Grã-Bretanha. A crise estrutural não ajudou em nada a aliviar a pressão: pelo contrário, ela compeliu os manufatureiros a buscar consumidores ainda mais longe, a brigar mais agressivamente por cada xelim de lucro e a instalar mais máquinas. Para piorar, a crise também coincidiu com alguns eventos imprevistos devastadores.

A grande seca de 1826 e outros eventos climáticos extremos

A produção tinha de continuar, fizesse chuva ou sol — mas às vezes o sol esturricava completamente o solo. Em 1826, quando o país lutava contra uma crise econômica sem precedentes, uma seca terrível se abateu sobre a Grã-Bretanha. O historiador escocês Archibald Alison abordou aquele ano no quarto volume de sua *History of Europe* [História da Europa]:

> O ano de 1826 foi por muito tempo lembrado na Grã-Bretanha pela forte seca que reinou por toda parte e pelo calor extraordinário que a acompanhou. A estiagem veio no começo de junho e se estendeu quase sem interrupção até o final de outubro, quando, na maior parte do tempo, os termômetros marcavam mais de 27 °C à sombra. Era o mesmo clima das Índias Ocidentais, mas sem a umidade ou a brisa marítima. As consequências foram impressionantes e curiosas ao extremo; demonstraram com

> clareza que uma longa sucessão de estações como essa mudaria o caráter e, com ele, os destinos do povo britânico.[10]

Mais ao sul, os prados queimaram e as colheitas secaram sob o sol escaldante; ao norte, incêndios espreitavam em meio às florestas e turfeiras, e as superfícies dos rios resplandeciam com os corpos flutuantes de salmões mortos. Robert Thom registrou índices excepcionalmente baixos de precipitação na Ilha de Bute. Em Deanston, o ano de 1826 se encerrou sem que houvesse chuva "da metade de abril até o começo de agosto, e a água dos rios foi insuficiente para mover o maquinário" por um período de cem dias. A primeira metade do ano trouxe apenas um sexto da precipitação anual média para Manchester; no começo de julho, "o calor nesta vizinhança durante a presente semana tem sido maior do que conseguimos recordar em relação a qualquer outro período anterior", segundo o *Guardian*. John F. Bateman, colaborador de Thom e um dos principais engenheiros hidráulicos do alto período vitoriano, se lembraria de 1826 como "o ano mais seco de que temos registro neste país".[11]

Pânico e seca; muitos manufatureiros estavam profundamente irritados. Quando a próxima calamidade chegasse, quão sólida se mostraria a água como fundação para seus castelos? Em Yorkshire, cujas fábricas movidas a água representavam mais do que o dobro do que as existentes em Lancashire na virada do século, o colapso do sistema financeiro conspirou com o clima extremo para abater empresas, criar dívidas e prejuízos de dezenas de milhares de libras, e persuadir aqueles que sobrevivessem a abandonar os rios volúveis. A combinação de desastres virou uma página da história local e anunciou tanto a conversão da água para o vapor quanto o declínio de toda a indústria de algodão da região, conforme as fábricas foram se realocando em cidades de Lancashire, e o condado de Yorkshire foi se especializando na produção de lã.[12] A mesma mudança de mobilizadores primários foi documentada em Kilmarnock, ao sul de Glasgow:

> A intensidade da seca e da escassez de água foi um duro golpe contra os proprietários de fábricas nesta estação, que não conseguiram enrolar e tingir seus novelos na velocidade necessária. Mas, a fim de remediar essa situação, um manufatureiro empreendedor [...] acionou uma fábrica movida a vapor para fazer girar os novelos, *e, no momento, trabalha dia e noite.*[13]

Não havia como extrair chuva do solo, e ela continuou a variar. No intenso verão de 1842 — que coincidiu com a greve geral: duas forças incontroláveis —, os níveis de água estavam precariamente baixos nos estabelecimentos dos Ashworth. "A seca sem precedentes a que me referi em meu último relatório e que persistiu por todo o verão", observou um inspetor fabril em setembro de 1844, "continuou a se mostrar muito danosa para as operações daquelas manufaturas cujo maquinário depende completamente da potência hídrica".[14]

Outros eventos climáticos extremos potencializaram a desconfiança crescente em relação ao fluxo. Como as rodas-d'água dependiam de água corrente e de quedas-d'água, os prédios que as abrigavam precisavam ser posicionados em locais de risco; exemplos de moinhos arrastados por enchentes já eram registrados desde muito cedo, na década de 1310. A jovem indústria algodoeira tinha poucas opções além de procurar ativamente o perigo. Em 1805, Hulbert, manufatureiro de Shropshire, deparou com um dilúvio em sua colônia quando o Rio Severn "subiu a alturas incomuns" — no mínimo, meio metro acima da mansão do administrador, do moinho, do armazém e dos casebres dos trabalhadores.[15] Em sua resposta ao Factories Inquiry, James Kilgour, proprietário de uma fábrica conjunta de tamanho considerável em Aberdeenshire, lembrou-se das perdas ocorridas na seca de 1826 — depois, em 1829, uma enchente "causou grandes estragos" em seu estabelecimento, que mais tarde exigiram "gastos onerosos" em reparos. Uma torrente violenta não só paralisaria a produção, como no caso de uma seca; ela também poderia destruir alguns dos ativos mais valiosos dos proprietários das fábricas. Foi o que aconteceu ao longo do Rio Etherow em 7 de outubro de 1849. Dez dias de chuvas pesadas e de neve alimentaram uma enchente que fez transbordar uma barragem e irrompeu vale abaixo, despedaçou cercas e pontes, varreu fábricas, submergiu teares mecânicos e arrastou consigo pilhas de bobinas e de pedaços de tecidos que valiam uma fortuna. "A enchente foi descrita como um paredão de água que apareceu entre as 18h e as 19h", como o *Manchester Times* informou aos leitores; uma vez passado esse paredão, "muitas das fábricas pararam de funcionar".[16]

O vapor prometia proteção tanto temporal quanto espacial contra eventos climáticos extremos. O carvão era completamente alheio às estações; as fábricas poderiam ser instaladas a distâncias seguras das margens de rios propensos a inundações. Em suma, *o desejo por independência quanto aos caprichos das condições climáticas ofereceu um motivo para a transição*, que, incidentalmente, acabou por abrir as comportas para mudanças gerais no clima — frequentemente vividas como falta de chuva ou paredões de água que se aproximam de súbito.

Métodos para amenizar as irregularidades do fluxo

Anomalias menos espetaculares eram mais fáceis de administrar. Um reservatório particular era o principal escudo contra escassez ou excesso de água. Caso se mostrasse insuficiente para equilibrar o fluxo, havia outras opções disponíveis, como manter à disposição um motor a vapor para ser ativado quando as rodas-d'água desacelerassem. Os Ashworth tinham um desses em Egerton, e os Greg, na Quarry Bank Mill; dos 89 representantes da potência hídrica que responderam ao Factories Inquiry, 38 se valiam desse mesmo expediente; 53, não. A prática era mais disseminada em Lancashire do que na Escócia, e algumas evidências sugerem que estava em ascensão. Por definição, esses motores eram mantidos como mobilizadores substitutos, uma segunda opção a ser ativada o mínimo possível. A compra e a manutenção de motores que suplementassem as rodas-d'água só faziam sentido diante do enorme fosso nos custos de insumos: ainda era mais barato possuir *ambos* os mobilizadores primários do que depender exclusivamente do consumo do carvão — o que, paradoxalmente, atesta a supremacia econômica da água.[17]

Em terceiro e último lugar, havia um amortecedor sempre à mão para os proprietários de fábricas movidas a água, independentemente da capacidade de seus reservatórios e do auxílio do vapor, que era mais barato do que ambos e se ajustava facilmente a variações sazonais ou mesmo diárias. Quando os elementos climáticos suspendiam as operações, os trabalhadores tinham de ser dispensados do serviço. Quando o fluxo voltava, eram obrigados a fazer horas extras. Operar as máquinas por períodos mais longos possibilitava garantir a recuperação de toda a produção perdida e a compensação de algum acúmulo de pedidos: "Às vezes paramos até três horas por vez", na descrição das rotinas sob condições adversas feita pelo contabilista de uma fábrica próxima de Bingley. "Os braços são dispensados, *mas reconvocados por um sino*; eles têm esse tempo para fazer o que quiserem; sempre recebem o salário de um dia inteiro de trabalho, e espera-se que compensem as pausas na primeira oportunidade."[18] Entre aqueles que responderam ao inquérito, 72% disseram que empregavam horas extras como forma de amenizar as irregularidades na produção, enquanto apenas 19% disseram não o fazer (aqui inclui-se Robert Thom). Aí estava o método mais popular e disseminado para neutralizar a variabilidade natural dos níveis dos rios: *sempre havia a possibilidade de ordenar que os funcionários trabalhassem mais.*

Quão mais, exatamente? Nos estabelecimentos dos Ashworth, os empregados faziam em geral uma hora extra por dia até que recuperassem a produção perdida. Quando o vigor retornava a Deanston depois que o Hércules havia se lançado em seu descanso impotente, o administrador Smith podia, como ele mesmo reconhecia, determinar que os fiandeiros e tecelões continuassem a trabalhar "durante a noite toda".[19] Um proprietário declarou que "esta, assim como muitas outras fábricas impelidas pela água, não tem um horário fixo para o início do trabalho"; os braços eram simplesmente informados das jornadas conforme as condições climáticas mudassem; um dia, podiam trabalhar seis horas, e, nos três seguintes, catorze horas. Naturalmente, os trabalhadores nem sempre ficavam muito felizes com esse tipo de organização. Isabella Key, uma fiandeira de Dundee, com vinte anos de idade, teve registrada sua declaração de que "as horas de trabalho não são regulares, e, no verão, dependem da água, que é insuficiente", e de que, "quando repõem o tempo, sabe que trabalham das 5h da manhã até as 21h30". Essa seria uma jornada de dezesseis horas e meia consecutivas de trabalho. Com um ressentimento que não se esforçava para esconder, um trabalhador algodoeiro experiente da área de Halifax relatou como "as crianças eram forçadas a estar em atividade das 4h ou 5h da manhã até as 21h ou 22h para compensar os ajustes do fluxo".[20]

Por isso, pela própria natureza da questão, não há números exatos sobre a extensão habitual das horas extras. Os comissários do Factories Inquiry sintetizaram que a prática abarcava "às vezes meia hora, outras vezes uma hora inteira e, ocasionalmente, até mesmo duas horas por dia, até que a totalidade do trabalho perdido seja compensada", mas mesmo esse limite máximo parece baixo demais.[21] Para o leitor atento dos relatórios de mil páginas do Factories Inquiry, no entanto, a questão principal deve ter soado com tanta nitidez quanto o sino das fábricas. Com incentivos especiais a longas jornadas de trabalho, exposição ao clima e estratégias para lidar com ele, as fábricas movidas a água eram lugares onde os períodos de trabalho extremo e exauriente eram mais recorrentes para adultos e também para crianças. Seus proprietários traduziam sistematicamente a irregularidade da água em irregularidade — ou flexibilidade, caso se prefira — de tempo de trabalho, com jornadas que iam de seis ou quatro horas, ou até menos em alguns dias e semanas, até doze horas e meia, catorze ou mais nas semanas seguintes. Dito de outro modo, os proprietários de fábricas movidas a água absorviam as variações meteorológicas graças a uma *ingerência irrestrita no tempo da força de trabalho*. Robert Hyde Greg se recusou a dar detalhes e se limitou a dizer que, em semanas de secas ou de enchentes, seus braços "recebiam salários integrais, mas [estavam] cientes de que *teríamos o poder de compensar o tempo de trabalho* perdido".[22] Contudo, esse poder não estava garantido.

O movimento fabril como nêmesis das fábricas movidas a água

Na década de 1810, os fiandeiros de Lancashire formaram os primeiros "comitês por jornadas de trabalho mais curtas" e apresentaram uma petição ao Parlamento em que demandavam que o dia de trabalho fosse limitado a dez horas e meia, com uma hora e meia de descanso incluída. Os parlamentares fizeram ouvidos moucos. A campanha permaneceu em estado de latência pelos anos seguintes, mas, com a revogação das Combination Laws, voltou à vida, e os sindicatos liberados estabeleceram uma rede crescente de comitês, enviando ao Parlamento uma nova enxurrada de petições. A partir de 1825, o *movimento fabril*, como foi apropriadamente denominado — seu programa se voltava diretamente para as condições dentro das fábricas —, permaneceu em atividade ininterrupta até 1850: outro atributo constitutivo da crise na relação entre capital e trabalho. Já no começo dos anos 1830, suas ações haviam se amalgamado em torno de uma demanda bastante clara por jornadas de dez horas por dia, e nem um minuto a mais.[23]

Reunidos em estalagens e tavernas como membros de tantos outros movimentos subversivos daquela era, os comitês por jornadas de trabalho mais curtas incluíam todo os tipos de trabalhadores têxteis e combinavam várias estratégias — petições e rebeliões, comícios e greves, cartas a jornais e previsões apocalípticas de revolução — a fim de fazer avançar a causa. As operações incendiárias dos líderes Richard Oastler e Joseph A. Stephen, imensamente populares em meio às massas trabalhadoras, pareciam alcançar novas alturas a cada ano. Em um circuito de comícios em 1836, Oastler declarou que "a obstinação e a perversidade dos proprietários de fábricas nos deixaram em uma posição terrível — *o que deve ser destruído, a lei ou as fábricas?*"; dois anos depois, em um discurso a fiandeiros em Glasgow, Stephen prometeu que, se os regentes da nação não reformassem o sistema fabril desde as raízes, "teriam a revolução que tanto temem"; para trabalhadores em Saddleworth, "não havia esperanças de que algo fosse feito em prol deles a não ser que recorressem à força física, e a única questão era quando deveriam começar a queimar e destruir fábricas".[24]

Mas primeiro era preciso tentar a via parlamentar. Privadas do direito de voto tanto antes quanto depois da Reforma de 1832, as bancadas trabalhadoras ligadas ao movimento precisavam estabelecer laços com parlamentares simpáticos à causa, como Michael Sadler, de Yorkshire. No calor da crise da Reforma, lastreado pela maior intensidade de protestos e petições até então, Sadler propôs à Câmara dos Comuns um projeto de lei denominado Lei das Dez Horas (Ten Hours Bill) e fincou a demanda no topo da agenda política pelas duas décadas seguintes. Mais precisamente, Sadler propôs uma jornada de trabalho legal máxima de dez horas para pessoas abaixo de dezoito anos; porém, como as fábricas não poderiam funcionar sem esses braços, uma norma como essa levaria *ipso facto* à paralisação da produção a partir desse momento e se aplicaria a todos os trabalhadores. O direito do proprietário às horas extras para compensar as irregularidades da água seria eliminado.[25]

Quando os comissários do Factories Inquiry distribuíram questionários e conduziram entrevistas em 1833, o projeto de lei que estava em discussão ainda era aquele introduzido por Sadler. Os comissários depararam com donos de manufaturas movidas a água preocupados com o futuro. Nas palavras do proprietário de uma fábrica conjunta em Buley, Yorkshire:

> Se este projeto de lei for aprovado, seus efeitos serão *a destruição total de muitas fábricas movidas a água* em áreas rurais pelo país, com a transferência do negócio para grandes cidades populosas [...]. O motor a vapor se encontra principalmente em cidades grandes e *pode ser posto para operar a qualquer momento*; as fábricas movidas a potência hídrica estão sujeitas a muitas interrupções pela necessidade de água, e com frequência são obstruídas ou totalmente paralisadas por enchentes.

Se o projeto fosse aplicado, continuava o proprietário, "no verão, muitas fábricas não funcionarão mais do que entre seis e oito horas por dia", com o método costumeiro de recuperação do tempo perdido subitamente criminalizado. Motores auxiliares não eram uma alternativa viável, já que sobrecarregariam os proprietários com "grandes despesas em carvão".[26]

As fábricas dos Greg foram construídas justamente com base na premissa de jornadas de trabalho irrestritas, e seus cursos d'água haviam sido arrendados "sob a compreensão de que poderíamos usar *sem limitação* toda a água que o córrego produz"; os contratos não teriam sido assinados e as máquinas não teriam sido instaladas "caso estivéssemos limitados a dez horas de uso". Sob uma jornada legal tão curta, "o valor inteiro da propriedade seria sacrificado". A única solução remotamente aceitável para a fração do capital algodoeiro movida a água seria uma exceção legal generosa: "Uma latitude bastante considerável deve ser concedida às fábricas movidas a água para a compensação do tempo perdido", nas palavras de James Kilgour, vítima tanto das secas quanto das enchentes.[27] Mas não houve inclusão de artigos desse tipo no projeto de lei em tramitação, e, assim, acumulavam-se no Factories Inquiry longos depoimentos sobre a ameaça existencial aí representada para as fábricas; *nem um único* dos 89 participantes teria como tolerar uma jornada de dez horas.

Devemos levar a sério esses cenários apocalípticos? Todos os tipos de manufatureiros que se opunham ao projeto de lei costumavam prever a invasão de concorrentes estrangeiros, fugas de capital para outros países, colapsos generalizados na indústria, destruição sem precedentes. Não seria a primeira nem a última vez que proprietários críticos a uma proposta de interferência na economia anteveriam o caos. Talvez houvesse *alguma coisa* a ser perdida em uma jornada de trabalho de dez horas e, por isso, os interesses em jogo estavam sendo amplificados com acusações exageradas e terrores imaginários. Se fosse assim, poderíamos esperar que os defensores do projeto de lei desmentissem toda essa retórica. Mas, no caso específico da água, não foi o que aconteceu. O comissário Tufnell entrevistou um fabricante de fios de algodão de Manchester que apoiava o movimento:

— O senhor já considerou os efeitos que o projeto de lei pode ter sobre estabelecimentos onde a potência hídrica é utilizada?

— Não vejo por que esses estabelecimentos não deveriam também ser incluídos, assim como aqueles que usam motores a vapor, já que a água não lhes custa nada e é possível fiar a menor custo do que nos casos em que se paga por combustível.

— O senhor está ciente de que, em algumas fábricas movidas a água, às vezes acontece de ser impossível conseguir a oferta necessária de água antes das horas mais avançadas do dia?

— Estou.

— Então esses estabelecimentos não poderiam ser às vezes impedidos de trabalhar mais do que cinco ou seis horas diárias?

— Não sei dizer. Acho que, se esse é o caso, então essas fábricas não deveriam ter sido construídas nesse tipo de situação.

— Suponha que essas fábricas tenham sido construídas muitos anos atrás, sob a ideia de que um projeto de lei como o da Lei das Dez Horas nunca seria aprovado.

— Um homem deve ter visão de futuro suficiente para saber que não é natural fazer com que pessoas trabalhem por uma quantidade desarrazoada de horas, e, portanto, nunca deveria ter construído uma fábrica ali. Em todos os casos em que há falta de água, a fábrica deveria dispor de um motor a vapor para auxiliar a produção.[28]

As metas do movimento fabril consistiam em uma redução universal nas jornadas de trabalho e no encerramento total da superexploração: a água não estava entre suas preocupações. Os proprietários de fábricas a vapor que se opunham ao projeto também reconheciam a vulnerabilidade particular de seus concorrentes movidos a água.[29]

Tufnell chegou à conclusão de que "o projeto se mostraria uma sentença de morte absoluta para nove décimos das fábricas movidas a água do país"; privadas de sua flexibilidade, elas não poderiam trabalhar "mais do que oito horas e meia ou nove horas por dia", o que, sob as leis da vida econômica, também poderia ser chamado de *rigor mortis*.[30] É difícil resistir à impressão de que, aqui, Tufnell exagerou as proporções da ameaça. É igualmente difícil, no entanto, descartar as evidências de que a demanda por uma jornada de dez horas de fato punha a viabilidade das fábricas movidas a água em risco: os níveis dos rios realmente oscilavam; as empresas, de fato, compensavam o tempo perdido; proibi-las de fazê-lo causaria danos financeiros. Com efeito, não só a proibição de horas extras compensatórias mas *qualquer* redução na jornada de trabalho seria mais difícil de suportar para as fábricas movidas a água do que para as movidas a vapor, já que *apenas o estoque poderia ser fragmentado exatamente para se encaixar em uma dada unidade de tempo.*

Por isso o movimento fabril e os barões da água estavam com armas em punho, e uma inimizade extraordinária entre ambos veio à tona nos anos 1830. Henry Ashworth tivera poucos motivos para se irritar com leis propostas antes de 1833, mas, na primavera daquele ano, escreveu de próprio punho uma petição para o Parlamento em que pedia muita cautela na análise do Projeto de Lei das Dez Horas. Profundamente magoado com o incidente, Ashworth esboçou no panfleto "On the Cotton Factory Question" [Sobre a questão das fábricas de algodão] as duas razões mais prementes para que um proprietário como ele detestasse todas as regulações estatais: dada a natureza da água, qualquer limitação sobre os horários de trabalho sufocaria a produção e, dada a escassa população local, proibições do trabalho infantil — independentemente da definição de "criança" — exacerbariam o problema de recrutamento. Em vez de se concentrar em preocupações específicas à água, no entanto, Ashworth prosseguiu com uma condenação abrangente da própria ideia de jornadas de trabalho mais curtas, cujos efeitos seriam máquinas ociosas e, assim, lucros menores, mais fome, migração e suicídios em todo o país. Com essa diatribe, os Ashworth ascenderam à proeminência nacional; a seu lado estavam, como sempre, os Greg, com uma brochura similar, *The Factory Question* [A questão das fábricas], escrita por Robert Hyde. A partir do início da década de 1830, os nomes das duas famílias passaram a ser sinônimos do obstrucionismo mais obstinado de Lancashire. Como porta-vozes, diretores de delegações do Parlamento e organizadores de várias campanhas nacionais de lobby os Ashworth e os Greg conduziram a luta da Association of Master Manufacturers [Associação de poprietários de manufaturas] — sediada em Algodonópolis e formada em 1828 como uma força em oposição aos sindicatos — para primeiro repelir e depois revogar todos os "projetos de lei sobre jornadas de trabalho". Mais ao norte, Kirkman Finlay estrelava como líder inconteste dos magnatas escoceses do algodão: grande crítico da legislação fabril e autor de sua própria *Letter* [Carta] de ampla circulação sobre o assunto, em que reiterava o alarmismo usual a respeito do apocalipse industrial iminente.[31] Assim se formava um dos fronts de uma longa batalha.

No campo adversário, John Doherty, o líder de maior destaque entre os fiandeiros de algodão de Lancashire, apontou os Ashworth e os Greg como os mais depravados de todos os proprietários: Henry, "creio eu, é a favor de um projeto de lei de 72 horas por semana, com uma cláusula expressa que isenta suas próprias fábricas de limitações", enquanto Robert Hyde continuava a explorar suas fornadas mais recentes de aprendizes em jornadas supostamente mais longas do que aquelas praticadas nas plantations das Índias Ocidentais.[32] Ativistas de Manchester infestaram a Quarry Bank Mill, documentaram as práticas perniciosas que lá encontraram e forçaram Robert Hyde a remover "tábuas pregadas nas janelas com o intuito de barrar a entrada de luz"; por mais de uma década, os Greg lutaram para proteger sua colônia dessas visitas indesejadas. Em dado momento, Doherty guiou uma delegação de ativistas de Bolton até New Eagley para protestar contra a oposição dos Ashworth à jornada de dez horas. As impressionantes fábricas movidas a água estavam sob cerco.

Agora os barões da água já não estavam sozinhos na resistência contra o movimento fabril: tinham uma classe inteira junto com eles. Dos 193 proprietários e administradores de fábricas a vapor que declararam suas opiniões no Factories Inquiry, 185 eram frontalmente contra o Projeto de Lei das Dez Horas. Um deles expressou apoio à lei em termos que poderiam ser classificados como humanitários; um disse estar preparado para engolir uma limitação para onze horas e meia; três poderiam aceitar onze horas; um considerou que "alguma redução nas horas de trabalho não prejudicaria tanto o negócio".[33] Apesar de eventuais simpatizantes deslocados, esses depoentes podem ser considerados como um bloco de oposição tão sólido como aquele que existia no campo da água. A McConnel & Co. deu a resposta típica — "o custo de produção é aumentado por uma redução das horas de trabalho", uma medida que, portanto, estava fadada "a arruinar o negócio algodoeiro e destruir nossas propriedades" — e contribuiu financeiramente para as empreitadas da associação, uma aliança coesa de proprietários que era ecumênica em termos de energia e que se unia em seu conservadorismo. Ou, nas palavras do Factories Inquiry: "O teor geral das opiniões dos manufatureiros se opõe a *toda e qualquer mudança*".[34]

Desenvolvia-se, então, uma configuração aguda de interesses gerais de classe e de preocupações especiais com a potência hídrica. De todos os capitalistas do algodão, aqueles que corriam o risco de perder *mais* com os projetos de lei sobre jornadas de trabalho eram os que dependiam dos rios, de forma que defendiam a causa comum com peculiar estridência e, por isso, assumiam o papel de intérpretes de seus associados do vapor. Do outro lado do fosso, o movimento fabril continuava a marchar.

A criação da primeira Lei de Fábricas

Até 1833, nenhuma tentativa de legislação fabril havia resultado em muito mais do que apenas derramamento de tinta sobre papel. As leis de 1802 e 1816, que regulavam o trabalho dos aprendizes, mal resvalaram os costumes dos proprietários de fábricas, e o mesmo destino recaiu sobre as duas leis que foram editadas sem muita convicção em 1819 e 1831: esta última, depois de estipular um limite de doze horas para a jornada de trabalho de funcionários menores de dezoito anos, "tem estado quase inteiramente inoperante", como o Factories Inquiry relatou dois anos depois.[35] A ausência de mecanismos para a aplicação concreta ou ao menos para uma fiscalização séria nas fábricas — isto é, por outros agentes que não os magistrados que estavam em conluio ou que também eram proprietários — fez com que os estatutos fossem absolutamente ineficazes. Isso pode ter sido favorável aos proprietários de fábricas movidas a água, que viam limitações às jornadas de trabalho como uma ameaça especial: um nervosismo que já era proeminente nos debates a respeito da lei de 1816.[36] Não é difícil imaginar que os capitalistas da água respirassem aliviados a cada vez que iniciativas parlamentares a respeito da duração do trabalho fabril terminassem em alguma nulidade.

O ano de 1833 foi diferente. Ao contrário de 1802, 1816 e mesmo 1831, o movimento fabril tinha agora se disseminado por toda a indústria e pressionava pela redução das jornadas de trabalho com uma força material que não podia mais ser ignorada. Os fiandeiros de algodão ocupavam as barricadas como os apoiadores "invariavelmente mais incansáveis" do Projeto de Lei das Dez Horas, nas palavras de um incomodado Tufnell,[37] mas a maior conquista dos comitês por jornadas mais curtas estava na amplitude de seu poder de atração: aí residia nada menos que o primeiro movimento "a unir os interesses gerais do trabalho sob um objetivo político específico", nas palavras de um historiador.[38] Ao negar o direito de voto de 95,3% da população (em comparação com os anteriores 96,8%), a Reforma de 1832 não fizera mais do que atiçar as labaredas do descontentamento da classe trabalhadora. Ao longo da primavera e do início do verão de 1833, o movimento se aproveitou da desilusão, desencadeou um frenesi de atividades, ameaçou greves políticas e, em 1º de julho, reuniu mais de 150 mil pessoas às portas de Bradford em um dos maiores protestos da Grã-Bretanha do século XIX. Os proprietários ficaram acuados. "Como a questão tem sido tão alardeada, o povo não ficará satisfeito sem que haja alguma redução de jornada", admitiu ao Factories Inquiry o proprietário de uma fábrica a vapor em Manchester; devido ao "apelo violento às paixões", um manufatureiro de Leeds acreditava que "grandes males vão se incorporar ao projeto proposto". O governo observava com receio os eventos e ouvia de um informante postado nos portões de Bradford que seria insensato ignorar as demandas, já que isso "com toda certeza semeará uma tempestade": "O encontro de segunda-feira adquiriu um grande poder físico que poderá ser facilmente mobilizado em exercício adverso".[39] Começou a se espalhar a consciência de que *algo* teria de ser feito nas fábricas para que o barril de pólvora mais ao norte não explodisse.

Foi dessa percepção que nasceu a Lei de Fábricas de 1833 — bem distante do Projeto de Lei das Dez Horas, mas concebida para limar as presas da agitação colérica. Em uma jogada astuta, Edwin Chadwick, presidente do Factories Inquiry, atingiu o movimento em seu ponto mais vulnerável:

o interesse declarado no cuidado com as crianças, cuja exaustão durante as longas horas de trabalho assumira uma posição central para a plataforma. Em suas recomendações ao Parlamento, Chadwick propôs que nenhum tipo de trabalho fosse permitido para menores de nove anos de idade, enquanto, para crianças com idade entre nove e treze anos, as jornadas deveriam se limitar até *oito* horas por dia. "O grande mal do sistema manufatureiro tal como conduzido hoje", escreveu a comissão de Chadwick, "nos parece ser o fato de trazer consigo a necessidade do trabalho continuado de crianças sob as mesmíssimas durações exigidas de adultos".[40] Ao afirmar que sua compaixão por essas frágeis criaturas excedia a de Sadler — com o corte da jornada de trabalho infantil de dez para oito horas —, a comissão buscava privar o movimento fabril de sua fonte mais lucrativa de propaganda *e* salvar a indústria de uma jornada universal de dez horas: tratava-se da defesa da saúde fundamental do sistema fabril através da amputação de uma perna necrosada. O governo gostou da ideia. Quando a redação final do projeto de lei foi apresentada à Câmara dos Comuns em 9 de agosto de 1833, no entanto, um artigo mais crucial havia sido acrescentado para aplacar os sentimentos populares: "pessoas jovens" — trabalhadores entre catorze e dezoito anos — deveriam ser proibidos de trabalhar mais do que doze horas por dia ou de realizar tarefas durante a noite. Com isso, um limite palpável seria imposto sobre as horas diárias de produção. O projeto de lei foi aprovado, portanto o movimento fabril perdeu a batalha por sua primeira grande bandeira e, já no outono, afundava na desmoralização.[41]

Leonard Horner, que logo seria o rosto mais conhecido da Lei de Fábricas, escreveu um manual em 1834 para instruir as pessoas sobre a nova regulamentação e recitou as regras mais importantes:

> Nenhuma criança poderá ser de modo algum empregada antes dos nove anos de idade. Nenhuma criança de até treze anos de idade poderá trabalhar mais do que oito horas por dia. Nenhuma pessoa jovem com menos de dezoito anos poderá trabalhar mais do que doze horas por dia, e nunca entre as 20h30 e as 5h30.

Esse regramento se aplicava a todas as fábricas que produzissem algodão, lã, linho, estopa, cânhamo ou seda "com o uso de máquinas movidas por motores a vapor ou por rodas-d'água; ou mesmo moinhos de vento, caso haja algum. Onde o maquinário for movido pela potência animal, a lei não se aplica". Explicitamente vinculada à natureza do mobilizador primário, a Lei de Fábricas de 1833 se tornou uma nova pista de corrida para a competição entre a água e o vapor, um percurso forjado pelo choque entre as classes — ou, como o próprio Horner justificou a gambiarra: o processo havia sido "necessário para tornar o grande corpo das classes trabalhadoras governável pela razão".[42]

Como, então, o Estado poderia garantir que essa lei não se tornasse mais uma letra morta destinada a reavivar a agitação? Com o uso de inspetores fabris públicos. O Reino Unido seria dividido em quatro distritos, cada um ocupado por um inspetor-chefe indicado de forma centralizada e pago pelo governo, com até quatro superintendentes que residiriam na área como representantes. Em grupo ou por conta própria, eles percorreriam fábricas e serviriam como olhos e ouvidos e escreveriam relatórios semanais para os inspetores. Estes, por sua vez, seriam imbuídos dos poderes mais abrangentes: teriam o direito de entrar em fábricas a qualquer hora, examinar a idade dos trabalhadores, verificar se as crianças recebiam o nível de educação que agora era obrigatório e exigir que qualquer um fornecesse evidências sob juramento; sanções seriam aplicadas imediatamente caso infrações fossem descobertas. Além disso, os inspetores podiam produzir regras e regulamentos adicionais que julgassem necessários para assegurar a execução plena da lei sem que precisassem da aprovação do Parlamento. Ao combinarem uma autoridade quase legislativa e quase executiva, os inspetores podiam determinar que magistrados abrissem processos contra proprietários de fábricas, que, se condenados, seriam obrigados a pagar multas significativas.[43] Desta vez, o Estado britânico falava sério. A Lei de Fábricas de 1833 não se tornaria mais um pedaço de papel — havia muito em jogo para que isso acontecesse. E, de fato, a instituição de um corpo especial de inspetores marcou uma diferença qualitativa em comparação com todas as leis anteriores: a lei de 1833 passou a ser conhecida, na posteridade, como a primeira Lei de Fábricas de fato e, além disso, "o começo da regulação econômica como conhecemos hoje".[44] Bastante adequada para um evento do tipo, sua influência sobre a escolha de fontes de energia foi imediata.

Contudo, nem o governo nem os inspetores estavam de modo algum *inclinados* a destruir as fábricas movidas a água: sempre afinados com as necessidades dos proprietários, os agentes estatais testemunharam seus apuros, ouviram seus protestos e concluíram que alguma forma de exceção tinha de ser assegurada. O terceiro parágrafo da lei determinava que, caso houvesse uma perda de tempo de produção "em consequência da falta de oferta adequada ou de excesso de água", o ocupante da fábrica estaria em seu total direito de estender as jornadas de trabalho de todos os seus braços por três horas adicionais por semana, "até que referido tempo tenha sido recuperado" — mas estava proibido de começar o trabalho antes da 5h da manhã ou de estendê-lo para depois das 21h.[45] Em uma práxis legal que se desenvolvia após 1833, inspetores, superintendentes e magistrados interpretavam essa regra como *trinta minutos* de horas extras autorizadas por dia. Eram suficientes? Esses trinta minutos constituiriam a "latitude bastante considerável" que tantos proprietários haviam julgado necessária para que suas fábricas não fossem obliteradas pelo vapor? Em vez disso, parece que a nova regra admitia uma margem mínima para compensar o tempo perdido: trinta minutos de trabalho extra por dia estavam entre as horas extras mais baixas praticadas antes da Lei de Fábricas. Uma conclusão preliminar seria, então, a de que a exceção garantida pela lei de 1833 conferia *alguma* latitude para as fábricas movidas a água, mas *bem menos* do que costumava ser exigido, de modo a colocar *um grilhão sobre a produção* que não pode ser desconsiderado.

Medidas duras contra a água

Em 1835, as condenações de manufatureiros com base na Lei de Fábricas eram pouco mais de duzentas. No começo do ano seguinte, a Association of Master Manufacturers se mobilizou em um esforço concentrado para revogar a lei — com os Ashworth e os Greg no comando dos batalhões do capital algodoeiro —, o que levou o movimento fabril a correr em defesa da norma em uma nova rodada de reuniões em massa, petições em massa, protestos em massa e alusões sinistras à sedição caso os proprietários conseguissem o que queriam. Até mesmo Henry compreendeu que ele e seus companheiros estavam incendiando o país. "Creio que há muita excitação e não pouca indignação", como escreveu a Chadwick em junho de 1836, rendido diante de um equilíbrio desvantajoso de forças: "Os ditos amigos da classe trabalhadora gozam mais da confiança dela do que nós"; com a revogação, "não há esperança de calmaria" e, "ao reconhecer isso, dou uma opinião contrária a meus interesses". A campanha dos lobistas saiu pela culatra. Não só as tentativas de modificar a norma foram deixadas de lado como a existência do movimento lembrou o governo da situação explosiva mais ao norte, levando assim a uma *intensificação* da aplicação da lei: no verão de 1836, o Ministério do Interior instruiu os inspetores fabris a apaziguar o campo com a repressão dos infratores.[46]

Em 1836, já eram mais de oitocentas condenações, um nível que se manteve em 1837 antes de cair junto com o ciclo econômico (já que há menos incentivos para o excesso de trabalho em tempos de depressão). Nesses dois anos — o estágio final do boom —, a probabilidade estatística de que um proprietário de fábricas fosse arrastado para um processo judicial era de uma em quatro, uma repressão legal da mais alta intensidade; desse ponto em diante, os processos se tornariam progressivamente mais raros, até chegar a uma probabilidade de uma em quarenta em 1870. As condenações se acumulavam nos tribunais. De acordo com uma análise que abarcou Lancashire e West Riding of Yorkshire pelo período de 1834 a 1855, a taxa de condenações chegou a mais de 70% em muitos anos — em outras palavras, a maioria dos proprietários processados era de fato penalizada. Multas de apenas uma ou duas libras continuavam a ser comuns, mas os infratores podiam acumular múltiplas acusações e dezenas de multas que, no fim, tomavam a forma dos custos punitivos da desobediência.[47]

Em que lugar a maioria das infrações acontecia? Já no final de 1833, Robert Rickards, o primeiro inspetor de Lancashire e Yorkshire, descreveu uma das grandes fontes de reincidência:

> O campo tinha uma abundância de fábricas situadas dentro ou nas proximidades de pequenos vilarejos, ou ao lado de córregos em regiões ainda mais obscuras, onde todos os braços trabalhadores que podiam ser obtidos estavam [...] agora empregados nesse tipo de estabelecimento, e nos quais braços adicionais, fossem eles mais jovens ou mais velhos, não podiam ser encontrados. Nesses casos, diziam eles, a fábrica deve ou fechar de uma vez por todas, ou, como era mais provável, ser operada em violação aberta à lei, e por períodos mais longos do que doze horas por dia.[48]

Quando se espalharam pelos distritos industriais, inspetores e superintendentes descobriram que os estatutos que regulamentavam a compensação de trabalho eram especialmente difíceis de aplicar. "Creio ser impossível verificar violações da lei no processo de compensação de tempo de trabalho perdido", como Horner, agora responsável por Lancashire e grande parte de Yorkshire, sintetizou sua experiência em 1840. Dois anos mais tarde, o inspetor das Midlands e das Midlands Orientais ainda relatava os fracassos em erradicar as horas extras ilícitas: "Não estou isento de dúvidas quanto ao fato de que muitas das fábricas movidas a água estão *sempre* compensando um tempo que, tenho razões para suspeitar, nunca foi perdido". Para facilitar a detecção, Horner considerou ser "necessário criar alguns regulamentos adicionais", e no exercício de sua autoridade quase legislativa mirou as fábricas movidas a água de frente com um novo estatuto em 1837. Caso desejassem compensar as variações dos níveis dos rios, os proprietários precisariam, a partir dali, "fixar dentro da fábrica, em local bastante visível e acessível a todos os trabalhadores, um aviso informando a data, o dia e a hora em que a paralisação ocorrera, a causa dessa paralisação e a quantidade de tempo perdido"; todas as horas extras realizadas por trabalhadores menores de dezoito anos precisariam ser meticulosamente anotadas em "Registros de Ponto" especiais.[49] Quando visitasse uma fábrica, o inspetor ou o superintendente poderiam então comparar os registros com notificações públicas e depoimentos de empregados.

Nos anos iniciais da Lei de Fábricas, o trabalho noturno quase desapareceu, trabalhadores infantis abaixo de nove anos se tornaram uma raridade e a jornada normal de trabalho ficou mais próxima das doze horas diárias, havendo poucos estabelecimentos com operações por catorze ou quinze horas por dia.[50] Nem os avisos nem os Registros de Ponto conseguiam erradicar as horas extras ilegais, mas, com a ampliação da vigilância, os inspetores começavam a cercar as fábricas: "Onde quer que haja a capacidade de compensar tempo perdido, ela deve ser acompanhada de toda verificação possível", enfatizou Horner em 1840, indicando ainda que esses esforços continuavam indistinguíveis da implementação do âmago da lei: no máximo oito horas de trabalho para crianças, no máximo doze horas para jovens. O reforço do zelo na defesa desses princípios era continuamente impingido aos inspetores pela pressão do movimento fabril, cujos ativistas se ressentiam da própria existência de uma autorização legal para as horas extras. Em um inquérito posterior, de 1840, o fiandeiro de um dos comitês por jornadas mais curtas de Manchester explicou o que os trabalhadores pensavam sobre o assunto:

> Essa é a fonte de queixas de um vasto número de pessoas, tanto de crianças quanto de adultos. Frequentemente as ouço dizer, quando se permite a compensação de tempo perdido, que prefeririam perder seus salários pelo tempo em questão a compensá-lo; pois, após terem trabalhado doze horas, caso tenham de trabalhar doze horas e meia ou treze horas, suas forças estarão por demais esgotadas. Essas pessoas se expressaram com bastante veemência sobre o tema; que prefeririam perder seus salários a trabalhar em compensações.[51]

O tipo de hora extra que havia pouco se tornara padrão podia agora facilmente cruzar as fronteiras do crime. Mas, os infratores pagavam por ele? Os capitalistas da água estavam sujeitos, como seria esperado, a punições mais frequentes e mais draconianas do que aquelas impostas aos proprietários que haviam investido no vapor? Em um artigo de 1977, o economista Howard P. Marvel reuniu dados das freguesias de Lancashire e de West Riding of Yorkshire dos anos de 1834 a 1836, identificou as participações dos dois mobilizadores primários nas fábricas de algodão ali instaladas e as confrontou com todos os casos julgados com base na nova lei. Marvel descobriu que as fábricas movidas a água "tinham uma probabilidade consideravelmente maior de serem processadas" — mais exatamente, essa probabilidade subia em *um terço* quando a energia vinha da água —, além de estarem sujeitas a mais acusações de outros tipos e a penalidades mais severas.[52] Mais tarde, um estudo similar de todo o período de 1833 a 1855 reforçou esses resultados: o número de processos a cada cem funcionários tendia a ser consideravelmente maior para as freguesias relativamente dependentes da água sob supervisão de Horner. Em Manchester e Preston, cidades totalmente dependentes do vapor, havia, respectivamente, 0,5 e 0,6 casos por cem funcionários em 1838. Em Saddleworth, a água fornecia 21% dos cavalos de potência hídrica e havia 2,8 casos por cem funcionários; em Whalley, o percentual de potência hídrica era de 25%, e o número de casos, de 1,8.[53] Enquanto a Lei de Fábricas era uma maldição para o capital algodoeiro, o vapor parecia escapar quase ileso.

Os Ashworth foram condenados pela primeira vez em agosto de 1836, sob três fundamentos diferentes: não dispor de uma lista obrigatória de funcionários, não dispor de Registros de Ponto e, pior, "emprego de crianças por mais de nove horas por dia".[54] Mais espalhafatoso, um segundo caso se seguiu no verão de 1837. Quando visitou a colônia de New Eagley, o superintendente local voltou a encontrar crianças empregadas sem os necessários certificados de idade, sem que seus nomes estivessem registrados em lugar algum e sem que houvesse indícios de que elas comparecessem à escola; quatro delas, como se descobriu, tinham menos de treze anos, mas trabalhavam doze horas por dia. O tribunal de Bolton ficou apinhado de proprietários de fábricas, administradores e figuras notáveis durante as seis horas de julgamento. Irritado e arrogante, Henry fez uma grande cena: defendeu a reputação de seu estabelecimento, atacou a legislação fabril, empilhou os regulamentos e perguntou retoricamente "se é possível para alguém seguir todos esses textos" e, "ao mesmo tempo, cuidar de seus próprios negócios". No fim, foi considerado culpado em um total de dez acusações.[55]

Mas Henry Ashworth se recusou a pagar as multas. Um mandado de penhora foi expedido. Numa manhã de sábado, oficiais de justiça entraram no escritório da empresa e, enquanto Henry permanecia sentado, escrevendo, começaram a carregar a mobília para fora: o oficial que dirigia a ação "tirou a cadeira e a mesa de mim, e eu saí caminhando de casa; e ele pegou outras cadeiras e mesas, e partiu". De acordo com a versão de Doherty para o episódio, Ashworth "se recusou a pagar as sanções que lhe haviam sido impostas; ele queria ser considerado um mártir das fábricas e permitiu que seus bens fossem apreendidos".[56] Esse seria o início de uma longa vingança pessoal entre o mais célebre líder da oposição contra a nova lei e seus executores. Horner e seus representantes continuaram a processar os Ashworth por todos os tipos de infração, enquanto os irmãos cultivavam cuidadosamente a identidade de mártires das fábricas: se a expectativa era de que os negócios continuassem em funcionamento, não havia como cumprir a lei.[57] A fim de obstruir as inspeções, os irmãos mantinham todos os relógios ajustados para marcar horários diferentes e se recusavam a receber superintendentes em suas fábricas, uma prática voluntariosa que causou espanto no inquérito de 1840, cujo comissário perguntou a Henry:

> — O senhor alguma vez impediu o ingresso de superintendentes antes de ter sido multado?
>
> — Nunca.
>
> — Então, na verdade, o senhor proíbe a entrada dos superintendentes para que não seja multado de novo?
>
> — Sim, para economizar dinheiro.
>
> — Porque, de outro modo, suas práticas seriam identificadas como violações à lei.
>
> — Sim... Não gostamos de ser acusados, diante do público, de violar a lei.

Ashworth estava irritadíssimo com a autoridade exercida pelos inspetores — "esse poder inquisitorial extraordinário", "essa polícia moral".[58] Sua indignação não era a única. Em *The Factory Question* — publicado em 1837, quando a lei começou a ser aplicada para valer —, Robert Hyde Greg choramingava que os poderes dos inspetores eram "maiores do que qualquer outro já atribuído a um indivíduo neste país" — de fato, "que outros poderes ainda restam ser concedidos a não ser o de mandar enforcar um proprietário de fábricas sem julgamento prévio e deixar seu corpo para as dissecações dos cirurgiões?". Em uma antecipação dos discursos do século XX sobre totalitarismo, Robert ofereceu um relato do sofrimento intolerável diante de uma sociedade de vigilância absoluta: os proprietários

> tiveram uma derrota total na oposição à lei, em uma primeira ocasião, e, nas tentativas de alcançar uma revogação parcial, duvidou-se de seu caráter e impôs-se um limite ao uso que podem fazer de seus capitais; o "Comitê por Jornadas de Trabalho Mais Curtas" tem espiões em todas as fábricas, o governo tem seus próprios espiões na figura dos inspetores, eles de novo, e seus espiões inferiores, na figura dos subinspetores; não, os proprietários são obrigados a espiar a si mesmos e, diferentemente de um célebre princípio do direito inglês, a manter *um registro de suas próprias contravenções*,

com o que o autor se referia ao decreto de Horner a respeito dos Registros de Ponto.[59]

Os processos parecem ter sido amplamente detestados em todos os lugares em função do dinheiro perdido para as multas, das reputações manchadas e, não menos importante, da interferência na própria administração das empresas; de modo geral, a certeza da judicialização agia como forte incentivo para o cumprimento da lei e para o correspondente ajustamento da produção. Os custos de cumprimento eram mais altos para as fábricas movidas a água.[60] O rancor dos Ashworth e dos Greg refletia um estorvo real causado pela lei, recapitulado em 1847 em mais um debate na Câmara dos Comuns sobre jornadas de trabalho: "Esta Legislatura já interferiu com relação às horas de trabalho de certas classes de operários — os trabalhadores empregados nos estabelecimentos movidos a água", como apontou um parlamentar que dizia saber que o resultado da intromissão "com as horas de trabalho nessas fábricas foi de que *várias delas acabaram completamente paralisadas*. Em certa medida, essas interferências debilitaram as energias deste país".[61] Todas essas observações apontam uma conclusão geral: a aplicação da Lei de Fábricas causou prejuízos materiais às fábricas de algodão movidas a água, e a posição do vapor foi favorecida na mesma medida.

A esses danos ainda deve ser acrescentado o próprio *medo* das leis que estavam por vir. Como sempre, as decisões de investimento se baseavam em previsões: caso esperasse a introdução de uma Lei das Dez Horas (Ten Hour Act) ou de algum tipo de legislação similar no futuro próximo, e caso a considerasse uma ameaça mortal para a potência hídrica, o capitalista que corresse para o vapor estaria exercendo seu empreendedorismo de forma racional. O projeto de lei de Sadler até podia ter fracassado em 1833, mas, graças ao reavivamento do movimento fabril, sua presença continuava a nublar o horizonte como um cenário razoavelmente realista em que a proibição total da compensação de tempo perdido estaria incluída. A questão permaneceu sem solução. Até os últimos momentos da crise estrutural, novos projetos de lei foram introduzidos no Parlamento, campanhas foram realizadas, emendas preparadas e, ao se recusarem a enfraquecer, as demandas por jornadas de dez ou mesmo oito horas criaram um ambiente legal instável e imprevisível que sobrecarregou os nervos de muitos proprietários. Rumores sobre o conteúdo da próxima lei se espalhavam de escritório em escritório: em 1842, Horner citou um proprietário anônimo de uma grande fábrica próxima a Manchester que teria dito que, "se bem me lembro, a (futura) nova lei proíbe o trabalho noturno ou o trabalho realizado entre certas horas da noite e da manhã, e também afasta a possibilidade de compensação de tempo perdido".[62] No que pode ser lido como a sinopse dos desafios enfrentados por esse segmento do capital, Henry Ashworth declarou em 1833 que a espada de Dâmocles que pairava sobre sua cabeça e a de seus colegas havia reprimido o entusiasmo que antes sentia por fazer novos investimentos em sua colônia:

> Nos últimos três anos, a taxa de lucro diminuiu enormemente, e o contentamento e a boa ordem das pessoas trabalhadoras foram gravemente perturbados, sobretudo em função da interferência de agitadores maliciosos; durante a maior parte desse período, *os propositores de projetos de lei sobre jornadas de trabalho ameaçaram incursões ainda mais profundas contra nossos lucros* ao sugerir limitações ao tempo de trabalho e empenharam-se, com engenhosidade e audácia singulares, em impor contra nós, como um só corpo e aos olhos do público, as acusações mais injustas de avareza e crueldade. *Estamos, desse modo, indispostos a realizar novas expansões de nossos estabelecimentos.*[63]

Como esperado, os Greg afirmavam que estavam sendo levados à mesma situação, enquanto os proprietários da colônia de Stanley alegavam que uma implementação rígida da lei faria com que o abandono de seus imensos investimentos "fosse o mal menor sob um ponto de vista pecuniário".[64] Mas essas mudanças constantes de paisagem também podiam ser observadas por grupos mais distanciados, como na espantosa tendência explicada por um manufatureiro de seda de Manchester ao se referir principalmente à indústria do algodão no começo de 1833:

> — Há um aumento significativo nas construções que estão sendo erguidas em Manchester?
> — Muito significativo, de fato; o aumento também das fábricas, na cidade e nos arredores, é igualmente bastante considerável no momento; mas isso pode ser atribuído a outra causa, e não ao aumento na demanda por mercadorias; *os proprietários temem uma diminuição das horas de trabalho* pelo projeto de lei que está agora na Câmara dos Comuns,

ou, em outras palavras: mesmo que a demanda por seus produtos continuasse fraca, os capitalistas correram para construir fábricas a vapor na área metropolitana de Manchester, em antecipação às leis que espremeriam a água.[65] Quando adentrassem o boom de meados de 1830, o clima de negócios estaria carregado de uma preocupação com os objetivos do movimento fabril, com a insegurança quanto às novas leis e à sua aplicação. O próprio *processo* de uma legislação fabril em constante mutação alterava a estrutura de incentivos, e não apenas quanto aos avanços contra as horas extras compensatórias. Uma jornada de trabalho mais curta também valorizaria muito um mobilizador primário capaz de preencher as horas que restassem com a quantidade máxima de trabalho. Conforme o movimento fabril fazia sua investida final a favor de uma jornada de dez horas, era nessa vantagem que o capital fixaria seu olhar.

Dez horas e meia a todo vapor

Após terem triunfado sobre a campanha de revogação de 1836, os comitês de jornadas de trabalho mais curtas conservaram o impulso que haviam acumulado e partiram para a ofensiva, com multidões navegando sob a bandeira das Dez Horas. Mas, para que alcançassem a terra firme de algum tempo de repouso e lazer, talvez precisassem primeiro superar todo um aparato estatal calcificado. Nos anos que se seguiram, o movimento fabril formou um dos afluentes do cartismo, esse grande rio de protestos proletários que fluía pelos distritos manufatureiros e cujo programa unificador prometia o atendimento das demandas mais urgentes da classe *por meio do* sufrágio universal (masculino). A greve geral de 1842 levou a revolução à soleira das portas do reino: a fim de estrangular as ramificações que alimentavam esse vasto corpo hídrico, um apavorado Parlamento reabriu os arquivos da legislação fabril.[66] Em um debate em março de 1844, um parlamentar conservador lembrou aos colegas da Câmara dos Comuns aquilo que "sucedera no outono de 1842". Nessas semanas inesquecíveis,

> as classes trabalhadoras dos distritos manufatureiros deixaram seus senhores e atravessaram Yorkshire e Lancashire em levas de pessoas; com efeito, por vários dias a totalidade desses condados esteve sob seu controle, e foi só depois da convocação dos militares e do derramamento de sangue que a majestade das leis foi imposta [...]. Estou pronto para informar

a esta Câmara, a respeito das classes trabalhadoras, que, caso esta Câmara, neste momento, se recuse a aprovar esta medida [o Projeto de Lei das Dez Horas], elas não vão parar de tumultuar, e o que é pior, aqueles grupos que se aliaram a elas nesses tumultos por todo o campo não cessarão de se juntar a suas fileiras em novos tumultos.[67]

Já quase aprovado em 1844, o Projeto de Lei das Dez Horas passou a ter força de lei apenas em maio de 1847. A vapor ou a água, os proprietários estavam tão recalcitrantes como de costume, mas, nas semanas anteriores à votação, Edmund Ashworth aceitou a derrota como inevitável: "Fatos e argumentos não parecem ter valido de nada contra a demanda popular por um projeto de dez horas de trabalho: é evidente que agora a questão capturou a mente do público com força demais para que seja repelida".[68] A Lei de Fábricas de 1847 estipulava que a jornada de trabalho para jovens e mulheres de todas as idades — e, como consequência, para todos os braços que sobrassem — fosse reduzida para onze horas em 1º de julho de 1847 e depois para dez horas em 1º de maio de 1848. Repleto de brechas, no entanto, seu texto precisou ser esclarecido e emendado por outra lei em 1850: nenhuma fábrica estava autorizada a abrir antes das 6h da manhã ou fechar depois das 18h. Nesse meio-tempo, os funcionários poderiam trabalhar por dez horas e meia, e teriam direito a uma hora e meia para refeições. Aos sábados, a produção deveria parar às 14h. Assim, as dez horas pelas quais tantos haviam bradado se tornaram dez horas e meia, excluído o tempo de refeições. Apesar disso, a indústria têxtil britânica mudou para sempre: a partir de então, haveria uma jornada de trabalho fixa cuja manipulação se caracterizaria como infração criminal, e todos os funcionários teriam o direito de ir embora quando soasse a batida dos relógios. A luta pelas jornadas de trabalho nas fábricas de algodão chegava a uma primeira resolução. A despeito dos protestos de alguns representantes da linha dura contra as concessões, o movimento fabril esmoreceu, e retorcidas e ampliadas desde os dias dos Arkwright, as jornadas de trabalho se estabilizavam num limite.[69] A potência hídrica recebeu seu golpe de misericórdia.

Se doze horas de produção contínua haviam sido o padrão anterior, as leis de 1847 e 1850 tomaram um oitavo desse tempo e o entregaram aos trabalhadores, para que o utilizassem a seu bel-prazer. Ora, seria possível esperar que esse corte *amenizasse* as dificuldades das fábricas movidas a água, já que elas não poderiam mais exigir doze, catorze ou até mais horas de fluxo ininterrupto de seus rios. Em outro ambiente, essa mudança poderia de fato ter proporcionado algum alívio, mas a lógica da produção de mercadorias capitalista — a caça ao lucro, o fardo do capital fixo, a luta pela sobrevivência em mercados ultracompetitivos — operava de modos um tanto misteriosos. Nos termos mais simples possíveis, o manufatureiro perderia dinheiro caso o total de seus produtos também encolhesse em um oitavo. Ele procuraria mantê-los em uma mesma quantidade. Uma forma de fazê-lo seria *produzir mais rápido*: os fusos de um autoagente poderiam realizar mais revoluções por minuto, de modo a despejar mais fios em um ritmo acelerado, e um tear mecânico poderia tecer mais em uma dada unidade de tempo. Contudo, uma aceleração como essa tinha como pré-requisito a imediata disponibilidade de *potência* vinda de um mobilizador primário *cuja força poderia ser fustigada pelos proprietários* de modo a impulsionar as máquinas com uma velocidade maior.

Nem todos os mobilizadores primários reagiam com a mesma obediência silenciosa. No caso de uma jornada de trabalho reduzida, raciocinava Leonard Horner em 1845, um proprietário de fábricas poderia recuperar facilmente sua produtividade: havia espaço para todo tipo de ganho de tempo. "O trabalho entregue é produzido *pelo esforço combinado do motor a vapor e do trabalhador*, e a intensidade da contribuição de cada um deles varia imensamente de fábrica para fábrica"; como é natural, um dia de trabalho mais curto incentivaria o proprietário a cobrar dos trabalhadores "as mais altas velocidades" — daí o maquinário, daí o motor. Em comparação, as oportunidades proporcionadas pelos rios não eram tão promissoras. "No caso das fábricas movidas a água", observa o inspetor, "*onde, em algumas estações do ano, a intensidade da potência varia continuamente ao longo do dia*, o trabalhador não pode responder a uma vigilância e a uma atenção aumentadas."[70] Um rio poderia ficar mais lento por sua própria e exclusiva vontade. Não havia botões a serem apertados ou mecanismos a serem manipulados que o fizessem correr mais rápido. O fluxo tinha uma temporalidade própria, que, ao contrário do estoque, não era suscetível ao aumento de velocidade.

Durante a contagem regressiva para as dez horas (e meia) de trabalho, previsões de aceleração como reação reflexiva à reforma estavam por toda parte e, em certo sentido, podem muito bem ter sido autorrealizáveis. Um capitalista algodoeiro bem informado que ponderasse sobre seus próximos investimentos em meados do boom dos anos 1840 apostaria em um mobilizador primário preparado para aceitar suas ordens. Quanto mais curtas as jornadas de trabalho, maior a potência necessária por hora e mais dolorosos os prejuízos de uma roda-d'água que se movesse devagar ou que parasse de girar. Quando a lei finalmente entrou em vigor, os proprietários sabiam o que fazer. No outono de 1848, Leonard Horner organizou sua própria sondagem para explorar os efeitos da legislação recente: "Hoje os braços precisam trabalhar mais duro; mas, como as jornadas são mais curtas, são capazes de suportar melhor. Os tecelões agora produzem tantos tecidos em doze horas quanto antes. *O motor foi acelerado*", disse o administrador de uma fábrica de algodão. "Agora, eles trabalham mais pesado durante a jornada e entregam em doze horas quase tanto trabalho quanto antes, *já que o motor foi acelerado*", relataram dois fabricantes de fios a um subinspetor. "Houve uma pequena compensação na tecelagem e nas mulas de fiar autônomas, sobretudo por aqueles que trabalham mais intensamente e se dedicam com mais atenção a suas tarefas, e um pouco em função *do aumento da velocidade do maquinário*", declarou outro administrador.[71]

Se o trabalho conseguiu ganhos com as leis de 1847 e 1850, o capital retaliou com a velocidade proporcionada pelo vapor. Após terem execrado esse cenário por quase duas décadas, os proprietários estavam a postos para reconquistar o tempo perdido para o descanso dos funcionários através da aceleração dos movimentos dos operários, como Horner continuou a observar: "A velocidade dos teares", escreveu no final de 1850, "foi tão acelerada nos últimos poucos anos que o número de metros de um mesmo tecido produzido em dada quantidade de tempo está, hoje, muito além daquele que era fabricado em 1835". Em 1856, os quatro inspetores — com Horner ainda na posição sênior — relataram que "o motor a vapor se presta a conduzir uma carga aumentada de maquinário com economia de forças"; "uma quantidade maior de trabalho pode ser entregue graças aos aprimoramentos no maquinário", assim como "pelo aumento da velocidade".[72] Um conceito essencial aqui era precisamente a *economia de forças*, uma marca registrada do motor a vapor. A Lei das Dez Horas não só prejudicou a roda-d'água na antiga disputa contra Watt: ela motivou os manufatureiros a substituir um tipo de motor por outro e a extrair mais força de uma mesma quantidade de combustível.

O vapor usado por Watt era mantido a baixas pressões, nunca superiores àquela da atmosfera. Em seu *Treatise on the Steam-Engine* [Tratado sobre o motor a vapor], John Scott Russell oferece uma explicação pedagógica: "Quando a água ferve furiosamente em uma chaleira ou em um caldeirão", o vapor é expelido "com uma velocidade considerável por qualquer fenda ou cano que se comunique com o ar". Esse é o vapor de baixa pressão. "Mas, tampando o bico e fechando a tampa com precisão, de modo a confinar o vapor no interior da chaleira ou da caldeira, a água ficará cada vez mais quente, e *o vapor, cada vez mais forte*" — adquire-se uma alta pressão, superior à da atmosfera.[73] No começo, esse princípio foi proposto como uma alternativa ao de Watt: o vapor poderia ser pressionado contra o metal, como se provoca um buldogue para esticar a coleira. Liberado da caldeira e despejado no cilindro, o resto do impulso vertical seria realizado por sua expansão natural. Enquanto o motor de Watt derivava sua potência do vapor de baixa pressão que se alternava entre preencher o cilindro e ser condensado em um vácuo, essa variante adquiria sua força da alta pressão e da expansão do vapor, e por isso era chamada de motor a vapor *de alta pressão* ou *expansivo*.

Watt desdenhou do conceito por vários motivos: o novo motor tornava supérfluo o condensador separado que ele inventara, causava um movimento mais irregular e aumentava o risco de explosão de caldeiras. Mas outras invenções seguiram o mesmo caminho, notadamente nas minas da Cornualha, onde o desempenho do motor a vapor de alta pressão foi sendo gradualmente aprimorado ao longo dos anos 1820 e 1830 até que fosse capaz de gerar a mesma quantidade de potência com um quinto do carvão consumido em um dos motores de Watt. Quanto menos vapor precisasse ser transferido para o cilindro — quanto maior o efeito derivado de sua expansão —, menos carvão precisaria ser queimado; ao mesmo tempo, a *velocidade* do pistão poderia ser facilmente aumentada com a injeção de mais vapor, o que permitia o ajuste preciso do consumo de combustível e da velocidade do motor. Em termos de "economia de forças", essa era uma máquina superior. Poucos contestavam esse fato, mas, ainda assim, os modelos de alta pressão permaneceram pouco numerosos nos distritos manufatureiros. Sua difusão foi inibida pelos custos da desmontagem dos motores de Watt que estavam em operação, por uma reputação duradoura quanto à sua irregularidade, pelo medo de explosões de caldeiras — com seus efeitos potencialmente devastadores no interior de fábricas abarrotadas — e por pura inércia.[74]

Foi preciso um choque para que os proprietários se movimentassem. Mais ou menos da noite para o dia, a Lei das Dez Horas de 1847 provocou a conversão: com a jornada de dez horas e meia, a demanda por potência de alta velocidade disparou — e *agora* os proprietários de fábricas estavam dispostos a arriscar suas propriedades e a vida de seus funcionários. A necessidade social foi, mais uma vez, a mãe da mudança. A transformação se mostrou rápida; já no final dos anos 1850, os motores que operavam com base nos princípios clássicos de Watt compunham uma fração diminuta na área de Manchester, com a troca praticamente concluída e com um aumento tanto na eficiência quanto na velocidade: "Com a mesma carga de máquinas de motor a vapor, obtemos agora, *pelo menos*, 50% mais serviço ou trabalho", e o consumo do carvão foi reduzido para cerca de um quarto, como declarou em 1852 James Nasmyth, inventor do martelo a vapor.[75] Esguio e de longo alcance, aí estava o chicote perfeito.

De acordo com uma estimativa, a velocidade do maquinário das fábricas de algodão britânicas aumentou 24 vezes entre 1845 e 1849; segundo avaliação de Von Tunzelmann, a lei desencadeou o maior surto de aceleração a ser registrado na história da indústria.[76] Ainda que as dimensões quantitativas do processo permaneçam obscuras, algumas consequências qualitativas podem ser discernidas com mais clareza: para as fábricas movidas a água, a chegada do vapor de alta pressão foi a pá de cal lançada sobre a cova aberta pela legislação fabril. Não houve avanços generalizados na tecnologia das rodas-d'água que pudessem rivalizar com essa inovação, e as rodas continuaram a girar no ritmo imponente do passado enquanto o pulso das fábricas a vapor acelerava.

Um corolário natural foi *a queda nos preços do vapor*: no final da década de 1840, o custo por cavalo de potência em uma fábrica de algodão de Manchester despencou. Pela primeira vez, as vantagens puramente econômicas da água estavam sob pressão, mesmo que seu apagamento pelo vapor ainda fosse demorar várias décadas.[77] O consumo mais frugal de carvão por motor não se traduziu, contudo, em uma queima *total* menor do combustível — muito pelo contrário, esse foi o episódio que inaugurou o paradoxo de Jevons: "É justamente a economia no uso que leva a seu amplo consumo". Antes, o consumo supérfluo e dispendioso de carvão havia *contido* o motor a vapor, mas "a economia proporcionada pelo uso do vapor de alta pressão ou superaquecido" permitiu sua irradiação a partir da base algodoeira para todas as áreas de manufatura.[78] O uso de menos carvão por motor antecipou o triunfo total. Nas palavras do historiador do carvão Neil K. Buxton, a difusão generalizada do vapor de alta pressão após 1850 "significou que a economia se tornava *cada vez mais dependente de uma expansão contínua da oferta de carvão*": outro marco na ascensão da economia fóssil.[79]

Esse foi mais um dos resultados da colisão entre as classes: segundo Von Tunzelmann, a Lei das Dez Horas foi "provavelmente o determinante mais importante" para a predominância do vapor de alta pressão e, por extensão, para a vitória final do motor na indústria de algodão (e além). Para Allen, a lei arrancou os empreendedores de suas rotinas de baixa pressão e, como consequência, os novos velhos mobilizadores primários "rapidamente tomaram o lugar da água" a partir do final dos anos 1840: foi aí que a "mudança decisiva para o vapor se concretizou".[80] Mas seria um exagero dizer que a transição da água para o vapor, do fluxo para o estoque, teve como *causa principal* as leis de 1847 e 1850 — esse processo estava em curso havia muito tempo, e a identificação de Allen dos anos 1840 como década fundamental está bastante atrasada. Em vez disso, podemos discernir uma dinâmica que operava com uma força que foi se intensificando ao longo de todo o período da crise estrutural, encapsulada pelo comentário de um manufatureiro de algodão de Manchester em 1833: "É óbvio que, quanto mais você diminuir o número de horas, mais você reduzirá o valor da roda-d'água em proporção ao do motor a vapor".[81] Conforme a disponibilidade não regulamentada de força de trabalho no tempo foi progressivamente restringida, os manufatureiros de algodão mudaram para um mobilizador primário capaz de maximizar o trabalho durante as horas de trabalho que sobravam.

De forma lenta, mas definitiva, as Leis de Fábricas — a começar pela de 1833 e pelo clima de medo sob o qual ela nasceu — estrangularam a potência hídrica primeiro ao confiscar as ferramentas usadas pelos proprietários para administrar as flutuações dos rios e, depois, ao incitá-los à aceleração. Conforme mais mercadorias eram produzidas por unidade de tempo depois das reformas de meados daquele século, os capitalistas que usavam o vapor ficavam infinitamente mais bem equipados para absorver as pressões das classes trabalhadoras e talvez até mesmo para *utilizá-las para proveito próprio.* O tempo havia sido formatado de um modo que apenas o estoque seria capaz de preencher.

Um paradoxo do fluxo e do capital ao longo do tempo

"A água", escreveu o economista Richard Jones nos anos 1830, é "mais barata, mas incerta. O motor a vapor é caro, mas potente, e sua ação é certa e contínua". Em seu *Treatise*, John Farey deu destaque não apenas às limitações espaciais da potência hídrica, mas também a suas variações ao longo do tempo: "A oferta de água está sujeita a diminuições em tempos secos, à paralisação total durante frios intensos e à acumulação excessiva em estações chuvosas, de modo a suspender os trabalhos"; além disso, "as correntes naturais de ar e de água são limitadas na rapidez de seus movimentos e agem com maior eficácia em máquinas com velocidades determinadas".[82] Todas essas variações são atributos naturais de uma fonte de energia pertencente ao fluxo. Conduzida pelos ritmos das estações e pelas condições meteorológicas diárias, acompanhada pelos altos e baixos do ciclo hidrológico, a água seguia seu próprio relógio — e não o das fábricas.

O relógio das fábricas ganhou prioridade sob circunstâncias muito peculiares. Quando um dos comissários de Chadwick observou que "a velocidade de uma fábrica movida a água nunca poderá ser regulada com as mesmas minúcia e exatidão de um motor a vapor", ele o fez dentro do contexto de leis universais da natureza *a que se sobrepunha* uma legislação iminente.[83] Foi só em função do conflito entre duas forças sociais existentes que a temporalidade do fluxo acabou caracterizada como problemática: o interesse do capital na expansão da produção ao longo da quantidade máxima de tempo diário e o interesse antitético dos trabalhadores em assegurar parte do dia para suas próprias necessidades. Desse modo, assim como no espaço, havia um paradoxo surpreendente na dimensão do tempo. O fluxo estava "por natureza em estado de movimento", nas palavras de Babbage; o estoque era absolutamente estático. Ainda assim, do ponto de vista do capital algodoeiro, à medida que se acumulava no tempo, *o fluxo era propenso a paralisações, e o estoque poderia ser queimado a qualquer momento*, com a transposição da letargia e da oportunidade entre ambas as fontes de energia. Isso só pode significar que as relações capitalistas de propriedade na Grã-Bretanha do começo do século XIX haviam produzido *uma forma própria de temporalidade*, que, depois de passar por um momento de contradição aguda, teve de reorganizar a natureza. Não foram as exportações para mercados distantes, nem a busca pelo lucro, tampouco as exigências do capital fixo ou a necessidade de regular a velocidade das máquinas e preencher todas as horas com o máximo de trabalho emanado pela natureza — o que aconteceu foi o inverso: foram *todos esses fatores* que precisaram construir e reorganizar a *natureza* a partir dos materiais disponíveis. Assim como com o espaço, seguiremos, mais tarde, as implicações desse paradoxo até suas conclusões teóricas. Mas, primeiro, precisamos olhar com mais atenção para o vapor como forma de poder.

9

"EM VEZ DE ORDENS, COMBUSTÍVEL": A DERIVAÇÃO DO PODER DO CARVÃO EM IDEOLOGIA BURGUESA

O fetichismo do vapor

Uma ideologia inteira gravitava em torno do vapor na Grã-Bretanha do final do período georgiano e do início do período vitoriano. Uma ideologia no sentido mínimo de um conjunto de ideias, valores e crenças compartilhado por um grupo — nesse caso, uma classe: a burguesia britânica — que promovia seus interesses, direcionava suas ações, expressava suas experiências e ambições, e se investia de uma missão global. Todos esses atributos, e outros mais, eram regularmente abstraídos a partir do artefato do motor a vapor. De acordo com a teoria "morfológica" defendida por Michael Freeden, uma ideologia é uma configuração de conceitos políticos reunidos em um padrão ou em uma ordem específica — algo bastante similar a uma sala cuja mobília é organizada de uma determinada forma.[1] Sob esse ponto de vista, o liberalismo é uma sala onde uma variedade de cadeiras e móveis conceituais está reunida em torno da mesa de centro da liberdade. Na ideologia do vapor, acompanhando Freeden, a burguesia britânica reunia sua família de festejados ideais — progresso, ciência, engenhosidade mecânica, acumulação de riqueza, direito à propriedade privada, liberdade — em torno da lareira do motor a vapor.

Mas, de imediato, percebemos aqui uma incongruência. O motor a vapor não era um conceito, como no caso da liberdade, da equidade ou da anarquia: era uma coisa. Dificilmente faria sentido falar de um "vaporismo" como análogo ao liberalismo ou ao socialismo, ainda que um leitor de uma edição qualquer da *Mechanics' Magazine*, na década de 1840, ou um visitante da Grande Exposição de 1851 pudessem muito bem saudar o termo com um aceno de familiaridade. Não seria então mais adequado considerar o motor como um bezerro de ouro do liberalismo, um colar utilizado por algum tempo por um corpo de ideias e, posteriormente, descartado, uma moda dentro dos domínios de alguma ideologia burguesa genérica, e não como a fonte de uma ideologia *sui generis*? Tratava-se de uma tecnologia transitória. E também do primeiro grande avatar de uma economia fóssil com capacidade de permanência. Existe a possibilidade de que a sala mobiliada em torno das labaredas do motor a vapor tenha sido a primeira *de uma série* de ideologias para a economia fóssil que passou por vários rearranjos e reformas em estágios finais e que talvez tenha durado até os dias de hoje. Além disso, os estudantes da ideologia já estão há muito familiarizados com os espaços simbólicos centrados não em conceitos, mas em coisas: a categoria peculiar de formações ideológicas conhecidas como fetichismos. Nas décadas da crise estrutural, a burguesia britânica desenvolveu o *fetichismo do vapor*.

O motor trabalha por várias horas, não bebe uísque e nunca se cansa

Os motores rotativos foram celebrados por sua capacidade de impulsionar máquinas automáticas, o que dispensava a necessidade de trabalhadores rebeldes. A mula de fiar autônoma e o tear mecânico foram as luvas emblemáticas para essas mãos móveis, mas, é claro, não as únicas.

Quando se entusiasmavam com o vapor como substituto para os braços humanos, os escritores da época tinham todo um guarda-roupas de máquinas em mente; de fato, o segundo quarto do século XIX testemunhou um impulso à automação em muitos ramos além da fiação e da tecelagem de algodão. Quatro exemplos nos darão uma ideia da dimensão dessa tendência.

Depois que o algodão havia sido fiado, transformado em tecido e alvejado até ficar impecavelmente branco, chegava o momento de estampá-lo com cores e imagens, com frequência em padrões vívidos e delicados que estimulavam preferências da moda: esse era o trabalho da estamparia de calicô. Quando a indústria algodoeira explodiu nos anos 1780, a arte ainda era produzida com blocos de madeira em que os padrões eram gravados; o funcionário encarregado da impressão pegava o bloco pela alça, localizada na parte de trás, saturava a base com tinta, pressionava-a com firmeza contra o tecido e a acertava com um martelo de ferro, usando para isso apenas a força de seu próprio corpo. O procedimento era repetido centenas de vezes em uma única peça de calicô. Lento e trabalhoso, o trabalho estava literalmente nas mãos dos impressores, cuja oferta era limitada pela força e pela habilidade. Os impressores adquiriram um poder de barganha similar ao dos fiandeiros, a ponto de, nas primeiras duas décadas do século XIX, suas associações, apesar de proibidas, parecerem ter controlado a maior parte dos aspectos da produção nas estamparias — quantidade de produtos finalizados, tipos de padrões, escolha de ferramentas, contratação de aprendizes, horas de produção —, com o rebaixamento dos proprietários à condição de meros fornecedores de capital.[2]

Enquanto isso, o destruidor dos impressores esperava uma boa oportunidade para atacar. Em conexão com uma greve de 1785, um proprietário próximo a Preston patenteou uma máquina para estampar chita: um cilindro de cobre gravado com padrões e embebido em tinta, que então era rolado sobre o tecido com o impulso de um mobilizador primário externo. O dispositivo imperfeito foi lentamente posto em uso, e, no início do século XIX, novos modelos apareceram — pois, como um manufatureiro explicou no jornal *The Tradesmen*, os problemas que os impressores "causavam a seus empregadores fizeram com que muitos deles estivessem inclinados a implementar grandes melhoramentos no maquinário, com o qual grandes quantidades de mercadorias eram estampadas independentemente dos assalariados". Já bem tarde, em 1835, ainda havia reclamações contra sindicatos poderosos e altos salários de impressores, mas, nesses anos críticos, a militância dos trabalhadores serviu apenas para acelerar a automação: com um destino comum ao dos tecelões manuais, os impressores foram inexoravelmente excluídos do mercado, e sua ocupação foi extinta pela máquina autoagente de estampar, com mais um coletivo de teimosos trabalhadores relegados à história. Para Ure, essa máquina era uma carruagem redentora contra a tirania dos operários que podia ser comparada ao Homem de Ferro, e o estabelecimento da estamparia automatizada se firmava como uma maravilha equiparável à fábrica conjunta.[3] Também nesse palco o motor operava calmamente suas marionetes.

Fora do algodão, a mesma sequência — trabalhadores turbulentos, novas máquinas, vapor e tranquilidade — se repetiu no setor da lã cardada, no qual as fibras enroladas e emaranhadas de lã tinham, primeiro, de ser esticadas: o trabalho tradicional dos cardadores de lã. Com um pente em cada mão e de joelhos no estágio inicial da produção, esses trabalhadores simplesmente penteavam a lã até que ela estivesse pronta para a fiação. "Desde o início deste século", lemos na volumosa *History of the Worsted Manufacture in England* [História da manufatura de lã cardada na Inglaterra], de John James, de 1857, "os cardadores de lã se tornaram um poderoso corpo organizado que, com suas comoções, greves e demonstrações de insubordinação, frequentemente causou muitas dificuldades aos proprietários" — eles "parecem ter sido ditadores contra seus empregadores". Dois meses depois da revogação das Combination Laws, esses profissionais se reuniram em uma associação nos distritos de lã cardada de West Riding of Yorkshire, o que levou à "mais implacável greve da história de Bradford", nas palavras de E. P. Thompson, com a interrupção do trabalho de cerca de vinte mil cardadores e tecelões por um semestre.[4] As atenções agora se voltavam para a ideia de uma máquina de cardar. Em 1827, os inventores Platt e Collier procederam ao devido patenteamento do primeiro modelo operacional, e os proprietários em Bradford, a capital da lã cardada, imediatamente o acolheram:

> A fim de se libertarem da conduta intolerável dos cardadores e dos tecelões, as máquinas de cardar e os teares mecânicos foram rapidamente

postos a serviço do negócio. Considerada apta a trabalhar com fios longos e grosseiros de lã, a máquina de cardar recém-inventada de Platt e Collier foi instalada na cidade

ao lado dos teares mecânicos no ramo da tecelagem.[5]

As perturbações e o boom do começo e de meados da década de 1830 precipitaram uma nova leva de automação, e, em um mesmo momento de mudanças concentradas, "no breve intervalo entre os anos 1833 e 1838", como relata James, "houve o mais rápido e notável aumento no uso do motor a vapor", sobretudo em Bradford, onde os cavalos de potência provenientes do vapor superaram os da água na proporção de 23 para 1 em 1841. Os campos de carvão de West Riding forneciam o combustível necessário. Quando James publicou sua *History*, tudo parecia estar indo bem na indústria de lã cardada: as greves haviam diminuído, as máquinas autoagentes estavam a postos, o vapor era lufado e o carvão, queimado; os incautos cardadores de lã "vêm sendo rapidamente reduzidos à insignificância e ameaçados de extinção".[6]

Mas, quem produziria todas essas máquinas? Quando a mecanização se espalhou para outros setores além do algodão, a demanda pelo trabalho dos fabricantes de máquinas naturalmente aumentou. Artesãos orgulhosos, esses profissionais confiavam em seus olhos e mãos quando furavam um cilindro, construíam carros de máquinas de fiar ou operavam tornos, brocas e parafusos — ferramentas que frequentemente eram de sua propriedade. Logo a corriqueira instabilidade de hierarquias veio à tona. "Esses homens eram mestres", escreveu Fairbairn em ressonância com o sentimento destes últimos. O fornecimento de máquinas para o reino inteiro dependia desses artífices impenetráveis; aproveitando a situação ao máximo, seus sindicatos elevavam salários e preços.[7] "Os custos enormes envolvidos", escreveu James Nasmyth, se mostravam "uma barreira formidável" à entrega das máquinas: "A necessidade de agentes mais confiáveis e produtivos fez com que algumas mudanças no sistema fossem imperativas". Esses agentes, claro, só poderiam ser *outras* máquinas, ou "máquinas operatrizes", cujo princípio básico era o de um instrumento autoatuante para o corte ou a modelagem de um objeto, graças à precisão proveniente do próprio instrumento, com base na energia de um mobilizador primário não humano. Nasmyth, mais conhecido por seu martelo a vapor — um martelo enorme içado pela pressão do vapor que caía com um golpe precisamente regulado —, lembrava como os mecânicos de Lancashire gozaram de um excesso de demanda no boom de meados da década de 1830: quanto maior a necessidade por suas habilidades, mais esses profissionais entrariam em greve, beberiam e vadiariam nas primeiras semanas de trabalho, indo e vindo como bem entendessem:

> A irregularidade e o descuido de trabalhadores naturalmente se mostraram muito incômodos para os empregadores. Mas isso ofereceu um estímulo maior para a demanda por máquinas operatrizes autoatuantes, com as quais os esforços indignos de confiança do trabalho manual podiam ser evitados. As máquinas nunca ficam bêbadas; suas mãos nunca tremem por conta do excesso; nunca faltam ao trabalho; não entram em greve por salários; são infalíveis em precisão e regularidade, enquanto produzem as porções mais delicadas ou volumosas das estruturas mecânicas.[8]

Iniciada em meados da década de 1830, a transformação na produção das máquinas já estava quase concluída em 1850. Nesse intervalo de uma década e meia, a indústria britânica passou pelo pico mais concentrado na demanda por máquinas daquele século; ao final, poucas oficinas da antiga ordem ainda perduravam. As máquinas já não seriam mais feitas por artesãos, mas por máquinas operatrizes — o carro transversal, a plaina mecânica, as fresadoras: máquinas para sulcar, escatelar, aparar, furar, polir — facilmente operáveis por rapazes mal remunerados, já que "não exigiam o emprego de muita força muscular, mas apenas supervisão atenta. Desse modo, a operatriz fazia todo o trabalho (uma vez que o pensamento já havia sido previamente incorporado a ela) e produzia todos os tipos de formas geométricas com a mais absoluta correção". Um proprietário como Nasmyth agora derivaria sua fortuna e autoridade de um mobilizador primário inabalável: *"O motor da fábrica fornece o trabalho, ou o elemento da força"*.[9]

Assim, foram as máquinas a vapor que garantiram a presença das máquinas a vapor em uma nova era. Na verdade, a mecanização da produção de máquinas foi de importância vital para o fim da crise estrutural: sem ela, a expansão da acumulação de capital com base no maquinário simplesmente não teria sido possível. Foi só com a multiplicação da produtividade e da precisão proporcionada pelas máquinas operatrizes que a mula de fiar autônoma, o tear mecânico, a estamparia rotativa, a máquina de cardar e, não menos importante, o próprio motor a vapor puderam se espalhar por toda a economia britânica. Os anos que se seguiram ao pânico viram *o primeiro empurrão geral* para substituir o trabalho humano por máquinas — sobretudo o trabalho qualificado, adulto e masculino. Mas, por que isso não aconteceu com base na água? Tudo indica que os capitalistas nos ramos aqui mencionados escolheram o vapor pelas mesmas razões gerais presentes na fiação e na tecelagem do algodão, com alguma variação em ênfase. As lojas de máquinas não estavam abarcadas pelas Leis de Fábricas; em vez disso, elas eram mais dependentes da concentração espacial de *know-how* tecnológico do que qualquer outro estabelecimento. A maioria delas pulou a estação intermediária do fluxo e passou direto da potência animada para o estoque. Em meados dos anos 1810, Fairbairn empregava "um irlandês robusto" para a operação de tornos em sua oficina em Manchester; em 1823, o irlandês foi substituído por um motor.[10]

Tufnell ressaltou outro caso fascinante de uso de um atalho similar, um exemplo tirado do setor da construção propriamente dito. No começo dos anos 1830, greves de serventes, pedreiros e trabalhadores da construção civil em Lancashire compeliram os proprietários a confiar parte do trabalho a motores a vapor que misturavam cal e areia, produziam argamassa e içavam materiais a andares superiores sem a necessidade de braços humanos. Qual foi exatamente a grande vantagem da adoção desse arranjo? Tufnell cita uma carta de Samuel Holme, um dos construtores: "Conseguimos içar indiscriminadamente tijolos, pedra, ferro ou madeira; *o motor é muito mais flexível e civilizado do que os carregadores, é facilmente administrado, trabalha por várias horas, não bebe uísque e nunca se cansa*".[11] Essa passaria a ser uma qualidade do vapor verdadeiramente fetichizada pela ideologia vitoriana.

Uma vez estabelecidas as relações de propriedade na produção de mercadorias, o capital e o trabalho se lançaram ao combate, o que induziu o primeiro a liberar onda após onda de máquinas para dominar o último — e nunca com tanta intensidade como na primeira crise estrutural. Eis aí o contexto em que as ideias burguesas sobre energia em geral e vapor em particular se desenvolveram. Elas foram profundamente moldadas pela intensa e persistente experiência de trabalhadores que resistiam à administração, evitavam o trabalho pesado, bebiam uísque e se cansavam — coisas que os motores não faziam.

O poder mágico do maquinário

O fascínio por autômatos tem uma longa linhagem na cultura ocidental. Como Minsoo Kang documenta em *Sublime Dreams of Living Machines: The Automaton in the European Imagination* [Sonhos sublimes de máquinas vivas: o autômato na imaginação europeia], Heron de Alexandria — o arquiteto de brinquedos a vapor da Antiguidade — inaugurou uma tradição de experimentos com engenhocas maravilhosas que se moviam sozinhas. No final do século X, a sala do trono do imperador bizantino era adornada com modelos de leões e pássaros que rugiam e chilreavam automaticamente quando alguém se aproximava; nos séculos XVI e XVII, a realeza e os nobres da França e da Itália gostavam de encher seus jardins com estátuas móveis que espirravam água, frequentemente na forma de deuses ou monstros clássicos, e que deixavam os visitantes espantados com suas façanhas. No final dos anos 1730, Jacques de Vaucanson se tornou o mais célebre criador de autômatos da Europa com seu "pato digestor", uma imitação de um pato que batia asas, bebia água, engolia grãos e até mesmo excretava pequenas bolinhas — tudo isso por conta própria. Os espectadores se acotovelavam para ver essas incríveis proezas; histórias sobre essas aparições viajavam até bem longe.

Todos esses dispositivos são autômatos, segundo a definição básica de Kang: máquinas que imitam seres vivos e que têm uma aparente capacidade inata de se mover. Na Europa pré-industrial, sua principal função era causar espanto, surpresa, intimidação, diversão — em suma, impressionar. Eram quase exclusivamente de propriedade de indivíduos extremamente ricos que os utilizavam para demonstrar grandiosidade. Mágica e feitiçaria eram com frequência atribuídas aos objetos. Os autômatos da Grã-Bretanha do início do século XIX — as máquinas que, em maior ou menor grau de exatidão, imitavam fiandeiros, tecelões, estampadores, cardadores e torneiros de carne e osso, entre outros — descendiam dessa mesma imaginação, mas cumpriam uma função radicalmente diferente: a participação ativa na produção de mercadorias. Se os autômatos da Europa pré-industrial tinham como principal propósito a *ostentação* da riqueza, seus equivalentes na Grã-Bretanha que se industrializava buscavam amplificar a *acumulação*.[12] É só depois dessa mudança que podemos falar apropriadamente daquilo que o ecologista político Alf Hornborg chama de "fetichismo da máquina".

A palavra "fetiche" deriva do verbo latino que corresponde a "fazer", "produzir"; como é bastante conhecido, seu uso atual se origina dos encontros entre comerciantes portugueses e sistemas de crenças da África Ocidental nos séculos XV e XVI: os nativos eram vistos como adoradores de objetos manufaturados em uma forma muito primitiva de delírio. Desde então, "fetiche" e "fetichismo" se voltaram, é claro, para um conjunto de significações diferentes, abarcando desde a esfera da religião à da arte, do sexo, da economia e da ideologia, mas alguns denominadores comuns ainda unem (a maioria de) seus sentidos. Um fetiche é alguma coisa supostamente dotada de força autônoma. É tratado como se a divindade, a beleza, a empolgação, a virtude, o crescimento ou alguma outra potência vital lhe fossem inerentes, uma propriedade do objeto em si. Ele é inanimado, material, quase sempre manufaturado por pessoas, mas percebido como a manifestação de qualidades de um sujeito vivo. É a aparição concreta de um sentido. E possui algum tipo de poder.[13]

Em estudos críticos de sociedades capitalistas, certos objetos — notadamente o dinheiro e as mercadorias — já foram há muito tempo reconhecidos como fetiches modernos que operam como se fossem dotados de agência própria, colocados em um pedestal e venerados por meros mortais; assim como fetiches "primitivos", eles camuflam suas verdadeiras origens. Poder social é conferido aos objetos, de forma que as relações entre seres humanos aparecem sob o disfarce de coisas em detrimento de alguns e para o ganho de outros. Foi para esse corpo teórico que Hornborg fez uma notável contribuição para a abordagem *da máquina*, que, conforme o autor afirma, não é nada menos que "o fetiche mais fundamental do capitalismo industrial". Assim, o "fetiche da máquina" é a atribuição de capacidade gerativa e de produtividade independente à máquina, ostensivamente o maior de todos os agentes do progresso, cornucópia e ídolo dos últimos dias e cujas fundações reais são obscurecidas.[14] Esse fetiche ocupa uma zona limiar em que fantasia e realidade estão imbricadas, com os dois momentos refletindo e reforçando um ao outro.

Os autômatos da Grã-Bretanha do início do século XIX eram adorados como fetiches arquetípicos. "É na fábrica de algodão", escreveu Ure, "que a perfeição da indústria automática pode ser vista; é ali que o poder dos elementos foi levado a animar milhões de órgãos complexos e *a infundir uma agência inteligente em objetos de madeira, ferro e latão*". A mula de fiar autônoma e o tear mecânico foram concebidos quase como pessoas, objetos artificiais que se comportam como se estivessem vivos — uma percepção que já encontramos na alcunha "Homem de Ferro". No setor da lã cardada, Ure considerava a máquina de cardar lã como outra instância maravilhosa da "*encarnação da destreza manual e da inteligência em uma máquina*, e, desse modo" — e esta era a própria lógica do dispositivo —, "de substituição daquilo que é custoso, e por vezes refratário, por trabalho barato e dócil".[15] Este era o ponto fulcral da visão de Ure: a salvação da indústria contra os braços rebeldes graças ao uso de máquinas autoatuantes, para as quais todo tipo de habilidade deveria ser transferida.

Se a automação das fábricas constituía um fetichismo na prática, a linguagem burguesa apontava um espelho de aumento na direção dela. Ao falar perante a British Association for the Advancement of Science em 1861, Fairbairn exaltou a máquina operatriz como dotada "*em si quase de uma força criativa*; na verdade, seus poderes de adaptação são tão grandes que não há operação da mão humana que ela não possa imitar". Nasmyth empregou a imagem de uma metamorfose fabulosa: de dentro das operatrizes, ele e seus colegas eram capazes de cortar, furar e modelar pedaços de metal com "um tal grau de precisão que é como se pudéssemos nos transformar em trabalhadores pigmeus".[16] Uma metáfora mais comum e reveladora para o maquinário era a dos escravizados. Em uma passagem notável de seu romance *Coningsby*, de 1844, o parlamentar conservador e prolífico autor Benjamin Disraeli recorreu à mitologia oriental ao descrever a visita de seu protagonista às fábricas de Manchester:

> Ele entrou em câmaras mais vastas do que aquelas descritas nas fábulas árabes e povoadas por habitantes mais maravilhosos que ifrites [djinns

> subterrâneos do folclore árabe] ou peris [descendentes de um anjo caído na lenda persa]. Pois ali contemplou, em longas fileiras contínuas, aquelas formas misteriosas repletas de existência sem vida que, com facilidade e em poucos instantes, realizam o que um homem só poderia executar com dificuldade e ao longo de vários dias. *Uma máquina é um escravo* que não carrega e não causa degradação: é *um ser dotado do maior grau de energia* e que se move sob o mais alto nível de excitação, ainda que, ao mesmo tempo, livre de toda paixão e emoção. Trata-se, portanto, não só de um escravo, mas de *um escravo sobrenatural*.[17]

Esse tipo de misticismo era tudo, menos uma raridade nos elogios à máquina: em seu tratado sobre o tear mecânico, o proprietário de tecelagens William Radcliffe fala do "*poder mágico do maquinário*, que submete a lã, o linho, a seda e o algodão à produção ilimitada por uma agência mecânica que não precisa de pão". A fronteira entre tecnologia e mágica, observa Hornborg, sempre foi difícil de traçar.[18] Na Grã-Bretanha georgiana e do começo da era vitoriana, o idioma mecânico era irresistivelmente alargado em direção a crenças e percepções de tempos pré-industriais, e as visitas às fábricas de algodão despertavam as mesmas emoções que seriam suscitadas por passeios pelos jardins de um aristocrata florentino ou pelas exposições preparadas por Vaucanson. Mesmo em uma época que se orgulhava de uma racionalidade consumada — inclusive em discursos endereçados ao público científico —, os motivos mágicos nunca estavam muito distantes; veremos adiante até onde foi esse aparente retrocesso.

Localizado em outro universo econômico, no entanto, o deslumbramento burguês com as máquinas — ligeiramente mais sóbrio, mais pragmático, mais ganancioso — exalava o odor da vitória que, finalmente, se aproximava contra os empregados, e o fetiche era venerado por sua capacidade de derrotar o trabalho humano. Enquanto os autômatos de eras anteriores consistiam em máscaras vazias que se limitavam a ocultar os mecanismos de engenhocas especulativas, seus equivalentes da Grã-Bretanha do século XIX possuíam uma capacidade concreta para a produção de mercadorias que lhes era transferida através de braços humanos. Como uma névoa mística que se levantava dos campos de batalha das fábricas e oficinas, o fetichismo da máquina nasceu do combate mano a mano contra braços "refratários"; dotada "de movimentos automáticos e força sobre-humana", a máquina representava agora *uma encarnação física da potência* que surrupiava um dos ativos dos funcionários — o trabalho indispensável que eles realizavam — e o transplantava para seu próprio corpo mudo.[19] A velha sublimidade dos sonhos mecânicos chegava à terra firme.

Como todas as formas de fetichismo, contudo, esta também tinha seus muitos momentos de ocultação, dois dos quais mencionaremos aqui. Nos escritos de Ure ou de Babbage, o aparato produtivo automatizado passa a ser em si mesmo uma categoria ontológica povoada apenas por seres inanimados, com a subjetividade dos trabalhadores literalmente apagada do chão de fábrica. Ainda que isso corresponda a empreitadas concretas, a miragem da automação perfeita sempre estava um passo à frente dos inventores e dos capitalistas e preservava a necessidade por alguma medida de trabalho humano, não importando o quanto avançasse. Esse resultado era obscurecido. De vez em quando, aparecia na forma de uma inconsistência flagrante, mas sintomática:

> De fato, o objetivo e a tendência constantes de cada aprimoramento no maquinário são a superação absoluta do trabalho humano ou a diminuição de seus custos através da substituição dos esforços de homens pelos de mulheres ou crianças; ou o de artesãos treinados por trabalhadores comuns,

nas palavras de Ure.[20] Mesmo a utopia automática de Ure era habitada por uma força de trabalho que, apesar de necessária para manter a produção em andamento, podia ser invisibilizada — em grande medida, é claro, por motivos etários e de gênero. Com efeito, o objetivo do maquinário consistia em extrair *mais trabalho* de braços velhos e novos: o exato oposto da transformação do trabalho em algo totalmente supérfluo.[21]

Para sustentar a visão de um maquinário autoatuante, os ideólogos burgueses tinham de esconder a presença das gerações mais novas e intensamente exploradas de trabalhadores, mas isso raramente foi alcançado com algum grau de consistência. Aí estava uma das tensões no interior do fetichismo da máquina britânico: dizia-se que o maquinário obliteraria completamente *e* melhoraria a subordinação do trabalho humano. Em alguma medida, essa ambiguidade expressava as realidades de um *processo* de automação, no qual uma forma de trabalho humano — masculino, adulto, refratário — viria a ser substituída por outra supostamente mais dócil com o uso das máquinas. Esse era um processo em curso, permanentemente instável e nunca encerrado. Mesmo mulheres jovens podiam se rebelar. Paradoxalmente, então, o fetichismo da máquina foi enfraquecido e estimulado ao mesmo tempo; os coletivos restantes de funcionários — desde que exibissem, ao menos, alguma propensão à rebeldia —, ao combater a máquina, ofereciam incentivos para novas investidas.

Mas a máquina nunca se tornou verdadeiramente uma fonte autossuficiente de produtividade. Os autômatos dos burgueses britânicos eram, na realidade, tudo menos autônomos, já que exigiam, entre outras coisas, uma ligação constante a um mobilizador primário sem cujas energias sua ausência de vida seria instantaneamente revelada. Essa antinomia foi manejada de uma forma mais produtiva: com a mudança do fetichismo para o andar de baixo do prédio da fábrica, para a casa de máquinas.

Como o mundo inteiro sei reger

Uma semana depois da revogação das Combination Laws, em 18 de junho de 1824, a fina flor da burguesia britânica se reuniu em um conciliábulo na loja maçônica de Freemason's Hall, em Londres, situada em uma praça entre os distritos de Holborn e Covent Garden, com um propósito bem específico: exigir a construção de um monumento em homenagem a James Watt. Watt merecia uma estátua na sede do poder nacional. Um comitê foi formado e contava, entre seus membros, com o conde de Liverpool — primeiro-ministro e presidente da reunião —, além de James Watt Jr., Charles Babbage, duas dezenas de políticos, alguns reverendos e vários dos manufatureiros mais ilustres que a Grã-Bretanha podia reunir: o magnata da lã Benjamin Gott, o barão da cerâmica Josiah Wedgwood, Peter Ewart, John Kennedy e, não menos dignos de nota, alguns dos mais bem-sucedidos proprietários de fábricas de algodão movidas a água: Kirkman Finlay, Robert Peel, William Strutt e Richard Arkwright Jr. Um dos oradores se contentou ao ver, na ocasião, "muitos integrantes dessa classe esclarecida, engenhosa, independente e direita de homens, os manufatureiros da Inglaterra", e Peel se juntou ao coro: "Sinto a classe da sociedade da qual derivo minhas origens ser exaltada e honrada por possuir um homem como esse [Watt] entre suas fileiras".[22] Todo um estrato social havia se reunido para prestar homenagem a um de seus grandes benfeitores. Em Freemason's Hall, o motor a vapor foi ritualmente consagrado como *um projeto de classe.*

Uma das muitas funções da ideologia pode ser a unificação de uma classe, o cerramento de suas fileiras, sua forja em uma força que, pronta para o combate social, esteja confiante em sua vocação e em uma provável vitória.[23] O encontro em Freemason's Hall expressou um consenso extraordinário que abarcava mesmo aqueles capitalistas ainda convictos das vantagens práticas do uso da potência hídrica em suas fábricas, um sinal do peso que o vapor já exercia sobre a mente burguesa. Não havia antagonismos capazes de indispor um Peel ou um Finlay contra um Kennedy ou um Ewart; todos estavam igualmente cientes dos serviços que Watt prestara à categoria — de fato, o próprio Peel aproveitou a ocasião para elogiar o valor inestimável do vapor na atração de fábricas para centros populacionais. Na outra ponta da crise, em 1849, Henry Ashworth também louvaria "as reformas sociais que decorreram do uso do motor a vapor".[24] O que torna a campanha por um monumento para Watt particularmente interessante, entretanto, é que ela ocorreu *antes que a mudança da água para o vapor se aproximasse de sua conclusão.*

Logo após o encontro, bustos e estátuas de Watt brotaram por toda a Grã-Bretanha. Quando um monumento extravagante era proposto em uma determinada cidade, a elite local se reunia para tratar da questão, fazia discursos em homenagem a Watt, declarava a indispensabilidade de uma construção como aquela e encorajava todas as pessoas endinheiradas a participar. Em Manchester, uma dessas reuniões foi realizada, de forma um tanto reveladora, em uma das salas da delegacia de polícia principal. Ao defender a construção de uma estátua de Watt, um parlamentar proprietário de uma fábrica de algodão em Salford primeiro reconheceu que monumentos ao gênio de Watt já se faziam presentes em todas as ruas da cidade: a própria Algodonópolis fora erguida com o auxílio dessa grande alternativa à potência hídrica, sem a qual os manufatureiros teriam sido obrigados a se espalhar. Mas se Watt era o anjo da guarda da cidade, então seria necessário que fosse esculpido como tal. Em Edimburgo, Leonard Horner se incluía entre os incentivadores de um projeto local; em Glasgow, Andrew Ure discursou na inauguração de um monumento; em Birmingham, um dos oradores lembrou à distinta audiência que se reunia no Royal Hotel que o vapor "é uma bênção nacional; e, na verdade, trouxe à superfície do globo milhões e milhões em dinheiro".[25]

Por que era tão importante construir monumentos em honra ao criador do motor rotativo? Isso "tenderia a perpetuar e a sustentar a admiração à memória do sr. Watt", argumentou um ativista em Edimburgo; mais precisamente, um monumento deveria ser erguido em uma localidade central para que *"possa ser visto pelo mais pobre dos mecânicos* enquanto caminha pelas ruas com seus trajes comuns e com as ferramentas de sua vocação".[26] A burguesia local se reunia para a construção de um Watt gigante que encarava os trabalhadores nos olhos: eis aí um projeto que só pode ser entendido dentro do contexto de uma oposição popular virulenta ao maquinário movido a vapor (tema do próximo capítulo). Mas os consumidores de imagens e artefatos de Watt parecem ter sido um grupo formado principalmente por outros membros da burguesia. Aí estava, acima de tudo, uma classe que conversava e se exibia para si mesma, que entalhava artigos de fé para as décadas vindouras e esculpia seus valores e aspirações em mármore. A estátua excepcionalmente cara de Londres não apareceu sob o glorioso teto da Abadia de Westminster antes de 1834, mas a euforia por monumentos dedicados a Watt prosseguiu entre os anos de 1824 e 1826, no exato limiar da crise estrutural: uma inauguração cerimonial para o fetichismo da máquina. Não por acaso, o *Oxford Dictionary* assinala 1826 como o primeiro ano em que *steam* [vapor] começou a ser usado de forma figurada para dizer "avante", "energia", "velocidade", como em expressões utilizadas até hoje, por exemplo *full steam ahead* [a todo vapor, avante], *picking up steam* [ganhando força], *blowing off steam* [aliviando a pressão], *under your own steam* [por seus próprios esforços].[27] Elaborada pela primeira vez em meados dos anos 1820, a ideologia do vapor foi poderosa o bastante para se fossilizar na língua inglesa.

No fetichismo do vapor, a dependência fundamental — de fato, a não autonomia ontológica — diante das máquinas automáticas podia ser explicitamente reconhecida. Nunca houve efetivamente uma autogeração de capacidade autoatuante, como apontou Russell em seu *Treatise on the Steam-Engine*: "Uma máquina não tem o poder de consumir nem de criar força motriz"; "ela só é capaz de transmiti-la", de "modificá-la para que se adeque a propósitos específicos".[28] No que diz respeito à potência, a máquina não passava de um meio passivo, um mero conduto para a força do mobilizador primário. Enquanto uma corrente do pensamento burguês obscurecia essa relação, seus termos eram aceitos com júbilo no fetichismo do vapor, em cuja ordem das coisas o motor era a mãe de todas as máquinas. Autores de manuais costumavam se referir a ele como o dispositivo mais importante já construído. Aos olhos de Fairbairn, o motor tinha "produzido mais revoluções e grandes mudanças no sistema social do que provavelmente todas as vitórias e todas as conquistas alcançadas desde o primeiro alvorecer da ciência na vida civilizada": sem dúvida, uma hipérbole extrema, mas de lugar-comum, que hoje ecoa sob uma inflexão diferente.[29]

Concebido como um projeto de classe, o motor era, ao mesmo tempo — em uma virada típica da ideologia —, imaginado como uma bênção para toda a humanidade. "Pode-se dizer que ele conferiu um novo poder para a raça humana", disse um dos paladinos de monumentos em Edimburgo. O motor "contribuiu mais do que qualquer outra máquina para a promoção do conforto, da conveniência e do bem-estar da humanidade", declarou a Society for Promoting Christian Knowledge. Tratava-se de mais do que apenas uma peça mecânica: "seria possível reconhecê-lo como uma grande força moral. Ele levará a mudanças importantes na estrutura moral da sociedade", sustentou o autor de manuais Hugo Reid; era a apoteose da civilização.[30] Nessa prosa entusiasmada, os interesses e as empreitadas dos maçons — os detentores e possuidores reais do motor a vapor — evidentemente se confundiam com os da espécie humana como um todo.

Aqui o motor era apreciado por bem mais do que apenas sua capacidade de mover máquinas. Essa podia ser sua tarefa principal, mas o vapor era elogiado por sua incrível versatilidade, que se estendia, é claro, à navegação nos oceanos e aos trens em terra firme, ao bombeamento em minas e à drenagem de pântanos, ao trabalho em incontáveis campos onde, no passado, os humanos haviam se esforçado e se exaurido: um fetiche mecânico universal, por assim dizer. No motor, "o ferro e o latão são indistintos do movimento e dotados de um poder ativo" capaz "de trabalhar, forjar, fiar, tecer, voar, içar e escavar".[31] A transferência fetichista das capacidades humanas para o motor rotativo não tinha limites justamente porque o motor podia transmitir energia mecânica para praticamente qualquer objeto que se movesse. Em janeiro de 1834, o *Manchester Guardian* publicou um artigo sobre um recém-inventado bule movido a vapor para o preparo de café, e o texto tinha início com uma frase que assinalava a essência da nova era como então percebida:

> *Que atividade da vida existirá em que o vapor não possa tomar parte?* Além de movimentar nossas fábricas de algodão [evidentemente o dever primordial], impelir nossos barcos e carruagens, imprimir nossos livros e trabalhar para nós em milhares de formas diferentes, contemplem-no agora em nossas mesas de café da manhã, preparando nosso café! *Nada é grande ou pequeno demais para sua potente e sutil agência.*[32]

Apenas um salto separava a admiração pela versatilidade do motor de pontos de vista que o concebiam como onipotente. O vapor podia fazer qualquer coisa; desse modo, em breve dominaria o mundo, se é que já não o fizera. *An Essay on the Nature and Application of Steam* [Um ensaio sobre a natureza e a aplicação do vapor], de autoria de M. A. Alderson, publicado em 1834 e selecionado como ensaio premiado pela London Mechanics' Institution, tem início com uma invocação quase litúrgica: "VAPOR! Todo-poderoso vapor!".[33] Mas o tema era mais bem ornamentado pela poesia. Um subgênero de poemas sobre o vapor veio à tona nas décadas da crise e frequentemente excedia todos os limites de decência literária, com disputas pelo que havia de mais bombástico, como em *The Steam-Engine; Or, the Powers of Flame: An Original Poem in Ten Cantons* [O motor a vapor, ou Os poderes da chama: um poema original em dez cantos]. Aqui, o vapor aparecia como um espírito falante: "Eis-me aqui, o Gênio da aérea chama/ pr'a mim, onipotência o Céu reclama!".[34] Uma imagem similar foi empregada em "A Vision of Steam" [Uma visão do vapor], poema publicado no *Times* em dezembro de 1829 e reproduzido no *Manchester Guardian*, no qual, em meio às ruínas e ao pó, o protagonista é acordado de um sono de cem anos pelo súbito toque de um espírito:

> A mudez quebrou, o estranho falou,
> Ouvi-o em meu torpor:
> "Não temas", disse, "mas vem ver

> Como o mundo inteiro sei reger
> Eu, o Espírito do Vapor".[35]

Depois, o espírito leva o homem recém-acordado para um passeio de carruagem pela Grã-Bretanha de 1830, onde ruas são varridas, livros são escritos e até mesmo criminosos são enforcados pela agência do vapor.[36]

Por mais que isso fosse uma fantasmagoria, é importante observar que o tema do vapor como onipotência surgiu e se alimentou das realidades emergentes da economia fóssil, *constituída precisamente pela natureza multiforme do motor rotativo*. Nem a queima de montes de carvão nem o motor a vapor de Newcomen suscitaram, por si sós, visões em que todas as atividades econômicas — todos os "negócios da vida" — eram permeadas por essa forma particular de energia. Em suas épocas, os poderes da chama ainda estavam materialmente limitados; foi só depois que o motor de Watt comprovou sua utilidade na propulsão de máquinas que uma ideologia do vapor irrompeu em uma fantasia desenfreada. O motor passou a ser repetidamente descrito como um ser vivo, um sujeito que agia e desempenhava todos os tipos de coisas *ex proprio vigore*, e até mesmo como um organismo com todas as características do metabolismo e da vitalidade. Nas palavras de Disraeli:

> E por que diríamos que uma máquina não vive? Ela respira, *pois é seu hálito que forma a atmosfera de algumas cidades*. Ela se move com mais regularidade do que o homem. Não tem ela também uma voz? Seus fusos não cantam como alegres garotas ocupadas com seus trabalhos, e o motor a vapor não ruge em um coro feliz, assim como um robusto artesão manuseia suas vigorosas ferramentas?[37]

Ambientado na Inglaterra dos anos anteriores ao pânico, *John Halifax, Gentleman* [O cavalheiro John Halifax], uma história de patinho feio enormemente popular escrita por Dinah Mulock Craik, atinge o clímax quando o proprietário de fábricas e herói epônimo substitui sua roda-d'água por um motor. A cena da instalação irradia uma potência íntima e uma autoridade solene e centralizada: os trabalhadores "ficaram paralisados, embasbacados com aquela massa de ferro e com a disposição curiosa com que os tijolos eram assentados, e se perguntavam que diabos o 'senhor' estaria fazendo". Absolutamente impassível, aquela "gente simples das fábricas" assistia enquanto o motor começava a girar — e, "de repente, uma alma baixou no interior daquela maravilhosa criatura criada pelos homens, aquela massa inerte de madeira e metal misteriosamente combinados. O monstro estava vivo". Seria difícil achar uma síntese melhor para o fetichismo. No momento seguinte, Halifax declara ter concluído sua missão: "Uma vez obtida a força do vapor, posso aplicá-la *como bem entender*".[38]

Em *Our Coal and Our Coal-Pits; the People in Them and the Scenes Around Them* [Nosso carvão e nossas minas de carvão; as pessoas que ali trabalham e as cenas que as rodeiam], uma obra importante à qual voltaremos em breve, fala-se que o motor a vapor lançou nos espectadores um feitiço diferente ao de todas as outras máquinas, com um carisma hipnotizante que estava ausente no tear e no martelo: ele "*se posta como se fosse dotado de vida e de respiração*, trabalha por conta própria, com seriedade, regularidade e bravura".[39] Será que era mesmo assim que os britânicos viam os motores: como seres vivos que vinham em sua direção, que manobravam na frente deles, faziam gestos e conversavam com eles? Não é possível fazer entrevistas semiestruturadas sobre o assunto, mas a literatura que sobreviveu deixa bem evidente que o fetichismo burguês atingiu de fato um novo nível diante dos motores incandescentes que cada vez mais evocavam imagens de leões e pássaros, de deuses clássicos e de monstros dos tempos antigos.

O vapor recebia uma enxurrada de alegorias e analogias místicas, a tal ponto que seu uso (ou seu inventor) foi praticamente deificado. "Watt! Que nutre milhões com seu motor/ de um semideus os milagres-vapor!", exclamou o poeta do livre mercado Ebenezer Elliott,[40] enquanto Baker, em sua longa ode, se referia o tempo todo ao motor como "divino". Essa invenção teria brotado daquela província primordial de existência misteriosa — o mundo inferior:

> Ergueu-se um SER de ardor sobrenatural:
> Trouxe em seu cajado ondas espumantes,
> Qual mágica, de grutas extremantes;
> Pra'em várias ações seus poderes provar;
> Veloz pelo chão fez o coche rolar

E assim por diante.[41] Talvez não tenha sido por coincidência que Disraeli comparou o maquinário movido a vapor em Manchester com os ifrites subterrâneos. Em certo sentido, a queima de combustíveis fósseis *é* uma necromancia material: a conjuração de organismos mortos, com o despertar de suas forças vitais voltado à condução das ações dos vivos. Em todo caso, o motor a vapor se prestava a esse tipo de misticismo graças ao truque característico de *transformar a matéria mais absolutamente inerte no movimento mais dinâmico*, algo que nenhum outro mobilizador primário havia feito antes. O perfil espaçotemporal do estoque determinou as vantagens práticas do vapor *e* sua aura sobrenatural na sociedade burguesa tanto para manufatureiros quanto para menestréis.

O motor era "milagroso e hercúleo", "como o cajado do profeta israelita" ou, simplesmente, uma criação do deus cristão, mas uma referência claramente comum estava na mitologia árabe.[42] Farey, autor do manual mais preciso e supostamente lúcido do ponto de vista técnico, proclamou que o motor a vapor "foi criado para realizar algumas das fábulas orientais daqueles gênios benfazejos e laboriosos que, a pedido de algum mortal agraciado, ergueriam cidades populosas no meio de desertos, escavariam palácios subterrâneos" e tudo o mais.[43] Em *Norte e sul*, Elizabeth Gaskell comparou o martelo a vapor de Nasmyth — uma máquina operatriz com um motor interno — a um dos "gênios subservientes das *Mil e uma noites*",[44] enquanto Walter Scott se referiu a Watt como "esse poderoso comandante dos elementos — o abreviador do tempo e do espaço —, *esse mágico*".[45] Naquele que talvez seja o mais empolado dos panegíricos da era vitoriana, *The Silent Revolution: Or, the Future Effects of Steam and Electricity upon the Condition of Mankind* [A revolução silenciosa: ou os efeitos futuros do vapor e da eletricidade na condição da humanidade], Michael Angelo Garvey combinou imagens cristãs e árabes: o vapor "desceu à Terra. Mistura-se aos homens [...], desafia tempestades [...]. Os talismãs da fábula árabe nunca conferiram a seus possuidores um tal poder como o que a ciência agora oferece à humanidade".[46]

Como devemos avaliar a prevalência dessas imagens transcendentais? Duas interpretações são possíveis. Ou aqueles que escreviam sobre o vapor usavam o mito como forma de dar contraste à racionalidade, apenas com o intuito de salientar que as verdadeiras maravilhas pertenciam à esfera da engenharia moderna — e não a narrativas épicas idiotas —, ou então investiam poderes míticos aos motores porque, em algum grau, acreditavam seriamente nos milagres da nova tecnologia. Considerando a primeira interpretação, declarações sobre espíritos, gênios e cajados israelitas são expedientes estilísticos sem importância; considerando a segunda, essas afirmações operavam em um registro cultural em que havia ao menos um irracionalismo residual — que não deve ser ignorado — nas ideias que importavam na prática. Talvez as declarações oscilassem entre esses dois usos. Porém, a enorme frequência da linguagem metafísica sugere de fato que o que acontecia ia além de um floreio de linguagem trivial. O mesmo se aplica à estrutura fundamentalmente fetichista da ideologia do vapor, com as extensas linhagens de recepções quase mitológicas que os novos autômatos encontravam na história europeia e, por outro ângulo, com o fato de que aquela época dificilmente poderia ser caracterizada por um grande senso de ironia. Mesmo que não quisessem sinceramente dizer que as fábulas orientais agora se realizavam, Farey e seus colegas burgueses parecem ter desenvolvido uma veneração pelo motor que ressoava profundamente com arquétipos míticos. Asa Briggs, célebre historiador dedicado a essa época, descreveu essa ideologia como "o evangelho do vapor". Em *Engineering Empires: A Cultural History of Technology in Nineteenth-Century Britain* [Projetando impérios: uma história cultural da tecnologia na Grã-Bretanha do século XIX], Ben Marsden e Crosbie Smith a rotulam como uma "veneração à potência"; outra sugestão foi "wattolatria".[47] Dificilmente essa tendência se qualificaria como uma religião completa — ainda que o idolatrado Watt se aproximasse do papel de profeta, e sua carreira, de uma epifania nacional, além de seus monumentos se assemelharem a templos —, mas talvez se pudesse configurar como um credo meio secular, meio espiritual: uma das conotações clássicas, é claro, do conceito de "fetichismo".

De fato, as quimeras pré-científicas parecem ter feito um retorno retumbante na Grã-Bretanha do início e de meados do século XIX. Em *Sublime Dreams of Living Machines*, Kang retraça as reviravoltas nas ideias europeias sobre o autômato, desde um encantamento profundo na Idade Média até a revolução científica do século XVII, na qual os objetos mecânicos foram repentinamente dessacralizados e desencantados. No tempo de Descartes, a *intelligentsia* ocidental insistia em explicações puramente naturalísticas para aparatos que se moviam sozinhos: todos eles eram operados com base nas leis da natureza, como no caso do relógio — o artefato emblemático daquela era.[48] As máquinas foram purgadas de sua mágica. Na época da crise estrutural, no entanto, a burguesia britânica já se livrara havia muito do jugo da religião feudal. E podia se permitir a ressurreição dos espíritos, com o efeito paradoxal de que um período que exibia a racionalidade científica como troféu recaía constantemente em um romantismo ou mesmo em um obscurantismo mecânico.

Essa tendência podia ter consequências práticas. A potência hídrica não evocava ideologias equiparáveis. A tecnologia básica da roda-d'água era conhecida desde a Antiguidade; ela representava uma herança do passado, e não uma janela para o futuro. As instalações mais gigantes atraíam e impressionavam turistas, mas não eram de modo algum comparáveis ao halo do vapor: não havia *mistérios* a seu respeito. Diferente do estoque, o movimento do fluxo era perceptível e inteiramente claro, conhecido de todos pela experiência pessoal; ao contrário do motor, cujos braços estavam ligados a — mas separados de — uma distante região subterrânea, a roda-d'água se limitava a transmitir a corrente do rio sem reter nenhum ar fantasmagórico. A roda não viajava para dentro e para fora dos domínios dos vivos e dos mortos.

Mulas de fiar autônomas, teares mecânicos e máquinas de cardar podiam ser instalados com facilidade em fábricas movidas pela potência hídrica, mas o fetichismo da máquina nunca se agarrou muito à água. Nunca houve campanhas para a construção de monumentos em homenagem aos célebres inventores de rodas-d'água — se houvesse, Thom poderia ter se considerado um candidato —, nenhuma expressão hídrica foi introduzida à língua inglesa, não houve conversas sobre a água como "uma grande força moral", um organismo com metabolismo próprio ou uma fábula tornada realidade, e nenhum capitalista do vapor veio prestar homenagem ao campo adversário em Freemason's Hall. Quando Robert Thom procurou uma explicação — de seu ponto de vista — para a negligência irracional contra a potência hídrica, foi a essa direção que ele se aferrou:

> Talvez o sucesso esplêndido do motor a vapor tenha sido parte considerável disso. O halo que rodeia a testa de Watt parece ter atraído quase todos os aspirantes a gênios mecânicos da época para o motor a vapor;

e a mais natural mas menos sedutora potência hídrica foi, como consequência, deixada de lado.[49]

Quão significante pode ter sido esse fator? É improvável que os capitalistas escolhessem o vapor em detrimento da água caso isso não resultasse em lucros, mas apenas em prejuízos, exclusivamente pelo desejo de passar algum tempo com os fantasmas das *Mil e uma noites*. Ainda assim, não há como descartar o fato de que o fetichismo do vapor exercia uma influência real sobre a mente dos manufatureiros e dos mecânicos de modo a cegá-los para os potenciais consideráveis da tecnologia hídrica. As rodas-d'água não inspiravam fervores ou encantos comparáveis, não proporcionavam a seus proprietários um ambiente similar de *mission civilisatrice*, não despertavam entusiasmo no coração da cultura burguesa. Assim como qualquer outro ser humano, os capitalistas são mais — ou menos — do que criaturas exclusivamente racionais, e a ideologia é capaz de atiçar paixões, orientar ações, nortear seus adeptos em suas vidas práticas — inclusive na esfera da produção de mercadorias. Não há como descartar que os proprietários tenham sido seduzidos por esse feitiço. Sua eficácia relativa é praticamente impossível de estimar, mas, sem dúvida, é digno de nota que Watt tenha sido glorificado, e o motor a vapor, fetichizado, *antes* dos anos críticos de meados de 1830: imagens ideais da transição, ambos podem ter desempenhado um papel na *motivação* de capitalistas algodoeiros e de outros ramos da indústria a irem até o fim. Por outro lado, existem riscos na indicação de ideias fetichistas como fatores causais em si, como algo de algum modo elevado acima do contexto das lutas diárias no chão de fábrica da economia. Na verdade, por mais imponentes que fossem, essas ideias nunca desprenderam as amarras que as fixavam a esses conflitos — muito pelo contrário, o vapor ganhou seu halo no campo de batalha.

A sequência desse embate foi eloquentemente reproduzida por Peter Gaskell. Cirurgião por ofício e liberal por convencimento, Gaskell escreveu uma grande obra, *Artisans and Machinery* [Os artesãos e o maquinário], na qual, depois de algumas dezenas de páginas, elogia o vapor como redentor da Grã-Bretanha:

> Além de certo ponto, a força humana é demandada com grande dificuldade; e, pior ainda, quando um grande número de indivíduos se dedica a uma única ocupação, essa força é difícil de administrar, e depender dela é ainda mais árduo [...]. [Os proprietários] tinham de fato poucas alternativas, e é bastante certo que uma crise se aproximava com rapidez e viria a refrear os progressos das manufaturas quando o vapor, com suas aplicações ao maquinário, de um só golpe inverteu a corrente em desfavor dos homens e, desde então, vem varrendo sua oposição para longe, de modo constante, mas seguro.[50]

O palco central desse movimento ondulatório estava na indústria do algodão. "Não fosse a aplicação do vapor", o setor teria sido atrofiado, sobrecarregado por "detalhes dispendiosos" — uma referência às colônias — e, por fim, destruído pelo crescimento das associações de trabalhadores. De fato, a insubordinação oferecia aos manufatureiros um motivo abrangente para a introdução dos motores a vapor, cuja promessa consistia em libertá-los do jugo de empregados "absolutamente ingovernáveis"; Gaskell instou os capitalistas a seguirem adiante com intuito de aniquilar completamente a influência proletária nas fábricas por meio desse "servo dócil e gigante, o motor a vapor".[51] Aqui Gaskell assume o papel de porta-voz da administração estratégica da crise: fazer avançar os motores para que retrocedessem os trabalhadores. Todas as características fetichizadas da máquina automática, inferidas a partir de seu valor de uso na luta de classes, foram transpostas diretamente para o motor, e esse movimento foi de fato sintomático. No fetichismo do vapor, os temas do fetichismo da máquina foram generalizados e amplificados como *funções do mobilizador primário*, o autoagente universal, o pai de todos os homens de ferro menores, ou, como Baines diria, o coração fabril que impelia inúmeros "braços, mãos e dedos".[52]

Quais foram, então, os caminhos ideológicos que fizeram o fetichismo da máquina ignorar a água e correr para o vapor? (Essa é só outra forma de formular a pergunta da transição.) *Os mesmíssimos valores burgueses incorporados às máquinas automáticas podiam ser encontrados nos motores*, mas não nas rodas-d'água. Ao discutir a "teoria do movimento dos rios" em seu *System of Mechanical Philosophy* [Sistema de filosofia mecânica], de 1822, John Robison, confidente de Watt, defendeu que os engenheiros ainda não haviam aprendido a dominar a força das águas, que se recusava a se dobrar às suas vontades. "A natureza", declarou Robison, "*mostra sua independência* diante de nossas noções, e, sempre fiel às leis que lhe são impostas e sobre as quais somos ignorantes, *ela nunca falha em frustrar nossas visões, desconcertar nossos projetos e inutilizar todos os nossos esforços*".[53] Com uma visão alarmante sobre a natureza em geral e sobre a água em particular, e um uso revelador de uma linguagem generificada [uso de *she* para se referir à natureza, quando o comum seria *it*], essa declaração deixa perfeitamente claro o motivo pelo qual, no fim, a burguesia britânica não suportava o fluxo: ele possuía uma *potência mecânica autônoma* que se conformava a leis escritas por sua própria natureza soberana e sobre as quais os proprietários não conseguiam exercer controle estável. Os paralelos com o trabalho humano são impressionantes.

Os trabalhadores entravam em greve, e a água congelava; tomados por um espírito migratório e inquieto, os trabalhadores podiam ir embora, e a água corria mais rápido em colinas distantes; os trabalhadores rejeitavam ordens, e a água secava; os trabalhadores desfalcavam materiais, e a água inundava estabelecimentos. Todos os aborrecimentos ligados ao trabalho humano eram espelhados no fluxo. Por outro lado, *todas as virtudes da máquina automática ecoavam no estoque*, sobretudo, e em suma, na falta absoluta de todo e qualquer traço de autonomia. Em 1848, Nassau William Senior deu uma palestra na Universidade de Oxford a respeito dessa vantagem fundamental do vapor:

> O que o distingue de todo o resto é sua propensão a ser administrado. A potência eólica deve ser captada onde é disponibilizada pela nature-

> za. Ela não pode ser abrandada ou aumentada. A potência hídrica está mais sob controle. Ela sempre pode ser diminuída, e, às vezes, há algumas poucas ações que podem ser tomadas para aumentá-la. *A força do vapor é exatamente aquela que escolhemos que seja.*

Naquilo que era um impedimento ainda maior para suas credenciais energéticas, seres humanos e cavalos eram dotados de vontade própria. Senior escolheu um exemplo em meio a estas últimas criaturas, mas é evidente que pretendia estendê-lo também aos primeiros: "Bestas são governadas por *instintos e paixões que nem sempre podem ser previstos e controlados*, pois talvez nunca sejam exatamente iguais — duvido que haja dois cavalos com exatamente as mesmas qualidades morais e intelectuais". Em oposição, "a ação de dois motores a vapor construídos de acordo com um mesmo modelo é exatamente igual. Desse modo, eles agem de acordo com leis que podem ser conhecidas e previstas" — leis que, nas mãos dos proprietários e dos mecânicos, afastavam a inconstância dos motores, domesticados de uma vez por todas.[54] O motor possuía uma combinação única de potência e administrabilidade. Depois de guiar o leitor por aquele mundo que estava sob seu domínio, o próprio gênio diz, no poema de Baker:

> Como teus braços, subservientes aos teus anseios.
> Muito mostrei, nest'hora memorável,
> que vem desta POTÊNCIA IRREFREÁVEL.[55]

A imagem era onipresente: Babbage admirava o vapor por ser "obediente à mão que convoca suas potências irrefreáveis à ação"; Ure, pela "docilidade de sua força mobilizante"; Fairbairn, pelos "poderes tão grandes e tão energéticos que nos espantam com sua imensidão, mas que, ao mesmo tempo, são perfeitamente dóceis". Dentro da delegacia de polícia de Manchester, o proprietário Philips louvou o vapor por sua natureza "controlada e governável, além de regulamentável", enquanto Robert Stuart, autor de uma *Descriptive History of the Steam Engine* [História descritiva do motor a vapor], de 1824, enalteceu não apenas seus "poderes prodigiosos", como igualmente "a facilidade, a precisão e a maleabilidade com que podem ser alterados, distribuídos e aplicados".[56]

Podemos chamar essa característica de *poder impotente* — uma doutrina cardinal do fetichismo do vapor. Sua atratividade era uma função da flagrante insubmissão *em meio a trabalhadores e nos cursos de água*, na qual os primeiros representam o contraste social e os últimos, o contraste natural ao vapor. Não com menos frequência, o motor era apresentado como a antítese de humanos desordeiros. Na primeira das principais biografias de Watt publicada em inglês, François Arago, cientista francês associado à Royal Society of London, declarou-o "o criador de seis milhões ou oito milhões de trabalhadores, trabalhadores assíduos e infatigáveis, *em meio aos quais a lei não precisará jamais sufocar associações trabalhistas ou rebeliões*; trabalhadores que recebem salários de cinco cêntimos por dia", presumivelmente o custo do carvão.[57] Por razões óbvias, cálculos sobre quantos hectares de florestas teriam sido substituídos pelos motores são raros na literatura, mas estimativas de sua equivalência em termos de *trabalhadores* são bem mais comuns. Um estudo sugere que a capacidade total de cavalos de potência dos motores estacionários britânicos em 1826 correspondia a exatamente 6,4 milhões de homens (comparados com 480 mil na França).[58] A difusão do vapor, observou Babbage, "já acrescentou milhões de braços à população desta pequena ilha". Gaskell estimava que a reserva da potência seria "equivalente a toda a população adulta do reino", enquanto uma hagiografia de Watt publicada no *Times* em 1859 realizou uma revisão que elevou radicalmente esses números e relatou que a potência total derivada do vapor na Grã-Bretanha era agora "*equivalente ao trabalho manual de quatrocentos milhões de pessoas, ou mais do que o dobro do número de homens que supostamente habita o globo*. Foi esse o *poder* que Watt conferiu a esta nação".[59] Precisos ou não, os números transmitiam uma certa percepção sobre o vapor: não como terreno de dimensões-fantasma, mas — e uma qualidade intensamente mais fetichista — como um tipo de *população-fantasma*, primeiro com a substituição de trabalhadores humanos e, depois, ao marchar para dentro das fábricas em quantidades cada vez maiores, com a superação de seus números totais.

Aqui a imagem do escravizado utilizada pelo fetichismo da máquina aparece mais uma vez. O motor era um megaescravo passivo *e* enérgico, ou, nas palavras de Farey: Watt e seus colegas inventores "tornaram-no capaz de movimentos muito rápidos e puseram seus poderes tão completamente sob controle que agora ele é o *trabalhador mais dócil, e também o mais ativo, que podemos empregar*". Em princípio, defendeu Farey, todo o trabalho desempenhado pelo vapor poderia ser realizado por corpos humanos, mas com certas dificuldades correlatas; suponhamos, por exemplo, que um motor que drenasse uma mina de carvão fosse substituído por 3.500 homens. Primeiro, seria necessário garantir a disciplina — tarefa nada fácil. Depois, esses trabalhadores ficariam exaustos com a tarefa, e precisaríamos de vários grupos de revezamento. "Assim, temos no vapor", concluiu Farey, "um servo esforçado e infatigável que faz tanto quanto 3.500 homens poderiam fazer, mas que *é tão dócil que não exige nenhuma outra ordem* ou acompanhamento além daquele proporcionado por dois homens para assisti-lo e *ocasionalmente alimentá-lo com combustível*".[60] Um trabalhador perfeitamente dócil e maleável — em vez de ordens, combustível: o sonho sublime de capitalistas assolados pela crise.

Como representava tudo o que o trabalho não era, o vapor foi percebido como seu substituto definitivo. Todas as suas virtudes se contrapunham aos vícios da classe trabalhadora: lá estava um megatrabalhador mecânico e um *anti*trabalhador. Todos os seus méritos eram também negações das desvantagens das outras fontes de energia, sobretudo as da água. O vapor era valorizado por não possuir vontade própria, não estar sujeito a leis exteriores nem ter uma existência residual além da invocada por seus proprietários; ele era absolutamente, e na verdade *ontologicamente,* subserviente àqueles que o possuíssem. "Ele foi trazido à existência pela vontade do homem", escreveu Hugo Reid.[61] O propósito do maquinário autoatuante — a reconsolidação do poder sobre o trabalho — exigia um mobilizador primário *sobre o qual o capital exercesse poder absoluto* e que simultaneamente *proporcionasse toda a potência de que o capital precisava*. Na fórmula do poder impotente, a burguesia britânica encontrou uma base ideal para a automação, assim como uma doutrina ideológica que sintetizava os benefícios concretos do vapor: divisibilidade entre capitalistas individuais, mobilidade no espaço, confiabilidade no tempo — todos aspectos de uma fundamental ontologia trazida para a existência. Em um período em que a desobediência inerente à natureza em fluxo se tornou estranhamente análoga à rebeldia de um povo em ebulição, a resposta vinda do gênio do vapor — imaginemos um capitalista capturado em uma lâmpada —

deve ter sido irresistível: *Mestre, obedeço às suas ordens. O senhor tem algum outro pedido?*

Há aqui uma ligeira divergência quanto ao fetichismo "normal", se é que existe algo do tipo. Um fetiche é um objeto material tratado como se tivesse vida própria, mas o vapor foi fetichizado precisamente porque *não* tinha. Ele foi venerado por sua absoluta falta de volição. Nunca houve necessidade de apaziguá-lo, agradá-lo ou cobri-lo de súplicas; o vapor não tinha agência autônoma, apenas transmitia a de seus senhores; ele não precisava ser subjugado e, assim, podia ser empregado com muita eficiência para subjugar os outros. Conforme era deificado, também assumia a forma de uma deidade estranha, desprovida da capacidade de influenciar seus seguidores — ou, nas palavras de Reid, o vapor "está tão completamente sob nosso controle e possui uma capacidade autorreguladora em um grau tão extraordinário que quase realiza a fábula de Prometeu, além de poder ser adequadamente comparado a um *ser inteligente devotado a nossos serviços*".[52] Se o vapor tinha vida, essa era uma vida inanimada, a vida de uma população fantasmagórica criada à própria imagem do capital e que se batia contra as fronteiras do fenômeno do fetichismo em direção a algo bem mais sinistro.

A potência mecânica e o poder social se encontravam aqui completamente em harmonia. No fetichismo do vapor, deslizamentos entre esses dois polos eram constantes, a tal ponto que sua aproximação só poderia ser desfeita com o uso de violência retroativa. Uma das anedotas mais repetidas sobre a empresa Boulton & Watt revelou que Boulton brincara de forma consciente com o duplo sentido da palavra *power* [poder e potência] em inglês:

> Quando Matthew Bolton formou uma parceria com James Watt, abriu mão da empresa de produção de artigos de ouropel a que até então havia principalmente se dedicado. Boulton estava acostumado a suprir George III [rei da Grã-Bretanha de 1760 a 1820] com produtos provenientes de sua manufatura, mas deixou de esperar por novos pedidos do rei após ter embarcado no novo empreendimento. Algum tempo depois, compareceu a uma recepção real e foi imediatamente reconhecido pelo monarca. "Ah! Boulton", disse o rei, "há muito que não o vejo na corte. Por gentileza, em qual negócio você está envolvido agora?" "Estou envolvido, Vossa Majestade, com a produção de uma mercadoria que é de desejo de todos os reis." "E qual merca-

doria é essa? Do que se trata?", perguntou o rei. "POWER [poder e potência], Vossa Majestade", respondeu Boulton, que então ofereceu uma descrição dos grandes usos a que o motor a vapor poderia ser aplicado.[63]

Essa história circulou em diferentes versões, muitas das quais diziam que um Boulton radiante de orgulho teria contado a um visitante: "Vendo aqui, meu senhor, o que o mundo inteiro deseja possuir: POWER" — uma declaração que hoje circula na nota britânica de cinquenta libras.[64] Mas, ainda que o rei tenha sido substituído pelo mundo inteiro, a alusão à centralização de poder nas mãos de poucos é parte fundamental dessa história. Ao recontá-la mais uma vez, a hagiografia do *Times* a interpretou como prova de que "uma nova era havia alvorecido, na qual *power* [poder e potência] era vendido nessa escala, e seus criadores e vendedores se consideravam príncipes e reis de homens impotentes (*powerless*)".[65]

Agente onipotente, população-fantasma, potência e poder sempre à mão: em todos os seus múltiplos disfarces fetichistas, o vapor era percebido como força mecânica e social — e, assim, *central* por definição, e não distribuído igualmente entre a humanidade: mantido nas mãos de alguns para ser brandido contra outros. O contexto completo dessas ideias não pode ser apreendido de outro modo que não o da escala global. O motor a vapor pode ter prestado seus serviços mais valiosos sobre as ondas, conforme o império britânico se expandia do Atlântico ao Pacífico. Mas, dentro das fábricas, os motores estavam instalados, é claro, em meio a relações de poder entre proprietários e trabalhadores. Vimos Ure descrever como o motor "conjura a seu redor uma miríade de criados solícitos" e impõe a própria vontade como "poder central" da fábrica — uma noção que denota a dualidade do fenômeno que seria incompreensível caso algum desses aspectos fosse subtraído. Em outra formulação pitoresca, Ure declarou que "o motor a vapor é, na verdade, o *controlador geral* e a mola propulsora da indústria britânica, responsável por fazê-la avançar em um ritmo constante e que, até que a tarefa atribuída esteja completa, nunca permite que se atrase ou vagueie": ele *encarnava* o poder e ditava aos empregados o ritmo e a duração de seus trabalhos como se fosse um representante do manufatureiro, seu comandante em chefe ou o portador metálico de sua subjetividade. Nasmyth escolheu outra metáfora militar: "Todos conhecemos a influência de melodias alegres e animadas, tocadas por pífanos e tambores, sobre as passadas e a marcha de um regimento de soldados. O mesmo se dá com os animados movimentos de um motor a vapor sobre a atividade dos trabalhadores".[66] Afirmações como essa deixam de lado toda pretensão de transcendência frente à necessidade do trabalho humano e escancaram a intenção de extrair cada vez mais dele.

O motor a vapor se assemelhava então a uma forma peculiar de fetiche, que hoje existe mais na imaginação ocidental do que em alguma forma de prática religiosa concreta de comunidades afro-caribenhas, mas que já foi comum em culturas mediterrâneas antigas e, ao que parece, na França medieval: os bonecos vodu. Achados arqueológicos ligados a esse tipo de artefato na Itália sugerem que tais objetos eram espetados com pregos para "'pregar' oponentes e imobilizá-los", atraí-los a determinada órbita e submetê-los à vontade do executor do rito.[67] Pessoas como Ure e Nasmyth percebiam o motor como algo similar: um objeto com o qual antagonistas poderiam ser manipulados por controle remoto. Nesse aspecto, talvez o motor não fosse tão diferente de outros fetiches modernos — notadamente o dinheiro —, mas parece não ter gozado da capacidade, tanto na ideologia quanto na realidade, de *se voltar contra seus criadores*, de estabelecer um domínio crescente sobre seus autores, de limitar as ações que eles poderiam executar ou de demandar seus sacrifícios. O vapor foi promovido como *poder materializado da burguesia*. A dominação desta classe no nível da produção já não exigia, como antes, as Combination Laws ou normas similares e interferências extraeconômicas: agora, a ordem residia no mobilizador primário. Tudo o que ele exigia, em quantidades cada vez maiores, era combustível.

O carvão é todo-poderoso

Parte do fetichismo do vapor replicava as ilusões do fetichismo da máquina ao representar o motor literalmente como semovente. "Ele alimenta a si mesmo", escreveu um dissimulado Alderson, "e extrai de seus próprios trabalhos tudo o que é necessário para sua subsistência" — como se se tratasse, de fato, de um sistema fechado.[68] Garvey sugeriu que o "mobilizador e o diretor primários" reais do vapor eram "a mente em si mesma"[69] — a pura inteligência dos engenheiros britânicos —, enquanto outros se lembravam de um pequeno detalhe: aí estava "um Autômato;/ Fadado ao homem revés não causar,/ senão em seu peito o fogo atiçar".[70] Outros ainda buscavam trazer o fetichismo do vapor totalmente para a terra:

> É comum retratar as vantagens introduzidas pelo motor a vapor e dizer que ele tece, fia, bombeia, estampa, enrola, estica, marca; e, de fato, máquinas movidas a vapor são capazes de tudo isso. Mas, o que permite ao motor a vapor realizar essas coisas? — *o carvão*. Toda a habilidade de Watt teria sido em vão sem um suprimento de combustível mineral,

objetou John R. Leifchild.[71] Comissário do governo envolvido com as condições de trabalho nas minas no começo da década 1840, explorador de distritos carvoeiros e um dos principais escritores vitorianos sobre assuntos carboníferos, Leifchild se escondeu sob o pseudônimo "A traveller underground" [Um viajante do subsolo] quando escreveu *Our Coal and Our Coal-Pits; the People in Them, and the Scenes Around Them*. A essência dessa obra estava na exposição das fundações subterrâneas de todos os milagres do vapor. Leifchild, é claro, não estava sozinho em sua reflexão — "sem uma oferta abundante de carvão, o uso do motor a vapor e as práticas das manufaturas do sistema moderno seriam muito limitados", escreveu Farey —, mas sua obra deu um passo além ao efetivamente descer às minas e, depois de exibir seus conteúdos diante de leitores burgueses, oferecer-lhes a descoberta do porão que sustentava suas existências.[72]

Leifchild se apresentava como cicerone para as paisagens do estoque. A não ser que estivesse diretamente envolvido com as escavações, era raríssimo que alguém visitasse esses locais, mas Leifchild reivindicava possuir uma experiência vasta e única nas minas de carvão ao norte da Grã-Bretanha. Ao se aproximar delas, um visitante perceberia, em primeiro lugar, sua compleição escura: "Começa-se a avistar grandes casas de máquinas e chaminés altíssimas que sopram longas nuvens escuras de fumaça para o céu". Depois, seria possível ouvir sons "que não são deste mundo" — o ranger dos motores, os assobios das polias, os lamentos dos trilhos — e aí, aproximando-se ainda mais, passar pelas chaminés que içam até o céu suas "colunas oblíquas de fumaça turva": sempre a fumaça onipresente. Tratava-se de uma paisagem artificialmente construída para a escavação das entranhas da Terra e para a transposição entre subsolo e superfície. Na descrição de Leifchild, os campos de carvão se assemelham cada vez mais às profundezas das minas — escuros, fuliginosos, gasosos, abarrotados — em consequência de sua revirada do avesso; ao longo do percurso, "tudo é sacrificado em prol do carvão".[73]

Uma consciência aguda dos princípios da economia fóssil subsidiava as explorações de Leifchild. *Our Coal* começa com uma comparação entre o ouro e o carvão, os dois minerais mais valiosos do mundo: um, "brilhante e estonteante, o outro, escuro e ameaçador"; um, armazenado em bancos, o outro, escondido em veios; um, "o aparente representante das riquezas do país, o outro, seu verdadeiro indicador" — a escavação real em busca de diamantes aconteceu não em orlas distantes, mas bem embaixo dos pés dos britânicos. Se todos os depósitos de carvão do país fossem transformados em ouro da noite para o dia, a perda teria sido catastrófica. Sem carvão, "nossos motores a vapor teriam enferrujado por falta de uso, pela falta de um combustível adequado; nossas fábricas teriam fechado; nossas estradas de ferro permaneceriam sem tráfego; nossos barcos a vapor seriam desmanchados e se decomporiam nas docas; e todos os nossos processos de manufatura se deteriorariam" — ou, em suma, o crescimento atingiria uma paralisação excruciante.[74]

Durante a crise estrutural e nas décadas que se seguiram, outros tratados sobre o combustível expressaram a mesma consciência ligeiramente vertiginosa: *o tipo de economia que a Grã-Bretanha havia desenvolvido dependia completamente do carvão.* Ele se tornara a base para "o emprego do capital e do trabalho — o desenvolvimento do comércio em geral —, o aprimoramento do solo — a extração dos maravilhosos poderes do motor a vapor" —, e se apresentava de forma "preeminente como causa de nossa riqueza nacional".[75] O carvão se tornara "a mola propulsora da civilização moderna", segundo Jevons: alvorecia sobre a Grã-Bretanha "a Era do Carvão. Na verdade, o carvão não está ao lado, mas *totalmente acima de todas as outras mercadorias.* É a energia material do país — o auxílio universal —, um fator essencial em tudo o que fazemos".[76] O pronunciamento de Jevons às vezes é citado como uma inscrição que adorna os portões da passagem para o uso viciante de combustíveis fósseis; por mais eloquente que seja, sua articulação é apenas parte de um *zeitgeist* mais amplo. Na literatura da época, a identificação do carvão como alicerce da economia e a atribuição da supremacia manufatureira britânica a reservas minerais abundantes passaram a ser mais um refrão repetido *ad infinitum*. Para citar apenas um exemplo: "Como grande fonte de força motriz para a produção manufatureira, o carvão é a principal dessas fontes de riqueza originais, peculiares e comparativamente exclusivas", nas palavras do jornal *Circular to Bankers*.[77]

A onipotência material poderia, assim, estar localizada em um andar abaixo da casa de máquinas. Jevons se maravilhava com a quantidade "quase inacreditável" de potência "engarrafada no subsolo" e chegou a corrigir a célebre anedota sobre Boulton: "Com o carvão, temos preeminentemente", como o sócio de Watt dissera, "o que o mundo inteiro deseja possuir: POWER". Pondo em prática as imagens do fetichismo do vapor, Jevons anunciou que, "como fonte, sobretudo, do vapor e do ferro, *o carvão é todo-poderoso*.[78] Leifchild recorreu a uma estrofe:

> Que roubem o nosso dinheiro,
> Seguimos homens altaneiros.
> Mas furtem o nosso carvão,
> E nossa essência tomarão.
> O CARVÃO, que avulta o país,
> Do Estado e comércio é a matriz.[79]

Alquímico, "a *verdadeira pedra filosofal*", capaz de superar todos os milagres dos santos, o carvão era "um presente dos céus para o homem" — ou apenas "uma força irremitente em seus trabalhos".[80]

A essa altura, o fetichismo do vapor parece ter se reduzido a um *fetichismo do carvão*, com a transferência das propriedades de sua derivação para o combustível em si mesmo, como se o carvão por conta própria produzisse potência, mantivesse o Estado ou distribuísse milagres. Ainda que buscasse alcançar substrato material em andares superiores, a ideologia burguesa recaía aqui em outros atos de ocultação. Um deles dizia respeito aos trabalhadores nas minas: o carvão não se ejetava para além daquelas câmaras escuras. Disso, no entanto, Leifchild estava bastante ciente. Seu retrato dos carvoeiros contém uma mistura de hostilidade ansiosa — particularmente quanto aos sindicatos e às greves — e comiseração das criaturas que habitavam os degraus mais baixos da escala da economia fóssil. Esses trabalhadores eram "homens pobres de aparência carbonizada" que ninguém ousaria invejar, "seres escurecidos, estranhos, encardidos" que, a cada ano que passavam no subsolo, assumiam cada vez mais a aparência do material de sua labuta. Ao mesmo tempo, os cortadores de rochas "equivaliam ao crocodilo, à íbis ou ao touro dos templos egípcios".[81] Mais baixo do que eles, em níveis ainda mais profundos das câmaras terrestres, ninguém era capaz de ir.

A estrutura do fetichismo do vapor

Há uma ambiguidade no âmago das teorias do fetichismo nas sociedades modernas: o dinheiro, a mercadoria, a máquina — todos são considerados objetos de crenças ilusórias a respeito de seus poderes inatos, mas, ao mesmo tempo, também exercem *de fato* poderes materiais sobre pessoas. O domínio que um artefato religioso exerce sobre um crente não passa de fruto de sua imaginação. O dinheiro é igualmente adorado, porém, desde que as relações humanas foram objetificadas, amalgamadas e incorporadas à moeda ou à cédula, tem poder *real* sobre os recursos na esfera das trocas; o fluxo de bens e de serviços *é* mediado pelo dinheiro, e, assim, a fé em sua supremacia não é inteiramente delirante, refletindo, na verdade, uma ordem social peculiar. O mesmo vale para a mercadoria e a máquina. "Em um sentido muito importante, objetos fetichizados são constitutivos — e não apenas falhas de representação — da acumulação e do poder", de acordo com Hornborg. Do que decorre, segundo o teólogo Roland Boer, que "aquele que cria o ídolo em primeiro lugar tinha, de certo modo, razão, pois o objeto, de fato, detém poder, *mas um poder pernicioso e destrutivo*" — uma proposição que poderia ter sido formulada a respeito do motor a vapor.[82] Ainda assim, não faria sentido — e seria uma rendição ao fetichismo — afirmar que o motor exercia *em si mesmo* algum tipo de poder como artefato que se movia por conta própria, que se instalava a si mesmo nas fábricas, que se ligava às diversas alavancas, que encomendava carvão, convocava trabalhadores e assim por diante. Tal como o dinheiro, suas funções só podiam ser concretizadas por humanos que *operavam através dele*, que delegavam a dominação que exerciam ao objeto e o empregavam como um meio: o poder estava *na* máquina, mas apenas na medida em que era usada por alguns contra outros.

Na formação ideológica que aqui chamamos de fetichismo do vapor, o vapor estava, de fato, no centro. Em sentido figurado, a máquina se localizava acima dele; o carvão ficava por baixo; cada nível de fetichização alimentava um nível correspondente de realidade material, e vice-versa. Mas essa corrente particular de poder — extraída das cavernas, transmitida por motores, focada no trabalho executado nas fábricas — não esgotava a utilidade de suas fundações. Acima do vapor, e para além das máquinas automáticas, todo um leque de objetos atravessava a economia; a valorização da versatilidade do mobilizador primário também surgiu de outras fontes que não a luta de classes. Esboçamos aqui somente *uma* das rotas que levam do estoque à dominação — mas uma rota estratégica. A luta contra o trabalho exigia maquinário, que exigia o motor a vapor, que exigia o carvão — que então se vinculou ao crescimento da manufatura. O vapor se situava exatamente no meio, entre os níveis inferior e superior, como aparato mobilizador do submundo sob comando do capital.

A ideologia refletida — e formativa — representou uma das classes em combate. Ninguém se teria identificado como um "fetichista do vapor" do mesmo modo como poderia ter ostentado o rótulo de "liberal" ou "socialista" — uma anomalia que essa formação ideológica em particular compartilhava com os fetichismos do dinheiro, da mercadoria e da máquina. Diferente destes, no entanto, o fetichismo do vapor não brotou espontaneamente da trama material (e semiótica) da sociedade: ele veio à luz pelo esforço de intelectuais burgueses que *o articularam abertamente*, assim como outros haviam feito com o liberalismo ou o socialismo — mas como aspecto fundamental de uma realidade emergente, isto é, a ascensão do motor a vapor e o nascimento da economia fóssil. O fetichismo do vapor era um projeto militante e utópico, *mas também* uma estrutura de reificação em formação, a visão de mundo de sujeitos de classe *e* um reflexo da sociedade por eles governada e imaginada, mas tangível em seus efeitos. De maneira similar, a atribuição de onipotência e influência espiritual ao vapor era apenas parcialmente falsa. Hornborg sintetiza essa antinomia da ideologia fetichista em uma formulação inigualável: "A magia e o poder compartilham uma mesma posição híbrida entre fraude e eficácia".[83] Que tipo de magia? Magia com intenções malévolas, do ponto de vista de muitos dos subjugados pelo vapor.

10

"PAREM A FUMAÇA!": O MOMENTO DE RESISTÊNCIA CONTRA O VAPOR

A demonologia do vapor

Uma sombra de resistência acompanhava praticamente qualquer nova máquina lançada durante a Revolução Industrial, e o motor a vapor não foi exceção. Em uma manhã de março de 1791, a Albion Mill — a primeira a ser movida exclusivamente a vapor — ardeu em chamas após ter sido alvo de incendiários. "Mais tarde, a satisfação do povo foi expressa em canções entoadas pelas ruas de Londres", registrou Farey; em Birmingham, a Boulton & Watt respondeu com o fornecimento de armas aos funcionários de seu estabelecimento no Soho para serem usadas contra possíveis ataques. O incidente proporcionou um incentivo fundamental para o desenvolvimento de prédios à prova de incêndios como forma de defesa contra a ira plebeia.[1] Na sequência da revolta luddista e, mais particularmente, do levante dos tecelões manuais de Lancashire em 1826, quando mais de mil teares mecânicos foram destruídos, o Estado britânico promulgou uma nova legislação para a proteção do maquinário. Lemos, no quinto parágrafo da Lei de 1827: "Caso alguém, em violação à lei e de forma maliciosa, incendeie minas de carvão ou de carvão de esporos, tal infrator será considerado culpado de uma infração criminal e, depois de condenado, receberá a pena de morte" — e a mesma punição seria aplicada a qualquer um que tentasse "derrubar, destruir ou danificar com o intento de destruir ou inutilizar motores a vapor".[2] Em março de 1831, numa sessão de julgamento itinerante realizada em Lancaster, o juiz, em clara articulação das prioridades do Estado, lembrou ao público o intuito mais importante da lei:

> Declaro que, caso indivíduos se reúnam em desordem ou tumulto com o intuito de destruir motores a vapor ou qualquer tipo de maquinário, fixo ou móvel, em qualquer fábrica ou mina, ou pontes e vias de transporte, essas pessoas serão consideradas culpadas de uma ofensa capital.[3]

Em outras palavras, os anos críticos da transição para o vapor foram murados por uma lei que tornou o ato doloso de danificar uma mina de carvão ou um motor *punível com a morte*.

Essas não eram palavras vãs. Em novembro de 1831, o caos irrompeu em Coventry quando uma multidão invadiu uma fábrica equipada com teares mecânicos para a produção de fitas de seda, destruiu o maquinário, incendiou o prédio e destroçou o motor a vapor com uma marreta. Pelo crime, três homens foram condenados à morte por enforcamento. Outra forma de aplicar a Lei de 1827 era inocentar protetores de fábricas cujos tiros haviam matado amotinados sempre que fosse possível verificar a intenção de danificar máquinas: isso aconteceu em Oldham em abril de 1834. Ainda assim, e apesar da lei draconiana, os trabalhadores mantiveram a mira nos motores a vapor. Em uma greve em Preston, em 1831, fiandeiros apagaram as caldeiras de várias fábricas, paralisando a produção — e, em um dos casos, aumentaram a velocidade do motor até que ele se destroçasse.[4]

O que os trabalhadores pensavam sobre os motores a vapor? Não há referendos ou pesquisas de opinião a serem consultados, mas algumas evidências permitem vislumbrar a disseminação rasteira da dissidência. Frederick Marryat — oficial da Marinha Real, romancista e editor da *Metropolitan Magazine* — escreveu um texto sobre como o motor era visto pelos trabalhadores belgas e britânicos, e também, claro, por ele mesmo. Diante do semblante do motor, Marryat ficava atordoado:

> Não consigo de forma alguma me dissuadir da ideia de que ele possui *vitalidade* — que é um ser tanto vivo quanto semovente —, e essa ideia, aliada a seu imenso poder, conjura em minha mente a noção de que se trata de algum demônio terrível que escarra e silva, e, alegre, está a postos para nos arrastar aos milhares rumo à destruição. Essa poderosa invenção se mostrará uma *bênção* ou uma *maldição* para a humanidade? — assim como o fogo que Prometeu roubou dos céus para dar vida à sua estátua, também ela não poderá dar lugar aos males do féretro mortal de Pandora?[5]

Havia aqui a inversão do fetichismo para a *demonologia do vapor*: o motor como força particular não para o bem, mas para o mal. Dotado de uma corrente formidável de energia oculta no interior de seu corpo, o motor parecia possuído por um poder estranho, quase diabólico, quando movia seus membros com um vigor inerente.

Para Marryat, o arraste para a destruição estava em curso, e já bem avançado. Os trabalhadores, temerosos de que "ele vá tomar nosso pão", haviam chegado a "uma verdade instintiva e profética" a respeito do motor a vapor. Como expressou um cavalheiro inglês anônimo com quem o escritor compartilhara a desagradável experiência de viajar a bordo de um motor a vapor: "O vapor, meu senhor, é uma descoberta melancólica" — não apenas para marinheiros, mas uma "melancolia para aqueles em terra firme, meu senhor; os motores trabalham enquanto o homem observa e morre de fome. O campo está arruinado, meu senhor — e, miseráveis, as pessoas são expulsas de seus empregos". Toda aquela conversa sobre bênçãos encobria uma maldição que não se diluía, e "não há possibilidade de retorno à nossa prosperidade anterior; a menos que ateemos fogo em nossas minas de carvão". O cavalheiro considerava a Grã-Bretanha um país virado do avesso, despedaçado em seu âmago, conturbado até mesmo em seu clima:

> Eu lhe pergunto se até as estações do ano não mudaram em nosso triste país; se não temos agora verões com temperaturas incomuns e nunca vistas, e invernos sem frio; quando voltaremos a ver os termômetros abaixo dos 15 °C? Nunca, meu senhor. O que é o verão senão uma estação de alerta e temor?[6]

Nesses parágrafos bastante significativos, Marryat conectou três imagens de destaque na demonologia do vapor: o motor como agente de *despotismo* (ele trabalha "enquanto o homem observa e morre de fome"), de *degradação* ("o campo está arruinado, meu senhor") e, em última instância, de *danação* (aqui, sob a forma de "temperaturas incomuns e nunca vistas"). A tríade também aparece, é claro, nos escritos dos trabalhadores. As décadas da crise testemunharam o surgimento de uma imprensa proletária independente, com jornais como o owenista *The New Moral World*, amplamente lido por ativistas sindicais em meados dos anos 1830. Originalmente publicado em suas páginas, "The Factory Child" [A criança da fábrica], um conto escrito por Douglas Jerrold, retratava a vida sinistra da protagonista utilizando o pincel da demonologia do vapor: "O motor, tal qual coisa viva, algo monstruoso que desperta na imaginação a força e a vastidão dos animais pré-adamitas; *que*, como se por instinto e vitalidade, trabalha sem pausa ou erro, um monstro de ferro com um pulso de vapor". Em tom patético, Jerrold descreve sua jovem trabalhadora como "unida — firmemente casada — com o vapor gigante", forçada a oferecer seus "ossos e tendões infantis para o motor Moloc", com seus "frágeis membros contrastados com as válvulas de metal — o pistão em oposição ao coração humano!".[7] É o déspota em ação, que agrilhoa os trabalhadores e exaure suas forças: de certo modo, uma confirmação da noção burguesa do vapor como poder, mas vista pelo campo adversário.

Sentimentos demonológicos eram expressos com regularidade nas páginas do *New Moral World* e, ao que parece, compartilhados por segmentos significativos da classe trabalhadora. Baines condenou o "preconceito comum" segundo o qual o motor a vapor "é um poder tirânico e uma maldição para aqueles que trabalham em conjunção com ele", enquanto a *London and Westminster Review* citou a visão de outro grupo à beira da ruína: "Mas", diziam os operadores de máquinas, "*o motor é nosso inimigo*; é o servo do homem rico e não faz nada para nos ajudar, pelo contrário, nos arranca de nossos empregos ao oferecer trabalho a valores mais baixos". "Cremos ser esse", acrescenta a revista, "o argumento comum dos não instruídos" — de trabalhadores que, sob a influência de agitadores maliciosos, desenvolviam visões errôneas sobre o vapor e fechavam os olhos às dádivas por ele oferecidas.[8] Em uma conjuntura crítica nos anos de crise, esse tipo de crença se traduziu em ação direta.

Considerados o número de envolvidos, a extensão geográfica, a duração, o puro fervor insurrecional e as dinâmicas quase revolucionárias, a greve geral de 1842 foi a maior das revoltas da classe trabalhadora britânica do século XIX. Também foi a primeira greve geral na história dos países capitalistas. Cerca de meio milhão de trabalhadores se reuniram nos distritos manufatureiros, e a greve atingiu mais de 32 condados, ainda que Lancashire, Cheshire, West Riding of Yorkshire e Lanarkshire fossem seus centros inconfundíveis: lá, o grosso da produção foi suspenso pela duração de uma semana a dois meses, de meados de julho a meados de setembro.[9]

Para os vitorianos, no entanto, a greve geral viria a ser mais conhecida por outro nome: "a Conjuração dos Tampões" (Plug Plot Riot), "as Revoltas dos Tampões" (Plug Riots), "o Levante dos Arrancadores de Tampões" (Rising of the Plugdrawers) e outras variações do tipo. O tampão (*plug*) em questão era fixado à caldeira dos motores a vapor.[10] Enquanto marchavam pelos distritos manufatureiros, os grevistas arrancavam ou empurravam esses tampões para dentro das caldeiras de forma sistemática, o que fazia com que a água vazasse e o vapor escapasse, com a consequente paralisação instantânea das rotações do motor. Segundo as percepções dos contemporâneos, esse era o modo de protestar, o ato concreto em torno do qual a sublevação se organizava, a arma usada pelos braços que se rebelavam a fim de impor suas vontades sobre aquela nação desafortunada — mas os historiadores modernos decidiram ignorar o acontecimento. No único estudo mais longo sobre o tema, *The General Strike of 1842* [A greve geral de 1842], Mick Jenkins é rápido em descartar a importância da retirada dos tampões, que vê como "um atributo incidental da greve"; depois disso, não dedica maior atenção ao assunto, a não ser por sua caracterização como um detalhe ligeiramente constrangedor em uma rebelião, de resto, heroica.[11]

No verão de 1842, o cartismo já estava em marcha havia quatro anos e reivindicava uma reformulação completa do sistema político britânico nos moldes das seis exigências da "Carta do Povo": o direito de sufrágio para todos os homens (mas não para as mulheres); o voto secreto; eleições anuais; igualdade de tamanho entre colégios eleitorais, de modo a garantir igualdade de representação; afastamento da condição de proprietário como pré-requisito para concorrer ao Parlamento; e pagamento de salários aos parlamentares, para que homens pobres também pudessem se candidatar. O sufrágio universal era a demanda principal do movimento, concebido como um instrumento transbordante de substância social — a rigor, um meio para um fim: a retificação de todos os males que assolavam os trabalhadores da Grã-Bretanha. Caso os trabalhadores — a vasta maioria da população — fossem autorizados a votar, seus representantes se assenhorariam do controle do Parlamento, deporiam os capitalistas e tomariam todas as decisões certas a respeito das condições de trabalho, jornadas diárias, salários, impostos, auxílios e um leque de outras questões — incluindo, como veremos, maquinário. Cativada por essa estratégia simples e direta, toda a família das correntes da classe trabalhadora — organizações de reforma radical, sindicatos, o movimento fabril, o movimento contra a Poor Law [Lei dos Pobres] — se reuniu sob a bandeira cartista. Aí estava, finalmente, uma panaceia para o proletariado.[12]

O cartismo tinha sua base principal na indústria têxtil. Os operários fabris inchavam as fileiras do movimento, e, entre eles, os mais numerosos eram os fiandeiros de algodão, que traziam para a causa a hostilidade contra o maquinário autoatuante, um amargor contra o desaparecimento de postos de trabalho e o desespero que vinha a reboque do declínio de seus sindicatos. Dentre os apoiadores mais numerosos, porém, estavam tecelões de diversas estirpes. Tecelões manuais de algodão, irritadíssimos com o Estado após a rejeição de inúmeras petições, correram para o movimento como sua última chance de virar o jogo contra o tear mecânico, assim como aconteceu com os tecelões manuais de lã cardada na área de Bradford; ao lado deles, a nova geração de tecelões de teares mecânicos demonstrou um apoio particularmente incisivo. Estampadores, cardadores de lã e mecânicos, todos esses profissionais tinham suas próprias razões prementes para aderir ao movimento. Nos anos de depressão do final da década de 1830, uma convicção de que os suplícios dos trabalhadores só seriam aliviados caso o monopólio capitalista sobre o poder estatal fosse dissolvido começou a se disseminar, e, assim, todas as contradições "convergem para um único ponto. Este ponto era o voto", nas palavras de E. P. Thompson.[13] Mas, no verão de 1842, o ponto de convergência era de outra natureza: menos fugidia, mais concreta e material.

Os carvoeiros de North Staffordshire foram os primeiros a aderir. Notificados sobre reduções em seus pagamentos no começo de julho, eles responderam com uma greve por aumentos salariais, por uma jornada de trabalho de nove horas diárias e, notavelmente, pela adoção da Carta como única garantia para suas reivindicações. Bandos de carvoeiros vagavam pelas minas e garantiam a paralisação extinguindo o fogo das caldeiras ou arrancando seus tampões. Durante a quinzena seguinte, colunas de trabalhadores se deslocaram para o oeste e para o norte rumo a condados vizinhos com o objetivo de barrar toda a produção: em Shropshire, eles "conduziram homens famintos, mas desencaminhados, de mina em mina, e os encorajaram a destruir o maquinário, além de impedir os carvoeiros de trabalhar em troca das atuais ínfimas taxas de salário"; as cordas que levavam até o fundo da mina foram cortadas, e os motores, inutilizados.[14] Não demorou até que as olarias de Staffordshire — centro nacional de produção de cerâmica — fossem paralisadas por falta de combustível, exatamente como pretendido pelos carvoeiros. O modelo para a greve geral estava pronto: multidões de trabalhadores que marchavam de local em local, suspendiam a produção com a sabotagem de motores a vapor e, dentro de algumas fronteiras, retiravam deliberadamente o carvão do mercado.

A adesão de mais trabalhadores começou a ricochetear em outros distritos mineradores da Grã-Bretanha. No começo de agosto, carvoeiros em Lanarkshire reagiram a cortes salariais com o fechamento de duzentas minas e com a pilhagem de plantações de batatas; conflitos similares irromperam em outras regiões escocesas e no País de Gales, assim como no Black Country [região nas Midlands Ocidentais], de onde as oficinas e fábricas de Birmingham extraíam combustível. Ao estabelecerem contatos por todo o reino, os trabalhadores grevistas passaram a considerar a formação de um sindicato nacional como uma força para a defesa de salários *e* como tropa de choque para a causa cartista mais ampla. Na primeira semana de agosto, oitocentos delegados oriundos de vários distritos se reuniram em Halifax. "Tratou-se apenas de um encontro preparatório a fim de assegurar uma organização global e prévia para uma greve geral", relatou o *Leeds Times*, e "*o poder que estava nas mãos dos carvoeiros para a paralisação de todos os moinhos, fábricas, estradas de ferro etc.* foi ressaltado por muitos como suficiente para caracterizar os carvoeiros como um corpo político bastante relevante".[15] Os grevistas tinham noção da vantagem de que dispunham. No novo tipo de economia que a Grã-Bretanha desenvolvera, o carvão era a força vital de todas as manufaturas: ao romper as artérias, o corpo pararia de se mover. Mas a greve de 1842 só foi alçada à condição de movimento geral quando os trabalhadores do algodão entraram na briga.

Arrancando os tampões

Sob o pretexto de lucros em queda, alguns manufatureiros em Stalybridge e Ashton — antigos centros de resistência de fiandeiros — anunciaram reduções salariais de até 25%, dias depois de os preços do trigo atingirem um pico sazonal. Na manhã de 7 de agosto, um sábado, milhares de funcionários se reuniram em uma charneca entre as duas cidades. Os oradores juraram avançar de fábrica em fábrica e fechá-las todas, e, "quando estivermos lá fora, continuaremos lá fora até que a Carta, que é a única garantia que temos para nossos salários, tenha força de lei". Como nos campos de carvão, as disputas salariais de categorias individuais foram espontaneamente canalizadas para a luta nacional do movimento cartista, que não *planejou* a greve geral tanto quanto refletiu o estado de espírito e deu vazão à determinação estratégica da classe: no verão de 1842, praticamente não havia diferença entre demandar melhores salários e exigir a implementação da Carta.[16]

Na manhã seguinte ao encontro em massa na charneca, vários milhares de pessoas se reuniram mais uma vez, como combinado, "e não foram trabalhar, mas seguiram até Stalybridge acompanhados de fiandeiros, tecelões, carvoeiros, empregados e trabalhadores de todos os tipos vindos de Ashton e arredores, e insistiram na paralisação dos motores a vapor", como registrou o *Observer*. Naquela mesma tarde, a multidão cresceu para quase quinze mil pessoas e se dividiu — uma coluna se deslocou a Hyde e outra, a Oldham, e ambas arrancaram metodicamente os tampões das fábricas que encontraram pelo caminho. Reuniões de grevistas ao ar livre repetiam as palavras de ordem de "um salário diário justo para um dia de trabalho justo" — frequentemente especificadas como um retorno aos níveis salariais de 1840 e a uma jornada de dez horas diárias —, além, é claro, da Carta.

Munidos de uma bandeira negra estampada com um gorro vermelho em seu anverso, os primeiros contingentes apareceram em Oldham; toda a produção cessou de imediato.[17] A próxima parada seria Manchester. E mais um enorme agrupamento aconteceu em 9 de agosto, uma terça-feira, desta vez com mais de trinta mil pessoas, na qual um orador incitou o público a marchar para a Algodonópolis mesmo que soldados tentassem barrar o caminho:

> Seria muito melhor para eles perecerem na estrada, sob a pureza do sol e da atmosfera do paraíso, do que expirar constritos em uma fábrica, supervisionando o funcionamento do maquinário. Seria melhor morrer na rua do que morrer cercado das matracas dos estabelecimentos e do maquinário trovejante e estrepitoso do capitalista.

Mas as multidões não encontraram resistência alguma, e assim "danos consideráveis foram causados a algumas das fábricas" no caminho para Manchester.[18] Ao chegarem aos arredores da cidade, os grevistas convocaram os trabalhadores locais a se unir ao movimento — o que muitos deles, ao que parece, fizeram com bastante gosto.

Lá se seguiu uma varredura de ataques contra fábricas. No dia seguinte, centenas de grevistas "tomaram um barco, que deixaram de North Staffordshire no canal que levava à fábrica dos Beckton", uma das principais manufaturas de algodão no centro da cidade, "e quase destruíram um motor novo de 300 cavalos de potência, junto com algumas outras máquinas". A serra de uma madeireira foi "completamente arruinada". Na região de Ancoats, uma procissão que consistia sobretudo de tecelãs de teares mecânicos passou de fábrica em fábrica demandando o desligamento dos motores sob ameaça de invasão; em uma delas, o administrador se recusou de início, mas obedeceu depois de ter algumas janelas estilhaçadas, e "o motor foi parado em meio aos vivas da multidão". A maioria das fábricas de Manchester e de Salford foi esvaziada dessa forma: por trabalhadores de dentro ou de fora parando os motores ou por administradores que os desligavam por conta própria, "sob influência do medo".[19]

Com Manchester mergulhada no caos, os amotinados adentraram a delegacia de polícia e jogaram os móveis pelas janelas. Várias padarias e lojas foram saqueadas. Durante a noite entre quarta e quinta-feira,

> os estabelecimentos de um marceneiro e construtor chamado Mouncey, que havia pouco erguera algumas serrarias movidas a vapor e que, ao fazê-lo, provavelmente se tornou detestável para as pessoas, foram incendiados. A conflagração foi festejada e virou objeto de riso, e a totalidade dos prédios foi destruída, não obstante os esforços dos bombeiros.[20]

Com exceções nem um pouco significativas, os estabelecimentos industriais de Manchester estavam paralisados e silenciosos na quinta-feira, 11 de agosto, com os funcionários de todos os principais setores da indústria de braços cruzados. Nesses primeiros dias, as Forças Armadas foram sobrepujadas pelas massas que disparavam pelas ruas e pelos chãos de fábricas. "O efetivo de que disponho nesta cidade é muito inadequado", lamuriou um major-general de Manchester que reconheceu a derrota diante "do estado de organização das classes trabalhadoras"; o prefeito viu seu controle sobre a Algodonópolis se esvair e ser capturado pelas mãos de outro poder, "que em extensão e eficiência é de um caráter não rivalizado por qualquer outro, e que a cada dia parece mais formidável".[21]

A mudança de ares se propagou para todas as cidades algodoeiras de Lancashire. Ashton e Stalybridge continuaram a funcionar como centros de comando, despachando delegações e organizando marchas; procissões se espalharam a partir de Manchester para levar a greve ainda mais longe, mesmo que a mera menção aos acontecimentos bastasse para inflamar o descontentamento. Entre seis mil e oito mil grevistas chegaram a Stockport em 11 de agosto, quinta-feira, andando em fileiras de oito ou dez trabalhadores lado a lado, brandindo grandes porretes no ar e começando a trabalhar com os reforços locais:

> Nas várias ocasiões em que a menor hesitação em parar as fábricas era demonstrada, parte da multidão adentrava o estabelecimento e arrancava o fogo de debaixo das caldeiras, o que em pouco tempo fazia com que a força motriz se imobilizasse. *Todos os motores do bairro foram imediatamente paralisados*: e os chapeleiros, moldadores, estampadores de calicô, alfaiates e todos os outros profissionais logo ficaram ociosos.[22]

Em uma das várias reuniões de grevistas realizadas nos dias que se seguiram, oradores cartistas condenaram "os aprimoramentos das máquinas como uma das grandes causas de tantas pessoas estarem desempregadas", sobretudo fiandeiros. Por algumas semanas, o "conselho cartista" foi poderoso a ponto de obrigar os magistrados de Stockport a trabalhar sob suas ordens. Motor nenhum funcionava.[23]

Bem cedo na manhã de 12 de agosto, sexta-feira, os tecelões de teares mecânicos de uma das fábricas de Preston se encontraram para discutir uma disputa salarial interna, e a reunião rapidamente evoluiu para uma típica manifestação por maiores salários e pela adoção da Carta. Uma multidão ao redor das fábricas que não dispensaram imediatamente os trabalhadores ameaçava destruir as instalações, derrubar os portões e quebrar as janelas até que o trabalho fosse integralmente interrompido. Na manhã seguinte, contudo, algumas retomaram a produção. "Ao perceber o que acontecia", relatou o *Preston Chronicle*, "a multidão gritou e disse que iria 'parar a fumaça', o que queria dizer que paralisariam as fábricas ao apagar o fogo que alimentava as caldeiras dos motores". O brado "parem a fumaça!" era entoado ritmadamente conforme os grevistas avançavam pelas zonas industriais e invadiam salas de máquinas, às vezes batendo nos homens que se interpunham em seu caminho. Alarmados pelo furor, os magistrados de Preston convocaram um destacamento militar para emboscar os amotinados. E foi o que os soldados fizeram, em uma rua ao lado do principal canal da cidade, com o uso de munição letal contra a multidão.[24] Cinco pessoas foram mortas no incidente de Preston, um dos mais sangrentos da greve geral. Entre as vítimas estava George Sowerbutts, um tecelão de tear manual de dezenove anos que, no momento de sua morte, apagava o fogo das caldeiras de uma fábrica, jogando água no carvão e dando socos em um supervisor, segundo depoimento prestado por este último em um inquérito. As balas tinham como objetivo acabar com esse tipo de atividade e servir de escudo para os motores de Preston.[25]

Em Bury, os insurgentes arrancaram os tampões de todas as fábricas; de acordo com um dos vários correspondentes de campo que forneciam atualizações diárias para o governo, uma multidão nos arredores da cidade também estava no processo de "quebrar máquinas e já havia quase derrubado uma fábrica". Chegavam notícias de Burnley de que "quase todas as fábricas e oficinas da cidade em que o vapor era empregado foram, no curso de poucas horas, efetivamente paralisadas".[26] Eventos similares ocorreram em Bacup, onde a população local se uniu a uma multidão itinerante e, juntas, apagaram "o fogo e os motores a vapor" de todas as fábricas e oficinas em questão de uma hora. "Brandindo suas armas mortíferas sobre a cabeça cabeça e lançando desafios a toda lei e autoridade", uma brigada de mais de dez mil grevistas marchou sobre Wigan, fechou todas as minas pelo caminho — em uma delas, tanto tampões quanto engenheiros foram levados embora — e intimidou de tal modo o comandante que protegia os portões da cidade que os grevistas foram autorizados a entrar e a arrancar todos os tampões do local. A multidão, então, prosseguiu sem impedimentos em viagem pelas várias fábricas e fundições situadas em áreas rurais. Caldeiras foram esvaziadas em Bolton, cujo prefeito também relatou "algumas máquinas destruídas".[27] Em uma reunião em massa em 15 de agosto, os fiandeiros de algodão da cidade e dos arredores declararam que "grande parte das dificuldades dos distritos manufatureiros decorre dos aprimoramentos no maquinário" e exigiram uma jornada de trabalho de dez horas diárias com restrições impostas à força motriz: nenhum motor ou roda-d'água deveria funcionar por mais tempo do que isso. Em Macclesfield, "multidões imensas" conseguiram paralisar todas as fábricas ao "apagar o fogo dos motores", de acordo com o humilhado prefeito; em Accrington, interromperam "o fluxo de energia ao soltar o vapor", e, em uma ocasião, chegaram a esvaziar os reservatórios de água; Bingley e Chorley, Colne e Clitheroe e Haslingden foram igualmente paralisadas por completo, com tampões removidos até mesmo depois que a adesão ao movimento já era suficiente para garantir sua continuação.[28]

Ao final da segunda semana de agosto, praticamente toda a produção em Lancashire havia sido descontinuada. Quase 250 mil grevistas estavam nas ruas. Foi só em 16 de agosto, uma terça-feira, quando o levante já era um fato consumado, que seis delegados da executiva da National Charter Association [Associação Nacional pela Carta] se reuniram em Manchester, endossaram a greve geral e incitaram sua expansão para a totalidade do reino; em uma proclamação distribuída nas cidades algodoeiras, esses delegados aplaudiam o fato de que, "em um raio de oitenta quilômetros de Manchester, nenhum motor está em atividade e tudo está paralisado, a não ser pelas úteis rodas-d'água dos moinhos de grãos e pelas foices amigas no campo".[29] Entrançados, os quadros dos cartistas e dos sindicalistas implementavam as manifestações nos locais dos fatos, e os tampões eram arrancados como dominós que caíam um após o outro, em uma onda que se expandiu até bem longe, em direção ao leste.

No final de semana anterior à reunião da associação, milhares de trabalhadores se aglomeravam pelos vales verdejantes de Saddleworth, rumo aos distritos de lã e de lã cardada de West Riding of Yorkshire. Os manifestantes arrancaram os tampões de caldeiras de todas as fábricas que cruzavam seu caminho, o que lhes rendeu o apelido de "Dragões dos Tampões" nas páginas do *Bradford Observer*. Enquanto isso, cartistas locais lançaram uma campanha de agitação voltada a aproveitar a ocasião, cobriram Bradford com cartazes e convocaram uma reunião em massa em uma charneca fora da cidade em 14 de agosto, domingo. Entre os quase dez mil participantes, o *Observer* notou que "a questão do maquinário parece ser o tópico de destaque: nada mais comum nos grupos reunidos do que a observação de que o maquinário havia compelido os homens a vagar ociosos e levado as mulheres e as crianças ao trabalho incessante". Saindo da charneca, os trabalhadores marcharam para Halifax, onde cruzaram com os "Dragões" vindos de Lancashire. Muitos — o número exato de vítimas permanece desconhecido — foram mortos em confrontos nas proximidades de fábricas a vapor, o que levou até mesmo o *Observer* a condenar o Exército por sua "crueldade desnecessária".[30] Bradford e Huddersfield testemunharam uma comoção similar, assim como Leeds, onde trabalhadores invasores tiraram seus chapéus e deram vivas quando os motores silenciaram. Na área rural de West Riding, procissões enormes de até vinte mil trabalhadores passaram pelas fábricas, visitaram salas de máquinas, conforme mandava o script, e depois seguiram adiante, estabelecendo uma cobertura tão ampla — mesmo que mais breve — quanto a de Lancashire. Em 15 de agosto, um orador instigou uma multidão de milhares perto de Todmorden: "'E agora eu pergunto: *vocês vão arrancar os tampões*?'. 'Sim, vamos arrancar por nossos colegas', bradou-se de todos os cantos da reunião, em meio a efusivos vivas", no que o *Leeds Times* chamou de proclamação da "doutrina do tampão".[31]

A essa altura, já deve estar claro que a "retirada de tampões" — uma abreviação para um repertório de atos de sabotagem contra motores a vapor — não era incidental, mas *constitutiva* da greve geral. Quantos casos ocorreram exatamente? Não há como saber ao certo. Nem jornais nem informantes governamentais enumeram todas as ações individuais, mas misturam as ocorrências e relatam que "os tampões foram retirados" — ou algo do tipo — nesta ou naquela localidade. Com frequência, afirmavam apenas que "as fábricas foram paralisadas", sem mencionar — já que era óbvio — que os motores haviam sido imobilizados. Contudo, alguns indicativos nos dão pistas dos números envolvidos. Na relativamente pequena cidade de Dewsbury, dominada pela indústria da lã, 38 fábricas tiveram os tampões removidos. Um amotinado em Leeds se gabou de ter arrancado 13 tampões em uma única manhã.[32] Considerando os relatos de que "todas" ou "a maioria" das fábricas movidas a vapor tiveram os motores desativados em cidades como Stockport, Bury, Burnley, Bacup, Bingley, Chorley e Macclesfield — para citar apenas algumas —, e dado o curso aparentemente uniforme de ação nos distritos manufatureiros, parece razoável inferir que os casos de retirada de tampões devem ser contados em várias centenas, senão aos milhares.

A torneira aberta à força

Enquanto isso, nas minas, lar original da revolta, a quietude reinava. As diversas fundições de Birmingham estavam paralisadas, e o preço do carvão aumentava como "um fardo severo e opressivo contra as classes médias". Os carvoeiros — poucos trabalhadores aderiram ao movimento na cidade em si — tentavam barrar todas as remessas: "Dois navios de carvão foram afundados no canal, e novas destruições de carvão são esperadas", relatou o *Morning Chronicle* a respeito de West Bromwich, uma cidade próxima.[33] A alguns quilômetros a oeste, em Stourbridge, rica em vidrarias e altos-fornos, a maioria dos fogos de caldeira havia sido extinta — "Vê-se pouca fumaça de dia e pouco fogo à noite". Em 1º de setembro, a Câmara de Comércio de Birmingham enviou uma resolução para o governo em que declarava que "via com alarme e desalento a perspectiva que se abate sobre os interesses manufatureiros em consequência da rápida diminuição da oferta de carvão". Na Escócia, os campos de carvão também continuavam a ser o palco onde se travava a batalha principal da greve, cujos efeitos, dada a natureza das coisas, repercutia, porém, em outros setores, sobretudo no do ferro. Inversamente, grevistas errantes no distrito têxtil atacavam minas de carvão onde os funcionários ainda não haviam parado de trabalhar: nos arredores de Manchester, Bolton e Leeds, os carvoeiros se afogavam nos berros da multidão que se aproximava, arrancava tampões e inundava as minas com água.[34]

Em vez de serem orquestradas de forma centralizada, essas tentativas de seguir a estratégia do encontro de Halifax — forçar a classe dominante a se render por meio do não fornecimento de combustível para a economia — eram dispersas e impulsivas, e a ideia fluía através dos vários segmentos da classe trabalhadora com tanta espontaneidade quanto a tática dos tampões ganhara popularidade. Mas essa greve foi a primeira de sua estirpe. Nas minas e fábricas, a greve geral de 1842 inventou a fórmula para uma nova era: *a classe trabalhadora podia impor sua vontade sobre o capital ao fechar as torneiras da economia fóssil.* Duas semanas após o início de agosto, motores parados e minas inativas eram símbolos do poder proletário, e o movimento grevista alcançou dimensões protorrevolucionárias: uma economia congelada, autoridades locais em processo de desmoronamento, sementes de estruturas governamentais paralelas, conversas sobre uma marcha final sobre Londres. "Durante vários dias, as classes trabalhadoras conseguiram impor sua vontade", lamentou o editorial do *Manchester Guardian* em 17 de agosto. Seus feitos davam corpo a "um movimento insano", uma "epidemia", uma "doença"; "uma torrente gigante que, rasgando e jorrando por seu caminho furioso e insensato em meio a nossos entrepostos de comércio ao norte, varreu as barreiras da cidadania e da ordem, converteu os trabalhadores em anarquistas e assumiu todos os atributos alarmantes da insurreição sistemática", do ponto de vista do *Illustrated London News*.[35]

Mas, no fim das contas, a insurreição não tinha como resistir a uma força suprema do campo adversário: o poderio militar. Os manufatureiros do norte aguentaram as alucinantes primeiras semanas à espera da chegada dos soldados. A começar por volta de 14 de agosto, domingo, o governo finalmente se recompôs e inundou os distritos manufatureiros com tropas despachadas da capital ou convocadas de outras partes do reino; em Manchester, milhares de soldados chegaram de trem ou marcharam de forma ostensiva pelas ruas acompanhados de artilharia pesada. A seu lado estavam agentes policiais especiais recém-compromissados — nove mil deles apenas da Algodonópolis —, guardas permanentes, cavaleiros *yeomanry* e patrulhas voluntárias reunidas às pressas e formadas por respeitáveis cidadãos montados a cavalo.[36] Em Leeds, os soldados foram despachados com o objetivo de "exibir seus números e impressionar os habitantes com demonstrações de força militar", como se "estivessem sob a contínua expectativa de invasão por um formidável inimigo estrangeiro", como observou o *Leeds Times*, um ferrenho defensor do mercado.[37] Reuniões públicas foram proibidas, e líderes grevistas e agitadores cartistas foram presos aos montes.

Por trás do muro de força física que então se erguia, alguns proprietários de fábricas puderam reinserir os tampões e pôr as máquinas para trabalhar. Com a mobilização de exércitos de reserva de fura-greves, com os efeitos da fome sobre as fileiras dos grevistas e a indução de alguns deles a ceder, e com a liderança nacional do movimento dividida ou trancafiada atrás das grades, a greve geral desmoronou no começo de setembro. Daí vieram as previsíveis consequências: mais acampamentos militares, agradecimentos efusivos dos proprietários de fábricas às tropas e aos policiais, julgamentos em massa contra suspeitos de amotinação. Em outubro de 1842, 1.500 prisões haviam sido efetuadas; um ano mais tarde, o número havia decuplicado. Os júris pareciam obcecados em punir o crime de retirada de tampões e distribuíam sentenças sumariamente — que iam da prisão por dois meses até a transportação (isto é, a deportação para uma colônia) por uma década — a qualquer um que pudesse ser vinculado aos acontecimentos. A quantidade total de condenações após a greve geral é desconhecida, mas a repressão foi nitidamente a mais severa e a mais extensiva na história do cartismo, com as transportações, sozinhas, chegando a cerca de duzentas.[38] A persecução judicial fez com que o movimento encolhesse nos distritos manufatureiros. De fato, a derrota de 1842 e a militarização que se seguiu efetivamente botaram fim ao fermento revolucionário em meio à classe trabalhadora industrial e, por extensão, às ações coletivas contra o motor. Nunca mais o motor a vapor seria deliberadamente derrubado — mesmo que só por algumas semanas — nessa mesma escala, seja na Grã-Bretanha, seja em qualquer outro lugar do mundo.

Em seu clássico ensaio "Os destruidores de máquinas", Hobsbawm introduziu o célebre conceito de "negociação coletiva através da arruaça": a danificação ou destruição de máquinas pelos primeiros trabalhadores industriais como forma de arrancar concessões de seus senhores.[39] Vandalismos como esses representavam uma forma crua mas eficiente de sindicalismo *avant la lettre*. A retirada de tampões de 1842 obviamente se encaixa nessa categoria: ela impedia os manufatureiros de manter seus operários trabalhando. O uso da estratégia era capaz de fechar cidades inteiras em questão de horas. A greve se deslocava com a mesma rapidez das multidões, e por longas porções de território, graças à força da mão humana — difícil de aplacar quando brandia armas ou martelos. No entanto, ao levarem para uma nova era a negociação coletiva através do tumulto, os grevistas de 1842 não desativavam as máquinas com as quais cruzavam, mas miravam diretamente nos motores e nas entradas de minas: tratava-se de uma negociação coletiva através da *arruaça contra a economia fóssil*. Conforme a greve geral foi se desenrolando, ficou claro que os interesses da burguesia só podiam ser promovidos com o reacender total das caldeiras, ao passo que os interesses da classe trabalhadora dependiam da cessação temporária da queima do carvão — uma disputa que acabaria por ser decidida pela força extraeconômica. Ainda que o vapor nunca mais viesse a ocupar o centro de conflitos do tipo, a fórmula geral ressurgiria nos mais variados contextos: sublevações de subalternos que negam a seus regentes o acesso às energias do estoque.[40] Essa linha de resistência, *que em si mesma atesta as relações de poder da economia fóssil* e que se estende até os dias de hoje, apareceu pela primeira vez nas cidades fabris e nos campos de carvão britânicos de 1842.

Mas, haveria algo mais acontecendo naquele verão? Será que os arrancadores de tampões buscavam apenas atingir os pontos mais vulneráveis de suas contrapartes, ou também demonstravam uma animosidade perante um certo mobilizador primário? Como devemos interpretar — o termo é apropriado para todos os efeitos — as revoltas da Conjuração dos Tampões? Há um claro perigo de que sua importância seja exagerada. Nenhum esforço de imaginação nos autoriza a considerá-las revoltas contra o motor a vapor: essa era uma sublevação que buscava condições de vida decentes e poder político — "um salário diário justo para um dia de trabalho justo", além da implementação da Carta —, na qual a economia fóssil figurava como *terreno material* da luta, com o avanço das brigadas esfarrapadas de um dos lados para tomá-lo e fechá-lo, enquanto o outro mandava soldados para retomá-lo e abri-lo. Até agora, porém, os historiadores sucumbiram ao perigo contrário de não considerar *nenhum* dos aspectos da Conjuração dos Tampões, mesmo diante de todos os sinais que se apresentam.

No mínimo, a epidemia de retirada de tampões mostrou que os princípios do fetichismo do vapor não se haviam instilado das classes mais altas para as trabalhadoras: a derrubada de tampões ou o apagamento de caldeiras não eram formas de mostrar reverência ao vapor. Que outra mensagem essas ações transmitiam? Precisaríamos saber mais sobre o que os arrancadores de tampões efetivamente pensavam sobre o motor a vapor. Além da documentação que sobreviveu a respeito de alguns discursos proferidos no calor do momento, temos, felizmente, um atalho para esses corações e mentes: o prolífico movimento do cartismo em si. Nas palavras de Malcolm Chase, hoje o estudioso de maior destaque na área, "os argumentos e as percepções cartistas sobre a situação dos trabalhadores subsidiavam em igual medida as ações dos sindicalistas, dos grevistas e dos amotinados" nos anos próximos de 1842, e ofereciam a eles "uma ferramenta 'que auxiliava a pensar'".[41] Assim, devemos procurar saber mais a respeito do *pensamento cartista sobre o vapor.*

No ar de fogo e fumaça saturado

Um mês depois da derrota, em 22 de outubro de 1842, o jornal *Northern Star* publicou um longo artigo intitulado "Man versus Machine" [O homem contra a máquina]. Assinado sob o pseudônimo de "Hungry Handless" [Maneta Esfomeado], o texto transbordava de exasperação. A Grã-Bretanha era um país que se gabava de sua civilização e ciência, mas que estava repleto de operários famintos,

> uma terra rica dos melhores presentes da criação, mas frente à qual o homem trabalhador foi excluído pela competição forçada com máquinas produzidas por Mamon; que, com seus tum, tum, tum, vêm, sob o pistão do motor a vapor, reduzindo os pobres a pó, e que, assim como o gigante a respeito de quem lemos nas histórias infantis, continua a gritar —
> Foe, fau, fum —
> Cheiro o sangue do operário;
> Esteja ele vivo ou desmaiado,
> Com os seus ossos meu pão é sovado.[42]

Com esse ponto de partida tão demonológico, o texto prossegue com lembranças — é provável que o autor fosse consideravelmente idoso — de encontros com um crítico de máquinas na indústria algodoeira de Lancashire no início dos anos 1810 identificado, de forma alternada, como "o vidente" e "o profeta". Após ouvir sobre os luddistas, esse revelador de verdades teria proclamado que "eles estavam acertando o alvo em cheio", já que "o efeito do maquinário será fazer do pobre mais pobre, e do rico mais rico". Sob o ponto de vista do Maneta Esfomeado, essa profecia havia sido retumbantemente confirmada. "Na insolência do poder presumido, os proprietários de fábricas disseram aos trabalhadores que se curvassem ao ídolo de vapor ou morressem de fome", mas eles acabaram tendo de fazer os dois; submetidos ao "todo-poderoso motor a vapor" — o totem dos senhores, com "braços de ferro, mas hálito de vapor" —, os empregados receberam ofertas de salários de fome e diminuíram em estatura, se desencaminharam e foram forçados a participar de um jogo de cartas marcadas contra máquinas cada vez mais aprimoradas.[43]

O *Northern Star* era a força vital do cartismo. Ao transmitir informações sobre as atividades mais recentes dos cartistas e sindicalistas locais, reportar as notícias do dia, promover a causa e elaborar uma visão de mundo mais ampla, o jornal se mostrou fundamental para a coalescência dos componentes díspares — em termos espaciais, ocupacionais e políticos — do movimento. De cobertura nacional, sua tiragem atingiu o ápice de cinquenta mil exemplares por semana em 1839, com uma redução para dez mil nos anos seguintes. Mas essas cifras capturam apenas uma fração de seu público leitor: o *Northern Star* era lido em voz alta em oficinas e residências, durante pausas para alimentação e em encontros; repassado entre amigos, estava disponível em tavernas e cafeterias simpáticas à causa, ansiosamente aguardado a cada semana por comunidades inteiras. O número real de leitores e ouvintes por exemplar vendido provavelmente oscilava entre dez e oitenta. Quase exclusivamente proletário, o público moldava ativamente o conteúdo e a linguagem do *Star*, e frequentemente inundava os editores com artigos e poemas, declarações e correspondências; o pulso da vida da classe trabalhadora corria por suas páginas.[44]

O maquinário em geral e o vapor em particular eram tópicos de destaque nos anos por volta da greve geral. No começo de 1841, Numa, outro *nom de plume*, escreveu uma denúncia severa contra o estado da sociedade britânica em uma série de cartas abertas à rainha: a transição da água para o vapor, lia-se em uma das reclamações, afundara os trabalhadores na penúria e no infortúnio. Em seus primórdios, o trabalho fabril era "realizado pela potência hídrica, às margens dos vários rios de Yorkshire e Lancashire, que, tendo corrido por anos em repouso imperturbável, se tornaram agitados pela bateção e pelo barulho dos moinhos de água", um novo sistema "em que vastos lucros foram concretizados". Ainda assim, o capital "sem sentimentos" não se dera por satisfeito: ele ansiava por ganhos ainda maiores, e, desse modo, "a roda-d'água, que não podia ser mantida em movimento perpétuo, foi quase universalmente obrigada a abrir caminho para o motor a vapor". Com essa mudança, houve três desdobramentos. Primeiro, grandes quantidades de trabalho humano foram deslocadas. Segundo, "o monstro insaciável, a avareza", esmagou o valor do trabalho e substituiu adultos por crianças. Terceiro, a nova demanda por carvão produziu uma população de mineiros, muitos dos quais eram jovens e mulheres, "compelidos a trabalhar centenas de metros abaixo da superfície da Terra, em posturas injuriosas à constituição física".[45]

O vapor estava no centro da análise cartista sobre o domínio de classe: em um artigo de destaque intitulado "Steam Aristocracy" [Aristocracia do vapor], o *Star* afirmava que a progressão do maquinário impelira uma nova classe de tiranos à cúpula da nação. Os invejosos detentores do poder estatal, cuja fortaleza os cartistas buscavam conquistar, não eram outros senão os proprietários do vapor. "Já encontramos nosso Exército, nossa Marinha, nossos púlpitos, nossos escritórios e nosso Senado tomados por herdeiros da aristocracia do vapor." Para os trabalhadores, o regime da "vaporcracia" — na forma como as palavras eram muitas vezes combinadas para constituir um termo pejorativo comum para se referir à burguesia — significava o fim da alegria e do regozijo, e "nada resta a não ser trabalho, trabalho e mais trabalho para o escravo, e dinheiro, dinheiro e mais dinheiro para os senhores". Em um longo diálogo fictício, o funcionário Robin provoca Quill, seu empregador, ao negar que a rainha Vitória reinasse sobre o país: "Ainda temos um rei, mestre Quill [...]. *Digo* que *o motor a vapor é, hoje, o* REI!".[46]

Às vezes o jornal entrava abertamente em polêmicas contra o fetichismo do vapor. Depois de imprimirem excertos de um hino em louvor a James Watt extraído da *Illuminated Magazine*, os redatores assinalaram alguns pontos cegos do escritor: "Até o momento, desde a descoberta de Watt como um deus da mais pura estirpe, para milhões ele tem sido um demônio do tipo mais vil". O fetichismo era uma verdade restrita a uma classe minúscula: "Para *poucos*", enfatizava o *Star*, o motor "tem sido um talismã mais poderoso do que jamais se imaginou que os gênios orientais seriam capazes de manipular; mas, para *muitos*, tem sido a mais pesada das maldições a cair sobre esta terra".[47] Nos meses que antecederam a greve geral, o jornal atribuiu de forma reiterada a escalada de pobreza nos distritos manufatureiros a todas as máquinas autoatuantes que fiavam, teciam, trefilavam, fresavam, estampavam, gravavam e serravam madeira.[48]

O cartismo desenvolveu todo um agrupamento de pequenos jornais, sem que a circulação de nenhum se comparasse à centralidade do *Star* e com muitos deles responsáveis pela pregação do mesmo evangelho antivapor.[49] Mais digno de nota, o *Odd Fellow* reimprimiu uma história fictícia, escrita por um escritor menor chamado William Cox, sob o singelo título de "Vapor", na qual vários gêneros eram combinados — pastoral, sátira swiftiana, ficção científica distópica — em uma denúncia retumbante contra o mundo movido a vapor. Aparentemente escrito como uma réplica aos delírios fetichistas regularmente publicados na imprensa burguesa, o texto deve ter sido considerado dotado de valor e interesse para uma audiência cartista. Fiel à forma, Cox inicia a obra com uma evocação das paisagens virgens e idílicas do vilarejo de sua infância, onde um rio serpenteava por terras públicas selvagens, "as próprias árvores eram dotadas de individualidade" e "o ar aprazível estava carregado com o zumbido de insetos que não se viam". Então veio a queda:

> Contemplei o campo ao meu redor, se é que podia ser chamado de campo, onde a natureza vegetal deixara de existir [...]. Casas e fábricas, e estradas pedagiadas e vias férreas se espalhavam por toda parte; e, ao longo destas últimas, como que impelidas por algum invisível poder infernal, máquinas monstruosas voavam com uma rapidez inconcebível [...]. A vida animal parecia extinta [...]. A natureza saíra de moda, e o mundo parecia prosseguir toleravelmente bem sem ela.

Cox adentrara o mundo do vapor, povoado por uma raça daquilo que hoje chamaríamos de robôs e que era estranhamente similar aos velhos trabalhadores de cujas tarefas havia se apropriado. Proprietários vivos e homens "locomotiva" agora compunham as duas classes principais. Com uma ansiedade incômoda na garganta, o autor sai à procura da cervejaria de seu antigo vilarejo como um refúgio desse perturbador mundo novo, mas só para descobrir que um hotel ferroviário havia sido construído em seu lugar: "Também ali havia vapor, vapor, nada além de vapor!". Os quartos eram aquecidos pelo vapor, as camas, arrumadas pelo vapor, a carne, assada pelo vapor, os livros dispostos sobre as mesas eram "preenchidos por estranhas frases novas, todas mais ou menos relacionadas ao vapor". Cox "pegou um volume de poemas, mas as comparações e metáforas eram todas sobre vapor; todas as ideias de força e poder e rapidez se referiam unicamente ao vapor", enquanto uma enciclopédia listava coisas de um mundo passado das quais agora havia apenas uma vaga memória: cavalos, árvores, tranquilidade. De volta à cidade, nauseado, o autor depara com uma encenação de Hamlet feita por autômatos movidos a vapor que atuavam com a vivacidade de atores reais — até que um deles explode. O narrador se aproxima do fim de sua visita e, ao retratar as ruas da cidade, leva a visão ao clímax:

> Era a hora de chegada e de partida de várias carruagens, e não há linguagem capaz de descrever o estado da atmosfera. O vapor era gerado e exalado por todos os cantos — e o brilho do sol obstruído —, as pessoas pareciam escaldadas, e as lagostas dos pescadores vizinhos mudavam de cor em um instante; mesmo os moradores de vapor [ou seja, os robôs] pareciam desconfortavelmente quentes. Eu mal podia respirar — havia um soprar, um rugir, um sibilar, um efervescer, um zunir por toda parte —, chamas ardiam, a água borbulhava, as caldeiras estavam prestes a arrebentar — eis que subitamente acordo! Foi apenas um sonho![50]

Na sequência, na mesma coluna, lia-se um pronunciamento da London's Working Men's Association sobre o progresso das lutas em prol da Carta do Povo.

Mas o gênero que reverberava de maneira mais intensa em meio aos cartistas era, provavelmente, a poesia. Como Mike Sanders mostrou em *The Poetry of Chartism: Aesthetics, Politics, History* [A poesia do cartismo: estética, política e história], as atividades de leitura, escrita, publicação e recitação de poesia eram surpreendentemente centrais para a cultura do movimento. Os poemas expressavam uma identidade coletiva, debatiam táticas, firmavam uma moralidade proletária, instilavam um senso de confiança e ampliavam horizontes; sob a influência das colunas de poesia do *Northern Star* — às vezes várias em uma mesma edição —, os cartistas aprendiam a apreciar a beleza de uma estrofe habilmente cunhada e a compor, aos milhares, seus próprios versos. Ao longo de sua existência, entre 1838 e 1852, o *Star* publicou 1.500 poemas e rejeitou centenas de outros, e seus editores ocasionalmente precisavam nadar entre o mar de contribuições não solicitadas enviadas por bardos amadores.[51]

Também aqui o vapor assomava por toda parte. Meio ano após a greve geral, o *Star* publicou um poema chamado "The Steam King" [O rei vapor], de Edward P. Mead, um ativista cartista em Birmingham:

> Existe um rei, um rei tão cruel,
> Não rei de sonhos de poeta;
> Atroz, mau, oprime sem igual,
> É o Vapor, Alteza abjeta.
>
> [...]
>
> Tal sinistro Moloc, seu senhor
> Que está nos vales de Hinão [ou seja, Geena, ou inferno],
> Nas tripas flameja com ardor,
> de infantes comilão.
>
> Seu clero é um faminto bando,
> cruenta e audaz gangue,
> Que a mão gigante controlando,
> Extrai ouro do sangue.
>
> [...]
>
> Então abaixo o Rei, Rei Moloc,
> Ó, meus trabalhadores;
> Atem dele a mão, ou a nação
> fadada está aos estertores.[52]

Uma obra de língua afiada sobre a demonologia do vapor, com todas as principais metáforas — o vapor como agente do despotismo, a degradação, a danação — aqui reunidas na imagem de um mal mecânico.

Ernest Jones, comumente considerado o mais destacado dos poetas cartistas, discorreu sobre a degradação do ambiente. Antecipando "Uma fábula para o amanhã" — o capítulo inicial de *Primavera silenciosa*, de Rachel Carson, amplamente considerado o início do ambientalismo moderno —, um dos poemas de Jones abre com uma invocação à "boa e velha Inglaterra" onde a brisa soprava, as pessoas andavam devagar, a "terra fulgia — áureas ondas do dia".[53] Até que algum feitiço maligno atingiu a comunidade. Sombra e morte surgiram por toda parte. Uma nuvem pestilenta recobriu a terra e escureceu o sol:

> Diz! *donde* a mudança vem? — *donde* foi mandada a maldição?
>
> [...]
>
> Qual roda anda no porão abafado,
> De jugo moderno, o moderno esfolado!
> Vem de qual útero artificial?
> *Da* FÁBRICA *e do* TEAR *o deus mau*!
>
> [...]
>
> Empalidece o sol na terra escura
> Onde motores gemem de ternura,
> E vêm fumaça, crime e maldição
> De altar ígneo de averna encarnação![54]

Na mesma linha, um poema de um colaborador de Manchester lamentava o destino do tecelão de tear mecânico: "Com a força mecânica se engalfinha/ Até bem tarde, desde manhãzinha/ *no ar de fogo e fumaça saturado,*/ mói-se em troca de tão baixo ordenado".[55]

Para compreender a poesia cartista, Sanders pegou de empréstimo o conceito de "estrutura de sentimento", de Raymond Williams. Os poetas do movimento articulavam uma estrutura de sentimento profundamente enraizada nas vidas da classe trabalhadora, e seus versos eram impressos como destilações ou, para acompanhar Williams, "experiências sociais *em solução*". Se essa é uma caracterização razoável — e parece ser — e se, como já formulado por outro estudioso do cartismo, o *Northern Star* "sempre espelhou com precisão as tendências do movimento trabalhador", então dificilmente podemos escapar da conclusão de que uma grande dose de demonologia do vapor agitava a mente dos trabalhadores britânicos na década de 1840, tanto antes quanto depois da greve geral.[56]

Mas, e quanto aos líderes? Elevado acima de todos os outros, Feargus O'Connor detinha um controle inigualável sobre as massas dos distritos manufatureiros: nele, "o povo inglês via a si mesmo. O'Connor é o povo resumido em um único homem", observou um jornalista alemão que vivia em Bradford no começo dos anos 1840.[57] Recém-saído da prisão, a propaganda de O'Connor contra o maquinário movido a vapor atingiu o clímax nos meses que antecederam a Conjuração dos Tampões. "Suas queixas são a MÁQUINA, e o remédio é a CARTA. O motor, a emenda à Poor Law e a polícia rural constituem uma trindade total e indivisível de vileza", bradava ele de seu púlpito no *Star* em abril de 1842. Por volta dessa época, O'Connor começou — em outro exercício de metonímia reveladora — a se referir ao inimigo como a "fumaçocracia". "Vocês estão meramente a serviço de seus mestres produtores de vapor", ele repreendia os trabalhadores: "Cochilem até que o tempo tenha criado e amadurecido contra nós toda uma geração de víboras de vapor, e aí quem poderá deter seu progresso e destruir sua influência?".[58]

Mas talvez a declaração mais inspiradora da demonologia do vapor e a exposição mais incisiva da economia fóssil tenham aparecido em um cartaz anônimo afixado bem no meio da Conjuração dos Tampões:

> Para os Carvoeiros da
> Inglaterra e do País de Gales,
> Greve! Carvoeiros! Greve em prol da Carta!
>
> Em suas mãos repousa um poder que os tiranos, em menor número e que oprimem e moem a face dos pobres, não conseguem suportar. Sem o *carvão*, o aristocrata senhorial não pode cozinhar sua refeição luxuosa. Sem o carvão, o *motor a vapor*, cujo braço de ferro depauperou tantos de nossos concidadãos dispostos a trabalhar — assassinou milhares de *crianças inocentes*

em nossas fábricas de algodão ano após ano, reduziu milhares de mães afetuosas a um estado pior do que o de bestas ferozes e pendurou em seus pálidos membros trapos imundos —, sem o carvão, esse monstro gigante, o motor a vapor, não consegue trabalhar. É o seu trabalho, meus honestos amigos, que o abastece de força, pois, sem o carvão, ele é impotente. *Parem de coletar carvão, pois é o carvão que sustenta os capitalistas gananciosos.*[59]

Todas essas evidências apontam uma conclusão que, defendida com tanta consistência, dificilmente poderia ter passado despercebida por observadores contemporâneos. E não passou. O ano de 1842 assistiu a "revoltas cartistas alarmantes, arrancadores de tampões e indignação que não se viam nessas paragens desde os dias do luddismo", escreveu John James, cronista de West Riding, com uma analogia escolhida de forma muito apropriada: "A aflição que prevalecia chegou a seu ápice no mês de agosto, e os trabalhadores desiludidos, *induzidos a pensar que suas privações decorriam do uso do maquinário, estavam determinados a arrancar os tampões dos motores a vapor*, e, assim, parar todas as fábricas".[60] Toda a censura cartista ao motor a vapor infundia os trabalhadores e refletia a raiva que eles sentiam dessas máquinas. Os arrancadores de tampões as percebiam como a encarnação da angústia e, assim, propensas a ataques: de toda a ira acumulada que irrompeu nas acaloradas semanas do verão de 1842, parte *foi* direcionada contra o vapor. Além disso, mais do que registrar a Conjuração dos Tampões como um eco distante do legado luddista — o que as interpretações-padrão do evento nem sequer permitiriam —, podemos muito bem considerá-las como a *culminação* universalizada, incandescente e evanescente daquela tradição que se voltava contra o mobilizador primário, um alvo que fazia muito mais sentido na parte final da transição do que teria feito, digamos, em 1812 ou 1826.

A ascensão do motor a vapor coincidiu com o momento de resistência mais aguerrida, com a contestação do motor nas palavras e ações de massas de pessoas que estavam descontentes com ele. A greve geral de 1842 foi o episódio mais dramático, mas está longe de ter sido o único; assim como no caso dos reservatórios de água, uma corrente de oposição malsucedida contra o vapor percorre toda a extensão que vai da Albion Mill até o final do século XIX, à espera de ser descoberta.[61] Talvez de forma mais sedutora, parece ter havido o que podemos chamar de um componente *protoambientalista* na crítica do vapor: a imagética persistente dos jorros de fumaça e do fogo destruidor, de uma atmosfera nociva e de uma natureza em retração, da vegetação extinta e de um calor insuportável — “as pessoas pareciam escaldadas”. Mas, poderia isso ter sido mais do que um espasmo acidental de imaginação?

O clima das fábricas

Um atributo definidor do motor a vapor era a produção de calor. Uma roda-d’água derivava energia mecânica a partir da gravidade, do impacto da água corrente ou de ambos; já o motor a vapor, do fogo: pouco surpreende, então, que os trabalhadores tenham vindo a associar a ascensão do vapor com a ascensão das temperaturas. O excesso de calor nas manufaturas de algodão movidas a vapor atraiu atenção assim que as condições das crianças nas fábricas se tornaram um assunto nacional. “É uma verdade inquestionável”, observou um dos magistrados responsáveis pela área de Bolton em 1819,

> que as crianças empregadas nas fábricas de algodão que observei são, em geral, franzinas e esquálidas, sobretudo aquelas que trabalham em prédios onde motores a vapor são usados; mas, em estabelecimentos onde as máquinas são movidas por rodas-d’água, o clima nas salas é mais salutar, e a aparência das crianças, melhor.[62]

O sofrimento causado pelo calor sufocante se tornou mais um dos refrãos sinistros do Factories Inquiry. Dizia-se que as temperaturas haviam passado dos 38 °C dentro de uma fábrica em Glasgow, enquanto outros trabalhadores se queixavam de que faixas entre 29 °C e 34,5 °C haviam se tornado comuns.[63] Um ex-reparador de fios da McConnel & Kennedy teve dificuldades em encontrar palavras para descrever o clima para o comissário Tufnell, que então perguntou: “— Estava tão quente quanto anteontem? — Sim; sei que faz mais calor nas fábricas do que no dia mais quente que já passei em Londres”.[64] Acreditava-se, de modo generalizado, que o confinamento nessas “estufas” fizesse com que os corpos ficassem abatidos, os músculos se desgastassem, as mentes se deprimissem e os sistemas nervosos ficassem comprometidos, sobretudo quando contrastadas com o frio do inverno ao norte da Grã-Bretanha, no qual, ao fim de doze horas de trabalho ou mais, os trabalhadores adentrariam abruptamente.[65]

O calor aparecia em uma atmosfera viciada. Como escreveu o cirurgião Gaskell: "Quando grandes levas de indivíduos são reunidos em um mesmo local, aquela porção de atmosfera essencial à vida é rapidamente eliminada" e substituída por outro gás, isto é, "o gás do ácido carbônico — um gás destrutivo para a vida". Os trabalhadores inalavam "um veneno lento" que, pouco a pouco, minava suas energias e drenava a cor de seus rostos. Esses efeitos nocivos do aumento das concentrações de CO_2 eram bem conhecidos na época da transição — "quanto maior a quantidade de gás de ácido carbônico em um dado volume de ar, maior será a insalubridade desse ar", na regra estabelecida no manual escrito por Partington —, assim como também havia consciência dos princípios rudimentares da relação química entre a combustão do carvão e a produção de CO_2.[66] Se a concentração de CO_2 na atmosfera fosse de cerca de 280 ppm nessa época, o número podia muito bem ser uma ordem de magnitude maior dentro das salas mais congestionadas das fábricas, e pesquisas recentes de fato confirmaram que esses picos internos são prejudiciais à saúde. Mas nem todos estavam expostos ao perigo. Em seu inflamado panfleto "Observations on the Sanitary Arrangements of Factories" [Observações sobre os arranjos sanitários nas fábricas], o engenheiro de Edimburgo Robert Ritchie lançou invectivas contra essa injustiça: "É de se pensar que o oferecimento de *fontes de calor* sem *fontes de ar fresco* em aposentos ocupados por seres humanos consiste no mais disparatado de todos os absurdos", mas agora era essa a realidade diária de centenas de milhares de operários.[67]

Os operários trabalhavam em um clima que não podiam influenciar. "Nas manufaturas", apontou Ritchie, "tanto a temperatura quanto a atmosfera estão sob controle do supervisor, e não dos trabalhadores". O que poderia, então, ser feito a respeito desses malefícios? Talvez influenciado por suas origens escocesas, o engenheiro propôs, entre outras soluções, uma volta à potência hídrica: "Sem dúvida, porém, não há nada que no presente impeça as manufaturas de quase todos os tipos de serem *construídas em ambientes abertos e ventilados*", a alguma distância umas das outras, onde o ar livre seria abundante e o vento acalmaria os trabalhadores por todos os lados. Mas sabemos quais interesses estariam ameaçados por essa reforma. Também Gaskell estava ciente da lógica: o envenenamento por ácido carbônico e os males relacionados se deviam, em última instância, ao motor a vapor, que, "por necessidade, amontoa homens [*sic*] em espaços limitados, uma circunstância sempre desfavorável à saúde".[68] A dinâmica centrípeta da economia fóssil e a combustão do estoque conspiraram para criar climas locais de calor e de dióxido de carbono elevados.

Dentro das cidades organizadas em torno do vapor, os residentes eram atormentados pela onipresença da fumaça. Em *The Chimney of the World* [A chaminé do mundo], Stephen Mosley mapeia a contaminação do ar de Manchester e de outras cidades algodoeiras de Lancashire que se seguiu à adoção do vapor: na Algodonópolis, o número de chaminés de fábricas era de uma na década de 1780, e quinhentas na década de 1840, o que levou Charles Nappier, comandante das tropas governamentais no inquieto distrito mais ao norte, a cunhar a expressão "chaminé do mundo" como apelido para as oficinas.[69] A linha do horizonte e o encardido da cidade se tornavam proverbiais. Todos esses elementos — fumaça, chuva ácida e nevoeiro sulfuroso — exterminaram a flora e a fauna, e a visão de árvores, pássaros e até mesmo do próprio sol foi negada a todos aqueles que eram forçados a viver dentro da cidade. Mas "os comerciantes e manufatureiros possuem mansões separadas, situadas em meio a jardins e a parques em áreas rurais", observou Faucher em 1844: "O homem rico espalha seus sofás em meio às belezas do campo circundante e abandona as cidades para os operários". A vida envolta em fumaça era reservada aos trabalhadores, e a negação da natureza — as áreas "onde a natureza era mantida firmemente do lado de fora pelas mesmas paredes de tijolos que mantinham os ares e gases letais do lado de dentro", nas palavras de Dickens — era despejada sobre eles.[70]

A burguesia adotou uma atitude apologética diante do problema. A partir dos anos 1840, quando os níveis de fumaça em Manchester já eram inegavelmente venenosos, os proprietários de fábricas e seus representantes políticos foram bem-sucedidos em uma oposição implacável a ideias de interferência governamental: "A supressão [da fumaça] pode causar prejuízos materiais a importantes ramos de nossa indústria nacional", concluiu a Câmara dos Comuns em 1846. Os manufatureiros defendiam que a quantidade de fumaça era, antes, um barômetro para a medição da prosperidade — e, além disso, não havia provas dos efeitos negativos à saúde da população.[71] Uma situação similar prevalecia em outro aspecto de grande e crescente perigo para os trabalhadores: as caldeiras de vapor. Esses componentes tinham uma tendência a explodir, sobretudo se operados com base nos princípios da alta pressão. No jornal *The Engineer and Mechanist*, Fairbairn descreveu um acidente ocorrido em 1845, no qual a caldeira de uma fábrica de algodão em Bolton explodiu "em uma direção oblíqua, arrastando consigo os pisos, as paredes e todas as outras obstruções que estivessem pelo caminho; no fim das contas, acabou por se alojar na linha férrea, a alguma distância do edifício", e matou entre dezesseis e dezoito pessoas em seu percurso fábrica adentro.[72]

O risco era insignificante nas três primeiras décadas do século, cresceu nos anos 1830 e disparou no rescaldo da Lei das Dez Horas. De acordo com dados do governo sobre 1870, o número de vítimas de explosões de caldeiras por década subiu de 52 nos anos 1810 para 209 nos anos 1840 e 486 nos anos 1850, mas outras fontes indicam uma epidemia ainda maior.[73] O *Engineer and Mechanist* clamava, nessa mesma edição de 1851 em que Fairbairn relatava o caso de Bolton, que, "nestes últimos três anos, não menos do que *1.600* indivíduos foram sacrificados pela explosão de caldeiras; o que significa, só com base nessa causa, a perda de mais de uma vida por dia em média". Independentemente de quais cifras estejam mais próximas da verdade, é evidente que a reação capitalista à Lei das Dez Horas — a aceleração dos motores graças a uma maior pressão — cobrou um preço terrível dos operários, que, naturalmente, compunham a esmagadora maioria dos mortos e feridos. Já em 1860, um número bem maior de pessoas perdia a vida em explosões de caldeiras do que em acidentes ferroviários, o que fazia desses incidentes uma das calamidades mais comuns e assassinas da era vitoriana. Mas nenhuma proteção legal se via no horizonte.[74]

Todos esses inconvenientes e perigos eram enormemente amplificados no interior de suas fontes mais escondidas: as minas de carvão. As temperaturas acima de 38 °C, a destruição impiedosa de pulmões pela poeira de carvão, a inalação sufocante de gases concentrados conhecidos como "mofeta" (principalmente dióxido de carbono) e a ignição repentina de "grisu" (principalmente metano), desabamentos, incêndios e, é claro, explosões de magnitudes épicas, com centenas de vítimas em uma única ocorrência, faziam das minas lugares excepcionalmente perigosos para se trabalhar. Habitantes do interior mais exterior das paisagens, os carvoeiros, para seu grande risco, estavam por definição excluídos da natureza troposférica: "O anjo da mofeta os abate — todo esforço é vão./ Neles grava marca sulfúrea — deixa-os qual carvão", dizia "The Miner's Doom" [A danação dos mineiros], poema de um bardo de Tyneside do começo dos anos 1840.[75]

Um segmento considerável da classe trabalhadora britânica teria então vivenciado a chegada da economia fóssil como uma deterioração palpável do ambiente imediato, na forma, entre outros sintomas, de calor excessivo, maiores concentrações de dióxido de carbono, poluição do ar por fumaça e risco de desastres explosivos. Todas essas manifestações eram produto das sinergias entre determinantes sociais e biofísicos daquela economia: em suma, a *concentração de trabalhadores assalariados em certos lugares onde o carvão era queimado ou extraído*. Algumas calamidades podiam ser contabilizadas em taxas de mortalidade ou de doença, mas um componente era menos tangível: a *percepção* em si mesma da natureza que decaía e se retraía da vida dos trabalhadores. Nos debates sobre o desenvolvimento dos padrões de vida na Revolução Industrial, esse fator se mostrou o mais difícil de medir, já que — diferentemente dos rendimentos, da expectativa de vida, das taxas de casamento e da fisiologia — não há parâmetros quantitativos para ele. Fontes qualitativas indicam, no entanto, que a percepção estava lá.[76] E ela oferece algum pano de fundo para as fantasias apocalípticas da demonologia do vapor da classe trabalhadora — isso sem falar no gás natural, cujas frequentes explosões ameaçavam um dia mandar a própria Babilônia pelos ares.

11

UM LONGO RASTRO DE FUMAÇA: A ECONOMIA FÓSSIL CONSUMADA

Em 1800, a maior parte da fumaça gerada pela queima de carvão na Grã-Bretanha ainda saía de chaminés bem pequenas. As melhores estimativas situam a participação do consumo doméstico entre metade e dois terços das emissões. Algumas poucas indústrias que se desenvolviam velozmente já se voltavam para o carvão como insumo-chave, mas mesmo a mais importante delas — a do ferro — ainda respondia por menos de 10% a 15% da demanda total; os dínamos do crescimento econômico — o algodão acima de todos — usavam outros recursos.[1] A queima do carvão ainda precisava ser desvinculada da população, e, assim, não era possível dizer que a Grã-Bretanha já se constituía como uma economia fóssil propriamente dita. Em 1850, tudo havia mudado. O ponto de inflexão ocorreu em algum momento por volta do ano de 1830. Uma forma de mensurá-lo consiste em olhar para as taxas de crescimento médio anuais da produção de carvão na Grã-Bretanha. Essa taxa acelerou um pouco entre 1800 e 1815, mas só para — curiosamente — desacelerar nos quinze anos seguintes, com um grande ganho de velocidade *depois do pânico,* chegando ao ápice entre os anos de 1847 e 1854. O período de 1830 a 1854 testemunhou, *de longe, a maior taxa de crescimento na produção de carvão já vista entre 1700 e 1900.*[2] Como nos contam tanto os números quanto as palavras, o capital britânico se livrou das garras da crise graças a uma mobilização sem precedentes da energia do estoque. Mais significativamente para nossa definição de economia fóssil, o aquecimento doméstico perdeu sua predominância em 1830. Em 1816, esse tipo de consumo abocanhava 53% de todo o carvão produzido na nação; em 1830, a participação estava abaixo do marco crítico de 45%, com um encolhimento para 34% em 1840, 23,5% em 1855 e 14% em 1903. Essa redução secular na porção destinada ao aquecimento doméstico — não em volumes absolutos, é claro — já havia começado nas duas últimas décadas do século XVIII, mas o setor respondeu por mais da metade de todo o carvão extraído na Grã-Bretanha até algum momento entre 1816 e 1830; nesta segunda data, ainda configurava a maior fonte individual de demanda, uma posição que não perderia até depois de 1840. Entre 1844 e 1855, outra fonte subiu ao trono: a "manufatura geral". Em 1855, esse setor ficou com 28% de todo o carvão produzido, comparado com 23,5% para o aquecimento doméstico e 24,5% para o ferro e o aço (se excluirmos o carvão exportado, os números eram de 31%, 25% e 26%, respectivamente). Desse modo, com os manufatureiros no domínio da maior fatia da queima de carvão, seguidos por proprietários de metalúrgicas e siderúrgicas, a economia fóssil da Grã-Bretanha estava consumada. A crise estrutural deixou uma nova formação como legado. Em 1870, três vezes mais carvão era queimado na manufatura geral, no ferro e no aço do que nas lareiras e casas da Grã-Bretanha, com o fogo desvinculado do crescimento populacional e ligado ao crescimento *econômico* autossustentável.[3]

Ao passarmos do carvão para o vapor, encontramos a predominância duradoura da indústria têxtil, particularmente da indústria algodoeira. Em 1870, as fábricas têxteis respondiam por 52% de todos os cavalos de potência gerados pelo vapor na indústria britânica, e as fábricas de algodão, sozinhas, eram responsáveis por 31% — mais do que altos-fornos e fábricas de ferro, e mais do que o triplo das indústrias química, do couro, da construção civil, de alimentos e de papel combinadas. O crescimento da capacidade dos motores a vapor no algodão avançou em ritmo mais acelerado nas décadas de 1830 e 1840, com uma pequena queda nos anos 1850 e outra depois de 1870. Claramente, as décadas de crise marcaram um momento de "ou vai, ou racha": à sombra das colônias mais conhecidas, pequenas fábricas movidas a água colapsaram aos montes sob a pressão combinada do boom de meados dos anos 1830 e da depressão que se seguiu. As fábricas movidas a água que continuaram a existir eram remanescentes de uma era superada; a maioria já havia desaparecido nos anos 1860, e os incentivos para

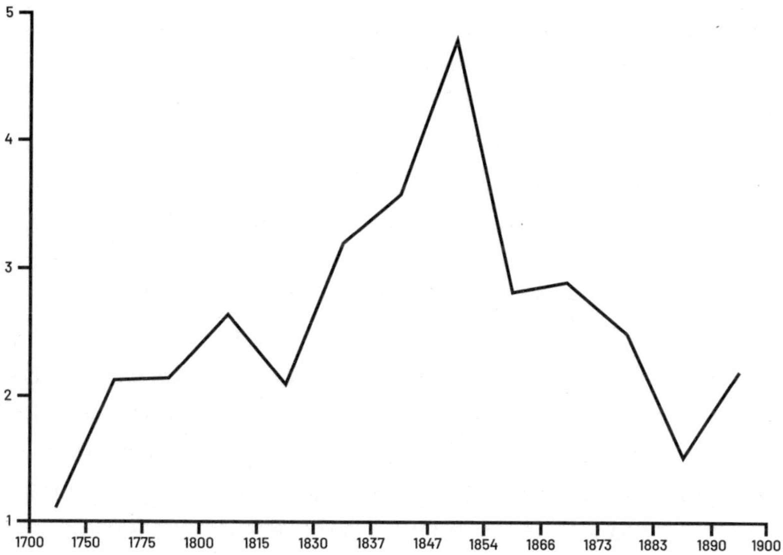

Figura 4. Taxa de crescimento composto anual da produção de carvão no Reino Unido, 1700-1900 (percentuais).
Fontes: período entre 1700-1830: M. W. Flinn, *The History of the British Coal Industry*, v. 2, *1700-1830*: *The Industrial Revolution*. Oxford: Clarendon Press, 1984, p. 26; período entre 1830-1900: R. Church, *The History of the British Coal Industry*, v. 3, *1830-1913: Victorian Pre-eminence*. Oxford: Clarendon Press, 1986, p. 3.

investir em água foram praticamente extintos depois da metade do século.[4] A avaliação de Fairbairn em 1864 não foi imprecisa:

> Foi apenas nos últimos anos que, neste país, o motor a vapor quase substituiu o uso do ar e da água como mobilizadores primários. Até recentemente, o vapor havia sido um auxiliar para a água; agora ele é a principal fonte de potência, e, a não ser em certos distritos, as quedas-d'água são comparativamente de pouco valor.[5]

Surge naturalmente, então, a pergunta: quanto de todo o carvão coletado na Grã-Bretanha foi devorado diretamente por seus motores? Para 1800, a estimativa é de *um décimo*; para 1830, *um sexto*; para 1870, *um terço*.[6] A crescente voracidade relativa dos motores a vapor britânicos assegurou a ascensão da manufatura geral, mesmo que essa categoria também incluísse o uso do carvão para aquecimento em fábricas de cerveja, padarias, olarias e uma gama de outros negócios variados. Dito de outra forma, quando a manufatura geral eclipsou todos os outros setores na metade do século, isso se deu *principalmente em função da rápida difusão do vapor* nas décadas anteriores — uma tendência centrada no algodão. Contudo, o nexo algodão/vapor nunca respondeu diretamente por algo que se aproximasse do grosso do consumo de carvão. Ele podia ser o coração pulsante estratégico da economia fóssil que emergia, mas, a seu lado, havia aplicações inteiramente novas para o vapor — desde estradas de ferro até navios —, além do uso do carvão na produção de gás, ainda que se tratasse de aceleradores comparativamente mais fracos; mais relevantes foram os passos largos dados pelo ferro.[7] Uma história completa do nascimento da economia fóssil teria evidentemente de lidar com todos esses elementos.

A influência — tanto direta quanto indireta — da transição da água para o vapor na indústria algodoeira era mais claramente visível não em um nível setorial, mas regional. De todos os campos de carvão da Grã-Bretanha, aqueles em Lancashire exibiram o crescimento mais rápido de produção na primeira metade do século XIX. Na década final do século XVIII, cerca de 8% do carvão britânico vinha de minas de Lancashire e Cheshire, o que as deixava atrás daquelas situadas na Escócia e em Yorkshire, e em igualdade de condições com as de Gales do Sul; responsável por 15,3% em 1854, a região ultrapassara todas as outras e agora tinha à sua frente apenas o clássico distrito a nordeste. Outras regiões produtoras de carvão, como as Midlands Orientais, ficaram para trás justamente porque lhes faltava uma indústria têxtil insaciável movida a vapor. Lancashire era o motor mais poderoso para a escalada na extração de carvão, e o motor da economia de Lancashire não podia ser outro, é claro, senão a indústria algodoeira: as minas eram abertas para alimentar as fábricas. Desconsiderado qualquer efeito multiplicador, em 1870 as fábricas de algodão desse único condado queimaram diretamente mais carvão do que a produção inteira do sul e do leste da Europa.[8]

Em Lancashire e na nação como um todo, a indústria de carvão em si era um agente bastante passivo que respondia a sinais emanados da economia mais ampla. O ponto de inflexão por volta de 1830 não foi resultado de nada que tenha se passado dentro das minas, de descobertas científicas e de métodos de escavação ou de campanhas agressivas de marketing feitas por capitalistas da mineração; em vez disso, a expansão da produção foi determinada por um aumento na *demanda*. Tudo o que as minas tiveram de fazer foi extrair volumes maiores conforme os consumidores ansiassem por mais combustível, mas sem elevar os preços no processo — e essa foi, de fato, a maior conquista do setor nos séculos XVIII e XIX. "Há poucos sinais", nas palavras de um estudo, "de uma revolução tecnológica na mineração de carvão. As reservas inglesas de carvão, conhecidas e exploradas desde os tempos romanos, simplesmente encontraram um mercado muito maior na Revolução Industrial inglesa".[9] A extração do carvão continuou a ser em si uma forma extrema de trabalho penoso realizada por corpos humanos equipados apenas com instrumentos simples como picaretas, cunhas e martelos, além da assistência da pólvora; novas tecnologias de relevância não apareceram antes de 1890; como vimos, os preços do carvão ficaram estáveis durante as décadas críticas.[10] A economia fóssil foi consumada na superfície.

Naturalmente, essas mudanças deixaram uma marca imediata na atmosfera. Os níveis anuais das emissões de CO_2 na Grã-Bretanha seguiram uma curva em conformidade total com as dinâmicas históricas esboçadas nos parágrafos anteriores (Figura 5). Quatro estágios podem ser distinguidos: um lento crescimento prolongado e quase imperceptível nas emissões durante o estágio protofóssil; um aumento em níveis

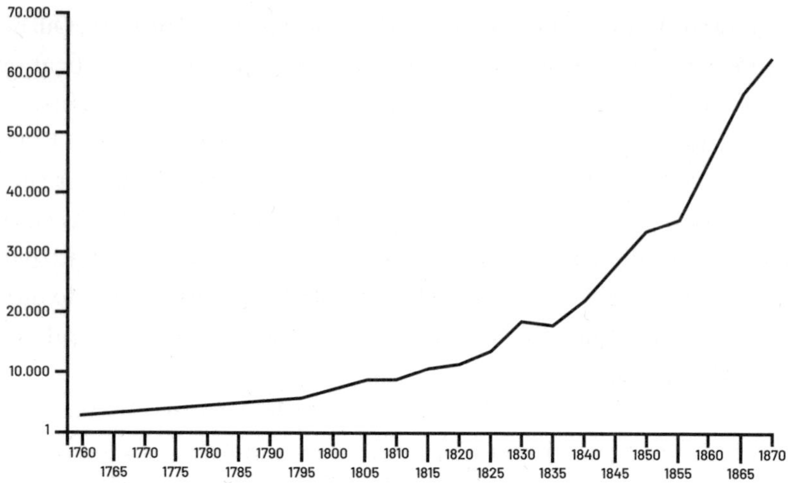

Figura 5. Emissões de CO_2 no Reino Unido, 1760-1870, em milhares de toneladas de carbono.
Fonte: T. Boden, G. Marland & R. Andres, "Global, Regional, and National Fossil-Fuel CO_2 Emissions", Carbon Dioxide Information Analysis Center (CDIAC), U.S. Department of Energy, Oak Ridge, 2013.

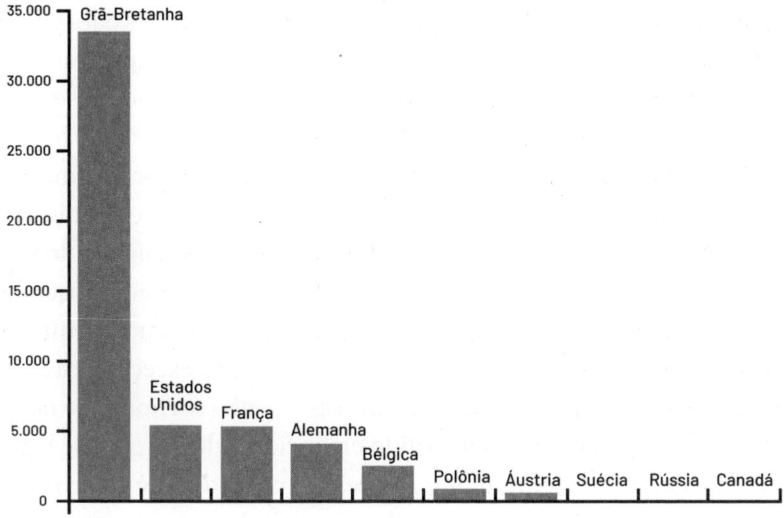

Figura 6. Emissões de CO_2 de países selecionados em 1850, em milhares de toneladas de carbono.
Fonte: T. Boden, G. Marland & R. Andres, "Global, Regional, and National Fossil-Fuel CO_2 Emissions", Carbon Dioxide Information Analysis Center (CDIAC), U.S. Department of Energy, Oak Ridge, 2013.

ligeiramente mais altos por volta da virada do século, mais para o final desse estágio; uma subida acentuada entre 1825 e 1840, o que conduziu a uma trajetória radicalmente distinta; e uma nova escalada e extrapolação depois da crise. Desse modo, os negócios de sempre, como hoje os conhecemos, se tornaram uma realidade material. Eles foram uma criação única da Grã-Bretanha. Ainda que a pesquisa recente em história econômica tenha se inclinado a minimizar o excepcionalismo do país, não há dúvida da importância da Grã-Bretanha nesse aspecto, e quanto mais as gerações vindouras forem forçadas a privilegiar a significância de temas ligados ao carbono, com mais nitidez a exceção britânica se destacará e sua história atrairá interesse — não em honra ao nome do reino, mas, antes, para encardi-lo em meio à fuligem que ele legou à humanidade. Se escolhermos o ano de 1850 como data de comparação e usarmos os poucos países com dados disponíveis, encontraremos uma aberração bem alarmante (Figura 6). Em 1850, a Grã-Bretanha emitiu quase duas vezes mais dióxido de carbono do que os Estados Unidos, a França, a Alemanha e a Bélgica juntos; mil vezes mais do que a Rússia e duas mil vezes mais do que o Canadá. Se o aquecimento global tem uma terra natal histórica, não há dúvida alguma quanto à sua identidade.

12

O MITO DA EMPREITADA HUMANA: RUMO A OUTRA TEORIA

Perdendo o gás

Como já deve estar claro, a ascensão do motor a vapor na indústria algodoeira britânica resultou no estabelecimento de uma estrutura teórica com uma grave anomalia. Comecemos pelo paradigma ricardo-malthusiano. Contra todas as expectativas desse modelo, a transição alardeia aos quatro ventos a persistência da superabundância e dos baixos custos da água: o argumento definidor do paradigma é confrontado por algumas das facetas mais evidentes do processo histórico. Toda aquela conversa sobre haver "poucos" bons lugares para a instalação de fábricas movidas a água ou "já não estarem disponíveis", e sobre a disseminação do vapor ter sido "ecologicamente favorecida", não passa de pura parcialidade paradigmática que não encontra suporte no registro histórico. Os ricardo-malthusianos teriam uma linha de defesa alternativa?

Wrigley tenta aplicar a lei dos rendimentos decrescentes àquilo que viemos chamando de dinâmica centrífuga da potência hídrica: aí estava uma fonte de energia "sujeita a um aumento nos custos marginais de obtenção, já que naturalmente os melhores lugares foram desenvolvidos primeiro e deixaram quedas-d'água menores ou situadas em regiões menos convenientes para exploração posterior".[1] Ainda que pareça combinar bem com o modelo ricardiano, essa explicação, na verdade, diverge de seus termos em aspectos cruciais, como evidenciam as palavras "menos convenientes". Ricardo falava de "terras de qualidade inferior", menos férteis *"em virtude das leis naturais que limitam a capacidade produtiva da terra"* — pensemos em solos arenosos ou encostas íngremes. Mas não há evidências de que as quedas-d'água situadas em regiões mais afastadas fossem "menores" ou mais pobres em quaisquer desses sentidos absolutos; pelo contrário, elas tendiam a ser *mais* poderosas perto das colinas do que nos centros urbanos. A desvantagem dos cursos d'água distantes não decorria de uma deficiência na geração de energia mecânica. Em vez disso, ela assumia a forma de uma "inconveniência" — um problema constituído não pelas propriedades físicas da terra, como nas teorias de Ricardo e Wrigley, mas *pela incongruência entre essas propriedades e certas relações sociais*, que precisavam, entre outras coisas, de acesso a depósitos centralizados de força de trabalho. Os manufatureiros não foram empurrados para as cidades do vapor pelos limites naturais da terra, e sim por fatores de atração mais poderosos do que a energia barata.

O paradigma poderia ter funcionado melhor caso os manufatureiros de algodão tivessem abandonado não a potência hídrica, mas alguma fonte de energia extraída da fotossíntese do presente: madeira, animais, pessoas. Todas essas alternativas teriam exigido quantidades maiores de solo do que as rodas-d'água para produzir a mesma quantidade de energia. As águas fluviais estão espalhadas no espaço, mas na forma concentrada de um fluxo que percorre um canal delineado por duas margens; elas não recobrem vastas extensões de território, como florestas e campos de trevos ou de trigo. Uma mudança de qualquer uma dessas outras fontes para o carvão *poderia* ter aliviado a terra de uma pressão sufocante — o que indica a possibilidade de que o modelo ricardiano detém as chaves para outros momentos na história da economia fóssil ou protofóssil, notavelmente o salto elisabetano, com a substituição da madeira pelo carvão. Revisitaremos essa ideia mais adiante. Antes do vapor, era raro que animais e humanos servissem como mobilizadores primários, mas estes últimos moveram os teares manuais em suas residências até serem usurpados por motores e máquinas. Teria o crescimento do exército de tecelões manuais contribuído para o cultivo de terras inferiores, traduzindo-se em comida mais cara e salários mais altos, fornecendo, assim, aos manufatureiros o incentivo para a mudança para os teares a vapor? Não há absolutamente sinal algum dessa relação de causalidade. Os salários não paravam de desabar.

Já quanto ao componente malthusiano, o uso do vapor em fábricas dinamitou todas as ecologias anteriores porque *dissociou* queima do carvão e crescimento populacional: enquanto o aquecimento doméstico respondeu pelo grosso do consumo, o fogo foi mantido sob controle pelo ritmo arrastado da reprodução. "Como a população britânica levou mais de 110 anos para dobrar seu patamar de 1700, o crescimento da demanda com base nesse fator dificilmente ofereceria muito estímulo", nas palavras de B. R. Mitchell, perito em estatísticas históricas: somente um *divórcio estrutural* face à produção de bebês poderia atiçar uma economia fóssil.[2] Entre 1800 e 1870, a população britânica cresceu ligeiramente menos do que 150%, enquanto a produção de carvão saltou 720%. A realidade histórica virou o modelo de Wilkinson de cabeça para baixo, com a disparada da espiral no momento em que os grilhões da fertilidade foram rompidos — isto é, quando a população *deixou de determinar o padrão de consumo de carvão.* Também não parece mais plausível imputar o milagre do algodão do fim do século XVIII a uma forma ancestral de crescimento cujos níveis, na época, eram similares por toda a Europa, sem que a Grã-Bretanha fosse um ponto fora da curva *nesse* aspecto.[3] Os Arkwright, os Greg e os Finlay não construíram suas fábricas em uma tentativa desesperada de satisfazer as necessidades de cidadãos que se multiplicavam — as dinâmicas em funcionamento eram completamente diferentes —, tampouco foi o caso dos McConnel e de outros capitalistas do vapor. Quando afirmam que as rodas-d'água foram deixadas de lado porque não conseguiam acompanhar o ritmo de reprodução dos britânicos, Pomeranz, Kander e colegas estão devaneando.

Quanto peso, então, devemos atribuir a essa anomalia? Quão ameaçadora foi a ascensão do vapor para a durabilidade do paradigma ricardo-malthusiano como um todo? Argumentamos até aqui — assim como, ironicamente, o próprio Wrigley — que a mudança para o estoque como fonte de energia mecânica para a produção de mercadorias representou o momento crítico para o início da economia fóssil. A validade de um paradigma capaz de arregimentar apenas pouco — se é que algum — poder explanatório quando se trata desse divisor de águas merece ser questionada. Condenável em si mesmo, esse fracasso pode, no entanto, ser sintomático de problemas analíticos mais profundos, com a anomalia como olho-mágico para vazios que se estendem para além do vapor, do carvão, do algodão e da Grã-Bretanha.

A universalização dos negócios de sempre

Queremos saber por que o crescimento autossustentável se associou primeiro à queima de combustíveis fósseis; por que os agentes da expansão econômica se voltaram para o estoque e fizeram dele a fundação indispensável para rodadas futuras. Na economia fóssil amadurecida, não havia mais *escolha* entre o fluxo e o estoque. Ela já estava feita. O desaparecimento gradual de fábricas movidas a água na indústria algodoeira britânica significou a necessidade do uso do vapor por manufatureiros que desejassem continuar no jogo; não mais uma alternativa de mobilizador primário, o motor passou a ser um imperativo para a sobrevivência comercial. Depois disso, uma lei da inércia conduziu a economia fóssil adiante: crescimento pela queima de carvão *ou morte* — não só no algodão, é claro, mas em todos os ramos principais da indústria, em todas as economias avançadas, com seu espiral turbilhonando nos vários departamentos do trabalho. Assim, o momento de *transição* marca a passagem de uma economia em que o estoque era uma possibilidade, entre várias outras, para uma economia em que reina supremo.

Qual é a explicação ricardo-malthusiana para isso? Abstraída a partir de qualquer linha específica de negócios, a resposta assume uma forma geral: haveria um apetite pelo consumo de mais energia em todas as sociedades humanas, e, nos séculos XVIII e XIX, *a Grã-Bretanha finalmente conseguiu satisfazê-lo.* A apresentação dessa explicação para a economia fóssil — ou a economia "inorgânica" ou "de base mineral", para usar os termos imprecisos de Wrigley — exige a invocação de um fator trans-histórico, algum tipo de ânsia compartilhada por todas as formações na história e que encontrou seu objeto de desejo na época da Revolução Industrial. Em Wrigley, trata-se simplesmente do impulso voltado ao crescimento. "O distanciamento com relação a uma economia exclusivamente orgânica foi a condição *sine qua non* para que a capacidade de crescimento exponencial fosse alcançada", escreve o autor, ou: "A superfície da Terra se caracterizava como uma quantidade fixa e formava uma barreira ao crescimento indefinido", ou: "O gargalo energético que estabelecia os limites ao crescimento das economias orgânicas foi progressivamente alargado conforme os combustíveis fósseis substituíram combustíveis orgânicos [*sic*]". Fórmulas similares são repetidas *ad infinitum* nos escritos de Wrigley. Às vezes o mito é usado para veicular a mensagem: "Não importa a assiduidade dos esforços de Ícaro, o voo humano não será possível enquanto a energia empregada em suas tentativas for muscular" — supondo, como algo corriqueiro, que as sociedades pré-industriais *se esforçaram para voar como Ícaro* e ansiaram por domar o céu do crescimento, falharam e despencaram até conseguir forjar asas fósseis.[4]

Para Wilkinson, um malthusiano mais fervoroso, o fator trans-histórico consiste no impulso biológico para a procriação, compartilhado não só por todas as sociedades como também por todas as populações animais. Ativado por quedas populacionais acentuadas e recorrentes, um "crescimento das necessidades" unilinear teria forçado os seres humanos "a se envolver em técnicas de processamento e produção cada vez mais complicadas" com o passar das eras; depois de esgotadas todas as outras opções, a adoção dos combustíveis fósseis teria sido necessária.[5] Vimos Pomeranz destilar a essência desses argumentos: a Grã-Bretanha seria diferente das outras nações não por ter desenvolvido um sistema novo ou uma disposição particular, mas porque teria se livrado das amarras "que anteriormente limitavam o horizonte *de todo mundo*" — e, como Ícaro, teria feito o que toda a humanidade sonhara em vão.

É claro que essa estirpe de análise não surgiu em um vácuo teórico. Impregnada de economia burguesa clássica, ela simplesmente aplica a trindade de Ricardo-Malthus-Smith à energia — uma colaboração que os defensores do paradigma não se esforçam para esconder. Daí sua vulnerabilidade às mesmas críticas que foram lançadas contra o ricardismo, o malthusianismo, o smithismo e teorias associadas sobre o desenvolvimento econômico, mais efetivamente por Ellen Meiksins Wood e Robert Brenner, em debates sobre as origens do capitalismo.[6] Os teóricos burgueses veem as tendências humanas — Ícaro, Robinson — finalmente concretizadas tanto na economia fóssil quanto no capital; em ambas as questões, podem ser acusados de impor o mito contra a realidade de um vetor incômodo e inquietante da vida humana: a mudança ao longo do tempo.

Os ricardo-malthusianos supõem que as dinâmicas da economia fóssil já existiam de modo latente, em uma forma aprisionada, muito antes de sua atual aparição. Uma tendência à expansão estaria presente desde sempre nas economias pré-fósseis, enterrada ao longo da história à espera da oportunidade certa para escapar: uma fome primitiva que, enfim, encontrou alimento. O surgimento da economia fóssil assumiria a forma de uma *suspensão de limitações* que permitiria que os humanos — dos rios Yangtzé ao Tâmisa — se comportassem como sempre desejaram. Aqui as motivações características dos agentes de expansão dentro de uma economia fóssil são atribuídas a atores pré-fósseis cuja economia não seria de um tipo diferente, mas conteria em si mesma todos os elementos que viriam a ter livre curso em um momento posterior. Os pensadores burgueses consideram o capitalismo como a concretização ou a extrapolação de uma natureza humana presente desde tempos imemoriais (a propensão a transportar, negociar e trocar; a prática ancestral de comprar barato e vender caro; a racionalidade dos agentes do mercado; a pura ganância), e, de modo bastante similar, Wrigley e seus colegas historiadores pressupõem uma ânsia pela energia fóssil. Comprometidos com uma falácia *petitio principii*, seus raciocínios se desenvolvem com base em uma conclusão predeterminada quanto *ao que é especial na economia fóssil*.

Assim, a transição é reduzida a um momento de *escassez*. A longa linha da empreitada humana se aproxima do buraco de uma agulha, é salva pelos combustíveis fósseis, consegue atravessá-lo e continua a avançar para o outro lado. Como aquilo que exige explicação é postulado enquanto algo que apenas espera o momento mais adequado, a transição em si mesma se torna uma mera formalidade, algo provocado por uma *lacuna quantitativa* entre demanda e oferta de energia. A revolução fóssil não seria uma ruptura que separa duas ordens distintas entre si; o problema de como um tipo de economia se metamorfoseia em outro é afastado e reposicionado como um processo gradual e cumulativo — e exponencial a partir do momento em que a escassez tenha sido superada. Em Wrigley, o funcionamento da economia fóssil é entendido como seu antecessor "orgânico" e das limitações a ele inerentes; em Wilkinson, sob as lentes da superfecundidade eterna. Por não estarem sujeitos às suas próprias leis, os negócios de sempre são retratados como algo tão comum a ponto de ser atemporal.

Além disso, e sob um olhar mais cuidadoso, a explicação ricardo-malthusiana acaba por ser circular: a mudança para os combustíveis fósseis é explicada por uma impossibilidade de obtenção de crescimento autossustentável sem eles, e o desencadeamento do crescimento autossustentável é explicado pela mudança para os combustíveis fósseis. No meio desse círculo, encontramos uma recusa a considerar as novas relações de poder como a mola propulsora de qualquer um desses dois componentes. "O capitalismo", de acordo com Wrigley, "é um conceito escorregadio" indigno de aplicação; a era capitalista nada mais é do que uma era de "racionalidade" e "modernização progressiva". Em seu zelo para superar o eurocentrismo, Pomeranz também descarta a categoria de capitalismo em favor do que é identificado como "o projeto desenvolvimentista", uma empreitada "para 'domar' ou 'conquistar' a natureza" comum a todos os continentes e cujo praticante mais bem-sucedido calhou de residir no Ocidente.[7] Ao conceberem o crescimento como uma busca eterna e universal, os ricardo-malthusianos não conseguem fugir de uma explicação tautológica para a transição: ela se deu porque é assim que os humanos se comportam.

Se o paradigma fracassa em jogar luz sobre o nascimento da economia fóssil, também parece igualmente incapaz de esclarecer a *continuação de seu crescimento*. A libertação das limitações do solo — a fagulha que fundamenta o paradigma inteiro — só pode ser um fator de incidência limitada e não relacionada a acréscimos posteriores de combustível ao incêndio. Isso fica claro se revisitarmos as conversões matemáticas da energia fóssil em hectares de florestas que são levadas em tão alta conta como exercícios explanatórios por Wrigley e seus seguidores.[8] Quando Wrigley calcula que todo o carvão de 1800 equivalia a 35% da superfície terrestre britânica, alcançando 150% em 1850, estamos diante de um experimento mental evidentemente hipotético e contrafactual. Esse experimento seria capaz de nos dar alguma explicação dos motivos que levaram o consumo de carvão a subir nesse período? Para que isso fosse possível, Wrigley teria de ter apresentado evidências de que a escassez de terras fez com que os preços cobrados pelos combustíveis clássicos subissem, de que a subida de preços desses combustíveis levou os consumidores britânicos a mudar para o carvão e de que esse consumo motivado por custos compunha o grosso de toda a queima de carvão na primeira metade do século XIX. Mas Wrigley não nos oferece nada do tipo, e, na verdade, teria sido difícil fazê-lo. Sendo assim, poderia nos contar algo a respeito das forças causais que entraram em operação em um momento posterior da economia fóssil?

Consideremos a conclusão de Malanima de que uma Europa desprovida de combustíveis fósseis teria precisado do equivalente a 2,7 vezes de sua superfície continental em 1900 e mais de 20 vezes um século mais tarde: essa observação poderia elucidar os fatores que levaram a essa tremenda explosão? Em termos lógicos, a resposta é negativa, já que, caso as limitações de terra tivessem sido superadas na Europa — mesmo antes do início do século XX —, já não poderiam ter agido como fatores causais. A suposta quebra da maldição ricardiana se evapora assim que se materializa: uma vez que a escassez de terras tenha desaparecido como preocupação premente, algum outro ímpeto precisa tomar seu lugar. Dentro do útero, um bebê não pode se desenvolver além de certo ponto, e por isso sai, mas, nesse mesmo momento, essa superação das limitações deixa de determinar a continuação do crescimento da criança. Quando a criança estiver com cinco ou dez anos, alguém que procure explicar as dinâmicas biológicas do crescimento de seu corpo com afirmações sobre a impossibilidade de ter continuado na barriga da mãe — teriam sido necessários vinte úteros, a essa altura — será considerado um tanto quanto equivocado. Uma vez rompido, o gargalo deixa de existir.

O problema pode ser visto por outro ângulo a partir de algumas conversões puramente imaginárias. Vamos supor que, caso todas as sacolas plásticas do mundo até o ano 2000 fossem substituídas por sacolas de algodão, essa mudança teria exigido X toneladas de algodão e demandado Z hectares de terra para cultivo — o equivalente a 40% da superfície terrestre total do mundo, que teria sido impossível de reservar exclusivamente para esse propósito. Teríamos, então, uma explicação sobre *por que a produção de sacolas plásticas atingiu níveis tão astronômicos?* É evidente que não. O mesmo valeria para a conversão matemática de e-readers em biomassa, de todas as máquinas em corpos humanos ou — mais apropriadamente — a representação da atual taxa global de extração de recursos em mais do que um planeta Terra. Exercícios como esses servem a propósitos pedagógicos, ilustram dilemas e fornecem a base para reivindicar correções de percurso, mas não são capazes de identificar relações de causalidade. Se todo o oxigênio da atmosfera terrestre fosse substituído por gás carbônico, todas as formas de vida sufocariam como se estivessem em Vênus, mas esse fato não nos diz nada sobre como o oxigênio passou a preencher a atmosfera e é continuamente reabastecido.

Sobre os ombros de Malthus, Wilkinson depara com problemas ainda mais profundos. Se as tecnologias são desenvolvidas quando — e somente quando — as pessoas mergulham na pobreza depois que taxas de procriação saem de controle em um contexto cuja base de recursos é estreita; se a Revolução Industrial foi uma resposta a uma dessas crises, e o carvão foi adotado como solução, então *o desenvolvimento tecnológico deveria ter minguado imediatamente depois*, e o uso de combustíveis fósseis deveria ter estagnado a partir do momento em que o novo "equilíbrio ecológico" tivesse sido alcançado. Mas, forçado a admitir que "o desenvolvimento industrial não cessou quando essas necessidades [de subsistência] foram satisfeitas", Wilkinson esboça uma tentativa ousada de salvar seu modelo com a afirmação de que, na verdade, as tecnologias mais recentes se originaram da miséria e da superpopulação: bastaria olhar para os "modernos sistemas de depuração dos despejos e esgotos".[9] Pessoas demais vagueiam pela miséria — é por isso que as inovações se disseminam. Não precisamos nos debruçar em uma investigação sobre a capacidade desse modelo de explicar dois séculos de mudança tecnológica perpétua sob o capitalismo — uma rápida passada de olhos pelo laptop ou pelo carro mais próximo deve bastar — para notar que, caso a coleta de esgoto fosse representativa dessa mudança, e caso o desequilíbrio ecológico e a pobreza fossem seus motores, como Wilkinson efetivamente declara, então a invenção e a difusão de tecnologias que *destroem ecossistemas, esgotam recursos e criam pobreza* seriam inexplicáveis. O modelo postula essas tecnologias como curas — e não como causas — de tais enfermidades.

Se é dessa forma que o elemento malthusiano da díade procura manter sua relevância diante do resto da história da economia fóssil, seu colega ricardiano simplesmente recorre ao axioma do crescimento como busca eterna e universal. De acordo com uma visão a-histórica da transição, as expansões futuras seriam impelidas, então, por forças de vários milênios de idade: nada de novo viria à tona; o que haveria seria apenas a concretização do velho. A esta altura, os ricardo-malthusianos podem objetar que o surpreendente crescimento da economia e da população globais visto nos últimos dois séculos *não teria sido possível sem os combustíveis fósseis* — e, nesse ponto, têm, de fato, razão. Wrigley dificilmente pode ser contestado quando escreve que as economias pré-fósseis

> tinham de trabalhar dentro de um orçamento energético que tornava fisicamente impossíveis muitas das atividades e processos que passaram a ser básicos para a vida econômica nos últimos séculos. Dentro das limitações de uma economia orgânica, teria sido impossível, por exemplo, produzir ferro e aço em uma escala suficiente para a construção de uma rede moderna de trilhos ou de um navio-petroleiro, que dirá produzir as dezenas de milhões de carros que são manufaturados a cada ano.[10]

Verdade, sem dúvida — mas essa é uma declaração sobre as causas ou sobre os *efeitos* da economia fóssil? A afirmativa parece preocupada não em decifrar as dinâmicas da espiral de combustão, mas, antes, em indicar *o que pode ser alcançado* por essa economia.

Talvez Wrigley e seus pares não estejam tão interessados, afinal, nos mecanismos dos negócios de sempre. Talvez seus propósitos se relacionem mais a "encontrar explicações adequadas para a mudança ou a falta de mudança nas fortunas econômicas de uma comunidade", às promessas cumpridas de crescimento, às dezenas de milhões de carros a cada ano: mais um *explanandum*.[11] Mas, e quanto a uma análise funcionalista? Poderíamos imaginar uma proposição segundo a qual os combustíveis fósseis foram adotados *porque* possibilitaram o uso de vinte vezes a área do continente europeu, ou *porque* içaram a Grã-Bretanha ao trono do mundo, ou *porque* permitiram um crescimento infinito do PIB e da população. Uma forma explanatória como essa pode ser plausível: uma instituição (a economia fóssil) acarreta algumas consequências benéficas (para o crescimento), que servem para expandi-la e consolidá-la, com a seleção (de combustíveis) reiteradamente confirmada. Mas funcionalismo algum é capaz de explicar *por que uma instituição passa a existir para começo de conversa*, já que isso violaria "uma das poucas regras simples e evidentes da causalidade: se um evento *E* aconteceu antes de uma causa *C*, não pode ter acontecido em função desta última".[12] A transição original para os combustíveis fósseis não pode ter sido causada pela subsequente capacidade de inauguração de um continente subterrâneo equivalente a vinte vezes o tamanho da Europa. Afirmar algo do tipo significaria se entregar à teleologia.

Mas certamente os cursos hídricos disponíveis nas Ilhas Britânicas não poderiam ter alimentado todas as indústrias ali instaladas em, digamos, 1979, não? É verdade, mas toda escassez posterior que seja apresentada como hipótese é incapaz, mais uma vez, de explicar a adoção do vapor, do mesmo modo como as causas da Segunda Guerra não podem ter se dado depois de 1945. Nesse caso, ademais, a escassez de água não só é posterior à transição como, *na verdade, nunca se concretizou*. O mesmo status misterioso é compartilhado por várias outras crises contrafactuais invocadas pela literatura ricardo-malthusiana: "Na ausência do carvão como fonte de energia, as pressões ricardianas teriam sido severas", escreve Wrigley — mas, se as pressões não se materializaram, não podem ter levado ninguém a fazer alguma coisa.[13] O historiador ambiental Edmund Burke III inventa o mesmo argumento para o motor a vapor:

> Se as fábricas britânicas tivessem dependido da lenha (ou, mais provavelmente, do carvão vegetal) como forma de combustível, não teria havido madeira suficiente em toda a Grã-Bretanha para alimentar as caldeiras das "tenebrosas Fábricas Satânicas". As consequências do que Vaclav Smil chama de a "Grande Transição" da madeira para o carvão foram, *portanto*, marcantes.[14]

Mas as fábricas britânicas *nunca dependeram da lenha ou do carvão vegetal como combustíveis*. Se esse tivesse sido o caso, um mundo ricardiano poderia ter existido, mas teorias políticas não são justificadas por fantasias a respeito de situações possíveis e diferentes do que sucedeu no mundo real.

Para além da anomalia empírica do vapor, o paradigma ricardo-malthusiano parece, na verdade, defeituoso em seu âmago. Ele é incapaz de elucidar as origens da economia fóssil e, mesmo sob a mais generosa das leituras, só pode explicar os desenvolvimentos posteriores através de uma análise funcionalista deduzida do axioma do crescimento. Alguns contornos de uma estrutura alternativa para a compreensão de nossos peculiares negócios de sempre — seu nascimento, vida e possível morte — ficam então rapidamente aparentes. Em primeiro lugar, haveria a consideração do crescimento autossustentável como *característica emergente* das relações capitalistas de propriedade, e não como um atributo presente desde o alvorecer da espécie humana. Como esse tipo de crescimento já havia sido desencadeado antes da virada total rumo aos combustíveis fósseis, seria necessário explicar *por que ele se vinculou a estes últimos* em uma dada conjuntura. A transição seria levada a sério como transfiguração monumental de uma ordem (dotada de um conjunto específico de regras para as interações com pessoas e com o resto da natureza) para outra (na qual a queima de combustíveis fósseis se tornou *um imperativo*, e não uma oportunidade há muito ansiada). Para dialogar com Ellen Meiksins Wood, esse imperativo seria concebido como enraizado "em relações sociais historicamente específicas, constituídas pela agência humana e *passíveis de mudança*", com este último atributo como um corolário particularmente bem-vindo sob um horizonte em processo de carbonização.[15]

Mas, podemos então perguntar, alguma análise da transição conseguiria evitar a atribuição de relevância desproporcional a eventos pontuais? Já enfatizamos o maquinário movido a vapor, e não a lenha, como substituto para o trabalho humano: esse tipo de substituição conseguiria ter continuado, em alguma medida, após a primeira troca? A combatividade do trabalho seria um estímulo mais perene para a expansão da economia fóssil do que foi o caso das limitações do solo? Um dos grandes paradoxos da mecanização está no fato de que, praticamente por definição, ela *sempre produz novas dependências frente ao trabalho humano*. Alguém precisa produzir as máquinas, extrair os combustíveis necessários para operá-las, transportar as mercadorias produzidas por elas e assim por diante: para cada unidade de trabalho que o capital desaloja, outra (não necessariamente em quantidades iguais) se torna essencial. Não há lógica similar na mudança da lenha para o carvão. *Em si mesma*, essa troca não renovou a dependência com relação à lenha, que foi descartada em favor de outro material. Mas o trabalho é o insumo universal da produção capitalista. A ampliação do uso de máquinas movidas a vapor pode continuar *caso novas contradições entre trabalho e capital venham à tona e demandem uma resolução do tipo*: possivelmente como parte de ondas subsequentes de desenvolvimento fóssil. Mas esses são apenas contornos para uma teoria, esperando ser preenchidos.

Confundindo capitalistas com humanos

A capacidade de manipular o fogo foi condição necessária para o início da queima em larga escala de combustíveis fósseis na Grã-Bretanha. Teria sido também sua causa? O nascimento de Adolf Hitler em 1889 foi condição necessária para sua ascensão ao poder em 1933, mas ninguém proporia que esse primeiro acontecimento foi a causa — ou o "gatilho", ou o "catalisador" — do segundo; uma comparação mais próxima à narrativa do Antropoceno, no entanto, seria a proposição de que o nazismo foi resultado da gênese dos povos germânicos, datada talvez das migrações tribais do primeiro século antes da Era Comum. Mas nem todos os povos germânicos desenvolveram o nazismo. Tampouco todos os humanos que manipularam o fogo criaram a economia fóssil — e nem mesmo o fariam caso tivessem acesso a depósitos de carvão e soubessem como usá-los.

O exemplo do império Song do Norte basta para quebrar essa suposta linha direta. Não menos versados no fogo do que os britânicos, não menos ricamente dotados de carvão, os chineses, no entanto, não vincularam o crescimento autossustentável aos combustíveis fósseis. Para aqueles que desejem retratar as leis econômicas da China como idênticas às da Grã-Bretanha, a única explicação para essa omissão seria alguma circunstância do acaso: daí a afirmação de Pomeranz de que as reservas de carvão da China estavam longe demais do delta do Yangtzé para que pudessem ser exploradas de forma lucrativa.[16] Mas essa afirmação vai completamente de encontro com as vastas evidências da ocorrência de mineração na área inferior do Yangtzé e no sul da China, com depósitos conhecidos e já minimamente explorados em províncias bem ao sul, como Cantão. Mesmo que aceitássemos a suposição de que o delta era o único local possível para uma indústria chinesa movida a combustíveis fósseis, as minas, na verdade, ainda poderiam ser facilmente alcançadas, como ficou evidente no início do século XX, quando um disparo na demanda desencadeou a expansão maciça da produção de carvão. "Em outras palavras, a industrialização postergada da China (ou do delta do Yangtzé) não pode ser explicada por uma falta de disponibilidade de carvão, como afirma Pomeranz; em vez disso, é *a falta de demanda industrial* que explica o não desenvolvimento da indústria carvoeira na China" — uma falta de demanda que, evidentemente, não decorria de uma ignorância quanto ao fogo.[17] Todos sabem onde a pólvora foi inventada.

Os chineses e os britânicos sabiam como queimar objetos e estenderam esse conhecimento ao carvão tanto no Song do Norte quanto no salto elisabetano, mas, ainda assim, nenhum desses episódios teve "impacto significativo na concentração atmosférica de CO_2", como observam Steffen e seus colegas.[18] Nem mesmo *a capacidade de manipular o fogo gerado pelo carvão* precipitou uma economia fóssil, muito menos a existência do "primata do fogo, *Homo pyrophilus*". Se, de fato, o gênero *Homo* aprendeu a controlar o fogo 1,6 milhão de anos atrás, também é verdade que continuou a se sustentar com a coleta, a caça e a pesca por mais de 99% da história subsequente, com o uso do fogo aqui e ali, e só muito depois com o cultivo do solo, a criação de animais e a preparação de farinha em moinhos de água — com o fogo sempre à mão —, enquanto o desenvolvimento da economia fóssil só se deu no piscar dos últimos *dois séculos*. Para que esse passo fosse dado, o controle da combustão foi, de fato, uma faculdade necessária, assim como foi o caso do uso de ferramentas, da linguagem, do trabalho em cooperação, do conhecimento sobre como construir uma pá e escavar a crosta terrestre e tudo o mais, mas nada disso poderia *eo ipso* ocasionar o surgimento dos negócios de sempre.

O erro aqui está amplamente registrado nos manuais historiográficos. "Os antecedentes mais constantes e mais genéricos permanecem simplesmente subentendidos", escreve Marc Bloch em *Apologia da história: ou o ofício do historiador*. "Que historiador militar pensará em colocar entre as razões de uma vitória a gravitação, que dá conta das trajetórias dos obuses, ou as disposições fisiológicas do corpo humano, sem as quais os projéteis não seriam capazes de danos mortais?".[19] Tais fatores são simplesmente onipresentes demais para merecer atenção especial. Os manipuladores do fogo *sempre* estiveram presentes na história humana como condição necessária para o surgimento não só de economias fósseis mas também pré e protofósseis, e, por isso, não merecem um nicho especial na genealogia dessas primeiras. Trata-se de uma condição *trivial* que não apresenta correlações com o resultado que nos interessa.

Seria possível, então, que os piroteóricos só se tenham desincumbido do trabalho honroso de retraçar o problema até suas origens mais profundas? Empreitadas como essa, argumenta John Lewis Gaddis em *Paisagens da história: como os historiadores mapeiam o passado*, estão sujeitas a "um *princípio de importância reduzida*": quanto maior o tempo que separa uma causa de um efeito, menos peso deve ser atribuído a essa causa.[20] Derivar a economia fóssil do domínio do fogo equivale a explicar a ascensão da guerra de drones com a evolução da visão binocular e dos polegares opositores; as enormes manifestações na Praça Tahrir, em 2011, com a aparição das cidades durante a revolução neolítica; a tortura sistemática nas prisões de Bashar al-Assad com a invenção dos tijolos e da argamassa; ou qualquer outra variante desse tipo de exercício vazio. Seria de esperar que os pontos se ligassem de forma mais direta. Além disso, a indicação de causas ultrarremotas para esses eventos tem como objetivo *obscurecer suas origens e inocentar os culpados*. Como *reductio ad infinitum*, seu uso livra a cara dos poderes dominantes.

Tentativas de atribuir as mudanças climáticas à natureza da espécie humana parecem fadadas a esse tipo de vacuidade. Em seu ensaio "Unconscious Obstacles to Caring for the Planet: Facing Up to Human Nature" [Obstáculos inconscientes para o cuidado com o planeta: encarando a natureza humana], o psicanalista John Keene procura explicar a poluição irresponsável da atmosfera e a recusa humana em confrontá-la com uma referência à "preferência evolutiva pela gratificação imediata em detrimento de necessidades de longo prazo". Mais especificamente, a criança excreta dejetos sem limitações e aprende, como uma das primeiras certezas sobre o mundo, que uma mãe carinhosa levará todo o cocô e o xixi para longe e a limpará. Como resultado, os seres humanos se acostumam à prática de arruinar seus arredores: "Creio que esses repetidos encontros contribuem para a crença complementar de que o planeta é uma 'mãe-banheiro' ilimitada e capaz de absorver infinitamente nossos produtos tóxicos".[21]

Hoje é fácil zombar de certas formas de psicanálise, mas Keene compartilha um problema com a narrativa do Antropoceno: onde estão as evidências para qualquer tipo de conexão causal entre a queima de combustíveis fósseis e a defecação das crianças ou a manipulação do fogo? O que dizer de todas aquelas gerações de *Homo sapiens* que, até o século XIX, dominavam ambas as artes, mas nunca esvaziaram os depósitos de carbono da Terra e os despejaram na atmosfera? Elas seriam apenas defecadoras e queimadoras à espera do momento em que poderiam concretizar seus potenciais máximos? Aquilo que sempre existiu em todos os lugares não pode explicar por que uma sociedade diverge de todas as outras e desenvolve algo novo. No momento da transição, a formação social britânica não se destacava no domínio dos movimentos peristálticos pós-parto ou pela manipulação de fósforos mais do que por sua capacidade de respirar ou caminhar. Essas atividades pré-escolares foram irrelevantes para a obtenção de um resultado tão especial. Uma explicação histórica — e é disso que precisamos — preferiria se concentrar nos mecanismos da nova ordem, na constituição e na reprodução dessa estrutura: algo totalmente novo sob o sol.

Já a adoção de motores a vapor — e isto é algo inteiramente banal de ressaltar — não foi levada a efeito por representantes inatos da espécie humana. Pela própria natureza da ordem social das coisas, eles só podiam ser instalados *pelos proprietários dos meios de produção*. Como minúscula minoria mesmo na Grã-Bretanha, essa classe de pessoas — todos homens, todos brancos — representava uma fração infinitesimal da população de *Homo sapiens* no começo do século XIX. Haveria alguma razão para considerá-la mais verdadeiramente representativa da "empreitada humana" do que os luddistas, os arrancadores de tampões ou os pregadores da demonologia do vapor? Ela prevaleceu em função da superioridade de sua força física: será que isso se classificaria como a sobrevivência do mais apto? Ou a narrativa do Antropoceno é uma forma tácita de darwinismo social, ou seus termos se fundam em um erro categorial que atribui ações a uma entidade que não poderia tê-las realizado. A escolha de um mobilizador primário para a produção de mercadorias não poderia ter sido prerrogativa da espécie humana, já que supõe, para começar, a instituição do trabalho assalariado. Capitalistas em um pequeno canto do mundo ocidental investiram no vapor e lançaram as bases da economia fóssil; em nenhum momento a espécie votou para que isso acontecesse, fosse pela ação direta, fosse pelas urnas, ou marchou em uníssono mecânico, ou exerceu algum tipo de autoridade compartilhada sobre seu próprio destino e o do sistema terrestre. *Ela não figurou como um dos atores sobre o palco da história.*[22]

O vapor venceu porque ampliou o poder de uns sobre outros. Foi valorizado em função do grande auxílio que oferecia na luta entre subconjuntos antagonistas de populações humanas, com sua ascensão condicionada de ponta a ponta por contradições intraespécie — e nós ainda nem tocamos no assunto da disseminação do vapor para outras partes do planeta. Em *Fossil Empire* [Império fóssil], veremos como um grupelho de homens brancos britânicos empregou a propulsão a vapor literalmente como uma arma contra a maior parte da humanidade, do delta do Níger ao delta do Yangtzé, do Levante à América Latina. Mesmo assim, os eventos que tiveram lugar nas Ilhas Britânicas bastam em si mesmos para concluirmos que o vapor estacionário foi *impingido sobre o resto da sociedade*, um dispositivo de poder reforçado pelo poder das armas — sem o qual poderia ter sido completamente incendiado (já que a capacidade de manipulação do fogo era um recurso essencial para a resistência, contra o qual as fábricas precisaram ser tornadas *à prova de incêndios*).

Mas, e quanto aos estágios mais avançados da economia fóssil? A humanidade teria se enfileirado atrás dos pioneiros capitalistas, tirado proveito das bênçãos do estoque e se voluntariado, como tantos dos descendentes de Ícaro, a abrir suas próprias asas? Ou a potência fóssil teria continuado a ser uma mera forma de poder? Essas são questões para muitos outros estudos. Arriscaremos algumas observações nos capítulos seguintes, o que demanda algumas regras básicas. A sucessão de tecnologias movidas a combustíveis fósseis que vieram depois do vapor — a eletricidade, o motor de combustão interna, o complexo petrolífero: carros, navios-petroleiros, refinarias, a indústria petroquímica, a aviação etc. — foi, toda ela, introduzida por decisões de investimento, às vezes com a participação crucial de certos governos, mas raramente por deliberação democrática. O privilégio da instigação de novos ciclos de queima parece, *prima facie*, ter permanecido sob poder da classe que comanda a produção de mercadorias.

Em um reflexo da concentração intraespécie em outro nível, até o ano 2000, os países capitalistas avançados, ou o "Norte", compunham 16,6% da população mundial, mas eram responsáveis por 77,1% de todo o CO_2 emitido desde 1850, sem considerar desigualdades subnacionais.

Sozinhos, os Estados Unidos respondiam por 27,6%, enquanto a Nigéria emitia 0,2%; a Turquia, 0,5%; a Indonésia, 0,6%; e o Brasil, 0,9% — sendo esses os países com uma responsabilidade histórica grande o suficiente para figurar na lista dos vinte piores. A maior parte dos listados deixou marcas ainda menores. Calculado de outra forma, os países integrantes da Organização para Cooperação e Desenvolvimento Econômico (OCDE) estavam por trás de 86 das 107 ppm em que a concentração de CO_2 subiu de 1850 a 2006.[23] Mas, e quanto à terra natal disso tudo? Em uma lista de contribuições nacionais para o aquecimento global causado pela queima de combustíveis fósseis até 2005, o Reino Unido figurava na quinta posição, tendo causado um aumento de temperaturas três vezes maior do que a Índia, quinze vezes maior do que a Tailândia e a Argentina, trinta vezes maior do que a Nigéria e a Colômbia, e assim por diante. No começo do século XX, os 45% mais pobres da humanidade geravam 7% das emissões atuais de CO_2, enquanto os 7% mais ricos produziam 50%; um único cidadão estadunidense médio — divisões nacionais de classe mais uma vez desconsideradas — podia emitir mais do que até quinhentos cidadãos da Etiópia, do Chade, do Afeganistão, do Mali, do Camboja ou do Burundi. Há poucos sinais de que a queima de combustíveis fósseis tenha sido redistribuída dentro da espécie humana. Em vez disso, os dados sugerem uma polarização cada vez maior.[24] Esses fatos básicos seriam conciliáveis com uma visão da *humanidade* como um novo agente geológico?

Nesse aspecto, a melhor oportunidade para a narrativa do Antropoceno continua a ser o crescimento populacional: caso seja possível demonstrar que a queima de combustíveis fósseis é atiçada pela multiplicação do número de humanos, a espécie poderá ser causalmente responsabilizada. Desse modo, os principais teóricos do Antropoceno gostam de destacar a reprodução excessiva como *a* maior perturbação da biosfera.[25] É inegável que o número de humanos e as quantidades de CO_2 estão, de alguma maneira, conectados — vinte pessoas têm uma capacidade menor de queimar carvão do que vinte milhões —, mas as emissões globais aumentaram *em um fator de 654,8 entre 1802 e 2010*, enquanto a população cresceu em um fator de "só" 6,6, o que sugere a presença de outra força propulsora.[26] Em décadas recentes, em níveis desagregados, a correlação tem sido revelada como francamente negativa. O estudioso do desenvolvimento David Satterthwaite comparou os crescimentos da população e das emissões entre 1980 e 2005: o primeiro tendeu a ser mais rápido quando o segundo era mais lento, e vice-versa. O crescimento anual da população chinesa ficou em 1,1% contra 5,6% em emissões; no caso da Coreia do Sul, 0,9% contra 5,3%, respectivamente; no polo oposto desse espectro, e em uma inversão da relação, o Djibouti marcou 3,5% e 0,8%, enquanto os números do Chade foram de 3,2% e -1,6% — um rápido crescimento populacional com uma *queda* de emissões. A África Subsaariana respondeu por menos de 3% do crescimento nas emissões globais, mas por 18,5% do aumento populacional. A América do Norte inverteu o perfil: 14% de emissões, 4% de população. Em suma, *o aumento da população e o aumento das emissões ocorreram de forma desconectada um do outro*, com um acontecendo quase sempre em lugares onde o outro não acontecia — e, se a correlação é negativa, a relação de causalidade está fora de questão.[27]

Mais de um terço da humanidade não faz parte nem mesmo de uma economia *proto*fóssil: até 2012, 2,6 bilhões de pessoas dependiam de biomassa para cozinhar.[28] Considerando que humanos subnutridos que subsistem com uma refeição por dia têm uma capacidade diminuta de custear a emissão de gases de efeito estufa; que residências de baixa remuneração usam principalmente métodos de transporte de carbono neutro (caminhada, bicicleta, no máximo ônibus e trens superlotados); que as pessoas que vasculham lixões em busca de resíduos para reciclar e que deixam florestas crescerem em suas terras apresentam emissões *negativas*; Satterthwaite conclui que um sexto da população global "não deveria ser incluída na atribuição de responsabilidade por emissões de gases de efeito estufa". Suas contribuições oscilam próximas a zero. Nas palavras de Vaclav Smil, autoridade ultraprolífica em sistemas de energia, "a diferença no consumo moderno de energia entre o pastoralismo de subsistência no Sahel e o canadense médio pode *facilmente estar acima da ordem de mil vezes*" — e esse é um canadense *médio*, não proprietário de cinco casas, três SUVs e um avião particular.[29] A depender das circunstâncias de nascimento de um espécime de *Homo sapiens*, então, a marca a ser deixada na atmosfera pode variar em diversos níveis de magnitude. Nenhuma outra criatura na Terra — pensemos nos castores, nos bonobos, em espécies de zooplâncton ou de cianobactérias — exibe algo que resulte em uma disparidade similar em termos de impactos ambientais. Há algo de único nos humanos, sem dúvida.

Dadas essas enormes variações — no espaço e no tempo, presente e passado —, a humanidade parece ser uma abstração franzina demais para carregar o fardo da causalidade. Mas os defensores do Antropoceno podem objetar que, do ponto de vista de todas as outras coisas vivas, e mesmo da biosfera como um todo, o que realmente importa é que *as perturbações climáticas se originam de dentro da espécie humana*, mesmo que nem *todos* sejam culpados, e, assim, um termo centrado na espécie para a nova época geológica estaria justificado. Seja um cerzidor de bolsas tuaregue, seja um corretor da bolsa de Toronto, todo queimador de combustíveis fósseis é, por definição, humano. Esse pode parecer um argumento convincente a favor do Antropoceno. A proposição é indicativa das origens do termo nas ciências naturais: geólogos, meteorologistas, biólogos e outros estudiosos detectaram uma influência humana assoberbante sobre os ecossistemas que agora se estende ao lado da seleção natural, da radiação solar e das atividades vulcânicas. "O Antropoceno" registra esse momento de epifania: o poder de moldar o clima planetário passou da natureza para a dimensão dos humanos.

Assim que essa afirmação é reconhecida, no entanto, o paradoxo principal da narrativa, se é que não do próprio conceito, adentra nosso campo de visão. *As mudanças climáticas são desnaturalizadas em um primeiro momento* — realocadas da esfera das causas naturais para a das atividades humanas —, *mas só para serem renaturalizadas em seguida*, depois de derivadas de um atributo humano inato. Não natureza, mas natureza humana — eis o deslocamento do Antropoceno. Ele recua diante da profundidade vertiginosa daquela que talvez seja a descoberta científica mais revolucionária de nosso tempo, que nos diz que os seres humanos causaram o aquecimento global *ao longo de sua história*. Esse tipo de história não aparece na biografia de nenhuma outra espécie: para todos os propósitos, castores e bonobos continuam a construir seus microambientes como sempre fizeram, geração após geração, enquanto uma certa comunidade humana pode queimar lenha por dez milênios seguidos e, depois, mudar para o carvão no século seguinte. Perceber que as mudanças climáticas são "antropogênicas" significa compreender que elas são *sociogênicas*. Elas vieram à tona como resultado de relações sociais temporalmente fluidas *conforme essas relações foram se materializando através do restante da natureza*, e, uma vez que essa revelação ontológica — implícita na ciência das mudanças climáticas —

seja mesmo abraçada, não há mais como tratar a humanidade como ser genérico determinado por sua evolução biológica. Tampouco é possível descartar divisões entre seres humanos como se fossem imateriais diante do quadro mais amplo, já que *essas divisões podem ter sido parte fundamental do início da queima de combustíveis fósseis.*

Ao acompanharmos a ciência climática fora da natureza, devemos ousar sondar as profundezas da história social, e não recair em falsas certezas sobre uma inevitabilidade natural transposta. A narrativa do Antropoceno poderia ser vista aqui como uma incursão ilógica e, em última instância, inviável, capitaneada pela comunidade das ciências naturais — responsável por sua descoberta original — para dentro do domínio dos assuntos humanos. Geólogos, meteorologistas e seus colegas não estão necessariamente bem equipados para estudar o tipo de coisa que acontece entre humanos (e forçosamente entre eles e o resto da natureza), já que a composição de uma rocha ou o padrão de correntes de jato são bastante diferentes das relações de propriedade e de poder. Agora que estas últimas remodelam as primeiras, alguma confusão é esperada. "O Antropoceno" representa uma tentativa de atravessar conceitualmente o fosso entre o natural e o social — já misturados na realidade — por meio da construção de uma ponte *que parte de um único lado* e que conduz o trânsito, por assim dizer, *na direção oposta do processo concreto.* Nas mudanças climáticas, as relações sociais determinam as condições naturais; no pensamento antropocêntrico, as ciências naturais estendem suas visões de mundo para a sociedade.

A mais extrema dessas naturalizações pode ser encontrada na ideia de que as mudanças climáticas são causadas pela existência do fogo na Terra, e o Antropoceno corresponderia a uma efetivação das "tendências pirófitas do planeta" nas mãos do gênero *Homo.* Em *Fundamental Processes in Ecology: An Earth Systems Approach* [Processos fundamentais em ecologia: uma abordagem dos sistemas terrestres], o cientista ambiental David M. Wilkinson estende o argumento para *qualquer* planeta concebível dotado de vida baseada em carbono. Esse tipo de vida inevitavelmente sequestrará algum carbono, já que os corpos dos organismos mortos se reduzem a sedimentos; uma espécie que aprenda a extrair carbono como fonte de energia será favorecida pela seleção natural; qualquer espécie inteligente avançará da queima da biomassa para a queima de combustíveis fósseis e, desse modo, "produzirá efeitos profundos sobre o ciclo de carbono do planeta", sendo o aquecimento global caracterizado como resultado inevitável de vida baseada em carbono + seleção natural + inteligência.[30] História em uma sopa primordial.

Todas essas variedades de naturalização assumem uma forma facilmente reconhecível. "Determinados relacionamentos sociais surgem como propriedades sociais naturais", segundo Karl Marx: a produção é "enquadrada em leis naturais eternas, independentes da história, oportunidade em que as relações *burguesas* são furtivamente contrabandeadas como irrevogáveis leis naturais da sociedade *in abstracto*" — ou espécie humana, ou mesmo vida inteligente, *in abstracto*. Na economia política burguesa, o capital é retratado como algo que se insinua aos seres humanos "desde os tempos de Adão [como] o fim último e único de sua existência"; "é elemento necessário ao *processo de trabalho humano em geral*, abstração feita de toda sua forma histórica; o capital é algo eterno e condicionado pela natureza do trabalho humano".[31] De-historicizar, universalizar, eternizar e *naturalizar* um modo de produção que é específico a um determinado tempo e lugar: são essas as estratégias mais corriqueiras — para não dizer banais — de legitimação ideológica.

Cria-se uma obstrução contra qualquer perspectiva de mudança. Se a economia fóssil é produto do conhecimento de como acender o fogo, ou da amamentação de um bebê, ou da presença de matéria sólida inflamável, ou da conjunção entre inteligência e carbono sequestrado, como poderíamos sequer imaginar seu desmonte? Se tudo estava *fadado* a se desenvolver dessa forma, como qualquer outra coisa seria possível em perspectiva ou retrospectiva? Para Clark, essas são de fato questões "de natureza ontológica — e, como tais, excedem os domínios da negociação e da tomada de decisões"; para Pinkus, a atual "economia do carbono" está "intrinsecamente ligada à energia, à produção e à *própria vida* humanas".[32] Estávamos e sempre estaremos condenados a isso. A distância entre essa crença e a infame propaganda negacionista do Competitive Enterprise Institute — "CO_2: eles chamam de poluição. Nós chamamos de vida" — é desconcertantemente pequena.

Mas há uma diferença digna de nota entre a economia política burguesa e a narrativa do Antropoceno. Mesmo que ambas acabem por dizer quase a mesma coisa, acadêmicos que naturalizam as mudanças climáticas raramente trabalham — se é que alguma vez já o fizeram — em prol dos interesses particulares dos negócios de sempre. A maioria desses estudiosos provavelmente preferiria que esses negócios desaparecessem. Na medida em que oculta as origens históricas do aquecimento global e afunda a economia fóssil em condições inalteráveis, "o Antropoceno" se caracteriza como uma ideologia mais por padrão do que por projeto, mais como produto da predominância das ciências naturais na área das mudanças climáticas e, talvez, da aparação geral das arestas da crítica e do estreitamento dos horizontes políticos no mundo pós-1989 do que como resultado de alguma apologética maliciosa. Mas não é necessariamente menos danoso por conta disso. Ele se caracteriza como uma de várias estruturas teóricas que calham de ser não apenas profundamente defeituosas como também hostis à ação. "O Antropoceno" pode ser um conceito e uma narrativa úteis para ursos polares, anfíbios e aves que queiram saber qual é a espécie que vem causando uma desordem tão grande em seus habitats, mas infelizmente falta a esses animais a capacidade de escrutínio e de oposição às ações humanas; para aqueles capazes de fazê-lo — outros humanos —, o pensamento sobre as mudanças climáticas centrado na espécie conduz à paralisia. O fracasso na compreensão da ascensão do motor a vapor é, repita-se, sintomático de deficiências mais gerais: daí a necessidade de começar tudo de novo, desde o princípio.

Pondo o carro da força na frente dos bois

A anomalia do vapor não é menos ameaçadora para o determinismo das forças produtivas. Na realidade, a fábrica movida a vapor não nos deu a sociedade com o capitalista industrial, e sim justamente o inverso. A seta da causalidade está sujeita a bem poucos questionamentos quando reconhecemos que (1) as relações de produção capitalistas são anteriores ao motor a vapor; (2) essas relações se aglutinaram no sistema fabril baseado na potência hídrica; e (3) a possível incompatibilidade entre elas e o fluxo de energia induziu à transição, em infração direta à lei esboçada por Marx em *Miséria da filosofia*. Além disso, na época da transição, o vapor não possuía vantagens técnicas intrínsecas; os manufatureiros deixaram as expectativas mais promissoras da água irem pelo ralo. O modelo de Cohen para a mudança tecno-histórica se adapta mal aos dados em todos os aspectos: a escassez não pairava sobre os agentes; o conhecimento sobre o motor não foi condição suficiente para sua adoção; deliberações comunais quanto aos prós e contras foram nitidamente suprimidas, com a quase democracia do experimento mental do moinho d'água o mais longe possível do processo de tomada de decisões que de fato se desenrolou.

No determinismo tecnológico, as máquinas são postuladas como dotadas de uma existência primordial própria em um domínio a partir do qual invadem as relações humanas. "Novas tecnologias", escreve Carlota Perez, uma das principais expoentes do tecnicismo schumpeteriano, "irrompem em uma economia em amadurecimento e *avançam como uma retroescavadeira* que desestabiliza as estruturas estabelecidas e articula novas redes industriais": colidindo contra a sociedade, demolindo paredes, jogando detrito para lá e para cá até que a estrada esteja livre.[33] Mas essa noção é, em si mesma, uma falácia lógica. Para que se torne uma retroescavadeira em movimento, a máquina precisa *primeiro* ser conduzida por algum humano — ou seja, adotada na esfera das relações —, ou então permanecerá como uma ideia não mobilizada na garagem da mente de seu inventor. Como argumentamos repetidamente, um novo dispositivo só se torna uma força *material* graças a um movimento ativo de adoção por parte de agentes relevantes.[34] Dessa maneira, uma tendência ao crescimento não pode ser uma propriedade intrínseca das forças produtivas. Em vez disso, *as relações precisam ser estruturadas no sentido de tornar os investimentos nessas forças atrativos para os tomadores de decisão*, sejam eles uma comunidade ribeirinha igualitária, como no conto de fadas de Cohen, ou uma classe de capitalistas habilidosos: sem o impulso relacional para pô-las em prática, as ideias permanecerão meras ideias. O determinismo tecnológico não passa de um idealismo impotente.

Em sociedades nas quais os meios de produção são de propriedade de algumas pessoas em detrimento de outras — aquelas que conhecemos como sociedades de classes —, as forças produtivas apenas se materializarão *se forem possuídas em caráter exclusivo*. O motor a vapor estava imerso no plasma dessas relações desde o início. E não pode ser concebido fora dele. Ser propriedade — ser monopolizado por algumas pessoas em oposição a outras — era um atributo tão fundamental do motor quanto o eram também as emissões de CO_2 — as quais, aliás, eram *epifenômenos* dos serviços que o mobilizador primário oferecia a seus proprietários. Ele não poderia ser dotado de uma ontologia ou de uma ecologia anteriores às relações de propriedade, e o mesmo se aplica a todas as tecnologias subsequentes da queima de combustíveis fósseis em sociedades de classe: suas capacidades estonteantes de alterar o clima da Terra decorreram *do valor que tinham para os proprietários* em contraposição aos não proprietários. Não é difícil diagnosticar uma crença nas máquinas em si mesmas como causa de nossos apuros, como artefatos semoventes que fazem isto ou aquilo — irrompem, selecionam, crescem, emitem. Um dos primeiros marxistas a lançar um ataque contra o determinismo das forças produtivas foi György Lukács, em uma resenha de 1925 para o *Tratado de materialismo histórico*, de Nikolai Bukhárin, cuja tentativa de "encontrar os determinantes subjacentes da sociedade e de seu desenvolvimento em um princípio que não seja o das relações sociais" inevitavelmente "leva ao fetichismo".[35] Atribuem-se às coisas poderes e agências próprios, quando, na verdade, elas são encarnações das relações entre seres humanos.

O próprio Marx não escapa dessa acusação: o aforismo do moinho manual/a vapor não foi só um lapso, mas sintetiza com precisão uma concepção sobre a mudança histórica em geral e sobre o motor a vapor em particular desenvolvida por Marx e Engels ao longo dos anos 1840, em linhas gerais não tão diferentes das de Cohen.[36] Mas, quando se estabeleceu em Londres, Marx começou a se inclinar para outra direção. Ao nadar em pilhas de tratados econômicos, relatórios de inspetores fabris, inquéritos parlamentares e misérias particulares no caminho tortuoso que o levou a escrever *O capital*, suas ideias foram sendo anotadas ao longo do percurso conforme evoluíam. Nos cadernos que compõem os manuscritos de 1861 a 1863, entre observações sobre escritores como Ure e Tufnell, vemos Marx retornar à mula de fiar autônoma, à máquina de cardar lã e a outros velhos conhecidos. Meios para combater greves, essas máquinas "[aparecem] como forma do capital — meio do capital — potência do capital sobre o trabalho para repressão de toda reivindicação do trabalho por autonomia. A maquinaria também entra aqui *intencionalmente como forma do capital hostil ao trabalho*". Elas estão intimamente ligadas a um certo mobilizador primário. "*A introdução do vapor como um antagonista da energia humana*", na citação enfatizada que Marx faz de Gaskell.[37]

Uma descoberta mais transformativa para o próprio Marx, no entanto, dizia respeito a uma fonte de energia à qual o autor até então havia dado pouca atenção: a água. Em algum momento de suas investigações, Marx aparentemente percebeu a necessidade de pesquisar a potência hídrica a fim de entender as raízes da produção capitalista. Assim, os manuscritos incluem excertos enormes de uma *Geschichte der Technologie* [História da tecnologia] alemã, publicada em 1807, com a qual Marx retraça o caminho tortuoso da roda-d'água desde a Ásia e de Roma, passando pelas propriedades feudais da Europa, até chegar às fábricas para lavagem e batimento de lã, corte e preparação de madeiras e, finalmente, fiação do algodão. Então Marx passa ao vapor: excertos sobre a história de Savery e Newcomen; cálculos extensos sobre as proporções de vapor e água na indústria têxtil britânica; análises das patentes de Watt. Para compreender o funcionamento completo do motor rotativo, Marx esboçou um desenho detalhado de uma dessas máquinas.[38]

Uma nova sequência histórica vem agora à tona. "A máquina de fiar não estaria inteiramente completa até que um grande número dessas máquinas, um conjunto dessas máquinas, *começasse a ser mobilizado pela água*", conclui Marx — e foi nesse momento que "a organização e a combinação do trabalho baseado no maquinário se concretizou pela primeira vez".[39] Após derrubar a cronologia anterior, Marx se apercebe do fato de que a organização industrial do trabalho amadureceu com a água, ou, em outras palavras, *que as relações capitalistas mais características avançaram com base em uma tecnologia conhecida desde a Antiguidade*. Em *O capital*, a lição aparece de forma refinada. Como lemos no livro I, "a forma elementar de toda maquinaria foi-nos transmitida pelo Império romano, com o moinho d'água".[40] Não foi o moinho a vapor, mas o de água que nos deu a sociedade com o capitalista industrial — porém, como força produtiva, o mecanismo já estava presente havia séculos.

Contudo, por mais que os rios tenham sido os primeiros anfitriões do capital, o hóspede acabou por perder a paciência com os líquidos. A força hidráulica "não podia ser aumentada à vontade, e a falta de água não podia ser corrigida; às vezes ela faltava e, sobretudo, era de natureza puramente local". O vapor, por outro lado, tinha uma vantagem bem tangível:

> Somente com a segunda máquina a vapor de Watt, a assim chamada máquina a vapor de ação dupla, encontrou-se um primeiro motor capaz de produzir sua própria força motriz por meio do consumo de carvão e água, um motor cuja potência encontra-se plenamente sob controle humano, que é móvel e um meio de locomoção, e que, ao contrário da roda-d'água, é urbano, e não rural, permitindo a concentração da produção nas cidades, ao invés de dispersá-la pelo interior. Além disso, ela é universal em sua aplicação tecnológica, e sua instalação depende relativamente pouco das circunstâncias locais.[41]

Quando o vapor "transplantou as fábricas antes construídas no campo, próximas às quedas-d'água, para o centro das cidades, o extrator de mais-valor, sempre 'disposto à renúncia', encontrou à mão o material infantil, sem a necessidade das remessas forçadas de escravos das *workhouses*". Com essas inversões, Marx corrige explicitamente a análise que ele e Engels haviam oferecido nos anos 1840: "A própria máquina a vapor, tal como foi inventada no fim do século XVII, no período da manufatura, e tal como continuou a existir até o começo dos anos 1780, não provocou nenhuma revolução industrial. O que se deu foi o contrário: a criação de máquinas-ferramentas" — como Marx se refere às máquinas criadas para a fiação de algodão — "é que tornou necessária a máquina a vapor revolucionada".[42] Os fios são atados em uma passagem de densidade bastante característica:

> Mas a maquinaria não atua apenas como concorrente poderoso, sempre pronto a tornar "supérfluo" o trabalhador assalariado. O capital, de maneira aberta e tendencial, proclama e maneja a maquinaria como potência hostil ao trabalhador. Ela se converte na arma mais poderosa para a repressão das periódicas revoltas operárias, greves etc. contra a autocracia do capital. De acordo com Gaskell, a máquina a vapor foi, desde o início, um antagonista da "força humana", *o rival que permitiu aos capitalistas esmagar as crescentes reivindicações dos trabalhadores, que ameaçavam conduzir à crise o incipiente sistema fabril.*[43]

É aqui que as coisas se encaixam: como antagonista ao trabalho, o motor *permite* ao capitalista derrotar a revolta que ameaçava conduzir o *incipiente* sistema fabril à crise. No prolongado confronto pelo controle desse sistema, o trabalho perdeu para o capital em um desastre que Marx considera típico: "Como em todos os processos similares de revolucionamento, o *elemento decisivo* é, aqui, a substituição do homem pela máquina a vapor".[44] Se em sua juventude Marx via o motor como fonte do domínio burguês, aqui ele sugere que a nova tecnologia *consolidou* esse domínio *depois* que o capitalista industrial — afundado até os joelhos na acumulação — decidiu adotá-la. A essa altura, o poder burguês se fundiu com o poder mecânico. Podemos então distinguir entre dois estágios no pensamento marxiano sobre o vapor: um determinismo inicial e um *construtivismo* tardio, com os manuscritos de 1861-1863 servindo de ponte entre ambos. Nestes últimos, Marx passou voando pelas pedras deixadas em seu caminho por um Smith, um Malthus, um Ricardo, e desenvolveu uma abordagem verdadeiramente original — ainda que vaga — para o vapor. Ainda há muito trabalho a ser feito para preencher seus detalhes. Mas o ponto central foi exibido à luz do dia: as relações precederam, selecionaram — construíram — o mobilizador primário mais adequado às suas próprias dinâmicas.

Seria esperado que essas descobertas empíricas tivessem levado Marx a renunciar ao determinismo das forças produtivas como filosofia geral da história, mas parece que o autor não foi capaz de se forçar a isso, já que as fórmulas de "forças extrapolando relações" reaparecem mesmo em suas obras mais tardias.[45] Eviscerada pelas pesquisas do próprio Marx, essa filosofia se tornou um de seus tantos legados. Com uma ajudinha do mensageiro Engels, a Segunda e a Terceira Internacionais codificaram-na, então, na *doxa* materialista, frequentemente com o aforismo do moinho manual/a vapor como confissão de fé, e todo o espectro de congregações marxistas — de Kautsky e Plekhanov a Lênin e Trótski e, com efeito, também Stálin — unido sob *essa* crença particular.[46] Quando declarou guerra às "tentações" reducionistas em *Por Marx*, Louis Althusser soube fixar suas miras naquele "texto mais do que famoso sobre a máquina a vapor", a epítome do "*economicismo,* e mesmo *tecnologismo*" que são tão prevalentes.[47] Mas, por volta dessa época, nos anos 1960, os ventos começaram a mudar. Assim como a maioria dos marxistas em disputa concordava até então em pôr o carro da força na frente dos bois das relações, agora passava a ter lugar um rearranjo da carruagem da história: maoismo e autonomismo, Braverman e Marcuse, Thompson e Althusser, todos se voltaram para uma visão construtivista.[48] Mas nenhuma escola adotou essa posição com maior confiança e clareza do que o marxismo político, na corrente fundada por Brenner e Wood. É com a ajuda deles que podemos começar a reconstruir uma teoria alternativa para a ascensão do motor a vapor em particular e para a economia fóssil em geral, *começando pelas relações capitalistas de propriedade*, o sistema-raiz que todos os candidatos rejeitados ignoram. Se o determinismo das forças produtivas postula a sequência

natureza humana e extra-humana → forças produtivas → relações de produção

só o construtivismo é capaz de postular

relações de produção → forças produtivas → natureza humana e extra-humana.

Essa é a linha a ser seguida se pretendemos alcançar uma teoria da desestabilização capitalista do clima. Primeiro, contudo, precisamos afastar preventivamente uma objeção.

Pondo a varíola entre parênteses

O capitalismo deu à luz a economia fóssil. A ascensão do motor a vapor — o momento crítico do parto — ocorreu em um país com um modo de produção distintamente capitalista: dois séculos mais tarde, o contexto continua o mesmo, e o cordão umbilical está mais forte do que nunca. Ainda assim, a economia fóssil não precisa necessariamente ser capitalista. De fato, e sob nossa definição, ela também pareceria corresponder à realidade da União Soviética e de seus Estados-satélite, que possuíam seus próprios mecanismos de crescimento conectados ao carvão, ao petróleo e ao gás natural. Não menos sujas, encardidas e de emissão intensiva — talvez bem mais — do que suas adversárias da Guerra Fria, essas formações decerto deixaram sua assinatura na atmosfera. Então, por que enfocar o capitalismo como pai da economia fóssil? Quais motivos — em uma objeção usual ao marxismo ecológico — nos autorizam a mergulhar na destrutividade do capital quando os Estados comunistas tiveram um desempenho no mínimo igualmente abissal?[49]

Na medicina, uma questão similar talvez fosse: por que concentrar esforços de pesquisa no câncer, e não na varíola? Os dois podem ser fatais! Mas só um deles ainda existe.[50] A história fechou os parênteses que circundam o sistema soviético e deixou a Coreia do Norte e, em alguma medida, Cuba como únicos remanescentes do bloco; assim, retornamos ao início, onde a economia fóssil é coextensiva ao modo de produção capitalista — só que agora em escala global. A versão stalinista merece suas próprias investigações, em seus próprios termos — já que seus mecanismos de crescimento são específicos e ainda bem pouco compreendidos —, mas há uma ótima razão para seguir o exemplo da própria história e também fechar esses parênteses.[51] Não vivemos no gulag de mineração de Vorkuta dos anos 1930. Ele já não existe. Mas o mundo fundado por Lancashire na década de 1830 nos engloba a todos como realidade ecológica que temos de encarar.

Hoje, observa um editorial do *Global Environmental Change*, um respeitado jornal no campo da ciência da sustentabilidade, o capitalismo "forma a base das instituições políticas e relações sociais que definem nossa capacidade coletiva de responder com eficácia às mudanças ambientais" — "sempre presentes, ainda que amplamente ignoradas". A maioria dos debates na área toma o capitalismo como algo dado, menos aberto a questionamentos do que o ar que respiramos; ele se tornou "o elefante na sala", em uma confirmação do epigrama de Fredric Jameson: "É mais fácil imaginar o fim do mundo do que o fim do capitalismo".[52] Já não é fácil nem mesmo imaginar o capitalismo como objeto de investigação histórica precisamente porque ele é percebido como condição da vida, mais atemporal do que as próprias fundações ecológicas da existência, que, frágeis e cambaleantes, parecem estar prestes a ceder a qualquer momento. Mas, se desejamos entender como chegamos até aqui, o permanente e o transiente devem ser invertidos *ao menos na imaginação histórica*: no começo, os céus e a terra eram sólidos. Então o capitalismo entregou a economia fóssil. Ou: hoje, a biosfera é instável, e o capitalismo, estável, mas, para entender por que estamos nessa situação, os dois devem inverter suas posições. Somente assim um espaço imaginativo para a história da economia fóssil — e qualquer esperança de desmontá-lo — poderá ser escavado.

13

CAPITAL FÓSSIL: A BASE ENERGÉTICA DAS RELAÇÕES DE PROPRIEDADE BURGUESAS

O fogo perpétuo da acumulação

Pica-paus trabalham com escavação de madeira. Os bicos são suas ferramentas. Com seus típicos sons metálicos, a batida desses martelos de nariz afiado consegue abrir buracos do tamanho de uma boca nos troncos das árvores, similares às entradas de formigueiros, cupinzeiros e túneis de besouros. Como essas ferramentas formam um todo com o corpo dos pássaros, não podem ser concentradas. Nenhum patrão pica-pau pode recolher os bicos, empilhá-los em um lugar centralizado e dizer aos outros membros da população, agora providos de rostos estranhamente retos, que se submetam às suas ordens para que tenham acesso às ferramentas necessárias para penetrar a casca das árvores — ou, caso se recusem a fazê-lo, que permaneçam livres e morram de fome: por essa razão, se não por outras, as relações de propriedade são impossíveis entre pica-paus. Seus equipamentos para o metabolismo não podem ser divididos entre proprietários e não proprietários nem controlados coletivamente por uma comuna.

É essa a essência das "relações de propriedade": uma matriz de posições para os membros da espécie vis-à-vis aos meios de produção. Ou, na definição mais elaborada oferecida por Brenner:

> Por relações de propriedade, refiro-me aos relacionamentos — entre os produtores diretos, entre a classe de exploradores (se existente) e entre os exploradores e os produtores — que especificam e determinam o acesso regular e sistemático dos agentes econômicos individuais (ou famílias) aos meios de produção *e* ao produto econômico,

um conjunto de regras, por assim dizer, de como os humanos se relacionam com seus equivalentes a bicos e besouros.[1] É claro que o ser humano cria caixas de ferramentas infinitamente mais amplas e variadas do que seus próprios órgãos corporais. "A terra", diz Marx, é "seu arsenal originário de meios de trabalho", a partir do qual são construídos implementos avançados para fiar, perfurar, moer, comprimir, cortar, lançar, bombear e um grande número de outras atividades. Apenas os humanos são capazes de se espalhar pela Terra como um todo, construir instrumentos a partir dos materiais que possam vir a encontrar e anexá-los a seus corpos: fazer da Terra um "corpo inorgânico", nas palavras de Marx — um tipo de extensão prostética de si mesmo.[2] Nenhuma outra espécie é tão flexível, tão universal, tão onívora em relação ao resto da natureza — *mas, por esse mesmo motivo, nenhuma outra espécie tem seu metabolismo organizado por divisões internas tão pronunciadas.*[3] Se o amplo conjunto de ferramentas extrassomáticas é um dos atributos distintivos do *Homo sapiens sapiens*, também é esse o ponto em que a espécie deixa de ser uma unidade. Justamente porque os bicos necessários para penetrar a casca da matéria de modo geral podem se valer de todas as forças da natureza e escancarar a Terra para a apropriação, alguns humanos podem ser deixados de fora. Um material, uma máquina ou um mobilizador primário podem virar propriedade privada. O indivíduo pode até precisar dessas coisas da mesma forma como precisa de seus pulmões, mas, como estão fora de seu corpo, capturadas por outros em redes versáteis *e* inacessíveis, não há escolha a não ser acessá-las via proprietário: fica-se preso a relações de propriedade.

Antes que a captura aconteça, os seres humanos são mais ou menos *similares* a pica-paus, no sentido de que estão unidos a seus meios de produção — não fisicamente, mas socialmente. No solo, nas residências e nas guildas, fazendeiros e artesãos possuem suas próprias ferramentas, e o produtor individual se relaciona com a Terra como "laboratório de suas forças e domínio de sua vontade",[4] ainda unido aos meios "como o caracol e sua concha".[5] As relações capitalistas de propriedade começam no momento em que esse vínculo é rompido. Privados do que precisam para a subsistência, ex-fazendeiros e ex-artesãos já não são donos de nada a não ser da capacidade nua e não equipada de realizar trabalho (a força de trabalho), um mero potencial que grita por ferramentas com as quais possa operar. Do outro lado da cerca, uma classe que monopoliza esses mesmos meios de produção na forma de ativos privados os confronta. Houve um divórcio histórico em que produtores e meios foram separados um do outro.

Mas esse distanciamento não tem como durar. Se o produtor que não possui nada além de sua força de trabalho nunca entrasse em contato com os meios de produção, seria incapaz de trabalhar e de se alimentar: "Ele não pode fabricar botas sem couro".[6] Se, por outro lado, o solo, os moldes e as pilhas de couro permanecessem intocados pelas mãos dos trabalhadores, nada seria feito com eles, não teriam valor para seus proprietários. Ainda que a separação seja a fundação inabalável das relações capitalistas de propriedade, ela deve ser superada — não de forma contínua, mas apenas momentânea, para que a sociedade se reproduza: produtores e meios devem ser *reunidos*. Mas a capacidade de uma pessoa viva de realizar trabalho (sua habilidade de exercitar músculos e mente, gastar energia, operar as partes de seu corpo durante horas de concentração e desgaste) é algo bem diferente de um quilo de couro, uma máquina de fiar ou uma roda-d'água; de fato, essas entidades são incomensuráveis. Por isso, sua reunificação só é possível graças à mediação de um equivalente universal contra o qual *qualquer coisa* possa ser trocada e em cujo reator todas as características qualitativas se dissolvam: aquilo que conhecemos como dinheiro.

O trabalhador também precisa de dinheiro. Ele vende o direito de dispor sobre sua única propriedade — a força de trabalho — por períodos específicos de tempo em troca de um *quantum* do equivalente universal, o salário, com o qual poderá comprar os artigos necessários para seu metabolismo. Tanto no fim quanto no começo do ciclo, há posse de mercadorias: primeiro a força de trabalho, depois um saco de batatas, um conjunto novo de talheres e a garantia, pelo resto do mês, de que continuará morando no mesmo apartamento caindo aos pedaços. A fórmula a ser seguida é a da mercadoria-dinheiro-mercadoria, ou M – D – M, de forma abreviada.[7] Uma M se distingue de outras por suas qualidades, ou valor de uso: a força de trabalho nua não pode ser usada por seu proprietário, mas a comida, os utensílios e o abrigo são objetos essenciais de consumo. Consideremos agora um agente que *já começa* com dinheiro. Aventurando-se pelo mercado, é ele que compra a força de trabalho e os meios de produção — digamos, cem trabalhadores prontos para tecer e ser pagos a cada duas semanas, um prédio fabril, um motor a vapor, teares mecânicos, trama e urdidura — e, *desse modo, age sobre a reunião* como casamenteiro indispensável. O resultado é um belo pedaço de tecido, que então é vendido no mercado. Assim, ele ganha dinheiro. O ciclo chega a um primeiro fim, de acordo com uma fórmula oposta: D – M – D, que começa e termina com dinheiro e na qual a fase de mercadoria é uma mera passagem para o objetivo final.

Mas, por que trocar dinheiro por dinheiro? Não há como distinguir uma quantia de dinheiro de outra em termos de qualidade, apenas em quantidade. A única meta desse exercício é a diferença entre a quantidade de dinheiro posta em circulação e a quantidade recolhida ao final — embolsar um incremento em valor de troca, ou, dito de forma mais simples, ganhar *mais* dinheiro. A fórmula completa, assim, é D – M – D', com o segundo D marcado por uma linha para significar que as mercadorias vendidas exercem maior valor de troca do que os ingredientes adquiridos para produzi-las. Nosso agente acumulou um lucro. Esse é o único objetivo do procedimento, e, *dado o cisma entre força de trabalho e meios de produção como mercadorias em dado mercado, não pode haver outro.* Os dois são reunidos pelas mãos do capitalista, que se insere como "intermediário" ou como membrana permanente entre os parceiros, a quem compra com o único propósito — já que, afinal, gastou dinheiro — de colher um ganho monetário.[8] Em uma sociedade que passou pelo divórcio histórico, o capital é o meio necessário para organizar os encontros produtivos entre entidades incomensuráveis que nunca poderão ser descontinuadas, tampouco integralmente concluídas. A interpolação nunca deve cessar.

"Na minha concepção, um capitalista não arriscará seu dinheiro em um negócio sem que extraia um lucro", disse o manufatureiro de algodão G. A. Lee, de Manchester, perante uma comissão parlamentar em 1816.[9] O capitalista nunca faria algo do tipo se esperasse ter prejuízos. Se as previsões lhe dissessem que recuperaria 95% do investimento inicial, o capitalista seria sábio o bastante para manter seu dinheiro no banco; se dissessem que haveria uma boa chance de recuperar 100% das despesas, mas nada além disso, ele ainda seria prudente e se absteria do negócio. O esforço seria despropositado. Talvez seja possível imaginar um capitalista que arque repetidamente com as próprias perdas, mas essa pessoa seria um desviante ensandecido em vias de garantir a própria extinção; de modo similar, poderíamos visualizar um capitalista que continuasse a aplicar seus ativos em empreitadas que garantissem retorno zero, mas nenhuma perda — talvez um cavalheiro filantrópico que apreciasse os alvos de seus investimentos por aquilo que eles fizessem. Ele certamente não seria um capitalista muito bem-sucedido e, na verdade, correria o risco de ser subjugado por outros que adotassem a fórmula completa: tudo o que não é motivado pelo lucro exige disposições sacrificiais da parte do capitalista. A única meta racional para ele, *na condição de capitalista*, é o lucro. Lógica e historicamente, é essa busca que se inscreve nas relações capitalistas de propriedade como "o fogo que alimenta a produção".[10]

Assim, o capitalista não se preocupa com as qualidades materiais dos artigos produzidos: apesar de confeccionar botas, "ele não as fabrica por elas mesmas", assim como não produz talheres para colocar em sua própria mesa ou casas para acomodar seus filhos, mas cria itens para serem vendidos a terceiros. Porém, o capitalista não consegue vender *a ideia* das botas, dos talheres ou das casas. Para que atraiam demanda, os produtos precisam *ser* botas, talheres ou casas, dotados de um valor de uso mínimo que permita caminhar em terrenos desnivelados, manipular alimentos ou proteger do frio e da chuva. Para lucrar, o capitalista industrial precisa pegar um desvio pela natureza e montar alguma versão da "condição universal do metabolismo entre homem e natureza, perpétua condição natural da vida humana" no interior de seu estabelecimento. Lá, os materiais da natureza são apropriados não por seus confortos concretos, mas pelo único propósito de encarnar o valor de troca: "Os valores de uso só são produzidos porque — e na medida em que — são o substrato material, os suportes do valor de troca".[11]

O conceito de "substrato material" é determinante. Uma mercadoria mobiliza valor de troca na superfície do mercado — e é isso que importa para o capitalista —, mas jamais poderá ser dissociada da camada subjacente: caso o trabalho empregado em sua produção seja subtraído, "o que resta é um substrato material que existe na natureza sem a interferência da atividade humana".[12] Independentemente de qual seja o valor de troca invocado no estabelecimento do capitalista, ele terá de se ancorar na fundação dos recursos biofísicos. A produção de mercadorias é a produção de valor de troca *através da natureza*, com a natureza correspondendo exatamente a um substrato subordinado e subsumido a uma lógica puramente quantitativa. A fórmula completa para esse circuito de capital industrial — ou seja, o capital engajado na produção de mercadorias — contém, portanto, um P essencial em meio a seus termos:

$$D - M \ldots P \ldots M' - D'$$

Mais precisamente, as mercadorias compradas pelo capitalista caem nas duas categorias da força de trabalho (T) e dos meios de produção (MP), o que nos dá a seguinte fórmula estendida:[13]

$$D - M(T + MP) \ldots P \ldots M' - D'$$

O significado de P nessas fórmulas é "produção", ou um *Stoffwechsel* [metabolismo] regulado de perto. Os recursos são extraídos da natureza e colocados nas mãos dos trabalhadores como meios de produção a serem aplicados, refinados e aprimorados. Além das máquinas e outros instrumentos, aí se incluem as matérias-primas, que têm como subcategoria os "materiais auxiliares" ou "matéria auxiliar", na terminologia de Marx. Esses materiais são a substância que não entra no produto em si (como o algodão integra o fio), mas que forma partes necessárias do *processo* de produção, é dissipada por ele e, depois, já não pode ser vista; na mercadoria final, só pode ser rastreada como um legado visual ou como algo incorporado (de maneira bastante similar ao trabalho empregado). "[A matéria auxiliar] pode ser consumida pelos meios de trabalho, como o carvão pela máquina a vapor, o óleo pela engrenagem, o feno pelo cavalo", e então cumprir sua função e desaparecer logo na sequência.[14] Assim como todos os outros meios, esses materiais precisam ser adquiridos na quantidade certa e, posteriormente, *consumidos*, já que, do mesmo modo como uma planta cresce ao consumir água, luz e ar, também a produção de mercadorias é um processo de consumo. Marx usa o exemplo apropriado da combustão.[15] Esse é, de fato, o caso paradigmático do consumo produtivo: na metamorfose material do capital, alguns meios — alguns materiais auxiliares — são queimados, revertidos a seus elementos básicos, tornados cinzas e fumaça, e despejados de volta na natureza.

Do ponto de vista do capital, "o processo de produção aparece apenas como inevitável elo intermediário, um mal necessário ao ato de fazer dinheiro" impossível de não ser repetido. O ciclo é, por sua própria constituição, ilimitado. Ao voltar com um lucro ao final de cada circuito, "a circulação do capital se reacende em si mesma" como um fogo que alimenta a produção e nunca se apaga, de modo que a fórmula geral pode ser extrapolada de forma perpétua:

D - M ... P ... M' - D' → D' - M' ... P ... M'' - D'' → D'' - M''... P ... M''' - D'''

e assim por diante.[16] O capital é quantitativo por natureza: desse modo, não reconhece um ponto de chegada. Ele reconverte o lucro de seu primeiro circuito em mais força de trabalho e meios de produção para a próxima rodada e avança implacavelmente com reinvestimentos, "reprodução ampliada" ou, simplesmente, *acumulação de capital*; a produção continua em escalas cada vez maiores, de modo que o *Stoffwechsel* "se modifica e se transforma [...], perfazendo uma espiral".[17] A cada circuito consecutivo, o capital, *ceteris paribus*, vai se apropriar de pedaços maiores da natureza. Um manufatureiro de fios de algodão — o exemplo favorito de Marx — acumula capital graças a uma quantidade crescente de algodão cru, carvão e máquinas cujo consumo produtivo é aumentado e acelerado. Dito de outra forma, a acumulação de capital é concretizada com a aceleração da *taxa de produtividade*: quantidades maiores de recursos biofísicos extraídos da natureza e, depois de esgotados e degradados, descartados de volta para ela. O fogo demanda mais combustível.

E a espiral é autossustentável: "Quanto mais o capitalista tiver acumulado, mais ele poderá acumular". Quanto mais recursos biofísicos puder extrair para a geração de lucros, *mais ele poderá extrair na próxima rodada*. O incremento no valor de troca proveniente do primeiro ciclo permite ao capital adquirir quantidades maiores de substratos materiais no segundo, ou, nas palavras de Hornborg: "Acumular dinheiro significa, em última instância, ampliar as reivindicações de algumas pessoas sobre os recursos de outras", em um redemoinho crescente de dissipação de recursos cujos agentes são continuamente "recompensados com ainda mais recursos para dissipar".[18] Eis a maldição ecológica do crescimento. O capital estaria fadado a invocá-la contra a Terra? Não seria possível imaginar a geração de lucros sem o crescimento incessante da produção, a acumulação com base em uma produção limitada de modo a não inchar de um ciclo para o outro — o que Marx chamou de "reprodução simples" e aquilo a que os economistas ecológicos se referem como uma "economia em estado estacionário"?

Primeiro, é preciso observar que uma taxa de produtividade estável pode ser bastante prejudicial para alguns indicadores determinantes (notadamente emissões de CO_2): o crescimento só *piora* as coisas. Mas, como demonstrou o economista ecológico Frederik Berend Blauwhof, o resultado esperado é esse mesmo. Se a taxa de produção fosse fixa, o lucro do primeiro ciclo não poderia ser reinvestido em maquinário e trabalhadores adicionais para serem empregados no segundo; o lucro teria de ser consumido, desvalorizado ou ambos. A única forma pela qual o capital pode ser reinserido na produção e continuar a se acumular sob a mesma taxa de lucro seria pagar menos aos trabalhadores, demitir alguns deles enquanto a taxa de produtividade continuasse a mesma, evitar impostos ou obter subsídios e outros serviços do Estado — medidas cujos potenciais logo seriam esgotados. "Quando o crescimento é impossível, a acumulação adicional de lucros pelo capital só pode ter como efeito a transferência contínua dos rendimentos dos salários para os rendimentos da propriedade", ou, "em outras palavras, se os lucros não podem ser auferidos com o crescimento do bolo, terão de ser extraídos com o corte da parte dos trabalhadores em pedaços menores".[19] A estratégia está fadada a fracassar. As taxas de exploração não podem subir de maneira indefinida: em algum momento, a taxa de lucro inevitavelmente mergulhará em direção a zero, e, já que são os atrativos do lucro que motivam o investimento, os capitalistas simplesmente cessariam suas operações e se recusariam a pôr a produção em movimento — ou realocariam o capital para algum outro lugar, em que as limitações da produção não se aplicassem. E há ainda a possibilidade hipotética de que o PIB possa crescer enquanto a taxa de produtividade continua achatada ou em queda em função de um declínio na *intensidade* material da produção, uma desvinculação entre valor e natureza. Teremos algumas palavras a dizer sobre isso mais adiante.

De onde, então, vem o lucro? Escondida no interior da fase de produção — M ... P ... M' —, deve haver alguma fonte de aumento de valor de troca, algo dotado da capacidade curiosa de criar muito mais valor do que os custos relacionados: mas o que seria isso? A resposta marxiana para essa charada, claro, é a força de trabalho. Se a um tecelão que opera um tear mecânico são necessárias quatro horas para produzir um tecido cujo valor de troca equivale a seu salário, é muito possível que esse funcionário continue a trabalhar por outras quatro, seis ou oito horas, mesmo que os custos de sua reprodução — batatas, talheres, aluguel — já estejam assegurados. Se eu compro uma bicicleta, o preço pago não guarda relação com a distância que ela me permitirá percorrer; dentro de suas capacidades físicas, posso pedalar por um intervalo de tempo que não tem nenhuma relação com o preço.[20] Uma bênção similar é concedida ao capitalista, com a diferença crucial de que a mercadoria da força de trabalho não tem um valor de uso específico, como no caso da bicicleta (transporte do ponto A para o ponto B), mas o valor de uso geral de *criar novos valores de troca*: uma vez que tenha trabalhado as horas necessárias para cobrir seu salário, a operária pode ser incentivada a seguir manufaturando tecidos ou qualquer outra mercadoria que esteja sendo produzida para venda no mercado. Durante o restante do dia, há produção de mais-valor, que se transforma em lucro quando relacionada com o capital investido como um todo, de modo que a acumulação de capital é, na verdade, *a produção de mais-valor*: o ABC do marxismo e, ainda hoje, a análise mais plausível à nossa disposição. Afinal, o trabalho é a atividade que separa os produtos antropogênicos daqueles provenientes da natureza crua; se o lucro tivesse outra origem, "o dinheiro estaria magicamente crescendo em árvores", e os capitalistas poderiam simplesmente andar por aí e colher seus frutos dourados.[21]

Desse modo, as relações capitalistas de propriedade dão origem (1) ao lucro; (2) à compulsão por persegui-lo incessantemente; (3) à necessidade de uma taxa de produção material crescente — elementos que, todos eles, derivam da fratura intraespécie fundamental. O capital é o gás expansivo que se forma nas rachaduras e nos ocos entre a maior parte da humanidade e o restante da natureza. Por sua própria definição, ele *é* um processo de circulação, espiralado, de valorização ou de valor em autoexpansão, mas também é — por sua própria definição — a relação entre capitalistas e trabalhadores, pois o capital "só adquire essa capacidade porque, como um vampiro, suga constantemente o trabalho vivo como alma". Mas, se o trabalho é essa alma, a natureza extra-humana é sua encarnação absolutamente corpórea. Sobre os trilhos da autoexpansão, o capital deve depositar uma "massa de mercadorias" que "cresce de um modo incessante", uma cadeia de montanhas de matéria transformada que se ergue através de cordilheiras sociais.[22]

O ponto fulcral dessa teoria de crescimento é a especificidade histórica. Quando não está em seu humor determinista, Marx quer que *desfamiliarizemos* o crescimento: não importa quão familiar possa parecer para alguém nascido e criado em uma sociedade capitalista avançada, o crescimento deve ser visto como realmente é: uma peculiaridade na história, uma excentricidade do presente. Apenas as relações capitalistas, afirma Marx em *Teorias da mais-valia*, "incentivam o desenvolvimento sem peias da produtividade e da riqueza", mas "*essas relações, por outro lado, são condicionadas*".[23] A tendência sistemática ao crescimento autossutentável é uma característica emergente dessas relações de propriedade, cuja existência se deve a certos eventos ao longo do tempo. Diferentemente das teorias ricardo-malthusianas, antropocênicas, tecnodeterministas — e, não menos importante, das várias vertentes neoclássicas que tratam do crescimento como uma busca inata da espécie humana —, esta teoria explica a observação empírica básica, repetida em várias partes do mundo, da formação de "um gráfico 'taco de hóquei', cuja haste horizontal representa um crescimento zero ou baixo e cuja cabeça, em movimento ascendente, representa um crescimento implacável e de magnitude sem precedentes, característico do capitalismo", nas palavras do economista Michael Joffe.[24]

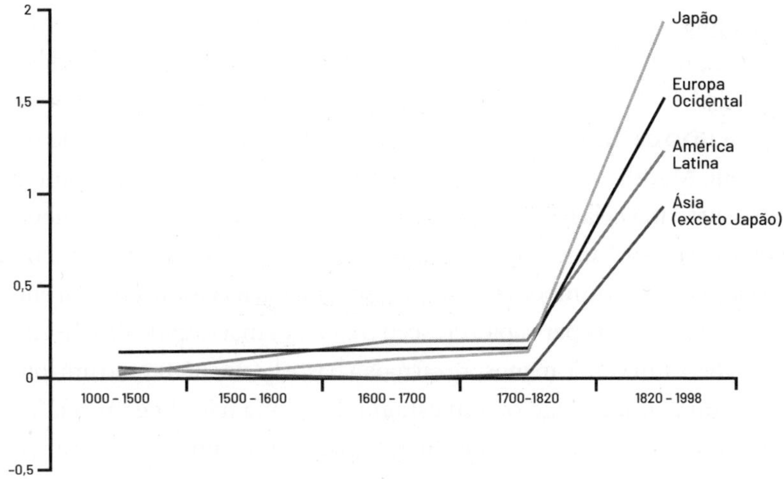

Figura 7. O crescimento em formato de taco de hóquei — crescimento do PIB per capita, 1800-1998 (taxa anual média de crescimento composto).
Fonte: A. Maddison, *The World Economy*. Paris: Development Centre of the Organisation for Economic Co-operation and Development, 2006, p. 48.

Angus Maddison, uma das principais autoridades em estatísticas de crescimento histórico — e compilador dos dados representados na Figura 7 —, chama esse avanço global na renda per capita entre os anos 1000 e 1820 de "um lento engatinhar".[25] Houve um salto por volta de 1820, ano que Maddison extrai de Crafts, mas, como vimos, o crescimento autossustentável já havia dominado pelo menos um dos departamentos da indústria britânica algumas décadas antes. Ainda assim, o taco de hóquei agregado também exibiu a mesma forma na Grã-Bretanha: entre 1820 e 1913, a renda per capita cresceu três vezes mais rápido do que entre 1700-1820. Em vez de menosprezarmos a haste horizontal como um longo sono, uma *falta* de algo ou um estágio de "ainda não chegamos lá", ela deveria ser entendida como um sinal — para acompanharmos Brenner — de um conjunto de *regras diferentes para a reprodução*.

Em sociedades em que os bicos continuaram presos àqueles que escavavam a madeira, o capital não tinha nada para recombinar, não tinha função ou modo de ser. Nem os produtores diretos nem os exploradores tinham de passar pelo mercado; fossem batatas para os camponeses ou espadas para os senhores, eram os valores de uso que botavam ordem na casa. Por isso, não havia um apetite insaciável por devorar a natureza. "O valor de uso em si não possui a incomensurabilidade do valor enquanto tal", aponta Marx nos *Grundrisse*: tirados da natureza, "somente até determinado grau certos objetos podem ser consumidos e são objetos de necessidade" que vão minguando na esfera do consumo privado. Mas o capital *não* reconhece fronteiras na natureza. No momento em que ficasse confortável com um limite, "o próprio capital teria degenerado de valor de troca a valor de uso, da forma universal da riqueza a uma existência substancial determinada dela"; a função do dinheiro como capital é a "de reiniciar continuamente o seu curso, como *perpetuum mobile*"; preocupado exclusivamente com a expansão do valor abstrato e com os olhos fixos em um ponto longínquo, ele é capaz de drenar os recursos biofísicos da natureza sem nem mesmo notar o que estava ali.[26] As fronteiras planetárias não aparecem no radar. O capital ignora a natureza qualitativamente enquanto a sobrecarrega quantitativamente; os aspectos materiais da produção são irrelevantes, mas, ainda assim, o valor não seria valorizado sem a anexação de todos os substratos materiais da Terra: o mais cego dos elefantes dentro da mais frágil das lojas de porcelana.[27]

Distinguimos aqui uma das principais contradições no *Stoffwechsel* humano sob relações capitalistas de propriedade. De um lado, os membros da espécie reviram os cantos mais remotos do planeta em busca de materiais úteis, se entocam em depósitos ocultos, integram a suas ferramentas uma variedade cada vez maior de componentes e universalizam suas interações metabólicas com o restante da natureza. De outro, os magnatas do metabolismo formam uma subclasse separada da espécie: o *Stoffwechsel* humano se expande e se fragmenta. Aliás, ele se expande *por força de* sua fragmentação. Transcende todas as barreiras externas com base nas barreiras internas que cortam as populações, ou, para parafrasear Marx: a contradição entre o poder biosférico universal do capital e o poder privado dos capitalistas se desenvolve de forma ainda mais explícita, mais destrutiva, *e é essa ruptura interior que guia a expansão.*[28] A natureza do cisma entre humanos determina como eles — alguns deles — despedaçam o resto da natureza. Seguindo essa teoria, derivada do pensamento marxiano clássico expurgado do determinismo, podemos agora propor:

A fórmula geral do capital fóssil

Em um certo estágio do desenvolvimento histórico do capital, os combustíveis fósseis se tornaram um substrato material necessário para a produção de mais-valor. Mas eles não são necessários de modo pontual, como o couro para as botas, o algodão cru para os tecidos ou o minério de ferro para as máquinas: eles são utilizados *ao longo de todo o espectro da produção de mercadorias* como material que põe o processo em movimento. Enquanto o capital, energizado pelos combustíveis fósseis, se expande a passos largos, outras fontes de energia são empurradas para as beiradas. Os combustíveis fósseis se tornam, então, *a alavanca geral para a produção de mais-valor.* Usando CF para designá-los como uma porção dos meios de produção, podemos, assim, escrever a fórmula geral do capital fóssil:

$$D - M(T + MP(CF)) \ldots P \ldots M' - D'$$

Quanto mais o capital se expande, maiores os volumes de CF extraídos e queimados; fundamentais para o *Stoffwechsel*, os combustíveis fósseis se sujeitam agora ao consumo produtivo em quantidades que não param de crescer, com a emissão de um subproduto químico inevitável que não escapou à atenção de Marx e Engels. No segundo volume de *O capital*, Marx explica que o tempo gasto pelo capitalista comprando e vendendo mercadorias, espreitando o mercado e assegurando transações em reuniões com outros homens de negócios não é tempo de criação de valor, mas, apesar disso, "é um momento necessário do processo capitalista de produção em sua totalidade": se nada é vendido, nada é ganho.[29] Os esforços devem ser empregados na realização do valor, mesmo que não haja criação de valor em si mesmo. E, na sequência, Marx traça um paralelo carregado de sentidos. O tempo gasto com as negociações

> é semelhante ao trabalho de combustão de um material utilizado para produzir calor. Esse trabalho de combustão não produz calor, embora seja um momento necessário do processo de combustão. Por exemplo, para consumir carvão como combustível, tenho de combiná-lo com oxigênio, convertendo-o, para isso, de seu estado sólido ao estado gasoso (pois, sob a forma de dióxido de carbono, o resultado da combustão, o carvão encontra-se no estado gasoso), ou seja, operando uma alteração física em sua forma de existência ou em seu estado. A separação das moléculas de carbono, combinadas num todo sólido, e a explosão da própria molécula em seus átomos individuais têm de preceder à sua nova combinação, o que custa certo dispêndio de força que não se converte em calor, mas deve ser dele descontado.[30]

Quando Engels editou postumamente o segundo volume de *O capital* e empregou suas iniciais para marcar as inserções que fizera nos manuscritos de Marx, a ciência da química havia feito alguns progressos desde os dias de Babbage, mas nada indicava alguma dose de apreensão da parte dele ou de Marx quanto aos efeitos nocivos do gás. Podemos, apesar disso, levar a analogia de Marx ao pé da letra, invertê-la e declarar que o crescimento constante de quantidades de CO_2 é um aspecto não menos necessário da produção de mais-valor do que as transações mercantis; a queima de combustíveis fósseis em estado sólido e a consequente liberação de CO_2 não geram, em si mesmas, valores para o capitalista, mas são exigências materiais para a criação de valor. A fórmula estendida do capital fóssil corresponde, então, a:

$$D - M(T + MP(CF)) \ldots \overset{CO_2}{P} \ldots M' - D'$$

Como a energia fóssil agora alimenta o *perpetuum mobile* da acumulação de capital, que sempre se reacende como um fogo que alimenta a produção, o ciclo continua indefinidamente:

$$D - M(T + MP(CF)) \ldots \overset{CO_2}{P} \ldots M' - D' \rightarrow D'(T' + MP'(CF')) \ldots \overset{CO_2}{P} \ldots M'' - D''$$

e assim por diante. Em outras palavras, o capital fóssil é o *valor autoexpansivo que atravessa a metamorfose de combustíveis fósseis em* CO_2; é a *relação* triangular entre capital, trabalho e um certo segmento de natureza extra-humana na qual a exploração do trabalho pelo capital é impelida pelo consumo desse acessório em particular. Mas o capital fóssil também é um *processo*. Trata-se de um fluxo infinito de valorizações sucessivas do valor que reivindica a cada estágio uma quantidade maior de energia fóssil a ser queimada. Seria possível concebê-lo como a sombra biofísica da fórmula geral de Marx que só vem à tona durante o inesperado crepúsculo biosférico.

Em suas versões simples, seja estendida ou extrapolada, a fórmula geral do capital fóssil não captura, é claro, a totalidade do campo da queima de combustíveis fósseis nem mesmo na sociedade capitalista. Primeiro, há uma forma de consumo que precede o capital fóssil em vários séculos, se não milênios: a aquisição de valores de uso cuja própria utilização emite CO_2. O aquecimento de casebres se enquadra nessa categoria, como também é o caso, para citar apenas dois exemplos, do uso de automóveis para ir ao trabalho e da navegação da internet por meio de um computador (desde que ambos funcionem com base em energia fóssil). Aqui a causa imediata da combustão é a satisfação de uma necessidade ou outra na esfera do consumo privado, em que a utilidade do carvão, do carro e do computador é desfrutada. Nesse caso, a fórmula seria mais como:

$$M - D - M(CF) \nearrow CO_2$$

Podemos chamar essa fórmula de fórmula do *consumo de valores de uso fósseis* ou, de forma mais abreviada, *consumo fóssil*. Como é evidente, ela pode ser repetida, mas não haveria uma contradição com suas próprias premissas caso se satisfizesse com um certo *quantum* de M (CF); ela não está programada para resvalar para a amplificação reiterativa. Ela é anterior ao circuito do capital fóssil, mas, como já vimos, não consegue, sozinha, dar origem a uma economia fóssil, já que *o consumo individual não é nem o mecanismo de ignição nem o fogo que alimenta o crescimento capitalista*: não há nada de autossustentável nele. Ainda assim, esse tipo de consumo pode ser fundamental para os apuros pelos quais passamos hoje. Teremos algumas coisas a dizer sobre o assunto mais adiante.

Em segundo lugar, o CF da fórmula do capital fóssil precisa vir de algum lugar. Como o capitalista o encontra na forma de mercadoria passível de ser comprada e como, diferentemente da força de trabalho, não se trata da capacidade de uma pessoa viva, mas de uma coisa morta, o capital fóssil precisa ter sido levado ao mercado por algum outro capitalista, diante do qual se caracterizava como *quantidade produzida*. Esse é o negócio da extração de carvão, petróleo ou gás natural. Aqui, os combustíveis fósseis não são acessórios consumidos na produção de algo diferente, mas *aquilo que é produzido* como valores de uso que mobilizam o valor de troca e que representam a promessa do lucro, nos termos da seguinte fórmula:

$$D - M(T + MP) \ldots P \ldots M'(CF) - D'$$

— o que efetivamente pode ser extrapolado como qualquer outro ciclo de valorização. Assim como o consumo fóssil, esse circuito é anterior ao do capital fóssil: havia minas de carvão geridas como empresas capitalistas séculos antes de Watt. Sua existência é uma precondição necessária para o surgimento das outras duas fórmulas. Para que um consumidor privado e, mais importante, um capitalista industrial possam adquirir combustíveis fósseis, é necessário que já exista um capitalista especializado no fornecimento de CF para o mercado *como seu próprio objeto imediato de lucro*, seu atalho material para a acumulação de capital. Chamaremos esse circuito de *acumulação primitiva de capital fóssil*. Ele pode ser fundamental para desenvolvimentos tanto passados quanto presentes e, por isso, voltaremos ao tema mais adiante.

Como é evidente, os processos sintetizados nessas três fórmulas acabaram inteiramente emaranhados durante a história da economia fóssil. Suas relações poderiam ser retratadas como algo parecido com a Figura 8. Por mais simplificado que seja, esse modelo direciona os holofotes para as dinâmicas centrais da economia fóssil, com as quais toda energia que é sólida desmancha no ar. A economia fóssil gravita em torno dos combustíveis fósseis. Os outros dois processos naturalmente têm suas funções críticas, mas *só no capital fóssil o crescimento autossustentável está em geral costurado à queima de combustíveis fósseis.*

Com o carvão inserido diretamente no fogo que alimenta a acumulação de capital na forma de combustível que transmite movimento para o processo de trabalho, uma espiral ascendente de queima de combustíveis fósseis foi, pela primeira vez, integrada ao crescimento espiralado da produção de mercadorias. Mas, por que o capital se apegou aos combustíveis fósseis? Por que o capital em geral se tornou capital *fóssil*? Quais tensões no relacionamento entre capital, trabalho e o restante da natureza — ou que propriedade das relações capitalistas de propriedade como matriz para o *Stoffwechsel* — provocaram esse passo tão portentoso?

A anarquia fóssil da concorrência

Robert Thom falhou, mas a história está repleta de exemplos da administração bem-sucedida de recursos hídricos de uso comum, incluindo em fábricas. Um caso fascinante é o de al-Andalus, a Espanha islâmica. Em um vale andaluz típico, os moinhos de água — a maioria com rodas horizontais — situavam-se no final de um sistema de canais. Eles recebiam o fluxo e o escoamento provenientes da irrigação do solo mais acima. Com a instalação dos moinhos na parte mais baixa do vale, e não no topo ou em uma área intermediária, os conflitos entre moleiros e fazendeiros — entre as necessidades da energia mecânica e da irrigação — eram evitados, já que os dois grupos tinham tudo

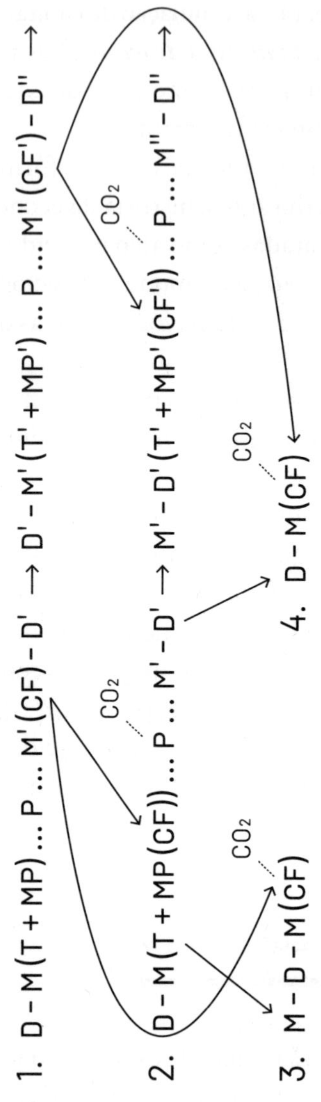

Figura 8. Um modelo estilizado da economia fóssil: (1) acumulação primitiva de capital fóssil; (2) capital fóssil; (3) consumo fóssil por trabalhadores; (4) consumo fóssil por capitalistas que consomem parte do lucro.

de que precisavam quando chegava sua vez. O sistema se baseava na propriedade coletiva da água por tribos andaluzas que se regulavam e monitoravam, inclusive, quanto às funções públicas de seus moinhos.[31]

As margens do Nilo foram o lar de casos particularmente instrutivos: "Nenhuma terra dependeu mais da administração da água do que o Egito", observa Alan Mikhail em *Nature and Empire in Ottoman Egypt: An Environmental History* [Natureza e império no Egito otomano: uma história ambiental]. O país conhecido por esse nome pode ser definido como "um deserto cortado por um rio"; desde seu nascimento, a civilização egípcia foi amamentada pelo Nilo e prosperou com o criterioso uso das dádivas do rio, em ambientes que, de outro modo, seriam ressequidos.[32] Faium, uma depressão desértica e, às vezes, um jardim agrícola exuberante a oeste do Nilo, vicejou em tempos medievais graças à aplicação de princípios eficientes e igualitários na alocação da água. No século XIII do calendário ocidental, as tribos de Faium administravam represas e canais com pouca, se é que com alguma, interferência da burocracia central, de forma bastante similar à de al-Andalus. Comportas eram abertas e fechadas de acordo com um cronograma rígido, assegurando que todas as terras recebessem água proporcional a seu tamanho; fazendeiros rio abaixo tinham direito a canais de alimentação mais largos para compensar a perda de água pela evaporação ou por infiltração. Mais uma vez, a autorregulação dos recursos hídricos de propriedade comum parece ter mantido as disputas em um nível bastante baixo.[33]

Logo depois de sua conquista por exércitos otomanos em 1517, o Egito se tornou a província econômica mais estratégica, um celeiro que alimentava grande parte do império com a bonança do Nilo. A Sublime Porta buscou reunir imediatamente os fios da irrigação sob suas mãos, mas logo percebeu que a manutenção das práticas estabelecidas serviria melhor a seus propósitos e, assim, delegou a responsabilidade pela conservação continuada das represas e canais aos líderes de vilarejos, aos anciãos e aos próprios camponeses. Regras consuetudinárias para a governança da água, em vigor *min qadim al-zaman*, ou "desde tempos imemoriais", foram deixadas em operação com base em um princípio fundamental que se assemelhava bastante àquele de *res communis*: "Ainda que não fosse de propriedade de ninguém, a água era, de várias maneiras, de propriedade de todos os usuários de uma fonte ou canal em particular".[34]

Os camponeses estavam ligados uns aos outros naquilo a que Mikhail se refere como "comunidades da água". Eles aderiam às "propriedades físicas do movimento, da viscosidade e da vazão do líquido" e

> à noção de que *o bem-estar do todo sempre prevalecia sobre os interesses e desejos de alguns poucos*. Esse ideal de responsabilidade cooperativa e coletiva surgira do fato de que, por todo o interior, dezenas de vilarejos dependiam do funcionamento de um único conjunto de recursos de irrigação para a integralidade de sua oferta de água — alguma variação de uma combinação de canais, represas, trechos do Nilo, rodas-d'água, comportas e outras instalações de irrigação. Nessas centenas de ecossistemas organizados em torno do uso compartilhado da água e de recursos de irrigação, *as ações de poucos afetavam o bem-estar de toda a comunidade*.[35]

Como consequência, era necessário que houvesse um protocolo, geralmente de natureza informal, para a resolução de conflitos. Quando disputas típicas entre comunidades rio acima e rio abaixo — com acusações de que as primeiras extraíam mais do que a parte que lhes cabia — não eram solucionadas com a mediação direta, os tribunais otomanos tendiam a se alinhar aos reclamantes e a ordenar uma distribuição mais justa dos recursos; os moradores que falhassem em suas obrigações podiam ser obrigados a trabalhar na manutenção de represas e canais. Os rendimentos captados pelas autoridades eram investidos na infraestrutura necessária. Ao intervir quando era preciso, o Estado buscava restabelecer o equilíbrio da distribuição com atos como "a abertura e o fechamento de válvulas em uma longa e complexa série de canos interconectados": na prática, uma forma de planejamento — localmente projetada, centralmente supervisionada — de utilização dos bens comuns em fluxo.[36] Mikhail argumenta que ela funcionava extraordinariamente bem.

Saltando grandes distâncias, fenômenos similares foram mapeados no Iêmen e no Peru: coordenações intensas entre usuários rio acima e rio abaixo, assembleias comunitárias, mecanismos para a resolução de conflitos, normas consuetudinárias sobre equidade na operação aplicadas até os dias de hoje.[37] O estudo de campo mais célebre sobre o tema é de Elinor Ostrom, laureada com um Nobel, e de seus colegas em meio a fazendeiros nepaleses altamente versados na criação de regras hídricas mutuamente benéficas: assembleias gerais realizadas ao menos uma vez por ano, comitês formados para distribuir a água entre os lotes de terra, comunicações informais mantidas de forma cotidiana, punições aos infratores. Conflitos — alguém que fique com mais do que tem direito, em um momento indevido, sem contribuir com seus próprios insumos, mas, em especial, querelas entre usuários na cabeça e na cauda dos canais — têm sido tradicionalmente resolvidos através de mediação, muitas vezes supervisionada por líderes comunitários.[38]

Quais são os requisitos para a administração bem-sucedida de "recursos de acesso comum" como a água para a irrigação? De acordo com Ostrom, "enquanto a dependência mútua estiver clara para todos os participantes e houver expectativa de que eles se relacionarão por um longo tempo no futuro, os fazendeiros no mundo em desenvolvimento demonstrarão uma capacidade substancial de forjar regras" para o uso eficiente e relativamente harmonioso de seus bens comuns.[39] A confiança é um componente decisivo. Os participantes devem se comunicar face a face, expressar e identificar emoções, compartilhar um conjunto de valores, interagir em teias sociais densas, aprender a se associar de forma local e a agir coletivamente ao longo do tempo.[40] Os fazendeiros em al-Andalus e na Faium medieval teriam se reconhecido nesses espelhos.

Todos esses exemplos — e centenas de outros que poderiam ser formulados — estão unidos por um sucesso duradouro naquela "cooperação de todos os interessados no aprimoramento de um curso de água que passe por moinhos", que esteve tão dolorosamente em falta nas colinas britânicas. "Todos os pontos de vista estreitos e imediatamente egoístas devem ser mantidos completamente de fora", como Thom exortava em vão seus colegas manufatureiros — mas, de al-Andalus até os Andes, havia máquinas bem azeitadas em funcionamento justamente para suprimir essas aberrações. Separadas por continentes — em termos geográficos, ecológicos, culturais —, essas sociedades tinham um denominador comum: *suas relações de propriedade não eram capitalistas*. Produtores e meios de produção eram como pássaros e bicos; terra e força de trabalho não eram mercadorias livremente transferíveis; os recursos eram de propriedade comum ou estavam sob o controle de associações comunais; nenhuma monomania do lucro dominava a produção. Sob essas relações, *a natureza dos bens comuns em fluxo não representava um problema*, ou, pelo menos, não um problema incontornável.

Mas, nas relações capitalistas, a *concorrência* é a lei. Agora que a força de trabalho e os meios de produção se apresentavam como mercadorias desvinculadas uma da outra, os capitalistas teriam de comprá-las no mercado, se isolar em seus estabelecimentos privados para produzir e voltar ao mercado para descarregar seus produtos ao lado de outros que faziam o mesmo. A dependência do mercado — não como escolha voluntária, mas como lugar obrigatório para a aquisição de trabalhadores, materiais, ferramentas: elementos que, todos eles, se caracterizam como pré-requisitos para a produção — *obriga* os capitalistas a se engajarem em comportamentos concorrenciais: para que consigam vender seus produtos, precisam estabelecer preços próximos à média e, de preferência, abaixo dela; sob risco de serem prejudicados por outros, devem adotar as melhores técnicas; a não ser que reinvistam e expandam, podem acabar expulsos por rivais que ampliem seus próprios estabelecimentos de forma mais agressiva; só a maximização dos lucros permite que fiquem à frente. A concorrência, nas palavras de Brenner, é um "mecanismo de seleção natural" em que aqueles que não travam uma guerra econômica eficiente contra seus vizinhos são eliminados. Ela impele os capitalistas para a frente "com um contínuo 'Marche, marche!'", diz Marx; a concorrência "nada mais é que a *natureza interna do capital*", já que, por seus mecanismos, "é posta para o capital singular, como necessidade exterior, o que corresponde à natureza do capital": é o chicote que garante todo o dinamismo, a verve e a destrutividade desse modo de produção.[41]

Nas relações pré-capitalistas de propriedade, os produtores diretos e os exploradores — se houver algum deles — têm acesso imediato aos meios de vida ou de luxo, a seus terraços agrícolas e rodas-d'água, aos bens comuns e às instâncias decisórias. "Como resultado, sua sobrevivência e reprodução não dependem da venda de produtos no mercado; desse modo, *eles não têm de concorrer* em termos de suas capacidades produtivas", observa Brenner.[42] Uma vez que aquilo de que mais precisam está reservado para eles por força do costume ou da violência, não há uma compulsão ao corte de custos, à inovação, à mudança e à acumulação. A rivalidade entre senhores feudais se desenrola não no campo da destreza produtiva, mas no campo de batalha. Enquanto a força de trabalho e os meios de produção estiverem trancados para fora das oportunidades de investimento, os exploradores não se relacionarão uns com os outros primariamente pela concorrência econômica e, *assim, não desenvolverão sistematicamente as forças produtivas* — ao passo que a concorrência obrigará "cada produtor a ficar continuamente na defensiva, a descobrir métodos aperfeiçoados que reduzam o custo dos artigos manufaturados", nas palavras de Babbage.[43] O crescimento autossustentável avança através de um torneio interminável em que os combatentes industriais lutam para determinar quem tem mais cavalos de potência.

Para o Marx dos *Grundrisse*, a condição natural da humanidade é a "*propriedade comum imediata*" da terra por meio da família, do clã, do vilarejo, ou alguma outra associação coletiva, com a santificação do princípio da "cooperação no trabalho para os interesses coletivos". Mais tarde, terra, ferramentas e outros meios de produção são transferidos para a propriedade particular. A cooperação é despedaçada com o "entrechoque de indivíduos indiferentes entre si", e a terra "não está subsumida aos indivíduos que a utilizam como seu poder comum" — assim, como átomos de autoridade, os proprietários dos meios de produção agora agem no "completo isolamento dos seus interesses privados".[44] Essa é a estrada que leva do Nilo ao Irwell.

A dependência e a confiança mútuas dos bens comuns de Ostrom são estranhas aos capitalistas, uma vez que a coordenação deliberada viola os princípios do mercado. "Nos sítios onde a burguesia está no poder", escreve Rosa Luxemburgo, "a única lei que preside às relações econômicas é a da *livre concorrência*. Com isto, desapareceram da economia todos os planos, toda a organização": na economia burguesa, a "forma de governo não é o despotismo, é a *anarquia*".[45] Quando se encontram uns com os outros *ex post* no mercado, os agentes não têm motivos para compartilhar planos de produção *ex ante*; a concorrência joga uma chave de fenda entre as engrenagens de ajustes mútuos, bloqueia o compartilhamento de informações e compromete projetos coletivos.[46] Os capitalistas até podem se encontrar em assembleias gerais para discutir todos os tipos de questão — incluindo a fixação de preços e o combate a sindicatos —, *mas não para eleger administradores que tenham o direito de regular o uso dos recursos*. Desse modo, o que prevalece é a anarquia.

Na indústria britânica do início do século XIX, as relações capitalistas de propriedade chegaram perto da forma anárquica ideal. Os proprietários de fábricas não compartilhavam — não podiam compartilhar — dos vínculos comunais de um vale andaluz ou nepalês; seus desenvolvimentos para a energia mecânica eram questões particulares protegidas com um ciúme especial. Como coração da fábrica, a roda-d'água ou o motor determinava as dimensões da produção, ditava a velocidade das máquinas, correspondia, através de suas hastes, às exigências mais ínfimas; dado esse status do mobilizador primário, não espanta que os projetos de reservatórios tenham fracassado. Não importava quão valiosa a água pudesse ser no todo; os mobilizadores primários teriam de permanecer em "completo isolamento" um do outro. Durante a crise estrutural, o perfil espaçotemporal do fluxo se mostrou uma base ruim para a expansão continuada dos vários capitais. O início da sobreprodução — uma provação que só é possível quando a manufatura voltada ao mercado deixa de ser opcional e se torna obrigatória — evidenciou a contradição por completo.

O *Law-Dictionary* [Dicionário jurídico] britânico de 1835, uma competente compilação da práxis jurídica do período, explicitou a natureza social inoportuna da H_2O corrente:

> *Não há propriedade sobre a água*. Todo proprietário tem o mesmo direito ao uso da água que flui no rio e, como consequência, nenhum proprietário tem direito ao uso da água em detrimento de outro, que pode ser afetado por essa operação, sem o seu consentimento.[47]

Noventa e nove anos mais tarde, a *Harvard Law Review*, a publicação estadunidense mais respeitada na área, trouxe um artigo intitulado "Natural Communism" [Comunismo natural]. Ao detalhar uma tradição intocada desde os dias das *res communes*, Samuel C. Wiel, especialista em direitos e disputas hídricos, afirmou que, por natureza, o comunismo é necessário em quatro coisas: o ar, a água corrente, o mar e o litoral. A energia do fluxo estaria nessa mesma alçada. Um humano pode colocar água corrente em um tanque, mas, desse modo, ela será retirada "de suas condições naturais"; pelo tempo que permanecer em tais condições, sua propriedade estará indo pelo ralo. "A mobilidade constante, a intercambialidade de suas partes, sua renovação e sua desaparição contínuas fazem com que o domínio ou o controle do *corpus* sejam tão impossíveis para a água corrente quanto para o ar, e, portanto, libertam ambos de qualquer propriedade"; os agentes que usam a água *"a utilizam necessariamente em comum, já que há uma fonte única para todos"*. Em meio a tantos mutuários, a utilização só pode ser "racionada".[48]

Mas Wiel era tudo, menos um comunista. "Na maioria das coisas, o comunismo é deprimente", declarou: trata-se de "uma prisão em que nenhum homem pode fazer o que quer e na qual todos os homens, a não ser pelos guardas, devem fazer o que lhes é ordenado". Os ideais estadunidenses de liberdade e recompensa pela industriosidade e pela inteligência trouxeram a luz para a humanidade. Mas, em algumas coisas, argumentou Wiel, o comunismo simplesmente não pode ser evitado: ao lembrar que uma fonte de água "é resultado da união da chuva, da infiltração, da evaporação e da transpiração, os interesses dos envolvidos *devem continuar indivisos enquanto não pudermos comandar e separar os ventos, a chuva e o calor do sol*". Ou, nas palavras do *Law-Dictionary*: "Um curso d'água não começa sob encomenda, tampouco por consentimento, mas *ex jure naturae* [pela lei da natureza], e segue seu curso naturalmente".[49]

No entanto, se algumas partes da natureza prescreviam o comunismo, a rota de fuga a ser adotada pelas relações capitalistas de propriedade estaria na adoção — naquele departamento dos mais cruciais: a potência — de algum outro segmento da Terra. Se tivesse nadado em águas mais profundas no segundo quarto do século XIX, o capital britânico teria sido apanhado pelas correntes da comunalidade. As necessidades energéticas haviam atingido um estágio em que reservatórios de grande escala eram necessários, tecnicamente viáveis e economicamente lucrativos, mas também eram uma prisão quase comunista. A alternativa estava em uma fonte de energia que *efetivamente* começou sob encomenda. O motor a vapor "foi trazido à existência pela vontade do homem", ouvimos Hugo Reid exclamar, prosseguindo na sequência: "Não há mistérios quanto a suas ações; ele está perfeitamente sob controle; sua força pode ser aumentada ou reduzida em questão de segundos; e há um perfeito conhecimento sobre todas as circunstâncias pelas quais variações em sua potência podem surgir" — o exato oposto da lógica da água.[50] Daí o nascimento da economia fóssil coincidir com a subutilização dos rios nos distritos manufatureiros da Grã-Bretanha, em um cenário que invertia a "tragédia dos comuns": aqui, estes foram explorados *abaixo* de sua capacidade em função da irracionalidade dos maximizadores de lucro privados, que, em vez de se unirem em projetos de reservatórios promissores, levantaram voo no isolamento do carvão.

Como resultado, o torneio do crescimento autossustentável adotou os cavalos de potência fósseis. As próprias regras da competição exigiam isso, já que apenas o estoque apresentava um perfil espaçotemporal facilmente equipável pelos competidores: solto, solitário, fissíparo. Observemos aqui que não era a fluidez da água que caracterizava sua comunalidade — mais tarde, ao longo da história, o petróleo exibiria as mesmas virtudes do carvão —, mas justamente seu perfil; inversamente, as vantagens do estoque derivavam de sua exterioridade em relação à paisagem e ao clima. Duas toneladas de carvão empilhadas em dois pátios não têm relação uma com a outra; dois metros cúbicos de água fluem de modo contíguo, como também era o caso de sopros de ar ou feixes de luz solar. A anarquia do capital tinha de se tornar fóssil.

A produção de espaço abstrato por meio da energia fóssil

O divórcio histórico significa a expulsão dos camponeses de suas terras. Isso pode se dar via cercamentos, escaladas punitivas no valor dos aluguéis, desmatamentos, introdução de maquinário agrícola, esmagamento da concorrência pelo agronegócio, confisco militar, proibição da transmissão hereditária de pequenos terrenos ou algum outro golpe que impossibilite a vida continuada na terra, mas, independentemente da forma, a regra é geral: o capital industrial depende do êxodo das populações rurais. Liberados de seus vínculos com o solo, os trabalhadores "livres" se reúnem em fábricas nas quais a produção *se concentra*. Marx descreve o processo em *Teorias da mais-valia*:

> De um lado, se consideramos o elemento material, *acumulação* aí significa apenas que a divisão do trabalho torna necessária a concentração, em certos pontos, dos meios de subsistência e meios de trabalho, que antes estavam espalhados e dispersos, enquanto o trabalhador em cada um dos ramos — que nessas condições não podiam ser muito numerosos — executava ele mesmo as variadas e sucessivas operações exigidas pela produção de um

> ou de vários produtos. [...] Por conseguinte, *aglomeração* de trabalhadores, *concentração* de matérias-primas, instrumentos e meios de subsistência.[51]

Pássaros com bicos são capazes de voar por aí. Enquanto os produtores e os meios estiverem unidos em suas casas — pense no fiandeiro e na roda de fiar, no tecelão e no tear manual —, a produção continuará difusa no espaço. Fundado na disjunção entre ambos, o capital os realinha nos confins de suas propriedades: a produção capitalista de mercadorias tem uma lógica espacial de *centralização*.[52]

O receptáculo básico, claro, é a fábrica, mas ele imediatamente aponta para além de si mesmo, em direção a um lugar para a "conglomeração" de todos os tipos de insumos não sob um único teto, mas dentro de cidades, onde se amontoam lado a lado fábricas, depósitos, bancos, bolsas de valores, oficinas de máquinas, vendedores por atacado e, não menos importantes, residências para trabalhadores.[53] Macrorreceptáculo e ímã para os meios de produção, a cidade recebe o influxo de trabalhadores "livres", com o acúmulo de proletários como o outro lado da moeda da hemorragia nas áreas rurais. Fixa residência um exército industrial de reserva. Esta é uma condição necessária para a produção de mais-valor: só a sombra de substitutos potenciais manterá o trabalhador ciente de ser afortunado por ter um emprego. A ameaça da demissão talvez seja "o meio mais eficiente já descoberto para impor a disciplina laboral em sociedades divididas em classes", observa Brenner; os senhores feudais não faziam uso desse instrumento contra seus servos, mas os capitalistas precisam ser capazes de exibi-lo diante de seus operários como uma alternativa crível. Os alojamentos devem se localizar nos arredores. Como os geógrafos críticos Michael Storper e Richard Walker defendem em *The Capitalist Imperative: Territory, Technology, and Industrial Growth* [O imperativo capitalista: território, tecnologia e crescimento industrial], uma ampla, densa e concentrada oferta de trabalhadores permite a adoção de uma "política flexível de rotatividade laboral", enquanto um mercado de trabalho pequeno, magro e espacialmente disperso força empresas a tratar seus empregados como pedras preciosas. Além disso, quando uma multidão de trabalhadores vive em conjunto em uma mesma vizinhança, a submissão à disciplina fabril pode ser concebida como uma vocação, um modo normal de vida e uma expectativa quanto ao futuro: a cidade é o lugar onde o *éthos* do trabalho assalariado — tão repulsivo para os primeiros recrutas — cria raízes.[54]

As relações capitalistas de propriedade engendram a concentração no espaço: os capitalistas que se aferravam à água na Grã-Bretanha do início do século XIX acabariam por ter de expandir *para fora do centro*. Teria sido diferente caso toda aquela água abundante e barata tivesse sido encontrada em um buraco cavado no chão, em um tronco ao redor do qual uma cidade pudesse brotar ou seguisse alguma outra configuração vertical — mas aí a água não teria sido água. Como água, ela fluía na superfície da paisagem britânica, inteiramente disponível, mas incongruente com a lógica espacial das relações que prevaleciam. A contradição estava presente desde os primeiros dias do sistema fabril, mas não se desenrolou de forma linear ou incremental ao longo do tempo; em uma *belle époque* para os negócios, quando as taxas de lucro são altas, há margem para a absorção dos contratempos do uso de locais inadequados.[55] O início da crise a apaga. Com os lucros desaparecendo e a competição se acirrando, passou a ser imperativo residir nos lugares mais favoráveis — onde fosse possível cortejar os maiores mercados, comprar as máquinas mais recentes e espremer do trabalho o máximo de mais-valor —, de modo a não se deixar despencar do penhasco. Foi exatamente isso, é claro, o que aconteceu depois de 1825: a crise estrutural deu um grande realce à contradição subjacente entre o perfil espacial do fluxo e a lógica espacial do capital, e introduziu como resposta a transição para o estoque.

Países com divórcios históricos menos completos não foram conduzidos por esse rumo pelas mesmas dinâmicas. A França é um bom exemplo. Em *The Domestic and Financial Condition of Great Britain* [A condição doméstica e financeira da Grã-Bretanha], publicado em 1834, George Browning ofereceu a seguinte comparação:

> Os trabalhadores franceses não gostam da vida sedentária de um tecelão ou da existência enclausurada de um mineiro, já que seus campos risonhos e bosques exuberantes são bastante tentadores e muitíssimo mais agradáveis. Daí suas populações serem comparativamente espalhadas — suas estradas, ruins, seus canais, poucos —, seus imensos estratos de carvão e ferro permanecerem enterrados em seus leitos primevos — e sua capacidade de concorrência ser vista pelo manufatureiro britânico com fácil indiferença.[56]

Sem dúvida uma subestimação do controle exercido pelas relações capitalistas sobre a França, a análise de Browning, no entanto, é certeira quanto às dificuldades peculiares da Grã-Bretanha: nenhum outro país do mundo havia chegado sequer remotamente perto de arrancar suas populações dos campos e bosques. Por esse motivo — e não pela existência de algum estrato ímpar de carvão — é que o capital fóssil lá foi gerado.

Nada disso significa, é claro, que *sempre* seja de interesse dos capitalistas ficar de prontidão em centros estabelecidos de crescimento e jamais partir para as periferias. Cidades transbordantes de trabalhadores podem virar armadilhas. A realocação para terras relativamente intocadas, como veremos, é uma estratégia vital para o capital em sua busca perene por trabalhadores facilmente arranjáveis e treináveis em hábitos industriosos. Mas movimentos como esses são apenas mais uma manifestação da liberdade fundamental de "instalar a energia em meio ao povo, onde quer que ela fosse mais necessária", nas palavras de Kennedy: é a mobilidade espacial *como tal* que importa para o capital.

Aqui, duas modalidades de espaço entram em colisão. Em *La Production de l'espace* [A produção do espaço], Henri Lefebvre distingue entre espaço "absoluto" e "abstrato", sendo que o primeiro "consiste em fragmentos da natureza, em lugares escolhidos por suas qualidades intrínsecas (cavernas ou cumes de montanhas, nascentes ou rios)". O autor busca exemplos na arquitetura — templos e santuários construídos em lugares com propriedades inerentes, como um pico ou uma fonte —, mas moinhos de água industriais não seriam menos típicos. "Na sequência, a historicidade destrói em definitivo a naturalidade ao instaurar sobre suas ruínas o espaço da acumulação".[57] Daí emerge o *espaço abstrato,* em que o capital arranca os componentes materiais de seus leitos naturais e os amontoa nos lugares que escolhe. Em vez de se deslocar reverentemente até os cumes das montanhas ou até os rios e de ali estabelecer seus negócios, como no caso de alguns templos em terras sagradas, o capital leva para longe aquilo de que precisa e o despeja em lugares onde a produção de valor de troca consiga proceder da melhor forma. Como uma matriz de nodos e artérias que evoluem não através de seus atributos biofísicos revelados, mas por meio de seus próprios circuitos, o capital *produz* espaço abstrato.

A modalidade do espaço abstrato "tem algo em comum com a racionalidade da empresa". O espaço absoluto, natural, "justapõe, dispersa;

põe os lugares e aqueles que os ocupam lado a lado. Ele particulariza". Por oposição, o espaço abstrato, social, "implica a reunião concreta ou potencial em um único ponto ou ao redor desse ponto. Daí a acumulação ser possível". Pela primeira vez, passa a haver um espaço onde as relações de propriedade têm precedência "sobre a natureza em si mesma".[58] Nas palavras de Neil Smith, um destacado discípulo e divulgador de Lefebvre, o capital se esforça incessantemente para se emancipar do "espaço natural" e produzir um espaço "à sua própria imagem".[59] Mas o espaço abstrato ainda é eminentemente terrestre. Assim como o valor de troca, ele precisa que seu substrato material esteja na natureza "primeira"; as matérias-primas necessárias só podem vir da própria Terra na forma de fragmentos arrebatados e plugados a qualquer que seja o espaço circulatório produzido pelo capital. "Assim", para voltar a Lefebvre, "em um sentido completamente adquirido e artificial, a natureza primeira persiste na 'natureza segunda': a realidade urbana": a cidade não seria nada sem a retirada constante de recursos biofísicos de áreas longínquas.[60]

Só o estoque era capaz de aterrar a produção do espaço abstrato. Ainda que vinculado a formações rochosas impossíveis de reproduzir, ele estava enterrado a alguma distância do espaço habitado pelos humanos — sob o topo de uma montanha, o leito oceânico, uma planície desértica —, como relíquia de uma paisagem há muito morta e desaparecida: uma fonte de energia ideal, se não a única concebível, para a fuga ao espaço abstrato. Por força de sua concentração em áreas subterrâneas desprovidas de outros usos ou sentidos, partes do estoque puderam ser trazidas para o mundo dos terráqueos como fragmentos soltos que passaram de mão em mão, circularam livremente dentro dos circuitos e liberaram a força total da acumulação. Ao desistir das nascentes e dos rios, o capital se entrincheirou em uma fonte cuja qualidade mais concreta era uma abstração que o permitia circular *através* da natureza, e não *ao redor* de lugares predeterminados da paisagem.[61]

A mobilidade do capital em um espaço abstrato em reconstrução permanente é possibilitada — em um paradoxo lógico — por estratos *imóveis* de energia concentrada. A liberdade ampliada de localizar e realocar, de refinar e manufaturar, de organizar e despachar, de importar e exportar é assegurada por minas de carvão, poços de petróleo e depósitos de gás natural: grandes concentrados de tecnomassa inseparáveis do solo em que nos encontramos.[62] Uma mina não pode ser mandada para outro lugar: ela deve ser considerada como um local no espaço absoluto, ainda que estabelecida *para servir ao espaço abstrato* a partir de sua posição fixa. Além disso, para que a economia seja inundada pela energia fóssil, é necessário montar infraestruturas físicas enormes que compõem paisagens inteiras por força de suas próprias ações secundárias — ferrovias, canais, motores a vapor, depósitos de carvão: algumas das cenas escuras que Leifchild viu nos distritos mineradores. "Para aniquilar o espaço, é necessária uma organização específica do espaço", nas palavras de Harvey.[63]

De maneira similar, é necessário um tipo específico de natureza para aniquilar o espaço. Os combustíveis fósseis são o substrato material para um espaço abstrato e uma natureza segunda embebida em valor de troca, a fundação para a universalização biosférica do domínio do capitalista. A produção de espaço leva a tiracolo — e Lefebvre é perfeitamente claro neste aspecto — a destruição da natureza: em uma formulação presciente, o autor escreve sobre "a cidade, que consome e calcina energias físicas e humanas colossais, que flameja e arde como uma fornalha". Escrito em 1974, *La Production de l'espace* contém alguns momentos de desespero quase bíblico:

> Sem dúvida, é preciso ir ao encontro da ideia de um assassinato da natureza pela "antinatureza": a abstração, os signos e as imagens, o discurso, mas também o trabalho e seus produtos. A natureza morre ao lado de Deus. A "humanidade" os assassina e, nesse mesmo gesto, talvez se suicide.[64]

Mas se a humanidade é uma entidade entre aspas, com as quais Lefebvre sugere um subconjunto, a causa da morte pode ser outra que não o suicídio.

A produção de tempo abstrato por meio da energia fóssil

Quando um capitalista compra o direito de comandar a força de trabalho, os efeitos produzidos se restringem no tempo: caso contrário, estaríamos diante de um regime de escravidão. Se o trabalhador é uma bicicleta viva cujas rodas o manufatureiro busca fazer girar até o máximo de sua capacidade (com a ajuda de algum outro poder mecânico que não o dele, é claro), essa ânsia é agravada pelo fato de que a forma de aquisição consiste em uma contratação *temporária* e que termina, ao final de cada dia, com o empregado de volta à sua residência para descanso, recuperação e recreação — para então recomeçar na manhã seguinte, mas sempre com um limite diário. Por razões ligadas às necessidades metabólicas básicas do organismo humano, o trabalho não pode continuar de modo indefinido; só pode ser extraído durante períodos especificados no contrato de emprego, e o capitalista deve se aproveitar da mercadoria antes que seu portador deixe o estabelecimento e siga com sua vida: o capitalista deve garantir que o empregado *realize tanto trabalho quanto possível dentro de um dado intervalo de tempo*, seja ele de seis horas, seja de catorze horas. O trabalho precisa ocorrer durante esse intervalo — e não apenas quando o dia estiver bonito, quando o sol nascer ou quando o trabalhador calhar de estar de bom humor para o trabalho duro, já que esses eventos não guardam relação com o período contratado para a troca. Tempo comprado sem a realização de trabalho concreto é desperdício de dinheiro; trabalho concreto realizado fora do tempo comprado é algo que foge do controle do capitalista. O tempo adquirido de outro ser vivo é um recipiente a ser preenchido até a boca.

Uma modalidade de tempo agora suplanta a outra. Em *Tempo, trabalho e dominação social: uma reinterpretação da teoria crítica de Marx*, Moishe Postone diferencia entre ambas como "tempo concreto" e "tempo abstrato". O tempo necessário para cozinhar arroz é concreto, é medido por um evento tangível. O mesmo se dá com o tempo necessário para rezar um pai-nosso, ou o tempo da primavera ou de feriados religiosos. Em sua forma concreta, o tempo é uma variável dependente, está em função de uma ocasião, de um processo ou de um ritmo sensorial; ele não existe como estrutura neutra, mas, antes, é constituído *pelas* aparências qualitativas: está dentro, e não fora delas. Antes do capital, era ele que estruturava as relações sociais.[55]

Ao definir "tempo concreto", Postone se vale bastante do ensaio clássico de E. P. Thompson "Tempo, disciplina de trabalho e capitalismo industrial", em que concepções pré-capitalistas de tempo são ilustradas com um leque de exemplos etnográficos e históricos: "Em Madagascar, o tempo podia ser medido pelo 'cozimento do arroz' (cerca de meia hora) ou pelo 'fritar de um gafanhoto' (um momento)". Os ingleses já utilizaram "o tempo de uma mijada" como medida temporal ("uma medição um tanto arbitrária", nos comentários irônicos de Thompson); mas, acima de tudo, esse tipo de tempo está *inserido em ciclos naturais*. Uma petição de Sunderland em 1800 descreve "um porto marítimo onde muitas pessoas são obrigadas a ficar acordadas durante a noite inteira para acompanhar as marés e realizar suas atividades no rio", e onde os pescadores e marinheiros realizam seus trabalhos nos intervalos *fixados pela própria natureza*, no ritmo das marés, do qual não se podiam desenredar suas atividades. O artesão tem de guardar as ferramentas quando a noite cai. Em residências camponesas, as vacas devem ser ordenhadas pela manhã, os grãos, colhidos antes das chuvas, e a lenha, recolhida com a chegada do outono: "As horas e as tarefas devem flutuar com o tempo".[66]

Antes do capital, o trabalhador trabalha em um modo de "orientação pelas tarefas", um conceito que Thompson toma de empréstimo da antropologia. Com os olhos fixos na conclusão de uma atividade — seja apanhar um tanto de peixes, seja costurar um paletó —, o *timing* e o andamento do processo de trabalho são determinados por requisitos internos a ele, e não impostos de fora. Um pequeno agricultor não fará a colheita porque seu patrão está berrando com ele, mas porque o trigo está maduro. Uma cerca é remendada quando precisa de remendos; as ferramentas são consertadas quando quebram. A produção ainda é orientada para o valor de uso, e isso é válido mesmo para a exploração feudal mais desenfreada: uma porção de grãos será arrancada do fazendeiro quando chegar a época da moedura. A maior parte do trabalho — incluindo o excedente de trabalho compulsório — teria, para citarmos o antropólogo Tim Ingold, de "*se enquadrar* aos ritmos do ambiente: aos ventos, às marés, às necessidades dos animais domésticos, à alternação do dia e da noite, às estações do ano e assim por diante".[67]

Isso não quer dizer que o trabalho realizado no tempo concreto seja só alegria e satisfação: ele pode ser tão estressante, excessivo, disciplinado e penoso como qualquer outro. Quando vê nuvens se avolumarem no horizonte, um camponês pode ter de trabalhar sem descanso pelo resto do dia; no documento citado por Thompson, as "pessoas são *obrigadas a ficar acordadas durante a noite inteira*" em função, justamente, dos movimentos do mar. O tempo concreto não é constituído pelo lazer, mas pela *flutuação* dos ritmos e velocidades de trabalho à espera das estações e de mudanças meteorológicas que decidem quando é a ocasião adequada para várias tarefas. Esse tipo de temporalidade parece ser inerente à agricultura, mas também — como argumenta Thompson — a certas relações:

> O padrão de trabalho sempre alternava momentos de atividade intensa e de ociosidade quando os homens detinham o controle de sua vida produtiva. (O padrão perdura ainda hoje entre os autônomos — artistas, escritores, pequenos agricultores e talvez até estudantes — e propõe a questão de saber se não é um ritmo "natural" de trabalho humano)

— fazer as coisas quando elas precisam ser feitas, e não *em um tempo controlado por outra pessoa.*[68]

O "tempo abstrato", por outro lado, é vazio. Matematicamente oco, ele é um repositório incorpóreo de eventos que permanece independente de todos os seus componentes e nunca revela a influência que eles exercem. Movimento, ação e procedimento ocorrem *no interior* do tempo abstrato, sob um regime de unidades constantes e equivalentes: horas tão longas tanto hoje como amanhã ou em qualquer outro momento do ano. O tempo é transformado "de um resultado *da* atividade em uma medida *para* a atividade"; agora as coisas acontecem *na hora* e, mais especificamente, na hora *do relógio*, independentemente das condições meteorológicas.[69] Assim como seu predecessor concreto, o tempo abstrato deriva, é claro, da natureza — a saber, do movimento dos planetas no espaço sideral, que, tão distante das cheias, da neve, das monções e das tempestades de areias, parece desconectado dos ciclos da Terra ou, ao menos, externo o bastante para permitir o cálculo rigoroso das horas, dos minutos e dos segundos. Trata-se de um cronograma homogêneo, uma variável independente que se presta à mensuração de atividades subsumidas: se o tempo concreto é "o tempo de uma mijada", essa mijada pode demorar mais ou menos 35 segundos no tempo abstrato.

Para o capitalista, o tempo de duração da jornada de trabalho representa um investimento. Ele não deve ser desperdiçado por trabalhadores ociosos ou à espera de algum sinal da natureza: o tempo virou dinheiro. Engalfinhado com a concorrência, o capitalista deve garantir que suas mercadorias sejam produzidas no mínimo tão rápido quanto as de seus rivais — caso seja mais lento do que a média, ele terá de gastar mais tempo e cobrar preços mais altos por seus artigos — e, desse modo, começa a se preocupar bastante com a produtividade, talvez o fator mais característico do tempo abstrato: a produção como algo medido contra uma unidade fixa de tempo. Sempre de olho naqueles que tentam alcançá-lo, o capitalista se pergunta: "Quanto tempo leva essa operação? Quanto trabalho é empregado nela?", e busca formas de acelerá-la.[70] Como Lukács observa em *História e consciência de classe*, o dia de trabalho foi sucessivamente dividido em frações menores, cada uma delas rotulada com seu próprio preço, de modo que "o tempo perde, assim, o seu caráter qualitativo, mutável e fluido: ele se fixa num *continuum* delimitado com precisão, quantitativamente mensurável, pleno de 'coisas' quantitativamente mensuráveis": ele é *reificado*, engessado, convertido de fluxo para pedaços bem pequenos.[71]

O fluxo da energia pertencia à era do tempo concreto. A potência hídrica foi um dos legados daquela era: o tempo abstrato é inerente às relações capitalistas de propriedade. A contradição estava ali desde o começo, mas o capital não teve de solucioná-la antes de chegar à bifurcação na estrada representada pelas Leis de Fábricas. A Lei das Dez Horas de 1847, pronunciou Marx em seu discurso de abertura da Primeira Internacional, consistia na "vitória de um princípio", nada menos do que a constatação de que, "pela primeira vez, em plena luz do dia, a economia política burguesa sucumbia ante a economia política da classe operária".[72] Até então, o capital havia sido acumulado principalmente através da produção de mais-valor *absoluto*: o aumento da jornada de trabalho para além das horas necessárias para que os trabalhadores produzissem o equivalente a seus salários. Os parafusos do mais-valor absoluto foram apertados já com a Lei de 1833; com a Lei das Dez Horas, ele foi *absolutamente reduzido* com a diminuição da jornada legal. Como os capitalistas responderam a esse desafio?

A resposta de Marx é bem conhecida: "O capital lançou-se com todo seu poder e plena consciência *à produção de mais-valor relativo* por meio do desenvolvimento acelerado do sistema de maquinaria".[73] O mais-valor relativo é gerado com o encurtamento do tempo de trabalho necessário — se, antes, o trabalhador precisava de oito horas para custear suas necessidades, agora poderia consegui-lo em apenas seis —, de modo que o excedente seja ampliado *para trás* ao longo do dia, e não para a frente, como na variante absoluta. Isso é alcançado sobretudo com o uso de novas máquinas (aumento da produtividade do trabalho), mas também com uma disciplina mais rigorosa (aumento da intensidade). A chegada das Leis de Fábricas marcou a mudança do mais-valor absoluto para o relativo como estratégia dominante de acumulação: com menos horas disponíveis, mais precisaria ser produzido, o que provocaria uma nova rodada de abstração do tempo. Nas palavras de Marx, a aceleração e a intensificação do trabalho causaram uma "*condensação do tempo de trabalho*", ou, de modo ainda mais sugestivo: "Os poros do tempo são, por assim dizer, reduzidos pela compressão do trabalho".[74] Com os poros reduzidos, sobrou ainda menos espaço para as flutuações do tempo concreto, e o tempo abstrato se tornou ainda mais soberano em suas demandas contra o trabalho.

O regime do mais-valor absoluto atenuava a contradição entre fluxo e tempo abstrato. Enquanto a latitude do dia de trabalho foi irrestrita a ponto de absorver em seu interior as oscilações do fluxo, a água permaneceu como base viável para o capital; o tempo concreto ainda podia ser reconciliado com as demandas abstratas da acumulação à custa de operários que tinham de cumprir todas aquelas horas extras de trabalho. Mas as Leis de Fábricas introduziram um novo regime de *mais trabalho em menos tempo, sem poros inchados de interrupção*, o que fez com que a contradição se tornasse irremediavelmente insustentável. A temporalidade do mais-valor relativo — a redução dos poros; o maquinário mais pesado, mais amplo — exigiu que as interrupções na energia mecânica fossem banidas e realçou os benefícios de um mobilizador primário que pudesse ser acelerado à vontade.

E assim, no final das contas — e não menos do que sua vítima concreta —, o tempo abstrato se inscreveu na linguagem da natureza telúrica. No lugar dos ritmos do dia e da noite, das estações, dos ventos e das marés, o que temos é o estoque: morto, congelado, ejetado dos ciclos naturais perceptíveis através de camadas de subsolo sepulcral. Nos combustíveis fósseis, o tempo da fotossíntese de centenas de milhões de anos é comprimido para que o trabalho vivo possa ser condensado, e sua atemporalidade é o suporte material para uma tirania do abstrato. A circulação perpétua do capital, seu movimento fluido de um circuito para outro, passa a ser possível — em um paradoxo lógico — em função de um estrato de energia concentrada absolutamente *inerte*, não cíclico e que não flui. Tanto quanto no espaço, nessa dimensão a abstração tem seu substrato firmemente situado no interior da crosta terrestre: para que o capital passe por cima de todas as determinantes qualitativas, basta escavá-la e perfurá-la.

A espaço-temporalidade abstrata e fóssil do capital

O capitalismo, escreve o geógrafo crítico Noel Castree, tem uma "*espaço-temporalidade* particular". Ele não avança *no* espaço e *ao longo do* tempo, como se os dois fossem eixos de um plano cartesiano pelos quais o capital se desenvolveu educadamente sem alterar as características das ordenadas e das abcissas; em vez disso, o capitalismo produz seus *próprios* espaço e tempo abstratos. Como componentes do próprio processo de acumulação, as duas dimensões formam uma unidade, uma espaço-temporalidade única que está não de fora, mas *dentro*, do capital, como seu "DNA, ou, caso prefiram, seu hardware operacional".[75]

Ao unirmos Castree a Brenner, podemos perceber que essa espaço-temporalidade abstrata emana diretamente dos fundamentos das relações de propriedade: o divórcio histórico deve ser superado em locais e horas especialmente designados. Um cisma primordial na relação entre humanos e o resto da natureza se propaga no espaço e no tempo e, à medida que o trabalho é realocado para espaços e momentos reservados estritamente para esse propósito, separa os seres humanos das propriedades qualitativas das dimensões espacial e temporal. Antes do capital, a produção se enraizava nas residências e nas condições meteorológicas; com o capital, ela precisou ser extirpada de ambas, já que seu propósito não era mais o valor de uso, mas o valor de troca. As duas dimensões de abstração reforçam uma à outra. Para citar apenas um exemplo, um regime de mais-valor relativo estimula a instalação do maquinário mais atualizado, cujo acesso é mais fácil em centros urbanos; mais fundamentalmente, como Jonathan Crary defende em seu esplêndido estudo sobre as temporalidades capitalistas, *24/7: capitalismo tardio e os fins do sono*, a fábrica moderna foi a plataforma de lançamento para a guerra contra os ciclos sazonais e diurnos, *assim como* um "espaço autônomo, no qual a organização do trabalho poderia ser desvinculada de família, comunidade, ambiente ou quaisquer formas de dependência mútua ou associação tradicionais".[76] Dificilmente seria um exagero falar da significância ecológica desse lugar.

Nada disso pretende sugerir que o capital erradica o espaço absoluto e o tempo concreto da face da Terra: muito pelo contrário. O espaço absoluto pode ser encontrado em cada mina de carvão e plataforma de petróleo, enquanto o tempo concreto é objeto de disputa em muitos conflitos entre trabalho e capital — pensemos em trabalhadores que exijam férias durante o verão, sindicatos que defendam os intervalos necessários para alimentação ou para ir ao banheiro, uma equipe de carpinteiros que argumente que dada quantidade de tempo é a *realmente necessária* para a construção de uma parede sob chuva pesada. Pregas e dobras qualitativas não desaparecem, mas são, antes, *dominadas* por uniformidades abstratas como consequência do valor de troca estar (de forma bastante literal) no tanque de combustível da produção. O valor, "expresso na forma dinheiro", escreve Postone, "é abstraído da realidade sensorial de vários produtos": o completo oposto do valor de uso. Se a produção tivesse se mantido orientada para o valor de uso, o espaço absoluto e o tempo concreto teriam sido parte da textura da vida — sem muitas preocupações, como Fairbairn sugere em seu *Tratado* de 1864: "É apenas em nossos distritos e *onde as necessidades básicas dos habitantes foram atendidas* que as fábricas movidas a água podem ser empregadas de forma lucrativa".[77] Mas atender às necessidades básicas dos habitantes já não era mais o propósito da produção.

Se as abstrações do capital foram por vezes percebidas como um tipo de adeus à natureza ou uma desvinculação com relação à Terra, nenhuma afirmação poderia, a rigor, estar mais equivocada. Quanto mais o capital tenta se afastar das qualidades absolutas e concretas do espaço e do tempo, *mais profunda deve ser a exploração das reservas de energia* localizadas no exterior desse espaço e desse tempo. A espaço-temporalidade abstrata do capital está tão entrelaçada com a natureza quanto o que existia antes dela — ainda que se trate de um segmento muito especial da natureza, dotado de um perfil espaçotemporal com o qual se harmoniza.[78] Assim, o crescimento capitalista não se fundiu aos combustíveis fósseis por se tratar de um acréscimo linear, neutro e gradual de riqueza, produção ou forças produtivas: ele não é nada disso, e essas coisas não existem. Esse crescimento é tanto um processo quanto um conjunto de relações cuja expansão ilimitada *avança ao organizar humanos e o resto da natureza no espaço e no tempo abstratos*, já que é aí que a maior quantidade de mais-valor pode ser produzida. O mistério da adoção de uma fonte energética mais cara é desvendado. Assim que nos livramos da concepção de crescimento como uma bola de neve trans-histórica, somos capazes de enxergar que o crescimento capitalista tinha todos os motivos possíveis para descartar a água, apesar de sua abundância, de seu baixo custo e de sua excelência em geral.

Subsunção real do trabalho por meio da natureza realmente subsumida

Quando o capital aparece pela primeira vez no planeta, já havia uma criação sobre a Terra. Um novo gênero de exploração começou a fazer história, mas se via em meio a circunstâncias alheias à sua própria vontade: instrumentos, matérias-primas, *know-how* técnico e organizações de trabalho herdados intactos de seus ocupantes anteriores. O ato inédito dos capitalistas foi se inserir no metabolismo entre seres humanos e o resto da natureza *como ele é*, do mesmo modo como uma aranha assume o controle da teia de outra. Do ponto de vista tecnológico, os produtores diretos continuam a trabalhar como sempre fizeram, tecendo em teares e fiando nas rocas antigas — mas, agora, sob a aparência de trabalhadores terceirizados domésticos ou de proprietários de oficinas primitivas, o fazem em prol do capitalista para o qual entregam seus produtos e do qual recebem salários. Em "Resultado do processo imediato de produção", um dos muitos esboços preparatórios para sua *magnum opus*, Marx, é claro, define essa tomada original de controle como a "*subsunção formal do trabalho ao capital*".[79] Novas tecnologias ainda não foram introduzidas para aprimorar a produtividade; o lucro gravita em torno do mais-valor absoluto; o capital circula e se expande, mas sem que seja *corporificado*.

Mas isso não passa de uma breve abertura. Fundamentalmente porque, dado que a força de trabalho é uma mercadoria muito especial, a subsunção formal — as relações capitalistas de propriedade como couraças vazias — está fadada a ser assolada por contradições ferozes. Na verdade, trata-se de uma mercadoria apenas no sentido frágil de estar suscetível à compra e à venda no mercado, mas não no sentido completo de algo que é *produzido* para a venda (já que não há estabelecimentos para a produção de pessoas). A força de trabalho é mais uma aptidão dos seres humanos, um atributo da vitalidade que, em si mesmo, é "subjetividade" ou "potência subjetiva" — *potenza*, em italiano —, como enfatiza Antonio Negri em seu clássico autonomista *Marx além de Marx: ciência da crise e da subversão.*[80] Fonte de riqueza sem a qual o capital seria incapaz de fazer produzir o que quer que fosse, a força de trabalho possui uma *autonomia* irredutível, fugaz e frustrante. Nada garante que o comprador realmente receberá por aquilo que pagou. Como é dotado de uma vida que não pode ser inteiramente transferida para as mãos do capitalista, o trabalhador pode recusar alguma fração de sua utilidade: desacelerar, vadiar pela manhã, ignorar diretrizes, entrar em greve. O processo de extração de seu trabalho mobiliza um exército de supervisores, mas, enquanto a subsunção permanecer meramente formal, essa é uma batalha perdida, já que a única arma que pode ser usada é a frágil autoridade pessoal dos patrões (gritos, surras, multas, abertura de processos judiciais...).

No entanto, conforme se intensificam as lutas contra o trabalho autônomo, a subsunção logo deixa seu lado formal e se torna *real.* O capitalista mostra suas máquinas. Instrumentos que haviam sido herdados são substituídos por novas forças produtivas que obrigam o operário a acompanhar suas velocidades, a executar as operações decretadas por vozes metálicas, a cuidar delas, a remendá-las, a retirar os produtos finalizados; daí em diante, a atividade do trabalhador é "determinada e regulada em todos os aspectos pelo movimento da maquinaria" como "*poder do capitalista através dessa coisa*". Acima de tudo, salienta Marx, as máquinas afirmam seu poder imperioso através de um "*perpetuum mobile*".[81] O trabalhador não precisa levantar um único dedo para que o processo de produção se inicie: movido por uma força completamente alheia à presença dos operários, ele começa quando os empregados chegam pela manhã e depois que voltam da hora do almoço. Insignificante, mero cuidador ou assistente que ajusta um passador ou um quadrante, o trabalhador entra na fábrica para preencher algum vão minúsculo em uma corrente mecânica avassaladora. Não mais uma reivindicação meramente formal, a apropriação do trabalho vivo se torna um imperativo tecnológico, com o processo de extração delegado dos supervisores para os meios de produção em si mesmos, diante dos quais o operário deve se submeter para que possa até mesmo conseguir trabalhar.

A troca do tear manual pelo mecânico pode ser tomada como uma mudança exemplar da subsunção formal para a real, enquanto a máquina de fiar autônoma acelerou o processo — em curso desde Arkwright — no departamento de fiação. Em ambos os casos, a sequência histórica inverteu as prescrições do determinismo das forças produtivas: "*As relações de produção estão no interior das forças produtivas*", nas palavras escritas em 1964 por Raniero Panzieri no lendário jornal autonomista *Quaderni Rossi*.[82] Essa é a lógica da subsunção real. Agora a aranha tece sua própria teia, muito melhor para capturar o excedente de trabalho; o lucro passa a gravitar em torno do mais-valor relativo; trajados de uma materialidade arrogante, os proprietários revolucionam incessantemente os meios. Mas esse é um processo continuado e que nunca descansa, já que a autonomia do trabalho não pode ser extinta: a subsunção real é uma valência do poder, não uma solução final.

A coerção externa pode recuar um passo. O próprio maquinário aplica "uma disciplina de quartel" por meio das "forças naturais" invocadas, sendo a energia mecânica a principal entre elas.[83] Fragmentos conquistados de natureza reelaborados pelo trabalho humano, as máquinas representam o *trabalho morto* — "um ser extremamente misterioso" —, que ganha vida por sua ligação a um mobilizador primário. Depois disso, ele se ergue acima do trabalhador "como organismo poderoso". Quando o núcleo automático é acionado, o maquinário se transforma em "um monstro mecânico, cujo corpo ocupa fábricas inteiras e cuja *força demoníaca*, inicialmente escondida sob o movimento quase solenemente comedido de seus membros gigantescos, irrompe no turbilhão furioso e febril de seus incontáveis órgãos de trabalho propriamente ditos".[84] Um organismo poderoso, um monstro mecânico ou "animado", um demônio, algo equiparado também a uma sanguessuga e a um vampiro: Marx se aproxima aqui de uma demonologia escancarada do vapor.[85] Com efeito, essas escolhas de palavras dificilmente poderiam ser interpretadas como qualquer outra coisa senão a assimilação do idioma proletário. Ao desmascarar o fetichismo vitoriano da máquina, Marx retraça o movimento do capital que criou o maquinário *como fonte de poder social* sob a aparência de um dado objeto — e que, de fato, também *é* esse objeto.

E qual mobilizador primário poderia sustentar essa subsunção? Marx nunca segue essa linha de investigação, mas cruza com ela na notável discussão sobre os benefícios relativos da água e do vapor no terceiro volume de *O capital*, no início dos longos trechos sobre a renda fundiária. "Partiremos do pressuposto", como Marx abre sua incursão, "de que as fábricas de um país sejam movidas preponderantemente por máquinas a vapor, embora uma pequena quantidade seja movida por quedas-d'água naturais". A água é muito mais barata, prossegue Marx em suas suposições (essas considerações foram escritas em Londres em meados dos anos 1860; o pressuposto é perfeitamente realista), e, assim, proporciona a seus beneficiários "condições excepcionalmente favoráveis". Uma quantidade menor de capital constante e de trabalho vivo é necessária para produzir o mesmo número de mercadorias, o que aumenta o lucro 10% acima de todo o resto. Depois de invocar esse desequilíbrio entre uma maioria de capitalistas medíocres do vapor e uma minoria de proprietários de destaque de fábricas movidas a água, Marx identifica a razão fundamental para a água ser mais barata: os vencedores devem seus superlucros

> a uma força natural, a força motriz da queda-d'água, que é dada pela natureza, diferentemente do carvão, que transforma a água em vapor, é produto do trabalho e, por conseguinte, tem valor, um custo, que deve ser pago mediante um equivalente. *É um agente natural da produção, em cuja geração não entra trabalho nenhum.*

Mas, no momento seguinte, Marx — de forma deliberada ou não — esclarece a instabilidade do fluxo para o capital, independentemente de seu custo-benefício:

> *A existência dessa condição natural de maior força produtiva do trabalho não depende em absoluto do capital* — diferentemente, portanto, do modo

> como qualquer capital pode transformar água em vapor. Ela só se encontra na natureza de maneira localizada e não pode, onde não se faz presente, ser produzida mediante determinado desembolso de capital. Não está ligada a produtos que podem ser criados pelo trabalho, como máquinas, carvão etc., mas sim a determinadas condições naturais de determinadas partes do solo.[86]

Assim como no caso das teias de aranha, o capital pode deparar com uma queda-d'água em alguma área rural, mas não é capaz de criá-la. *A subsunção dessa força da natureza está fadada a ser formal.*

Em um aspecto, o fluxo de energia é como a força de trabalho: ambos são mercadorias apenas no sentido mais frágil de poderem ser adquiridos para o uso, mas não no sentido completo de serem produzidos para o mercado. É por essa razão que a água não tinha valor de troca, que era tão mais barata que o vapor e *precisou ser descartada*. O estoque, por outro lado, nada mais é que um potencial adormecido que só pode ser despertado como força da natureza pelo toque dos recursos do capital, dos meios e do trabalho por ele adquiridos. É por essa razão que o carvão tinha valor de troca, que era mais caro e *precisou ser escolhido*. (Também é a razão para a existência de acumulação primitiva de capital fóssil e para a ausência de algo equivalente do lado do fluxo.) Vemos aqui mais uma série de inversões paradoxais: o recurso renovável, de uso comum e já ativado aparece diante do capital como irreprodutível, exclusivo, incapacitante. Só o estoque pode ser conjurado como uma *potência em movimento interna ao capital em si mesmo*, que o liberta da natureza em fluxo e, na verdade, de todo o resto, em um tipo de autoerotismo termodinâmico.

A força de trabalho corre pelas veias dos seres vivos; a potência hídrica, não — mas, do ponto de vista do capital, os dois são similares em outro aspecto: o fluxo pode recusar alguma fração de sua utilidade. Nada garante que o arrendatário de um determinado terreno de fato receberá por aquilo que pagou. Como uma *potenza* autogerada, inconstante e fixada da natureza, o fluxo possui uma autonomia similar à do trabalho humano: já acompanhamos a equivalência entre suas interrupções ao longo do segundo quarto do século XIX, que correspondem a apenas algumas poucas manifestações dentre a miríade de formas com que a água, assim como os trabalhadores, subverteu a autoridade capitalista. Fonte de riqueza sem a qual o capital seria incapaz de fazer produzir o que quer que fosse, a natureza possui uma autonomia irredutível, mas certas partes dela podem ser mais completamente internalizadas — efetivamente subsumidas — do que outras. A teia da energia fóssil precisa ser criada de maneira ativa.

Interno ao capital em virtude de ser externo à paisagem e às condições meteorológicas, o estoque possuía uma aura sedutora que, no entanto, acabaria por se revelar uma quimera. Pois a transição engendrou mais um paradoxo: a água era quase autônoma e imune à subsunção real porque *não era produzida pelo trabalho*, enquanto o vapor tinha as características opostas porque *o estoque só poderia ser coletado pelo trabalho* — e, assim, ao mudar da primeira para o segundo, o capital necessariamente se tornou *mais dependente do trabalho humano* em uma esfera muito especial: a produção da energia em si. A substituição de trabalhadores vivos por maquinário se pautou pela atribuição de um papel maior para os trabalhadores vivos no fornecimento do combustível. Assim que o capital vendesse a alma para o estoque, vendo nele a fórmula mágica para a subsunção real do trabalho por meio da natureza realmente subsumida, os problemas de controle reapareceriam sob uma nova forma — voltaremos a eles mais adiante. Mas, é claro, nenhum desses problemas alterou *post factum* a dinâmica original; no momento da crise, a fórmula correspondia a uma realidade bastante premente.

Não é possível alcançar a subsunção real do trabalho apenas com a subsunção formal da natureza. Se a arma escolhida contra a autonomia da classe trabalhadora foi o maquinário, era bom que o mobilizador primário — o general de Exército — fosse confiável.[87] A roda-d'água vertical foi um dos instrumentos que o capital herdou de antigos exploradores; como algo que estava à mão, ela foi adaptada para a acumulação e emparelhada com as primeiras máquinas para a fiação de algodão, com a subsunção real se iniciando à base de água no departamento de fiação — uma assimetria retificada com a chegada da crise. No começo de sua carreira, o capital "procura ainda apoiar-se nas muletas dos modos de produção do passado", escreve Marx nos *Grundrisse*, mas, tão logo amadurece, "joga as muletas fora e se movimenta de acordo com as suas próprias leis".[88] A potência hídrica foi uma dessas muletas, e os capitalistas que continuaram a andar com o auxílio dela — os Ashworth, os Greg — pareciam dinossauros em suas demandas pela renovação de poderes legais voltados à subsunção formal e ao mais-valor absoluto:

nenhuma piedade contra sindicatos, jornadas de trabalho ilimitadas, proibição de ingresso de inspetores em fábricas.

Vista de outro ângulo, a concatenação de eventos ocorridos na crise incentivou a mudança. Várias das vitórias que o movimento trabalhista militante arrancou do capital — a revogação das Combination Laws, os altos salários dos fiadores de algodão, a explosão do sindicalismo, as Leis de Fábricas de 1833 e 1847 — foram *contra-atacadas* com a adoção do estoque. Os proprietários de fábricas que usavam o vapor estavam um passo à frente no processo de subsunção, já que detinham uma força motriz que se curvava às leis da física do capital. Com o motor, as relações estavam no interior da força — e, justamente por esse motivo, a violência se mostrava necessária para subjugar a resistência: não tivesse o maquinário a vapor representado a materialização da dominância sobre o trabalho, os trabalhadores britânicos não se teriam oposto a ele de forma tão estridente e teria havido poucos motivos para chamar a cavalaria. O uso da força extraeconômica para proteger o vapor atestou a natureza mecânica desse poder. Como Brenner consistentemente ressalta, as relações de propriedade são constituídas através das lutas políticas e, em última instância, devem continuar a ser "sancionadas pela força" — e o mesmo vale para o capital fóssil.[89]

As subsunções reais do trabalho e da natureza estavam em sintonia, mas não eram idênticas; em alguns aspectos fundamentais, a força de trabalho é *sui generis*. O fluxo pode ser totalmente substituído pelo estoque (uma mercadoria verdadeira), mas sempre haverá um resíduo de trabalho humano (uma pseudomercadoria) — e, desse modo, de autonomia, mesmo que vacilante — no processo de produção. Assim, o capital sempre encontrará novos incentivos para emparedar ainda mais os trabalhadores com o uso do maquinário em novas rodadas de automação fundadas em uma extração cada vez maior de estoque. As diferenças entre os dois processos de subsunção — um mais complexo do que o outro — garantem que mais combustível seja lançado no fogo.

Estabilização do poder, desestabilização do clima

O "poder do homem sobre a natureza", observou certa vez C. S. Lewis, "se revela como um poder exercido por alguns homens sobre outros, com a natureza como instrumento". Aqui jazem as verdades fundamentais sobre a estrutura do poder social *e* sobre a degradação ambiental. Com a declaração de Lewis como epígrafe, o antropólogo Richard Newbold Adams esboça, em um livro hoje quase esquecido, uma teoria que pretendia fundir esses dois aspectos: "É o controle do agente sobre o ambiente que constitui a base do poder social". Mais especificamente, o próprio poder pode ser definido, sugere Adams, como o controle que um agente exerce "sobre algum conjunto de formas de energia" que constitui "*parte do ambiente significativo de outro agente*"; com esse poder em mãos, A pode impor sua vontade sobre B.[90] O poder, em outras palavras, é uma relação *tripartite*. O ser humano A é superior ao ser humano B devido à utilização de forças da natureza C.

Seria possível imaginar modos de poder em que o controle sobre a energia estritamente física e termodinâmica é, no máximo, de importância tangencial — pensemos na autoridade espiritual que um professor exerce sobre seus estudantes, ou na manipulação psicológica que um homem pode usar contra a pessoa com quem se relaciona —, mas, *na esfera da produção*, a energia é o que faz com que tudo funcione, e, por isso, o controle exercido sobre ela oferecerá sustentação para a potência-como-dominação. De fato, *todas* as atividades econômicas são, em última instância, uma questão de conversão energética, tanto na manufatura quanto no transporte, na construção, no comércio ou na escavação: os objetos do mundo só podem ser transformados, transferidos e tratados, da forma que for, graças à energia. Nos pontos da produção de mercadorias em larga escala, essa força universal precisa estar concentrada. O poder exercido pelo capital sobre o trabalho está condicionado ao controle do primeiro sobre o segundo — particularmente sobre as formas mecânicas do segundo, que põem os instrumentos em movimento e sem as quais toda a produção seria interrompida. Também nesse contexto os trabalhadores humanos são diferentes dos pica-paus, dos bonobos e de todos os outros animais, independentemente de quão intricadas sejam as ferramentas que estes últimos possam construir: é só entre humanos que, "diferente dos animais, não é inviolável a unidade entre a força motivadora do trabalho e o trabalho em si mesmo", nas palavras de Harry Braverman.[91] O castor B derruba uma árvore com sua própria força motriz; ele não opera um instrumento impelido por alguma corrente externa de energia capturada e disponibilizada pelo castor A. Devido a essa aptidão humana particular para a divisão energética, também pode vir à tona — sob certas circunstâncias históricas — a ideia de que o trabalho vivo pode ser *substituído* pelo trabalho morto das máquinas, que, caladas, respondem exclusivamente a seus mestres.

Assim, a estrada para aprimorar o poder exercido sobre o trabalho passa pela natureza, e a resistência de B pode se voltar contra A, que talvez seja levado a cavar mais fundo em C a fim de preservar e expandir sua dominação. Foi, em parte, o que ocorreu na mudança para o vapor: tendo o estoque como uma fonte de potência que podiam controlar, os capitalistas inflaram seus poderes contra os trabalhadores, e o capital se tornou *mais potente* nos dois sentidos do termo — como em "uma explosão potente" e "um proprietário superpotente".[92] Por força de seu poder excepcional de barganha, os capitalistas puderam comprar carvão e motores a vapor ao lado de fatias de vidas humanas sobre as quais, no chão de fábrica, poderiam então exercer um poder reforçado nessa que foi uma construção original da economia fóssil, mas que se encaixa perfeitamente na teoria de Adams: a transição expressou "um aumento do controle sobre o ambiente" indistinguível de "um aumento do poder no interior do sistema humano".[93] Além disso, no circuito seguinte do capital fóssil, cada unidade de CF *aumenta ainda mais* o poder do capital na medida em que serve como alavanca para a produção de mais-valor. CF, aqui, é o combustível queimado que, progressivamente, eleva alguns humanos à condição de reis poderosos sobre as costas de outros, em contraste com a esfera de consumo fóssil: se pagarmos quinhentos euros em um voo de longa distância, nossa ação certamente gerará a emissão de gases de efeito estufa, mas não aumentará, em si mesma, nossas reivindicações futuras sobre o tempo ou os recursos de outras pessoas (gastamos nosso dinheiro, não o investimos). Somente quando a combustão for um momento na *acumulação* de capital — apenas se desempenhar um papel na geração de lucro — é que o agente irá adquirir, no fim do processo, um poder renovado e expandido para comprar e comandar a vida humana.

No capital fóssil, a consolidação do poder no topo avançaria então em conjunto com a dissipação do estoque. Ao contrário das concepções da moda sobre o poder como algo horizontalmente disperso por toda a sociedade, o padrão aqui seria uma *centralização* vertical de poder e potência (*power*) seguida pela difusão atmosférica de resíduos, tendo os rastros de carbono como índice de quão longe o processo avançou (imaginemos uma chaminé industrial). Com o conhecimento hoje disponível, o capital poderia ser responsabilizado por isso? De acordo com Steven Lukes, "os poderosos são aqueles a quem julgamos ou que podemos responsabilizar por resultados significativos", mesmo que involuntários — na verdade, resultados involuntários podem ser "*instâncias* óbvias de poder".[94] Uma parte — que ainda precisa ser quantitativamente especificada — do excesso de CO_2 atualmente na atmosfera pode ser considerada uma materialização biogeoquímica do poder acumulado/dissipado pelo capital. No que se refere às emissões originadas na esfera da produção (desconsiderados aqui os Estados stalinistas), seria difícil encontrar outro participante mais diretamente responsável. Uma questão de maior interesse, no entanto, é a de qual tipo de clareza uma teoria do capital fóssil poderia trazer para a análise de nossos dilemas atuais. Mas, antes de abordarmos o presente, precisamos fazer mais duas excursões ao passado.

Uma breve comparação com a transição estadunidense

Nossa teoria do capital fóssil tem como modelo a transição para o vapor na Grã-Bretanha: uma fundação não muito ampla ou estável para uma teoria geral, por mais saliente que esse caso específico possa ter sido. Devemos buscar ao menos mais uma base antes de levá-la mais adiante. O segundo pilar da economia fóssil, responsável por mais emissões históricas do que todos os outros, evidentemente são os Estados Unidos. A teoria poderia ser aplicada para os primeiros usos do carvão naquele país? Não temos espaço aqui para uma investigação abrangente, portanto um olhar de relance sobre alguns de seus fundamentos terá de bastar.

Os motores a vapor aportaram em solo estadunidense bem cedo, mas foram extremamente lentos na conquista da economia. Rodas-d'água proporcionaram o grosso da energia mecânica até depois da Guerra Civil (1861-1865); em cavalos de potência totais, o vapor só as superou no censo de 1870, com 52% contra 48% — uma mudança nacional que ocorria cerca de quatro décadas depois da britânica. "Tão valiosa para a manufatura no século XIX como a energia do petróleo é hoje", a água apresentava vários atributos identificáveis: segura, familiar, presente em quantidades tremendas em amplas porções do território, barata.[95] "Se se tratar simplesmente de questão de potência, sem referências a outras considerações, a potência hídrica é mais barata, bem mais barata", dizia uma comparação veiculada em 1888 na *Publications of the American Statistical Association*; quando a transição acabou por acontecer, a água continuou bem à frente do vapor nesse aspecto, e sua oferta, incluindo a da região mais densamente desenvolvida da Nova Inglaterra, estava ainda longe de ter sido totalmente utilizada.[96]

A água corrente levou a indústria do algodão aos píncaros do comércio estadunidense. Em 1850, apenas 11,5% das fábricas eram movidas a vapor; foi só nos anos 1880 que os motores a vapor, agora abundantes, excederam 50% dos cavalos de potência e ultrapassaram o modelo de negócio desenvolvido primeiro em Lowell.[97] Lá, nas corredeiras do Merrimack, uma empresa de investidores de Boston construiu represas, cavou canais, comprou terrenos, construiu amplos reservatórios *à la* Greenock — há indícios de haver se inspirado em Thom — e passou a alugar água para os capitalistas do algodão, que se aproveitaram do fluxo regular e de baixo custo. Na década de 1830, esses reservatórios coletivos já eram uma paisagem comum na Nova Inglaterra. O modelo de Lowell seguia um padrão que remontava aos primeiros dias da colonização, quando as quedas-d'água eram tidas como locais ideais para o estabelecimento de povoados, e os pioneiros se agrupavam em torno do moinho de grãos primordial; do começo a meados do século XIX, a terra ainda podia ser adquirida com facilidade, e as novas fábricas foram atraídas para as zonas de expansão de fronteira *depois* do planejamento dos sistemas hídricos.[98] No Irwell, Thomas Ashworth tentou reunir 754 fábricas já bem estabelecidas — muitas com linhagens que datavam do tempo do Domesday Book[99] — e cujos proprietários já se engajavam em uma concorrência feroz. No Merrimack e em outros rios mais a leste, as empresas podiam *primeiro* desenvolver os reservatórios por meio de monopólios locais para aprovisionar investidores recém-chegados a uma terra e a uma indústria que ainda pareciam vazias.

Mas não tardou até que conflitos assolassem os complexos coloniais. Na cidade de Lowell, o diretor de operações — apelidado de "delegado da água" — tinha de fazer malabarismos com os interesses dos locatários, reprimir administradores que abusassem do uso da água ou perturbassem os suprimentos de seus vizinhos, responder a reclamações, atender a pedidos de operações fora da programação e, de modo geral, supervisionar "o espírito de administração agressivo, competitivo e frequentemente exigente das corporações têxteis", nas palavras de Hunter.[100] Quanto mais a indústria crescia, mais acirrada ficava a concorrência, maior era a tendência à sobreprodução nas décadas finais do século e mais difícil era manter o bom comportamento dos manufatureiros à mesa comum na qual os corpos hídricos eram servidos; a expansão continuada exigia uma *coordenação mais profunda* no momento exato em que as rivalidades internas se aguçavam. Mais tarde, em 1894, o engenheiro Joseph P. Frizell, de Boston, publicou um artigo no *Transactions*, de sua agremiação, em que lamentava o que estava em voga naquele momento: "Com que frequência temos de ouvir dizer que a potência hídrica chegou ao fim de seus dias! Que está deixando de ser usada. Que está sendo substituída pelo vapor etc.", quando, na verdade, os rios estadunidenses ainda esperavam por homens de negócios que lucrassem com suas correntes baratas — desde que fossem capazes de deixar a sabedoria reinar, que fossem criados reservatórios grandes o bastante e que fossem observados cronogramas rígidos para a liberação da água. Havia um único detalhe quanto a essa solução.

> A construção de um sistema de reservatórios, ou qualquer empreitada similar, feita no interesse comum de uma quantidade de proprietários de fábricas, pressupõe uma unidade de ações e *um espírito de concessão e acomodação mútuas entre os envolvidos que raramente pode ser encontrado.* Invejas e intrigas mútuas a respeito de questões banais costumam se mostrar obstáculos fatais a projetos do tipo.[101]

A anarquia da concorrência ansiava por se tornar fóssil.

Como na Grã-Bretanha, muitas das melhores quedas-d'água tendiam a estar em lugares que, de outro modo, teriam parecido proibitivos ou inapropriados para a indústria; com o tempo, uma dinâmica centrífuga começou a evoluir. Nos debates acalorados sobre os dois mobilizadores primários que irromperam na década de 1840 e que continuaram por meio século, o fator espacial era constantemente suscitado em desfavor da água. "Um homem pode fixar seu motor a vapor onde bem entender", argumentou a *Scientific American* em 1849 — ou seja, "onde tiver certeza de sempre encontrar braços nas proximidades, sem perda de tempo na busca por eles". Um dos paladinos da água reconheceu que as vantagens de uma "vizinhança densamente povoada" eram frequentemente consideradas "uma compensação aos custos extras com o vapor", enquanto seu oponente insistia nas despesas com a construção de colônias e apontava quão facilmente elas poderiam ser evitadas em portos marítimos já repletos de "ajuda" — outro eufemismo para trabalhadores — que "vai satisfeita para as fábricas situadas nas imediações".[102] Mas foi só depois da Guerra Civil que essas discussões ganharam uma urgência real.

Nas economias de subsistência dos primeiros povoados estadunidenses, a água era a fonte perfeita para a produção de energia mecânica: sempre à mão e gratuita. Uma população polvilhada por enclaves agrícolas e conectada apenas de forma tênue por rotas comerciais que cruzavam distâncias longas e de difícil travessia correspondia bem à distribuição dos rios. Na década de 1840 — e aqui o contraste com a Grã-Bretanha dificilmente poderia ser maior —, a maioria da manufatura estadunidense ainda se dava no interior dessa economia de fronteiras rurais. Em 1840, apenas 10,8% da população podia ser classificada como urbana (estabelecida em cidades com, pelo menos, 2.500 habitantes), com uma queda para 10,7% em 1860. Depois disso, a urbanização disparou de uma hora para a outra em todo o país, saltando para 28,1% em 1880.[103] Na análise de Hunter, *foi esse* o divisor de águas: "A aceleração na concentração da manufatura em cidades foi o principal fator na drástica inversão do status da potência hídrica nas gerações pós-guerra civil"; mais do que qualquer outra coisa, "foi a *mobilidade* do motor a vapor que levou à sua adoção".[104] Observadores contemporâneos chegaram à mesma conclusão. Em 1887, o presidente da American Society of Civil Engineers olhou em retrospectiva para o prodigioso aumento no uso do vapor — entre 1870 e 1880, a capacidade total de cavalos de potência subiu 80%, contra 8% para a água — e ofereceu uma explicação simples:

> Uma conveniência de acesso a centros comerciais e laborais contribuiu muito intensamente para o aumento no uso do motor a vapor. E mesmo que ainda haja um imenso potencial hídrico por ser desenvolvido e que o custo do motor a vapor seja bem superior ao da potência hídrica, *a localização e suas relações* pesaram em favor do vapor.[105]

A localização e suas relações: uma fórmula simples para o espaço abstrato.

A centralização da população trabalhadora após a Guerra Civil avançou em conjunto com outro desenvolvimento não menos fundamental — mais especificamente, a formação de um mercado nacional deveras integrado. Interconectados por trens e barcos a vapor, os últimos vestígios de colônias autocontidas agora se fundiam em um campo gigante de concorrência. Os manufatureiros podiam suprir consumidores distantes com uma entrega rápida e pontual: perdeu-se a paciência com a sazonalidade do fluxo. Um artigo sobre os custos do motor a vapor publicado em 1883 na *Transactions of the American Society of Civil Engineers* explica como, por séculos, os fazendeiros haviam lidado com a falta de água simplesmente alterando as atividades — colheita em semanas de seca, transporte de troncos antes do derretimento das neves — e, assim, conseguiam manter suspensas as atividades dos moinhos sem que sofressem danos financeiros. Mas "esse estado de coisas não é possível com os interesses manufatureiros dos tempos modernos. Grandes contratos devem ser cumpridos", "centenas de milhares de dólares de capital são investidos — se os proprietários quiserem competir com seus concorrentes, as fábricas não podem parar": daí a tentação de adotar o vapor.[106] Em 1879, uma seca terrível tomou os estados mais a nordeste e da região do Médio Atlântico.[107]

Manifestamente não fóssil até a Guerra Civil, a economia estadunidense jamais passou por nada parecido com o longo prelúdio protofóssil característico do período elisabetano. Ainda em 1850, nove décimos do aquecimento nacional eram gerados pela madeira, e uma mudança abrupta para o carvão ocorreu apenas na segunda metade do século *de forma concomitante à mudança da água para o vapor* — de modo ainda mais pronunciado do que na Grã-Bretanha, foi o motor que guinchou barcaças e barcaças de carvão direto para o fogo.[108] Assim, as condições e conjunturas concretas do nascimento da economia fóssil estadunidense foram únicas, mas a diferença mais importante pode ter sido estritamente cronológica: o *atraso* do processo, sua *repetição* essencial daquilo que já havia acontecido na terra natal do vapor. Os contornos básicos foram surpreendentemente similares. Nos Estados Unidos, assim como na Grã-Bretanha, as relações capitalistas de propriedade, com sua espaço-temporalidade peculiar, estouraram os grilhões do fluxo e acorrentaram o crescimento autossustentável ao estoque.

O salto elisabetano e a acumulação primitiva de capital fóssil

Na parte final do primeiro volume de *O capital*, Marx se volta à questão de como tudo começou: de onde veio o primeiro D? Colocar um satélite em órbita depende de sua construção anterior dentro do planeta Terra; o lançamento do capital na espiral de acumulação ininterrupta pressupõe algum acúmulo inicial de dinheiro — o que Marx descreve como uma "*ursprüngliche Akkumulation*", de modo a conotar sua origem e raiz.[109] A tradução consolidada para o termo, é claro, corresponde à infeliz "acumulação *primitiva*", que passa a impressão de um estágio grosseiro e imaturo que não se relaciona com o funcionamento do capital avançado. Cientes dessa associação enganosa, manteremos o termo aceito de forma generalizada. Para Marx, ele denota um processo dúplice de ruptura social: de um lado, o surgimento do capital maduro para investimentos; de outro, a aparição de trabalhadores "livres" desvinculados de meios de subsistência e de produção e, assim, disponíveis para o trabalho assalariado — outra forma, portanto, de se referir ao divórcio histórico.

Em analogia com essa análise, já sugerimos que o circuito do capital *fóssil* só pode acontecer se outro circuito, em que CF é o produto — a mercadoria posta no mercado —, já estiver estabelecido. Mas, para completarmos a analogia, precisamos acrescentar também uma versão do segundo momento. A acumulação primitiva de capital fóssil é o processo pelo qual o capital é investido na produção de combustíveis fósseis *enquanto, ao mesmo tempo, dissolve os elos entre os produtores diretos e a terra*, cercando a natureza como propriedade privada, despossuindo fazendeiros, caçadores, pastores, pescadores e outras pessoas que até então eram independentes do mercado, e *contribuindo* para a criação e a expansão das relações capitalistas de propriedade. Em que momento da história podemos encontrá-la? O primeiro candidato óbvio é o salto elisabetano. Por mais de meio século, no entanto, as dinâmicas dessa decolagem na produção de carvão foram lidas quase exclusivamente através das lentes dos pensamentos ricardiano e malthusiano. O ponto de partida para todas as discussões tem sido os dois volumes de *Rise of the British Coal Industry* [Ascensão da indústria de carvão britânica], de John Nef, do qual um trecho é usualmente citado:

> Todas as evidências sugerem que, entre a ascensão de Elizabeth I [em 1558] e a Guerra Civil, a Inglaterra, o País de Gales e a Escócia enfrentavam uma escassez aguda de madeira que era comum na maior parte da ilha, e não limitada a áreas especiais, e que pode ser descrita como uma crise nacional sem corrermos o risco de sermos acusados de exagero.[110]

Aí está a origem da noção de uma "fome da madeira" na Grã-Bretanha do século XVI que teria levado a nação a adotar o carvão como principal combustível para aquecimento.

Décadas de pesquisa agora têm provado que Nef havia, sim, exagerado nesse aspecto em particular. Nos anos 1950, historiadores apontaram evidências quanto à estabilidade ou mesmo ao *crescimento* das florestas: "Já no que se refere à ocorrência de uma fome da madeira", concluiu um deles, "está abundantemente claro que a oferta tanto de madeiramento quanto de lenha durante os dois séculos que se seguiram a 1550 foi bastante aumentada com uma elevação surpreendentemente pequena nos preços".[111] Então, em 2003, Robert Allen apresentou os dados mais abrangentes até hoje sobre os preços de combustíveis na Inglaterra e no resto da Europa durante o início da Idade Moderna, que sinalizaram uma *queda* explícita na maior parte da Inglaterra ao longo dos séculos XVI e XVII. Mesmo o preço do carvão vegetal caiu no período de preparação para o salto elisabetano — o completo oposto daquilo que deveria ter acontecido em uma "fome" nacional. Mais recentemente, W. Edward Steinmueller reconstruiu os potenciais produtivos das florestas, das taxas de produção, dos aluguéis e dos preços ingleses: o custo médio da madeira oscilou próximo ao do carvão por unidade de energia térmica até 1700, e, depois, o carvão passou a ser *mais caro*.[112]

Mas, diferente da mudança da água para o vapor, não há, nesse caso, fumaça sem fogo. Toda a conversa sobre uma fome de madeira tem *algum* fundamento na realidade — nomeadamente em Londres. Essa cidade em particular de fato sofreu com uma crise de combustíveis na época do salto. Os preços da madeira dispararam no meio do século XVI e deixaram o carvão 50% mais barato pelos cem anos seguintes; as florestas ao alcance da capital abarrotada — cuja população decuplicou entre 1520 e 1700 — foram derrubadas. A crise que Nef avistou foi "um gargalo urbano, mas não uma limitação sistêmica", escreve Allen. Nada parecido com uma falta nacional de madeira, o que houve de fato foi a concentração de uma "explosão de demanda em Londres", o nódulo central em uma economia mundial em ascensão na qual dinheiro e pessoas fluíam em abundância — a ponta de lança do espaço abstrato.[113] Ainda assim, isso não muda o fato de que uma madeira escassa e valorizada se fazia perceber em segundo plano. A mudança metropolitana nos preços relativos não teve equivalentes — nem mesmo na Algodonópolis ou arredores — na disputa entre a água e o vapor nos anos 1830 e 1840. Além disso, há algumas indicações de desequilíbrios similares em mercados locais de combustíveis em outras cidades inglesas que cresciam rapidamente no final do século XVI, o que pode ter convergido em desabastecimentos de proporções ao menos regionais.[114] Nef exagerou, mas não inventou.

Se a narrativa da fome de madeira compõe uma das pernas — um tanto trêmula — da análise de Nef, a segunda recebeu bem menos atenção. Para que uma indústria carvoeira de larga escala visse a luz do dia, as regras de propriedade do solo e de seus conteúdos tinham, primeiro, de ser reescritas. Um prospector de sorte precisaria afastar todas as demais reivindicações sobre o terreno, expulsar a plebe que pudesse pretender continuar a usá-lo e garantir que o local pertencesse exclusivamente a ele — caso contrário, não investiria dinheiro e não haveria extração.[115] Esses não eram os tipos de relação de propriedade que prevaleciam na Inglaterra antes do salto. Mas, em 1566, oito anos depois da coroação de Elizabeth I, um tribunal real excluiu todos os recursos minerais, exceto o ouro e a prata, do *regale*, ou a propriedade e o controle da Coroa. Com uma canetada, os depósitos de carvão foram transformados em *propriedade privada*.

Antes do édito, no entanto, não era tanto a Coroa que impedia a exploração do estoque, mas a Igreja, cujos domínios incluíam a maior parte do solo onde as grandes minas a nordeste logo seriam abertas. Ela demonstrava pouco interesse na expansão da indústria. Havia extração, venda e queima de carvão proveniente de minas monásticas, mas apenas com equipamentos baratos, em veios rasos e em pequena escala, nos termos da rotina medieval. "Para alcançar os veios mais profundos, que, sozinhos, seriam capazes de oferecer carvão em grandes quantidades, seriam necessários investimentos de muitas centenas ou mesmo milhares de libras", observou Nef, mas "os homens do clero *não estavam dispostos a investir grandes somas de seu próprio dinheiro* na mineração, e não encorajavam seus arrendatários a fazê-lo" — pelo contrário, quando o bispo de Durham arrendou algumas dessas minas, impôs altos aluguéis, prazo curtos e *restrições de produção*, de modo a garantir que os empreendimentos fossem insignificantes.[116] Os comerciantes eram mantidos a distância. Os bispos e os monges não dependiam do mercado para sua reprodução e, por isso, não estavam sob a *compulsão* de aumentar a produtividade ou de reinvestir excedentes; prosperando com a cruz e com a espada, eles podiam se dar ao luxo de continuar alheios às riquezas subterrâneas.

Mas os Tudor libertaram o solo e o que mais estivesse nele do sufocante controle da Igreja. A começar com as movimentações de Henrique VIII em direção à Reforma, a Coroa dissolveu os monastérios e confiscou gradualmente suas propriedades, incluindo a maior parte das riquezas minerais do reino — mas não para explorar por conta própria. Na sequência do édito de 1566, os veios de carvão foram jogados no mercado em rápida expansão das transações fundiárias, seja como propriedades nominais da Coroa arrendadas a inquilinos, seja como propriedades integrais dos proprietários, que então podiam, por sua vez, explorá-los ou arrendá-los. Os aluguéis despencaram, os contratos foram ampliados para abranger prazos de vigência centenários, todas as restrições foram excluídas; agora os direitos de mineração podiam ser comprados e vendidos por investidores com *interesse direto* na escavação da maior quantidade possível de carvão. Seria somente com a maximização da produção que eles conseguiriam extrair os lucros necessários à recuperação de seus investimentos, manter o controle dos terrenos e, de preferência, comprar mais deles. Diferentemente dos bispos e dos monges, os senhorios e os locatários operavam na insegurança da concorrência de uns contra os outros e estavam sob a *compulsão* de produzir para o mercado; além disso, livres do jugo eclesiástico, podiam despejar capital nas profundezas das minas sem medo de serem surpreendidos por pressões súbitas vindas de cima.[117]

No curso do século XVI, o bispo de Durham perdeu todos os veios de Tyneside para os comerciantes de Newcastle, que já sabiam como viver segundo o mercado. A atitude deles frente aos negócios era oposta à da Igreja, e, ainda que até então tivessem *negociado* produtos, agora começavam a *produzir* a mercadoria do carvão. *Foi isso* que instigou o salto elisabetano nos anos 1570 e 1580, bem nos calcanhares da expropriação da Igreja e da privatização de 1566. O padrão foi repetido em todos os distritos carvoeiros ingleses: "Por todo o país descobrimos que é nas propriedades perdidas pela Igreja que as principais empresas mineradoras do final dos séculos XVI e XVII começaram", observou Nef, que ressaltou como essas transferências de propriedade foram responsáveis pela "incrível expansão da indústria".[118] O capital era detonado abaixo da terra.

Mas, e as pessoas que *viviam* nessas terras? De uma hora para outra, suas casas e terrenos podiam ser engolidos por cavidades. O gado deparava com respiradouros não isolados por cercas, pastos envenenados, poços e maquinários que usurpavam um espaço até então disponível para a agricultura. Sob as regras do direito consuetudinário, os fazendeiros arrendatários podiam mover o gado para os bens comuns, extrair madeira e mesmo carvão para uso doméstico e vagar livremente pelas terras devolutas adjacentes — práticas antigas que precisaram ser abolidas para que as minas de carvão comerciais pudessem ser abertas. Até meados do século XVI, cercamentos e expulsões quase nunca eram inspirados pelas riquezas do subsolo, mas, após a ascensão de Elizabeth I, esse motivo veio para o primeiro plano. Os nobres simplesmente se apropriavam de terras onde suspeitassem haver minerais enterrados. Muitos dos cercamentos de maior relevo do século XVII foram realizados para impedir interferências na extração, e, assim como seus gêmeos destinados à criação de ovelhas, essas invasões provocaram uma resistência furiosa: em 1605, os proprietários e posseiros da herdade do conde de Derby invadiram as terras comuns que aquele nobre havia cercado, pegaram o carvão, jogaram-no em arbustos "e tamparam as minas, que consideravam uma ameaça ao gado".[119] A herdade de Sutton — que mais tarde viraria uma das maiores minas de Lancashire — teve suas cercas derrubadas dezesseis vezes por proprietários que a reivindicavam como um "bem comum de pastoreio". Naquilo que se tornaria o campo de carvão de Shropshire, habitantes locais se lançaram em uma campanha obstinada para fechar as minas de carvão — destruíram portões, tomaram máquinas e apedrejaram trabalhadores em um dos campos de batalha que se espalhavam pelo país: "Muitos foram os combates obscuros travados com forcados contra pás e picaretas para impedir aquilo que todos os ocupantes consideravam ser um enorme abuso".[120]

O salto elisabetano assumiu a forma de uma guerra persistente contra formas tradicionais de vida no campo. "Os foreiros viviam *sob o medo permanente da descoberta de carvão* embaixo de suas terras" e faziam tudo o que podiam para frustrar a extração, mantendo os veios em segredo, sabotando buscas e lançando terra sobre as minas tão rápido quanto os mineiros eram capazes de cavá-las.[121] Não raro, os operadores tinham de alocar dia e noite guardas armados na entrada das minas: um muro de força física em torno de uma economia protofóssil que começava a brotar. Já nesse estágio, os senhorios inclinados a acumular capital asseguraram o fortalecimento de um aparato estatal formidável e fragmentaram a resistência em milhares de disputas; no final do século XVII, a propriedade privada e exclusiva das terras ricas em carvão havia sido assegurada de uma vez por todas, e os posseiros e os usuários comunais foram privados de praticamente todos os seus direitos.[122] Longe de *aliviar* a pressão sobre a terra, a mudança da madeira para o carvão teria sido recebida pelos leigos afetados como uma *privação* daquele recurso tão precioso.

O resultado foi uma separação. De um lado, a propriedade do estoque — incluindo *ipso facto* a superfície acima dele — veio a se concentrar nas mãos de poucos; de outro, a ascensão do carvão contribuiu para a expulsão de locatários e para o declínio geral da propriedade camponesa na Inglaterra.[123] Em algumas regiões, os cercamentos de carvão foram primordiais para o divórcio entre os produtores diretos e o solo: um aspecto pouco apreciado do processo que levou séculos para gerar a estrutura social particular do país. Aí estava a condição *sine qua non* das economias protofóssil e fóssil. Em 1708, um escritor que se escondia sob as inicias J. C. publicou *The Compleat Collier: Or, the Whole Art of Sinking, Getting, and Working, Coal-Mines, etc., as is Now Used in the Northern Parts, Especially about Sunderland and Newcastle* [O mineiro completo: ou toda a arte dos poços, da extração e do trabalho nas minas de carvão etc. como hoje é praticada nas regiões do norte, especialmente Sunderland e Newcastle], um dos primeiros manuais de mineração a serem escritos. O objetivo do texto era incitar os proprietários de terrenos onde havia carvão, e para isso lhes oferecia uma isca bastante particular. "Se o encorajamento (ou o lucro) não fosse permitido aos aventureiros, o que essas pessoas fariam para viver?", pergunta J. C., que posteriormente declara que, *"se não houver lucro a ser extraído, não vejo razão para homem algum arriscar seu dinheiro"*.[124]

Felizmente, os lucros das minas, em geral, eram generosos na virada do século XVI para o XVII, frequentemente acima de 40%, às vezes chegando a 130%. Essa acumulação de capital foi de fato tão bem-sucedida que a indústria do carvão veio a sofrer com a *sobreprodução* na segunda metade do século XVII, quando a demanda estagnou enquanto novas minas continuavam a ser escavadas: os mercados ficaram saturados e os preços caíram.[125] Enfermidades como essa eram claros sinais de um processo movido pela oferta. A mudança da água para o vapor e a ascensão da economia fóssil foram, como vimos, convocadas pela demanda; da mesma forma, o salto elisabetano e o início da economia protofóssil tinham um componente de demanda — afinal, os lucros eram possíveis porque o carvão se tornara uma mercadoria de subsistência em Londres e em outros centros urbanos —, mas foram fundamentalmente concretizados graças a transformações deveras revolucionárias do lado da oferta. "Foi só na Grã-Bretanha", observou Nef, "que os direitos dos proprietários de terras sobre todos os minerais, salvo o ouro e a prata, foram absolutos".[126] Esse princípio não teve precedentes nem foi visto em nenhum outro lugar do mundo. Na China pós-dinastia Song, por exemplo, o Estado manteve controle total e baniu a mineração particular do carvão.[127]

Ainda que apenas arranhe a superfície, essa reinterpretação do salto elisabetano nos permite dar corpo a uma teoria da acumulação primitiva de capital fóssil. O salto constituiu esse processo (1) ao iniciar a acumulação de capital com o oferecimento de CF ao mercado; (2) por ter suas origens na expropriação de terras e na conversão do estoque em propriedade privada; e (3) ao disseminar e consolidar as relações capitalistas de propriedade. Ele lançou as fundações para a subsequente ascensão da economia fóssil ao abastecer os mercados com carvão *e* ao aprofundar as mesmas relações que acabaram por exigir a virada rumo ao vapor. De fato, é possível defender que o espaço abstrato e o tempo abstrato germinaram nas primeiras minas: o combustível doméstico proveniente do estoque possibilitou o crescimento sem paralelos das cidades britânicas — os locais onde trabalhadores "facilmente arranjados" se reuniriam —, enquanto a mineração introduziu na economia um elemento de tempo sombrio e morto, indiferente, eônico e, portanto, uniforme. Diferentemente da maioria, se não de todos os locais de trabalho, as minas não tinham um ritmo próprio; ao longo de um número especificado de horas, os assalariados eram mandados para seus nichos para escavar o carvão que seria entregue a clientes distantes submetidos a cronogramas não relacionados.

Uma vez nascido, o capital fóssil exigiu nutrição constante pelo circuito anterior. A busca pela fórmula geral do capital fóssil (D – M (T + MP (CF)) ... P ... M' – D') pressupõe uma acumulação primitiva que não para de se desenrolar (D – M (T + MP) ... P ... M' (CF) – D'), ou, em termos mais simples: para que os capitalistas queimem combustíveis fósseis, deve haver outros capitalistas especializados na produção desses insumos, e para que os primeiros queimem mais, os últimos devem entregar quantidades maiores, em dois ciclos sempre interligados. No estrito sentido de um circuito, a acumulação primitiva de capital fóssil é uma *fundação permanente para a economia fóssil*. Como processo *político*, ela reiterou as ordens do salto elisabetano em incontáveis instâncias ao longo dos últimos dois séculos: da Península Arábica às florestas tropicais equatorianas, a extração crescente de combustíveis fósseis só se deu graças à expropriação do solo e de suas riquezas, à aniquilação de estruturas estatais resistentes e de direitos consuetudinários, à despossessão de habitantes locais, à expulsão para a periferia — uma história realmente escrita "com traços de sangue e fogo".[128] Condicionado aos poderes do capital, o processo os cimentou a cada passo avançado, em primeiro e mais importante lugar com a extensão do *controle exclusivo do capitalista sobre a natureza*. Se há um leve traço de dinâmicas ricardo-malthusianas no salto elisabetano, ele desaparece por completo em iterações mais recentes — como é bem sabido, até há bem pouco tempo a história do petróleo foi uma história de sobreprodução —, com fatores inteiramente diferentes mobilizando as plataformas de petróleo e os poços terrestres. A Shell não foi até o Delta do Níger porque a população britânica já não podia subsistir apenas com base em vegetais.

O capital não se alimenta porque alguém está com fome: *o capital se alimenta o tempo todo.* A voracidade ecológica dessa relação em processo não pode ser capturada por um modelo de substituição e alívio de necessidades precisamente porque não está inserida no interior dos limites naturais dos ecossistemas. Ela opera em um nível superior, acima do valor de uso, no ar rarefeito e abstrato do valor de troca, e, assim como precisa extrair perpetuamente o excedente de trabalho, também deve extrair substratos materiais do solo, *sejam eles escassos ou não.* Seria possível dizer que o capital é supraecológico: um onívoro voador biofísico com um DNA bastante peculiar. Ele não é a busca por um crescimento atemporal que se bate contra as paredes da escassez e as transcende com uma realocação em bens abundantes, nem um processo universal que se desenrola pela reação a limitações específicas. Em vez disso, é um processo *específico* que, insaciável em seu apetite, se desenrola graças a uma apropriação *universal* de recursos biofísicos, a começar — e continuando o tempo todo — pela energia.

sabido até há bem pouco tempo, a história do petróleo foi uma histó- [illegible]

14

A CHINA COMO CHAMINÉ DO MUNDO: O CAPITAL FÓSSIL HOJE

Uma explosão de emissões

Em 12 de maio de 2014, o *New York Times* noticiou que "uma ampla porção do grande manto de gelo da Antártida Ocidental começou a desmoronar, e parece que a continuidade de seu derretimento não pode mais ser interrompida". Isso significaria que temos ao menos três metros de aumento do nível dos oceanos a caminho. A descoberta foi publicada por duas equipes independentes na *Geophysical Research Letters* e na *Science* — o mais novo acréscimo a um ruído de fundo formado por alarmes que disparam sem cessar. Geleiras que vão do coração da Antártida Ocidental até o Mar de Amundsen eram até então sustentadas por plataformas de gelo que funcionavam como tampões em uma banheira, mas os oceanos aquecidos vêm transportando cada vez mais calor para o continente, derretendo as plataformas e arrancando esses tampões. Com a alteração do equilíbrio de forças, a banheira está se esvaziando e as geleiras têm se soltado do solo sem colinas ou cordilheiras que as impeçam de deslizar para dentro do mar.[1] "Hoje apresentaremos evidências observacionais de que um grande setor do manto de gelo da Antártida Ocidental vem recuando de forma irreversível", afirmou um dos autores principais em uma coletiva de imprensa convocada pela

Nasa: "Ele ultrapassou o ponto de não retorno". Alguns séculos provavelmente ainda seriam necessários para que a totalidade alcançasse seu destino, mas, observou o *New York Times*, mesmo 1,2 metro bastaria para inundar áreas nas quais vivem atualmente quatro milhões de estadunidenses. Além disso, a continuação da emissão de gases de efeito estufa iniciaria os mesmos processos nos mantos de gelo ainda maiores da Antártida Oriental e da Groenlândia. "Se de fato acendemos o pavio na Antártida Ocidental, é muito difícil imaginar que ele possa ser apagado", comentou Richard B. Alley, especialista na área, "mas há um monte de outros pavios, e um monte de outros fósforos, e temos de tomar uma decisão agora: vamos acendê-los?".[2]

Naquele mesmo dia, o *New York Times* publicou que "companhias petrolíferas canadenses propõem a construção e a expansão de oleodutos que conectariam os campos de areias betuminosas a novos mercados na China e ao redor do mundo". Não derrotadas pelos atrasos no projeto Keystone XL, concebido para transportar petróleo das regiões de areias betuminosas de Alberta através dos Estados Unidos até chegar a Houston, as empresas planejavam oleodutos que serpenteariam em direção às costas canadenses, tanto a leste quanto a oeste, e a partir dos quais o petróleo poderia ser transportado para ser queimado principalmente na China. A produção de areias betuminosas subiria mais de um quarto na década seguinte, mesmo sem o Keystone XL. Diversas empresas dobrariam ou triplicariam suas produções. Não havia tantos projetos de oleodutos em discussão desde os anos 1950. Esses projetos encontraram várias formas de resistência — de povos originários, ativistas ambientais, comunidades locais preocupadas com a destruição de paisagens cinematográficas —, mas o vice-presidente de areias betuminosas da Shell Canadá expôs a convincente lógica da empresa: "Para nós, para o investimento futuro, o negócio são os oleodutos", contou ao *Times*. "Queremos uma capacidade maior. No longo prazo, precisamos de acesso a mercados globais." O governo corria o risco de "confrontos violentos" caso os projetos mais controversos fossem implementados, mas as perspectivas para a maioria deles, concluiu o *New York Times*, "parecem animadoras".[3]

Considerado o período de 1751 a 2010, metade de todas as emissões de CO_2 provenientes da queima de combustíveis fósseis se deu depois de 1986 — em apenas 25 anos, na mesma época em que um dos maiores esforços de pesquisa na história produziu a ciência das mudanças climáticas.[4] A virada do milênio representou outro marco. A conscientização generalizada das implicações catastróficas do aquecimento global pertence, em essência, ao século XXI, e, desde o ano 2000, a taxa de crescimento nas emissões de CO_2 tem sido o triplo da observada na década de 1990. Não graças à adoção de alguma política climática, e sim à depressão no processo de acumulação de capital, as emissões encolheram — um evento realmente extraordinário — pouco mais de 1% em 2009, mas só para disparar em 2010, com uma subida de quase 6%, e, depois, se estabilizar em uma média anual de 3%. Extrapolando os piores cenários projetados pelo IPCC, essa nova investida dos negócios de sempre põe o mundo na rota de um aumento de temperaturas de 4 °C até 2060, bem acima do nível em que se espera que os humanos sejam capazes de se adaptar com algum senso razoável de civilização intacto.[5] As coisas saíram do controle. Podemos falar legitimamente em uma *explosão de emissões* pós-2000. Uma teoria do capital fóssil deve ter algo a dizer a esse respeito.

Dois fatos básicos a respeito dessa explosão saltam imediatamente aos olhos. Primeiro, ela tem sido centrada em um único país: a República Popular da China. Entre 2000 e 2006, 55% do crescimento global nas emissões de CO_2 ocorreu ali; em 2007, a cifra chegou a *dois terços*. Em 2004, a China se tornou o maior extrator de combustíveis fósseis do mundo; dois anos mais tarde, eclipsou os Estados Unidos como maior emissor.[6] Em segundo lugar, a explosão parece ter alguma relação com a globalização. Do início dos anos 1980 até 2008, o comércio global cresceu 8% ao ano — marcadamente mais rápido que a produção —, mas a novidade real estava na expansão do investimento estrangeiro direto (IED): a partir da década de 1980, os fluxos de IED cresceram mais rápido do que o comércio transfronteiriço; de 1990 a 2009, quintuplicaram e alcançaram um pico antes de despencar durante a crise financeira, e depois se recuperaram. Conforme isso se dava, a tendência também se centrava na China. Destino principal dos IED, o aporte para o país em 2008 foi quase o dobro daquele recebido por Rússia e Índia juntas; dois anos depois, a China desbancou a Alemanha como maior exportadora de bens manufaturados.[7] Mas, para além dessas cifras já bem conhecidas, o que está acontecendo aqui? Que mistura inflamável entre China e globalização fez disparar a explosão de emissões, cujo poder para acender todo um conjunto de pavios sobre a Terra parece quase avassalador?

Uma explosão de exportações

A base da ideologia burguesa conhecida como "ecomodernismo" reside na crença no aumento da riqueza como solução para as desgraças ecológicas: se as pessoas fossem modernas, high-tech e sofisticadas o bastante, não haveria tanta poluição por aí. Mais precisamente, os países seguiriam uma curva ambiental de Kuznets (CAK). Quando pobres e subdesenvolvidos, afetariam pouco o ambiente; conforme seus rendimentos começassem a crescer, o mesmo se daria com os impactos causados — mas só até um ponto de virada, depois do qual o aumento da riqueza *reduziria* a degradação ambiental e a derrubaria de volta para o ponto de partida. Uma vez superadas a agricultura neutra e a indústria poluente e alcançados os serviços limpos, as populações das economias mais avançadas seriam prósperas o suficiente para se importarem com seus arredores, com tecnologias eficientes e instituições responsáveis: todo o necessário para que a nossa caminhada sobre a Terra fosse menos agressiva. Os outros países também viajariam por essa estrada real. A melhor forma de inaugurá-la seria o incentivo à globalização — ou pelo menos é o que diz o argumento em voga desde o início dos anos 1990, quando a ideia da CAK veio à tona em debates sobre o Acordo de Livre Comércio da América do Norte (Nafta) e o economista Wilfred Beckerman sintetizou a tração política desse tipo de pensamento: "Há evidências de que, ainda que o crescimento econômico em geral leve à deterioração ambiental nos estágios iniciais do processo, no fim, a melhor — e provavelmente única — forma de alcançar um ambiente decente na maioria dos países *é enriquecer*".[8]

Hoje, décadas de pesquisa resultaram em poucas evidências sobre a existência de algum tipo de CAK na realidade observável. Quanto ao dióxido de carbono, há uma variável que parece seguir a curva: a *intensidade* da poluição, ou a quantidade de CO_2 emitida *por unidade de produção*. Mas o que vale para o clima, como é evidente, são as emissões *totais*, e, no que se refere a esse índice fundamental, não há uma queda, mas um

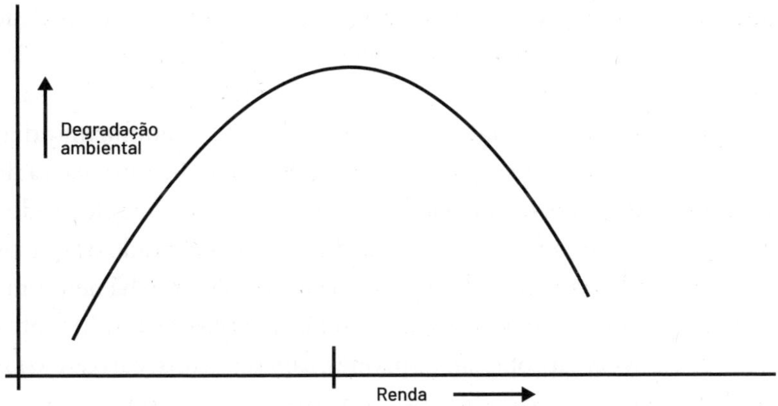

Figura 9. A curva ambiental de Kuznets.

aumento secular que acompanha a renda.[9] (Ainda assim, a intensidade pode ser uma variável central na explosão de emissões, por isso voltaremos ao assunto mais adiante.) Além disso, a CAK pode ser acusada de ignorar justamente a natureza globalizada da economia mundial. A pegada de carbono de um diretor de arte antenado, entusiasta de tecnologias e despreocupado não é uma função daquilo que ele produz, mas sim do que ele *consome* — e muito disso será importado de outros países que ainda fazem o trabalho sujo da produção. Não há nenhuma indicação de que pessoas nos pontos finais do eixo dos rendimentos parem de comprar laptops, smartphones, sapatos, jeans, carros e voos de longa distância, e se dediquem a um ascetismo eremita. Pelo contrário, o fardo ecológico de suas existências cresce sem vacilar — mas é descarregado em produtores distantes, aos quais, então, ele *parece* pertencer.[10] A leveza da turma do MacBook Air é uma ilusão fundada em uma miopia.

No caso do CO_2, a maioria das emissões associadas a uma mercadoria se origina no processo de produção, e não no consumo final: um sueco não emite CO_2 ao usar uma camiseta feita em Bangladesh. O gás já foi emitido na fábrica onde a camiseta foi costurada e na usina que forneceu a eletricidade necessária, pelos construtores e fabricantes de máquinas e por outras pessoas mais distantes na cadeia produtiva, de modo a formar uma sequência de emissões *incorporadas* à mercadoria — um legado invisível de materiais auxiliares queimados. Os volumes concretos do CO_2 gerado pelos consumidores de importados podem, assim, se espraiar para muito além das fronteiras dos países que essas pessoas habitam. De fato, a tendência mais recente tem sido a de emitir mais CO_2 na produção de mercadorias que, em última instância, são consumidas em outro país: em 1990, 20% de todas as emissões; em 2008, essa fração havia crescido para 26%.[11] As estatísticas oficiais que servem de base para as negociações climáticas ainda alocam as emissões nos Estados territoriais onde a fumaça é efetivamente lançada no ar. Mas, por que Bangladesh deveria ser responsabilizada pelo CO_2 emitido em benefício de usuários de camisetas na Suécia? Tentando compensar o atraso na análise do crescimento das "emissões incorporadas no comércio" (EIC), um coro de pesquisadores, ativistas e políticos de alguns países defende uma realocação de responsabilidades, uma mudança de ênfase da produção para o consumo, o que proporcionaria um retrato mais realista de "*como* e *por que* as ações humanas afetam as emissões de CO_2".[12] Em linguagem mais clara: não deixem esses ocidentais ricos se safarem tão fácil.

Mais uma vez, a China está no centro tanto do fenômeno das EIC quanto da subsequente identificação de culpados. No período 1990-2008, um total de 75% do crescimento nas emissões importadas para o Anexo B — os países desenvolvidos com obrigações sob o Protocolo de Kyoto — emanou da República Popular. Em 2001, a China entrou na Organização Mundial do Comércio (OMC), desmontou as barreiras remanescentes ao investimento, aboliu restrições aos direitos de propriedade de estrangeiros, relaxou exigências para a cooperação local e, de maneira geral, escancarou seus portões: foi aí que a verdadeira explosão começou. Entre 1990 e 2002, um terço do aumento do CO_2 chinês podia ser diretamente atribuído à exportação, mas essa fração cresceu para *metade* nos três anos seguintes; além disso, de acordo com uma estimativa, até 48% das emissões *totais* do país entre 2002 e 2008 foram geradas na esfera da exportação.[13] Era aí que residia a principal fonte da nuvem de fumaça que emanava do território chinês. Outros fatores eram comparativamente insignificantes: nos anos 2002-2005, o crescimento populacional e a "mudança de estilo de vida" contribuíram, respectivamente, com 2% e 1% no aumento em emissões; gastos governamentais e consumo doméstico respondiam, cada um, por 7%, em contraste com os quase 50% da produção voltada para exportação.[14] Nenhum outro setor da economia chinesa do começo do século XXI chegou perto desse dinamismo efervescente, e, assim, seus estímulos indiretos sobre a infraestrutura e o consumo nem sequer são considerados.

As montanhas de mercadorias chinesas acabam, em sua maioria, em países desenvolvidos. Enquanto a China foi a principal exportadora, os Estados Unidos ocuparam o primeiro lugar na importação de emissões incorporadas, das quais abocanharam volumes cada vez maiores, com um aumento de 250% em suas importações líquidas entre 1997 e 2007. Para a União Europeia, os números correspondentes foram de 154%.[15] Alguns países da Europa Ocidental gostam de acreditar que chegaram ao topo da CAK e entraram na parte descendente da curva, mas essa autoimagem tem como base um engodo lastreado na produção, já que o crescimento das importações tem sido maior e mais rápido. Na terminologia surgida dos debates sobre o Protocolo de Kyoto, esse deslocamento de emissões é conhecido como "fuga de carbono": em um estágio inicial de negociações climáticas, havia o temor de que, caso apenas alguns países — aqueles listados no Anexo B — fossem abarcados pelas reduções obrigatórias, atividades poluentes simplesmente mudariam de local. Um fabricante de carros que quisesse emitir quantidades ilimitadas de CO_2 se realocaria para um país não vinculado e que estivesse fora do Anexo B, como a China; um país que desejasse reduzir suas emissões poderia importar produtos em vez de fabricá-los.

Mas nada parecido com essa fuga de carbono ocorreu de fato. Nenhuma debandada de países do Anexo B foi desencadeada por cortes draconianos em emissões, já que nenhum corte do tipo foi implementado. Assim, estabeleceu-se uma distinção entre fugas de carbono "fortes" e "fracas". O tipo forte consiste na — até agora hipotética — saída de atividades de produção *causada por* políticas climáticas rigorosas. O tipo fraco é o fenômeno em que essa saída se dá *por algum outro motivo não especificado*. É aqui que a pesquisa convencional sobre as EIC subitamente se interrompe. Uma equipe observa que "a causa provável para as grandes transferências de emissões que relatamos aqui está em políticas e fatores socioeconômicos preexistentes que não se relacionam com a política climática em si mesma", mas não chega a fazer aquele que seria naturalmente o próximo questionamento: *quais são* essas causas?[16] Se os fabricantes de carros não transferem suas fábricas para a China a fim de escapar da mitigação das mudanças climáticas, *por que razão o fazem?* Apesar de todos os seus méritos, a pesquisa sobre as EIC não conseguiu identificar os fatores causais em operação; exatamente quando se trata de explicar "*como* e *por que* as ações humanas afetam as emissões de CO_2", a investigação limita o próprio campo de visão.

Há outro problema relacionado a essa estrutura. Ao rejeitar a CAK, ela tende a desprezar a produção e depositar toda a ênfase no consumo. Assim, lemos que a proporção de emissões decorrentes de exportações "é ampla e significativa, o que demonstra a posição da China no comércio internacional como uma 'fábrica mundial'. Aqueles que *consomem* os artigos chineses também devem compartilhar a responsabilidade".[17] Contemplemos agora essa afirmação. A China é uma fábrica mundial que emite um monte de CO_2, e aqueles que *consomem* os artigos produzidos também deveriam assumir a responsabilidade por isso. Não falta alguém nesse retrato? O que vem à tona na abordagem baseada no consumo é uma visão segundo a qual o consumidor ocidental é um soberano absoluto que envia pacotes de CO_2 para outras partes do mundo, e o faz presumivelmente ao se pôr em frente às prateleiras de lojas e escolher mercadorias chinesas baratas em vez de produtos domésticos mais caros — e isso enquanto os donos dos meios de produção figuram como agentes neutros, passivos e que estão fora de vista.

Quando o consumo é tratado como uma atividade ocidental genérica, o argumento tem um grave potencial de se perder. Ao estudar as emissões incorporadas no comércio Estados Unidos-China, um grupo de pesquisadores defende que "os trabalhadores que produzem os artigos no mundo desenvolvido gozam de estilos de vida relativamente luxuosos se comparados às suas contrapartes no mundo em desenvolvimento, um estilo de vida que, em muitos casos, *induz impactos ambientais significativos*". As emissões chinesas são "dominadas pela produção de artigos consumidos *por trabalhadores*".[18] Por constituírem a maioria dos consumidores estadunidenses, eles — os trabalhadores — deveriam assumir a responsabilidade, e isso, de fato, está implícito em muito da pesquisa na área: o CO_2 da China recai sobre as costas de pessoas comuns do Ocidente. Não se estabelece uma diferenciação entre os consumidores ricos e os demais — em uma premissa quase tão irreal quanto a curva CAK original —, e ainda que, sem dúvida, seja inegável que os trabalhadores de economias avançadas se beneficiam de mercadorias chinesas baratas compradas no Walmart, na Tesco ou na Ikea, atribuir a culpa a eles não é algo muito convincente como forma de ciência sobre *por que as emissões foram realocadas para a China*. Os trabalhadores estadunidenses ou de outros países ocidentais nunca tomaram a decisão de terceirizar a produção. De fato, se há quem, em algum momento, resistiu a movimentos do tipo, foram eles. Nem a CAK nem sua rejeição-padrão conseguem explicar o nexo entre emissões e globalização tal como materializado na China. Uma rejeição da rejeição talvez faça um trabalho melhor.

Capital fóssil globalizado

A teoria do capital fóssil esboçada anteriormente sugere que o estoque é a alavanca geral para a produção de mais-valor. Com base nisso, podemos propor uma hipótese simples para a era da produção globalizada. *O capital com mobilidade global realocará fábricas para situações em que a força de trabalho seja barata e disciplinada — onde a taxa de mais-valor promete ser maior — por meio de novas rodadas de consumo em massa de combustíveis fósseis.* Neste momento, a transição já é uma memória distante; é tudo questão de seguir a espiral.

O que pretendemos dizer com "capital com mobilidade global"? Estamos nos referindo, antes de qualquer coisa, ao capital industrial livre para ser investido através de fronteiras globais e capaz de carregar a tecnologia de produção para essas novas regiões. O capital do país de origem A tem mobilidade global se puder construir fábricas (investimento *greenfield*)[19] ou comprar empresas (fusões e aquisições) no país-sede B e conseguir levar máquinas, expertise técnica, princípios de administração e outros ativos decisivos de A para B — e, é claro, para mais países-sede caso B esteja flanqueado por um leque de outros similarmente disponíveis. Conforme a economia mundial foi se desenvolvendo a partir dos anos 1970, essas condições foram se concretizando pouco a pouco. Elas sugerem que o capital pode transcender fronteiras sem alterações substanciais em seus níveis de produtividade — ou, dito de outra forma, a produtividade da corporação transnacional (CTN) é um ativo específico de cada empresa, algo que ela possui e que pode inserir no país-sede independentemente dos níveis médios de produção ali praticados.[20] Mas isso só se sustenta — e, como veremos, esta é uma distinção crucial — quando se fala em tecnologia de produção imediata, e não em *infraestrutura.*

Uma mobilidade desse tipo representa uma incursão profunda no espaço abstrato: em sua jornada pela lucratividade otimizada, o capital percorre a terra com mais liberdade do que nunca. O trabalho, por outro lado, continua relativamente fixado a um local. Como está ligado a seres humanos vivos, com suas próprias vizinhanças, dialetos, memórias, famílias, hábitos, amigos, bares, partidos políticos e inúmeros outros componentes da vida, a mercadoria do trabalho assalariado não pode ser móvel como o capital (mesmo que não houvesse controles de fronteira e muros que obstruíssem a migração). Conforme o tempo passa — conforme o desenvolvimento capitalista se desenrola ao longo da história —, os trabalhadores desenvolvem atributos distintivos ancorados nos lugares que habitam. Em um local, constroem sindicatos poderosos que permitem a pressão por melhores salários, enquanto em outro mal conseguem se organizar; alguns são altamente escolarizados, enquanto outros têm apenas escolaridade básica; alguns são propensos à militância política, enquanto outros estão sob o controle de pregadores das virtudes da paciência. Salários, habilidades, docilidade e outras propriedades da força de trabalho variam no espaço: a autonomia inextinguível dos trabalhadores cria uma geografia acidentada, desigual e nunca completamente estabilizada de relações de classe. Como consequência, a "mobilidade não é um luxo para o capital, mas uma necessidade", nas palavras de Storper e Walker. Como as comunidades da classe trabalhadora não são "tão plásticas, ou são menos geograficamente móveis do que o capital, as forças de trabalho devem ser procuradas, encontradas e, por vezes, abandonadas pela indústria em seu processo incessante de evolução e reestruturação".[21] Sob esse ponto de vista, a criação do espaço abstrato não é um monólogo capitalista, mas uma forma de se manter um passo à frente nas relações de classe e de reforçar a liberdade para evitar, abordar e desviar dos golpes do trabalho pelas bordas da circulação.

Quando a liberdade para rodar pelo globo com a produtividade portátil é assegurada, o capital escolhe entre países-sede potenciais com base nos ativos específicos que *eles* têm. Uma vantagem altamente específica de cada nação é a força de trabalho: conforme circula, o capital atribuirá grande peso às características nacionais da oferta de mão de obra. Ele procurará trabalho barato: lugares onde os trabalhadores sejam facilmente arranjados. Procurará por trabalhadores suscetíveis à disciplina, acostumados a uma alta intensidade de trabalho e a longas jornadas: uma população treinada em hábitos industriosos. Uma combinação favorável desses fatores manterá uma alta taxa de mais-valor e, *ceteris paribus*, atrairá investimentos de CTN; por outro lado, caso os trabalhadores se tornem caros e mais rebeldes, as CTN *sairão* desses lugares. Os indicadores mais simples para as altas taxas de mais-valor são os baixos custos do trabalho, em geral e grosseiramente traduzidos em salários baixos, donde decorre que a produção industrial *tenderá* a se mudar de países cuja média salarial é mais alta para países com salários mais baixos — não com a evacuação completa dos primeiros, mas em um processo de realocação relativa.[22]

As coisas não são tão simples, é claro. Os atributos da força de trabalho são um determinante independente dos fluxos de IED, mas estão longe de ser o único. Uma CTN pode, por exemplo, almejar se posicionar em um mercado e atender seus clientes face a face a fim de melhor adaptar seus produtos ao gosto deles, de inflar o valor de sua marca ou de superar a concorrência de algum outro modo: nesse caso, são os consumidores do país, e não seus trabalhadores, que atraem o investimento. Mas, se a CTN *exporta* seus produtos a partir do país-sede, temos motivos para suspeitar que são os trabalhadores — e não os consumidores — que a fizeram abrir as portas naquele local. O trabalho também pode figurar em uma estratégia orientada para o mercado — um país que ofereça tanto consumidores endinheirados quanto trabalhadores baratos é uma escolha particularmente boa para a produção *in situ* —, e filiais estrangeiras podem alternar entre vender para lojas locais e externas, mas, como regra geral, IED voltados para a exportação são mais intensamente determinados pelos atributos da força de trabalho.[23]

No espaço abstrato de uma economia globalizada, os consumidores podem ser atendidos de praticamente qualquer lugar; os locais de produção podem ser dissociados dos locais de consumo; o capital pode escolher entre plataformas de exportação — e a alavanca com a qual alcança e explora o trabalho é a energia fóssil. Mais precisamente, há três momentos nos quais a mobilidade ampliada se vale do estoque. Uma condição necessária para que a força de trabalho seja barata e disciplinada é, para começo de conversa, a presença de um exército industrial de reserva: o pleno emprego dilui ambas as qualidades. O caso clássico da Grã-Bretanha nos permite conjecturar que o melhor lugar para encontrar um exército de reserva considerável é uma economia nos estertores da passagem da agricultura para a indústria; toda uma população de trabalhadores será liberada para ser contratada, conforme ex-agricultores forem deixando em massa seus vilarejos e se reunindo nas cidades. Mas um país que atravessa essa fase também estará passando, ao que tudo indica, pela transição para uma economia *fóssil*. Conforme esse processo se acelera, o influxo de capital expande os negócios de sempre para lugares nos quais eles ainda não existiam, salvo em formas não desenvolvidas: uma *expansão* da economia fóssil acompanha a realocação da produção. O CO_2 será exumado pelas chaminés das fábricas de propriedade de estrangeiros — talvez em paisagens que até recentemente eram rurais, e mesmo intocadas —, mas, e o que é mais importante, a chegada do capital estrangeiro estimulará a expansão da *infraestrutura* do país-sede.

Capital algum fluiria para um lugar onde precisasse estabelecer toda a infraestrutura do zero. No fim das contas, a presença física dos trabalhadores despossuídos nunca será uma condição suficiente para atrair investimentos; em vez disso, eles só estarão disponíveis *de facto* para a extração de mais-valor caso uma infraestrutura básica já tenha sido montada em um momento anterior — e, em primeiro lugar e o mais importante, usinas e redes de distribuição capazes de entregar a *energia* indispensável. No escuro ou na ociosidade das quedas de luz, trabalhadores baratos e disciplinados não têm muito valor. As CTN devem poder confiar no substrato de energia mantido pelos aparatos estatais do país-sede e contar com sua capacidade de absorção de novos aportes.[24] Desse modo, um item bastante valorizado na agenda de Estados que queiram atrair IED — e, na economia globalizada, este é o cálice sagrado do desenvolvimento — é a construção de infraestrutura. Por isso, devemos esperar um ciclo de retroalimentação positiva: fábricas e redes operacionais, minas e cabos são pré-requisitos para que as CTN invistam; a chegada delas encorajará a ampliação da infraestrutura, que, por sua vez, trará mais IED, e assim por diante. Podemos identificar esse momento da dinâmica como *efeito de expansão.*

Um segundo momento concerne à intensidade de emissões. Em geral — e este é o prêmio de consolação para os que creem na CAK —, nações ricas, de fato, apresentam uma intensidade menor de carbono do que países pobres: a produção de uma camiseta em Bangladesh emite mais CO_2 do que a produção da mesma camiseta na Suécia. Entre o início da década de 1970 e o início dos anos 1980, houve efetivamente uma curva nos países desenvolvidos, com a ascensão continuada rumo a uma riqueza ainda maior coevoluindo com um declínio na intensidade de carvão — isto é, um declínio nas emissões de CO_2 por *unidade* de produção, mas não na quantidade total de emissões.[25] No fim, esse "progresso" importa pouco, mas consideremos um capitalista que esteja prestes a reinvestir seu lucro e expandir sua escala de produção. Suponhamos que ele possa escolher entre dois países para investir: sua terra natal A e um potencial país-sede B. Suponhamos ainda que a intensidade de carbono da produção seja duas vezes mais alta em B. É fácil perceber, então, que, se ele apostar em B, as emissões totais de CO_2 decorrentes da expansão de seu negócio serão duas vezes maiores do que se tivesse ficado em casa: o aumento em escala será acompanhado de um salto na intensidade de carvão. Se esse exemplo simples for ampliado ao longo do tempo, podemos acrescentar a suposição de que a intensidade de carbono declinará, simultânea e igualmente, nos dois países, sem alterações no fosso entre os dois; mesmo assim, uma mudança de A para B aumentaria a intensidade da produção em comparação com um cenário em que ela não ocorresse. Nesses casos, a lógica expansiva da acumulação de capital não só anularia o declínio na intensidade de carbono, como no paradoxo de Jevons, mas também se concretizaria *através de um aumento relativo concomitante na intensidade de carbono* — e, não é preciso dizer, isso só pioraria as concentrações de CO_2 na atmosfera.

Há algumas razões intuitivas pelas quais a intensidade de carvão seria menor em países de renda mais alta do que em países de renda mais baixa. Os primeiros provavelmente terão tecnologias mais avançadas e eficientes para a geração de eletricidade e para o transporte; sustentadas por governos bem providos que contam com alta arrecadação de impostos, suas infraestruturas gerarão menos quantidades de CO_2 por unidade de eletricidade fornecida ou de produto entregue. Em países em desenvolvimento, a infraestrutura será, com efeito, menos sofisticada. As usinas elétricas usarão equipamentos inferiores e o combustível mais barato que encontrarem. A corrida pela expansão da infraestrutura a fim de acompanhar o ritmo do desenvolvimento induzirá os governos a deixar de lado considerações que não se refiram aos custos; na verdade, a entrada de IED poderá incentivá-los a embarcar em programas intensivos para ampliar a capacidade de geração de energia, com o uso de equipamentos que estejam à mão e com a combinação de combustíveis menos onerosa.[26] Ainda que levem consigo suas tecnologias específicas de produção, as CTN não têm opção — e nenhum interesse — a não ser utilizar a infraestrutura disponível: aqui, elas aceitarão o que houver pela frente. Daí o surgimento de uma *regressão* na curva ambiental de Kuznets.

Se inserirmos a premissa do capital com mobilidade global na CAK — o que amplia drasticamente seu realismo —, somos levados à previsão de que, quando um ponto de virada nos níveis de renda for alcançado, o capital se mudará *mais uma vez para países próximos ao pico de intensidade de carbono*. Ele não se transferirá para os países mais pobres, já que neles a infraestrutura será inadequada. Tampouco ficará nos países mais ricos e mais eficientes em carbono, pois ali as taxas de mais-valor serão baixas: em vez disso, ele flutuará em torno do ápice da curva, *aumentando a intensidade de carvão por meio da realocação*. Se uma renda alta e uma baixa intensidade de carbono formam um pacote único, como parece ser o caso, e se uma renda baixa e altas intensidades de carbono são o espelhamento desse primeiro composto, então um aumento na renda — equivalente a um aumento nos salários — causará, dado que o capital tem mobilidade global, uma mudança da produção industrial para países mais intensivos em carbono — não porque o capital almeje essa intensidade por si só, mas porque ela faz parte da barganha quando o globo é vasculhado em busca do máximo de mais-valor. Podemos chamar esse segundo momento de *efeito de intensidade*.

Em terceiro lugar, a infraestrutura energética, mais uma vez, não é condição suficiente para a concretização da promessa de trabalhadores baratos e submissos. Caso estejam desconectadas das maiores artérias de transporte, as mercadorias não percorrerão um caminho suave até o mercado mundial e talvez nem mesmo cheguem até ele, o que fará com que a força de trabalho desses empregados seja inútil para todos os efeitos pecuniários. É necessário que haja trilhos, estradas, contêineres, depósitos, portos; e também aeroportos para levar matérias-primas, materiais, componentes, produtos finais, administradores, CEOs que transitem entre filiais, mercados, fábricas e matrizes. Como os sistemas de transporte modernos são quase completamente dependentes do petróleo, a produção globalizada se traduzirá em maiores emissões de CO_2 também nessa esfera: quanto mais fragmentados e integrados os circuitos, e mais ampliadas e dispersas as cadeias de produção, maior será a queima de petróleo nas estradas, no mar e no ar. Assim como no efeito de expansão, as CTN se recusarão a construir a infraestrutura de transporte necessária e aguardarão que o Estado a garanta; desnecessário dizer que esse imperativo será particularmente intenso quando as corporações *exportarem* merca-

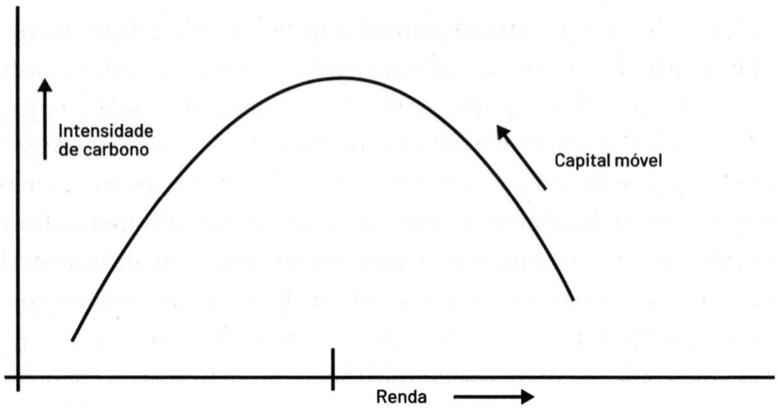

Figura 10. A regressão na curva ambiental de Kuznets.

dorias a partir do país-sede.[27] Esse terceiro momento pode ser designado de *efeito de integração*.

Ao combinarmos esses três momentos — expansão, intensidade e integração —, chegamos a uma versão mais precisa de nossa hipótese. Aí estão as dinâmicas pelas quais o capital com mobilidade global acelerará o consumo de energia fóssil *através* de seu impulso perpétuo rumo à maximização do mais-valor. A regressão na curva ambiental de Kuznets pode servir como metáfora geral: como as condições para o acesso a uma força de trabalho barata e disciplinada tendem a estar intimamente ligadas à expansão dos negócios de sempre, a uma intensidade de carbono comparativamente alta e a um transporte mais intenso, o capital atirará suas flechas para cima e para trás, em direção ao ápice da degradação. Ainda que, evidentemente, não abarquemos *todo* crescimento em emissões, temos aqui uma chave para a explosão.

A chaminé da oficina

A globalização não tem mais o comércio como propulsor principal. Em 2011, a Vale Columbia Center, uma das principais instituições de pesquisa em IED, declarou que "o investimento internacional se tornou aproximadamente duas vezes mais importante do que o comércio na entrega de produtos e serviços entre fronteiras".[28] No momento em que a crise financeira chegou, os "mercados emergentes" haviam ultrapassado definitivamente os países desenvolvidos como destinatários de IED; a China, dentre eles, ofuscava todos os outros. De onde vinha esse capital? A circulação de dinheiro de IED por Hong Kong e vários paraísos fiscais — notavelmente as Ilhas Virgens e Cayman —, antes de aterrissar na China continental, fez com que fosse especialmente difícil identificar suas origens, mas uma tendência se manifestou depois da entrada chinesa na OMC: enquanto países asiáticos vizinhos haviam se destacado como remetentes de IED nos anos 1990, agora eram os fluxos vindos dos Estados Unidos e da União Europeia que decolavam. A China se transformava no lar de fábricas vindas de todas as partes do planeta; de acordo com um estudo dos anos 2001-2004, os Estados Unidos eram o país de origem número um da indústria que imigrava, seguido por União Europeia, Japão, Taiwan, Filipinas, Canadá, Singapura e México.[29] Nos primeiros onze meses de 2010 — quando os paraísos fiscais, em grande medida, haviam sucumbido aos efeitos da crise financeira —, o Ministério do Comércio da China divulgou a seguinte lista das dez maiores fontes de IED: Hong Kong, Taiwan, Singapura, Japão, Estados Unidos, Coreia do Sul, Reino Unido, França, Holanda e Alemanha. O capital industrial que se fixava em solo chinês tinha uma propensão à *exportação*. Ao longo dos anos 1998-2005, 19% das fábricas domésticas eram exportadoras, contra 63% das filiais estrangeiras.[30]

O segredo por trás desse surto na produção financiada por estrangeiros e orientada à exportação nunca foi muito bem guardado. Em outubro de 2004, a revista *The Economist* afirmou que a ascensão da República Popular da China era assegurada por sua "oferta quase infinita de trabalho barato. Segundo algumas estimativas, há quase duzentos milhões de trabalhadores subempregados em áreas rurais que poderiam mudar para a indústria. Esse excedente de trabalho pode levar, ao menos, duas décadas para ser absorvido, o que ajuda a conter os salários pagos a trabalhadores de baixa qualificação".[31] A Figura 11 mostra como os salários na manufatura chinesa se comparavam aos de outros países em 2002.

Como previsto, os salários relativos quase não subiram durante a primeira década do século, e o custo da força de trabalho permaneceu uma fração do que era pago em países desenvolvidos: em 2008, a remuneração para uma hora de trabalho na China representava 5% da remuneração por hora no Japão, 4% dos Estados Unidos e 3% da zona do euro.[32] A região era um ímã imensamente poderoso. Uma sondagem de 2006 declarou que "o trabalho de baixa qualificação tem sido considerado há muito tempo como a vantagem mais importante da China na atração de companhias estrangeiras para a fabricação de produtos naquele país"; além disso, "os trabalhadores chineses não são só baratos como também diligentes, motivados a se aprimorar e habilidosos com as mãos". Nas palavras de outro estudo, os empregadores do início do século XXI se "acostumaram a ter uma oferta aparentemente ilimitada de trabalho muito barato e a poder exigir a presença de certas qualidades em seus trabalhadores", como "uma personalidade obediente e flexível e uma disposição a cumprir jornadas bem extensas".[33] Fáceis de arranjar e treinados em hábitos industriosos.

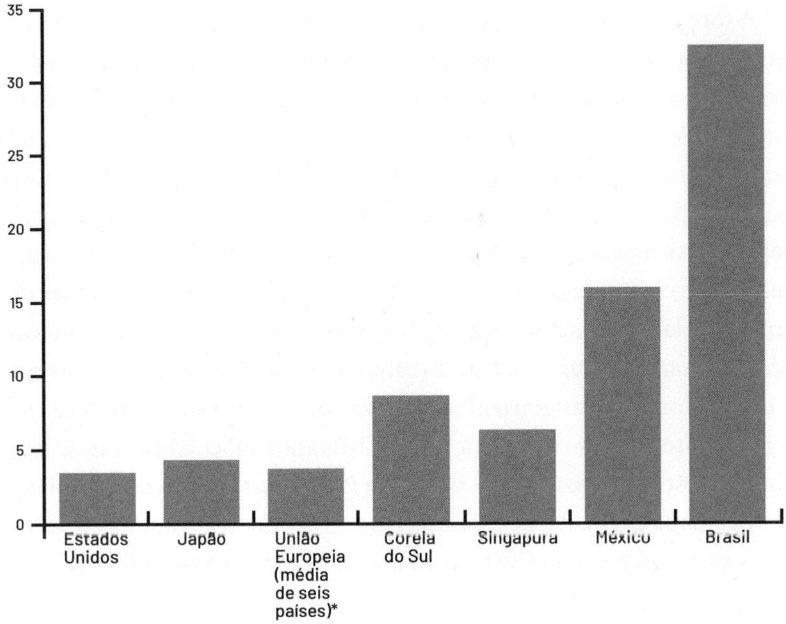

* França, Itália, Reino Unido, Suécia, Holanda e Bélgica

Figura 11. Salários na manufatura chinesa: média em 2002 como percentual da média nos países selecionados.
Fonte: dados da Organização das Nações Unidas para o Desenvolvimento Industrial (Unido), citados em J. Ceglowski & S. Golub, "Just How Low are China's Labour Costs?", *The World Economy*, v. 30, n. 4, 2007, p. 610.

A força que pesava sobre os trabalhadores chineses e lhes impunha essas características era, no fundo, e como explicado pela *Economist*, um colossal exército industrial de reserva. Inclinado a uma industrialização acelerada, o Estado pós-maoista liberou — em uma interpretação benevolente — centenas de milhões de jovens fazendeiros do campo para as cidades. Mas a "população flutuante" mantinha um pé nos vilarejos e retornava a fontes tradicionais de renda quando precisava, o que reduzia os custos de reprodução da força de trabalho; enquanto isso, dentro das cidades, tentativas de organização de sindicatos independentes eram cortadas na raiz, e a classe trabalhadora era subjugada e entregue a investidores estrangeiros.[34] O milagre das exportações chinesas não teria acontecido sem a presença deles. Nos anos 1980, empresas de investimento estrangeiro (EIE) — isto é, ou *joint ventures* ou companhias de propriedade exclusiva de estrangeiros — produziram apenas 0,1% dos bens exportados pela China. Em 2001, a fração passou dos 50% pela primeira vez, e continuou acima dessa marca durante toda a década.[35]

Outras metodologias chegam a números ainda maiores: filiais estrangeiras podem ter respondido por mais de 70% do total de exportações chinesas em 2005.[36] De 1998 a 2008, a produção industrial chinesa aumentou 26 vezes; a das EIE, 332 vezes. Aí estava o propulsor da acumulação de capital na República Popular, que, movido a lucros altos e que continuavam a subir, ofuscava as empresas de propriedade doméstica tanto em destreza técnica quanto em faturamento. Com base em números similares aos transcritos anteriormente, a *Economist* defendeu que o crescimento de exportações "tem mais a ver com empresas estrangeiras que realocaram sua produção para a China do que com preços menores oferecidos por negócios chineses".[37] A conclusão pode ser ampliada diretamente para o legado atmosférico, com a inversão da causalidade sugerida pela abordagem baseada no consumo: os principais agentes por trás das EIC não são os consumidores ocidentais, mas *os proprietários de empresas que realocam suas atividades*. As decisões tomadas por conselhos diretores precedem e moldam aqueles que se veem diante das prateleiras do mercado. A força de trabalho barata e disciplinada não era o único atrativo da China, como é evidente: o enorme mercado doméstico tinha seu próprio brilho distintivo — mas, para o capital que se mudava para a China e *exportava* suas mercadorias, as características da força de trabalho devem ter exercido um efeito gravitacional maior. Dado o papel das EIE nas exportações chinesas e a participação destas últimas nas emissões vindas da China, podemos então inferir que a busca pelo máximo de mais-valor foi de fato um mecanismo primordial para a ignição da explosão.

Mais concretamente, os três efeitos — expansão, intensidade e integração — parecem operar no país com força total. Houve um pico na queima de combustíveis fósseis após a adesão da China à OMC. De todo o crescimento maciço no consumo de energia no país entre 1987 e 2007, mais da metade se deu apenas nos últimos cinco anos, sendo a indústria disparadamente o mais voraz de todos os setores. Depois de perder um pouco do apetite nos três últimos anos da década de 1990, os volumes devorados pela produção voltaram a inchar na virada do milênio; responsável por mais de dois terços do consumo total final de energia, a indústria era um centro de potência em todos os sentidos do termo. A contribuição relativa das residências no uso de energia *caiu*, e a magnitude absoluta da energia residencial *permaneceu estável* entre 1987 e 2008 — apesar de um aumento de 20% na população —, mas não é como se a economia fóssil fosse impelida por pessoas. A agricultura, a construção, o comércio e outros serviços reduziram o papel do carvão na matriz energética, de modo que, em 2002, a indústria absorveu mais de 90% de todo o carvão consumido no país, com três quartos dele queimados *na geração de eletricidade e de calor*. Carvão → eletricidade → produção de mercadorias para exportação: era essa a sequência que se encontrava no âmago da explosão de emissões.[38] Apesar de toda a conversa sobre a indústria ter *perdido lugar* no desenvolvimento capitalista, neste caso — cuja significância planetária é difícil de exagerar — ela teve um peso maior do que nunca. (Na verdade, um estudo bastante respeitável sugere as mesmas tendências em escala global: a geração de energia e a indústria dominam as emissões totais de CO_2 e as aumentam ainda mais, o que põe as residências inteiramente em segundo plano. São as fábricas, e não as casas, que queimam petróleo.)[39]

O pico na queima de combustíveis coincidiu com a colheita dos frutos dos planos governamentais para atrair capital estrangeiro. Apostando no IED como receita para o desenvolvimento nacional na década de 1990, Pequim resolveu intensificar esforços às vésperas da adesão à OMC e expandir a infraestrutura energética para abastecer as empresas

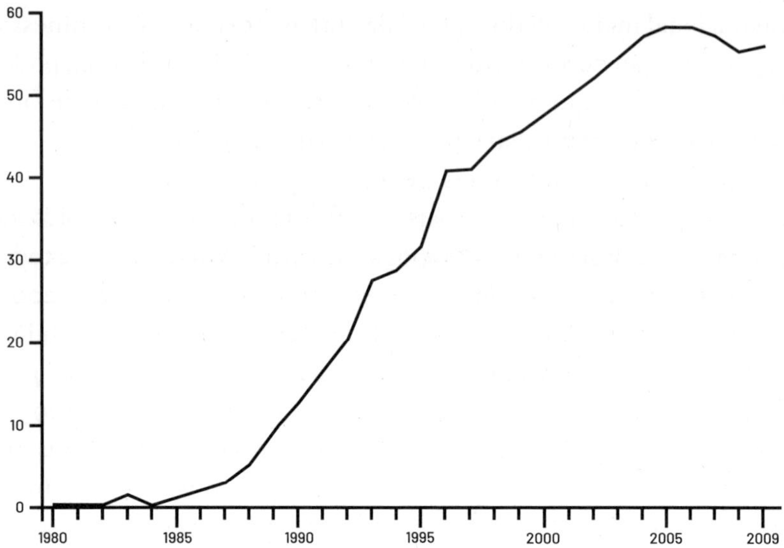

Figura 12. Participações de empresas de investimento estrangeiro nas exportações chinesas (em porcentagem), 1980-2009.
Fonte: dados da Agência de Promoção de Investimentos do Ministério de Comércio da China, citados em R. Tang, A. Metwalli e O. Smith, "Foreign Investment: Impact on China's Economy", *The Journal of Corporate Accounting & Finance*, v. 21, n. 6, 2010, p. 35.

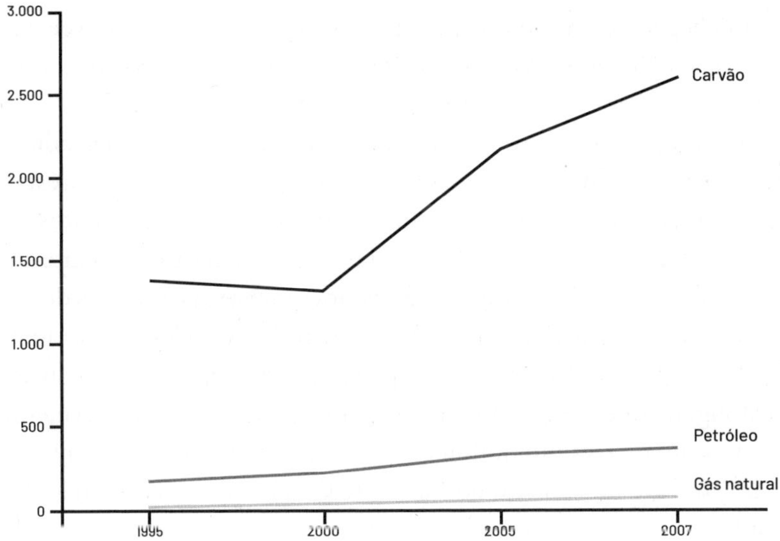

Figura 13. Consumo de energia fóssil na China, 1995-2007. Carvão: milhões de toneladas. Petróleo: milhões de toneladas. Gás natural: bilhões de metros cúbicos. Fonte: dados do Anuário Estatístico de Energia da China, citados em Y. Wang, A. Gu & A. Zhang, "Recent Developments of Energy Supply and Demand in China, and Energy Sector Prospects Through 2030", *Energy Policy*, v. 39, n. 11, 2010, p. 6.751.

recém-chegadas. Um lembrete do que ainda precisava ser feito veio em 2002, quando uma escassez de petróleo, eletricidade e mesmo de carvão varreu o país. Para assegurar uma oferta capaz de atender à indústria em expansão, o governo passou a desregulamentar ainda mais o mercado de carvão, permitiu que mil minas de todos os tipos e eficiências florescessem e, não menos importante, realizou seus próprios investimentos em linhas de transmissão de energia saídas de usinas elétricas no interior, em vias férreas e estradas ligadas às cidades inchadas e repletas de IED situadas na costa do país. Mais de 80% de todo o carvão queimado na China na primeira década do milênio se originou das duas províncias da Mongólia Interior e de Xanxim, ao norte, viajando frequentemente por dois mil ou três mil quilômetros — distâncias tão longas quanto as de Paris até Moscou ou do Cairo até Casablanca, embora não cruzem fronteiras internacionais — antes de ser empilhado no interior dos centros laborais.[40] Chaminés se ergueram até o céu sustentadas pela mobilidade do estoque. Até então um povoado insignificante de pescadores, Shenzhen se tornou uma das *boomtowns*[41] do milagre de exportação baseado em IED. Com catorze milhões de habitantes em 2008, nela literalmente brotaram chaminés, exaustores e prédios de cimento onde antes não havia nada; de maneira similar, a cidade gêmea de Dongguan emergiu dos rincões do país para se tornar uma conurbação transbordante de fábricas, trabalhadores migrantes e nuvens de CO_2 que emanam da combinação desses elementos. Aí estava um Lancashire *redux* e em uma escala inédita até então.

Mas nem mesmo os veios da China foram suficientes para alimentar essa profusão de indústrias. A partir de 2007, a República Popular passou a importar a maior parte do carvão que utilizava, o que levou a uma expansão maciça das minas na Austrália, na Mongólia, nos Estados Unidos e em muitos outros países; na primeira metade de 2009, a maioria do carvão importado para a estufa industrial que Guangdong se tornara — a província que hospeda tanto Shenzhen quanto Dongguan — veio do Vietnã.[42] Como um dos atributos frequentemente apontados do começo do século XXI, a caçada chinesa por fontes de energia se estendeu pelos quatro cantos do mundo, incluindo, por exemplo, os campos petrolíferos de Angola, onde Pequim — que aperfeiçoava sua habilidade de produção de espaço abstrato fóssil — construiu uma cidade portuária inteira. Assim, ao lado das pedras escuras do carvão, a China ficou cada vez mais dependente do ouro negro. Em 2002, somente os Estados Unidos consumiam mais petróleo do que os chineses; já em 2007, mais da metade do petróleo consumido na China era importado, uma fração projetada para alcançar 77% em 2020.[43] Dificilmente a fórmula "levar energia ao povo, aonde for necessária" foi implementada na mesma escala em qualquer outro lugar.

Os aparatos estatais da República Popular cumpriram sua missão. Em 2010, a Agência de Promoção de Investimentos do país pôde se gabar de que:

> Nos últimos anos, a construção da infraestrutura chinesa foi amplamente aprimorada. A infraestrutura de transporte, comunicação e abastecimento de água, de eletricidade e de gás natural está quase completa. A capacidade de oferta e a qualidade das energias, matérias-primas e componentes foram evidentemente aumentadas, o que proporciona aos investidores estrangeiros condições externas excelentes para produção e operação [...]. O efeito de gargalo na construção de infraestrutura física para o desenvolvimento econômico, como em transporte, comunicação e energia, foi quase eliminado.[44]

Não tivesse o Estado feito seu trabalho com tanta diligência, as EIE não teriam chegado aos números mencionados — e, em contrapartida, sem o estímulo das EIE, o imperativo de expansão da infraestrutura não teria sido tão forte em lugar algum. O efeito de expansão varreu a China.

Quanto ao efeito de intensidade, aproximadamente 18% do crescimento da concentração atmosférica de CO_2 entre 2000 e 2006 veio da "intensidade crescente de carbono na economia global" — que aumentou, ou *se deteriorou*, a uma média anual de 0,3%.[45] A terra natal dessa tendência era, claro, a China, cuja intensidade de carbono já elevada subiu ainda mais, abrigando uma fração da produção mundial que inchou em ritmo constante. Dos três combustíveis fósseis, o carvão é o mais poluente e o que mais gera CO_2; uma usina à base de carvão emite aproximadamente duas vezes mais poluentes por watt do que uma movida a gás natural — e, em 2003, o carvão respondeu por 97% de toda a potência fóssil gerada na República Popular. Havia boas razões para privilegiar o carvão em detrimento das alternativas ligeiramente menos sujas: o país era rico no mineral, pobre em petróleo, e sofria de falta de gás natural, mais pedras escuras podiam ser rapidamente extraídas pelos trabalhadores nas minas, e seu custo correspondia a um sexto do preço do petróleo. A predominância do carvão é um dos principais determinantes para essa alta intensidade de carbono, e, para piorar, os níveis de eficiência das usinas termelétricas chinesas eram espetacularmente baixos: entre os catorze países responsáveis por 65% da geração global de energia em 2003, só a Índia se saiu pior.[46] Quando se mudou para a República Popular no começo do século XXI, a indústria se conectou a uma oferta relativamente satisfatória de energia baseada predominantemente no carvão transformado em eletricidade com o uso de tecnologias altamente ineficientes. Como seria de esperar, salários e intensidade de carbono estavam inversamente relacionados: comparemos as Figuras 11 e 14.

Relativamente falando, como a China apresentava salários baixos e uma intensidade de carbono alta, e certos países demonstravam salários altos e baixas intensidades de carbono, o *capital fluiu destes últimos para a primeira*. Os investimentos deram meia-volta na curva de Kuznets rumo a taxas mais altas de mais-valor *e* de níveis mais altos de emissões por unidade produzida. Se toda a indústria transferida para a China até, digamos, 2008 tivesse permanecido nos Estados Unidos, na Coreia do Sul, no Japão, em Taiwan e na Alemanha — sem falar de sua concentração em um país extremamente eficiente em carbono, como no caso da Suécia —, as coisas teriam sido, de fato, bem diferentes.

Pequim lançou uma expansão colossal da infraestrutura de transporte nos anos 1990 para pavimentar o caminho para os IED, e de forma mais perceptível ao longo do litoral sudeste — o portão de entrada tradicional para aportes de capital agora rejuvenescido por terminais de contêineres, sistemas portuários, estradas, redes intermetropolitanas para o deslocamento de empresários e outros nodos mergulhados nos circuitos globais. Ainda que todas as cidades costeiras oferecessem o mesmo chamariz básico — força de trabalho barata e disciplinada vinda do campo —, cada uma delas buscava superar as demais com estruturas de transporte explicitamente concebidas para atrair investidores livres, leves e soltos. A remessa de produtos chineses deixou rastros crescentes de CO_2 no céu; para cada acréscimo na produção voltada à exportação, as distâncias a serem vencidas se ampliavam, assim como as emissões por produto. No ano 2000, os insumos — matérias-primas, partes e componentes — responderam por estonteantes 85%

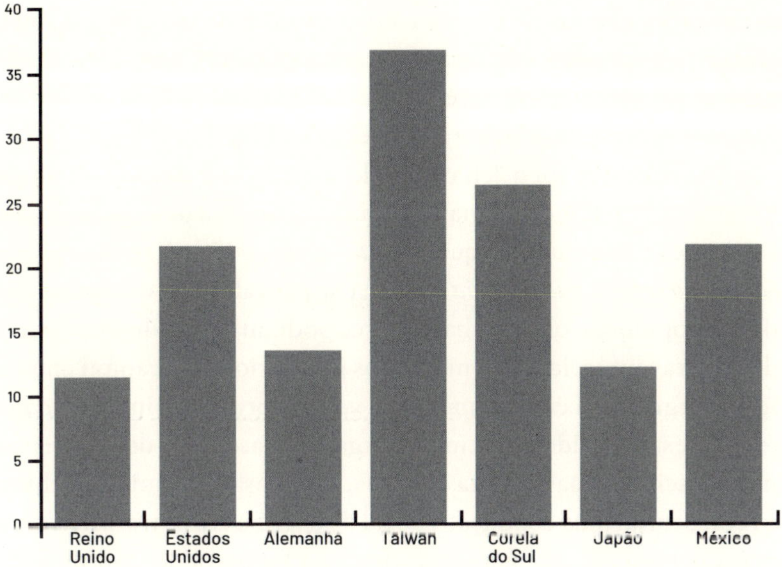

Figura 14. Intensidade de carbono em países selecionados como porcentagem da intensidade de carbono chinesa, 2001-2008. Médias nacionais para o período.
Fonte: U.S. Energy Information Administration, Independent Statistics and Analysis.

das emissões globais de CO_2 no transporte transfronteiriço de mercadorias, e os produtos prontos ficaram com os 15% restantes. Essas emissões provenientes do interior das cadeias de produção globalizadas gravitavam intensamente em direção à China.[47]

Se Manchester foi a "chaminé do mundo" na década de 1840, a República Popular da China assumiu essa mesma posição no início do século XXI, sobretudo porque o *capital com mobilidade global utilizou o país como se fosse sua própria oficina*. Ou, para alcançar os centros das cidades populosas, onde trabalhadores podiam ser facilmente arranjados e estavam treinados em hábitos industriosos, o capital empregou a energia fóssil em volumes cada vez maiores, seguindo o *modus operandi* estabelecido em primeiro lugar pela ascensão do vapor: não em sua inteireza, mas em sua essência, a explosão de emissões chinesas representou uma condução epocal da energia até os trabalhadores. Contudo, nunca houve garantias de que a fogueira dos lucros duraria muito tempo.

Os capitalistas consideram sair da China

Em 28 de maio de 2010, o *New York Times* abriu uma reportagem internacional com as seguintes palavras: "Depois de anos de pressão para que trabalhassem doze horas por dia, seis dias por semana em tarefas monótonas e mal remuneradas em linhas de montagem, os trabalhadores da China estão começando a reagir". Onze dias depois, em uma fábrica de caixas de câmbio da Honda na cidade de Foshan, em Guangdong, dois trabalhadores apertaram um botão vermelho que desligava o maquinário em caso de problemas de qualidade. A adesão ao movimento logo envolveu a totalidade dos 1.800 empregados e se espalhou para outras fábricas que forneciam componentes para a gigante automobilística japonesa, que foi forçada a interromper toda a produção na República Popular; em Zhongshan, os grevistas acrescentaram à busca por melhores salários e condições de trabalho a demanda pela possibilidade de criarem sindicatos independentes e "desenvolveram uma organização sofisticada e democrática que, na prática, elegeu representantes sindicais para defender seus interesses", publicou o *New York Times*, com um misto de medo e admiração.[48] Em poucas semanas, a onda já alcançava um número sem precedentes de filiais estrangeiras: uma fábrica de máquinas de costura que pertencia à Brother Industries, do Japão; uma fábrica de borracha taiwanesa em Xangai; vários prédios da Toyota; uma cervejaria da Carlsberg; 73 fábricas na região industrial de Dalian, ao norte, e um estabelecimento da Hyundai em Pequim, onde o oficial sindical prometera aos proprietários sul-coreanos que não haveria greves enquanto estivesse de guarda. Analistas citados pelo *China Daily* "disseram que os trabalhadores — especialmente as novas gerações de empregados migrantes — vêm ganhando confiança em seu poder de barganha e previram que essas ações acabarão por dar fim ao trabalho barato na China".[49]

E, de fato, a onda grevista assegurou enormes aumentos salariais em todos os setores. Em sua fábrica de caixas de câmbio em Foshan, a Honda acabou concordando em pagar 32% a mais; na região de Dalian, os setenta mil trabalhadores em greve conseguiram um aumento de 34,5%; na fábrica da Hyundai em Pequim, a administração concedeu um aumento de 25% a ser implementado em dois meses. Em resposta à agitação, todas as províncias da China, salvo uma, aumentaram o salário mínimo legal em uma média de 24% (o primeiro aumento significativo desde que o sistema de salários mínimos foi adotado em 2003). Ainda que a China não desconhecesse ações em massa, nada parecido — em termos de contágio espontâneo, disseminação geográfica, ataques a EIE e obtenção de vitórias nítidas — havia acontecido até então na oficina do mundo.[50]

O verão de 2010 causou arrepios nos observadores burgueses. Ao contemplar os contornos da "próxima China", a revista *The Economist* declarou que "a ideia popular segundo a qual os trabalhadores do país são dóceis, diligentes e baratíssimos" havia sido estilhaçada: "A insatisfação recente virou o trabalho chinês contra o capital estrangeiro. As empresas podem ter de se acostumar com trabalhadores mais teimosos". Na base da nova "teimosia" havia um esgotamento — ou uma retirada — inesperado do exército industrial de reserva, como explicou a *Forbes*: "O tamanho da força de trabalho atingiu o ápice em 2010, seis anos antes do que os demógrafos oficiais de Pequim haviam previsto, e os residentes do campo estão cada vez mais relutantes em se mudar para as cidades para trabalhar em fábricas lúgubres e viver em condições miseráveis".[51] Mesmo na nação mais populosa do mundo, a oferta de trabalho estava se esgotando depois de uma década de acumulação vertiginosa, com o impulsionamento de forças grevistas na costa sudeste. Como as empresas reagiriam a essa nova situação? Na avaliação da *Economist*, o aumento dos salários corroeria "o retorno de capital", mas

> os trabalhadores não são os únicos que podem migrar [*sic*]. Os capitalistas também podem ir para onde haja abundância de mão de obra. Primeiro, as fábricas de trabalho intensivo se mudarão para o interior. Depois, acabarão saindo de vez da China, assim como deixaram o Japão e, antes dele, Taiwan. É por essa razão, afinal, que a Honda e a Foxconn abriram fábricas no país para começo de conversa.[52]

No rescaldo das greves, houve uma profusão de relatos sobre investidores que planejavam desertar da China. Entre os países identificados como novos paraísos para o capital estavam Vietnã, Indonésia, Índia, Malásia, Camboja e Bangladesh; os trabalhadores chineses agora custavam cinco vezes mais do que suas contrapartes vietnamitas, três vezes mais do que os indonésios, treze vezes mais do que os mianmarenses. Outros destinos com baixos salários mencionados — alguns notoriamente em sinal de desespero — foram o Paquistão, a Etiópia, outras partes da África subsaariana e até mesmo a Coreia do Norte.[53] Mas as previsões podem ter sido prematuras: havia obstáculos ao êxodo, e um deles foi especialmente revelador. No final de 2011, o *Financial Times* falou com Frank Leung, dono de uma companhia de calçados femininos com sede em Hong Kong, sobre suas viagens em busca de novos lares para suas fábricas em Dongguan: Bangladesh era atraente para ele, com salários que correspondiam de 20% a 30% do que se pagava na China. Mas, depois de sua visita ao país, o sr. Leung ficou "chocado". "Os engarrafamentos são gigantescos, e todas as fábricas usam geradores (porque o abastecimento de energia é errático)", disse ele. "A logística faz com que seja muito difícil trabalhar com eficiência." Mais tarde, o *New York Times* observou que a maior parte das alternativas atraentes na Ásia "tem outros problemas, como redes de eletricidade sobrecarregadas e instáveis", e, por essa mesma razão, concluiu a Vale Columbia Center, a África Subsaariana provavelmente acabaria não recebendo muito do IED, que seria redirecionado.[54] O substrato era simplesmente deficiente demais.

No que se refere ao Vietnã, os IED já estavam pondo pressão sobre "a infraestrutura obsoleta (falta de luz ainda é comum, mesmo na capital)"; além disso, "longos engarrafamentos atrasam envios e aumentam os custos". Mas o Estado se comprometeu a acomodar os aportes de capital — acima de tudo, com a abertura de minas de carvão e de usinas termelétricas de baixa eficiência. No final de 2009, o governo revelou planos para desenvolver o maior depósito do país, vinte vezes maior do que a maior mina em operação e que tinha como objetivo "garantir a segurança energética nacional até 2025".[55] Uma situação similar prevalecia na Indonésia, onde quedas desenfreadas de energia "que desencorajam o investimento" foram combatidas com "um 'programa intensivo' para expandir a capacidade de carga de base acionando usinas de carvão"; verbalizaram-se algumas preocupações quanto à dependência crescente do carvão poluente, mas a grande vantagem desse combustível era a abundância e os preços baixos em comparação com o petróleo e o gás natural, sem falar nos custos de usinas geotérmicas e nucleares.[56]

Quanto à Índia, um economista aprendeu que era possível atrair IED caso a força de trabalho fosse retratada da mesma forma como na China: "rápida para aprender", "altamente disciplinada", salários baixos. Ainda que a descrição dos trabalhadores chineses já possa estar ultrapassada, esta lição não está: a maior barreira para grandes aportes "é a falta de infraestrutura, como energia, estradas, ferrovias, petróleo e gás, aviação, telecomunicações etc. Também é necessário aprimorar os transportes entre metrópoles e portos".[57] Em fevereiro de 2014, o indiano *Business Today* discutiu as oportunidades criadas pelo fim do trabalho barato na China e repassou as condições estabelecidas pelo capital: "O governo, dizem os fabricantes, precisa encorajar os fornecedores de componentes. *Ele também deve reparar a infraestrutura precária do país* com a construção de estradas, usinas elétricas e portos". E, de fato, o governo indiano se comprometeu a imitar o modelo chinês: em 2010, aprovou, dia sim, dia não, a construção de usinas elétricas movidas a carvão.[58] Se alguma flecha precisava ser atirada para fora da China, seu alvo teria de estar em novos cumes.

Havia alternativas para evitar a debandada para fora da República Popular. As fábricas podiam se mudar para longe da efervescência de custos e se deslocar para províncias rurais onde os salários ainda estivessem em outra dimensão, com o replantio ou a replicação das chaminés do litoral no interior da China. Mas essa estratégia suscitou seus próprios problemas, como se queixou um produtor de malhas: "Precisamos de dedos ágeis, mas estamos receosos de encontrar agricultores que [...] não consigam trabalhar com máquinas".[59] Percorrendo ou não a rota que levava para o interior, as empresas também podiam pôr em funcionamento outra estratégia consagrada pelo tempo. "Os enormes braços robóticos laranja que soldam com rapidez a carroceria dos automóveis na fábrica da Great Wall Motors em Baoding podem parecer a resposta perfeita para o rápido crescimento dos custos do trabalho na China — eles não pedem aumento, não se machucam nem entram em greve", como publicou a *Reuters* em uma matéria sobre fábricas na vanguarda da automação.[60]

À frente da investida estava a Foxconn, a maior exportadora individual da China e que, por muito tempo anônima, tornou-se famosa a partir de 2010 pela montagem de iPods, iPhones, laptops e outros dispositivos eletrônicos para marcas estadunidenses. Na megafábrica da Foxconn em Shenzhen, que abriga quatrocentos mil internos em um extenso complexo, alguns trabalhadores escolheram outro método para se rebelar contra as condições insuportáveis naquele ano de agitações: saltar dos telhados dos dormitórios e cortar os pulsos. Depois de uma dúzia de suicídios, a empresa ofereceu um aumento salarial generalizado — e imediatamente começou a se preparar para a automação. Um robô chamado "Foxbot", projetado para montar, deslocar e polir objetos, seria desenvolvido em massa; com vistas à produção de um milhão de unidades em 2014, a administração acelerou a substituição do trabalho humano pelo trabalho morto. A revista de tecnologia *The Verge* publicou a descrição que "Zhang", um trabalhador na fábrica de Shenzhen, fez das mudanças: "Antes, havia entre vinte e trinta pessoas por linha de montagem, mas, depois que os robôs foram adotados, o número caiu para cinco pessoas, que só apertam botões e operam as máquinas". Em uma Dongguan especializada em malharia, empresas instalaram quarenta mil teares de malha computadorizados a fim de se livrar de duzentos mil empregados; há relatos de surtos similares de automação em todo o espectro da indústria — e não só na China, é claro.[61] Os robôs estão em ascensão na economia mundial. O que eles significam para a demanda energética é óbvio.

O verão de 2010 realmente parece ter sido um ponto de inflexão na evolução da oficina do mundo. Desde então, protestos atingiram as EIE com regularidade, uma escassez de trabalhadores lançou uma mortalha nos planos de expansão e os salários continuaram a disparar — em Guangdong, na casa dos dois dígitos percentuais por ano. Em 2013, a revista *Focus on Fashion Retail* lamentou os dados do novo salário-padrão em Shenzhen — "uma cifra assustadora para os donos de fábricas" — e o aumento médio de mais de 30% em algumas cidades e províncias desde 2010 — "números de partir o coração".[62] Realocações efetivas estavam em curso. "Compradores estrangeiros estão fugindo da China para Bangladesh, Camboja e Indonésia não apenas atrás de trabalho barato, mas também por causa das tensões crescentes entre operários e empregadores", publicou o *South China Morning Post* em fevereiro de 2014; citando "movimentações imprevisíveis da força de trabalho migrante", a companhia sueca de vestuário H&M redirecionou sua produção para Bangladesh, e a Foxconn namorou a Indonésia como uma nova plataforma. Uma sondagem indicou que 40% das empresas estadunidenses consideravam sair do país, e muitas delas já haviam iniciado esse processo; os aportes de IED estagnaram na China e dispararam nas alternativas asiáticas; em 2013, a Indonésia tomou a dianteira como destino mais popular de investimentos de empresas japonesas.[63] *Todos esses movimentos foram pautados pelos combustíveis fósseis como alavanca geral para a produção de mais-valor.*

Na verdade, se a insegurança pós-2010 em relação à China e a seus rivais asiáticos nos revela alguma coisa, é precisamente o quanto essa alavanca continuou a ser uma condição necessária. Sem ela — sem novas minas, fábricas, redes, portos, estradas... —, os trabalhadores que em dado momento parecessem mais facilmente arranjáveis e industriosos não poderiam ser explorados. Mas os Estados pareciam afoitos para estender o tapete preto. Se uma realocação massiva de capital para fora da República Popular tivesse de acontecer, ela, sem dúvida, desencadearia novos efeitos de expansão e de integração, ainda que um aumento na intensidade de carbono pudesse ser menos garantido (mesmo que, ironicamente, houvesse sinais de que a China tinha aumentado a fração de gás natural importado em sua matriz energética *no mesmo momento em que* a renda dos trabalhadores alcançava alturas "de partir o coração").[64] A disseminação de fábricas por mais países asiáticos como forma de proteção contra a teimosia dos trabalhadores se traduziria em mais chaminés em mais lugares, cadeias de produção mais fragmentadas/

integradas e mais espirais de acumulação que reforçavam a si mesmas disparadas por todo o continente, cuja explosão de emissões também teria outras origens, mas nenhuma delas mais inflamável do que a busca pelo máximo de mais-valor.

Se as fábricas efetivamente sairão do país em números significativos é algo que ainda não está definido. Isso depende dos níveis de militância da classe trabalhadora na China, da estabilidade dos aparatos estatais, dos potenciais de formação de um exército de reserva com recrutas novos em folha vindos do campo — o Fundo Monetário Internacional (FMI) produziu uma lista de medidas de reabastecimento, incluindo a aceleração do uso de máquinas na agricultura —, da possível atração de consumidores mais ricos, dos movimentos das taxas de câmbio, além de desenvolvimentos paralelos em todas essas variáveis e de muitos outros fatores em países-sede alternativos.[65] Talvez o cenário mais provável seja um padrão mais amplo de distribuição de IED, movido por um desequilíbrio dinâmico em que o capital salta de lugar em lugar e reabastece os efeitos combinados de uma realocação longa e arrastada da indústria a partir de antigos centros na Ásia. Um colapso na indústria da China que induza uma *redução absoluta* de suas emissões de CO_2 parece fora de questão — mas, de novo, a acumulação de capital é um processo cumulativo, e não uma redivisão de soma zero. A resposta à revolta do trabalho pode ser simplesmente deixar brotar outros milhares de chaminés.

A lei da concentração crescente de CO_2 atmosférico

Na primeira edição de *Long Waves of Capitalist Development* [As longas ondas do desenvolvimento capitalista], publicado em 1980, Ernest Mandel fez uma varredura da paisagem tétrica de mais uma crise estrutural. Uma de suas tantas contradições se relacionava a um excesso de poder na mão dos trabalhadores. Com o esgotamento da maior parte do exército industrial de reserva causado pela expansão do pós-guerra nos países capitalistas avançados e a consequente atribuição de um alto grau de autoconfiança aos indispensáveis trabalhadores, as taxas de lucro caíram. Como o capital poderia retomar a dianteira? Entre as muitas precondições para uma nova escalada, Mandel propôs a seguinte: "Sob as condições do capitalismo, e a fim de elevar as taxas de lucro até o ponto necessário para mudar todo o clima econômico, os capitalistas devem primeiro *quebrar de forma decisiva a militância e a força organizacional* da classe trabalhadora nos países industrializados cruciais".[66] Duas décadas depois, foi exatamente essa vitória epocal que se materializou na China como oficina e chaminé do mundo.

A globalização da produção, que se desenrolava desde os anos 1970 e se acelerou nos 1990, causou uma movimentação de placas tectônicas no equilíbrio de forças entre capital e trabalho. Dotado de nova capacidade de realocar a produção de mercadorias para países distantes e *exportar* a partir deles, o capital podia torcer o braço dos sindicatos, cujos membros, fixados em um determinado lugar, eram agora amplamente substituíveis em escala global. Um carro montado em Gante ou em Turim que esteja à venda no mercado europeu pode muito bem ter sido fabricado em alguma cidade de Guangdong. A China — aberta para o mundo depois de 1978, mas particularmente depois de 2001 — parecia formar um buraco negro que sugava a produção e fazia com que as fábricas que desapareciam reverberassem pelo resto do globo, ecoassem na indústria remanescente desde a Suécia até o México e pressionassem os trabalhadores contra a parede. Na linguagem velada da *Economist*, o fluxo de trabalhadores chineses "das fazendas para as fábricas segurou os salários da indústria — não só na China, mas também no resto do mundo"; de fato, o exército industrial de reserva chinês passou a ser um exército de reserva *global* que ajudou a aumentar as taxas de mais-valor e a ampliar as desigualdades por toda a esfera de influência do dragão asiático.[67]

Os próprios trabalhadores chineses foram prejudicados por essa lógica. No final de 2010, o *China Labour Bulletin* temeu que as greves alcançassem poucos resultados de longo prazo: "Muitas empresas de baixo custo e de trabalho intensivo estão hoje mais propensas a responder às demandas dos trabalhadores simplesmente fechando as portas e se realocando em áreas de menor custo, em vez de se preocupar seriamente em negociar com seus empregados". Ameaças críveis de realocação não são menos eficientes para enfraquecer a posição de barganha dos chineses do que qualquer outro trabalhador apanhado nesse turbilhão; na verdade, enquanto no passado os movimentos trabalhistas ocidentais estavam autorizados a reunir forças com relativa segurança — com a produção de aparatos ainda ancorados em economias nacionais —, suas posteriores reencarnações chinesas caminham sobre um tapete que pode ser puxado a qualquer momento.[68] Ninguém analisou melhor a dimensão imediata de classe dessa dança do que Beverly Silver em seu *Forces of Labor: Workers' Movements and Globalization since 1870* [Forças do trabalho: movimentos de trabalhadores e globalização desde 1870]. Baseando-se em Harvey, a autora identifica um "ajuste espacial" na história moderna do capital: "Toda vez que emergiu um movimento laboral forte, os capitalistas realocaram a produção para lugares com trabalho mais barato e presumivelmente mais dócil, de modo a enfraquecer os movimentos trabalhistas nos locais de desinvestimento, *mas* fortalecer o trabalho nos novos lugares de expansão".[69] Ao se esquivar do problema do trabalho caro e indisciplinado, o capital acaba por recriá-lo naquilo que supunha ser um santuário. Como corolário, Silver propõe o seguinte teorema: "*onde quer que o capital vá, será rapidamente acompanhado pelo conflito trabalho-capital*".[70]

Podemos agora acrescentar mais uma conclusão: *onde quer que o capital vá, será imediatamente acompanhado por emissões de gases de efeito estufa*. Esse é o conteúdo de classe da fuga de carbono. Não há, no entanto, razões para supor que o trabalho vá sempre reemergir nos novos lugares de expansão com a mesma força e vigor que tinha no antigo; as décadas recentes de globalização causaram, na verdade, uma *debilitação* estrutural do trabalho — e, nesse aspecto, as trajetórias históricas dos conflitos e das emissões divergem. O capital dança ao redor de movimentos laborais enfraquecidos e desempodera a classe trabalhadora global através de seus incessantes ajustes espaciais e pontos de saída permanentes, enquanto as emissões de CO_2 aumentam exponencialmente através da mesma dinâmica. Ou, em outras palavras, *quanto mais forte o capital se torna, mais desenfreado é o crescimento das emissões de* CO_2 — de fato, seria possível defender que a vitória decisiva do capitalismo na longa luta contra o trabalho no século XX foi coroada pela aceleração catastrófica do aquecimento global pós-2000. De 1870 a 2014, um quarto de todas as emissões acumuladas de CO_2 foi expelido nos últimos quinze anos do período. Esse mundo de explosões de emissões também é o mundo em que 85 indivíduos detêm tanta riqueza quanto a metade mais pobre da humanidade, com o *anthropos* se mostrando *menos* monolítico a cada dia que passa.[71]

Além da realocação, Silver enfatiza outra estratégia para enfraquecer o trabalho militante: a automação. Fenômeno ecológico de fora a fora, ela é um aspecto da ascensão implacável do maquinário no curso da *longue durée* da história capitalista, expressão do aumento perpétuo na produtividade sob esse modo de produção. Para cada unidade de trabalho, mais substratos materiais são mobilizados, processados e dissipados: há um aumento daquilo que Marx chamou de *composição técnica do capital*. Em termos de valor, o capital constante (a parte do capital investida em materiais) cresce em proporção com o capital variável (outro termo para força de trabalho), de modo que a composição *orgânica* do capital — o reflexo, em valor, da composição técnica — também aumenta. Com a adoção de uma massa cada vez mais pesada de maquinário e de outras matérias mortas incapazes de produzir mais-valor, o trabalho vivo é expulso, e, assim, a taxa de lucro inevitavelmente cai.

Esse, é claro, é o raciocínio básico por trás da "lei da queda tendencial da taxa de lucro" de Marx — *tendencial* porque há "causas contra-arrestantes" que operam em sentido contrário. Se, por exemplo, os elementos do capital constante barateiam, sua maior participação pode não causar um crescimento na composição orgânica. Suponhamos que um trabalhador tenha de lidar com duas máquinas em vez de uma, mas que essas máquinas sejam produzidas em meia hora cada, e não em uma hora inteira, como acontecia antes: nesse caso, as proporções de *valor* permanecem inalteradas. Uma produtividade maior no setor de produção de máquinas impediria, nesse caso, que o valor do capital constante crescesse "*na mesma proporção que seu volume material*" — e, assim, a taxa de lucro poderia acabar não caindo.[72] Trata-se apenas de uma tendência, mantida sob controle e, quando o capital avança rápido o bastante sobre suas várias fronteiras, até mesmo revertida de tempos em tempos.

O que é certo em Marx, no entanto — e esta é uma lei de bronze da acumulação, impossível de flexibilizar ou interromper —, é que os volumes *materiais* crescem, que a composição *técnica* aumenta mesmo que a orgânica não o faça; e, de um ponto de vista ecológico, é isso que importa.[73] Dado que o maquinário capitalista tem se baseado no estoque desde o começo do século XIX, e que uma produtividade aumentada significará, então, que cada hora de trabalho manipulará uma quantidade maior de estoque que foi apropriado, parece haver uma lei do aumento *da composição fóssil do capital*. A luta por minimizar a participação do trabalho humano em comparação com o maquinário e outras matérias — uma substituição incessante que está ausente no paradigma ricardo-malthusiano — causa um aumento na composição fóssil, que, ao operar ao longo da história capitalista, é traduzida em uma lei do *aumento da concentração de* CO_2 *na atmosfera*. Também aqui haveria causas contra-arrestantes?

Há uma possibilidade análoga não em termos de valor, mas em termos materiais: a intensidade de carbono da produção pode cair, e talvez rápido o suficiente para compensar o aumento de escala e produtividade. Suponhamos que um trabalhador tenha de lidar com duas máquinas em vez de uma, mas cada uma dessas máquinas consuma metade da quantidade anterior de combustíveis fósseis: nesse caso, as proporções de *energia* permanecem inalteradas. Mas, diferentemente do que acontece no caso da produção de *valor*, essas contratendências ainda não passam de hipóteses, esperanças vãs, delírios do pensamento ecomodernista; na realidade, o paradoxo de Jevons as nega constantemente em escala global, com as tentativas de economizar combustível derrotadas pelas espirais de acumulação. Além disso, a produção globalizada em geral e a migração do capital para a China em particular induziram um efeito de intensidade *oposto*, que não cancela, e sim *reforça* a ascensão subjacente da composição fóssil: a intensidade de carbono da economia mundial como um todo está crescendo.[74] A lei da queda tendencial da taxa de lucro pode ser, na melhor das hipóteses, uma tendência, mas a lei do aumento da concentração de CO_2 é imutável. Concretizada tanto com a realocação quanto com a automação, ela representa uma *unidade* entre energia e exploração em movimento desde a transição original para o vapor e que hoje está saindo do controle.

Mas, desnecessário dizer, o capital fóssil está longe de poder ser responsabilizado por todo o aumento de CO_2 atmosférico: houve e há Estados, Exércitos, cooperativas de trabalhadores, áreas residenciais, desmatamentos, sistemas de transporte popular e outros queimadores de combustíveis fora de seus circuitos. A afirmação aqui é apenas de que ele se caracteriza como a *principal força propulsora* da economia fóssil. Se isso, pelo menos em parte, é correto, toda ação significativa sobre as mudanças climáticas teria, um dia, de contestar o capital fóssil, o que exigiria, antes de qualquer coisa, um sóbrio reconhecimento das realidades do poder. Em parte da literatura sobre EIC encontramos referências hipócritas à responsabilidade que todos, sem distinções particulares, compartilhamos: "Em última instância, nossas decisões de consumo e de produção conduzem às emissões globais".[75] Não fica inteiramente claro em que sentido essas decisões são, de fato, "nossas". O perigo aqui está no fato de que mirar no consumidor ocidental — ou, pior ainda, nos trabalhadores ocidentais — como generalidade abstrata garante o fracasso de políticas climáticas, mesmo que aceitemos ir além da responsabilização com base na produção; o verdadeiro culpado continuaria a ser um elefante na sala. Na verdade, a própria ideia de estabelecer limites para as emissões causadas pelo capital fóssil global como *locus* de poder amorfo, mas altamente centralizado, está em conflito com as premissas atualmente existentes na política climática internacional. O gás é deixado em paz para que continue a se expandir nas zonas hidraulicamente fraturadas.

Um compromisso com a inércia

O capital não é um ser dotado de vontade e de consciência, uma associação secreta, uma conspiração todo-poderosa ou um diretório central que prepara suas decisões e antevê as consequências: ele é tudo, menos isso. Trata-se de um processo cego de autoexpansão, mas um processo *personificado* nos capitalistas, cujas ações e reações são — e têm de ser — animadas pela compulsão a valorizar o valor. Na maioria das vezes, os produtos não são propositais. Um fabricante de tecidos que terceirize a tecelagem de algodão pode adotar o tear mecânico como proteção contra o desvio de materiais, mas pode acabar por organizar os tecelões em uma posição que os permita entrar em greve dentro de seu estabelecimento; uma companhia automobilística pode realocar a produção da Coreia do Sul, onde os sindicatos são fortes, para vários locais interligados no sul da China e, um dia, acordar com a notícia de que um protesto está atrapalhando sua produção. Essas sequências de contradições deslocadas e embaralhadas surgiram não apenas na indústria têxtil, automobilística, de semicondutores ou de outros artigos, como mapeou Beverly Silver, mas também dentro do circuito de acumulação primitiva do capital fóssil.

Em *Carbon Democracy* [Democracia do carbono], obra mais importante na história moderna desse circuito, Timothy Mitchell chama atenção para algo que deve ser considerado uma grande ironia da transição do fluxo para o estoque: o empoderamento de parte do trabalho. Desse ponto em diante, a cadeia energética pressupunha a existência de mineiros. Ao fugir do fluxo, o capital foi engolido pelo fogo de uma economia fóssil em que o trabalho humano "conectou câmaras subterrâneas a toda fábrica, escritório, residência ou meio de transporte que dependa de vapor ou energia elétrica".[76] Com o poder dos proletários nas minas — e dos trabalhadores nas estradas de ferro, nos canais e nas docas — de desligar toda a potência, o início do movimento trabalhista pôde refinar a greve geral como arma de paralisação em massa, e aquelas intuições verbalizadas no encontro de Halifax em agosto de 1842 se consolidaram em uma estratégia efetiva para maximizar a influência da classe.[77]

Qual foi a resposta do capital? A adoção do petróleo. Depois de uma série de greves assustadoras nas maiores jazidas de carvão da Europa e dos Estados Unidos — particularmente no rescaldo das duas guerras mundiais — e com o avanço de movimentos laborais correspondentemente fortalecidos, a decisão de adquirir reservas de petróleo a uma distância segura se consolidou. "Um objetivo importante da conversão para o petróleo", argumenta Mitchell, "foi enfraquecer de forma permanente os mineiros de carvão, cuja capacidade de interromper o fluxo de energia dera ao trabalho organizado o poder de exigir as melhorias na vida coletiva que democratizaram a Europa": o petróleo dos desertos do Oriente Médio seria uma fonte mais tranquila de energia.[78] Ao jorrar do solo, esse combustível podia ser bombeado através da paisagem por uma força de trabalho relativamente reduzida — sem necessidade de enviar exércitos de extratores para os veios — sob supervisão permanente da administração; graças à sua fluidez, o transporte exigia menos trabalho. Em mais um ajuste espacial bem-sucedido, a economia fóssil se voltou para o Oriente Médio como novo centro de gravidade a partir de meados do século XX.

Mas então o problema reemergiu em nova roupagem: guerrilhas palestinas que explodiam oleodutos, regimes populistas que nacionalizavam o petróleo, trabalhadores que reuniam força suficiente para prejudicar a economia global com greves gerais — mais notadamente nos campos petrolíferos iranianos em 1978-1979 —, guerra, ataques terroristas... Tudo isso, por sua vez, incentivou a busca por "segurança energética" na forma de poços distantes das areias movediças do Oriente Médio. Em nenhum caso, no entanto, a mudança de um combustível fóssil para outro, ou de uma região para outra, levou a um *declínio absoluto* no consumo dos recursos problemáticos. O carvão nunca desapareceu dos cálculos. Hoje ele é, mais uma vez, responsável por mais emissões de CO_2 do que qualquer outro combustível fóssil.[79] Assim como no circuito do capital fóssil, a reaparição da autonomia do trabalho ofereceu um incentivo à diversificação, à multiplicação e à *expansão* do circuito da acumulação primitiva: e onde quer que o capital tenha ido, mais combustível para ser queimado foi descoberto.

No entanto, o incentivo fundamental continuou a ser a demanda por combustíveis fósseis no resto da economia. Na China, a explosão de emissões se alimentou de materiais vindos das minas do noroeste e, assim, precipitou um boom na extração, com todas as repercussões de sempre. Conhecidas por sua biodiversidade, as pradarias da Mongólia Interior são o lar ancestral de pastores nômades que nunca usaram carvão na vida cotidiana — e ainda não usam —, mas que calharam de viver sobre alguns dos melhores depósitos da República Popular. Desde a virada do milênio, a intensificação da exploração e do processamento contaminou a água, secou os rios, liberou produtos tóxicos no ar, reduziu a vegetação, ocupou paisagens, abriu fossos invisíveis nos quais tropeçam pastores e animais. Ao perceberem que sua forma tradicional de vida estava ameaçada, empobrecida e deslocada, os pastores da Mongólia Interior recorreram frequentemente a bloqueios contra o transporte de carvão, o que levou ao resultado esperado: o aumento da presença armada.[80]

Em maio de 2011, pastores de Xilingol montaram um bloqueio no caminho de cem caminhões; na meia-noite entre 10 e 11 de maio, alguns motoristas decidiram forçar a passagem entre as barricadas, acertaram um pastor conhecido pelo nome de Mergen, arrastaram seu corpo por 150 metros e depois passaram por cima dele várias vezes.

O assassinato acendeu um barril de pólvora nas pradarias. Nas semanas seguintes, longe do olhar da mídia mundial, o Estado chinês erradicou a revolta anticarvão inundando a Mongólia Interior com policiais, bloqueios de internet e conexões telefônicas, fechamento de escolas, decretação de toques de recolher e imposição *de facto* de lei marcial. Um ativista de direitos humanos deu voz à frustração que borbulhava: "Essa região se tornou uma terra sem lei onde as empresas, desconsiderando completamente o povo nativo, podem fazer o que quiser".[81] Assim como nas áreas rurais inglesas durante o salto elisabetano, no Oriente Médio do começo da era do petróleo e em incontáveis outros lugares e períodos, a acumulação primitiva de capital fóssil no interior da China avançou graças à expropriação violenta dos produtores diretos e à fixação dos ganchos do poder capitalista na "terra, fonte de toda riqueza e de toda existência", para citar Marx; uma vez que tenha tomado o controle dessa fonte, é extremamente difícil destroná-lo.[82]

Como circuito estritamente econômico, o investimento em minas, torres de perfuração, plataformas, refinarias, oleodutos e estruturas similares se conforma a algumas leis bem conhecidas. Esses ativos são caros. Também são duráveis: uma plataforma de petróleo não é consumida no tempo de um almoço. Em novembro de 1982, uma plataforma norueguesa com quase um milhão de toneladas de concreto se tornou o objeto mais pesado já movido por pessoas.[83] O dinheiro enterrado nesse tipo de instalação só é recuperado e acrescido de algum incremento no decurso de um longo tempo; a recuperação das despesas com um autoagente ou com um Foxbot pode levar anos, mas várias décadas são necessárias para pagar por minas de areias betuminosas ou por um oleoduto transcanadense. Como David Harvey mostrou em *Os limites do capital*, o resultado é a inércia. "Quando os capitalistas adquirem capital fixo, eles são *obrigados a usá-lo* até o seu valor (não importa como calculado) ser totalmente recuperado": caso a plataforma norueguesa viesse a ser vendida para um ferro-velho no dia seguinte à inauguração, as perdas seriam horrendas.[84] A busca por flexibilidade e mobilidade que vem guiando o capital desde sua transformação em fóssil termina por *fixá-lo* a meios de produção e de transporte ultrapesados; mesmo com todas as porções de liberdade que o estoque lhe emprestou, a maior parte dele foi ancorada ao subsolo no longo prazo.

Imensuravelmente maior e mais grossa do que nos dias de Leifchild, uma segunda crosta agora reveste o globo: "Campos de petróleo e de gás natural, trens de carvão, oleodutos, navios de transporte de carvão, navios-tanque de petróleo e GNL [gás natural liquefeito], usinas de tratamento de carvão, refinarias, terminais de GNL" — contados às dezenas de milhares e espalhados por milhões de quilômetros — "constituem a rede de infraestruturas mais ampla e mais cara do mundo", nas palavras de Smil. Para alguns, essa é uma rede muito preciosa. O capital, observa o geógrafo crítico Wim Carton, "tem um interesse particular na permanência da paisagem dos combustíveis fósseis" que é antitético aos interesses que outras pessoas podem ter na abolição do uso do estoque.[85] Não se trata, contudo, de uma mera questão de recuperar investimentos: uma vez que uma usina elétrica tenha se pagado, a empresa proprietária fará bem em não derrubá-la, mas em mantê-la em funcionamento pelo maior tempo possível. Já paga, ela poderá agora ser tratada como capital fixo sem custo e usada como base para a captura de fatias maiores do mercado; a desativação do complexo e a construção de outro em seu lugar significariam começar tudo de novo. Dois terços das usinas elétricas estadunidenses construídas desde os anos 1890 ainda estão em uso. Para além de uma física robusta e dos longos prazos para o retorno do capital, as empresas resistirão a aposentar esse tipo de ativo enquanto ele puder ser mantido e reparado a um custo razoável — particularmente se o produto em questão for a eletricidade, que o consumidor recebe exatamente do mesmo modo e sob a mesma forma, não importa qual seja a idade da usina.[86] (Coisas como termelétricas a carvão podem aparentar existir na zona cinzenta entre o circuito do capital fóssil propriamente dito e o da acumulação primitiva, mas aqui trataremos esse tipo de infraestrutura como parte do segundo, já que há entrega de CF como produto, mesmo que em uma forma convertida.)

Pode ser que decidamos desmontar a paisagem dos combustíveis fósseis tão rápido quanto a ciência diz que devemos fazê-lo. Para o capital envolvido, isso equivaleria ao impacto de um asteroide que obliterasse completamente um planeta de valor ainda à espera de sua primeira colheita, ou que estivesse pronto para uma segunda ou terceira safra. O mesmo tipo de compromisso se estende para a economia fóssil *in toto* — em 2005, o capital fixo do lado do consumidor final da energia pode ter triplicado em relação àquele do lado da oferta —, mas uma zona industrial pode, ao menos potencialmente, ser adaptada para energias renováveis.[87] Uma mina de carvão, não. Tampouco uma usina termelétrica a carvão pode ser alimentada por turbinas eólicas: ela teria de ser derrubada. Encerramentos precoces como esses agora são uma necessidade. "Caso se pretenda que o aquecimento global seja limitado a 2 °C até 2100", conclui um estudo, "quantidades enormes de capacidade instalada de carvão terão de ser prematuramente aposentadas entre 2030 e 2050. *Uma liquidação de capital de tal amplitude seria inédita em sua escala*": o que se costuma chamar de demanda transicional.[88] Já houve, é claro, destruição de capital ao longo da história — em guerras, crises, ondas de desindustrialização —, mas desta vez ele seria, de maneira bastante única, publicamente *condenado* a uma morte prematura.

Temos aqui, então, um dos impeditivos à transição: o capital no circuito entrega CF aos consumidores. Esse fornecimento aumenta a cada dia que passa. Para cada adiamento dos cortes em emissões, o capital fixo, que opera como um bloco contra esses cortes, ganha mais peso. Os investimentos em instalações novas e ampliadas continuarão a acontecer até o momento em que a mitigação começar — caso algum dia ela de fato comece —, então, quando chegar a hora, terão de ser liquidadas quantias astronômicas de capital, muito maiores do que se o trabalho tivesse começado uma ou duas décadas antes: inércia gera inércia, e, na economia fóssil, cada geração lega para a próxima um pesadelo ainda pior. O que precisa ser feito, sem dúvida, é derrubar infraestruturas de entrega de CF mais rápido do que elas são construídas — mas o que está acontecendo é exatamente o oposto. Na primeira década do milênio, foram construídas mais usinas termelétricas do que em qualquer outra década anterior. A aceleração é de perder o fôlego: nos três anos de 2010 a 2012, mais de 2,5 vezes mais capacidade de carvão foi adicionada do que em toda a década de 1990. Uma nuvem carregada de "emissões comprometidas" pende sobre o futuro. Supondo que permaneçam em operação por quarenta anos, as usinas termelétricas a carvão construídas no mundo em 2012 emitirão, sozinhas, 19 bilhões de toneladas de CO_2 durante suas vidas úteis, em comparação com os 14 bilhões emitidos por todas as usinas termelétricas movidas a combustíveis fósseis em operação em 2012; as emissões comprometidas atuais estão crescendo 4% ao ano — mais rápido do que as emissões efetivas. Essa é a guerra travada pelos negócios de sempre contra o futuro. Quase dois séculos depois da ascensão do vapor, a munição principal continua sendo o carvão.[89]

Não surpreende que a Eurocoal, o lobby da indústria de carvão europeia, tenha publicado em 2014 um manifesto intitulado "Why Less Climate Ambition Would Deliver More for the E.U." [Por que menos ambições climáticas trariam resultados melhores para a União Europeia]. Mas é a explosão de emissões na chaminé do mundo que tem a influência mais negativa. Nos primeiros oito anos do milênio, a China acrescentou uma nova capacidade de geração de eletricidade a carvão maior do que toda a capacidade combinada das cinco maiores economias da União Europeia; levaria algo entre 30 e 35 anos para que os investidores extraíssem lucros dessas instalações. No final de 2012, outras 1.200 usinas semelhantes foram planejadas no mundo — centenas delas na Europa, mas a maioria na China e na Índia.[90] Naquele momento, os fornecedores de carvão sofriam com uma sobreprodução que derrubava suas taxas de lucro — mas os representantes da indústria já estavam à espera da chegada de dias melhores: "Todas as vezes, a China superou as projeções para o uso de carvão", disse, confiante, Brendan Pearson, CEO da associação Minerals Council of Australia. E, de fato, em 2010 a República Popular contribuiu, sozinha, com 37% das emissões comprometidas futuras. Mas "comprometidas" deve ser entendido como *economicamente predeterminadas*, e não como fisicamente preestabelecidas.[91] Afinal, não há nada impossível *per se* na desativação de uma mina de carvão. O que há são apenas algumas pessoas no caminho, infinitamente mais poderosas do que um bando de pastores.

É imprescindível tentarmos apreender as forças com que qualquer tipo de transição se confrontaria: em 2013, a lista das quinhentas maiores corporações do mundo da revista *Fortune* tinha a Royal Dutch Shell no topo, a Exxon Mobil em 3º lugar, a Sinopec em 4º, a China National Petroleum em 5º, a British Petroleum em 6º, a State Grid Corporation of China (que fornece 80% da eletricidade do país) em 7º e a TotalEnergies em 10º.[92] Apenas três das dez maiores empresas — Walmart, Toyota Motor e Volkswagen — tinham a base de seus negócios fora do circuito direto da acumulação primitiva de capital fóssil. Mas são diversas as fontes que fluem nesse circuito. Injeções financeiras realizadas por bancos são essenciais para as atividades de extração de carvão moderna: de 2005 a 2010 — os anos que abarcam Al Gore, o Relatório Stern, o prêmio Nobel da Paz para o IPCC e a COP-15, provavelmente a metade de década em que a conscientização sobre as mudanças climáticas esteve na posição mais elevada na agenda política —, o investimento de bancos em eletricidade a carvão e em mineração *dobrou*. Os bancos JPMorgan Chase, Citigroup, Bank of America, Morgan Stanley e Barclays foram responsáveis por jogar a maior quantidade de dinheiro no circuito, que está inextricavelmente entrelaçado com o capital financeiro.[93]

Não são apenas as estruturas para extração já construídas que valem ouro para seus proprietários, mas também as *reservas* de combustíveis fósseis. Ao contrário de toda a conversa sobre uma escassez iminente, há petróleo, gás natural e, acima de tudo, carvão suficientes no solo para aumentar as temperaturas médias da Terra entre 16 °C e 25 °C. Isso não acontecerá, é claro: os investidores estariam todos esturricados bem antes que as coisas chegassem a esse ponto. Mas o circuito da acumulação primitiva do capital fóssil está profundamente determinado a *avançar nessa direção*, pois nele o capital subsiste diretamente, descarregando estoque nas fogueiras. As corporações são avaliadas de acordo com as reservas que controlam e exibem aos acionistas, os quais contam com sua exploração futura; e mesmo que apenas um quinto de seus ativos viesse de fato a ser extraído do solo e queimado antes da metade do século, a meta dos 2 °C iria pelos ares.[94] Uma reivindicação modesta — um mínimo de racionalidade na situação atual — seria impor uma moratória sem prazo fixo que barrasse o desenvolvimento de *novas* minas de carvão, poços de petróleo e campos de gás. Contra ela estão os interesses expressos com clareza exemplar por Rex Tillerson, presidente e CEO da ExxonMobil, em março de 2013: "Minha filosofia é ganhar dinheiro. Se eu puder extrair e ganhar dinheiro, então é isso que eu quero fazer".[95]

O fogo nos encara, tão satisfeito

Mesmo que a análise esboçada aqui esteja correta em linhas gerais, ela ainda deixaria uma — e talvez *a* — questão fundamental sem resposta: por que as pessoas não se rebelam? Por que os combustíveis fósseis persistem, se não incontestados, ao menos abrigados em segurança no assento do condutor? Como é possível que os passageiros não o subjuguem e o atirem para fora, ou mesmo que simplesmente façam colidir esse trem? Dada a gravidade da situação, esse pode ser o maior mistério de todos. Dezenas de peças — as distâncias entre vítima e ofensor, o caráter abstrato da ciência climática, a conveniência de fazer vista grossa aos fatos perturbadores e de só pensar nas coisas boas da vida, todas as formas criativas em que as sociedades organizam a negação coletiva — seriam necessárias para uma explicação satisfatória, mas chamaremos atenção aqui apenas para uma.[96] Ela nos leva para fora dos circuitos com que lidamos até aqui e para dentro da esfera do *consumo fóssil*, na qual não há acumulação de capital, mas é onde reside a grande massa da humanidade integrada à economia fóssil.

Por mais misterioso que possa parecer, o enigma, visto mais de perto, não passa de uma versão mais afiada do problema com que os teóricos marxistas vêm se batendo desde Gramsci: por que as classes subalternas se resignam a seus destinos ou até mesmo consentem explicitamente com eles? Ou: como é que as relações predominantes de produção se reproduzem? Nessa tradição, o referente da "ideologia" passou por um deslocamento: deixou de ser um sistema de ideias proclamado em encontros e em monumentos para se tornar uma estrutura tão profundamente enraizada na materialidade mesma da sociedade burguesa que, aceita como dada e não discutida, passou a ser invisível, inaudível e esmagadoramente eficiente. Talvez seja possível abordar o problema com a teoria de Althusser. Para ele, a ideologia não é tanto um conjunto de doutrinas, mas um estado de existência em que o sujeito acaba enredado nas relações; algo que não é pensado ou dito, mas *feito* e *sentido*. Mais precisamente, a ideologia burguesa se materializa em "aparelhos ideológicos de Estado", ou simplesmente AIE, um conjunto de instituições com suas próprias práticas distintivas.[97]

Uma pessoa que tenha uma ideologia política no sentido comum do termo pode se unir a um protesto ou participar de uma assembleia para expressar suas convicções, mas, nos aparelhos ideológicos de Estado, é a prática do ato que *gera* a filiação ideológica. Um católico não vai à missa porque acredita ser católico; em vez disso, os atos de ir à missa, mover os lábios em uma reza, ajoelhar e confessar seus pecados *o constituem* como católico: rituais materiais invocam o sujeito ideológico à existência. O aparelho recruta seus sujeitos ou transforma indivíduos em sujeitos através de uma operação que Althusser, notoriamente, chama de uma

> *interpelação* que pode ser representada a partir do próprio tipo da mais banal interpelação policial (ou não) de todos os dias: "Psiu, você aí!". Supondo que a cena teórica imaginada se passa na rua, o indivíduo interpelado volta-se. Por esse simples movimento físico de 180°, torna-se um *sujeito*.[98]

Aqui Althusser joga com o duplo sentido do termo "sujeito" como indivíduo que age livremente e como alguém submetido a uma relação de subordinação. Na sala de aula, o professor interpela o estudante quando o chama para responder uma questão; em um programa de TV, o apresentador interpela o espectador ao desejar bom-dia ou ao convidá-lo a enviar seus comentários, e assim por diante. Althusser ressalta o tempo todo que a ideologia "existe sempre em um aparelho e em sua prática ou práticas. *Essa existência é material*".[99]

Agora, se levarmos essa teoria hipermaterialista da ideologia um passo além, poderemos conceber a esfera dos combustíveis fósseis como um aparelho ideológico de Estado. Em *Chimney of the World* [A chaminé do mundo], Mosley mostra como a Inglaterra do período vitoriano tardio desenvolveu um culto popular ao fogo doméstico de carvão, o local arquetípico do consumo fóssil, no qual o carvão em si era o valor de uso. Mosley cita *Live Coals; or, Faces from the Fire* [Carvões em brasa; ou Semblantes do fogo], um livro de 1867 escrito por um certo L. M. Budgen:

> O querido fogo familiar que a seu redor acende nossos rostos e corações! [...] O fogo que, detrás das barras, nos encara tão satisfeito é a companhia do solitário, o consolo do entristecido, a animação do embotado, o ímã da atração social, o pivô e o acalentador de memórias; em poucas palavras, é o sol (quando o sol do verão está em falta) de todo sistema doméstico: daí sua *vida* em si, sem esquecer seus usos ordinários, mas particularmente *vitais*, como tostador da carne e fervedor da chaleira.[100]

De acordo com Mosley, a visível linguagem fetichista desse elogio de fato refletia uma experiência generalizada nos lares da classe trabalhadora da Inglaterra vitoriana: sentimentos de comunhão e conveniência na reunião ao redor de um fogo alimentado por carvão. Aqui teria sido não um padre, um professor, um comerciante ou qualquer outra pessoa, *mas a mercadoria material em si* a realizar a interpelação magnética. Na cena domiciliar de lugar-comum descrita por Budgen, o fogo dizia "Psiu, você aí!" aos membros da família, que voltavam o rosto para ele. Com essa mera inclinação física, eles se tornavam participantes da economia fóssil, recipientes de suas bênçãos, sujeitos do — e ao — ato de consumir estoque. O ritual material nutria uma aliança sentida tão a fundo a ponto de ser inconsciente, ainda que, por vezes, explicitada pelas autoridades dos AIE: "E para todos nós, sentar-se ao redor [do fogo alimentado a carvão] é um dos atributos mais estimados de nossa vida caseira. Ao aboli-lo, podemos até economizar carvão, *mas perderemos a Inglaterra*", nas palavras ditas em 1912 por um professor do Departamento de Tecnologia de Combustíveis do Royal College of Science.[101] O sujeito inglês se tornara tão inextricavelmente envolvido com o fogo que a extinção deste último o teria privado de seu ser.

Consideremos agora os equivalentes a se sentar ao redor do fogo na esfera moderna de consumo fóssil: encher o tanque do carro em um posto de gasolina, comprar uma passagem de avião para alguma praia distante (ou conferência acadêmica, ou reunião de ativistas), saborear frutas exóticas vindas do outro lado do mundo, comprar um iPad produzido na China ou simplesmente pagar a conta de luz.[102] As interpelações estariam *por toda parte*, realizadas pelos objetos do valor de uso em todas as inflexões. Mas isso pareceria significar um passo além de Althusser. Em seus AIE — a igreja, a família, os partidos, a mídia, os sindicatos, a escola —, são invariavelmente pessoas que interpelam outras pessoas: o padre e a congregação, o professor e os estudantes. A voz é clara e pública, ancorada em práticas materiais, mas sempre mais alta do que a pura fisicalidade delas. Poderia a mercadoria, *ela mesma*, falar? Outra possibilidade pode ser conceber as exortações à prática do consumo fóssil como interpelações: não o ato de ir de avião para as Bahamas, mas o comercial desse voo na televisão e todo tipo de "fraseologia" similar, para citar Marx.[103] "Nas sociedades de consumo de hoje, somos *ativamente encorajados* a expressar nosso senso de identidade através de nossas posses materiais, e, portanto, a perda delas pode significar a perda de nosso senso de identidade", nas palavras da psicanalista Sally Weintrobe, que propõe ser esse um fator crítico por trás da inação popular diante das mudanças climáticas.[104]

Mas a essência da teoria de Althusser é o hipermaterialismo, ou, talvez mais propriamente, uma dissolução spinozista da dicotomia entre espírito e matéria que não admite separações entre corpo e símbolo. "Os homens 'vivem' sua ideologia", escreve Althusser, *"de maneira nenhuma como uma forma de consciência, mas como um objeto do seu 'mundo'* — como seu próprio *'mundo'"*.[105] A ideologia é imanente ao próprio ato de olhar para o fogo. Se adicionarmos a Althusser algumas ideias do lado oposto das teorias da ideologia marxista — a escola da reificação fundada por Lukács —, podemos muito bem localizar a interpelação no próprio ato do consumo, após a compra. A mercadoria mascara as relações entre pessoas; ela desfila, revigora, se gaba e tagarela como se tivesse uma voz humana dentro de si. Essas reificações tendem a se expandir "por toda a superfície dos fenômenos constitutivos", já que a produção do mais-valor relativo — sinônimo de aumento perpétuo da produtividade — "requer a produção de novo consumo; requer que *o círculo de consumo no interior da circulação se amplie*".[106] Os sujeitos são atraídos para uma espiral de consumo porque a esfera de produção precisa despejar nos compradores montanhas crescentes de produtos.

A tendência histórica do capital fóssil é vomitar *mais* produtos compostos por CF para *mais* pessoas. Em uma economia fóssil avançada — a que precisa ser abolida —, as transações que contêm a fórmula D – M – D (CF) são tão inumeráveis a ponto de permear "todas as manifestações da vida", nas palavras de Lukács.[107] Dificilmente algum tipo de sujeito pode se formar sem a ingestão material de CF. Invisível e silencioso, o estoque está presente na mais mundana das tarefas e no mais exclusivo dos estímulos, na existência mais concreta das pessoas, "em seu trabalho, sua vida cotidiana, seus atos, seus compromissos, suas hesitações, suas dúvidas, assim como em suas mais imediatas evidências", segundo Althusser.[108] Seja você um baladeiro, seja um acadêmico progressista, terá de pegar aquele voo para manter sua subjetividade e continuar a ser a pessoa que é. Dentro do avião, a janela, a poltrona, o comissário de bordo e a visão das nuvens o interpelarão sem proferir nem mesmo uma palavra: "Psiu, você aí!". Você é um sujeito da economia fóssil, e, como repete o ato com frequência — os AIE são sempre construídos a partir de reiterações —, nem sequer consegue imaginar a possibilidade de *não* voar: o CF constituiu o sujeito, que não pode se ver fora dele e raramente reflete sobre, e menos vezes ainda articula, sua filiação ideológica. Ele simplesmente está lá, nas veias da vida material.

Então, por que o sujeito fóssil se levantaria para abrandar o fogo? Ele poderia se perder nesse processo. O fogo o encara tão satisfeito por detrás das barras. Temos aqui uma explicação provisória para o motivo da resignação ao destino do aquecimento global se aprofundar com sua aceleração: "Assim como o sistema capitalista produz e reproduz a si mesmo, econômica e incessantemente, num nível mais elevado, a estrutura da reificação, no curso do desenvolvimento capitalista, penetra na consciência dos homens de maneira cada vez mais profunda, fatal e definitiva".[109] Mas os círculos são concêntricos. Nos anéis mais afastados da economia fóssil, os vínculos com o fogo são mais frouxos. Na verdade, de tudo o que expusemos decorre que *os sujeitos mais plenamente constituídos pelos valores de uso fósseis e, portanto, resistentes à mitigação das mudanças climáticas são os consumidores mais ricos*. Alguém pobre, que consiga pagar a conta de luz, mas que nunca tomará um avião para alguma praia, teria muito menos subjetividade investida no estoque e pouco, se é que algo, a perder com uma transição. Assim como os fossos entre as classes nas economias fósseis se aprofundam, também as diferenças se ampliam. O poder explanatório de uma teoria do consumo fóssil como AIE se correlaciona à riqueza; ele pode ter alguma influência sobre os estratos medianos, a *intelligentsia* e certos segmentos privilegiados da classe trabalhadora, mas não sobre as classes verdadeiramente subalternas em um mundo em aquecimento.

Uma parte considerável das políticas climáticas se preocupa com a interpelação dos consumidores: psiu, você aí!, compre algo diferente!, algo com um selo verde ou com uma pegada de carbono menor, algo produzido localmente ou, melhor ainda, não compre nada. Ainda que isso pareça fazer frente ao peso ideológico do consumo fóssil, podemos ver com clareza por que esse enfoque é um duplo erro estratégico. Primeiro, ele fala aos endinheirados; a eficácia desse tipo de contrainterpelação tem relação direta com o poder de compra. Segundo, ele desvia a atenção para longe da produção, o momento ativo que determina os negócios de sempre como um todo, *incluindo* o círculo crescente de consumo. Sem dúvida, toda política climática progressista deve confrontar o magnetismo exercido pelo fogo e inventar interpelações alternativas, mas, como diretriz geral, a fixação do alvo nos consumidores leva ao beco sem saída do ambientalismo ocidental. O filósofo moral Dale Jamieson inconscientemente abre seu *Reason in a Dark Time: Why the Struggle against Climate Change Failed and What It Means for Our Future* [Razão em tempos sombrios: por que a luta contra as mudanças climáticas fracassou e o que isso significa para nosso futuro] com uma reprodução exata do destino humano sob a reificação, tal como teorizado por Lukács: "A ação humana é o mobilizador, mas parece que são as coisas, e não as pessoas, que estão no controle. Nossas corporações, governos, tecnologias, instituições e sistemas econômicos parecem ter vida própria".[110] Só poderia haver alguma esperança de mudança real se as pessoas conseguissem despertar do estupor do consumo e começassem a agir *nesse* nível.

15

UM RETORNO AO FLUXO? OBSTÁCULOS À TRANSIÇÃO

Os infortúnios do *Gratisnaturkraft*

Nossa maior esperança agora é um retorno imediato ao fluxo. As emissões de CO_2 precisam ser reduzidas a quase zero: algumas fontes que não produzem emissão alguma cobrem a Terra com um brilho inexplorado. O sol atinge o planeta com mais energia em uma única hora do que os humanos conseguem consumir em um ano. Dito de outra forma, a taxa com que a Terra intercepta a luz solar é quase dez mil vezes maior do que todo o fluxo energético que os humanos são atualmente capazes de coletar; um potencial puramente teórico, claro, mas, mesmo excluídas as regiões inadequadas — oceanos, brejos, montanhas íngremes —, ainda teríamos um fluxo de energia solar mil vezes maior do que o consumo anual de estoque.[1] O vento também é capaz, sozinho, de energizar o mundo. Ele não se compara à capacidade assoberbante da radiação solar direta, mas estimativas quanto à oferta tecnicamente disponível variam entre 1 a 24 vezes a demanda energética atual. Alguns pessimistas alertaram para o fato de que uma instalação em massa de turbinas eólicas desaceleraria o vento até o ponto em que a construção de um novo parque eólico não resultaria em acréscimo de mais energia ao sistema, mas preocupações ricardianas como essa foram descartadas por pesquisas recentes: é fisicamente impossível esgotar as correntes de ar.[2] Outras fontes de energia renovável — geotérmica, maremotriz, ondomotriz, hídrica — podem contribuir significativamente, mas não chegam perto das promessas solar e eólica. Se a água corrente foi o principal canal do fluxo antes da economia fóssil, água e ar também podem sê-lo depois dela. Desta vez, a escassez de insumos não é um problema para nenhum dos dois.

Quão rápida seria uma transição para o fluxo? No estudo mais abrangente sobre o tema até hoje — e que lembra o relatório que Thom fizera sobre Greenock, mas em escala global —, os pesquisadores estadunidenses Mark Z. Jacobson e Mark A. Delucchi sugerem que toda nova energia a ser produzida poderia sair de instalações eólicas, solares, geotérmicas, maremotrizes e hidrelétricas até 2030; ao reorientar as capacidades de produção para elas, o mundo não precisaria construir sequer uma usina movida a carvão ou a gás natural, um motor de combustão interna ou uma estação petrolífera. Depois de duas décadas, todos os antigos equipamentos baseados em estoque poderiam ser tirados de linha, de forma que, até 2050, toda a economia mundial — produção, transporte, aquecimento: tudo — funcionaria com eletricidade renovável, e aproximadamente 90% dela seria proporcionada pelo sol e pelos ventos. A tarefa poderia ser cumprida com as tecnologias já existentes. Em uma investigação de escopo mais delimitado, Jacobson, Delucchi e colegas demonstraram como a mesma conversão poderia ser completamente concluída no estado de Nova York até 2030.[3] Outros pesquisadores esboçaram cenários ainda mais otimistas: em 25 anos, todo o consumo de combustíveis fósseis do mundo poderia ser substituído por energia solar, e levaria menos de uma década para que os Estados Unidos e a Nova Zelândia gerassem 100% de sua eletricidade com fontes renováveis; as energias eólica e solar poderiam — sem dúvida uma afirmação otimista — substituir cada pedacinho de estoque já em 2024.[4]

No mundo real, o fluxo realmente parece estar passando por um certo boom, com o crescimento exponencial da produção eólica e solar ano após ano. Apesar da crise financeira, a capacidade energética eólica global aumentou 32% em 2009; para os painéis fotovoltaicos — conhecidos popularmente como placas solares —, o número chegou a 53%.[5] Nos dezoito meses que antecederam abril de 2014, a adoção de energia solar nos Estados Unidos foi maior do que nos trinta anos anteriores;

em 2013, 100% da eletricidade nova produzida em Massachusetts e Vermont veio do sol, enquanto a China instalou mais painéis fotovoltaicos em um ano do que qualquer outro país o fizera até então. O Quênia elaborou projetos para a geração de metade de sua energia a partir do sol até 2016. O Haiti inaugurou o maior hospital do mundo, e a Califórnia, a maior usina, movidos a energia solar. Ainda assim, o fluxo continuou a ser uma gota dentro de um balde fóssil, evidentemente sem fazer nada para amenizar a explosão de emissões. Entre 1990 e 2008 — do primeiro ao quarto relatório do IPCC —, a quantidade de energia fóssil inaugurada na economia global foi 57 vezes maior do que a renovável; em 2008, a energia eólica representava insignificantes 1,1% da oferta energética primária, enquanto a solar correspondia a microscópicos 0,06%; desconsiderada a potência hídrica, as fontes renováveis geraram meros 3% da eletricidade. Em 2013, mais energia adentrou a economia mundial vinda do carvão do que de qualquer outro combustível.[6] Como é possível? Por que a humanidade não está correndo para uma vida fora da economia fóssil e pautada pelo fluxo? Quais impedimentos bloqueiam o caminho? Como está claro, não alcançaremos aqui nada parecido com uma resposta definitiva a essas perguntas, formuladas como meras balizas para investigações futuras.

Um primeiro suspeito é o preço: os combustíveis fósseis ainda são mais baratos. E, de fato, uma década milênio adentro, as fontes renováveis ainda custam em média mais do que as concorrentes convencionais.[7] Mas essa lacuna está rapidamente se estreitando. Em muitas partes dos Estados Unidos, o vento terrestre já se encontrava ombro a ombro com a energia fóssil, com uma queda de 5% por ano, durante três décadas, nos preços de turbinas. Os preços dos painéis fotovoltaicos despencaram com o dobro dessa velocidade. Em 2014, depois de uma queda de 60% em apenas três anos, as placas solares custavam um centésimo do que era cobrado em 1975. Elas atingiram "paridade de rede" em dezenove mercados regionais e nacionais, o que significa que igualaram ou reduziram as fontes convencionais sem o apoio de subsídios: foi o que aconteceu na Califórnia, na Espanha, na Turquia e até mesmo na Alemanha no que se refere ao abastecimento residencial; e no México e na China quanto ao uso industrial. Não fossem os subsídios estatais para a energia *fóssil* — seis vezes maiores do que os concedidos às energias renováveis em 2013, e sem sinais de redução —, os preços das energias solar e eólica poderiam ser significativamente menores, principalmente em países como Egito e Brasil. Caso os custos das mudanças climáticas, da poluição do ar, dos acidentes letais e de outras "externalidades" fossem incluídos no preço de mercado dos combustíveis fósseis, eles não teriam tido a menor chance — assim como o motor a vapor no século XIX —, mas essa discussão continua sendo apenas um debate acadêmico.[8]

O colapso nos preços do fluxo em curso é, no fundo, uma função de seu perfil: o combustível já estava lá, pronto para ser apanhado — um "dom da natureza", ou *Gratisnaturkraft*, para citar Marx.[9] Nele, a única coisa que tem valor de troca é a *tecnologia* para captura, conversão e armazenamento da energia, e que, como toda tecnologia, está sujeita a economias de escala: a produção em massa derruba os custos dos painéis e das turbinas. Todas as vezes que o volume cumulativo das instalações fotovoltaicas dobrou, seus preços de mercado baixaram cerca de 20%. Além disso, há vários potenciais para o aumento do desempenho e para cortes adicionais de custos: os semicondutores de silício dos painéis podem ser mais finos ou substituídos por um material que converta melhor a luz solar em quilowatts, como no caso da estrutura cristalina mineral conhecida como "perovskita", que agora promete o triplo de eficiência; as baterias podem ser aprimoradas; além de outros métodos de armazenagem que estão em desenvolvimento. Nessa que talvez seja a única subárea do debate climático que transborda de otimismo e de fervor quase utópico, especialistas preveem que as energias solar e eólica serão, em geral, mais baratas do que os combustíveis fósseis em algum momento antes de 2025. Há conversas sobre a chegada de um "pico de combustíveis fósseis" para além do qual o carvão, o petróleo e o gás natural serão deixados no subsolo simplesmente porque custarão muito mais do que suas alternativas limpas.[10]

Assim, é fácil pensar que preços em queda sejam bênçãos indefectíveis para as energias solar e eólica. Infelizmente, o desenrolar dos acontecimentos não é tão simples. No início do século XXI, dois dos maiores participantes da indústria solar eram a British Petroleum (BP) e a Shell, ambas tendo usado suas recém-descobertas inclinações à energia renovável como grandes ferramentas de marketing: a BP passou a se apresentar como "Beyond Petroleum" [Para além do petróleo], e a Shell publicou anúncios de página dupla sobre a fé da empresa em um "futuro de novas energias". Por algum tempo, essas gigantes do petróleo foram a segunda e a quarta maiores produtoras de painéis fotovoltaicos do mundo, aparentemente determinadas a despejar vultosos investimentos no setor: exatamente o que ele precisava para se expandir. Mas já em 2006 a Shell vendeu sua subsidiária solar. Em 2008, a empresa se retirou da London Array, planejada para se tornar a maior fazenda eólica offshore do mundo, e, no ano seguinte, anunciou sua saída total do setor: não haveria mais investimentos em energia solar ou eólica. Por quê? "Essas fontes energéticas continuam com dificuldades para competir com outros investimentos em nosso portfólio" — ou seja, petróleo e gás —, nas palavras da porta-voz Linda Cook.[11] Pouco a pouco, a BP foi fechando suas fábricas de painéis fotovoltaicos e, em 2011, se queixou de que "não conseguia ganhar dinheiro" com o sol; dois anos depois, a empresa seguiu o exemplo da Shell: "Jogamos a toalha quanto à energia solar. *Não que não seja uma fonte viável de energia*, mas trabalhamos com ela por 35 anos e *nunca ganhamos dinheiro de verdade*", explicou o CEO Bob Dudley antes de vender todo o departamento eólico da companhia nos Estados Unidos.[12]

Mais especificamente, as duas empresas atribuíram a desistência do sol ao desabamento dos preços dos painéis. Como não havia forma de extrair o insumo e vendê-lo no mercado, o único elemento da atividade propício ao valor autoexpansivo seria a construção da tecnologia; as margens de lucro foram espremidas ano após ano, no entanto, até sobrar pouco ou nenhum excedente — uma tendência sem equivalentes nos negócios principais das duas corporações. "A BP não conseguiu fazer com que [a energia solar] fosse lucrativa. Eles não foram capazes de acompanhar o ritmo da indústria e não gostaram da alocação de capital que era necessária. *Quando o barril de petróleo custa cem dólares, os diretores querem continuar focados no que fazer para maximizar os ganhos*", como um ex-estrategista da BP Alternative Energy lembrou ser o raciocínio por trás da decisão: para alguém interessado em lucrar, um preço alto e estável é melhor do que um preço baixo e em queda. "No mercado do petróleo, os preços sobem e baixam em ciclos. O preço da energia solar só anda para um lado — está em queda", lamentou um ex-executivo da finada Shell Solar, que reafirmou a defesa da perenidade do capital fixo baseado em estoque: "As empresas petrolíferas investem em usinas que vão funcionar por trinta anos, enquanto o investimento em uma usina de produção solar pode perder a competitividade em cinco anos. Isso acaba com o entusiasmo das companhias de petróleo".[13]

Mas não são só empresas petrolíferas veteranas que parecem fugir de um fluxo que está a caminho do barateamento — ou do ultrabarateamento. Em 2012, a Siemens afirmou que ia sepultar seus investimentos solares devido à queda dos preços; a Bosch seguiu a mesma direção; a Solon, a primeira companhia solar de capital aberto da Alemanha, foi à falência.[14] Uma morte mais amplamente divulgada foi a da Solyndra, uma empresa solar da Califórnia cuja fábrica não conseguiu aguentar a concorrência dos produtores chineses de painéis: estimuladas primeiro pelo mercado alemão, depois por subsídios estatais no rescaldo da crise financeira, as fábricas chinesas de painéis, que se destacam pela produção em massa, desenvolveram uma *sobrecapacidade*. Isso poderia soar como mais uma bênção para uma espécie que, mais do que nunca, precisa de energia solar, mas acabou por sacudir a indústria e disparar falências sucessivas — incluindo na própria China, onde o diretor de uma das companhias quebradas se suicidou —, além de ter levado a União Europeia a impor tarifas sobre a importação, o que arruinou o apetite de capitalistas de todas as estirpes.[15]

Depois de um pico de 2011 a 2013, os investimentos globais em energias renováveis *caíram 23%*. Na Europa, os números chegaram a atordoantes 44%. A energia solar caiu, a eólica se mostrou mais resiliente, e o capital de risco e o *private equity* se afastaram bastante das estreitíssimas margens de lucro oferecidas pelo setor, com uma redução desse tipo de investimento para níveis equivalentes aos de 2005. Não fosse por gastos governamentais — ainda em ascensão, mas não muito —, a queda teria sido até mais pronunciada. Devido à derrubada ainda mais rápida dos preços dos painéis fotovoltaicos e das turbinas eólicas, esses anos testemunharam, no entanto, um volume crescente de capacidade efetivamente instalada, mas esse fato não serviu de consolo para um agente como a Bloomberg New Energy Finance: "O declínio em investimentos foi desanimador para a indústria e para aqueles que esperavam ver um aumento no comprometimento de dólares de investidores e financiadores na descarbonização do sistema de energia".[16] Em outras palavras, o capital não se engajou na transição da forma como muitos esperavam, em grande medida *porque a energia do fluxo perdeu muito de seu valor de troca* ao mesmo tempo que seu valor de uso — a desaceleração das mudanças climáticas — ascendeu a alturas inestimáveis.

É cedo demais para dizer se essas tendências persistirão, mas podemos discernir aqui os contornos de uma versão do "paradoxo de Lauderdale": quanto menos valor de troca for atribuído a uma necessidade da vida — como a luz ou o ar —, menos interesse o capital terá na produção dela como mercadoria.[17] Ou quanto mais o preço da energia do fluxo se aproximar do custo zero do insumo, menores serão as perspectivas de lucratividade e mais deficientes serão os investimentos privados. Se isso estiver correto, uma concretização do potencial das energias solar e eólica com base nas relações capitalistas de propriedade se tornaria, em algum momento, mais um empreendimento autossabotador e em processo de involução. Resta saber se os dados confirmarão essa previsão ou se o capital voltará correndo para os painéis e turbinas — talvez uma desaceleração na corrida pela produtividade possa proteger as fábricas da perda de valor e incentivar mais gastos (o que, contudo, resultaria em redução de preços). Uma coisa parece certa: o perfil espaçotemporal do fluxo não é compatível com algo tão lucrativo como a acumulação primitiva de capital fóssil, pois, como os insumos não estão escondidos em câmaras subterrâneas isoladas, mas pendem como frutas ao alcance de qualquer um, há pouco mais-valor a ser extraído de sua produção — não há lacunas entre a localização da fonte de energia e a dos consumidores na qual o abismo entre capital e trabalho possa ser reproduzido. Para alguns, a *res commune* continua a ser desencorajadora.

Mas, se os preços caírem o bastante, será que os *consumidores* não tomariam a dianteira, os fornecedores responderiam a essa demanda, e todos eles, caminhando em equilíbrio dinâmico, abririam um espaço cada vez maior para o fluxo? Ainda voltaremos a essa possibilidade. No momento em que este livro é escrito, o desabamento dos preços dos painéis fotovoltaicos em particular parece mesmo uma bênção ambígua para a transição. Ela estaria sendo adiada ainda mais pela falta dos materiais necessários? Jacobson e Delucchi defendem que o cenário global de 100% de uso de energias renováveis não encontra grandes obstáculos quanto ao substrato; os painéis, turbinas e usinas devorarão o concreto, o aço, o cobre e o alumínio — muitos dos quais poderiam ser reciclados de infraestruturas fósseis aposentadas —, mas, salvo por alguns poucos minerais de terras-raras, que precisam ser usados com frugalidade e, de preferência, substituídos por outros materiais, há o suficiente para todos.[18] As energias solar e eólica e seus elementos auxiliares também não ocupariam muito espaço, ao contrário dos *biocombustíveis* — e essa é uma das razões pelas quais Jacobson, Delucchi e outros proponentes sérios de uma economia mundial renovável os excluem de seus projetos, apontando também como motivo as emissões líquidas de CO_2 causadas pela conversão de florestas e campos em plantações de milho (entre outras) para a produção de etanol.[19] Do fluxo para o estoque e de volta ao fluxo, o paradigma ricardo-malthusiano tem pouco impacto sobre essas transições.

Duas outras desvantagens conhecidas são apontadas com mais frequência contra as energias renováveis. Elas não estão disponíveis em todo lugar, nem a todo momento. Ventos fortes e dias ensolarados estão presentes em grande concentração em certos locais que podem não ser tão favoráveis em outros aspectos. Em uma grande pesquisa de 2010 sobre oportunidades para "aumentar a escala das energias alternativas", a revista *Science* citou um economista ecológico que chamava atenção para o fato de que "muitas das regiões mais ventosas e ensolaradas do mundo são praticamente inabitadas". O vento pode amainar, a ausência do sol por metade do dia é garantida: "Com frequência, a energia que eles oferecem é intermitente e difícil de armazenar".[20] Espaço concreto e tempo concreto ainda são vistos como aborrecimentos do fluxo. Lidemos com eles um de cada vez.

Um fluxo contra a tendência das coisas

Uma placa solar no Arizona gera 60% mais eletricidade do que uma placa idêntica no Maine. O potencial técnico total da energia solar no Oriente Médio e no Norte da África é 12 vezes maior do que na Europa Ocidental e 72 vezes maior do que na Europa Central e do Leste. Alguns dos ventos mais fortes sopram na ponta inferior do Cone Sul, na ilha da Tasmânia e nas costas do Mar do Norte, enquanto uma grande parte da Ásia é comparativamente bem menos contemplada nesses aspectos. Sempre incrustado à paisagem, o fluxo distribui suas energias de forma desigual ao longo do espaço; nenhum outro fato é mais determinante para as variações no preço do quilowatt.[21] Consideremos um conjunto de painéis fotovoltaicos cujas células convertem a luz incidente diretamente em corrente elétrica: ele não vale nada fora da coluna local de raios solares; não pode ser alimentado pela radiação entregue do outro lado do planeta; é totalmente refém das condições de onde está instalado. O carvão pode ser mandado para onde quer que o capital esteja favorecendo a produção. O mesmo vale para o petróleo e o gás natural — de Alberta ao Alasca, de Gaza a Gana —, mas a energia vinda do sol, do vento, das ondas e da água só pode viajar por distâncias limitadas: o brilho do sol na Argélia não pode ser despachado para Bangladesh.

Alguns entusiastas só veem vantagens nesse localismo. Hermann Scheer, arquiteto do projeto alemão de transição conhecido como Energiewende e provavelmente o mais influente dos ideólogos europeus das energias renováveis, construiu uma visão completa para o rejuvenescimento da civilização moderna em torno dessa fixidez espacial. Em *The Solar Economy* [A economia solar], Scheer entoa louvores às pequenas ou inexistentes "cadeias de produção" da energia renovável: finalmente a energia pode — não, deve — ser domada, produzida e utilizada em um mesmo lugar. Fonte e consumidor serão como unha e carne, com um vínculo local indestrutível. O emblema, ou a "*prima donna*", dessa nova era é precisamente a placa solar, que, fixada em um telhado, manda a corrente elétrica direto para o andar de baixo, para o banheiro, a cozinha e a garagem. Se usinas elétricas que funcionem por energia solar também forem necessárias, essas instalações deverão servir as cidades "na vizinhança imediata — as necessidades energéticas do Cairo, por exemplo, devem ser supridas por uma usina localizada em um deserto próximo".[22] O transporte de energia renovável não é nem necessário nem possível, e é melhor que seja assim: Scheer vislumbra ciclos fechados de energia, mercadorias e serviços dentro de comunidades locais, sem caminhões ou cabos de alta voltagem ziguezagueando pela Terra. Os consumidores de energia terão de se adaptar à "intensidade da incidência solar, à força predominante dos ventos, à presença ou à ausência do potencial hidrelétrico" *in situ*. Um processo de reajuste da "realocação industrial" com base na distribuição da oferta de energia deverá ser iniciado.[23] As fábricas salpicarão o globo. Não haverá centros.

Ecoando os *phalanstères* [falanstérios] e máximas como "o negócio é ser pequeno",[24] a visão de Scheer pode até corresponder a um perfil do fluxo que não se modificou, mas é privada de qualquer tipo de apreciação quanto ao que está em jogo aqui. "O fato das cadeias de suprimentos para a energia solar serem curtas", escreve o autor, "nos faz pensar por que gerações de cientistas e técnicos se recusaram a aceitá-la como uma alternativa" — como se as forças envolvidas fossem inescrutáveis.[25] Mas a negação que elas fazem do ideal de Scheer é absoluta. A globalização produziu a maior de todas as separações entre produção e consumo de energia na história documentada, com cadeias que, com frequência, levam combustíveis fósseis de depósitos em um país para que sejam queimados em outro, que fabricará mercadorias para serem vendidas em um terceiro território; a cada ano que passa, mais carbono — tanto sólido quanto incorporado — é embaralhado entre as fronteiras. Em tempos de produção globalizada, o capital voa por cima de todas as cercas em busca da grama mais verde e, mais arisco do que nunca contra tentativas de limitação, se move incessantemente entre regiões sem considerar as qualidades intrínsecas dos locais por onde passa; a concepção dominante é a de Jack Welch, o CEO da General Electric famoso por ter proclamado que, "em um mundo ideal, você teria todas as suas fábricas montadas sobre uma barcaça".[26] Se Scheer tem razão quanto às ramificações de uma transição para o fluxo, também está em contradição com a lógica do capital global, já que *os meios de produção teriam de ser agrilhoados a comunidades formadas ao redor de núcleos de energia*. A fórmula que outrora levou à ascensão do vapor teria de ser invertida. O capital precisaria levar as pessoas até a energia, e não instalar a energia em meio ao povo, como tem feito nos últimos dois séculos — e, no atual estágio do espaço abstrato, com um vigor inigualável.

"Quando a natureza do trabalho é tal que não se mostra possível removê-lo", como já vimos Babbage explicar, "os proprietários ficam mais expostos a prejuízos provenientes de associações entre os trabalhadores". A produção globalizada foi construída sobre essa lição, aprendida do modo mais difícil. Scheer sugere garbosamente que "o uso abrangente de energias renováveis tiraria os ventos das velas de uma globalização econômica e de um processo de concentração industrial", mas não percebe o que isso significaria: a retirada da arma usada com tanta eficiência pelo capital para prevalecer na luta contra o trabalho.

É pouco provável que isso se dê sem resistência. *Outras* classes podem ter pouco a perder: os *trabalhadores* teriam a ganhar, se não um mundo, ao menos um futuro mais seguro com a mudança dos meios de produção para as energias solar, eólica ou hídrica, que já não poderiam ser transferidas de uma hora para outra. Mas poucos são os devotos do localismo ou do regionalismo renovável que subscrevem a esse tipo de alinhamento de classe. Scheer, por exemplo, nutre a esperança de uma "acumulação de capital amplamente distribuída", um delírio com zero relação com a dinâmica espacial concreta das relações capitalistas de propriedade.[27]

Igualmente sonhadora é a réplica de Scheer à segunda objeção à energia renovável: "A resposta correta ao argumento de que não é possível secar suas roupas se o vento não sopra é que você pode fazê-lo quando o vento voltar".[28] Claro, mas só se o valor de uso fosse o objetivo do trabalho. Em economias capitalistas avançadas, contudo, o reino do tempo abstrato fez penetrar em cada momento da existência utensílios que funcionam 24 horas por dia, desde a geladeira até a esteira transportadora industrial, dos servidores de dados às estações de recarga, e nutriu uma alergia geral a interrupções. "Tornou-se intolerável esperar que um dispositivo carregue ou se conecte", escreve Crary no livro *24/7*: "Há uma incompatibilidade profunda entre tudo aquilo que se assemelhe ao devaneio e as prioridades de eficiência, funcionalidade e velocidade".[29] Não é o momento histórico mais propício para dizer às pessoas que esperem pelas condições meteorológicas. Na indústria, os equivalentes à indisposição cultural diagnosticada por Crary como "24/7" são as doutrinas da "manufatura enxuta" e do "*just in time*": uma guerra fanática que, travada contra os poros remanescentes no processo laboral, é profundamente incompatível com tudo que se assemelhe a uma intermitência. O capital pode ser forçado a depender de um fluxo inerentemente flutuante? É provável que a resistência a esse tipo de pensamento nunca tenha sido tão firme quanto hoje.

Críticos de Jacobson e Delucchi fixaram seus alvos na rachadura temporal de suas armaduras, apontaram para as semanas europeias de inverno de céus nublados e calmos, e classificaram o descompasso entre essas condições e o pico da demanda como "inaceitável em nossa economia moderna".[30] Em 2008, uma iniciativa climática sob os auspícios do Google apresentou um projeto para fazer com que os Estados

Unidos abandonassem o carvão até 2030 e o substituíssem por uma mistura de energia eólica, solar, nuclear e de outras origens. "É absolutamente impossível", o CEO da American Electrical Power ridicularizou a ideia: "Caso você consiga fazer com que os ventos soprem 24/7, seria uma boa. Talvez o Google tenha um projeto para isso".[31] De propriedade privada e voltadas ao lucro, as distribuidoras de energia dos Estados Unidos se abstêm das energias renováveis por medo da variabilidade das condições meteorológicas, que atualmente causam flutuações interanuais em rendimento na ordem de 15% a 20% para parques eólicos e 5% para projetos solares (sem falar nas oscilações entre meses ou semanas). "A tendência das coisas é tal", vimos William Stanley Jevons observar na década de 1860, "que é provável que acabemos por inventar o carvão como fonte de luz solar, [e não] a luz solar como concorrente do carvão"; hoje, tanto no tempo quanto no espaço, a tendência é uma reificação progressiva, uma "separação continuamente crescente da essência qualitativa e material das 'coisas'", para citar Lukács.[32] Tendo incorporado o estoque à sua própria medula, o capital continua a se distanciar da natureza do fluxo.

O ardil-22 da transição

Dito tudo isso, no entanto, um campo de diferentes possibilidades se abre. Talvez haja métodos para arquitetar um perfil mais abstrato para o fluxo. As tecnologias de energia solar, por exemplo, estão disponíveis em outras formas além dos painéis fotovoltaicos: uma floresta de espelhos mecanizados pode ser plantada no solo para rastrear os raios do sol e redirecioná-los para um único ponto focal, como uma torre, em que as temperaturas resultantes podem variar entre 200 °C e 1.000 °C; o calor abrasador pode então ser usado para produzir vapor — a velha ideia comentada por Jevons — e mover uma turbina como em qualquer usina convencional. Enquanto um painel converte diretamente a luz solar em eletricidade, a "energia solar concentrada", ou ESC, pega um desvio pelo calor, mas reúne uma corrente muito mais densa e que, com o uso de linhas de transmissão de alta voltagem, pode ser transmitida a longas distâncias — atualmente, até dois mil quilômetros —, para centros populacionais e industriais. Quanto ao vento, uma opção análoga consiste em instalar parques eólicos gigantes em alto-mar, onde os ventos, desimpedidos pela ausência de montanhas e prédios, são rápidos e constantes, e transportar os produtos de sua pesca para o continente.[33] Conjuntos de painéis fotovoltaicos e turbinas eólicas instalados em terra firme também podem ser conectados a redes, claro, mas a ESC e os parques eólicos em alto-mar possuem a capacidade especial de capturar o fluxo *em lugares onde ele é mais abundante* — desertos, estreitos, baías —, de onde pode ser levado até as pessoas. Mas essas soluções envolvem um grande ardil: exigem planejamento e coordenação intensos.

O projeto mais badalado desse gênero é, de longe, o "Desertec": uma corrente de megausinas de ESC no norte do Saara que exportaria eletricidade para a Europa via cabos subaquáticos. Em 2009, um consórcio de corporações das finanças e da indústria lançou a Iniciativa Industrial Desertec (IID) a fim de mobilizar capital para o projeto com o objetivo de suprir pelo menos 15% das necessidades energéticas europeias até 2050. "A ideia de que a energia renovável deve ser produzida em áreas com condições ideais e exportada para regiões com alta demanda passou a ser conhecida como visão Desertec", pronunciou a IID em 2012, com a exibição de mapas atualizados que mostravam uma espessa teia de linhas de alta voltagem que abasteceria as partes mais densamente povoadas da Europa com energia vinda de ESC e de instalações fotovoltaicas e eólicas no Oriente Médio e no Norte da África; o projeto, como a confiante iniciativa garantiu ao público, "pode ser concretizado por agentes do mercado e por investidores".[34] Mas, dois anos mais tarde, ele já havia desmoronado. Não convencidos dos benefícios financeiros, os pesos-pesados do consórcio — E.ON, Bosch, Siemens — se retiraram; a Desertec Foundation, uma associação sem fins lucrativos, se separou da iniciativa; o projeto de oferecer energia para o outro lado do Mediterrâneo foi colocado na geladeira, e as distribuidoras europeias afirmaram que ele era "incompatível com os níveis atuais de interconectividade de rede" — além disso, os mercados já sofriam com um *excesso* de energia renovável.[35] Um estudo concluiu que a Desertec era perfeitamente viável em termos tecnológicos, mas "condições políticas estruturais adequadas que viabilizem os grandes investimentos necessários ainda não estão disponíveis".[36] Não havia um plano em funcionamento para manter os átomos de capital unidos.

Contudo, a visão Desertec se espalhou para outros lugares. Os desertos são minas de ouro de luz solar à espera de serem utilizadas em benefício das colmeias superlotadas e das oficinas do mundo, como a China: daí a ideia da "Gobitec". O deserto de Gobi pode ser o habitat mais favorável de todos para a geração de energia solar. A cobertura de 3% de sua área com painéis bastaria para produzir mais eletricidade do que o mundo inteiro consumiu em 2008; com a combinação de painéis fotovoltaicos de grande escala e ESC, correntes poderosas poderiam atravessar a China em direção à costa, ao sul — onde se situam os IED —, bem como através da península da Coreia e até Tóquio, mais a leste. Assim como o modelo europeu, a Gobitec ainda precisa sair do papel. Nenhum investidor privado apareceu. Outro problema familiar atormenta o projeto:

> A cooperação entre países asiáticos vislumbrada pelos proponentes da Gobitec ignora que os agentes privados do mercado podem ter interesses diferentes daqueles dos agentes governamentais. *A concorrência entre investidores privados pode ser incompatível com a diplomacia estatal,*

nas palavras de dois pesquisadores, que prosseguem com a citação de um informante anônimo: "Fazer com que países trabalhem juntos já é bem difícil. Mas a segurança energética é *uma atividade de geração de lucros; por isso, empresas privadas relutam em cooperar*. Elas querem dominar". E seria possível esperar que os países envolvidos também se comportassem como maximizadores de lucro: se um deles "perder dinheiro, mas os outros não, o resultado pode ser um ressentimento".[37] É nesse estado que o projeto se encontra.

Soluções para o problema da variabilidade tendem a apontar na mesma direção: para longe das limitações regionais e na direção das "super-redes" de recursos integrados baseadas no princípio de que, quando o vento para de soprar em um lugar, o sol provavelmente está brilhando em outro. Jacobson e Delucchi responderam a seus críticos com a sugestão de que parques eólicos interconectados no Norte da África, na Rússia e na Ásia Ocidental ofereceriam proteção contra as semanas estéreis de inverno europeu; o objetivo seria tratar as energias renováveis como *pacotes*, e não como enclaves autárquicos impossíveis. Instalações geotérmicas, maremotrizes e hidrelétricas proporcionam energia mais constante do que os estabelecimentos solares e eólicos, e, por isso, desempenham um papel fundamental como amortecedores.[38] A Desertec é — ou era — projetada para oferecer os mesmos serviços de balanceamento (o sol sempre brilha na Arábia). Outra ideia seria remodelar a Noruega como "bateria verde da Europa", a ser carregada pelos excedentes de fluxo dos países vizinhos: quando o vento está forte na Alemanha ou no Reino Unido, parte dele poderia ser direcionado ao bombeamento de água até os reservatórios nas montanhas norueguesas; quando os ventos abrandassem, a água poderia ser liberada, e o favor, retribuído. Vimos um "cavalheiro de Ayrshire" propor exatamente a mesma solução para a indústria britânica nos anos 1820.

Depois da transição, Jevons imaginou como o carvão poderia se tornar inteiramente redundante com a ajuda de um planejamento inteligente:

> O mais perfeito sistema concebível de trabalho de máquina pode ser encontrado na potência hídrica. Imaginemos um número indefinido de moinhos de vento, moinhos maremotrizes e moinhos de água empregados para bombear água em direção a alguns imensos reservatórios próximos a nossas cidades fabris. A potência hídrica poderia, assim, ser distribuída e vendida como a água é hoje vendida para fins domésticos. Não apenas todas as máquinas grandes, mas cada guindaste, cada torno, cada ferramenta poderia ser operada com a água de um cano de abastecimento, e, em nossas casas, uma multiplicidade de operações domésticas, como ventilação, limpeza e preparo de alimentos, poderia ser facilitada pela potência hídrica.[39]

Sabemos quais foram as pedras em que essas ideias tropeçaram. Hoje, assim como naquela época, as tecnologias necessárias estão totalmente amadurecidas, mas é raro encontrarmos um espírito de concessão e acomodação mútuas entre os envolvidos: as companhias elétricas norueguesas não preveem lucros altos o suficiente para que se sintam motivadas a investir; ainda não está claro quem pagará pela infraestrutura; alguns entusiastas de belas paisagens se opõem à passagem de linhas de transmissão por motivos estéticos.[40] Nesse meio-tempo, as empresas, sem coordenação, continuam a bombear o petróleo norueguês e a escavar o carvão alemão.

Não há motivos para supor *a priori* que esses obstáculos sejam intransponíveis. Outras opções para o gerenciamento das oscilações do fluxo estão à mão: um superdimensionamento das capacidades de geração, o armazenamento em baterias, o uso de previsões meteorológicas e até mesmo — um pensamento ousado — a regulamentação de demanda.[41] Mas parece haver um ardil-22 mais geral que congela a transição (ou, como esse processo é muitas vezes e apropriadamente referido, a *saída*). De um lado, uma volta ao terreno concreto do fluxo desmantelaria a espaço-temporalidade abstrata. De outro, uma tentativa de criar o espaço e o tempo mais abstratos possíveis a partir da concretude do fluxo exigiria um planejamento abrangente. A emergência está aí, e, se alguns aspectos integrais das relações capitalistas de propriedade mantêm fechado o portão que nos leva para uma saída, também esbarramos em diversos obstáculos quando nos voltamos para outras. Robert Thom, é claro, empacou no mesmo ardil: com longos aquedutos, múltiplos reservatórios e comportas de última geração, Thom prometeu "transportar a água dos lugares mais remotos e inacessíveis" e fazê-lo "com a mesma precisão de uma engrenagem de relógio". Só que o capital não poderia concordar com isso. Sem disposição para sacrificar tanto a mobilidade espacial e a uniformidade temporal quanto a anarquia da competição entre concorrentes, ele preferiu se envolver com a construção de uma economia fóssil; hoje, ao tentarmos sair dessa estrutura, com o alarme de incêndio soando ao fundo, damos de cara com portas trancadas com as mesmas chaves do passado. Caso pretendamos conseguir escapar em qualquer direção que seja, parece que as relações *precisarão* se mover para uma direção mais comunal — em linha com o perfil concreto ou a tendência comunista do fluxo.[42]

As *res communes* da água, da luz e do ar ainda estão em um "estado de movimento contínuo e de mudança incessante", como afirmou Blackstone, e são "de uma natureza vaga e fugidia", nas palavras de um jurista francês.[43] A captura de suas forças parece tecnicamente viável sob condições de planejamento e coordenação em níveis hoje desconhecidos; ela arrastaria indústrias, nações e vários continentes para debaixo das asas de comissários do Irwell do século XXI. Mas a tendência das coisas é de que o estoque continue a circular em sua submissão imóvel.

Rumo a uma economia planificada para a energia?

Hermann Scheer quer seguir a rota do localismo sem entender as coisas com as quais teria de lidar. Em *The Energy Imperative* [O imperativo da energia], publicado postumamente em 2012, Scheer esbraveja contra a Desertec, a bateria norueguesa e todas as super-redes propostas, as quais considera traições ao *Geist* [espírito] da energia renovável, que, "por sua própria natureza, é descentralizado". Em vez de aceitarem a luz e o ar como são, esses projetos tentariam espremê-los na cama de Procusto das estruturas fósseis; pior ainda, eles atribuiriam novas prerrogativas ao Estado. A ideia de uma super-rede continental "tem as características *de uma economia planificada para a energia europeia*", queixa-se o autor.[44] Suponhamos que ele esteja certo. Se as economias pós-fósseis não se fragmentarem em esferas locais ou regionais autocontidas — às quais os meios de produção ficariam presos, em benefício do trabalho e em detrimento do valor de troca —, elas terão de ser planificadas. Quão profunda essa planificação precisaria ser? Ela não poderia se limitar a uma superfície de cabos e fios interligados, do mesmo modo como o Estado fornece todas as outras infraestruturas sem se intrometer nos assuntos propriamente internos do capital?

A primeira coisa a ter em mente aqui é que qualquer transição, e particularmente uma transição de chave abstrata, exige investimentos em uma escala fora do comum. Mas o capital não se mostra disposto a encarar o desafio. Desde as primeiras usinas da Califórnia, nos anos 1980, até o momento em que este livro é escrito, nem uma única instalação de ESC viu a luz do dia sem a alocação de recursos públicos consideráveis. Parece não haver maneira de pôr a bola de uma Desertec ou de uma Gobitec em jogo, a menos que Estados depositem todo seu peso por trás desses empreendimentos; parques em alto-mar — que ainda respondem por meros 2% da capacidade eólica global — representam o mesmo desafio, assim como os sistemas de transmissão que conectam todos esses componentes. Ainda que possam produzir eletricidade mais barata no longo prazo, as tecnologias para a concentração do fluxo só podem ser postas em funcionamento após um pesado investimento inicial.[45] Os números flutuam bastante — a Agência Internacional de

Energia (AIE) diz que o mundo deverá gastar um trilhão de dólares por ano até 2050 para mudar para a energia renovável —, mas, independentemente da forma de cálculo, é evidente que os investimentos necessários são colossais e que *apenas uma fração deles se materializou até agora*. Os gastos totais em 2012 chegaram a um terço dos níveis propostos pela AIE. Se as decisões continuarem nas mãos de agentes privados, tudo indica que muito pouco acontecerá — e tarde demais. Há algo de patético na *súplica* que Christiana Figueres, secretária-executiva da Convenção-Quadro das Nações Unidas sobre Mudança do Clima, direcionou às instituições financeiras para que, por favor, pusessem algum dinheiro em "infraestrutura verde": elas têm as chaves nas mãos — e não Figueres ou qualquer outro corpo eleito ou intergovernamental —, mas simplesmente se recusam a abrir as portas.[46]

Não que falte dinheiro: os agentes financeiros do mundo têm centenas de trilhões dólares à disposição. Não que fujam de projetos de risco: eles estão dispostos a apostar suas fortunas na mais incerta das especulações. Em vez disso, argumentam os pesquisadores suecos Robin e Staffan Jacobsson, as dinâmicas da financeirização tornaram os investidores privados absolutamente inadequados para custear uma transição, pois a busca pelo lucro instantâneo os leva cada vez mais longe de uma super-rede ou de um parque eólico em alto-mar. Quando a propriedade das ações de uma empresa é mantida em média por meros 22 segundos, por que esses investidores subscreveriam projetos de longo prazo para a exploração do fluxo com pouco a oferecer em garantia de rendimentos?[47] Ao abandonarem essas ilusões, os Jacobsson recomendam que os Estados empunhem duas marretas: a reestruturação completa do setor financeiro, de um lado, e a fundação de bancos públicos de investimento com capacidade maciça de empréstimos, de outro. Assim, a infraestrutura poderia ser construída do zero.

Se só os Estados estão equipados para se comprometer com os investimentos necessários, então só os Estados e outras autoridades públicas poderão tomar as decisões imperativas. A cidade de Los Angeles tem uma das políticas energéticas com mais visão de futuro nos Estados Unidos: depois de rescindir todos os contratos de energia gerada a carvão, investir pesado em energia eólica, instalar painéis fotovoltaicos de grande escala no deserto e se conectar a redes de energia eólica e solar ligadas a sete estados da costa oeste, a cidade está bem perto de gerar um terço de sua eletricidade a partir de fontes renováveis já em 2020, com a substituição, no curso de uma década, de 70% da infraestrutura energética construída em um século. O que faz com que uma empreitada comparativamente tão audaciosa seja possível? Em um artigo escrito para a *Nature Climate Change*, o prefeito democrata Antonio R. Villaraigosa e dois cientistas colaboradores apontam um fator decisivo: a cidade manteve a propriedade e o controle totais de suas distribuidoras de energia. O aprovisionamento, a geração, a transmissão e a integração das redes ficam todos sob responsabilidade de um único departamento administrado por representantes eleitos *que tomam as medidas necessárias para que a cidade se mantenha no rumo desejado.*[48]

Contudo, hoje, no mundo todo, redes e distribuidoras de energia estão sendo privatizadas. Uma vez que elas terminem atrás das cercas da propriedade privada, uma autoridade pública não conseguirá simplesmente ordenar que mudem para o fluxo — a não ser que invada essa propriedade. Uma empresa privada de energia, como Naomi Klein salienta em seu magnífico *Tudo pode mudar: capitalismo versus clima,* só se volta para as energias renováveis sob a condição de que sejam lucrativas. Ela não tem como chegar a outra conclusão. Mesmo que pretendesse fixar suas próprias metas de alta eficiência ou de maior uso de fontes renováveis, a experiência sugere que os ganhos daí decorrentes seriam superados pelo volume cada vez maior dos negócios — mais uma vez, o paradoxo de Jevons. Mas Estados e municipalidades são compatíveis com objetivos que não sejam o lucro e não estão sujeitos a uma compulsão expansiva como a do capital. Não só em cidades estadunidenses mas no mundo todo — e sobretudo no importantíssimo continente asiático — o poder público simplesmente tem de tomar as rédeas da transição caso pretendamos que alguma versão dela aconteça.[49]

Isso significaria um engajamento não só com formas de criação, mas também de destruição. Ao expressar uma credulidade comum, Scheer escreve que "todo e qualquer investimento em energias renováveis é sinônimo de combate ao CO_2": se erguêssemos uma turbina eólica em uma colina, ela automaticamente substituiria um *quantum* proporcional de carvão. Mas não é assim que a economia capitalista opera. O sociólogo ambiental Richard York analisou dados de quase todos os países do mundo para o período de 1960-2009 e descobriu que 1 quilowatt-hora de eletricidade não fóssil substituía em média 0,1 quilowatt-hora de energia fóssil. Em vez de tomar o lugar do carvão e evitar emissão de CO_2, uma turbina eólica acrescenta mais uma fatia a uma torta energética que não para de crescer; a não ser que haja uma "*supressão direta do uso dos combustíveis fósseis*", a construção isolada de infraestrutura para o fluxo alcançará apenas um décimo de transição.[50] Essa é uma das razões para a perversa situação de sobrecapacidade e excesso de tecnologias de energia renovável: de um ponto de vista humano, elas são *ínfimas*, é claro, mas, enquanto os mercados estiverem transbordando de combustíveis fósseis, as energias renováveis continuarão sendo um nicho saturado. Seria imprudente, portanto, confiar na oferta e na demanda como mecanismos para a transição. Se as energias solar e eólica se tornassem radicalmente mais baratas do que os combustíveis fósseis, a demanda por estes últimos poderia cair — mas só para induzir uma queda correspondente de seus preços, que reavivaria e restabeleceria um equilíbrio de prodigalidade.[51]

Investir, decidir, suprimir: nada similar ao padrão comportamental do Estado neoliberal médio. Como Klein cartografa com riqueza de detalhes, toda a lógica do neoliberalismo corre em sentido oposto às exigências básicas da transição: no lugar de recursos para investimento, ganhamos cofres públicos mais esfomeados; na contramão da intervenção, os Estados desregulam sistematicamente os mercados; ao desprezarem a mera ideia da expansão da influência estatal, eles entregam um setor após o outro a agentes privados. O fato de que os cientistas despertaram para a magnitude do aquecimento global e demandaram mudanças drásticas de percurso logo depois que os governos, sob hipnose neoliberal, desistiram da própria ideia de interferência em mercados autorregulados é, efetivamente — outro aspecto-chave da temporalidade climática —, um "caso épico de *timing* histórico ruim".[52] E essas reflexões são compartilhadas por pensadores menos radicais. Uma meia-volta em direção às energias renováveis só poderá ser concretizada com "um concerto de esforços sociais e políticos para além dos tipos tradicionais de incentivos econômicos", nas comedidas palavras de Jacobson e Delucchi. Mesmo Anthony Giddens, que dificilmente pode ser acusado de nutrir simpatia pelo comunismo, reconhece que os poderes do Estado "devem ser invocados caso desejemos causar um impacto relevante sobre o aquecimento global": é necessário haver "um retorno, em uma roupagem ou outra, à planificação". Na União Soviética, os planos quinquenais frequentemente erravam o alvo; precisamos de planos certeiros. Não há alternativa: a planificação é "inevitável".[53] Será preciso cortar mais fundo em nossas economias do que os paradigmas prevalecentes permitiriam, e ainda mais fundo quando a dimensão peculiar das mudanças climáticas — o tempo — for completamente compreendida e aceita.

Quanto mais CO_2 for lançado na atmosfera, menor será o escopo remanescente para a limitação do aquecimento global. Consideremos a meta de 2 °C não como o limiar para um aquecimento global perigoso — já estamos bem dentro de seu campo de força —, mas como uma demarcação entre o perigoso e o extremamente perigoso, o ponto a partir do qual mecanismos de retroalimentação positiva podem ficar desenfreados. Para que tenhamos, ao menos, uma chance razoável de manter uma civilização organizada, precisamos manter o aumento nas temperaturas médias abaixo dessa linha; a explosão de emissões do começo do século XXI, no entanto, levou o sistema climático perigosamente para perto dela. O orçamento de carbono para 2 °C está no processo de ser consumido: caso as emissões globais continuem nos níveis de 2014, ele estará completamente esgotado dentro de trinta anos. Mas, é claro, as emissões estão *crescendo rápido*; projeções atuais sugerem um crescimento continuado de até 3% ao longo da segunda década do século XXI. Resta apenas um campo estreito para a luta de uma guerra de manobra. De acordo com o consenso científico mais recente, as emissões globais teriam de atingir o ápice em 2020 e, depois, diminuir *ao menos* 3% ao ano — o mesmo ritmo com que crescem atualmente, com a explosão revertida em uma enxurrada de cortes e com a inversão completa dos negócios de sempre.[54] Daí as emissões precisariam ser cortadas de forma ainda mais brutal caso alguém ainda ousasse buscar a meta de 2 °C. Eis a aritmética subversiva e imutável das mudanças climáticas.

Isso põe tanta pressão sobre os marxistas como sobre todas as outras pessoas. Argumentos na linha "uma solução: revolução" ou, de forma menos abreviada, "as relações socialistas de propriedade são necessárias para combater as mudanças climáticas" são, hoje, insustentáveis. As experiências dos dois últimos séculos indicam que o socialismo é uma condição excruciantemente difícil de alcançar; propostas de sua construção em escala global antes de 2020 para *só depois* começar a cortar emissões não seriam apenas risíveis como também irresponsáveis.[55]

No atual momento em que vivemos, a proposta de uma investigação da destrutividade climática das relações capitalistas de propriedade só pode ser *uma análise realista dos obstáculos* à transição. E eles crescem a cada dia. Se a temporalidade das mudanças climáticas compele os revolucionários a ser um pouco pragmáticos, também obriga outras pessoas a começar a considerar medidas revolucionárias. Tivesse o desmanche da economia fóssil iniciado, digamos, depois que a UNFCCC foi assinada, em 1992, quando a concentração de CO_2 na atmosfera era de 355 ppm, e não as atuais 400 ppm, ajustes poderiam, ao menos hipoteticamente, ter sido feitos com alguns cutucões gentis no mercado — um pequeno imposto aqui, outra pequena tarifa ali, alguns descontos para veículos elétricos —, mas, quanto maior o adiamento, mais dramática a demolição deverá ser quando for iniciada.[56]

Hermann Scheer entende que as ações de indivíduos e de unidades residenciais serão suficientes. Ele se opõe a reduções obrigatórias de emissões, "a cotas preestabelecidas e a prazos", a qualquer coisa que cheire a "planificação tecnocrática"; bastaria que os poderes do sol fossem liberados para que a mudança fosse concluída espontaneamente, vinda de baixo. Deixemos o interesse individual imperar, e as pessoas perceberão que "a pequena escala é lucrativa". Como adepto da esquisita ideologia alemã conhecida como "ordoliberalismo" — uma suposta terceira via entre o neoliberalismo e o keynesianismo que nem recua nem intervém diante do mercado, mas é uma parteira ativa de suas forças inerentemente benévolas —, Scheer defende tarifas *feed-in* como uma panaceia para a transição: garanta aos produtores um rendimento quando alimentarem as redes de transmissão com energia renovável e eles o farão. A ideia seria conceber tecnologias solares "de tal modo que, assim como o motor a vapor no passado, elas se transformem em uma força econômica irrefreável".[57] Muito poderia ser dito sobre esse programa, mas basta apontar o fato de que ele pertence a aproximadamente meados da década de 1980 e não tem nada a oferecer à política climática em um milênio em que as tradições dos mortos são como pesadelos ainda mais terríveis que comprimem o cérebro dos vivos e dos ainda não nascidos.

Se as emissões globais devem recuar 3% ao ano, as das nações mais ricas podem ter de encolher de 5% a 10%, ou até mais do que isso, para abrir um pouco de espaço para os países em desenvolvimento. De acordo com Kevin Anderson, reconhecido especialista em cenários de mitigação, a humanidade pode conservar uma chance de 50% de continuar abaixo de 2 °C caso as emissões sejam zeradas antes de 2045, mas aí "tomar aviões, dirigir, aquecer nossas casas, usar eletrodomésticos, basicamente tudo o que fazemos teria de ser carbono zero — e, vejam, carbono zero quer dizer carbono zero". Cortes dessa magnitude não têm precedentes históricos. O colapso da União Soviética estabeleceu o recorde, com uma queda em emissões de 5% por alguns anos durante a década de 1990. Como, então, esse esforço desesperado poderia ser bem-sucedido? Anderson declara o óbvio: o mercado não será capaz de fazê-lo. "A economia de mercado convencional se baseia na compreensão de um problema e na realização de pequenos ajustes (marginais). Mas, com as mudanças climáticas, já não estamos falando de mudanças pequenas; estamos lidando com um mundo de mudanças muito grandes, fora do domínio da teoria-padrão do mercado". A alternativa? "Recessão econômica programada", defendem Anderson e sua colega Alice Bows.[58] Os autores não dizem isso de modo explícito, mas, é claro, uma recessão econômica programada seria objetivamente uma declaração de guerra contra o capital. A política da mitigação das mudanças climáticas segue uma linha do tempo histórica trágica que corre de Eduard Bernstein até Trótski: "Camaradas, estamos diante de um momento muito difícil, talvez o mais difícil de todos. E aos períodos difíceis na vida dos povos e das classes correspondem medidas duras", como Trótski escreveu em *Terrorismo e comunismo* no *annus terribilis* de 1920. Ou, segundo Walter Benjamin: "Da salvação faz parte a apreensão firme, aparentemente brutal".[59]

Uma analogia mais popular do que a do comunismo de guerra é a da Segunda Guerra Mundial. Em um dos artigos mais lúcidos sobre política climática veiculados até hoje, os pesquisadores australianos Laurence L. Delina e Mark Diesendorf defendem a mobilização em tempos de guerra como modelo para a rápida redução das mudanças climáticas: ao conjurar um enorme orçamento de defesa depois de Pearl Harbor, o governo dos Estados Unidos planejou e garantiu a produção de tudo, de aviões a munições. O Poder Executivo direcionou os recursos da nação, convocou trabalhadores, requisitou propriedades, forçou fabricantes a aceitarem contratos, acabou com a produção de certos artigos — notadamente carros particulares — e, em suma, mobilizou a economia *in toto* em direção ao propósito único de derrotar o inimigo. Quando a tarefa a ser cumprida é o corte de emissões em 10% ao ano, o que se exige não é nada menos do que uma centralização similar de poderes sob "um ministério especial para a transição a um futuro de baixo carbono".[60] Conferidas essas prerrogativas excepcionais, esse ministério arrecadaria fundos, redirecionaria o trabalho, aceleraria a pesquisa e o desenvolvimento de tecnologias, sequestraria capital fixo baseado no estoque, organizaria a produção em massa de tudo, de ônibus a refletores de ESC, e liberaria o poder total do fluxo. Taxas fixas de cortes de emissões anuais poderiam ser cumpridas contra a vontade do capital fóssil e de seus representantes. Delina e Diesendorf estimam que regimes do tipo poderiam conduzir a transição para o carbono zero dentro de 25 a 30 anos em países desenvolvidos e talvez em 40 anos para o mundo como um todo. Quatro entidades políticas — os Estados Unidos, a União Europeia, a China e a Índia — respondem hoje por mais da metade de todas as emissões: bastaria montar um ministério especial em cada uma delas e já estaríamos bem encaminhados.[61]

A analogia com a Segunda Guerra Mundial tem, todavia, suas limitações. As grandes empresas tinham pouco a perder com a entrada na guerra. Uma transição de zero hora para o fluxo teria de ser imposta por forças antagonistas aos interesses do capital fóssil: na ausência de um movimento de massas, "parece improvável que governos se dediquem à mitigação de emergência, mesmo na ocorrência de desastres climáticos que ofereçam risco à vida".[62] Para algumas forças, uma economia energética planificada é uma abominação completa. Elas lutam contra essa ideia, sob inundação ou seca, e muitas delas preferem manipular entidades bem diferentes.

A última saída contra a planificação

O precipício já está à vista, mas tudo o que o trem da economia fóssil faz é correr mais rápido em seus trilhos fixos. Então, o que podemos fazer agora? Talvez pudéssemos pôr espelhos em órbita para rebater a luz solar de volta para o espaço. Ou então branquejar as nuvens, pintar os telhados de branco, sugar o carbono do ar com árvores artificiais e bombeá-lo para o subsolo, polvilhar ferro pelos oceanos para estimular a produção de plânctons, cujos minúsculos corpos capturariam CO_2 através da fotossíntese e o carregariam para o leito marinho quando morressem... Desde que a intensidade da explosão de emissões ficou clara, muito do interesse tem sido desviado para esses e outros métodos de *geoengenharia*, uma prática definida em termos gerais como "uma intervenção deliberada de grande escala no sistema climático projetada para combater o aquecimento global ou compensar alguns de seus efeitos".[63] Por muito tempo considerada o devaneio de algum cientista maluco, a geoengenharia passou a ser um tópico de pesquisas intensas e perfeitamente sérias depois que Paul Crutzen, que acabara de introduzir o conceito do Antropoceno, publicou um artigo na *Climatic Change* em 2006 no qual sugeria que os humanos deveriam se esforçar para copiar as erupções vulcânicas. Em junho de 1991, o monte Pinatubo, nas Filipinas, jorrou uma nuvem de enxofre na estratosfera e bloqueou parte da radiação solar recebida pelo planeta: no ano seguinte, as temperaturas médias da Terra caíram 0,5 °C. Também poderíamos sair borrifando aerossóis de sulfato, de forma intencional e sistemática, como se fossem um guarda-sol para nosso planeta.[64]

Desde a intervenção de Crutzen, houve uma verdadeira erupção de estudos e preparativos: oficinas, simulações de computador, relatórios de *think tanks*, centenas de artigos científicos, edições temáticas das principais publicações sobre ciências do clima, experimentos reais de campo, criação de *start-ups*, registro de patentes. A maior parte do trabalho se concentrou na "opção Pinatubo", ou, em termos mais clínicos, na "administração da radiação solar" através de injeções de aerossóis de sulfato. De todas as cores da paleta da geoengenharia, essa é a que se acredita ser a mais eficaz.[65] Ela poderia flutuar pelos céus em questão de meses, com alguns aviões cruzando a estratosfera a uma altura de cerca de vinte quilômetros, borrifando sulfatos e suspendendo os efeitos de dois séculos de queima de combustíveis fósseis no tempo necessário para a construção de um parque eólico. Em *A Case for Climate Engineering* [Uma defesa da engenharia climática], o físico e empreendedor David Keith ressalta quão fabulosamente barata a operação seria — um alívio imediato "pelo preço de um *blockbuster* hollywoodiano", ou cerca de um centésimo dos gastos atuais com tecnologias de energia renovável.[66] Como o CO_2 continua a se acumular na atmosfera, e os aerossóis de sulfato só permanecem onde foram despejados por um ano antes de afundar de volta para a terra, as injeções anuais teriam de continuar crescendo de maneira perpétua; Keith estima que, se começássemos em 2020, precisaríamos de um milhão de toneladas de sulfato por ano e de uma frota de centenas de aviões já em 2070. Os aerossóis são abundantes. As aeronaves existentes podem ser facilmente adaptadas para o trabalho.

A administração de radiação solar com o uso de injeções de aerossóis de sulfato provavelmente esgotará a camada de ozônio, interferirá nos padrões pluviométricos, possivelmente acabará com as monções asiáticas, perturbará a produtividade da fotossíntese, embranquecerá o céu, alterará o equilíbrio entre o dia e a noite, assim como entre o inverno e o verão, "contribuirá para milhares de mortes por poluição atmosférica por ano" — palavras de Keith — conforme a fuligem começar a garoar sobre a superfície do planeta, induzirá um vício duradouro por doses cada vez maiores e, ao diluir a luz solar, certamente reduzirá a eficiência dos painéis solares.[67] Mas nos concentremos em apenas um detalhe. Para que os efeitos do aumento na concentração de CO_2 sejam cancelados, a barreira deve ficar mais densa a cada ano — imaginemos, porém, que algo dê errado. Imaginemos que algum aspecto da tecnologia pare de funcionar ou que um efeito colateral inesperado acabe por se revelar insuportável, que a Índia derrube os aviões ou lance alguma substância neutralizante porque as monções desapareceram, ou que as empresas responsáveis já não consigam chegar a um acordo — qualquer coisa que trave o sistema. O que acontece, nesse caso? Conhecido como o "problema do encerramento", o resultado seria um pulso extremo de calor súbito. Removida a tampa, o forçamento radioativo de todo o CO_2 acumulado entraria em uma ebulição violenta: segundo as pesquisas mais recentes, as temperaturas médias na superfície terrestre poderiam subir 3 °C *por década*. A depender do tempo em que o sistema tenha estado em operação e de quanto CO_2 tenha sido emitido nesse período, o pico poderia ser ligeiramente menor ou dramaticamente mais alto; algumas regiões poderiam aquecer até 15 °C por década durante algum tempo. Hoje sabemos que a capacidade de adaptação dos ecossistemas é condicionada não só pela magnitude, mas também pela *taxa* de aquecimento. Nesse ritmo, sem precedentes na história geológica, todos eles fritariam.[68]

Bill Gates, hoje, é o maior financiador de pesquisas de geoengenharia do mundo. Um dos benfeitores de Keith — cujo livro exibe um dos elogios do bilionário na capa — e de outros pioneiros, Gates é acionista de empresas que desenvolvem tecnologias para fornecimento de sulfatos, embranquecimento de nuvens e captura de carbono. N. Murray Edwards, um magnata canadense do petróleo, enfiado até os joelhos nas areias betuminosas de Alberta, é um generoso investidor; o American Enterprise Institute e outros *think tanks* da direita conservadora — que até recentemente negavam as mudanças climáticas — promovem essa solução inteligente com entusiasmo; Shell, BP, Exxon e Boeing estão de acordo.[69] Rex Tillerson, o homem que quer perfurar e ganhar dinheiro, expôs uma visão prática para o aquecimento global: "É um problema de engenharia e haverá soluções de engenharia".[70] Não é necessário ter uma inteligência especial para decodificar os interesses em jogo aqui, mas o que dizer dos cientistas que, clara e genuinamente, estão preocupados com o lugar para onde os negócios de sempre estão nos levando? Não fosse pelo envolvimento deles, a geoengenharia não teria chegado nem perto de sua posição atual como freio de emergência centralmente posicionado.

Crutzen termina seu artigo com uma franca admissão: "O melhor mesmo seria que as emissões de gases de efeito estufa pudessem ser reduzidas de tal modo que o experimento de liberação de enxofre na estratosfera não fosse necessário. Atualmente, isso parece não passar de um desejo".[71] O argumento de Keith é todo baseado na premissa da "inércia econômica. Sofremos da ilusão persistente de que podemos alcançar rapidamente as mudanças estruturais profundas necessárias à descarbonização da economia" — pode ser que algumas pessoas tenham ideias malucas sobre intervenções no capitalismo, mas, em vez disso, devemos valorizar o sistema, que, aliás, fez "enormes progressos na administração de problemas ambientais na última metade do século" (prova: a Clean Air Act [Lei do Ar Limpo] dos Estados Unidos).[72] Keith obviamente teria um colapso nervoso se alguém propusesse uma economia planificada para a energia, mas está mais do que disposto a endossar uma biosfera gerada por "planejadores centrais" que regulem o termostato, otimizem as condições para a agricultura e afinem o clima para todos os seres vivos.[73] E aqui temos o motor incandescente da geoengenharia. Analogias com mobilizações em tempos de guerra aparecem de quando em quando na literatura, mas não evocam nada do burburinho que rodeia o paralelo com o Pinatubo. A planificação da economia é o tabu definitivo; a planificação do clima é digna de considerações mais aprofundadas, uma ideia aparentada com engenharia genética, sistemas de GPS, dispositivos *smart*, carne *in vitro*, guerra de drones e outros elementos naturais da hipermodernidade do capitalismo tardio. O capital fóssil não sobreviveria a uma transição, mas a geoengenharia pode infundi-lo com um novo sopro de vida; o que começou como subsunção real do trabalho precisa terminar como subsunção real da biosfera. Há o sentimento incômodo de que a materialização de uma frota de aviões carregados com enxofre é muito mais provável do que a de um ministério especial para a transição rumo a um futuro de baixo carbono. Hoje é mais fácil imaginar uma intervenção deliberada e de larga escala nos sistemas climáticos do que uma intervenção no capitalismo.

16

HORA DE ARRANCAR OS TAMPÕES: SOBRE O CO_2 COMO UM RESÍDUO DO PODER

O nome da época

Em *A espécie divina*, Mark Lynas constrói sua narrativa em torno de um vilão conhecido: nós mesmos. "O poder de Deus tem sido cada vez mais exercido por nós. Somos os criadores da vida, mas também seus destruidores", "nosso poder coletivo já ameaça ou oprime grande parte das maiores forças da natureza", "nossos detritos estão por toda parte", "estamos alterando as características da atmosfera de maneira imprevista", e assim por diante, *ad nauseam*.[1] Esse deve ser um dos clichês mais comuns no discurso das mudanças climáticas. Nós, todo mundo, você e eu criamos juntos essa bagunça e a pioramos a cada dia que passa — e, com uma repartição tão indiscriminada da culpa, não há fim à vista para nossas provações. Talvez não seja uma coincidência o fato de Paul Crutzen ser o pai espiritual tanto da narrativa do Antropoceno quanto da solução da geoengenharia, ou de Lynas adotar a curva ambiental de Kuznets, a injeção de aerossóis de sulfato — "para mim, esse é um motivo para otimismo" — e a visão estadunidense que concebe a China como sabotadora de políticas climáticas.[2] Se a humanidade como um todo conduz a locomotiva, não há ninguém a ser deposto. Uma revolta contra os negócios de sempre passa a ser inconcebível.

Mas eis que entra em cena Naomi Klein, que baseia seu chamado à revolta na proposição de que "estamos atolados porque as ações que nos ofereceriam a melhor chance de evitar a catástrofe — e que beneficiariam a maioria — são extremamente ameaçadoras para uma elite minoritária".[3] Após a divulgação desse chamado, defensores do discurso convencional fizeram cara feia. Em uma resenha para o *Observer*, o filósofo John Gray afirmou que "Klein descreve a crise climática como um confronto entre o capitalismo e o planeta. Seria mais adequado descrever a crise como um embate entre a expansão das demandas da *humanidade* e a finitude do mundo"; na *London Review of Books*, Paul Kingsnorth, ex-ambientalista e divulgador de longa data da visão de que o colapso é inevitável, argumentou que "as mudanças climáticas não são algo que um grupinho de malvados impingiu sobre nós [...]. No fim das contas, *estamos todos implicados*".[4] Depois do negacionismo, é essa noção que tem sido imposta como o grande fosso no debate sobre o aquecimento global.

A construção de uma defesa sofisticada para essa visão do *nós* demanda uma boa dose de imaginação. Em dois ensaios de grande destaque, o célebre pós-colonialista Dipesh Chakrabarty questionou a utilidade do materialismo histórico para a compreensão das mudanças climáticas e se posicionou com firmeza do lado da narrativa do Antropoceno: "Imaginemos", ele escreve,

> a realidade contrafactual de um mundo mais equilibradamente próspero e justo, constituído pelo mesmo número de pessoas e baseado na exploração de energia barata fornecida por combustíveis fósseis. Esse mundo seria, sem dúvida, mais igualitário e justo — ao menos em termos de distribuição de renda e de riqueza —, mas a crise climática seria pior!

Sim, imaginemos um planeta Terra habitado por nove bilhões de seres humanos, cada um deles sendo proprietário de cinco casas, três SUV e um jatinho particular. E não é que morreríamos mesmo esturricados pelo sol? De fato, um mundo como esse seria fisicamente impossível. Chakrabarty extrai de seu cenário de ficção científica a conclusão de que "a crise climática não é *inerentemente* um resultado das desigualdades sociais", quando, na verdade, isso só nos faz lembrar de uma dura realidade: as mudanças climáticas se deram porque alguns poucos afortunados se apropriaram do grosso dos sumidouros de carbono atmosférico através de emissões maciças e que, *por definição, não podem ser estendidas para a humanidade como um todo.*[5] Se todos vivessem como um estadunidense rico e se empanturrassem de energia fóssil, teríamos temperaturas 6 °C mais altas e estaríamos todos mortos. Em termos lógicos *e* históricos, e no mundo realmente existente, desde o alvorecer do vapor até o crepúsculo da globalização, a crise é inerentemente resultado do fato de algumas pessoas possuírem mais do que — aliás, terem tomado o que era de — outras, com a acumulação de capital fóssil como a própria negação de um ser genérico universal.

Contudo, Chakrabarty insiste: "Os pobres participam dessa história compartilhada da evolução humana do mesmo modo que os ricos". Falando francamente, "a guinada para o Antropoceno também tem sido globalmente a história de certa justiça social há muito esperada, ao menos na esfera do consumo. Essa justiça entre humanos, contudo, tem um preço".[6] Com esse argumento, Chakrabarty consegue confundir seu planeta de faz de conta com aquele em que vive — realmente, um feito impressionante de imaginação humana. O autor vai ainda mais longe: defende que a humanidade é unificada não apenas como fonte da crise, mas também como vítima. "Diferentemente do que se passa nas crises do capitalismo, aqui não há botes salva-vidas para os ricos e privilegiados (testemunhemos as secas na Austrália ou os incêndios recentes nas vizinhanças abastadas da Califórnia)"; a espécie humana é "um universal que emerge de um senso partilhado de catástrofe".[7] Mas saiamos do mundo das ideias de Chakrabarty e contemplemos os efeitos do furacão Katrina nas vizinhanças negras e brancas de New Orleans e do furacão Sandy no Haiti e em Manhattan, do aumento do nível dos oceanos em Bangladesh e nos Países Baixos, além de todas as realidades de vulnerabilidade diferenciada em quaisquer dos impactos, diretos ou indiretos, das mudanças climáticas. No futuro próximo — na verdade, enquanto houver sociedades de classes na Terra —, *haverá* botes salva-vidas para os ricos e privilegiados, e *não* haverá um senso partilhado de catástrofe. Mais do que nunca, as divisões de classe se tornarão questão de vida ou morte: determinarão quem poderá dirigir para fora da cidade quando os furacões se aproximarem e quem conseguirá pagar por diques ou por casas resistentes o bastante para aguentar as inundações vindouras. A classe capitalista evidentemente não está muito preocupada. Uma boa parte dela vem acelerando a extração de lucros graúdos das reservas recém-disponibilizadas de petróleo no Ártico, de usinas de dessalinização e de cidades flutuantes, da propriedade de ainda mais terras preciosas, da construção de muros, de seguros contra incêndios, de plantações geneticamente modificadas para suportar o calor, da geoengenharia.[8] Como em todas as crises do capitalismo, esta representa um amontoado de oportunidades para os endinheirados, e *après moi, le déluge* [depois de mim, o dilúvio].[9]

Se "o Antropoceno" é uma abstração indefensável tanto em seu ponto de partida quanto na linha de chegada, poderia haver algum outro termo mais adequado para esta nova época geológica? Nossas suspeitas de que os interesses que outrora se assenhoraram da locomotiva ainda continuam por lá parecem ter sido confirmadas: a acumulação de capital através do espaço abstrato, do tempo abstrato e da concorrência anárquica avança ainda mais rápido para longe do fluxo e exige um combustível de qualidades similares em quantidades cada vez maiores. Dificilmente capaz de angariar qualquer tipo de consenso para apoiá-la, uma designação mais cientificamente precisa seria, então, "Capitaloceno". Essa é uma geologia não da humanidade, mas da acumulação de capital. Para parafrasear Althusser, o tempo capitalista, o tempo bioquímico, o tempo meteorológico e o tempo geológico estão sendo articulados em um novo todo determinado, em última instância, pela idade do capital, mesmo que ele chegue ao fim bem antes do término de sua época. A longa cauda de CO_2 deixada pelo estoque se estenderá por centenas de milênios; um novo período glacial pode não se formar por meio milhão de anos.[10] Um manufatureiro de algodão que adotou o vapor em Lancashire ou um fabricante de carros que se realocou para a China mal suspeitavam que esse seria o único presente que deixariam para a eternidade. O Capitaloceno vai sobreviver a todos eles, assim como o oxigênio sobreviveu aos estromatólitos.

Existe, então, uma outra forma de medir o CO_2: como um resíduo do poder, das *nossas* derrotas e das vitórias *deles*. Mas isso exige uma concepção de história bem diferente daquela que está estabelecida no discurso das mudanças climáticas.

> Onde o obscuro impulso do animal — como o narram inúmeras anedotas — encontra a saída do perigo que se aproxima e que ainda parece invisível, ali essa sociedade [...] sucumbe, como massa cega, com inconsciência animal, mas sem o inconsciente saber dos animais, a cada perigo, mesmo o mais próximo, e a diversidade de alvos individuais se torna irrelevante perante a identidade das forças determinantes. Repetidamente se mostrou que seu apego à vida habitual, agora já perdida há muito tempo, é tão rígido que frustra a aplicação propriamente humana do intelecto, a previdência, mesmo no perigo drástico. De modo que nela a imagem da estupidez se completa: insegurança, perversão mesmo, dos instintos vitalmente importantes, e impotência, declínio mesmo, do intelecto. Essa é a disposição da totalidade da burguesia,

com a diferença de que Walter Benjamin não escreveu "da burguesia", mas "dos burgueses alemães", e que o ano em questão era 1928.[11]

O clichê de um *nós* indiferenciado é uma violência contra o registro histórico. Para E. A. Wrigley, a "economia inorgânica" sempre foi uma bênção, e isso até o momento exato em que notícias sobre as mudanças climáticas começaram a aparecer: depois disso, ela subitamente se transformou em uma maldição. "Os benefícios que fluíram no rescaldo da Revolução Industrial são amplos *e universais*",[12] mas agora temos de nos perguntar se a busca pela "prosperidade para todos" não teria um preço demasiado alto — mais uma vez, o mundo de faz de conta. Esse é um gesto de exculpação. Ele idealiza a história da economia fóssil. Uma filosofia mais exata partiria da "Tese 8" de *Sobre o conceito de História*, de Benjamin: "A tradição dos oprimidos nos ensina que o 'estado de exceção' no qual vivemos é a regra".[13] A tradição dos tecelões manuais, dos fiandeiros de algodão, dos envolvidos com a estamparia de calicô, dos cardadores de algodão e de todos os outros trabalhadores pisoteados pelo demônio do vapor e por seus homens de ferro nos ensina que o estado de exceção despontou com a chegada da manhã sobre as terras da própria Grã-Bretanha — e aqui ainda nem começamos a vislumbrar os habitantes das praias distantes onde o motor a vapor britânico desembarcou. Para eles, as perdas foram de outra ordem de magnitude.

Em *A situação da classe trabalhadora na Inglaterra*, Engels percorre as ruínas ecológicas da Revolução Industrial com atenção especial voltada à — para não dizer uma obsessão com a — atmosfera. "A atmosfera própria das fábricas é ao mesmo tempo úmida e quente"; os trabalhadores são atraídos "para as grandes cidades, onde respiram uma atmosfera muito pior que em sua terra natal" em ruas envenenadas pelo "gás carbônico produzido pela respiração e pela combustão", enquanto a burguesia foge do ar viciado. Nas minas de carvão, o CO_2 e o CH_4 [metano] causam "desastres pavorosos, que devem ser imputados à ganância da burguesia". Em dado momento, Engels encontra um membro daquela classe em uma rua de Manchester e o confronta a respeito da onipresença de catástrofes, ao que o homem responde secamente: "E, apesar disso, aqui se ganha um bom dinheiro".[14] Se eu puder extrair e ganhar dinheiro...

Desse ponto de vista histórico, as mudanças climáticas não são tanto um golpe surpreendente de sorte, mas a *revelação* de dois séculos de capital fóssil — como, é claro, no sentido literal da palavra grega *apokalyptein*.[15] A verdade havia sido escondida, e o momento atual revela o sentido daquilo que vem ocorrendo há muito tempo. O anjo da história de Benjamin "enxerga uma única catástrofe, que sem cessar amontoa escombros sobre escombros e os arremessa a seus pés";[16] Theodor Adorno concorda — "normal é a morte" —, mas enfatiza que a eternidade do horror "manifesta-se no fato de que cada uma de suas novas formas supera a anterior. O que perdura não é um *quantum* invariável de sofrimento, mas a evolução deste, rumo ao inferno: *este é o sentido de falar de uma intensificação dos antagonismos*".[17] Desde os momentos iniciais, na menor de todas as escalas (no calor da fábrica, na rua esfumaçada, na mina entupida de explosivos), emergiu um padrão — com alguns indivíduos arrastados pela tempestade a que chamamos progresso, outros navegando rumo a suas fortunas — subsequentemente ampliado e reafirmado em escalas cada vez maiores até que os cientistas do clima descobriram nele a biosfera como um todo, onde hoje uma tempestade fractal espirala adiante. Cada impacto das mudanças climáticas desenrola uma fração de um passado até então retraído.

Por que tomar parte em uma causa perdida?, os céticos podem perguntar diante da luta contra as mudanças climáticas — e não sem razão.

Mas a luta travada de uma posição de derrota não tem nada de novo: o próprio aquecimento global é uma soma de causas perdidas. Usuários de bens comuns, luddistas, arrancadores de tampões e outros inúmeros contestadores derrotados nos aconselham a repensar "o momento do perigo" como extremo e inédito *em razão* de ser a manifestação mais recente do passado. Ou, nas palavras supremamente visionárias de Benjamin: "O dom de atear ao passado a centelha da esperança pertence somente *àquele* historiador que está perpassado pela convicção de que também os mortos não estarão seguros diante do inimigo, se ele for vitorioso".[18] O conceito de história de Benjamin — seu messianismo voluntarista, seu pessimismo organizado, sua melancolia revolucionária — busca inspiração na herança dos oprimidos a fim de descarrilar do presente o desastre definitivo. E do que precisamos hoje senão de alguma edição global da Conjuração dos Tampões? Parem a fumaça! Talvez esse pareça um evento altamente improvável, mas a ação política jamais pode basear-se em cálculos de probabilidade — na verdade, isso seria nadar a favor da corrente ou se deixar carregar pela tempestade. No momento em que estas palavras são escritas, um movimento climático global está ganhando impulso.[19] Esse deveria ser o movimento de todos os movimentos, o topo da cadeia alimentar, determinado a proteger a existência em si do terreno sobre o qual todos nós operamos, mas a questão que se coloca é — como muitos já apontaram — se ele conseguirá alcançar esse status e arregimentar um poder social maior do que o do inimigo *com o pouco tempo que nos resta*.

Todavia, de novo, todo movimento verdadeiramente revolucionário se confrontou com adversidades similares, como Benjamin compreendeu. "Marx havia dito que as revoluções são a locomotiva da história mundial. Mas talvez as coisas se apresentem de maneira completamente diferente. É possível que as revoluções sejam o ato, pela humanidade que viaja nesse trem, de puxar os freios de emergência." O prognóstico é desolador, daí a necessidade de partir para a ação. Como em emergências anteriores — mas hoje, conforme disparamos acima das 400 ppm, mais do que nunca —, devemos passar "a contar com os fenômenos do declínio como o puramente estável e a considerar unicamente o que salva como algo de extraordinário, quase no limite do miraculoso e inconcebível".[20] E os únicos capazes, ao menos hipoteticamente, de conjurar esse milagre são os seres humanos.

AGRADECIMENTOS

Este estudo teve como base uma tese de doutorado em ecologia humana na Universidade de Lund, na qual muitas de suas afirmações estão substanciadas com maior riqueza de detalhes. Partes dela apareceram em vários artigos. Muitos dos argumentos centrais foram esboçados em "The Origins of Fossil Capital: From Water to Steam in the British Cotton Industry" [As origens do capital fóssil: da água ao vapor na indústria britânica de algodão], publicado em *Historical Materialism* (v. 21, p. 15-68, 2013). Uma versão mais breve do capítulo 6 foi publicada em *Environmental History* (v. 19, p. 55-77, 2013), sob o título "Fleeing the Flowing Commons: Robert Thom, Water Reservoir Schemes, and the Shift to Steam Power in Early Nineteenth-Century Britain" [Fugindo do fluxo dos bens comuns: Robert Thom, projetos de reservatórios de água e a mudança para o motor a vapor na Grã-Bretanha do início do século XIX]. A crítica à narrativa do Antropoceno foi sintetizada em um artigo escrito em colaboração com Alf Hornborg, "The Geology of Mankind? A Critique of the Anthropocene Narrative" [A geologia da humanidade? Uma crítica da narrativa do Antropoceno], em *The Anthropocene Review* (v. 1, p. 62-9, 2014). O capítulo 14 se vale da análise de "China as Chimney of the World: The Fossil Capital Hypothesis" [A China como chaminé do mundo: a hipótese do capitalismo fóssil], feita em *Organization & Environment* (v. 25, p. 146-77, 2012), enquanto alguns dos argumentos do capítulo 1 aparecem, em um contexto diferente, em um artigo publicado na *Critical Historical Studies*.

Alf Hornborg é meu sheik. Mais do que qualquer outra pessoa, foi ele que fez com que eu visse como poder e natureza se entremearam completamente, como a degradação acelerada do ambiente deve ser entendida em relação à escalada de injustiças e como acadêmicos e ativistas progressistas ignoram esse nexo por sua própria conta e risco. Minha dívida com ele é imensa. Foi ele quem supervisionou minha tese; Stefan Anderberg foi meu cossupervisor; os estudantes do programa de doutorado Lucid foram meus colegas: sou grato a todos. Muito obrigado também à Divisão de Ecologia Humana e ao Departamento de Geografia Humana (um agradecimento especial a Karl-Johan Lundquist), assim como a todos os estudantes de ecologia humana — sobretudo no Programa de Mestrado em Cultura, Energia e Sustentabilidade — que contribuíram para fazer com que essa parte da Universidade de Lund fosse um ambiente tão único para a ecologia política radical.

Meu pensamento a respeito das mudanças climáticas foi profundamente matizado e repetidamente reavivado pelas ideias afiadas de Rikard Warlenius. Ståle Holgersen tem um charme marxista sem igual e uma paixão por trocas intelectuais. Vasna Ramasar é tão brilhante quanto dona de um grande coração. Stefania Barca, Max Koch, Larry Lohmann, Timothy Mitchell e Naomi Klein ofereceram comentários e estímulos inestimáveis em vários estágios do processo. Na editora Verso, Sebastian Budgen acreditou neste projeto desde o começo. Meu querido grupinho mundial nunca parou de gerar análises revigoradas e elos com as lutas sociais mais recentes; um obrigado especial a Lars Henriksson e aos outros incansáveis ativistas da seção sueca da Quarta Internacional. Sem esses camaradas e muitos outros, este trabalho não teria visto a luz do dia; não é preciso dizer, no entanto, que qualquer erro que possa existir aqui é de minha responsabilidade exclusiva. Mais importante para me carregar adiante na vida, porém, é minha família: sem Shora Esmailian, esta obra não teria sido nem iniciada nem concluída. Ela é minha fonte inesgotável de sustentação e estímulo em todos os aspectos da vida. E agora carregamos e somos levados ao sétimo céu por Latifa.

LISTA DE ABREVIAÇÕES

Hansard — Hansard Parliamentary Debates
HL — House of Lords Papers
PIVRSB — Papers on Irwell Valley Reservoir Schemes (Bolton)
PIVRSP — Papers on Irwell Valley Reservoir Schemes (Preston)
PP — Parliamentary Papers (Câmara dos Comuns)
RFIHYE — "Report of the Factory Inspectors for the Half-Year Ending..."
RHO/OPBCE — Records of the House of Commons, Opposed Private Bill Committee Evidence

NOTAS

1 No calor do passado: rumo a uma história da economia fóssil

1 N. Rosenberg, *Exploring the Black Box: Technology, Economics, and History*. Cambridge: Cambridge University Press, 1994, p. 24.

2 Ver S. R. Weart, *The Discovery of Global Warming*. Cambridge: Cambridge University Press, 2003, e S. Arrhenius, "On the Influence of Carbonic Acid in the Air upon the Temperature of the Ground", *Philosophical Magazine and Journal of Science*, v. 41, n. 251, p. 236-76, 1896.

3 C. Babbage, *On the Economy of Machinery and Manufactures*. Londres: C. Knight, 1835 [1833], p. 54.

4 G. P. Peters *et al.*, "The Challenge to Keep Global Warming Below 2 °C", *Nature Climate Change*, v. 3, n. 1, 2013, p. 4.

5 G. Holland & C. L. Bruyère, "Recent Intense Hurricane Response to Global Climate Change", *Climate Dynamics*, v. 42, p. 617-27, 2014; A. Robinson, R. Calov & A. Ganopolski, "Multistability and Critical Thresholds of the Greenland Ice Sheet", *Nature Climate Change*, v. 2, n. 6, p. 429-32, 2012; C. M. Duarte *et al.*, "Abrupt Climate Change in the Arctic", *Nature Climate Change*, v. 2, n. 2, p. 60-2, 2012; G. A. Breed, S. Stichter & E. E. Crone, "Climate-Driven Changes in Northeastern U.S. Butterfly Communities", *Nature Climate Change*, v. 3, n. 2, p. 142-5, 2013; A. Sorg *et al.*, "Climate Change Impacts on Glaciers and Runoff in Tien Shan (Central Asia)", *Nature Climate Change*, v. 2, n. 10, p. 725-31, 2012; L. Zhou *et al.*, "Widespread Decline of Congo Rainforest Greenness in the Past Decade", *Nature*, v. 509, n. 7.498, p. 86-90, 2014; J. Elliott *et al.*, "Constraints and Potentials of Future Irrigation Water Availability on Agricultural Production under Climate Change", *Proceedings of the National Academy of Sciences*, v. 111, n. 9, 2013; G. Luderer *et al.*, "Economic Mitigation Challenges: How Further Delay Closes the Door for Achieving Climate Targets", *Environmental Research Letters*, v. 8, n. 3, 2013; T. Sanford *et al.*, "The Climate Policy Narrative for a Dangerously Warming World", *Nature Climate Change*, v. 4, n. 3, p. 164-7, 2014.

6 Sobre essa trajetória de emissões, ver J. Canadell *et al.*, "Contributions to Accelerating Atmospheric CO_2 Growth from Economic Activity, Carbon Intensity, and

Efficiency of Natural Sinks", *Proceedings of the National Academy of Sciences*, v. 104, n. 47, p. 18.866-70, 2007; M. R. Raupach *et al.*, "Global and Regional Drivers of Accelerating CO_2 Emissions", *Proceedings of the National Academy of Sciences*, v. 104, n. 24, p. 10.288-93, 2007; C. Le Quéré *et al.*, "Trends in the Sources and Sinks of Carbon Dioxide", *Nature Geoscience*, v. 2, n. 12, p. 831-6, 2009; G. P. Peters *et al.*, "Rapid Growth in CO_2 Emissions After the 2008-2009 Global Financial Crisis", *Nature Climate Change*, v. 2, n. 1, p. 2-4, 2012; e P. Friedlingstein *et al.*, "Persistent Growth of CO_2 Emissions and Implications for Reaching Climate Targets", *Nature Geoscience*, v. 7, n. 10, p. 709-15, 2014. Em março de 2015, relatou-se que as emissões globais de CO_2 de 2014 haviam se mantido estáveis em comparação com o ano anterior: um desvio inesperado diante de um aumento persistente, mas que parece ter sido uma anomalia temporária. Esperemos que não seja.

7 P. Robbins, *Political Ecology: A Critical Introduction*. Malden: Wiley-Blackwell, 2004, p. xv-xvii.

8 S. Mosley, *The Chimney of the World: A History of Smoke Pollution in Victorian and Edwardian Manchester*. Cambridge: The White Horse Press, 2001, p. 20.

9 N. Smith, *Uneven Development: Nature, Capital, and the Production of Space*. Athens: University of Georgia Press, 2008 [1984], p. 220-1; E. Soja, M. Foucault & J. Berger citados em Smith, *Uneven Development*, 2008, p. 233-4.

10 G. C. Unruh, "Understanding Carbon Lock-in", *Energy Policy*, v. 28, n. 12, p. 817-30, 2000.

11 K. Anderson & A. Bows, "A New Paradigm for Climate Change", *Nature Climate Change*, v. 2, n. 9, p. 639-40, 2012, p. 639.

12 Ver M. R. Allen *et al.*, "Warming Caused by Cumulative Carbon Emissions Towards the Trillionth Tonne", *Nature*, v. 458, n. 7.242, p. 1.163-5, 2009; H. D. Matthews *et al.*, "The Proportionality of Global Warming to Cumulative Emissions", *Nature*, v. 459, n. 7.248, p. 829-33, 2009; e M. R. Raupach *et al.*, "Sharing a Quota on Cumulative Carbon Emissions", *Nature Climate Change*, v. 4, n. 10, p. 873-9, 2014.

13 Para essa "cauda longa" de emissões de CO_2, ver sobretudo a pesquisa de David Archer, como em D. Archer, *The Long Thaw: How Humans are Changing the Next 100,000 Years of Earth's Climate*. Princeton: Princeton University Press, 2009; outras fontes serão citadas adiante.

14 M. Schaeffer *et al.*, "Long-Term Sea-Level Rise Implied by 1.5 Degree and 2 Degree Celsius Warming Levels", *Nature Climate Change*, v. 2, n. 12, 2012, p. 869. Ver ainda N. P. Gillett *et al.*, "Ongoing Climate Change Following a Complete Cessation of Carbon Dioxide Emissions", *Nature Geoscience*, v. 4, n. 2, p. 83-7, 2011; H. D. Matthews & K. Zickfeld, "Climate Response to Zeroed Emissions of Greenhouse Gases and Aerosols", *Nature Climate Change*, v. 2, n. 5, p. 338-41, 2012; G. Meehl *et al.*, "Relative Outcomes of Climate Change Mitigation Related to Global Temperature Versus Sea-Level Rise", *Nature Climate Change*, v. 2, n. 8, p. 576-80, 2012; R. E. Zeebe, "Time-Dependent Climate Sensitivity and the Legacy of Anthropogenic Greenhouse

Gas Emissions", *Proceedings of the National Academy of Sciences*, v. 110, n. 34, p. 13.739-44, 2013; e T. L. Frölicher, M. Winton & J. L. Sarmiento, "Continued Global Warming After CO_2 Emissions Stoppage", *Nature Climate Change*, v. 4, n. 1, p. 40-4, 2014.

15 Ver D. Bensäid, *Marx for Our Times: Adventures and Misadventures of a Critique*. Londres: Verso, 2002 [1995], p. 21-4; W. H. Sewell Jr., *Logics of History: Social Theory and Social Transformation*. Chicago: University of Chicago Press, 2005, p. 9 [ed. bras.: *Lógicas da história: teoria social e transformação social*. Trad. C. Souza. Petrópolis: Vozes, 2017]; L. Althusser & É. Balibar, *Reading Capital*. Londres: Verso, 2009 [1968], p. 110-8.

16 S. Gardiner, *A Perfect Moral Storm: The Ethical Tragedy of Climate Change*. Oxford: Oxford University Press, 2011, p. 8, 33-4. Para o argumento completo, ver capítulos 5 e 6.

17 R. Nixon, *Slow Violence and the Environmentalism of the Poor*. Cambridge: Harvard University Press, 2011, p. 2, 11.

18 P. Friedlingstein & S. Solomon, "Contributions of Past and Present Human Generations to Committed Warming Caused by Carbon Dioxide", *Proceedings of the National Academy of Sciences*, v. 102, n. 31, p. 10.832-6, 2005.

19 K. Marx, *Surveys from Exile: Political Writings*, v. 2. Londres: Verso, 2010, p. 146 [ed. bras.: *O 18 de brumário de Luís Bonaparte*. Trad. N. Schneider. São Paulo: Boitempo, 2011, p. 25].

20 T. Cole, *Open City*. Londres: Random House Trade, 2011, p. 28 [ed. bras.: *Cidade aberta*. Trad. R. Figueiredo. São Paulo: Companhia das Letras, 2012, p. 39].

21 Ver D. Coumou & S. Rahmstorf, "A Decade of Weather Extremes", *Nature Climate Change*, v. 2, n. 7, p. 491-6, 2012; J. Hansen, M. Sato & R. Ruedy, "Perception of Climate Change", *Proceedings of the National Academy of Sciences*, v. 109, n. 37, 2012; D. Coumou & A. Robinson, "Historic and Future Increase in the Global Land Area Affected by Monthly Heat Extremes", *Environmental Research Letters*, v. 8, n. 3, 2013; e D. Coumou, A. Robinson & S. Rahmstorf, "Global Increase in Record--Breaking Monthly-Mean Temperature", *Climatic Change*, v. 118, p. 771-82, 2013.

22 Ver, por exemplo, H. D. Matthews & S. Solomon, "Irreversible Does Not Mean Unavoidable", *Science*, v. 340, n. 6.131, p. 438-9, 2013.

23 São muitos, é claro, os geógrafos cientes disso; por exemplo, J. Wainwright & G. Mann, "Climate Leviathan", *Antipode*, v. 45, n. 1, p. 1-22, 2013.

24 Ver, por exemplo, E. Hobsbawm, *Industry and Empire: The Birth of the Industrial Revolution*. Londres: The New Press, 1999 [1968], p. 12-3 [ed. bras.: *Da Revolução Industrial inglesa ao imperialismo*. Trad. D. M. Garschagen. 5. ed. Rio de Janeiro: Forense Universitária, 2000, p. 13-4] e D. S. Landes, *The Unbound Prometheus: Technological Change and Industrial Development in Western Europe from 1750 to the Present*. Cambridge: Cambridge University Press, 2003 [1969], p. 3, 41, 80-1 [ed.

bras.: *Prometeu desacorrentado: transformação tecnológica e desenvolvimento industrial na Europa ocidental desde 1750 até os dias de hoje*. 2. ed. Trad. M. R. Motta. Rio de Janeiro: Elsevier, 2005, p. 3, 43, 76-7].

25 Ver IPCC, *Climate Change 2013: The Physical Science Basis. Contribution of Working Group I to the Fifth Assessment Report of Intergovernmental Panel on Climate Change*. Cambridge: Cambridge University Press, 2013, p. 50-2, 489-94, e Friedlingstein *et al.*, "Persistent Growth of CO_2 Emissions and Implications for Reaching Climate Targets", 2014, p. 711-2.

26 Trataremos mais adiante de emissões incorporadas em importações. Sobre quedas passageiras de emissões durante a recente crise financeira, ver Peters *et al.*, "Rapid Growth in CO_2 Emissions After the 2008-2009 Global Financial Crisis", 2012.

27 Essa abordagem para a estrutura se vale de Sewell Jr., *Logics of History*, 2005 [*Lógicas da história*, 2017] e D. Elder-Vass, *The Causal Power of Social Structures: Emergency, Structure and Agency*. Cambridge: Cambridge University Press, 2010; *The Reality of Social Construction*. Cambridge: Cambridge University Press, 2012.

28 T. Boden, G. Marland & R. Andres, "Global, Regional, and National Fossil-Fuel CO_2 Emissions", Carbon Dioxide Information Analysis Center (CDIAC), U.S. Department of Energy, Oak Ridge, 2013.

29 R. Fouquet & P. J. G. Pearson, "Past and Prospective Energy Transitions: Insights from History", *Energy Policy*, v. 50, p. 1-7, 2012, p. 1.

30 R. Allen, "Backward into the Future: The Shift to Coal and Implications for the Next Energy Transition", *Energy Policy*, v. 50, 2012, p. 17, 23.

31 A. Grubler, "Energy Transitions Research: Insights and Cautionary Tales", *Energy Policy*, v. 50, 2012, p. 14.

32 P. Bellaby, R. Flynn & M. Ricci, "Towards Sustainable Energy: Are There Lessons from the History of the Early Factory System?", *Innovation*, v. 23, n. 4, 2010, p. 344.

33 Como defendem, por exemplo, P. J. G. Pearson & T. J. Foxon, "A Low Carbon Industrial Revolution? Insights and Challenges from Past Technological and Economic Transformations", *Energy Policy*, v. 50, p. 117-27, 2012.

34 IPCC, "Summary for Policymakers". *In*: *Climate Change 2007: Mitigation. Contribution of Working Group III to the Fourth Assessment Report of the Intergovernmental Panel on Climate Change*. Cambridge: Cambridge University Press, 2007, p. 20, grifos nossos.

35 "U.N. Report Describes Risks of Inaction on Climate Change", *The New York Times*, 17 nov. 2007.

36 Gardiner, *A Perfect Moral Storm*, 2011, p. 437, grifos nossos.

37 D. Lardner, *A Rudimentary Treatise on the Steam Engine: For the Use of Beginners*. Londres: J. Weale, 1854 [1848], p. 39.

38 J. Farey, *A Treatise on the Steam Engine, Historical, Practical, and Descriptive*. Londres: Longman, Rees, Orme, and Green, 1827, p. 13, grifos do original.

39 N. Cossons (org.)., *Rees's Manufacturing Industry (1819-20): A Selection from The Cyclopædia; or Universal Dictionary of Arts, Sciences and Literature by Abraham Rees*, v. 5. Newton Abbot: David & Charles Reprints, 1972 [1819-1820], p. 357.

40 E. Russell *et al.*, "The Nature of Power: Synthesizing the History of Technology and Environmental History", *Technology and Culture*, v. 52, n. 2, 2011, p. 247.

41 V. Smil, *Energy in Nature and Society: General Energetics of Complex Systems*. Cambridge: MIT Press, 2008, p. 12.

42 S. Lukes, *Power: A Radical View*. Basingstoke: Bloomsbury, 2005 [1974], p. 62 [ed. bras.: *O poder: uma visão radical*. Trad. V. Chacon. Brasília: Editora UnB, 1980].

43 Ver M. Huber, "Energizing Historical Materialism: Fossil Fuels, Space and the Capitalist Mode of Production", *Geoforum*, v. 40, n. 1, 2008, p. 106; *idem*, *Lifeblood: Oil, Freedom, and the Forces of Capital*. Minneapolis: University of Minnesota Press, 2013, p. 4.

44 S. Barca, "On Working-Class Environmentalism: A Historical and Transnational Overview", *Interface*, v. 4, n. 2, 2012, p. 75.

45 H. Hackmann, S. C. Moser & A. L. St. Clair, "The Social Heart of Global Environmental Change", *Nature Climate Change*, v. 4, n. 8, p. 653-5, 2014.

2 Escassez, progresso, natureza da espécie humana? Teorias sobre a ascensão do motor a vapor

1 E. A. Wrigley, "The Supply of Raw Materials in the Industrial Revolution", *The Economic History Review*, v. 15, n. 1, p. 1-16, 1962. Ver ainda, do mesmo autor: "The Process of Modernization and the Industrial Revolution in England", *Journal of Interdisciplinary History*, v. 3, n. 2, p. 225-59, 1972; "The Limits to Growth: Malthus and the Classical Economists", *Population and Development Review*, v. 14, p. 30-48, 1988; *Continuity, Chance and Change: The Character of the Industrial Revolution in England*. Cambridge: Cambridge University Press, 1990; "The Divergence of England: The Growth of the English Economy in the Seventeenth and Eighteenth Centuries", *Transactions of the Royal Historical Society*, v. 10, p. 117-41, 2000; *Poverty, Progress, and Population*. Cambridge: Cambridge University Press, 2004; *Energy and the English Industrial Revolution*. Cambridge: Cambridge University Press, 2010.

2 *Idem*, "The Supply of Raw Materials in the Industrial Revolution", 1962, p. 1.

3 D. Ricardo, *On the Principles of Political Economy and Taxation*. 3. ed. Londres: John Murray, 1821, p. 57, 65, 128 [ed. bras.: *Princípios de economia política e tributação*. Trad. R. Kuntz. São Paulo: Abril, 1974, p. 284, 314], grifos nossos.

4 Wrigley, *Energy and the English Industrial Revolution*, 2010, p. 39, 99.

5 R. P. Sieferle, *The Subterranean Forest: Energy Systems and the Industrial Revolution*. Cambridge: White Horse, 2001 [1982], p. 102-3; P. Malanima, "Energy Crisis and Growth 1650-1850: The European Deviation in a Comparative Perspective", *Journal of Global History*, v. 1, n. 1, 2006, p. 104.

6 T. R. Malthus, *An Essay on the Principle of Population; Or, a View of Its Past and Present Effects on Human Happiness*, v. 1. 4. ed. Londres: John Murray, 1807, p. 2-4, 8-13.

7 R. G. Wilkinson, *Poverty and Progress: An Ecological Model of Economic Development*. Londres: Routledge, 1973, p. 20 [ed. bras.: *Pobreza e progresso: um modelo ecológico de desenvolvimento econômico*. Rio de Janeiro: Zahar, 1974, p. 32].

8 *Ibidem*, p. 4-5, 19-52 [p. 30-65].

9 *Ibidem*, p. 53-7, 99, 76, 101, 126, 134 [p. 70, 114, 204, 141, 149], grifos nossos.

10 K. Pomeranz, *The Great Divergence: China, Europe, and the Making of the Modern World Economy*. Princeton: Princeton University Press, 2000, p. 207 [ed. port.: *A grade divergência: a China, a Europa e a construção da economia mundial moderna*. Lisboa: Edições 70, 2013], grifos do original.

11 A. Kander, P. Malanima & P. Warde, *Power to the People: Energy in Europe Over the Last Five Centuries*. Princeton: Princeton University Press, 2014, p. 116, grifos nossos. Sobre a centralidade e influência de Wrigley, ver S. Barca, "Energy, Property, and the Industrial Revolution Narrative", *Ecological Economics*, v. 70, n. 7, p. 1.309-15, 2011.

12 Wrigley, *Continuity, Chance and Change*, 1990, p. 90.

13 *Idem*, *Energy and the English Industrial Revolution*, 2010, p. 46.

14 *Ibidem*, p. 177.

15 *Idem*, "The Supply of Raw Materials in the Industrial Revolution", 1962, p. 12.

16 *Idem*, "The Process of Modernization and the Industrial Revolution in England", 1972, p. 249.

17 Wilkinson, *Poverty and Progress*, 1973, p. 120 [*Pobreza e progresso*, 1974, p. 135], grifos nossos.

18 *Idem*, "The English Industrial Revolution". *In*: D. Worster (org.)., *The Ends of the Earth: Perspectives on Modern Environmental History*. Cambridge: Cambridge University Press, 1988, p. 87, grifos nossos.

19 Pomeranz, *The Great Divergence*, 2000, p. 61; Kander, Malanima & Warde, *Power to the People*, 2014, p. 155.

20 "Carbon Dioxide at NOAA's Mauna Loa Observatory Reaches New Milestone: Tops 400 ppm", NOAA Research, 13 maio 2013.

21 A. Indermühle *et al.*, "Holocene Carbon-Cycle Dynamics Based on CO_2 Trapped in Ice at Taylor Dome, Antarctica", *Nature*, v. 398, n. 6.723, p. 121-6, 1999; J. R. Petit *et al.*, "Climate and Atmospheric History of the Past 420,000 Years from the Vostok Ice Core, Antarctica", *Nature*, v. 399, n. 6.735, p. 429-36, 1999; P. N. Pearson & M. R. Palmer, "Atmospheric Carbon Dioxide Concentrations Over the Past 60 Million

Years", *Nature*, v. 406, n. 6.797, p. 695-99, 2000; N. Jones, "Troubling Milestone for CO_2", *Nature Geoscience*, v. 6, n. 8, 2013.

22 W. Steffen, P. J. Crutzen & J. R. McNeill, "The Anthropocene: Are Humans Now Overwhelming the Great Forces of Nature?', *Ambio*, v. 36, n. 8, 2007, p. 614.

23 *Ibidem*, p. 616.

24 P. Crutzen, "Geology of Mankind", *Nature*, v. 415, n. 6.867, 2002, p. 23.

25 Bergson citado em W. Steffen et al., "The Anthropocene: Conceptual and Historical Perspectives", *Philosophical Transactions of the Royal Society A*, v. 369, n. 1.938, 2011, p. 844-5, grifos nossos. Para o vapor como nascimento de uma época, ver, por exemplo, L. Robin & W. Steffen, "History for the Anthropocene", *History Compass*, v. 5, n. 5, 2007, p. 1.699; P. Alberts, "Responsibility Towards Life in the Early Anthropocene", *Angelaki*, v. 16, n. 4, 2011, p. 6; M. Lynas, *The God Species: How the Planet Can Survive the Age of Humans*. Londres: Fourth State, 2011, p. 21 [ed. bras.: *A espécie divina: como o planeta pode sobreviver à era dos seres humanos*. Trad. F. Romero. Rio de Janeiro: Alta Books, 2012, p. 21]; N. F. Sayre, "The Politics of the Anthropogenic", *Annual Review of Anthropology*, v. 41, p. 57-70, 2012, p. 58; e L. Robin, "Histories for Changing Times: Entering the Anthropocene?", *Australian Historical Studies*, v. 44, n. 3, 2013, p. 331.

26 T. Morton, *Hyperobjects: Philosophy and Ecology after the End of the World*. Minneapolis: University of Minnesota Press, 2013, p. 7.

27 M. Berners-Lee & D. Clark, *The Burning Question: We Can't Burn Half the World's Oil, Coal and Gas. So How Do We Quit?* Londres: Greystone Books, 2013, p. 8.

28 M. R. Raupach & J. G. Canadell, "Carbon and the Anthropocene", *Current Opinion in Environmental Sustainability*, v. 2, n. 4, 2010, p. 209- 11, grifos nossos. Uma análise bem similar é desenvolvida em A. Glikson, "Fire and Human Evolution: The Deep-Time Blueprints of the Anthropocene", *Anthropocene*, v. 3, p. 89-92, 2013.

29 K. Pinkus, "Thinking Diverse Futures from a Carbon Present", *Symploke*, v. 21, n. 1-2, 2013, p. 196-9.

30 N. Clark, "Rock, Life, Fire: Speculative Geophysics and the Anthropocene", *Oxford Literary Review*, v. 34, n. 2, 2012, p. 261, grifos do original.

31 *Ibidem*, p. 259, 261, 269-70, 273-4.

32 Lynas, *The God Species*, 2011, p. 29 [*A espécie divina*, 2012, p. 29]. "O domínio do fogo por nossos ancestrais ofereceu à humanidade uma poderosa ferramenta monopolística que, inacessível a outras espécies, *nos colocou com firmeza no caminho para o Antropoceno*" (Steffen, Crutzen & McNeill, "The Anthropocene", 2007, p. 614, grifos nossos).

33 Por exemplo, Steffen *et al.*, "The Anthropocene: Conceptual and Historical Perspectives", 2011; *idem*, "The Anthropocene: From Global Change to Planetary Stewardship", *Ambio*, v. 40, n. 7, p. 739-61, 2011. Para temas malthusianos, ver, por exemplo, J. Zalasiewicz *et al.*, "Are We Now Living in the Anthropocene?", *GSA Today*, v. 18,

n. 2, p. 4-8, 2008; *idem*, "The New World of the Anthropocene", *Environmental Science and Technology*, v. 44, n. 7, p. 2.228-31, 2010; *idem*, "Stratigraphy of the Anthropocene", *Philosophical Transactions on the Royal Society A*, v. 369, n. 1.938, p. 1.036-55, 2011; e C. Tickell, "Societal Responses to the Anthropocene", *Philosophical Transactions on the Royal Society A*, v. 369, n. 1.938, p. 926-32, 2011.

34 "Welcome to the Anthropocene", *The Economist*, 26 maio 2011; "A Man-Made World", *The Economist*, 26 maio 2011; W. Autin & J. M. Holbrook, "Is the Anthropocene an Issue of Stratigraphy or Pop Culture?", *GSA Today*, v. 22, n. 7, p. 60-1, 2012; M. Davis, "Who Will Build the Ark?", *New Left Review*, v. 61, p. 29-46, 2010; J. B. Foster, B. Clark & R. York, *The Ecological Rift: Capitalism's War on the Earth*. Nova York: Monthly Review, 2010.

35 K. Marx & F. Engels, *Marx Engels Collected Works*, v. 6. Londres: 1991, p. 166, 183, 163 [ed. bras.: K. Marx, *Miséria da filosofia*. Trad. J. P. Netto. São Paulo: Boitempo, 2017, p. 102, 118].

36 G. A. Cohen & W. Kymlicka, "Human Nature and Social Change in the Marxist Conception of History", *Journal of Philosophy*, v. 85, n. 4, 1988, p. 173.

37 G. A. Cohen, *Karl Marx's Theory of History: A Defence*. Princeton: Princeton University Press, 1978, p. 23 [ed. bras.: *A teoria da história de Karl Marx: uma defesa*. Trad. A. Lazagna. Campinas: Editora Unicamp, 2013, p. 55], grifo do original.

38 *Ibidem*, p. 41, 153 [p. 75, 193].

39 *Ibidem*, p. 162 [p. 201-2], grifos nossos.

40 *Ibidem*, p. 162 [p. 202].

41 Ver a abordagem oferecida em um dos mais seminais ensaios sobre o determinismo das forças produtivas: R. L. Heilbroner, "Do Machines Make History?", *Technology and Culture*, v. 8, n. 3, p. 335-45, 1967.

42 J. Lord, *Capital and Steam Power: 1750-1800*. Nova York: 1965 [1923], p. 98-9.

43 Para uma aplicação recente do determinismo tecnológico burguês à história do vapor, ver W. Rosen, *The Most Powerful Idea in the World: A Story of Steam, Industry, and Innovation*. Nova York: Random House, 2010.

3 A longevidade do fluxo: energia industrial antes do carvão

1 Webster's Online Dictionary, disponível em: http://websters-online-dictionary.org; Merriam-Webster Dictionary, disponível em: https://www.merriam-webster.com; e *Webster's Unabridged Dictionary of the English Language*. Nova York: Gramercy, 1989, p. 1.143.

2 Farey, *A Treatise on the Steam Engine*, 1827, p. 1.

3 Babbage, *On the Economy of Machinery and Manufactures*, 1835, p. 17.

4 Sobre a energia maremotriz, ver W. Minchinton, "The Preindustrial Sources of Power: Power from the Sea", *History Today*, v. 30, n. 3, 1980.

5 Essa afirmação acompanha o exposto em Smil, *Energy in Nature and Society*, 2008, p. 120-31, 155-61, 174-80, 203.

6 Assim, as fronteiras entre mobilizador primário e fonte de energia são difíceis de traçar nesse caso: para considerações mais detalhadas (inclusive quanto ao lugar da biomassa nessa tipologia), ver A. Malm, *Fossil Capital: The Rise of Steam-Power in the British Cotton Industry, c. 1825-1848, and the Roots of Global Warming* (tese de doutorado). Lund: Lund University, 2014, p. 94-5.

7 A distinção entre "fluxo" e "estoque" é adotada por Wrigley e outros estudiosos da energia: ver, por exemplo, N. Georgescu-Roegen, *The Entropy Law and the Economic Process*. Cambridge: Harvard University Press, 1971; Wrigley, *Continuity, Chance and Change*, 1990, p. 51; *idem*, *Energy and the English Industrial Revolution*, 2010, p. 235; E. Altvater, "The Social and Natural Environment of Fossil Capitalism", *Socialist Register*, v. 43, 2007, p. 40; e Barca, "Energy, Property, and the Industrial Revolution Narrative", 2011, p. 1.314. Para uma discussão mais detalhada, ver Malm, *Fossil Capital* (tese de doutorado), 2014, p. 89-97.

8 J. Holland, *The History and Description of Fossil Fuel, the Collieries, and Coal Trade of Great Britain*. Londres: Whittaker, 1835, p. 34, grifos do original.

9 Ver, por exemplo, J. S. Dukes, "Burning Buried Sunshine: Human Consumption of Ancient Solar Energy", *Climatic Change*, v. 61, n. 1-2, p. 31-44, 2003; V. Smil, *The Earth's Biosphere: Evolution, Dynamics, and Change*. Cambridge: MIT Press, 2003; e D. Beerling, *The Emerald Planet: How Plants Changed Earth's History*. Oxford: Oxford University Press, 2007, p. 42-52.

10 Sobre o sentido de "paisagem", ver T. Ingold, "The Temporality of the Landscape", *World Archaeology*, v. 25, n. 2, p. 152-74, 1993 e K. R. Olwig, "Recovering the Substantive Nature of Landscape", *Annals of the Association of American Geographers*, v. 86, n. 4, p. 630-53, 1996.

11 Trata-se de uma das primeiras máquinas de fiar manuais que permitiam o uso simultâneo de múltiplos fusos. Seu nome, ainda que de origem incerta, viria da junção de "*spinning*" (fiação), termo inglês para o processo de transformação de fibras em linhas ou novelos, e "*Jenny*", em um jogo de palavras com a pronúncia de *engine*, motor (ou, no sentido mais arcaico do termo, "dispositivo", "engenho"). [N.T.]

12 A "mula" foi assim nomeada por ser um híbrido entre a *spinning Jenny* de Hargreaves e a máquina de fiar hidráulica de Arkwright. [N.T.]

13 Ver, por exemplo, J. Kennedy, *Observations on the Rise and Progress of the Cotton Trade in Great Britain*. Manchester: Executors of the Late S. Russell, 1818; R. Guest,

A Compendious History of the Cotton-Manufacture. Manchester: J. Pratt, 1823; R. Buchanan, *Practical Essays on Millwork and Other Machinery*. Londres: J. Taylor, 1823; E. Baines, *History of the Cotton Manufacture in Great Britain*. Londres: H. Fisher, R. Fisher and P. Jackson, 1835; J. Montgomery, *The Theory and Practice of Cotton Spinning; Or, The Carding and Spinning Master's Assistant*. Glasgow: J. Niven, 1836; A. Ure, *The Cotton Manufacture of Great Britain*, v. 1. Londres: Charles Knight, 1836; G. J. French, *The Life and Times of Samuel Crompton*. Manchester: Simpkin, Marshall, 1859; e A. P. Wadsworth & J. de L. Mann, *The Cotton Trade and Industrial Lancashire, 1600-1780*. Manchester: Manchester University Press, 1931.

14 J. Sutcliffe, *A Treatise on Canals and Reservoirs*. Rochdale: J. Hartley, 1816, p. 62-3; E. Butterworth, *Historical Sketches of Oldham*. Oldham: J. Hirst, 1856, p. 116-7, 130, 134; R. L. Hills, *Power in the Industrial Revolution*. Manchester: Manchester University Press, 1970, p. 89-91; J. Tann, *The Development of the Factory*. Londres: Corn Market, 1970, p. 47-9; S. D. Chapman, *The Cotton Industry in the Industrial Revolution*. Londres: Macmillan, 1972, p. 17-8; J. K. Major, "The Pre-Industrial Sources of Power: Muscle Power", *History Today*, v. 30, n. 3, p. 26-30, 1980; *idem*, "The Horse Engine in the 19th Century", *Transactions of the Newcomen Society*, v. 60, n. 1, p. 31-48, 1988; G. Ingle, *Yorkshire Cotton: The Yorkshire Cotton Industry, 1780-1835*. Preston: Carnegie, 1997, p. 35.

15 J. Robison, *A System of Mechanical Philosophy*, v. 2. Edimburgo: John Murray, 1822, p. 225-6; G. N. von Tunzelmann, *Some Economic Aspects of the Diffusion of Steam Power in the British Isles to 1856, with Special Reference to Textile Industries* (tese de doutorado). Oxford: Oxford University, 1974, p. 113-4; D. Greenberg, "Reassessing the Power Patterns of the Industrial Revolution: An Anglo-American Comparison", *The American Historical Review*, v. 87, n. 5, 1982, p. 1.242; V. Smil, *Energy in World History*. Boulder: Westview, 1994, p. 94.

16 W. Fairbairn, *Treatise on Mills and Millwork*, part 1, *On the Principles of Mechanism and on Prime Movers*. Londres: Longmans, Green & Co., 1864, p. 288. Dados extraídos de G. N. von Tunzelmann, *Steam Power and British Industrialization to 1860*. Oxford: Clarendon, 1978, p. 123.

17 C. F. Partington, *A Popular and Descriptive Account of the Steam Engine*. Londres: J. Weale, 1836, p. ix-x.

18 Sobre o papel dos moinhos de vento na economia britânica da época, ver ainda Fairbairn, *Treatise on Mills and Millwork*, part 1, 1864, p. 282-96 e W. Minchinton, "The Preindustrial Sources of Power: Wind Power", *History Today*, v. 30, n. 3, 1980, p. 31-6.

19 Para uma história brilhante das tecnologias movidas a água, ver A. Lucas, *Wind, Water, Work: Ancient and Medieval Milling Technology*. Leiden: Brill, 2006.

20 T. Tvedt, "Why England and Not China and India? Water Systems and the History of the Industrial Revolution", *Journal of Global History*, v. 5, n. 1, p. 29-50, 2010.

21 J. Tann, "Richard Arkwright and Technology", *History*, v. 58, n. 192, 1973, p. 33.

22 Citações de Baines, *History of the Cotton Manufacture in Great Britain*, 1835, p. 193; e "Chronicles", *Annual Register 1792*, p. 35-6. Dados extraídos de Tann, "Richard Arkwright and Technology", 1973; R. S. Fitton & A. P. Wadsworth, *The Strutts and the Arkwrights, 1758-1830: A Study of the Early Factory System*. Manchester: Manchester University Press, 1958; R. S. Fitton, *The Arkwrights: Spinners of Fortune*. Manchester: Manchester University Press, 1989; S. D. Chapman, *The Early Factory Masters: The Transition to the Factory System in the Midland Textile Industry*. Aldershot: Gregg Revivals, 1992 [1967]; e M. Berg, *The Age of Manufactures, 1700-1820: Industry, Innovation and Work in Britain*. Londres: Routledge, 1994.

23 C. Aspin, *The Water-Spinners: A New Look at the Early Cotton Trade*. Helmshore: Helmshore Local History Society, 2003, p. 106. [No original: "O! Money! Money! I too plainly see/ That in good earnest I'm in love with thee". — N.T.]

24 Baines, *History of the Cotton Manufacture in Great Britain*, 1835, p. 214.

25 John Byng citado em Fitton, *The Arkwrights*, 1989, p. 147. Ver mais detalhes, por exemplo, em S. D. Chapman, "The Peels in the Early English Cotton Industry", *Business History*, v. 11, n. 2, p. 61-89, 1969; *idem*, "The Arkwright Mills: Colquhoun's Census of 1788 and Archaeological Evidence", *Industrial Archaeology Review*, v. 6, n. 1, p. 5-27, 1981; e Ingle, *Yorkshire Cotton*, 1997.

26 *Statistical Account of Scotland*, v. 5, 1793, p. 501-2. Sobre o crescimento inicial da indústria escocesa, ver W. H. Marwick, "The Cotton Industry and the Industrial Revolution in Scotland", *The Scottish Historical Review*, v. 21, n. 83, p. 207-18, 1924; e G. M. Mitchell, "The English and Scottish Cotton Industries: A Study in Interrelations", *The Scottish Historical Review*, v. 22, n. 86, p. 101-14, 1925; mas, em particular, A. Cooke, *The Rise and Fall of the Scottish Cotton Industry, 1778-1914: "The Secret Spring"*. Manchester: Manchester University Press, 2010.

27 A. Ure, *The Philosophy of Manufactures: Or, An Exposition of the Scientific, Moral and Commercial Economy of the Factory System of Great Britain*. Londres: Charles Knight, 1835, p. 16.

28 N. F. R. Crafts, *British Economic Growth During the Industrial Revolution*. Nova York: Oxford University Press, 1985, p. 2, 21-4, 47.

29 Ver M. Berg & P. Hudson, "Rehabilitating the Industrial Revolution", *The Economic History Review*, v. 45, n. 1, p. 24-50, 1992; N. F. R. Crafts & C. K. Harley, "Output Growth and the British Industrial Revolution: A Restatement of the Crafts-Harley View", *The Economic History Review*, v. 45, n. 4, p. 703-30, 1992; e Berg, *The Age of Manufactures*, 1994, p. 17, 34-40, 215.

30 Cossons (org.), *Rees's Manufacturing Industry*, v. 3, 1972, p. 356, 279, grifos nossos. Sobre os ganhos de produtividade na indústria de algodão e nas outras manufaturas, ver H. Catling, *The Spinning Mule*. Newton Abbot: David & Charles, 1970; Crafts, *British Economic Growth During the Industrial Revolution*, 1985, p. 7-8, 17, 84-7.

31 K. Harley, "Prices and Profits in Cotton Textiles During the Industrial Revolution", *Discussion Papers in Economic and Social History*, n. 81, University of Oxford, 2010, p. 3, grifos nossos. Sobre as taxas de lucro, ver ainda, por exemplo, E. J. Hamilton, "Profit Inflation and the Industrial Revolution, 1751-1800", *The Quarterly Journal of Economics*, v. 56, n. 2, p. 256-73, 1942; Tann, *The Development of the Factory*, 1970, cap. 2; C. H. Lee, *A Cotton Enterprise, 1950-1840: A History of the M'Connel and Kennedy Fine Cotton Spinners*. Manchester: Manchester University Press, 1972, p. 139-40, 167; A. Howe, *The Cotton Masters 1830-1860*. Nova York: Oxford University Press, 1984, p. 24; e Cooke, *The Rise and Fall of the Scottish Cotton Industry*, 2010, p. 51.

32 Ver, por exemplo, G. Unwin, *Samuel Oldknow and the Arkwrights: The Industrial Revolution at Stockport and Marple*. Manchester: The University Press, 1924, p. 21; e A. E. Musson & E. Robinson, *Science and Technology in the Industrial Revolution*. Manchester: Manchester University Press, 1969, p. 67-71.

33 Teofrasto citado em Holland, *The History and Description of Fossil Fuel*, 1835, p. 306. Sobre o uso de carvão na Grã-Bretanha pré-romana, ver J. Hatcher, *The History of the British Coal Industry*, v. 1, *Before 1700*. Oxford: Clarendon Press, 1993, p. 16-7; e B. Freese, *Coal: A Human History*. Cambridge: Perseus, 2003, p. 16.

34 M. Dearne & K. Branigan, "The Use of Coal in Roman Britain", *The Antiquaries Journal*, v. 75, p. 71-105, 1995; A. H. Smith, "Provenance of Coals from Roman Sites in England and Wales", *Britannia*, v. 28, p. 297-324, 1997.

35 J. U. Nef, *The Rise of the British Coal Industry*, v. 1. Abingdon: Cass, 1966 [1932], p. 14.

36 Harrison citado em Holland, *The History and Description of Fossil Fuel*, 1835, p. 318.

37 Thomas Barnaba citado em Nef, *The Rise of the Brittish Coal Industry*, v. 1, 1966, p. 202. Ver também Hatcher, *The History of the British Coal Industry*, v. 1, 1993.

38 Hatcher, *The History of the British Coal Industry*, v. 1, 1993, p. 7-8.

39 Nef, *The Rise of the British Coal Industry*, v. 1, 1966, p. 14.

40 Hatcher, *The History of the British Coal Industry*, v. 1, 1993, p. 554, grifos nossos.

41 Ver, por exemplo, M. W. Flinn, *The History of The British Coal Industry*, v. 2, *1700-1830, The Industrial Revolution*. Oxford: Clarendon Press, 1984, p. 1, 448; Hatcher, *The History of the British Coal Industry*, v. 1, 1993, p. 548; e T. Mitchell, "Carbon Democracy", *Economy and Society*, v. 38, n. 3, p. 399-432, 2009, p. 402. Esse também é um tema importante em Wrigley, *Energy and the English Industrial Revolution*, 2010.

42 Hatcher, *The History of the British Coal Industry*, v. 1, 1993, p. 548.

43 R. Hartwell, "A Revolution in the Chinese Iron and Coal Industries During the Northern Sung, 960-1126 A. D.", *The Journal of Asian Studies*, v. 21, n. 2, p. 153-62, 1962; *idem*, "A Cycle of Economic Change in Imperial China: Coal and Iron in Northeast China, 750-1350", *Journal of the Economic and Social History of the Orient*, v. 10, n. 1, p. 102-59, 1967.

44 Hartwell, "A Revolution in the Chinese Iron and Coal Industries During the Northern Sung", 1962, p. 161, grifos nossos.

45 T. Wright, "An Economic Cycle in Imperial China? Revisiting Robert Hartwell on Iron and Coal", *Journal of the Economic and Social History of the Orient*, v. 50, n. 4, 2007, p. 415-7. Ver ainda J.-C. Debeir, J.-P. Deléage & D. Hémery, *In the Servitude of Power: Energy and Civilization Through the Ages*. Londres: Bloomsbury Academic, 1991 [1986], p. 55-6.

46 Hatcher, *The History of the British Coal Industry*, v. 1, 1993, p. 5.

47 R. L. Hills, *Power from Steam: A History of the Stationary Steam Engine*. Cambridge: Cambridge University Press, 1989, p. 62; R. A. Bryer, "A Marxist Accounting History of the British Industrial Revolution: A Review of Evidence and Suggestions for Research", *Accounting, Organizations and Society*, v. 30, n. 1, p. 25-65, 2005, p. 46; Fitton, *The Arkwrights*, 1989, p. 64; A. Nuvolari, *The Making of Steam Power Technology: A Study of Technical Change during the British Industrial Revolution*. Eindhoven: Eindhoven University Press, 2004, p. 25; Rosen, *The Most Powerful Idea in the World*, 2010, p. 174. Grifos nossos.

48 Farey, *A Treatise on the Steam Engine*, 1827, p. 438, 442-4, 508-15; Lord, *Capital and Steam Power*, 1965, p. 162-5; A. W. Skempton, "Samuel Wyatt and the Albion Mill", *Architectural History*, v. 14, p. 53-73, 1971.

49 J. Marshall, "Early Applications of Steam Power: The Cotton Mills of the Upper Leen", *Transactions of the Thoroton Society*, v. 60, p. 34-43, 1957; N. Greatrex, "The Robinson Enterprises at Papplewick, Nottinghamshire. Part One", *Industrial Archaeology Review*, v. 9, n. 1, p. 37-56, 1986; *idem*, "The Robinson Enterprises at Papplewick, Nottinghamshire. Part Two", *Industrial Archaeology Review*, v. 9, n. 2, p. 119-39, 1987.

50 Watt citado em Tann, "Richard Arkwright and Technology", 1973, p. 39. Sobre os custos de combustíveis como principal razão para o ceticismo inicial, ver, por exemplo, A. E. Musson & E. Robinson, "The Early Growth of Steam Power", *The Economic History Review*, v. 11, n. 3, p. 418-39, 1959.

51 Carta de T. Fox em J. Tann, "The Employment of Power in the West of England Wool Textile Industry, 1790-1840". *In*: N. B. Harte & K. Ponting, Kenneth F. (org.), *Textile History and Economic History: Essays in Honour of Miss Julia de Lacy Mann*. Manchester: Manchester University Press, 1973, p. 220; Boulton & Watt citados em Musson & Robinson, "The Early Growth of Steam Power", 1959, p. 424; A. Briggs, *The Power of Steam: An Illustrated History of the World's Steam Age*. Londres: Joseph, 1982, p. 57.

52 *Cottonopolis*, no original. Apelido dado a Manchester, à época considerada a capital mundial da produção de algodão. [N.T.]

53 Sobre McConnel e Kennedy, ver Lee, *A Cotton Enterprise*, 1972; sobre Oldham, ver Butterworth, *Historical Sketches of Oldham*, 1856; e sobre Preston, ver C. Dickinson,

Cotton Mills of Preston: The Power Behind the Thread. Preston: Carnegie Publishing Limited, 2002.

54 Lord, *Capital and Steam Power*, 1965, p. 174; Cooke, *The Rise and Fall of the Scottish Cotton Industry*, 2010, p. 6, 121, 123.

55 Musson & Robinson, *Science and Technology in the Industrial Revolution*, 1969, p. 67-9; S. D. Chapman, "The Cost of Power in the Industrial Revolution in Britain: The Case of the Textile Industry", *Midlands History*, v. 1, n. 2, p. 1-24, 1971, p. 16; Von Tunzelmann, *Steam Power and British Industrialization to 1860*, 1978, p. 136; J. W. Kanefsky, *The Diffusion of Power Technology in British Industry, 1760-1870* (tese de doutorado). Exeter: University of Exeter, 1979, p. 275.

56 *Encyclopædia Perthensis, The New Encyclopædia; Or, Universal Dictionary of Arts and Sciences*, v. 13. Londres: 1807, p. 154, grifos nossos.

57 Hills, *Power in the Industrial Revolution*, 1970, p. 155; *idem*, *Power from Steam*, 1989, p. 48; J. Tann & M. J. Breckin, "The International Diffusion of the Watt Engine, 1775-1825", *The Economic History Review*, v. 31, n. 4, p. 541-64, 1978.

58 R. C. Allen, *The British Industrial Revolution in Global Perspective*. Cambridge: Cambridge University Press, 2009, p. 172.

4 "Há energias poderosas nessas massas": a mobilização da potência em uma época de crise

1 *Manchester Guardian*, 17 dez. 1825. Ver ainda *The Times*, 9 dez. 1825; J. R. McCulloch [não assinado], "Commercial Revulsions", *Edinburgh Review*, v. 44, p. 70-93, 1826; House of Commons Parliamentary Papers [daqui em diante PP], 1833, v. VI, "Report from Select Committee on Manufactures, Commerce, and Shipping"; A. D. Gayer, W. W. Rostow & A. J. Schwartz, *The Growth and Fluctuation of the British Economy, 1790-1850: An Historical, Statistical, and Theoretical Study of Britain's Economic Development*. 2 v. Brighton: Barnes and Noble, 1975, p. 186, 196-7, 646-51; e L. Neal, "The Financial Crisis of 1825 and the Restructuring of the British Financial System", *Review*, Federal Reserve Bank of St. Louis, v. 80, p. 53-76, 1998.

2 B. Hilton, *A Mad, Bad, and Dangerous People? England 1783-1846*. Nova York: Oxford University Press, 2008, p. 303. "Pânico" é mencionado, por exemplo, em *Circular to Bankers*, 9 ago. 1833; e D. M. M. Craik, *John Halifax, Gentleman*. Nova York: Harper & Brothers, 1860 [1856], p. 361.

3 Ver, por exemplo, PP, 1833, v. VI, p. 96, 556; R. C. O. Matthews, *A Study in Trade-Cycle History: Economic Fluctuations in Great Britain 1833-1842*. Cambridge: University Press, 1954, p. 202-3; e Gayer, Rostow & Schwartz, *The Growth and Fluctuation*

of the British Economy, 1975, p. 154, 197-8, 533, 656-7. Para um relato e uma análise mais detalhados da crise, ver Malm, *Fossil Capital* (tese de doutorado), 2014, p. 170-90.

4 *The Times*, 28 fev. 1826; *Circular to Bankers*, 20 fev. 1829; 27 mar. 1829; e 8 jan. 1830.

5 PP, 1833, v. VI, p. 548, 552-3 (George Smith). Ver ainda, por exemplo, PP, 1834, v. XX, "Reports from Commissioners: Factories Inquiry, Part II"; "Notes of a Reader", *The Mirror*, 11 abr. 1829; Lee, *A Cotton Enterprise*, 1972, p. 140; e Fitton, *The Arkwrights*, 1989, p. 225-8.

6 PP, 1833, v. VI, p. 314; *Circular to Bankers*, 20 mar. 1829.

7 PP, 1833, v. VI, p. 35, 73. Sobre a queda para 5% ou menos, ver, por exemplo, PP, 1834, v. X, "Report from Select Committee on Hand-Loom Weavers' Petitions 1834", p. 410; N. W. Senior & L. Horner, *Letters on the Factory Act, as It Affects the Cotton Manufacture*. Londres: B. Fellowes, 1837, p. 5, 31-2; *Manchester Guardian*, 5 set. 1829; R. Boyson, *The Ashworth Enterprise: The Rise and Fall of a Family Firm 1818-1880*. Oxford: Clarendon Press, 1970, p. 89; e Howe, *The Cotton Masters*, 1984, p. 26, 29.

8 PP, 1832, v. IV, "Report from the Committee of Secrecy on the Bank of England Charter", p. 334-5 (John B. Smith).

9 Carta para George Gill, 21 out. 1831, John Rylands Library, McConnel & Kennedy Papers (MCK/2/2/20).

10 B. L. Hutchins & A. Harrison, *A History of Factory Legislation*. Londres: P.S. King & Son Limited, 1926 [1903], p. 66. Dados extraídos de *Circular to Bankers*, 12 jul. 1833; 9 ago. 1833; 1 abr. 1836; *The Times*, 3 maio 1841; "Report of the Factory Inspectors for the Half-Year Ending [daqui em diante RFIHYE] the 31st December 1841", p. 57-63; "RFIHYE June 30, 1842", p. 6; W. C. Taylor, *Notes of a Tour in the Manufacturing Districts of Lancashire*. Londres: Duncan and Malcolm, 1842; R. Lloyd-Jones & M. Lewis, *British Industrial Capitalism since the Industrial Revolution*. Londres: Routledge, 1998, p. 54; Matthews, *A Study in Trade-Cycle History*, 1954; e Gayer, Rostow & Schwartz, *The Growth and Fluctuation of the British Economy*, 1975.

11 Sobre essas leis, ver, por exemplo, M. D. George, "Revisions in Economic History: IV. The Combination Laws", *The Economic History Review*, v. 6, n. 2, p. 172-8, 1936; e J. T. Ward & W. H. Fraser, *Workers and Employers: Documents on Trade Unions and Industrial Relations in Britain since the Early Nineteenth Century*. Hamden: Archon, 1980, p. 10-1. Sobre as críticas burguesas contra elas, ver, por exemplo, PP, 1824, v. V, "First Report from Select Committee on Artisans and Machinery"; e W. D. Grampp, "The Economists and the Combination Laws", *The Quarterly Journal of Economics*, v. 93, n. 4, p. 501-22, 1979. Sobre greves e petições, ver R. G. Kirby & A. E. Musson, *The Voice of the People: John Doherty, 1798-1854. Trade Unionist, Radical and Factory Reformer*. Manchester: Manchester University Press, 1975, p. 34-5. Para uma descrição mais detalhada da dimensão social da crise, ver Malm, *Fossil Capital*, (tese de doutorado), 2014, p. 190-202.

12 *Annual Register*, 1824, p. 80-1; G. H. Wood, *The History of Wages in the Cotton Trade During the Past Hundred Years*. Manchester: Sherratt and Hughes, 1910, p. 22, 28; Kirby & Musson, The Voice of People, 1975, p. 29-31, 36; Gayer, Rostow & Schwartz, *The Growth and Fluctuation of the British Economy*, 1975, p. 208-9, 240.

13 *Manchester Guardian*, 8 out. 1825. Para ataques à revogação, ver ainda, por exemplo, Hansard's Parliamentary Debates [daqui em diante Hansard], 3 fev./18 abr. 1825; e "Combination Laws", *Mechanics' Magazine*, 9 abr. 1825.

14 *The Times*, 19 jan. 1825; E. P. Thompson, *The Making of the English Working Class*. Nova York: IICA, 1966, p. 520 [ed. bras.: *A formação da classe operária inglesa*, v. 3, *A força dos trabalhadores*. São Paulo: Paz & Terra, 1987, p. 87-8]; J. Rule, *The Labouring Classes in Early Industrial England, 1750-1850*. Londres: Routledge, 1986, p. 286-7; Kirby & Musson, *The Voice of the People*, 1975, p. 37-8; Ward & Fraser, *Workers and Employers*, 1980, p. 26-7; Grampp, "The Economists and the Combination Laws", 1979, p. 522.

15 Para uma excelente pesquisa, ver E. Royle, *Revolutionary Britannia? Reflections on the Threat of Revolution in Britain, 1789-1848*. Manchester: Manchester University Press, 2000.

16 *The "Destructive" and Poor Man's Conservative*, 9 fev. 1833; 25 jan. 1834. Grifos do original.

17 Hilton, *A Mad, Bad, and Dangerous People?*, p. 31, 399. Para cifras sobre a crise sanitária, ver *ibidem*, p. 574; C. H. Feinstein, "Pessimism Perpetuated: Real Wages and the Standard of Living in Britain During and After the Industrial Revolution", *The Journal of Economic History*, v. 58, n. 3, p. 625-58, 1998; e G. R. Boyer, "The Historical Background of The Communist Manifesto", *Journal of Economic Perspectives*, v. 12, n. 4, 1998, p. 166-7.

18 W. C. Taylor, *The Hand Book of Silk, Cotton, and Woollen Manufactures*. Londres: R. Bentley, 1843, p. 201.

19 Ver, por exemplo, "RFIHYE 30th June, 1843", "RFIHYE 30th April 1847", "RFIHYE 31st October 1847" e "RFIHYE 30th April 1848".

20 Eles eram John Wyatt e Lewis Paul. Ver Baines, *History of the Cotton Manufacture in Great Britain*, 1835, p. 121-6; Ure, *The Cotton Manufacture of Great Britain*, 1836, v. 1, p. 212-3; e Wadsworth & Mann, *The Cotton Trade and Industrial Lancashire*, 1931, p. 413-40. A "máquina circular" (*circular machine*) é parte de um poema de 1757 sobre os experimentos, citado em I. Kovacevich, "The Mechanical Muse: The Impact of Technical Inventions on Eighteenth-Century Neoclassical Poetry", *The Huntington Library Quarterly*, v. 28, n. 3, 1965, p. 270. A aplicação da patente de Wyatt é citada em Baines, *History of the Cotton Manufacture in Great Britain*, 1835, p. 122.

21 PP, 1833, v. XX, "Factories Inquiry Commission, First Report", p. D1.43; Montgomery, *The Theory and Practice of Cotton Spinning*, 1836, p. 177-9, 289-91; H. Catling, "The

Development of the Spinning Mule", *Textile History*, v. 9, n. 1, p. 35-57, 1978; W. Lazonick, "Industrial Relations and Technical Change: The Case of the Self-Acting Mule", *Cambridge Journal of Economics*, v. 3, n. 3, p. 231-62, 1979; T. Bruland, "Industrial Conflict as a Source of Technical Innovation: Three Cases", *Economy and Society*, v. 11, n. 2, 1982, p. 99-102; Catling, *The Spinning Mule*, 1970, p. 32-48, 147.

22 B. J. Silver, *Forces of Labor: Workers' Movements and Globalization since 1870*. Cambridge: Cambridge University Press, 2003, p. 13.

23 E. C. Tufnell, *Character, Object, and Effects of Trades' Unions*. Manchester: Express Co-Operative Printing Co. Ltd., 1834, p. 12-3, 26.

24 Números extraídos de Wood, *The History of Wages in the Cotton Trade*, 1910, p. 22, 28; e Baines, *History of the Cotton Manufacture in Great Britain*, 1835, p. 436.

25 Ure, *The Philosophy of Manufactures*, 1835, p. 363, 366.

26 *Idem*, *Ure's Dictionary of Arts, Manufactures and Mines*, v. 1. Londres: Longmans, Green and Company, 1867, p. 234-5. Os últimos dois grifos são nossos.

27 *Manchester Guardian*, 22 jan. 1825.

28 *A.D. 1825 – No 5138, 27/3 1825: Specification of Richard Roberts. Spinning Machines*. Londres, 1856.

29 K. Bruland, "Industrialisation and Technological Change". *In*: R. Floud & P. Johnson (org.), *The Cambridge Economic History of Modern Britain*, v. 1, *Industrialisation, 1700-1860*. Cambridge: Cambridge University Press, 2004, p. 136.

30 "Recent Patents: To Richard Roberts", *The London Journal of Arts and Sciences*, n. 8, p. 233-4, 1832, grifos nossos.

31 Ure, *The Cotton Manufacture of Great Britain*, 1836, v. 2, p. 176.

32 Por exemplo, PP, 1833, v. VI, p. 37-40, 322-3, 335; PP, 1833, v. XXI, "Factories Inquiry Commission, Second Report", D2.37, p. 54; Ure, *The Cotton Manufacture of Great Britain*, 1836, v. 2, p. 198-9; Baines, *History of the Cotton Manufacture in Great Britain*, 1835, p. 208-9; e Montgomery, *The Theory and Practice of Cotton Spinning*, 1836, p. 207. Para um tratamento mais detalhado da rápida ascensão da mula de fiar autônoma, ver Malm, *Fossil Capital* (tese de doutorado), 2014, p. 204-19.

33 *Preston Chronicle*, 3 dez. 1836; *Manchester Guardian*, 20 set. 1837; H. Ashworth, "Strike at Preston", *Statistical Journal*, v. 1, p. 86-91, 1837; W. Felkin, *Remarks Upon the Importance of an Inquiry into the Amount and Appropriation of Wages by the Working Classes*. Londres: Hamilton, Adams, 1837, p. 16; H. A. Turner, *Trade Union Growth, Structure and Policy: A Comparative Study of the Cotton Unions*. Londres: Routledge, 1962, p. 74-5; J. S. Leigh, *Preston Cotton Martyrs: The Millworkers Who Shocked a Nation*. Preston: Carnegie, 2008, p. 33-43.

34 Archibald Alison citado em W. Fraser, "The Glasgow Cotton Spinners, 1837". *In*: J. Butt & J. Ward (org.), *Scottish Themes*. Edimburgo: Scottish Academic Press, 1976, p. 92.

35 A. Alison, "Trades Unions' and Strikes", *Edinburgh Review*, n. 67, 1838, p. 254-5; PP, 1851, v. XVIII, "Minutes of Evidence Before Select Committee on the Patent Law Amendment Bill and Patent Law Amendment (n. 2) Bill", p. 193.

36 *The Times*, 4 out. 1841. Sobre a queda dos salários, ver ainda "RFIHYE 31st December 1841", p. 27; Wood, *The History of Wages in the Cotton Trade*, 1910, p. 22-4, 28-9, 96-7, 131; e J. Foster, *Class Struggle and the Industrial Revolution: Early Industrial Capitalism in Three English Towns*. Londres: Littlehampton Book Services Ltd., 1974, p. 82-3.

37 Baines, *History of the Cotton Manufacture in Great Britain*, 1835, p. 212, grifos do original; "RFIHYE June 30, 1842", p. 31 (Cephas Howard).

38 Ure, *The Cotton Manufacture of Great Britain*, 1836, v. 1, p. 304; Von Tunzelmann, *Steam Power and British Industrialization to 1860*, 1978, p. 176; V. A. G. Gatrell, "Labour, Power, and the Size of Firms in Lancashire Cotton in the Second Quarter of the Nineteenth Century", *The Economic History Review*, v. 30, n. 1, 1977, p. 113.

39 P. Gaskell, *Artisans and Machinery: The Moral and Physical Condition of the Manufacturing Population*. Londres: J. W. Parker, 1836, p. 24-5.

40 G. Timmins, *The Last Shift: The Decline of Handloom Weaving in Nineteenth-Century Lancashire*. Manchester: Manchester University Press, 1993, p. 9; Berg, *The Age of Manufcatures*, 1994, p. 222, 230; Landes, *The Unbound Prometheus*, 2003, p. 119.

41 J. R. McCulloch [não assinado], "Babbage on Machinery and Manufactures", *Edinburgh Review*, v. 56, 1833, p. 315. Ver ainda, por exemplo, Kennedy, *Observations on the Rise and Progress of the Cotton Trade in Great Britain*, 1818; W. Radcliffe, *Origin of the New System of Manufacture Commonly Called Power-Loom Weaving*. Clifton: A. M. Kelly, 1974 [1828]; e D. Bythell, *The Handloom Weavers: A Study in the English Cotton Industry During the Industrial Revolution*. Cambridge: Cambridge University Press, 1969.

42 Timmins, *The Last Shift*, 1993, p. 19.

43 PP, 1824, v. V, p. 543; PP, 1833, v. VI, p. 336, 608; PP, 1834, v. X, p. 12, 75, 199, 418, 564; PP, 1835, v. XIII, "Report from Select Committee on Hand-Loom Weavers' Petitions", p. 87, 141, 151, 212, 287; Guest, *A Compendious History of the Cotton-Manufacture*, 1823, p. 31; Radcliffe, *Origin of the New System of Manufacture*, 1974, p. 65-6; Baines, *History of the Cotton Manufacture in Great Britain*, 1835, p. 183, 214, 491-6; Gaskell, *Artisans and Machinery*, 1836, p. 12-34.

44 Números de salários extraídos de Wood, *The History of Wages in the Cotton Trade*, 1910, p. 112. Sobre a posição desvantajosa em negociações e os obstáculos à organização, ver PP, 1834, v. X; PP, 1835, v. XIII; e Committee of Manufacturers and Weavers of the Borough of Bolton, "A Letter Addressed to the Members of Both Houses of Parliament on the Distresses of the Hand Loom Weavers", 1834.

45 Thomas & Richard Gorton citados em Hills, *Power in the Industrial Revolution*, 1970, p. 211-3.

46 Kennedy, *Observations on the Rise and Progress of the Cotton Trade*, 1818, p. 19, grifos nossos.

47 Baines, *History of the Cotton Manufacture in Great Britain*, 1835, p. 493.

48 PP, 1834, v. X; PP, 1835, v. XII; Committee of Manufacturers and Weavers of the Borough of Bolton, "A Letter Addressed to the Members of Both Houses of Parliament", 1834; Thompson, *The Making of the English Working Class*, 1966, cap. 9 [*A formação da classe operária inglesa*, 1987, v. 2, cap. 4]; Bythell, *The Handloom Weavers*, 1969.

49 Committee of Manufacturers and Weavers of the Borough of Bolton, "A Letter Addressed to the Members of Both Houses of Parliament", 1834, p. 10, grifos nossos.

50 Baines, *History of the Cotton Manufacture in Great Britain*, 1835, p. 494.

51 *Ibidem*, p. 495.

52 PP, 1834, v. X, p. 400, 478 (Laurence Don); PP, 1835, v. XIII, V. Ver ainda, por exemplo, PP, 1834, v. X, p. 54, 70, 343, 464, 477-8; PP, 1835, v. XIII, p. 1, 205, 211-4. Tentativas de acabar com desfalques pela via legal se mostraram infrutíferas. Para considerações mais aprofundadas a respeito deste e de outros aspectos da ascensão do tear mecânico, ver Malm, *Fossil Capital* (tese de doutorado), 2014, p. 220-40.

53 PP, 1834, v. X, p. 407. Ver ainda *ibidem*, p. 444; PP, 1835, v. XIII, p. 100; e Bythell, *The Handloom Weavers*, 1969, p. 72.

54 "The Hand-Loom Inquiry Commission", *Westminster Review*, jul. 1841, p. 68.

55 Committee of Manufacturers and Weavers of the Borough of Bolton, "A Letter Addressed to the Members of Both Houses of Parliament", 1834, p. 15, grifos nossos. Sobre a erradicação dos desfalques como principal vantagem do tear mecânico, ver também A. Redford, *Labour Migration in England 1800-1850*. Manchester: Manchester University Press, 1976 [1926], p. 130; M. Berg, *The Machinery Question and the Making of Political Economy, 1815-1848*. Cambridge: Cambridge University Press, 1980, p. 241-2; Bythell, *The Handloom Weavers*, 1969, p. 85-6; e Von Tunzelmann, *Steam Power and British Industrialization to 1860*, 1978, p. 197-9.

56 PP, 1833, v. XX, p. D2.61 (Patrick Welsh).

57 PP, 1835, v. XIII, XVI. Grifos nossos.

58 J. R. McCulloch [não assinado], "Rise, Progress, Present State, and Prospects of the British Cotton Manufacture", *Edinburgh Review*, v. 46, 1827, p. 17; PP, 1835, v. XIII, p. 146 (Robert Gardner). Terceiro movimento: "RFIHYE 31st October, 1850", p. 16; Wood, *The History of Wages in the Cotton Trade*, 1910, p. 125; Bythell, *The Handloom Weavers*, 1969, p. 89-90, 140, 267; e Timmins, *The Last Shift*, 1993, p. 20-3, 111, 174, 185.

59 W. Fairbairn, *Treatise on Mills and Millwork*, part 2, *On Machinery of Transmission and the Construction and Arrangement of Mills*. Londres: Longmans, Green & Co., 1865, p. 185.

60 PP, 1833, v. XX, C1.110 (Thomas Brown), grifos nossos.

61 A respeito da afinidade social e tecnológica entre o autoagente e o tear mecânico, ver Ure, *The Philosophy of Manufactures*, 1835, p. 331; M. Blaug, "The Productivity of Capital in the Lancashire Cotton Industry During the Nineteenth Century", *The Economic History Review*, v. 13, n. 3, 1961, p. 365; e Von Tunzelmann, *Steam Power and British Industrialization to 1860*, 1978, p. 194-5.

62 PP, 1833, v. VI, p. 313, 677, 686; "Report of the Factory Inspectors for the Quarter Ending 30th September, 1844; and from 1st October, 1844, to 30th April, 1845", p. 19; Taylor, *The Hand Book of Silk*, 1843, p. 158; Fairbairn, *Treatise on Mills and Millwork*, part 2, 1865, p. 1-3; J. S. Lyons, "Vertical Integration in the British Cotton Industry, 1825-1850: A Revision", *The Journal of Economic History*, v. 45, n. 2, 1985, p. 420.

63 John Bright em Hansard, 15 abr./24 maio 1844, p. 1.065.

5 Enigmas da transição: as duradouras vantagens da água

1 C. C. Hyde, *Technological Change and the British Iron Industry, 1700-1870*. Princeton: Princeton University Press, 1977, p. 195-6.

2 Chapman, *The Cotton Industry in the Industrial Revolution*, 1972, p. 18, 119, grifos nossos.

3 Von Tunzelmann, *Steam Power and British Industrialization to 1860*, 1978, p. 295, grifos nossos.

4 Sobre a mensuração do rendimento energético do trabalho humano, ver M. Giampietro, S. G. F. Bukkens & D. Pimentel, "Labor Productivity: A Biophysical Definition and Assessment", *Human Ecology*, v. 21, n. 3, p. 229-60, 1993.

5 A produtividade maior dos teares mecânicos é uma questão diferente. Dez teares mecânicos que exigiam 1 cavalo de potência; ver depoimento de Fairbairn em Records of House of Commons, Opposed Private Bill Committee Evidence [daqui em diante RHO/OPBCE], Committee on Bolton Waterworks Bill, 18 maio 1843, p. 124 (HL/PO/PB/5/9/4); e Ure, *The Cotton Manufacture of Great Britain*, 1836, v. 1, p. 304-6; v. 2, p. 405.

6 Kanefsky, *The Diffusion of Power Technology in British Industry*, 1979, p. 336-8.

7 *Ibidem*, p. 349.

8 Essas cifras foram reunidas por inspetores fabris, como relatado em "Increase of Steam-Power in Lancashire and its Immediate Vicinity", *Journal of the Statistical Society of London*, v. 1, n. 5, p. 315, 1838. Ver ainda "RFIHYE 31 December 1841", p. 93; e Kanefsky, *The Diffusion of Power Technology in British Industry*, 1979, p. 289-90.

9 Os números de Wood para 1835 são de 188 mil tecelões manuais (Wood, *The History of Wages in the Cotton Trade*, 1910, p. 127). Sobre essa cifra como uma estimativa conservadora, ver Timmins, *The Last Shift*, 1993, p. 24-32. Para uma discussão mais completa do procedimento estatístico adotado aqui, ver Malm, *Fossil Capital* (tese de doutorado), 2014, p. 243-4.

10 Somas calculadas com o procedimento já mencionado, com dados de Wood, *The History of Wages in the Cotton Trade*, 1910, p. 128, e Kanefsky, *The Diffusion of Power Technology in British Industry*, 1979, p. 245-7, 292-4.

11 R. B. Gordon, "Cost and Use of Water Power During Industrialization in New England and Great Britain: A Geological Interpretation", *The Economic History Review*, v. 36, n. 2, 1983, p. 243.

12 *Ibidem*, p. 259, 256. Sobre 1838 como ápice, ver Kanefsky, *The Diffusion of Power Technology in British Industry*, 1979, p. 255.

13 J. Shaw, *Water Power in Scotland: 1550-1870*. Edimburgo: Donald, 1984, p. 544.

14 B. Thomas, "Was there an Energy Crisis in Great Britain in the 17th Century?", *Explorations in Economic History*, v. 23, n. 2, 1986, p. 126.

15 Landes, *The Unbound Prometheus*, 2003, p. 42, 54 [*Prometeu desacorrentado*, 2005, p. 44, 55].

16 Allen, "Backward into the Future", 2012, p. 23.

17 Rosen, *The Most Powerful Idea in the World*, 2010, p. 316, grifos nossos.

18 Fairbairn, *Treatise on Mills and Millwork*, part 1, 1864, p. 91.

19 T. S. Reynolds, *Stronger Than a Hundred Men: A History of the Vertical Water Wheel*. Baltimore: Johns Hopkins University Press, 1983, p. 319; Hills, *Power in the Industrial Revolution*, 1970, p. 145, 184; Von Tunzelmann, *Some Economic Aspects of the Diffusion of Steam Power*, 1974, p. 133; *idem*, *Steam Power and British Industrialization to 1860*, 1978, p. 51-61; Kanefsky, *The Diffusion of Power Technology in British Industry*, 1979, p. 167-9; Hills, *Power from Steam*, 1989, p. 77-8.

20 Sutcliffe, *A Treatise on Canals and Reservoirs*, 1816, p. 251.

21 W. Fairbairn, *The Life of Sir William Fairbairn, Bart: Partly Written by Himself, Edited and Completed by William Pole*. Newton Abbot: David & Charles, 1970 [1877], p. 122. Para uma história da empresa, ver C. Brogan, *James Finlay & Company Limited: Manufacturers and East India Merchants, 1750-1950*. Glasgow: Jackson Son, 1951.

22 Declaração de James Smith, administrador de Deanston, em "RFIHYE 31st December 1839", p. 97 [no original, "crested with a beautiful silvery curl"].

23 "The Deanston Cotton-Works", *Chambers's Edinburgh Journal*, 9 mar. 1839, p. 54.

24 Fairbairn, *The Life of Sir William Fairbairn*, 1970, p. 314.

25 PP, 1833, v. VI, p. 73, grifos nossos.

26 Sobre tais custos, ver Glasgow University Archive Services, Finley Archive, "Balance Catrine Cotton Works, 31st December 1832"; "Balance Deanston Cotton Works, 31st December 1835" (UGDP91/1/4/1/3/2); "Mr. Norton's Remarks Regarding Deanston

Works & Supply of Water, 1846" (UGDP91/1/5/3/6/1); e Fairbairn, *Treatise on Mills and Milwork*, part 1, 1864, p. 92.

27 As primeiras duas citações são de Glasgow University Archive Services, Finley Archive, carta de Mr. Graich, 3 fev. 1838 (UGDP91/1/5/3/6/3); a terceira, não datada, é de fonte anônima, mas ao que tudo indica foi escrita pelo administrador Thomas Norton em 1846; Glasgow University Archive Services, Finley Archive, "Brief" (UGDP91/1/5/3/13/1), grifos do original. Sobre preços de carvão em Edimburgo e Birmingham nessa época, ver Von Tunzelmann, *Some Economic Aspects of the Diffusion of Steam Power*, 1974, p. 69.

28 Glasgow University Archive Services, James Finlay & Co. Collection, avaliação de Catrine, Deanston e Ballindaloch, Glasgow, 2 mar. 1844, Houldsworth [provavelmente Henry] e McAslan (UGDP91/1/5/3/1/3).

29 Quarry Bank Mill Archive, "Memoranda of Quarry Bank Mill", p. 1. Sobre a história dos Greg, ver M. B. Rose, *The Gregs of Quarry Bank Mill: The Rise and Decline of a Family Firm, 1750-1914*. Cambridge: Cambridge University Press, 1986; e J. Owens, *Quarry Bank Mill and Styal Estate*. Swindon: National Trust, 2011.

30 Hills, *Power in the Industrial Revolution*, 1970, p. 109.

31 Ure, *The Philosophy of Manufactures*, 1835, p. 347; Hansard, 15 abr./24 maio 1844, p. 902.

32 Greater Manchester County Records Office, Greg Archive, memorando, 1828 (C5/8:13/1-5); James Henshall, "Water Wheel Power at Quarry Bank, August 4th 1856" (C5:3/2); Rose, *The Gregs of Quarry Bank Mill*, 1986, p. 42.

33 Taylor, *Notes of a Tour in the Manufacturing Districts of Lancashire*, 1842, p. 30; Boyson, *The Ashworth Enterprise*, 1970, p. 14, 47, 62; RHO/OPBCE, Bolton, 17 maio 1843, p. 109.

34 PP, 1833, v. XX, D2.132, grifos nossos. Sobre as fábricas de Cheetham movidas a vapor em Stockport, ver D1.43. O termo "motor" era utilizado de forma corriqueira para se referir a qualquer tipo de máquina ou mobilizador primário.

35 *Ibidem*, D1.16, grifos do original. Para declarações similares sobre os baixos preços da água, ver, por exemplo, PP, 1832, v. XV, "Report from Select Committee on Labour of Children in Factories", p. 251, 346; PP, 1833, v. XX, D2.99.

36 *Preston Chronicle*, 31 dez. 1842.

37 Flinn, *The History of the British Coal Industry*, v. 2, 1984, p. 298-311; R. Church, *The History of the British Coal Industry*, v. 3, *1830-1913: Victorian Pre-eminence*. Oxford: Oxford University Press, 1986, p. 53-5; G. Clark & D. Jacks, "Coal and the Industrial Revolution, 1700-1869", *European Review of Economic History*, v. 11, n. 1, p. 39-72, 2007; R. C. Allen, "Why the Industrial Revolution Was British: Commerce, Induced Invention, and the Scientific Revolution", *The Economic History Review*, v. 64, n. 2, 2011, p. 366.

38 Por exemplo, Chapman, "The Cost of Power in the Industrial Revolution in Britain", 1971; *idem*, *The Cotton Industry in the Industrial Revolution*, 1972, p. 20; Von

Tunzelmann, *Steam Power and British Industrialization to 1860*, 1978; e Kanefsky, *The Diffusion of Power Technology in British Industry*, 1979.

39 Kanefsky, *The Diffusion of Power Technology in British Industry*, 1979, p. 176, grifos nossos; *Bradford Observer*, 18 dez. 1873.

40 Kander, Malanima & Warde, *Power to the People*, 2014, p. 75; ver também *ibidem*, p. 65, 186.

41 Calculado com base em números de Kanefsky, *The Diffusion of Power Technology in British Industry*, 1979, p. 239-40, 287-8.

42 H. B. Rodgers, "The Lancashire Cotton Industry in 1840", *Transactions and Papers of the Institute of British Geographers*, n. 28, 1960, p. 138; A. E. Musson, "James Nasmyth and the Early Growth of Mechanical Engineering", *The Economic History Review*, v. 10, n. 1, 1976, p. 420; A. E. Musson, "Industrial Motive Power in the United Kingdom, 1800-70", *The Economic History Review*, v. 29, n. 3, 1976, p. 420; W. H. K. Turner, "The Localisation of Early Spinning Mills in the Historic Linen Region of Scotland", *Scottish Geographical Magazine*, v. 98, n. 2, 1982, p. 80; Mitchell, "The English and Scottish Cotton Industries", 1925, p. 105; Hills, *Power in the Industrial Revolution*, 1970, p. 113-4; Von Tunzelmann, *Steam Power and British Industrialization to 1860*, 1978, p. 224, 289; Kanefsky, *The Diffusion of Power Technology in British Industry*, 1979, p. 142, 238.

43 W. S. Jevons, *The Coal Question: An Inquiry Concerning the Progress of the Nation, and the Probable Exhaustion of Our Coal-Mines*. Londres: Macmillan, 1866, p. 150.

44 Farey, *A Treatise on the Steam Engine*, 1827, p. 421. Ver, por exemplo, RHO/OPBCE, HC/CL/PB/2/3/23, Committee on Saddleworth Reservoirs, 28 abr. 1837, p. 29; e "Comparative Power of Steam Engines", *The Civil Engineer and Architects' Journal*, p. 8, 28 jan. 1840.

45 Kanefsky, *The Diffusion of Power Technology in British Industry*, 1979, p. 141.

46 Kander, Malanima & Warde, *Power to the People*, 2014, p. 154, 181.

47 Shaw, *Water Power in Scotland*, 1984, p. 544.

48 Para uma crítica ferina e, em grande medida, brilhante da hegemonia da cliometria na história econômica, ver F. Boldizzoni, *The Poverty of Clio: Resurrecting Economic History*. Princeton: Princeton University Press, 2011. Para uma crítica na área da historiografia da Revolução Industrial, ver Berg & Hudson, "Rehabilitating the Industrial Revolution", 1992 e Berg, *The Age of Manufactures*, 1994.

49 C. Dickens, *Hard Times*. Londres: Penguin, 2003 [1854], p. 71 [ed. bras.: *Tempos difíceis*. Trad. A. Teixeira Filho. São Paulo: Boitempo, 2014, p. 87].

50 Von Tunzelmann, *Some Economic Aspects of the Diffusion of Steam Power*, 1974, p. 414; Kanefsky, *The Diffusion of Power Technology in British Industry*, 1979, p. 360-1, grifos nossos.

51 Cidade fabril fictícia em que se passa *Tempos difíceis*, de Dickens. [N.E.]

6 Fugindo do fluxo dos bens comuns: a expansão da potência hídrica que nunca ocorreu

1 *Statistical Account of Scotland*, v. 1, p. 301-7, 1791; J. E. Reid, *History of the County of Bute, and Families Connected Therewith*. Glasgow: T. Murray and Son, 1864; R. Sharp, "The Cotton Industry in Rothesay", *Transactions of the Buteshire Natural History Society*, v. 2, p. 12-22, 1908; A. Earls, "Robert Thom and his Work on Water Power for the Rothesay Cotton Mills", *Transactions of the Buteshire Natural History Society*, v. 13, p. 129-43, 1945; I. Maclagan, "Robert Thom's Cuts on the Island of Bute", *Transactions of the Buteshire Natural History Society*, v. 24, p. 3-19, 1996; A. Cooke, *Stanley: From Arkwright Village to Commuter Suburb, 1784-2003*. Perth: Perth & Kinross Libraries, 2003, p. 30-1; S. M. Nisbet, "Early Cotton Spinning in the West of Scotland (1778-1799): Rothesay Cotton Mill", *Transactions of the Buteshire Natural History Society*, v. 26, p. 39-47, 2004; J. McMillan, M. Lamb & A. Martin, *Bute Connections*. Rothesay: Buteshire Natural Hi-Story Society, 2011; administrador Robert McFarlane citado em Cooke, *The Rise and Fall of the Scottish Cotton Industry*, 2010, p. 117.

2 "Account of a New System of Water Power, Invented by Robert Thom, Esq., Rothesay Cotton Mills", *Mechanics' Magazine*, p. 312, 27 jun. 1829; "Description of the Various Self-Acting Sluices, Invented by Mr. Thom, for Regulating the Conveyance of Water at Rothesay Mills &c.", *Mechanics' Magazine*, p. 315, 27 jun. 1829.

3 Bute Museum, Thom Archive, "On Collecting and Storing Water for a Moving Power & for Supplying Towns, Including Detailed Descriptions of Works Executed and a Variety of Reports on Water Operations Generally" [manuscrito não publicado]. Para um mapeamento detalhado dos cortes, ver Maclagan, "Robert Thom's Cuts on the Island of Bute", 1996.

4 R. Thom, "Hydraulic Apparatus", *Transactions of the Royal Society of Arts*, v. 39, 1821, p. 83; Bute Museum, Thom Archive, "Description of Self-Acting Apparatus at Stanley Green Reservoirs, Paisley, 1845".

5 "Account of a New System of Water Power, Invented by Robert Thom, Esq., Rothesay Cotton Mills", *Mechanics' Magazine*, p. 314-5, 27 jun. 1829.

6 Thom, "Hydraulic Apparatus", 1821; Bute Museum, Thom Archive, "The Shaws Water Scheme". *In*: R. Thom, "On Collecting and Storing Water for a Moving Power" [manuscrito não publicado]; D. Weir, *History of the Town of Greenock*. Greenock: D. Weir, 1829; Shaws Water Joint Stock Company, *A Brief Account of the Shaws Water Scheme, and Present State of the Works*. Greenock: Columbian, 1836, p. 5; A. W. Skempton, *A Biographical Dictionary of Civil Engineers in Great Britain and Ireland*, v. 1, *1500-1830*. Londres: Thomas Telford, 2002, p. 608.

7 R. Thom citado em Shaws Water Joint Stock Company, *A Brief Account of the Shaws Water Scheme*, 1836, p. 54-5.

8 Relatório de Thom como incluído em *ibidem*, p. 45, 47, grifos do original.

9 *Ibidem*, p. 47-9, grifos do original.

10 *Ibidem*, p. 48, 52; Bute Museum, Thom Archive, "The Shaws Water Scheme". *In*: R. Thom, "On Collecting and Storing Water" [manuscrito não publicado].

11 *Manchester Guardian*, 6 nov. 1824; Shaws Water Joint Stock Company, *A Brief Account of the Shaws Water Scheme*, 1836, p. 5; *The London Encyclopædia, or Universal Dictionary of Science, Art, Literature, and Practical Mechanics*, v. 10. Londres: Thomas Tegg, 1829, p. 665.

12 *Manchester Guardian*, 26 nov. 1825.

13 Weir, *History of the Town of Greenock*, 1829, p. 105.

14 Shaws Water Joint Stock Company, *A Brief Account of the Shaws Water Scheme*, 1836, p. 6.

15 *The London Encyclopædia*, 1829, p. 666, grifos nossos.

16 "Greenock, Renfrewshire", *The New Statistical Account of Scotland*, v. 7, 1845, p. 434-5.

17 *The London Encyclopædia*, 1829, p. 666.

18 "Greenock, Renfrewshire", *The New Statistical Account of Scotland*, v. 7, 1845, p. 434-5; J. McCulloch, *A Dictionary, Geographical, Statistical, and Historical, of the Various Countries, Places, and Principal Natural Objects in the World*, v. 1. Nova York: Longman, Orme, Brown, Green and Longmans, 1843, p. 1.024; *Manchester Guardian*, 3 fev. 1827; "The Shaws' Waterworks, Greenock", *Mechanics' Magazine*, p. 311-2, 11 ago. 1832; *The London Encyclopædia*, 1829, p. 666; Shaws Water Joint Stock Company, *A Brief Account of the Shaws Water Scheme*, 1836, p. 7-8, 56, 61; Earls, "Robert Thom and his Work", 1945, p. 138. Cifra sobre Lanarkshire extraída de Kanefsky, *The Diffusion of Power Technology in British Industry*, 1979, p. 288.

19 "Greenock, Renfrewshire", *The New Statistical Account of Scotland*, v. 7, 1845, p. 435.

20 "Account of a New System of Water Power, Invented by Robert Thom, Esq., Rothesay Cotton Mills", *Mechanics' Magazine*, 27 jun. 1829, p. 315, 312; *The London Encyclopædia*, 1829, p. 665-6.

21 "The Shaws' Waterworks, Greenock", *Mechanics' Magazine*, 11 ago. 1832, p. 312.

22 D. Ayerst, *Guardian: Biography of a Newspaper*. Londres: Collins, 1971, p. 63.

23 *Manchester Guardian*, 3 fev. 1827, grifo do original.

24 Berg, *The Age of Manufactures*, 1994, p. 169.

25 Ver, por exemplo, Cossons, *Rees's Manufacturing Industry*, 1972, v. 5, p. 362, e Fairbairn, *Treatise on Mills and Millwork*, part 2, 1865, p. 70-1.

26 Shaws Water Joint Stock Company, *A Brief Account of the Shaws Water Scheme*, 1836, p. 61-9.

27 Baines, *History of the Cotton Manufacture in Great Britain*, 1835, p. 86; Taylor, *Notes of a Tour in the Manufacturing Districts of Lancashire*, 1842, p. 118, 155.

28 *Manchester Guardian*, 30 jul. 1831.

29 Boltom Museum and Archive, Papers of Turton and Entwistle Reservoir Commissioners, minutas impressas de "Meeting of Owners and Occupiers of Mills and Waterfalls between Entwistle and Warrington, held the 23rd day of August, 1831, at Hayward's Hotel, in Manchester" (UWT/18) e "Turton and Entwistle Reservoir: A Bill... 2 Will. IV. Sess. 1831-2" (UWT/24); *The Journal of the House of Commons*, v. 87, p. 47, 52, 54, 82, 95, 145, 170, 196, 219, 244, 1831-32; *Manchester Guardian*, 19 nov. 1832.

30 Bolton Museum and Archive , Papers on Irwell Valley Reservoir Schemes (Bolton) [daqui em diante PIVRSB], minutas impressas de "uma reunião geral de proprietários e ocupantes de moinhos e quedas-d'água" sobre o Irwell e seus afluentes, 1 nov. 1832 (UWR/1); Lancashire Record Office, Papers on Irwell Valley Reservoir Schemes (Preston) [daqui em diante PIVRSP], minutas impressas de "uma reunião do comitê formado para supervisionar a candidatura ao Parlamento quanto aos reservatórios propostos para o Rio Irwell", 29 nov. 1832 (DDX118/162/1); *Manchester Guardian*, 3 nov. 1832. Citações provenientes do relatório do *Guardian* sobre a reunião geral.

31 PIVRSP, projetos e seções de reservatórios propostos; "Peter Ewart & Thomas Ashworth's Observations"; números sobre Manchester extraídos de Von Tunzelmann (1974, p. 42) e Ashworth em *Manchester Guardian*, 17 nov. 1832.

32 *Manchester Guardian*, 26 jan. 1833; 30 jul. 1831; 3 nov. 1832.

33 PIVRSB, Irwell Reservoirs Bill (UWR/6), p. 3-36. Citações extraídas das p. 20, 22, 26.

34 *The Journal of the House of Commons*, v. 88, 1833, p. 209.

35 Ver, por exemplo, *The Times*, 17 out. 1834.

36 PIVRSB, pesquisa realizada por Peter Ewart e Thomas Ashworth (UWR/3), grifos do original.

37 *Manchester Guardian*, 26 jan. 1833.

38 PIVRSP, discurso de Peter Ewart aos proprietários de fábricas, Manchester, 19 fev. 1833 (DDX951/11).

39 *Manchester Guardian*, 28 set. 1836; RHO/OPBCE, Saddleworth, 1837, 1 maio, p. 81.

40 *Manchester Guardian*, 28 set. 1836; RHO/OPBC, Saddleworth, 1837, 1 maio, p. 63, 81, 147; 3 maio, p. 14; 4 maio, p. 117.

41 RHO/OPBC, Saddleworth, 3 maio 1837, p. 8, 15, 124.

42 *Idem*, 1 maio 1837, p. 16 (Joseph Ogden) e 43 (Phillip Chetham). Ver ainda 28 abr. 1837, p. 1-125.

43 *The Journal of the House of Commons*, v. 92, 1837, p. 124, 152, 167, 298, 305, 366; RHC/OPBCE, Saddleworth, 28 abr. 1837, 1 e 4 maio 1837. (Como todas as petições direcionadas à Câmara dos Comuns antes de 1951, os textos em si foram subsequentemente destruídos.) Para considerações quanto ao papel dos proprietários

de terras na oposição aos projetos de reservatórios, ver a discussão mais aprofundada em Malm, *Fossil Capital* (tese de doutorado), 2014, p. 262-310.

44 Bolton Museum, Albinson Collection, "Saddleworth Reservoirs: Case of The Trustees of the late Ellis Fletcher, Esquire", Maps and Plans, Flipside, 1837.

45 *Ibidem*; RHC/OPBCE, Saddleworth, 1 maio 1837, p. 111; 4 maio 1837, p. 25-63.

46 Para uma descrição desses reservatórios, ver Malm, *Fossil Capital* (tese de doutorado), 2014, p. 287-91.

47 Bute Museum, Thom Archive, "Report on the Glasgow Mills to the Lord Provost, Magistrates and Council of the City of Glasgow", 22 jul. 1829. Ver ainda Bute Museum, Thom Archive, "Report on Supplying the Town of Dundee with Water", 9 set. 1832; "Report on the Supply of Edinburgh and Leith with Pure Water", [s.d.]; "Extract from Reports and Estimated Values of Water Falls or Water Power on the River Leven by George Moon and Robert Thom", [s.d.].

48 "Greenock, Renfrewshire", *The New Statistical Account of Scotland*, v. 7, 1845, p. 434-3; Shaw, *Water Power in Scotland*, 1984, p. 319, 495; Skempton, *A Biographical Dictionary of Civil Engineers*, 2002, p. 698; Cooke, *The Rise and Fall of the Scottish Cotton Industry*, 2010, p. 119.

49 Shaws Water Joint Stock Company, *A Brief Account of the Shaws Water Scheme*, 1836, p. 49; RHC/OPBCE, HL/PO/PB/5/9/4, Bolton, 18 maio 1843, p. 52.

50 "On a New Mode of Procuring Water as a Moving Power, with a Plan for the Joint Application of Wind and Water to Procure a Constant Supply at All Seasons of the Year", *The Scots Mechanics' Magazine*, p. 101-3, dez. 1825.

51 *Manchester Guardian*, 18 jul. 1846.

52 C. Carmichael, "On Water as a Moving Power for Machinery", *Edinburgh Philosophical Journal*, 1825, p. 846-7, grifos nossos.

53 RHC/OPBCE, Bolton, 18 maio 1843, p. 59, grifo nosso.

54 L. C. Hunter, *A History of Industrial Power in the United States, 1780-1930*, v.1, *Waterpower in the Century of the Steam Engine*. Charlottesville: Eleutherian Mills-Hagley Foundation, 1979, p. 289, 531, grifos nossos.

55 T. Tomlins, "Water, and Water-Courses". *In*: T. Tomlins, *The Law-Dictionary, Explaining the Rise, Progress, and Present State of the British Law*, v. 2. 4. ed. Londres: J. and W. T. Clarke, 1835. Ver ainda S. C. Wiel, "Running Water", *Harvard Law Review*, v. 22, n. 3, p. 190-215, 1909; e C. M. Rose, "Romans, Roads, and Romantic Creators: Traditions of Public Property in the Information Age", *Law and Contemporary Problems*, v. 66, n. 1-2, 2003, p. 93-5.

56 W. Blackstone, *Commentaries on the Laws of England, Book the Second, Fourth Edition*. Oxford: Clarendon Press, 1770, p. 18.

57 Hunter, *A History of Industrial Power in the United States*, v. 1, 1979, p. 158.

58 Shaws Water Joint Stock Company, *A Brief Account of the Shaws Water Scheme*, 1836, p. 51.

59 Hunter, *A History of Industrial Power in the United States*, v. 1, 1979, p. 116, grifos nossos.

60 R. B. Gordon & P. M. Malone, *The Texture of Industry: An Archaeological View of the Industrialization of North America*. Nova York: Oxford University Press, 1994, p. 89; ver ainda R. B. Gordon, "Hydrological Science and the Development of Waterpower for Manufacturing", *Technology and Culture*, v. 26, n. 2, p. 204-35, 1985.

61 Von Tunzelmann, *Steam Power and British Industrialization to 1860*, 1978, p. 172.

7 Uma passagem só de ida para a cidade: as vantagens do vapor no espaço

1 A. Woolrich, "John Farey Jr (1791-1851): Engineer and Polymath", *History and Technology*, v. 19, p. 112-42, 1997; *idem*, "John Farey, Jr, Technical Author and Draughtsman: His Contribution to Rees's *Cyclopædia*", *Industrial Archaeology Review*, v. 20, n. 1, p. 49-67, 1998; Skempton, *A Biographical Dictionary of Civil Engineers*, v. 1, 2002, p. 223-4.

2 Woolrich, "John Farey Jr (1791-1851): Engineer and Polymath", 1997, p. 129-30.

3 J. S. Russell, *A Treatise on the Steam-Engine*. Edimburgo: A. and C. Black, 1841, p. xi; Von Tunzelmann, *Steam Power and British Industrialization to 1860*, 1978, p. 2. Ver também Chapman, "The Cost of Power in the Industrial Revolution in Britain", 1971, p. 6; e Nuvolari, *The Making of Steam Power*, 2004, p. 11.

4 J. Farey Senior, *General View of the Agriculture of Derbyshire*, v. 3. Londres: B. Macmillan, 1817, p. 514-5, grifos do original.

5 Farey, *A Treatise on the Steam Engine*, 1827, p. v.

6 *Ibidem*, p. 7, grifos nossos.

7 *Ibidem*, p. 406, grifos nossos.

8 McCulloch, "Babbage on Machinery and Manufactures", 1833, p. 323, grifos nossos.

9 *Idem*, "Rise, Progress, Present State, and Prospects of the British Cotton Manufacture", 1827, p. 16; "Mr. M'Culloch's Lectures on Political Economy, at the London Tavern", *The Circulator of Useful Knowledge, Literature, Amusement, and General Information*, 9 abr. 1825, p. 230.

10 Fairbairn, *Treatise on Mills and Millwork*, part 1, 1864, p. 67.

11 Buchanan, *Practical Essays on Millwork*, 1823, p. 512, grifos nossos.

12 Ver, por exemplo, R. S. Atwood, "Localization of the Cotton Industry in Lancashire, England", *Economic Geography*, v. 4, n. 2, p. 187-95, 1928; A. J. Taylor, "Concentration and Specialization in the Lancashire Cotton Industry, 1825-1850", *The Economic History Review*, v. 1, n. 2-3, p. 114-22, 1949; W. Ashworth, "British Industrial Villages

in the Nineteenth Century", *The Economic History Review*, v. 3, n. 3, p. 378-87, 1951; O. Ashmore, *The Industrial Archaeology of Lancashire*. Newton Abbot: A. M. Kelley, 1969; T. Balderston, "The Economics of Abundance: Coal and Cotton in Lancashire and the World", *The Economic History Review*, v. 63, n. 3, p. 569-90, 2010; Rodgers, "The Lancashire Cotton Industry in 1840", 1960; Hills, *Power in the Industrial Revolution*, 1970; Shaw, *Water Power in Scotland*, 1984; Redford, *Labour Migration in England*, 1976; e Cooke, *The Rise and Fall of the Scottish Cotton Industry*, 2010.

13 W. H. K. Turner, "The Significance of Water Power in Industrial Location: Some Perthshire Examples", *Scottish Geographical Magazine*, v. 74, n. 2, 1958, p. 101, 106; Chapman, "The Peels in the Early English Cotton Industry", 1969, p. 65-6; *idem*, "The Cost of Power in the Industrial Revolution in Britain", 1971, p. 19; Von Tunzelmann, *Steam Power and British Industrialization to 1860*, 1978, p. 135-6; Reynolds, *Stronger than a Hundred Men*, 1983, p. 267-8.

14 Anúncio no *The Derby Mercury*, dez. 1771, mencionado em Fitton, *The Arkwrights*, 1989, p. 30.

15 Ver o depoimento de Edmund Ashworth em House of Lords Papers [daqui em diante HL], "Reports from Commissioners: Sanitary Inquiry", 1842, p. 337; ver ainda S. Pollard, "The Factory Village in the Industrial Revolution", *The English Historical Review*, v. 79, n. 312, 1964, p. 516-21; F. Collier, *The Family Economy of the Working Classes in the Cotton Industry, 1784-1833*. Manchester: Manchester University Press, 1965, p. 30-1; S. Chapman, "Workers' Housing in the Cotton Factory Colonies, 1770-1850", *Textile History*, v. 7, n. 1, p. 112-39, 1976; *idem*, *The Early Factory Masters*, 1992, p. 64; Fitton & Wadsworth, *The Strutts and the Arkwrights*, 1958, p. 64-5, 97-8; Ashworth, "British Industrial Villages in the Nineteenth Century", 1951, p. 380; e Aspin, *The Water-Spinners*, 2003, p. 228, 436-7. Havia colônias centradas no motor a vapor — a mais famosa dentre elas, provavelmente, foi a de Thomas Ashton, perto de Hyde —, mas, via de regra, elas eram movidas principalmente a água. Falaremos de "colônias" como sinônimo de "colônias centradas na água" a partir daqui.

16 S. D. Chapman, "The Textile Factory Before Arkwright: A Typology of Factory Development", *The Business History Review*, v. 48, n. 4, 1974, p. 471-2.

17 J. S. Cohen, "Managers and Machinery: An Analysis of the Rise of Factory Production", *Australian Economic Papers*, v. 20, n. 36, 1981, p. 28; D. A. Galbi, "Child Labor and the Division of Labor in the Early English Cotton Mills", *Journal of Population Economics*, v. 10, n. 4, 1997, p. 358; R. N. Langlois, "The Coevolution of Technology and Organisation in the Transition to the Factory System". In: P. L. Robertson (org.), *Authority and Control in Modern Industry: Theoretical and Empirical Perspectives*. Londres: Routledge, 1999, p. 49, 53, 59-60; K. Honeyman, *Child Workers in England, 1780-1820: Parish Apprentices and the Making of the Early Industrial Labour Force*. Farnham: Ashgate, 2007, p. 143-5.

18 Herdeiras de instituições que tinham como objetivo garantir a oferta de mão de obra criadas com as primeiras Leis dos Pobres, de 1388, as *workhouses* (casas de trabalho), também conhecidas em parte do Reino Unido como *poorhouses* (casas de pobres), eram instituições públicas que abrigavam pessoas em situação de vulnerabilidade social e lhes ofereciam trabalho. As severas condições de vida proporcionadas em suas dependências tinham como objetivo desestimular cidadãos em geral a buscar suas acomodações. [N.T.]

19 Redford, *Labour Migration in England*, 1976, p. 20. Ver ainda *ibidem*, p. 21, 24; S. Pollard, *The Genesis of Modern Management: A Study of the Industrial Revolution in Great Britain*. Baltimore: Harvard University Press, 1968, p. 189-217; R. Williams, "Inscribing the Workers: An Experiment in Factory Discipline or the Inculcation of Manners? A Case in Context", *Accounting History*, v. 2, n. 1, 1997, p. 37-8; e S. R. H. Jones, "The Rise of the Factory System in Britain: Efficiency or Exploitation?". *In*: P. L. Robertson, *Authority and Control in Modern Industry: Theoretical and Empirical Perspectives*. Londres: Routledge, 1999, p. 22, 28.

20 "RFIHYE 31st December 1838", p. 98.

21 Glasgow University Archive Services, James Finlay & Co. Collection, "Note on Origin of Deanston Cotton Works", "Authorship Either Sir John Burns or Drs Clough", [s.d.], provavelmente do início da década de 1850 (UGD91/1/5/3/14/1); "The Deanston Cotton-Works", *Chambers's Edinburgh Journal*, 9 mar. 1839, p. 54.

22 Glasgow University Archive Services, James Finlay & Co. Collection, "Note on Origin". Ver Brogan, *James Finlay & Company Limited*, 1951, p. 68-70.

23 "RFIHYE 31st December 1838", p. 98. Ver ainda PP, 1833, v. XXI, A3.37; Glasgow University Archive Services, James Finlay & Co. Collection, carta de R. Sterling a J. Smith, 1 abr. 1837 (UGD91/1/5/3/6/2).

24 PP, 1833, v. XX, A1.94.

25 Rose, *The Gregs of Quarry Bank Mill*, 1986, p. 28, 110-4; Collier, *The Family Economy of Working Class in the Cotton Industry*, 1965, cap. 5; Owens, *Quarry Bank Mill and Styal Estate*, 2011, p. 43.

26 Ver, por exemplo, W. H. Chaloner, "The Stockdale Family, the Wilkinson Brothers and the Cotton Mills at Cark-in-Cartmel, c. 1782-1800", *Transactions of the Cumberland and Westmorland Antiquarian and Archaeological Society*, v. 26, 1964, p. 362; Ashworth, "British Industrial Villages in the Nineteenth Century", 1951, p. 380; Fitton & Wadsworth, *The Strutts and the Arkwrights*, 1958, p. 98; Redford, *Labour Migration in England*, 1976, p. 101; Rose, *The Gregs of Quarry Bank Mill*, 1986, p. 26; e Chapman, *The Early Factory Masters*, 1992, p. 184.

27 O artigo do *Derby Mercury* é citado em Fitton & Wadsworth, *The Strutts and the Arkwrights*, 1958, p. 105-6.

28 Samuel Greg Jr. citado em Rose, *The Gregs of Quarry Bank Mill*, 1986, p. 120.

29 PP, 1816, v. III, p. 132.

30 M. B. Rose, "Social Policy and Business: Parish Apprenticeship and the Early Factory System, 1750-1834", *Business History*, v. 31, n. 4, p. 5-32, 1989; A. Levene, "Parish Apprenticeship and the Old Poor Law in London", *The Economic History Review*, v. 63, n. 4, p. 915-41, 2010; Honeyman, *Child Workers in England*, 2007.

31 The Society for Bettering the Condition and Increasing the Comforts of the Poor (SPCK), "Report of a Select Committee of the Society upon Some Observations on the Late Act Respecting Cotton Mills, and on the Account of Mr. Hey's Visit to a Cotton Mill at Burley". *In*: *The Twenty-Fourth Report*. Londres: 1805, p. 2-3, 8-9, 11; Honeyman, *Child Workers in England*, 2007; A. Levene, "Parish Apprenticeship and the Old Poor Law in London", 2010.

32 Honeyman, *Child Workers in England*, 2007, p. 128, 101, 110. Sobre a predominância das fábricas de algodão movidas a água, ver, por exemplo, *ibidem*, p. 131, 261; sobre o isolamento geográfico e a dependência do trabalho dos aprendizes, *ibidem*, p. 95, e Rose, "Social Policy and Business", 1989, p. 18-9.

33 Quarry Bank Mill Archives, "Memoranda", p. 1-2. Contrato com Royley citado em *ibidem*, p. 14. Sobre os aprendizes na Quarry Bank Mill, ver ainda, por exemplo, Greater Manchester County Records Office, Greg Archive, correspondência entre James Sewell e Samuel Greg, 24 e 27 fev. 1817 (C5/8) e acordos com empregados (C5/5/5/1-52).

34 PP, 1816, v. III, p. 20-5, 132-4; Glasgow University Archive Services, James Finlay & Co. Collection, servidão por dívida (UGD91/1/5/3/7/1); Honeyman, *Child Workers in England*, 2007 p. 97, 109; Unwin, *Samuel Oldknow and the Arkwrights*, 1924, p. 95, 172-3; e Redford, *Labour Migration in England*, 1976, p. 27.

35 J. Denman, "Reports of the Visitors of the Cotton and Other Mills and Factories in the County of Derby; Delivered in at the Adjourned Quarter Sessions of that County, in August 1807: Report of Dr. Denman as to the Hundred of High Peake". *In*: T. Bernard (org.), *The Reports of the Society for Bettering the Condition and Increasing the Comforts of the Poor*, v. 5. Londres: W. Bulmer and Co., 1808; S. Romilly, *Memoirs of the Life of Sir Samuel Romilly, Written by Himself*. v. 2. Londres: J. Murray, 1840, p. 372-4; SPCK, "Report of a Select Committee of the Society", 1805, p. 3-7; PP, 1816, v. III, p. 316; M. W. Thomas, *The Early Factory Legislation: A Study in Legislative and Administrative Evolution*. Westport: Greenwood, 1970 [1948], p. 9-13; C. Nardinelli, *Child Labor and the Industrial Revolution*. Bloomington: Indiana University Press, 1990, p. 125-6; Hutchins & Harrison, *A History of Factory Legislation*, 1926, p. 16-8; Honeyman, *Child Workers in England*, 2007, p. 47-52, 178-87, 234-5. Para considerações mais aprofundadas sobre o impacto dessas normas, ver Malm, *Fossil Capital* (tese de doutorado), 2014, p. 320-5.

36 Quarry Bank Mill Archive, "Memoranda", p. 1.

37 PP, 1836, v. XXIX, "Second Annual Report of the Poor Law Commissioners", p. 456.

38 PP, 1833, v. XX, E7; "The Factories", *Westminster Review*, out. 1836, p. 95-6; W. Winstanley, *Answers to Certain Objections Made to Sir Robert Peel's Bill, for Ameliorating the Condition of Children Employed in Cotton Factories*. Manchester: R. and W. Dean, 1819.

39 Honeyman, *Child Workers in England*, 2007, p. 122-4, 206, 253; Rose, *The Gregs of Quarry Bank Mill*, 1986, p. 109-10; Owens, *Quarry Bank Mill and Styal Estate*, 2011, p. 30-3, 37, 41.

40 R. Glasse, "Advice to Masters and Apprentices". In: T. Bernard (org.), *The Reports of the Society for Bettering the Condition and Increasing the Comforts of the Poor*, v. 5. Londres: W. Bulmer and Co., 1808; SPCK, "Report of a Select Committee of the Society", 1805, p. 5, 12-3; Honeyman, *Child Workers in England*, 2007, p. 124-6.

41 PP, 1836, v. XXIX, p. 457.

42 PP, 1843, v. XIV, "Second Report into the Employment of Children in Trades and Manufactures", p. B.63-6.

43 Rose, *The Gregs of Quarry Bank Mill*, 1986, p. 57.

44 PP, 1836, v. XXIX, p. 456, grifos nossos.

45 "Account of a New System of Water Power, Invented by Robert Thom, Esq., Rothesay Cotton Mills", *Mechanics' Magazine*, 27 jun. 1829, p. 312-3, grifos do original.

46 Ure, *The Philosophy of Manufactures*, 1835, p. 407; R. H. Greg, *The Factory Question*. Londres: J. Ridgway and Sons, 1837, p. 127.

47 Ver, por exemplo, Sutcliffe, *A Treatise on Canals and Reservoirs*, 1816, p. 59; Farey, *General View of the Agriculture of Derbyshire*, v. 3, 1817, p. 499, 528; Tufnell, *Character, Object, and Effect of Trades' Unions*, 1834, p. 15, 102; e PP, 1833, v. XX, p. D2.35.

48 J. Lindsay, "An Early Industrial Community: The Evans Cotton Mill at Darley Abbey Derbyshire, 1783-1810", *Business History Review*, v. 34, n. 3, 1960, p. 296; M. Rose, P. Taylor & M. J. Winstanley, "The Economic Origins of Paternalism: Some Objections", *Social History*, v. 14, n. 1, 1989, p. 97; Boyson, *The Ashworth Enterprise*, 1970, p. 105, 109; Chapman, "Workers' Housing in the Cotton Factory Colonies", 1976, p. 119; Turner, "The Localisation of Early Spinning Mills", 1982, p. 81; Rose, *The Gregs of Quarry Bank Mill*, 1986, p. 116-7; Chapman, *The Early Factory Masters*, 1992, p. 156-7.

49 "RFIHYE 31st December 1838", p. 60. Ver ainda Cooke, *Stanley*, 2003, p. 99-102; *idem*, *The Rise and Fall of the Scottish Cotton Industry*, 2010, p. 113, 120.

50 Taylor, *Notes of a Tour in the Manufacturing Districts of Lancashire*, 1842, p. 30.

51 PP, 1833, v. XX, p. A2.83 (Hugh Milner). Ver, por exemplo, PP, 1816, v. III, p. 164; HL, 1842, v. XXVII, p. 336-40; R. Dennis, *English Industrial Cities of the Nineteenth Century: A Social Geography*. Cambridge: Cambridge University Press, 1984, p. 176; Boyson, *The Ashworth Enterprise*, 1970, p. 113, 117-25, 132; e Cooke, *Stanley*, 2003, p. 50-1.

52 "'A Practical Spinner': On the Comparative Costs of Power Obtained by Steam or Water", *The Glasgow Mechanics' Magazine*, 7 jan. 1826, p. 330.

53 Ver B. Lewis, *The Middlemost and the Milltowns: Bourgeois Culture and Politics in Early Industrial England*. Stanford: Stanford University Press, 2002, p. 293-4.

54 Boyson, *The Ashworth Enterprise*, 1970, p. 96. Ver ainda PP, 1833, v. XXI, p. A3.55; PP, 1834, v. XX, p. A1.171, D1.149, 280; "RFIHYE 31st December 1838", p. 96, 101; HL, 1842, v. XXVII, p. 338-40; W. Dodd, *The Factory System Illustrated*. Londres: Routledge, 1968 [1842], p. 92; e Taylor, *Notes of a Tour in the Manufacturing Districts of Lancashire*, 1842, p. 32.

55 Gaskell, *Artisans and Machinery*, 1836, p. 132, 294.

56 L. Faucher, *Manchester in 1844: Its Present Condition and Future Prospects*. Londres: Routledge, 1969 [1844], p. 92.

57 PP, 1824, V, p. 552 (James Dunlop); *Manchester Guardian*, 22 ago. 1829.

58 Boyson, *The Ashworth Enterprise*, 1970, p. 141-4.

59 *Manchester Guardian*, 17 abr. 1830.

60 *Ibidem*; Boyson, *The Ashworth Enterprise*, 1970, p. 132, 146-7.

61 PP, 1834, v. XX, p. D1.281. Os números dos lucros são de Boyson, *The Ashworth Enterprise*, 1970, p. 16-8, 147-8.

62 Boyson, *The Ashworth Enterprise*, 1970, p. 148-9, 152-5.

63 University College London Special Collections, Chadwick Papers, cartas de Henry Ashworth a Edwin Chadwick, 26 e 24 dez. 1836 (correspondência, caixa 203).

64 Quarry Bank Mill Archive, "Memoranda", p. 46; Taylor, *Notes of a Tour in the Manufacturing Districts of Lancashire*, 1842, p. 24. Sobre greves e cartismo nas colônias dos Ashworth, ver Boyson, The *Ashworth Enterprise*, 1970, p. 135, 149-50; e Lewis, *The Middlemost and the Milltowns*, 2002, p. 292.

65 "Decisions of the High Court of Justiciary, n. 1, 24th January 1835: Peter Macleod against Archibald Buchanan and Hamilton Rose". *In*: J. Tawse (org.), *Decisions of the Court of Session*. Edimburgo: Anderson and Co., 1835, p. 15-26.

66 Cooke, *Stanley*, 2003, p. 126-7; A. Fleming, "Neilston, Renfrewshire". *In*: J. Gordon (org.), *The New Statistical Account of Scotland*, v. 7. Edimburgo: Blackwoods and Sons, 1845, p. 307.

67 PP, 1835, v. XXV, "First Annual Report of the Poor Law Commissioners", p. 345-7. Um ato final fundamental na longa luta dos barões da água pela garantia da oferta de trabalhadores foi o projeto de migração laboral incluído na New Poor Law. Para uma análise desse projeto e de seu fracasso, ver Malm, *Fossil Capital* (tese de doutorado), 2014, p. 338-50.

68 Hansard, 15 abr./24 maio 1844, p. 1514 (C. Buller).

69 J. G. Williamson, "Migrant Selectivity, Urbanization, and Industrial Revolutions", *Population and Development Review*, v. 14, n. 2, 1988, p. 289; Rule, *The Labouring*

Classes in Early Industrial England, 1986, p. 16; Cooke, *The Rise and Fall of the Scottish Cotton Industry*, 2010, p. 5.

70 Números extraídos de E. Wrigley, "Urban Growth and Agricultural Change: England and the Continent in the Early Modern Period", *The Journal of Interdisciplinary History*, v. 15, n. 4, 1985, p. 707-12, 725; J. G. Williamson, *Coping with City Growth During the British Industrial Revolution*. Cambridge: Cambridge University Press, 1990, p. 2-3, 22-3, 223; A. Maddison, *The World Economy*, v. 1, *A Millennial Perspective*; v. 2, *Historical Perspectives*. Paris: Development Centre of the Organisation for Economic Co-operation and Development, 2006, p. 248; Redford, *Labour Migration in England*, 1976, p. 62-6; Rule, *The Labouring Classes in Early Industrial England*, 1986, p. 16-7; Williamson, "Migrant Selectivity", 1988, p. 287-9; e Hilton, *A Mad, Bad, and Dangerous People?*, 2008, p. 7.

71 Dennis, *English Industrial Cities of the Nineteenth Century*, 1984, p. 33-4, 41-3; Williamson, "Migrant Selectivity", 1988, p. 290-3; *idem*, *Coping with City Growth During the British Industrial Revolution*, 1990, p. 29, 106.

72 Dennis, *English Industrial Cities of the Nineteenth Century*, 1984, p. 33.

73 Números de D. Farnie, *The English Cotton Industry and the World Market, 1815-1896*. Oxford: Oxford University Press, 1979, p. 24; e Wood, *The History of Wages in the Cotton Trade During the Past Hundred Years*, 1910, p. 125. Por não serem trabalhadores fabris, os tecelões manuais não estão incluídos nesses cálculos.

74 S. Pollard, "Sheffield and Sweet Auburn: Amenities and Living Standards in the British Industrial Revolution: A Comment", *The Journal of Economic History*, v. 41, n. 4, 1981, p. 903.

75 C. Hulbert, *Memoirs of Seventy Years of an Eventful Life*. Providence Grove: edição do autor, 1852, p. 194-5, grifos nossos.

76 N. Kirk, *The Growth of Working-Class Reformism*. Champaign: University of Illinois Press, 1985, p. 49; Dennis, *English Industrial Cities of the Nineteenth Century*, 1984, p. 19; Ingle, *Yorkshire Cotton*, 1997, p. 247; Cooke, *The Rise and Fall of the Scottish Cotton Industry*, 2010, p. 148.

77 Kennedy, *Observations on the Rise and Progress of the Cotton Trade in Great Britain*, 1818, p. 15-6.

78 Buchanan, *Practical Essays on Millwork and Other Machinery*, 1823, p. 253.

79 Chapman, "The Peels in the Early English Cotton Industry", 1969, p. 86; Shaw, *Water Power in Scotland*, 1984, p. 334.

80 Pollard, *The Genesis of Modern Management*, 1968, p. 195. Ver ainda, por exemplo, Galbi, "Child Labor and the Division of Labor in the Early English Cotton Mills", 1997, p. 365-6, 373; Thompson, *The Making of the English Working Class*, 1966, p. 249 [*A formação da classe operária inglesa*, 1987, v. 2, p. 90-1]; Redford, Labour Migration in England, 1976, p. 111; Gatrell, "Labour, Power, and the Size of Firms

in Lancashire", 1977, p. 115; e Balderston, "The Economics of Abundance", 2010, p. 574, 578.

81 Ashworth citado em Lewis, *The Middlemost and the Milltowns*, 2002, p. 291; Fernley citado em PP, 1834, v. XX, p. D1.206, grifos nossos.

82 PP, 1833, XX, p. E.8; ver Lee (1972, p. 114-5, 117) e Collier (1965, p. 15-6).

83 PP, 1835, v. XXV, p. 350; PP, 1835, v. XIII, p. 140; PP, 1833, v. XXI, p. D2.38.

84 Ver, por exemplo, "RFIHYE 31 December 1841", p. 83; Rose, Taylor & Winstanley, "The Economic Origins of Paternalism", 1989, p. 90.

85 Wood, *The History of Wages in the Cotton Trade During the Past Hundred Years*, 1910, p. 125.

86 W. Scott, *Familial Letters of Sir Walter Scott in Two Volumes*, v. 2. Boston: David Douglas, 1893, p. 78, grifos nossos.

87 Leigh, *Preston Cotton Martyrs*, 2008, p. 40-3; Fraser, "The Glasgow Cotton Spinners", 1976, p. 83-4.

88 Rose, Taylor & Winstanley, "The Economic Origins of Paternalism", 1989, p. 93.

89 Proprietários de Dukinfield (senhores Wimpenny e Swindells) em PP, 1834, v. XX, p. D1.54.

90 Babbage, *On the Economy of Machinery and Manufactures*, 1835, p. 306, 230, grifos nossos.

91 Greater Manchester County Records Office, Greg Archive, cartas de Robert Hyde Greg a Samuel Greg, 14 maio e 29 ago. 1829, p. 10-3, 17-23 (C5/8), grifo nosso.

92 Quarry Bank Mill Archive, "Memoranda", p. 8, grifos nossos. Ver ainda Rose, *The Gregs of Quarry Bank Mill*, 1986, p. 43-4.

93 PP, 1834, v. XX, p. D1.184; Rose, *The Gregs of Quarry Bank Mill*, 1986, p. 39, 43, 52-5; Collier, *The Family Economy of the Working Classes in the Cotton Industry*, 1965, p. 39; Owens, *Quarry Bank Mill and Styal Estate*, 2011, p. 74. A fábrica de Lancaster foi adquirida em 1822, e a de Bury, em 1827. Seus registros contábeis, assim como as duas fábricas movidas a água em Caton e Bollington, não sobreviveram.

94 Boyson, *The Ashworth Enterprise*, 1970.

95 Glasgow University Archive Services, James Finlay & Co. Collection, avaliação de Catrine, Deanston e Ballindaloch, Glasgow, 2 mar. 1844 (UGDP91/1/5/3/1/3), grifos nossos.

96 *Glasgow Herald*, 18 mar. 1844; Brogan, *James Finlay & Company Limited*, 1951, p. 33-4, 41, 124.

97 Bute Museum, Thom Archive, "On the Waterfall between Dalernie Mill and the Devils Bridge. Acog 29 March 1834", grifos do original.

98 Watt citado em Russell, *A Treatise on the Steam-Engine*, 1841, p. 131, grifos do original.

99 Fitton, *The Arkwrights*, 1989, p. 69, grifos nossos.

100 Jevons, *The Coal Question*, 1866, p. 150-1, grifos nossos.

101 Farey, *A Treatise on the Steam Engine*, 1827, p. 443. Ver, por exemplo, W. C. Taylor, "On the Changes in the Locality and Processes of Textile Manufacture Consequent on the Application of Steam to their Production", *Transactions of the Dublin Statistical Society*, v. 1, 1847-8, p. 4-5.

102 Faucher, *Manchester in 1844*, 1969, p. 93. Ver ainda D. Buxton, "On the Rise of the Manufacturing Towns of Lancashire and Cheshire", *Transactions of the Historic Society of Lancashire and Cheshire*, v. 8, p. 199-210, 1855-6; R. Smith, "Manchester as a Centre for the Manufacture and Merchanting of Cotton Goods, 1820-30", *University of Birmingham Historical Journal*, v. 4, p. 47-65, 1953; Taylor, "Concentration and Specialization in the Lancashire Cotton Industry", 1949; e Balderston, "The Economics of Abundance", 2010.

103 Taylor, "On the Changes in the Locality and Process of Textile Manufacture", 1847-8, p. 5. Ver ainda N. Crafts & N. Wolf, "The Location of the British Cotton Textiles Industry in 1838: A Quantitative Analysis", Working Paper, University of Warwick/Humboldt University, 2012.

104 Ver, por exemplo, Sutcliffe, *A Treatise on Canals and Reservoirs*, 1816, p. 32; Kennedy, *Observations on the Rise and Progress of the Cotton Trade in Great Britain*, 1818, p. 10; e Balderston, "The Economics of Abundance", 2010, p. 574-5, 578.

105 Taylor, "On the Changes in the Locality and Process of Textile Manufacture", 1847-8, p. 5, grifos nossos.

106 J. R. McCulloch [não assinado], "Philosophy of Manufactures", *Edinburgh Review*, v. 61, 1835, p. 457.

107 Ver Unwin, *Samuel Oldknow and the Arkwrights*, 1924, em especial cap. 2 e 8; Buxton, "On the Rise of the Manufacturing Towns of Lancashire and Cheshire", 1855-56, p. 208; e Williams, "Inscribing the Workers", 1997, p. 44-6.

108 John Rylands Library, Jevons Papers, "Fuel From the Sun", recorte não datado do *Express* e anotação (JA6/9/168).

109 Von Tunzelmann, *Some Economic Aspects of the Diffusion of Steam Power*, 1974, p. 66-8; *idem*, *Steam Power and British Industrialization to 1860*, 1978, p. 63-7, 158; Crafts & Wolf, "The Location of the British Cotton Textiles Industry in 1838", 2012, p. 3, 8.

110 McCulloch, "Philosophy of Manufactures", 1835, p. 458; Von Tunzelmann, *Some Economic Aspects of the Diffusion of Steam Power*, 1974, p. 72.

111 Ure, *The Cotton Manufacture of Great Britain*, 1836, v. 1, p. 205.

112 Balderston, "The Economics of Abundance", 2010, p. 574.

113 R. N. Holden, "Water Supplies for Steam-Powered Textile Mills", *Industrial Archaeology Review*, v. 21, n. 1, p. 41-51, 1999; P. Maw, T. Wyke & A. Kidd, "Canals, Rivers, and the Industrial City: Manchester's Industrial Waterfront, 1790-1850", *The Economic History Review*, v. 65, n. 4, p. 1.495-523, 2012.

114 Buxton, "On the Rise of the Manufacturing Towns of Lancashire and Cheshire", 1855-6, p. 206.

115 "RFIHYE 30th April 1860", p. 36.

116 Farey, *A Treatise on the Steam Engine*, 1827, p. 7. Ver *ibidem*, p. 296, 502; e Fairbairn, *Treatise on Mills and Millwork*, part 1, 1864, p. 67.

117 Chapman, "The Cost of Power in the Industrial Revolution in Britain", 1971, p. 19-20, 26-7; *idem*, *The Cotton Industry in the Industrial Revolution*, 1972, p. 18-9, 33-4; Hills, *Power from Steam*, 1989, p. 118.

8 Uma força em que se pode confiar: as vantagens do vapor no tempo

1 HL, 1819, "Minutes of Evidence Taken before the Lords Committee Appointed to Enquire into the State and Condition of Children Employed in the Cotton Manufactories of the United Kingdom", p. 299 (Job Bottom); Hunter, *A History of Industrial Power in the United States*, v. 1, 1979, p. 122.

2 PP, 1834, v. XX, p. D1.301.

3 Shaw, *Water Power in Scotland*, 1984, p. 481.

4 *Ibidem*, p. 539-40.

5 Sobre as doze horas como norma, ver, por exemplo, PP, 1833, v. XX, p. 7, 59; e Von Tunzelmann, *Steam Power and British Industrialization to 1860*, 1978, p. 71. Sobre Rothesay, ver Sharp, "The Cotton Industry in Rothesay", 1908, p. 20.

6 P. Basso, *Modern Times, Ancient Hours: Working Lives in the Twenty-First Century*. Londres: Verso, 2003 [1998], p. 97-100; H.-J. Voth, "Living Standards and the Urban Environment". *In*: R. Floud & P. Johnson (org.), *The Cambridge Economic History of Modern Britain, v. 1, Industrialisation, 1700-1860*. Cambridge: Cambridge University Press, 2004, p. 278.

7 PP, 1834, v. XX.

8 Senior & Horner, *Letters on the Factory Act*, 1837, p. 14.

9 Ver, por exemplo, PP, 1834, v. XX, D1.6, p. 94, 303; as discussões do Political Economy Club em maio de 1837, referidas em H. Higgs (org.), *Political Economy Club: Minutes of Proceedings, 1899-1920, Roll of Members and Questions Discussed, 1821-1920*, v. 6. Londres: Macmillan, 1921, p. 274; Rose, Taylor & Winstanley, "The Economic Origins of Paternalism", 1989, p. 96; e Horner em "RFIHYE 31st December 1841", p. 27.

10 A. Alison, *History of Europe, from the Fall of Napoleon in MDCCCXV to the Accession of Louis Napoleon in MDCCCLII*, v. 4. Edimburgo: Harper & Brothers, 1855, p. 81.

11 *Circular to Bankers*, 7 ago. 1829; H. Southall, "Records of Meteorology on the Variations of Climate for this District of England", *Transactions of the Woolhope Naturalists' Field Club*, 1870, p. 76; *Glasgow Herald*, 3 jul. 1826; *Leeds Mercury*, 8 jul. 1826; Glasgow University Archive Services, James Finlay & Co. Collection, "Observations Upon the Quantity of Water Which Could Be Obtained for the Supply of Glasgow by the Loch Lubnaig and Loch Katrine Schemes Respectively in a Year of Excessive Drought" (UGD91/1/5/3/6/1) e cadernos de anotações de James Finlay com observações sobre a pluviosidade, o progresso das construções em Deanston, maquinário etc. (UGD91/1/5/3/13/1); *Manchester Guardian* citado em *Morning Chronicle*, 4 jul. 1826; J. F. Bateman, "Observations on the Relation which the Fall on Rain Bears to the Water Flowing from the Ground", *Memoirs of the Literary and Philosophical Society of Manchester*, v. 7, p. 173-5, 1846.

12 Ingle, *Yorkshire Cotton*, 1997, p. 34, 247.

13 *Glasgow Herald*, 28 ago. 1826, grifos nossos.

14 RHC/OPBCE, Bolton, 23 maio 1843, p. 193, 198-9; "Report for the Quarter Ending 30th September, 1844; and from 1st October, 1844, to 30th April, 1845", p. 5 (T. J. Howell).

15 Hulbert, *Memoirs of Seventy Years of an Eventful Life*, 1852, p. 213. Ver ainda J. Langdon, "Water-Mills and Windmills in the West Midlands, 1086-1500", *The Economic History Review*, v. 44, n. 3, 1991, p. 430; e Lucas, *Wind, Water, Work*, 2006, p. 139.

16 PP, 1834, v. XX, A1.14; *Manchester Times*, 10 fev. 1849.

17 PP, 1834, v. XX. Ver Von Tunzelmann, *Steam Power and British Industrialization to 1860*, 1978, p. 171; e Kanefsky, *The Diffusion o f Power Technology in British Industry*, 1979, p. 176.

18 PP, 1833, v. XX, C2.65 (Edward Birkett), grifos nossos.

19 Boyson, *The Ashworth Enterprise*, 1970, p. 94-6; PP, 1834, v. XX, A1.170.

20 PP, 1833, v. XX, A2.43 (Robert Mustard); PP, 1833, v. XX, A1.37; PP, 1833, v. XX, D1.100 (Humphrey Dyson).

21 PP, 1833, v. XX, p. 10.

22 *Ibidem*, D2.31, grifos nossos.

23 Para uma análise detalhada do movimento, ver R. Gray, *The Factory Question and Industrial England, 1830-1860*. Cambridge: Cambridge University Press, 1996; e J. T. Ward, *The Factory Movement 1830-1855*. Londres: Macmillan, 1962.

24 Ward, *The Factory Movement 1830-1855*, 1962, p. 166, 183, 189, grifos do original. A "lei" na fala de Oastler se referia à Lei de Fábricas de 1833, que, na época, os proprietários de fábricas buscavam revogar. Ver mais adiante.

25 PP, 1832, v. XV; PP, 1833, v. XX, D1.17-29; S. E. Finer, *The Life and Times of Sir Edwin Chadwick*. Londres: Routledge, 1952, p. 50; Thomas, *The Early Factory Legislation*, 1970, p. 38; Ward, *The Factory Movement 1830-1855*, 1962, p. 41-64; *idem*, "The Factory Movement". *In*: J. T. Ward (org.), *Popular Movements c. 1830-1850*. Londres:

Macmillan, 1970, p. 66-7; Hutchins & Harrison, *A History of Factory Legislation*, 1926, p. 33-4, 47-53; Gray, *The Factory Question and Industrial England*, 1996, p. 55.

26 PP, 1834, v. XX, C1.19 (J. Whitaker), grifos nossos.

27 PP, 1833, v. XX, D2.31 (Robert Hyde Greg); PP, 1834, A1.14, grifos nossos.

28 PP, 1833, v. XX, D2.17. Ver, por exemplo, PP, 1832, v. XV, p. 250.

29 Por exemplo, PP, 1833, v. XX, D2.132.

30 PP, 1834, v. XIX, D2.224.

31 H. Ashworth, "Letter to the Right Hon: Lord Ashley on the Cotton Factory Question, and the Ten Hours' Factory Bill", Manchester, 1833; Greg, *The Factory Question*, 1837; K. Finlay, *Letter to the Right Hon: Lord Ashley, on the Cotton Factory System, and the Ten Hours' Factory Bill*. Glasgow: J. Smith, 1833; Boyson, *The Ashworth Enterprise*, 1970; Rose, *The Gregs of Quarry Bank Mill*, 1986, p. 78; Gray, *The Factory Question and Industrial England*, 1996, p. 99-101, 124; Cooke, *The Rise and Fall of the Scottish Cotton Industry*, 2010, p. 194.

32 J. Doherty, "Misrepresentations Exposed in a Letter, Addressed to Lord Ashley", M.P. Manchester, 1838, p. 25; Kirby & Musson, *The Voice of the People*, 1975, 1976, p. 355, 364, 377, 399; Gray, *The Factory Question and Industrial England*, 1996, p. 126. Sobre Greg e os aprendizes, ver Doherty, "Misrepresentations Exposed in a Letter", 1838, p. 23-5.

33 PP, 1834, v. XX. Citações de J. Hall & Son, Stockport, D1.46; para o defensor do projeto de lei (Thomas Flintoff, de Manchester), ver D1.208.

34 *Idem*, D1.196-7, p. 3, grifos nossos. Sobre o consenso capitalista, ver ainda Ward, *The Factory Movement*, 1962, p. 115; B. Martin, "Leonard Horner: A Portrait of an Inspector of Factories", *International Review of Social History*, v. 14, n. 3, p. 412-43, 1969; Thomas, *The Early Factory Legislation*, 1970, p. 72-3, 78; Lee, *A Cotton Enterprise*, 1972, p. 130; e Howe, *The Cotton Masters 1830-1860*, 1984, p. 80-2.

35 PP, 1833, v. XX, p. 32.

36 Ver PP, 1816, v. III, p. 116-7, 236, 251; Hansard, 23 fev. 1818, p. 583; HL, 1819, XVI, p. 420.

37 Tufnell, *Character, Object, and Effects of Trades' Unions*, 1834, p. 28.

38 S. Weaver, "The Political Ideology of Short Time: England, 1820-1850". *In*: G. Cross (org.), *Worktime and Industrialization: An International History*. Filadélfia: Temple University Press, 1988, p. 77.

39 Ward, *The Factory Movement 1830-1844*, 1962, p. 105. Ver também *ibidem*, p. 98; Finer, *The Life and Times of Sir Edwin Chadwick*, 1952, p. 51; e Thomas, *The Early Factory Legislation*, 1970, p. 61-4, 71.

40 PP, 1833, v. XX, p. 53.

41 Hutchins & Harrison, *A History of Factory Legislation*, 1926, p. 41; Finer, *The Life and Times of Sir Edwin Chadwick*, 1952, p. 56-63; Ward, *The Factory Movement 1830-1855*, 1962, p. 102-13; Thomas, *The Early Factory Legislation*, 1970, p. 63-4; Gray, *The Factory Question and Industrial England*, 1996, p. 71-2.

42 L. Horner, *The Factories Regulation Act Explained, with some Remarks on Its Origin, Nature, and Tendency*. Glasgow: D. Robertson, 1834, p. 7-8, 11. Ver também a carta de Horner a Senior, 23 maio 1837, em Senior & Horner, *Letters on the Factory Act*, 1837, p. 30. Para o texto integral da lei, conhecida como "An Act to Regulate the Labour of Children and Young Persons in the Mills and Factories of the United Kingdom", ver C. Wing, *Evils of the Factory System: Demonstrated by Parliamentary Evidence*. Londres: Psychology Press, 1967 [1837], p. 431-41. A seda foi posteriormente isenta.

43 Ver os parágrafos XVII-XIX, XLIV-XLV da lei; PP, 1833, v. XX, p. 68; Horner, *The Factories Regulation Act Explained*, 1834, p. 14; e P. Bartrip & P. Fenn, "The Evolution of Regulatory Style in the Nineteenth Century British Factory Inspectorate", *Journal of Law and Society*, v. 10, n. 2, 1983, p. 204.

44 H. P. Marvel, "Factory Regulation: A Reinterpretation of Early English Experience", *Journal of Law and Economics*, v. 20, n. 2, 1977, p. 380.

45 Disposições da lei tal como incluídas em Wing, *Evils of the Factory System*, 1967, p. 432. Ver Horner, *The Factories Regulation Act Explained*, 1834, p. 9.

46 University College London Special Collections, Chadwick Papers, carta de Henry Ashworth a Edwin Chadwick, 17 jun. 1836 (correspondência, caixa 203); Hutchins & Harrison, *A History of Factory Legislation*, 1926, p. 58-9; Ward, *The Factory Movement 1830-1855*, 1962, p. 132; Martin, "Leonard Horner", 1969, p. 429-30; Thomas, *The Early Factory Legislation*, 1970, p. 85-7, 94, 116; Weaver, "The Political Ideology of Short Time", 1988, p. 78; Howe, *The Cotton Masters 1830-1860*, 1984, p. 180-2.

47 A. E. Peacock, "The Successful Prosecution of the Factory Acts, 1833-55", *The Economic History Review*, v. 37, n. 2, 1984, p. 199, 206-7; P. Bartrip, "Success or Failure? The Prosecution of the Early Factory Acts", *The Economic History Review*, v. 38, n. 3, 1985, p. 425; C. Nardinelli, "The Successful Prosecution of the Factory Acts: A Suggested Explanation", *The Economic History Review*, v. 38, n. 3, 1985, p. 429; Bartrip & Fenn, "The Evolution of Regulatory Style", 1983, p. 205-6.

48 "Report of the Factory Inspectors, 1 August 1834", p. 25. Ver, por exemplo, PP, 1840, v. X, "Reports from the Select Committee on the Act for the Regulation of Mills and Factories", 1.9. A lei acrescentava outro fardo às colônias não só com a restrição das horas extras, mas também por forçar os empregadores a substituir os braços mais jovens — aqueles abaixo de treze anos — por outros, fossem vários conjuntos de crianças entre nove e treze anos trabalhando em revezamentos de oito horas ou trabalhadores acima dessa faixa etária. Em ambos os casos, houve uma exacerbação do problema do recrutamento de trabalhadores, como Ashworth temia.

49 PP, 1840, v. X, 1.5; "RFIHYE 31st December 1842", p. 41 (R. J. Saunders); PP, 1837, v. L, *Trade and Navigation; Factories; Post Office; &c*, p. 16-21, grifo do original.

50 Ver PP, 1840, v. X, p. 1.1-2, 15, 26, 34; "RFIHYE 31st December, 1840", p. 17; "RFIHYE 31st December 1841", p. 3; "RFIHYE 31st December, 1842", p. 3; "RFIHYE 30th June, 1843", p. 19. Nardinelli conclui: "Está claro que, poucos anos após a implementação da Factory Act, as novas normas, em geral, foram obedecidas" (Nardinelli, *Child Labor and the Industrial Revolution*, 1990, p. 107).

51 PP, 1840, v. X, p. 1.15, 6.16.

52 Marvel, "Factory Regulation", 1977, p. 396. Observe-se que tais condenações também se referiam a outras violações além das horas extras excessivas, ainda que estas provavelmente fossem relevantes para o total. Para uma discussão completa a respeito das regras frequentemente violadas pelas fábricas movidas a água, como na educação de crianças, entre outras, ver Malm, *Fossil Capital* (tese de doutorado), 2014, p. 416-29.

53 Gray, *The Factory Question and Industrial England*, 1996, p. 165-7.

54 PP, 1837, v. L, p. 26.

55 PP, 1840, v. X, p. 3.1-2, 21; Boyson, *The Ashworth Enterprise*, 1970, p. 168-9.

56 PP, 1840, v. X, p. 3.23; Doherty, "Misrepresentations Exposed in a Letter", 1838, p. 27.

57 Ver *Manchester Guardian*, 27 maio 1840; PP, 1840, v. X, p. 3.46-50, 59-61; Senior & Horner, *Letters on the Factory Acts*, 1837, p. 9; e Boyson, *The Ashworth Enterprise*, 1970, p. 170-6.

58 PP, 1840, v. X, p. 3.18, 27, 59.

59 Greg, *The Factory Question*, 1837, p. 16, 129-30.

60 Marvel, "Factory Regulation", 1977, p. 395; Nardinelli, "The Successful Prosecution of the Factory Acts", 1985, p. 429.

61 Hansard, 17 fev. 1847, p. 165 (sr. Roebuck), grifos nossos. Para a situação bastante especial da Escócia, ver Malm, *Fossil Capital* (tese de doutorado), 2014, p. 430-2, 440-6.

62 "RFIHYE 30th June, 1842", p. 8. Ver "RFIHYE 30th June, 1843", p. 24; e Von Tunzelmann, *Steam Power and British Industrialization to 1860*, 1978, p. 172.

63 PP, 1833, v. XX, p. E7. Grifos nossos.

64 PP, 1833, v. VI, p. 686; "RF/HYE 31st December 1838", p. 61.

65 PP, 1833, v. VI, p. 297 (William Haynes), grifos nossos.

66 J. Choi, "The English Ten-Hours Act: Official Knowledge and the Collective Interest of the Ruling Class", *Politics and Society*, v. 13, n. 4, 1984, p. 463; Hutchins & Harrison, *A History of Factory Legislation*, 1926, p. 59-64; Ward, *The Factory Movement 1830-1855*, 1962, p. 158, 167, 190-1, 201-2, 232-4; *idem*, "The Factory Movement", 1970, p. 71; Thomas, *The Early Factory Legislation*, 1970, p. 146; Weaver, "The Political Ideology of Short Time", 1988, p. 78, 86, 96.

67 Hansard, 15 abr./24 maio 1844, p. 973-4 (William Ferrand).

68 University College London Special Collections, Chadwick Papers, carta de Edmund Ashworth para Edwin Chadwick, 29 abr. 1847 (correspondência, caixa 203).

69 "RFIHYE 30th April, 1850", p. 4-5; "RFIHYE 31st October, 1851", p. 6; *The Times*, 30 abr. 1850; 14 maio 1850; 29 maio 1850; Hutchins & Harrison, *A History of Factory Legislation*, 1926, p. 105-7; Thomas, *The Early Factory Legislation*, 1970, p. 295-6, 308-9, 316-27.

70 "Report for the Quarter Ending 30th September, 1844; and from 1st October, 1844, to 30th April, 1845", p. 20-2, grifos nossos.

71 "RFIHYE 31st October 1848", p. 29, 47-8. Grifos nossos. Para mais evidências da aceleração, ver, por exemplo, "RFIHYE 31st October 1848", p. 36, 45, 50; "RFIHYE 30th April, 1850", p. 5; e *The Times*, 13 fev. 1850; J. J. "A Factory Woman's Letter", *The Working Man's Friend and Family Instructor*, 13 abr. 1850, p. 54. Sobre a persecução judicial de proprietários de fábricas movidas a água em razão de horas extras ilícitas sob a vigência das leis de 1847/1850, ver Malm, *Fossil Capital* (tese de doutorado), 2014, p. 442-3.

72 "RFIHYE 31st October, 1850", p. 16; "RFIHYE 31st October 1856", p. 20.

73 Russell, *A Treatise on the Steam-Engine*, 1841, p. 141, grifos nossos.

74 T. Tredgold, *The Steam Engine*. Londres: J. Taylor, 1827, p. 43, 292; R. Armstrong, "Comparative Effects of the Cornish and Lancashire System of Working Steam Engines", *The Civil Engineer and Architect's Journal*, jan. 1848; W. Fairbarn, "On the Expansive Action of Steam and a New Construction of Expansion Valves for Condensing Steam Engines", *Proceedings of the Institution of Mechanical Engineers*, v. 1, n. 3, p. 21-31, 1849; R. S. Burn, *The Steam-Engine, Its History and Mechanism*. Londres: H. Ingram, 1854, p. 42-3; A. Nuvolari & B. Verspagen, "Technical Choice, Innovation, and British Steam Engineering, 1800-50", *The Economic History Review*, v. 62, n. 3, p. 685-710, 2009; Von Tunzelmann, *Steam Power and British Industrialization to 1860*, 1978, p. 20-4, 79-91, 219, 253; Hills, *Power from Steam*, 1989, p. 97-113, 126-32. Para mais detalhes do desenvolvimento da máquina a vapor da Cornualha, ver ainda Nuvolari, *The Making of Steam Power Technology*, 2004, cap. 5-7.

75 "RFIHYE 31st October 1852", p. 26-7, grifos do original. Ver ainda Fairbairn, Treatise on Mills and Millwork, part 1, 1864, p. 242-3; C. Castaldi & A. Nuvolari, "Technological Revolutions and Economic Growth: The 'Age of Steam' Reconsidered", Working Paper, Eindhoven Centre for Innovation Studies, 2003, p. 21; Ashmore, *The Industrial Archaeology of Lancashire*, 1969, p. 55; Von Tunzelmann, *Steam Power and British Industrialization to 1860*, 1978, p. 70, 223-5, 290-1, 298; e Gray, *The Factory Question and Industrial England*, 1996, p. 215.

76 G. H. Wood, "Factory Legislation, Considered with Reference to the Wages, &c., of the Operatives Protected Thereby", *Journal of the Royal Statistical Society*, v. 65, n. 2, 1902, p. 295; Von Tunzelmann, *Steam Power and British Industrialization to 1860*, 1978, p. 214.

77 Von Tunzelmann, *Steam Power and British Industrialization to 1860*, 1978, p. 150; Kanefsky, *The Diffusion of Power Technology in British Industry*, 1979, p. 159, 172-5, 187.

78 Jevons, *The Coal Question*, 1866, p. 124, 130.

79 N. K. Buxton, *The Economic Development of the British Coal Industry: From Industrial Revolution to the Present Day*. Newton Abbot: Bastard Academic, 1978, p. 61, grifos nossos.

80 Von Tunzelmann, *Steam Power and British Industrialization to 1860*, 1978, p. 225; Allen, *The British Industrial Revolution in Global Perspective*, 2009, p. 173, 177.

81 PP, 1833, v. XXI, p. D2.49 (Charles Hindley).

82 R. Jones, *Literary Remains, Consisting of Lectures and Tracts on Political Economy*. Londres: J. Murray, 1859, p. 70; Farey, *A Treatise on the Steam Engine*, 1827, p. 7, 66.

83 PP, 1833, v. XX, C1.170 (J. Drinkwater).

9 "Em vez de ordens, combustível": a derivação do poder do carvão em ideologia burguesa

1 M. Freeden, *Ideology: A Very Short Introduction*. Oxford: Oxford University Press, 2003, p. 51-2, 60-2. A metáfora da sala é do próprio Freeden.

2 "Calico Printing Bill", *The Tradesman*, 1 dez. 1808; Anônimo, *Considerations Addressed to the Journeymen Calico Printers by One of Their Masters*. Manchester, 1815, p. 3-5; Baines, *History of the Cotton Manufacture in Great Britain*, 1835, p. 264-5; Turner, *Trade Union Growth*, 1962, p. 57-8; Bruland, "Industrial Conflict as a Source of Technical Innovation", 1982, p. 105-11.

3 "The History of the Combination of the Journeymen Calico Printers", *The Tradesman*, 1 jan. 1809, p. 32-3; Ure, *The Philosophy of Manufactures*, 1835, p. 285, 369. Ver ainda Anônimo, *Considerations Addressed to the Journeymen Calico Printers*, 1815, p. 4-6, 18; PP, 1835, v. XIII, p. 119; Baines, *History of the Cotton Manufacture in Great Britain*, 1835, p. 265-85; e J. Leach, *Stubborn Facts from the Factories*. Londres: John Ollivier, 1844, p. 46-8, 82-4.

4 J. James, *History of the Worsted Manufacture in England, from the Earliest Times*. Londres: Longman, Brown, Green, Longmans, and Roberts, 1857, p. 250-1; Thompson, *The Making of the English Working Class*, 1966, p. 282 [*A formação da classe operária inglesa*, 1987, v. 2, p. 134].

5 James, *History of the Worsted Manufacture in England*, 1857, p. 597.

6 *Ibidem*, p. 488, 559, 608. Ver ainda, por exemplo, *idem*, *The History of Bradford and Its Parish, Part II*. Londres: Longmans, Green, Reader, and Dyer, 1866, p. 242-3; e Tufnell, *Character, Object, and Effects of Trades' Unions*, 1834, p. 59-62, 112.

7 Fairbarn, *Treatise on Mills and Millwork*, part 1, 1864, p. 213. Ver ainda, por exemplo, S. Smiles, *Industrial Biographies: Iron-Workers and Tool-Makers*. Boston: Ticknor and Fields, 1864, p. 261-2; K. Burgess, "Technological Change and the 1852 Lock--Out in the British Engineering Industry", *International Review of Social History*, v. 14, n. 2, p. 215-36, 1969; e Musson & Robinson, *Science and Technology in the Industrial Revolution*, 1969, cap. 13.

8 Nasmyth citado em R. Buchanan & T. Tredgold, *Practical Essays on Mill Work and Other Machinery*. Londres: J. Weale, 1841, p. 395; J. Nasmyth, *James Nasmyth, Engineer: An Autobiography*. Org. Samuel Smiles. Nova York: Harper & Brothers, 1883, p. 199-200.

9 Nasmyth, *James Nasmyth, Engineer*, 1883, p. 308, 416, grifos nossos. Para uma descrição das máquinas operatrizes mais importantes, ver Society for Promoting Christian Knowledge [daqui em diante SPCK], *The Industry of Nations*, part II, *A Survey of the Existing State of Arts, Machines, and Manufactures*. Londres, 1855, p. 223-50. Sobre greves como gatilhos diretos para a invenção e a adoção de máquinas operatrizes, ver *ibidem*, p. 231-4; B. Love, *The Hand-Book of Manchester*. Manchester: Love and Barton, 1842, p. 97; Fairbairn, *The Life of Sir William Fairbairn*, 1970, p. XXVII, 46, 163-4, 322-7; Nasmyth, *James Nasmyth, Engineer*, 1883, p. 309-11; e Musson & Robinson, *Science and Technology in the Industrial Revolution*, 1969, p. 506.

10 Ver ainda Musson, "James Nasmyth and the Early Growth of Mechanical Engineering", 1957, p. 123; G. N. von Tunzelmann, "Technology in the Early Nineteenth Century". *In*: R. Floud & D. N. McCloskey (org.), *The Economic History of Britain since 1700*, v. 1, *1700-1860*. 2. ed. Cambridge: Cambridge University Press, 1994; C. Freeman & F. Louçã, *As Time Goes By: From the Industrial Revolutions to the Information Revolution*. Oxford: Oxford University Press, 2002, p. 188; e Musson & Robinson, *Science and Technology in the Industrial Revolution*, 1969, p. 475-6.

11 Tufnell, *Character, Object, and Effects of Trades' Unions*, 1834, p. 29-42, 109-11, grifos nossos.

12 M. Kang, *Sublime Dreams of Living Machines: The Automation in the European Imagination*. Cambridge: Harvard University Press, 2011.

13 Ver os artigos de W. Pietz: "The Problem of the Fetish, I", *RES: Anthropology and Aesthetics*, n. 9, p. 5-17, 1985; "The Problem of the Fetish, II: The Origin of the Fetish", *RES: Anthropology and Aesthetics*, n. 13, p. 23-45, 1987; e R. Ellen, "Fetishism", *Man*, v. 23, n. 2, p. 213-35, 1988.

14 A. Hornborg, *The Power of the Machine: Global Inequalities of Economy, Technology, and Environment*. Walnut Creek: AltaMira, 2001, p. 131. Ver ainda *idem*, *Global*

Ecology and Unequal Exchange: Fetishism in a Zero-Sum World. Abingdon: Routledge, 2011, p. 9, 28.

15 Ure, *The Philosophy of Manufactures*, 1835, p. 2, 150, grifos nossos.

16 W. Fairbairn, "Speech at the British Association for the Advancement of Science Meeting in Manchester", *Proceedings of the Thirty-First Meeting of the British Association for the Advancement of Society*, 1861, p. 11, grifos nossos; Nasmyth citado em Buchanan & Tredgold, *Practical Essays on Mill Work and Other Machinery*, 1841, p. 401.

17 B. Disraeli, *Coningsby, Or, the New Generation*, v. 2. Londres: The Century Co., 1844, p. 7, grifos nossos.

18 Radcliffe, *Origin of the New System of Manufacture*, 1974, p. 6, grifos nossos; Hornborg, *The Power of the Machine*, 2001, p. 10.

19 SPCK, *The Industry of Nations*, 1855, p. 120. Ver S. Schaffer, "Babbage's Intelligence: Calculating Engines and the Factory System", *Critical Inquiry*, v. 21, n. 1, 1994, p. 222; I. R. Morus, "Manufacturing Nature: Science, Technology and Victorian Consumer Culture", *The British Journal for the History of Science*, v. 29, n. 4, 1996, p. 407-8; e A. Zimmerman, "The Ideology of the Machine and the Spirit of the Factory: Remarx on Babbage and Ure", *Cultural Critique*, n. 37, 1997, p. 18-9.

20 Ure, *The Philosophy of Manufactures*, 1835, p. 23.

21 Como defendido por D. Greenberg, "Energy, Power, and Perceptions of Social Change in the Early Nineteenth Century", *The American Historical Review*, v. 95, n. 3, p. 693-714, 1990.

22 C. H. Turner *et al.*, *Proceedings of the Public Meeting Held at Freemasons' Hall on the 18th June, 1824, for Erecting a Monument to the Late James Watt*. Londres: John Murray, 1824, p. 51, 70.

23 T. Eagleton, *Ideology: An Introduction*. Londres: Verso, 2007 [1991], p. 45 [ed. bras.: *Ideologia: uma introdução*. Trad. L. C. Borges e S. Vieira. 2. ed. São Paulo: Boitempo, 2019, p. 60-1].

24 Turner *et al.*, *Proceedings of the Public Meeting*, 1824, p. 68-9; British Library, Cobden Papers, Carta de H. Ashworth para R. Cobden, 22 set. 1849 (MSS 43653-54).

25 *Manchester Guardian*, 10 jul. 1824; *Caledonian Mercury*, 22 jul. 1824; *Birmingham Gazette*, 12 jul. 1824; Berg, *The Machinery Question and the Making of Political Economy*, 1980, p. 198; B. Marsden & C. Smith, *Engineering Empires: A Cultural History of Technology in Nineteenth-Century Britain*. Nova York: Palgrave Macmillan, 2005, p. 82-3, 244.

26 *Caledonian Mercury*, 22 jul. 1824, grifos nossos.

27 Briggs, *The Power of Steam*, 1982, p. 12. Sobre o monumento na Abadia de Westminster, ver B. Marsden, *Watt's Perfect Engine: Steam and the Age of Invention*. Nova York: Columbia University Press, 2002, p. 84; e Marsden & Smith, *Engineering Empires*, 2005, p. 196.

28 Russell, *A Treatise on the Steam-Engine*, 1841, p. 239.

29 Fairbairn, "On the Expansive Action of Steam", 1849, p. 21.

30 *Caledonian Mercury*, 22 jul. 1824; SPCK, *The Industry of Nations*, 1855, p. 62; H. Reid, *The Steam-Engine*. Londres: William Tait, 1840, p. 165.

31 SPCK, *The Industry of Nations*, 1855, p. 60-1.

32 *Manchester Guardian*, 11 jan. 1834, grifos nossos.

33 M. A. Alderson, *An Essay on the Nature and Application of Steam*. Londres: Sherwood, Gilbert, and Piper, 1834, p. 1.

34 T. Baker, *The Steam-Engine; Or, the Power of Flame*. Londres: Hodson, 1857, p. 23. [No original: "I am the Genius of aerial flame/ By Heaven's command, omnipotence I claim!" — N.T.]

35 No original: "But the silence broke, and the stranger spoke, —/ I heard him in my dream:/ 'Fear not', he said, 'but come and see/ How all the world is governed by me,/ The mighty Spirit of Steam'". [N.T.]

36 *The Times*, 26 dez. 1829; reproduzido no *Manchester Guardian*, 2 jan. 1830.

37 Disraeli, *Coningsby*, 1844, p. 7, grifos nossos.

38 Craik, *John Halifax*, 1860, p. 316, 323-4, grifos nossos. O conflito definidor do romance não se dá, no entanto, entre Halifax e seus trabalhadores, mas entre o protagonista e lorde Luxmore, que prejudica a oferta de água de Halifax. Para uma análise desse conflito, ver Malm, *Fossil Capital* (tese de doutorado), 2014, p. 458-61.

39 J. R. Leifchild, *Our Coal and Our Coal-Pits: The People in Them, and the Scenes Around Them*. Londres: Longman, Brown, Green, and Longmans, 1855, p. 230, grifos nossos.

40 E. Elliott, "Steam, a Poem", *The New Monthly Magazine*, v. 1, 1833, p. 330. [No original: "Watt! and his million-feeding enginry!/ Steam-miracles of demi-deity". — N.T.]

41 Baker, *The Steam-Engine*, 1857, p. 19. [No original: "A BEING rose of supernatural might:/ With pond'rous rod he brought the foaming waves,/ *As if by magic, from earth's deepest caves*;/ Varied his task his wond'rours powers to prove;/ Swift o'er the plain he bid the chariot move". [N.T.]

42 G. Browning, *The Domestic and Financial Condition of Great Britain*. Londres: Longman & Company, 1834, p. 519; Alderson, *An Essay on the Nature and Application of Steam*, 1834, p. ix; SPCK, *The Industry of Nations*, 1855, p. 285.

43 Farey, *A Treatise on the Steam Engine*, 1827, p. 4-5.

44 E. Gaskell, *North and South*. Oxford: Oxford University Press, 2008 [1855], p. 81 [ed. bras.: *Norte e sul*. Trad. C. Duarte e A. Duarte. São Paulo: Martin Claret, 2016]

45 "The Author of Waverley", *Mechanics' Magazine*, 20 out. 1832, p. 42, grifos nossos.

46 M. A. Garvey, *The Silent Revolution: Or, The Future Effects of Steam and Electricity Upon the Condition of Mankind*. Londres: William and Frederick G. Cash, 1852, p. 3-4.

47 Briggs, *The Power of Steam*, 1982, cap. 3; Marsden & Smith, *Engineering Empires*, 2005, p. 83; Marsden, *Watt's Perfect Engine*, 2002, p. 7.

48 Kang, *Sublime Dreams of Living Machines*, 2011.

49 Thom citado em Shaws Water Joint Stock Company, *A Brief Account of the Shaws Water Scheme*, 1836, p. 56, grifos nossos.

50 Gaskell, *Artisans and Machinery*, 1836, p. 278-9, 282.

51 Para uma leitura mais aprofundada das tensões na obra de Gaskell, que mais tarde veio a *criticar* o motor a vapor, ver Malm (2014a, p. 511-3).

52 Baines, *History of the Cotton Manufacture in Great Britain*, 1835, p. 227.

53 Robison, *A System of Mechanical Philosophy*, 1822, p. 390, grifos nossos.

54 National Library of Wales, Senior Papers, palestras, curso 2, aula 8, 1848, p. 22-3, 33-4. Grifos nossos.

55 Baker, *The Steam-Engine*, 1857, p. 24. [No original: "Like thine own arm, subservient to thy will./ I've shown thee much at this eventful hour,/ Which appertains to this RESISTLESS POWER". — N.T.]

56 Babbage, *On the Economy of Machinery and Manufactures*, 1836, p. 49; Ure, *The Philosophy of Manufactures*, 1835, p. 18; Fairbairn, "Speech at the British Association for the Advancement of Science Meeting in Manchester", 1861, p. 9; *Manchester Guardian*, 10 jul. 1824; R. Stuart, *A Descriptive History of the Steam Engine*. Londres: John Knight and Henry Lacey, 1824, p. 192.

57 F. Arago, *Historical Eloge of James Watt*. Londres: J. Murray, 1839, p. 294, grifos nossos.

58 Browning, *The Domestic and Financial Condition of Great Britain*, 1834, p. 45.

59 Babbage, *On the Economy of Machinery and Manufactures*, 1835, p. 388; Gaskell, *Artisans and Machinery*, 1836, p. 325; *The Times*, 12 maio 1859. Grifos do original.

60 Farey, *A Treatise on the Steam Engine*, 1827, p. 5-6, 13, grifos nossos.

61 Reid, *The Steam-Engine*, 1849, p. 230.

62 *Ibidem*, p. 4, grifos nossos.

63 S. Smiles, *Lives of Boulton and Watt*. Londres: John Murray, 1865, p. 3-4.

64 As notas de cinquenta libras deixaram de ser estampadas com os rostos de Matthew Bolton e James Watt em 2021, quando um novo modelo, criado em homenagem a Alan Turing, pai da computação, foi posto em circulação. [N.T.]

65 *The Times*, 12 maio 1859, grifos do original.

66 Ure, *The Philosophy of Manufactures*, 1835, p. 399, grifos nossos; Nasmyth, *James Nasmyth, Engineer*, 1883, p. 119.

67 C. A. Faraone, "Binding and Burying the Forces of Evil: The Defensive Use of 'Voodoo Dolls' in Ancient Greece", *Classical Antiquity*, v. 10, n. 2, 1991, p. 193. Ver ainda G. Ferère, "Haitian Voodoo: Its True Face", *Caribbean Quarterly*, v. 24, n. 3-4, p. 37-47, 1978.

68 Alderson, *An Essay on the Nature and Application of Steam*, 1834, p. 43.

69 Garvey, *The Silent Revolution*, 1852, p. 10.

70 Baker, The Steam-Engine, 1857, p. 45. [No original: "an Automaton;/ Destined from man no trouble to require,/ Save now and then to prime his heart of fire". — N.T.]

71 Leifchild, *Our Coal and Our Coal Pits*, 1855, p. 12.

72 Farey, *A Treatise on the Steam Engine*, 1827, p. 225.

73 Leifchild, *Our Coal and Our Coal Pits*, 1855, p. 67-8, 84.

74 *Ibidem*, p. 12.

75 M. Dunn, *An Historical, Geological, and Descriptive View of the Coal Trade of the North of England*. Newcastle upon Tyne: Pattison and Ross, 1844, p. vii.

76 Jevons, *The Coal Question*, 1866, p. 1-2.

77 *Circular to Bankers*, 31 maio 1833, grifos nossos. Para apenas mais dois exemplos, ver E. Binney, "Observations on the Lancashire and Cheshire Coal Field, with a Section", *Transactions of the Manchester Geological Society*, v. 1, 1841, p. 67; e T. Twiss, *Two Lectures on Machinery*. Shannon: Irish University Press, 1971 [1844], p. 53.

78 Jevons, *The Coal Question*, 1866, p. 165, 1, grifos nossos.

79 Leifchild, *Our Coal and Our Coal Pits*, 1855, p. 17. [No original: "Let foes but steal our cash, and then/ They leave us what we were — brave men./ But could they filch our mines of coal,/ They'd steal our bodies, selves, and soul./ 'Tis COAL that makes our Britain great,/ Upholds our commerce and our state". — N.T.]

80 *Ibidem*, p. 15; E. Hull, *The Coal-Fields of Great Britain: Their History, Structure, and Resources*. Londres: Stanford, 1861, p. 17; Reid, *The Steam-Engine*, 1840, p. 4, grifos do original.

81 Leifchild, *Our Coal and Our Coal Pits*, 1855, p. 141, 163-5.

82 Hornborg, *Global Ecology and Unequal Exchange*, 2011, p. 39; R. Boer, "That Hideous Pagan Idol: Marx, Fetishism and Graven Images", *Critique*, v. 38, n. 1, p. 114, grifos nossos.

83 Hornborg, *Global Ecology and Unequal Exchange*, 2011, p. 39.

10 "Parem a fumaça!": o momento de resistência contra o vapor

1 Farey, *A Treatise on the Steam Engine*, 1827, p. 443. Ver ainda Lord, *Capital and Steam Power*, 1965, p. 163-6; Skempton, "Samuel Wyatt and the Albion Mill", 1971, p. 54-5, 65; e Marsden, *Watt's Perfect Engine*, 2002, p. 155. Para uma discussão mais detalhada e aprofundada da destruição e das críticas contra as máquinas — incluindo a máquina de fiar autônoma e o tear mecânico, mas, sobretudo, o motor a vapor —, ver Malm, *Fossil Capital* (tese de doutorado) 2014, p. 527-606.

2 *A Collection of the Public General Statutes, Passed in the Seventh and Eighth Year of the Reign of His Majesty King George the Fourth*. Londres, 1827, cap. XXX.

3 *Manchester Guardian*, 12 mar. 1831.

4 *Coventry Herald and Observer*, 30 mar. 1832; *Manchester Guardian*, 16 ago. 1834; Leigh, *Preston Cotton Martyrs*, 2008, p. 29-31.

5 F. Marryat, "Diary of a Blasé", *The Metropolitan Magazine*, 1835, grifos do original.

6 *Ibidem*, p. 255-6.

7 D. Jerrold, "The Factory Child". *In*: J. K. Meadows *et al.*, *Heads of the People: Or, Portraits of the English*. Londres: Tyas, 1840, p. 188-9, grifos do original. Sobre a publicação do conto no *New Moral World*, ver Berg, *The Machinery Question*, 1980, p. 270.

8 Baines, *History of the Cotton Manufacture in Great Britain*, 1835, p. 454, 457; "Domestic Arrangement of the Working Classes", *The London and Westminster Review*, p. 253, jul. 1836, grifos nossos. Ver ainda Berg, *The Machinery Question*, 1980, p. 276-9, 282-3.

9 F. C. Mather, "The General Strike of 1842: A Study in Leadership, Organisation and the Threat of Revolution during the Plug Plot Disturbances". *In*: R. Quinault & J. Stevenson (org.), *Popular Protest and Public Order*. Londres: Routledge, 1974, p. 115-6; D. Eastwood, "The Age of Uncertainty: Britain in the Early-Nineteenth Century", *Transactions of the Royal Historical Society*, v. 8, 1998, p. 114; M. Chase, *Early Trade Unionism: Fraternity, Skill and the Politics of Labour*. Londres: Routledge, 2000, p. 202; *idem*, *Chartism: A New History*. Manchester: Manchester University Press, 2007, p. 212; Royle, *Revolutionary Britannia?*, 2000, p. 113. Para uma narrativa e uma análise mais detalhadas desse episódio, ver Malm, *Fossil Capital* (tese de doutorado), 2014, p. 546-88.

10 Conhecidos no Brasil como "tampão fusível" ou "bujão fusível", os tampões em questão consistem em cilindros metálicos (em geral forjados em bronze ou latão) cujo interior é preenchido com outro metal de ponto de fusão mais baixo do que o do componente como um todo. Quando as temperaturas internas da caldeira começam a subir e se aproximam de níveis indesejados, o interior do tampão derrete e permite que a água e a pressão escapem, neutralizando riscos de explosão ou de derretimento. [N.T.]

11 M. Jenkins, *The General Strike of 1842*. Londres: Lawrence & Wishart Ltd., 1980, p. 23.

12 Para as origens da Carta e do movimento, ver D. Thompson, *The Chartists*. Londres: Temple Smith, 1984, cap. 1 e 3; e Chase, *Chartism*, 2007, cap. 1.

13 Thompson, *The Making of the English Working Class*, 1966, p. 826 [*A formação da classe operária inglesa*, 1987, v. 3, p. 433]. Ver ainda B. R. Brown, "Lancashire Chartism and the Mass Strike of 1842: The Political Economy of Working Class Contention", CRSO Working Paper n. 203, University of Michigan, 1979, p. 17-8;

R. Sykes, "Early Chartism and Trade Unionism in South-East Lancashire". *In*: J. Epstein & D. Thompson (org.), *The Chartist Experience: Studies in Working-Class Radicalism and Culture, 1830-60*. Londres: The Macmillan Press, 1982; Thompson, *The Chartists*, 1984, p. 112, 179-99, 208-28; Chase, *Early Trade Unionism*, 2000, p. 192; *idem*, *Chartism*, 2007, p. 211.

14 *Manchester Guardian*, 23 jul. 1842. Ver ainda Home Office 45/269, cartas do coronel T. J. Wemyss, 21-22 jul. 1842; *Northern Star*, 30 jul. 1842; *Preston Chronicle*, 30 jul. 1842; A. G. Rose, "The Plug Riots of 1842 in Lancashire and Cheshire", *Transactions of the Lancashire and Cheshire Antiquarian Society*, v. 68, 1957, p. 85; R. Fyson, "The Crisis of 1842: Chartism, the Colliers' Strike and the Outbreak in the Potteries". *In*: J. Epstein & C. Thompson (org.), *The Chartist Experience: Studies in Working-Class Radicalism and Culture, 1830-60*. Londres: Macmillan, 1982, p. 196-200; e Jenkins, *The General Strike of 1842*, 1980, p. 60-1.

15 *Leeds Times*, 6 ago. 1842, grifos nossos. Ver ainda Home Office 45/266; Home Office 45/265; *Northern Star*, 13 ago. 1842; *Manchester Guardian*, 10 ago. 1842; Fyson, "The Crisis of 1842", 1982, p. 200; e Thompson, *The Chartists*, 1984, p. 277.

16 Citação do discurso final de William Muirhouse em F. O'Connor *et al.*, *The Trial of Feargus O'Connor, Esq. (Barrister-at-Law) and Fifty-Eight Others at Lancaster on Charge of Sedition, Conspiracy, Tumult and Riot*. Manchester: Abel Heywood, and Riot, 1843, p. 28. Ver ainda Jenkins, *The General Strike of 1842*, 1980, p. 21, 67-9; Sykes, "Early Chartism and Trade Unionism in South-East Lancashire", 1982, p. 152-3; e Thompson, *The Chartists*, 1984, p. 283-7.

17 *The Observer*, 14 ago. 1842; Home Office 45/249, cartas de Holme *et al.*, Oldham, 8 ago. 1842; Home Office 45/268, carta do major-general W. Warre, 9 ago. 1842; Home Office 45/269, carta do coronel T. Wemyss, 9 ago. 1842; *Manchester Guardian*, 10 ago. 1842.

18 *Manchester Guardian*, 10 ago. 1842.

19 *Northern Star*, 13 ago. 1842; *Manchester Guardian*, 13 e 17 ago. 1842; *The Manchester Courier and Lancashire General Advertiser*, 20 ago. 1842.

20 *The Observer*, 14 ago. 1842. Ver ainda *Manchester Guardian*, 13 ago. 1842.

21 Home Office 45/268, carta do major-general W. Warre, 10 ago. 1842; Home Office 45/249C, carta do prefeito W. Neild, 13 ago. 1842.

22 *Bradford Observer*, 18 ago. 1842, grifos nossos.

23 *Ibidem*; Home Office 45/242, carta dos proprietários das fábricas W & J. Bradshaw, 6 set. 1842; T. D. W. Reid & N. Reid, "The 1842 'Plug Plot' in Stockport", *International Review of Social History*, v. 24, n. 1, 1979, p. 64-5.

24 *Preston Chronicle*, 20 ago. 1842; *Northern Star*, 20 ago. 1842. Ver ainda Home Office 45/268, carta do prefeito Horrocks *et al.*, 13 ago. 1842; *Manchester Guardian*, 17 ago. 1842; e *The Preston Pilot and County Advertiser*, 13 ago. 1842; Leigh, *Preston Cotton Martyrs*, 2008, p. 45-50.

25 *Preston Chronicle*, 20 ago. 1842; *Manchester Guardian*, 7 set. 1842; Leigh, *Preston Cotton Martyrs*, 2008, p. 50.

26 Home Office 45/249, carta de R. Willock, 14 ago. 1842, e de P. Towneley *et al.*, 15 ago. 1842.

27 *Manchester Guardian*, 17 ago. 1842; *Northern Star*, 27 ago. 1842; Home Office 45/249, carta do prefeito T. Cullen, 16 ago. 1842. Ver ainda Home Office 45/249, cartas de Whitaker e Earnshaw, 16 ago. 1843; de H. Gaskell, 17 ago. 1842; de J. Winder, 13 ago. 1842; *Preston Chronicle*, 20 ago. 1842; e *Northern Star*, 20 ago. 1842.

28 Home Office 45/249, cartaz das resoluções de um "encontro de funcionários de fiação de algodão de Bolton e arredores"; Home Office 45/242, carta do prefeito T. Stringer, 12 ago. 1842; *Manchester Guardian*, 17 ago. 1842.

29 Home Office 45/249C, "The Executive of the National Chartist Association, 'To the People!!!".

30 *Bradford Observer*, 18 ago. 1842. Mais em *Morning Chronicle*, 18 ago. 1842; *Leeds Times*, 20 ago. 1842; e *Northern Star*, 20 ago. 1842.

31 *Leeds Times*, 20 ago. 1842, grifos do original. Ver ainda *Bradford Observer*, 18 e 25 ago. 1842; *Leeds Times*, 20 ago. 1842; e *Northern Star*, 27 ago. e 10 set. 1842.

32 *Northern Star*, 20 ago. e 3 set. 1842.

33 *Preston Chronicle*, 27 ago. 1842; *Morning Chronicle*, 18 ago. 1842. Ver ainda *Birmingham Gazette*, 15 ago. e 12 set. 1842; e *Morning Chronicle*, 19 ago. 1842.

34 *Manchester Guardian*, 20 ago. 1842; Home Office 45/261, resolução da Câmara de Comércio de Birmingham, 1 set. 1842. Ver ainda Home Office 45/266; *Caledonian Mercury*, 8, 13 e 25 ago. 1842; *Bradford Observer*, 25 ago. 1842; *Manchester Guardian*, 7 set. 1842. Há, no entanto, relatos de fábricas sob ataque e da adesão de grevistas *en masse* também em Glasgow: ver Home Office 45/266.

35 *Manchester Guardian*, 17 ago. 1842; *Illustrated London News*, 20 ago. 1842. Ver ainda *Bradford Observer*, 18 ago. 1842; *Manchester Guardian*, 24 ago. 1842; Mather, "The General Strike of 1842", 1974, p. 116, 118, 130; Jenkins, *The General Strike of 1842*, 1980, p. 171, 181, 187, 250-2; e Royle, *Revolutionary Britannia?*, 2000, p. 122.

36 *Morning Chronicle*, 15 ago. 1842; *Illustrated London News*, 20 ago. 1842; *Manchester Guardian*, 13 e 17 ago. 1842.

37 *Leeds Times*, 20 ago. 1842. Ver ainda *Leeds Times*, 27 ago. 1842; *Bradford Observer*, 18 ago. 1842; *Northern Star*, 20 ago. 1842; *Manchester Guardian*, 14 set. 1842; Butterworth, *Historical Sketches of Oldham*, 1856, p. 220-1; Reid & Reid, "The 1842 'Plug Plot' in Stockport", 1979, p. 74; Brown, "Lancashire Chartism and the Mass Strike of 1842", 1979, p. 46-7; e Jenkins, *The General Strike of 1842*, 1980, p. 198-202.

38 *Northern Star*, 27 ago., 3 e 10 set. 1842; *Manchester Guardian*, 7 set. 1842; *Bradford Observer*, 8 set. 1842; Jenkins, *The General Strike of 1842*, 1980, cap. 10; E. Yeo, "Some Practices and Problems of Chartist Democracy". *In*: J. Epstein & D. Thompson (org.), *The Chartist Experience: Studies in Working-Class Radicalism and Culture*,

1830-60. Londres: The Macmillan Press, 1982, p. 366; Royle, *Revolutionary Britannia?*, 2000, p. 121-1; Chase, *Chartism*, 2007, p. 226.

39 E. Hobsbawm, *Labouring Men: Studies in the History of Labour*. Londres: Weidenfeld & Nicolson, 1968 [1964], p. 8 [ed. bras.: *Os trabalhadores: estudos sobre a história do operariado*. Trad. M. de Medeiros. São Paulo: Paz & Terra, 2008, p. 20].

40 Ver T. Mitchell, *Carbon Democracy: Political Power in the Age of Oil*. Londres: Verso, 2011.

41 Chase, *Early Trade Unionism*, 2000, p. 194, 197.

42 No original: "Foe, fau, fum –/ I smell the blood of the working man;/ Be he alive, or be half dead,/ I'll grind his bones to make my bread". [N.T.]

43 *Northern Star*, 22 out. 1842.

44 J. A. Epstein, "Feargus O'Connor and the Northern Star", *International Review of Social History*, v. 21, n. 1, p. 51-97, 1976; Chase, *Chartism*, 2007, p. 16-7, 44.

45 *Northern Star*, 30 jan. 1841.

46 *Idem*, 16 mar. 1839, 21 dez. 1844, grifos do original.

47 *Idem*, 30 mar. 1844, grifos do original. Ver também 3 maio 1851.

48 *Idem*, 9 out. 1841, 9 abr. 1842, 4 jun. 1842.

49 Ver, por exemplo, *The Operative*, 4 nov. 1838; *The Chartist*, 9 fev. e 23 mar. 1839; *The Chartist Circular*, 6 e 20 mar. 1841, 17 out. 1840; *The Odd Fellow*, 30 out. e 9 jan. 1841.

50 *The Odd Fellow*, 26 jun. 1841.

51 M. Sanders, *The Poetry of Chartism: Aesthetics, Politics, History*. Cambridge: Cambridge University Press, 2011, p. 70-3.

52 *Northern Star*, 11 fev. 1843. [No original: "There is a King, and a ruthless King,/ Not a King of the poet's dream;/ But a tyrant fell, white slaves know well,/ And that ruthless King is Steam.// [...] Like the ancient Moloch grim, his sire/ In Himmon's vale [i.e. Gehenna, or hell] that stood,/ His bowels are of living fire,/ And children are his food.// His priesthood are a hungry band,/ Blood-thirsty, proud, and bold;/ 'Tis they direct his giant hand,/ In turning blood to gold.// [...] Then down with the King, the Moloch King,/ Ye working millions all;/ O chain his hand, or our native land/ Is destin'd by him to fall". – N.T.]

53 No original: "Summer fields rolled – Their long billows of gold". [N.T.]

54 *Northern Star*, 26 jun. 1846. Ver 5 set. 1846. [No original: "Say! *whence* comes the change? – *Whence* the curse has been sent?// [...] What wheels revolve in dungeons hot and black,/ Of modern tyranny the modern rack!/ What horrid birth from that unnatural womb?/ *The demon god of* FACTORY *and* LOOM!// [...] The very sun shines pale on a dark earth,/ Where quivering engines groan their horrid mirth,/ And black smoke-offerings, crime and curses, swell/ From furnace-altars of incarnate hell!". – N.T.]

55 *Idem*, 2 out. 1847, grifos nossos. Ver ainda, por exemplo, *idem*, 27 jul. 1844; e *The Odd Fellow*, 11 dez. 1841. [No original: "Contending hard against mechanic power,/

From early morn till midnight's latest hour,/ *In heated atmosphere of smoke and fire*,/ He slaves for life to gain a scanty hire". — N.T.]

56 Sanders, *The Poetry of Chartism*, 2011, p. 24-5; Epstein, "Feargus O'Connor and the Northern Star", 1976, p. 86, grifos do original.

57 Citação anônima em Chase, *Chartism*, 2007, p. 200.

58 *Northern Star*, 16 abr., 12 mar., 9 jul. e 23 abr. 1842. Para a expressão de visões similares por outros líderes, ver Leach, *Stubborn Facts from the Factories*, 1844, p. 5, 20; *Manchester Guardian*, 20 mar. 1844; e *Preston Chronicle*, 23 out. 1841, 22 mar. 1845. Apesar de suas confrontações mordazes com os barões da água, o movimento fabril expressava visões similares sobre o vapor.

59 Thompson, *The Chartists*, 1984, p. 298, últimos grifos nossos; os demais, do original.

60 James, *The History of Bradford and Its Parish*, 1866, p. 104, grifos nossos.

61 Outro episódio altamente significativo foi o projeto fundiário cartista: para uma análise de sua articulação da resistência contra (entre outras coisas) as depredações ambientais da economia fóssil, ver Malm, *Fossil Capital* (tese de doutorado), 2014, p. 594-600.

62 HL, 1819, p. 280-1 (John Watkins). Sobre a diferença geral entre o clima nas fábricas movidas a água e a vapor, ver Fitton, *The Arkwrights*, 1989, p. 165-7; e Honeyman, *Child Workers in England*, 2007, p. 144.

63 PP, 1833, v. XX, A1.70-91, A2.51-7.

64 PP, 1833, v. XXI, p. D2.64. Ainda, PP, 1833, v. XX, p. A1.70-91, A2.51-7. Ver também, por exemplo, PP, 1816, v. III; PP, 1832; PP, 1834, v. XX; PP, 1840, v. XX.

65 PP, 1833, v. XX, p. A2.61 (Charles Cleghorn). Ver ainda, por exemplo, C. T. Thackrah, *The Effects of Arts, Trades, and Professions, and of Civic States and Habits of Living, on Health and Longevity*. Filadélfia: Porter, 1832, p. 136, 144, 154-5; J. Kay-Shuttleworth, *The Moral and Physical Condition of the Working Classes Employed in the Cotton Manufacture in Manchester*. Londres: A. M. Kelly, 1970 [1832], p. 24; e R. Ritchie, *Observations on the Sanatory Arrangements of Factories*. Londres: J. Weale, 1844, p. 3.

66 Gaskell, *Artisans and Machinery*, 1836, p. 161, 227, 229; Partington, *A Popular and Descriptive Account of the Steam Engine*, 1836, p. 244.

67 U. Satish et al., "Is CO_2 an Indoor Pollutant? Direct Effects of Low-to-Moderate CO_2 Concentrations on Human Decision-Making Performance", *Environmental Health Perspectives*, v. 120, n. 12, p. 1.671-7, 2012; Ritchie, *Observations on the Sanatory Arrangements of Factories*, 1844, p. 24, grifos do original.

68 Ritchie, *Observations on the Sanatory Arrangements of Factories*, 1844, p. 4, 19, grifos do original; Gaskell, *Artisans and Machinery*, 1836, p. 231.

69 Mosley, *The Chimney of the World*, 2001.

70 Faucher, *Manchester in 1844*, 1969, p. 26; Dickens, *Hard Times*, 2003, p. 65 [*Tempos difíceis*, 2014, p. 81]. Sobre a morte da fauna e da flora, ver Mosley, *The Chimney of the World*, 2001, p. 36-45.

71 Mosley, *The Chimney of the World*, 2001, p. 144.

72 W. Fairbairn, "On the Construction of Boilers", *The Engineer and Machinist*, jun. 1851, p. 118.

73 P. Bartrip, "The State and the Steam-Boiler in Nineteenth-Century Britain", *International Review of Social History*, v. 25, n. 1, 1980, p. 80.

74 "Boiler Explosions, and Government Interference", *The Engineer and Machinist*, jun. 1851, p. 97, grifo do original. Ver ainda, em particular, Bartrip, "The State and the Steam-Boiler", 1980.

75 J. P. Robson citado em M. Vicinus, *The Industrial Muse: A Study of Nineteenth Century British Working-Class Literature*. Londres: Croom Helm, 1974, p. 82. [No original: "The choke-damp angel slaughters all — he spares no living soul./ He smites them with a sulphurous brand — he blackens them like coal". — N.T.] Ver ainda Holland, *The History and Description of Fossil Fuel*, 1835, p. 247-85; Jevons, *The Coal Question*, 1866, p. 60; Flinn, *The History of the British Coal Industry*, 1984, p. 128-37, 412-23; e Church, *The History of the British Coal Industry*, 1986, p. 582-99.

76 Ver Chase, *Chartism*, 2007, p. 21.

11 Um longo rastro de fumaça: a economia fóssil consumada

1 W. S. Humphrey & J. Stanislaw, "Economic Growth and Energy Consumption in the U.K., 1700-1975", *Energy Policy*, v. 7, n. 1, 1979, p. 31-6; B. R. Mitchell, *Economic Development of the British Coal Industry 1800-1914*. Cambridge: Cambridge University Press, 1984, p. 1, 12; *idem*, *British Historical Statistics*. Cambridge: Cambridge University Press, 1988, p. 258; Buxton, *The Economic Development of the British Coal Industry*, 1978, p. 57; Flinn, *The History of British Coal Indusry*, 1984, p. 213; Church, *The History of British Coal Industry*, 1986, p. 24.

2 S. Pollard, "A New Estimate of British Coal Production, 1750-1850", *The Economic History Review*, v. 33, n. 2, 1980, p. 229; A. Taylor, "The Coal Industry". *In*: R. A. Church (org.), *The Coal and Iron Industries*, Oxford: Blackwell, 1994, p. 135; Humphrey & Stanislaw, "Economic Growth and Energy Consumption in the U.K.", 1979, p. 38; Mitchell, *Economic Development of the British Coal Industry*, 1984, p. 3-4, 96; Church, *The History of British Coal Industry*, 1986, p. 5.

3 Mitchell, *Economic Development of the British Coal Industry*, 1984. Ver *idem*, *British Historical Statistics*, 1988, p. 258; e Church, *The History of British Coal Industry*, 1986, p. 19. Sobre o desenvolvimento da participação do aquecimento doméstico no final do século XVIII, ver Flinn, *The History of the British Coal Industry*, 1984, p. 213, 251. De acordo com os números de Flinn, essa participação subiu entre 1800 e 1830 (*ibidem*, p. 252).

4 Turner, "The Significance of Water Power in Industrial Location", 1958, p. 113-4; Rodgers, "The Lancashire Cotton Industry in 1840", 1960, p. 141-2; Musson, "Industrial Motive Power in the United Kingdom", 1976, p. 437-9; Redford, *Labour Migration in England*, 1976, p. 129; Kanefsky, *The Diffusion of Power Technology in British Industry*, 1979, p. 232, 295, 352-3; Turner, "The Localisation of Early Spinning Mills", 1982, p. 81; Ingle, *Yorkshire Coton*, 1997, p. 42, 243-7; Cooke, *The Rise and Fall of the Scottish Cotton Industry*, 2010, p. 4, 75-6.

5 Fairbairn, *Treatise on Mills and Millwork*, part 1, 1864, p. 67.

6 Von Tunzelmann, *Steam Power and British Industrialization to 1800*, 1978, p. 110-2; Flinn, *The History of the British Coal Industry*, 1984, p. 26; Church, *The History of the British Coal Industry*, 1986, p. 27-8.

7 Buxton, *The Economic Development of the British Coal Industry*, 1978, p. 56-8, 65-6; Humphrey & Stanislaw, "Economic Growth and Energy Consumption in the U.K.", 1979, p. 38; Church, *The History of the British Coal Industry*, 1986, p. 24, 27, 761; Taylor, "The Coal Industry", 1994, p. 135.

8 Ashmore, *The Industrial Archaeology of Lancashire*, 1969, p. 25; Foster, *Class Struggle and the Industrial Revolution*, 1974, p. 118; Pollard, "A New Estimate of British Coal Production", 1980, p. 219-20, 229-30; Mitchell, *Economic Development of the British Coal Industry*, 1984, p. 7, 23-31; Church, *The History of the British Coal Industry*, 1986, p. 28-9; Berg, *The Age of Manufactures*, 1994, p. 44, 97; Kander, Malanima & Warde, *Power to the People*, 2014, p. 125.

9 Clark & Jacks, "Coal and the Industrial Revolution", 2007, p. 60.

10 Church, *The History of the British Coal Industry*, 1986; Clark & Jacks, "Coal and the Industrial Revolution", 2007.

12 O mito da empreitada humana: rumo a outra teoria

1 Wrigley, *Continuity, Chance and Change*, 1990, p. 75.

2 Flinn, *The History of the British Coal Industry*, 1984, p. 212.

3 Mitchell, *British Historical Statistics*, 1988, p. 9, 247; Hobsbawm, *Industry and Empire*, 1999, p. 20-3 [*Da Revolução Industrial inglesa ao imperialismo*, 2000, p. 20-3].

4 Wrigley, "The Divergence of England", 2000, p. 138-9; *idem*, *Energy and the English Industrial Revolution*, 2010, p. 193, 191, grifos do original.

5 Wilkinson, *Poverty and Progress*, 1973, p. 90, 102 [*Pobreza e progresso*, 1974, p. 104, 116].

6 Por exemplo, E. M. Wood, *Democracy against Capitalism: Renewing Historical Materialism*. Cambridge: Cambridge University Press, 1995 [ed. bras.: *Democracia contra capitalismo: a renovação do materialismo histórico*. Trad. P. Castanheira. São Paulo: Boitempo, 2003]; *idem*, *The Origin of Capitalism: A Longer View*. Londres: Monthly Review, 2002; R. Brenner, "The Origins of Capitalist Development: A Critique of Neo-Smithian Marxism", *New Left Review*, n. 104, p. 25-92, 1977; *idem*, "The Agrarian Roots of European Capitalism". *In*: T. H. Aston & C. H. E. Philpin (org.), *The Brenner Debate: Agrarian Class Structure and Economic Development in Pre-Industrial Europe*. Cambridge: Cambridge University Press, 1985; *idem*, "The Social Basis of Economic Development". *In*: J. Roemer (org.), *Analytical Marxism*. Cambridge: Cambridge University Press, 1986; *idem*, "Property and Progress: Where Adam Smith Went Wrong". *In*: C. Wichkam (org.), *Marxist History-Writing for the Twenty-first Century*. Oxford: British Academy, 2007.

7 Wrigley, *Energy and the English Industrial Revolution*, 2010, p. 209, 212-6, 225-6; Pomeranz, *The Great Divergence*, 2000, p. 5, 8-10.

8 Ver Kander, Malanima & Warde, *Power to the People*, 2014, p. 229-31.

9 Wilkinson, *Poverty and Progress*, 1973, p. 173, 176 [*Pobreza e progresso*, 1974, p. 190, 193].

10 Wrigley, *Poverty, Progress, and Population*, 2004, p. 31.

11 *Idem*, *Energy and the English Industrial Revolution*, 2010, p. 191.

12 D. H. Fischer, *Historians' Fallacies: Toward a Logic of Historical Thought*. Londres: Routledge & Kegan Paul, 1971, p. 169.

13 Wrigley, *Energy and the English Industrial Revolution*, 2010, p. 39.

14 E. Burke III, "The Big Story: Human History, Energy Regimes, and the Environment". *In*: E. Burke III & K. Pomeranz (org.), *The Environment and World History*. Berkeley: University of California Press, 2009, p. 44.

15 Wood, *The Origin of Capitalism*, 2002, p. 34, grifos nossos.

16 Pomeranz, *The Great Divergence*, 2000, p. 64-5.

17 P. C. C. Huang, "Development or Involution in Eighteenth-Century Britain and China?", *The Journal of Asian Studies*, v. 61, n. 2, 2002, p. 533; P. Parthasarathi, *Why Europe Grew Rich and Asia Did Not: Global Economic Divergence, 1600-1850*. Cambridge: Cambridge University Press, 2011, p. 158-9, 162-4.

18 Steffen *et al.*, "The Anthropocene: Conceptual and Historical Perspectives", 2011, p. 846.

19 M. Bloch, *The Historian's Craft*. Manchester: Manchester University Press, 1992 [1954], p. 158 [ed. bras.: *Apologia da história: ou o ofício do historiador*. Trad. A. Telles. Rio de Janeiro: Zahar, 2001, p. 156].

20 J. L. Gaddis, *The Landscape of History: How Historians Map the Past*. Oxford: Oxford University Press, 2002, p. 96 [ed. bras.: *Paisagens da história: como os historiadores mapeiam o passado*. Trad. M. R. Motta. Rio de Janeiro: Campus, 2003, p. 113], grifos do original.

21 J. Keene, "Unconscious Obstacles to Caring for the Planet: Facing Up to Human Nature". *In*: S. Weintrobe (org.), *Engaging with Climate Change: Psychoanalytic and Interdisciplinary Perspectives*. Londres: Routledge, 2013, p. 145-6.

22 Ver a crítica ao pensamento de espécie do Antropoceno em J. Baskin, "Paradigm Dressed as Epoch: The Ideology of the Anthropocene", *Environmental Values*, v. 24, n. 1, p. 9-29, 2015; e C. Bonneuil, "The Geological Turn: Narratives of the Anthropocene". *In*: C. Hamilton, F. Gemenne & C. Bonneuil (org.), *The Anthropocene and the Global Environmental Crisis: Rethinking Modernity in a New Epoch*. Londres: Routledge, 2015.

23 M. G. J. den Elzen *et al.*, "Countries' Contribution to Climate Change: Effect of Accounting for All Greenhouse Gases, Recent Trends, Basic Needs and Technological Progress", *Climatic Change*, v. 121, n. 2, p. 397-412, 2013; P. Ciais *et al.*, "Attributing the Increase in Atmospheric CO_2 to Emitters and Absorbers", *Nature Climate Change*, v. 3, n. 10, p. 926-30, 2013.

24 H. D. Matthews *et al.*, "National Contributions to Observed Global Warming", *Environmental Research Letters*, v. 9, n. 1, 2014, p. 5; I. Angus & S. Butler, *Too Many People? Population, Immigration, and the Environmental Crisis*. Chicago: Haymarket Books, 2011, p. 43; J. T. Roberts & B. C. Parks, *A Climate of Injustice: Global Inequality, North-South Politics, and Climate Policy*. Cambridge: MIT Press, 2007, p. 146, cap. 1, 5. Ressalte-se que essas são estatísticas baseadas na produção. Estatísticas baseadas no consumo divididas em grupos de rendimento – e que até agora estiveram ausentes das pesquisas – ofereceriam um retrato mais preciso e ainda mais distorcido.

25 Por exemplo: Crutzen, "Geology of Mankind", 2002; *idem*, "The 'Anthropocene'". *In*: E. Ehlers & T. Krafft (org.), *Earth System Science in the Anthropocene: Emerging Issues and Problems*. Nova York: Springer, 2010, p. 14; Steffen, Crutzen & McNeill, "The Anthropocene", 2007, p. 618; Zalasiewicz *et al.*, "Are We Now Living in the Anthropocene?", 2008, p. 4; *idem*, "The New World of Anthropocene", 2010, p. 2.228-9.

26 Dados sobre emissões de CO_2 extraídos de Boden, Marland & Andres, "Global, Regional, and National Fossil-Fuel CO_2 Emissions", 2013, p. 241; sobre a população global em 2010, ver United Nations Department of Economic and Social Affairs, "World Population Prospects: The 2012 Revision", 17 jun. 2013.

27 D. Satterthwaite, "The Implications of Population Growth and Urbanization for Climate Change", *Environment and Urbanization*, v. 21, n. 2, p. 545-67, 2009.

28 N. S. Diffenbaugh & C. B. Field, "Changes in Ecologically Critical Terrestrial Climate Conditions", *Science*, v. 341, n. 6.145, 2013, p. 489.

29 Satterthwaite, "The Implications of Population Growth and Urbanization for Climate Change", 2009, p. 550; Smil, *Energy in Nature and Society*, 2008, p. 258, grifos nossos.

30 D. M. Wilkinson, *Fundamental Processes in Ecology: An Earth Systems Approach*. Oxford: Oxford University Press, 2006, p. 112-3.

31 K. Marx, *Capital*, v. 1. Londres: 1990 [1867], p. 933, 981, 1.005 [ed. bras.: *O capital*, livro I, *Capítulo IV (inédito)*. Trad. E. Sucupira Filho. São Paulo: Ciências Humanas, 1978]; *idem*, *Grundrisse*. Londres: Penguin, 1993 [1857-58], p. 87 [ed. bras.: *Grundrisse: manuscritos econômicos de 1857-1858. Esboços da crítica da economia política*. Trad. N. Schneider. São Paulo: Boitempo, 2011, p. 42], grifos do original.

32 Clark, "Rock, Life, Fire", 2012, p. 260; Pinkus, "Thinking Diverse Futures from a Carbon Present", 2013, p. 196, grifos nossos.

33 C. Perez, *Technological Revolutions and Financial Capital: The Dynamics of Bubbles and Golden Ages*. Cheltenham: Edward Elgar, 2002, p. 36, grifos nossos.

34 Ver A. Feenberg, *Critical Theory of Technology*. Nova York: Oxford University Press, 1991, p. 31; *idem*, *Between Reason and Experience: Essays in Technology and Modernity*. Cambridge: MIT Press, 2010, p. 15-6; G. Young, "The Fundamental Contradiction of Capitalist Production", *Philosophy & Public Affairs*, v. 5, n. 2, 1976, p. 209-10; e B. Pfaffenberger, "Fetishised Objects and Humanised Nature: Towards an Anthropology of Technology", *Man*, v. 23, n. 2, 1988, p. 240; mas, em particular, o brilhante L. Althusser, *On the Reproduction of Capitalism: Ideology and Ideological State Apparatuses*. Londres: Verso, 2014 [1995], p. 21-44, 209-17 [ed. bras.: *Sobre a reprodução*. Trad. G. J. Teixeira. Petrópolis: Vozes, 1999, p. 44-67, 229-37].

35 G. Lukács, "Technology and Social Relations", *New Left Review*, n. 39, 1966, p. 29 [ed. bras.: "Tecnologia e relações sociais". *In*: A. R. Bertelli (org.), *Bukhárin: teórico marxista*. Belo Horizonte: Oficina de Livros, 1989].

36 Ver, por exemplo, F. Engels, *The Condition of the Working Class in England*. Oxford: Oxford University Press, 2009 [1845], p. 15, 17-20, 24-5, 33 [ed. bras.: *A situação da classe trabalhadora na Inglaterra*. Trad. B. A. Schumann. São Paulo: Boitempo, 2010, p. 45, 50-51, 54-55, 59]; Marx & Engels, *Marx Engels Collected Works*, 1991, v. 6, p. 99, 341, 485-6; *idem*, *The German Ideology*. Nova York: Prometheus, 1998, p. 49, 83 [ed. bras.: *A ideologia alemã*. Trad. Rubens Enderle. São Paulo: Boitempo, 2007, p. 34, 61-2]; e Marx, *The Revolutions of 1848: Political Writings*, v. 1. Londres: Verso, 2010 [1847-1850], p. 69. Para uma investigação sistemática dos escritos de Marx e Engels sobre o vapor, ver Malm, *Fossil Capital* (tese de doutorado), 2014, p. 634-49.

37 Marx & Engels, *Marx Engels Collected Works*, 1991, v. 33, p. 340-1 [ed. bras.: *Para a crítica da economia política*. Trad. L. de Deus. Belo Horizonte: Autêntica, 2010, p. 393, 395].

38 *Ibidem*, p. 395-409, 425-39, 443-7.

39 *Ibidem*, p. 391-2, grifos nossos.

40 Marx, *Capital*, v. I, 1990, p. 468 [ed. bras.: *O capital*, livro I, *Crítica da economia política: o processo de produção do capital*. Trad. Rubens Enderle. São Paulo: Boitempo, 2013, p. 422].

41 *Ibidem*, p. 499 [p. 451].

42 *Ibidem*, p. 924, 496-7 [p. 449].

43 *Ibidem*, p. 562-3 [p. 508], grifos nossos.

44 *Ibidem*, p. 603-4 [p. 545], grifos nossos.

45 Sobre essas tensões, e para excelentes críticas gerais sobre o determinismo das forças produtivas, ver, por exemplo, R. W. Miller, *Analyzing Marx: Morality, Power and History*. Princeton: Princeton University Press, 1984; S. H. Rigby, *Marxism and History: A Critical Introduction*. Manchester: Manchester University Press, 1987; D. MacKenzie, "Marx and the Machine", *Technology and Culture*, v. 25, n. 3, p. 473-502, 1984; J. M. Sherwood, "Engels, Marx, Malthus, and the Machine", *The American Historical Review*, v. 90, n. 4, p. 837-65, 1985; e C. Wickham, "Productive Forces and the Economic Logic of the Feudal Mode of Production", *Historical Materialism*, v. 16, n. 2, p. 3-22, 2008.

46 Para uma brilhante pesquisa, ver M. Reinfelder, "Introduction: Breaking the Spell of Technicism". *In*: P. Slater (org.), *Outlines of a Critique of Technology*. Londres: Ink Links, 1980. Para exemplos escandalosos, ver L. Trótski *The Revolution Betrayed*. Nova York: Dover Publications, 2004 [1937], p. 35, 44 [ed. bras.: *A revolução traída*. São Paulo: Centauro, 2008]; *idem*, *The Permanent Revolution & Results and Prospects*. Londres: IMG, 2007, p. 24. Para uma discussão mais abrangente do determinismo das forças produtivas, seu lugar no marxismo e sua incompatibilidade absoluta com a ecologia radical, ver Malm, *Fossil Capital* (tese de doutorado), 2014, p. 627-33, 638-53.

47 L. Althusser, *For Marx*. Londres: Verso, 2005 [1965], p. 71 [ed. bras.: *Por Marx*. Trad. M. L. Loureiro. Campinas: Editora Unicamp, 2015, p. 85].

48 Sobre essa mudança de ventos, ver, por exemplo, W. H. Shaw, "'The Handmill Gives You the Feudal Lord': Marx's Technological Determinism", *History and Theory*, v. 18, n. 2, 1979, p. 155; A. Levine & E. O. Wright, "Rationality and Class Struggle", *New Left Review*, n. 123, 1980, p. 48-9; e V. Chibber, "What Is Living and What Is Dead in the Marxist Theory of History", *Historical Materialism*, v. 19, n. 2, 2011, p. 61.

49 Esse argumento é aduzido, do ponto de vista do foucaultianismo, em A. Trexler, "Integrating Agency with Climate Critique", *Symplokē*, v. 21, n. 1-2, 2013, p. 225. Para um recente estudo sobre a degradação ambiental no mundo do socialismo deveras

existente, ver P. R. Josephson, *Would Trotsky Wear a Bluetooth? Technological Utopianism under Socialism, 1917-1989*. Baltimore: Johns Hopkins University Press, 2010.

50 A analogia não é perfeita, sem dúvida. A varíola não surgiu a partir do câncer nem procurou imitá-lo. A única similaridade está no fato de que a varíola e o stalinismo foram erradicados, enquanto o câncer e o capitalismo continuam em suas metástases.

51 Uma pesquisa magistral sobre as diversas tentativas marxistas de lidar com a sociedade soviética, seu modo de produção e seu motor de crescimento próprios está em Van der Linden, que demonstra como todas essas tentativas falharam em um ou outro aspecto crucial, deixando a tarefa dolorosamente em aberto; ver M. Van der Linden, *Western Marxism and the Soviet Union*. Chicago: Haymarket, 2009 [2007].

52 P. Newell, "The Elephant in the Room: Capitalism and Global Environmental Change", *Global Environmental Change*, v. 21, n. 1, 2011, p. 4. O epigrama parece ter feito sua primeira aparição em F. Jameson, "Future City", *New Left Review*, n. 21, 2003, p. 76. Mas comparemos: "Hoje parece mais fácil para nós imaginar a meticulosa deterioração da Terra e de sua natureza do que o colapso do capitalismo; talvez isso se deva a alguma fraqueza de nossas imaginações" (F. Jameson, *The Cultural Turn: Selected Writings on the Postmodern, 1983-1998*. Londres: Verso, 1998, p. 50).

13 Capital fóssil: a base energética das relações de propriedade burguesas

1 Brenner, "The Social Basis of Economic Development", 1986, p. 26, grifo nosso.

2 Marx, *Capital*, v. I, 1990, p. 285 [*O capital*, livro I, 2013, p. 257]; *idem*, *Grundrisse*, 1993, p. 488 [*Grundrisse*, 2011, p. 400].

3 Ver J. B. Foster & P. Burkett, "The Dialectic of Organic/Inorganic Relations: Marx and the Hegelian Philosophy of Nature", *Organization & Environment*, v. 13, n. 4, p. 403-25, 2000.

4 Marx, *Grundrisse*, 1993, p. 497 [*Grundrisse*, 2011, p. 408].

5 Marx, *Capital*, v. I, 1990, p. 480 [*O capital*, livro I, 2013, p. 433].

6 *Ibidem*, p. 272 [p. 243].

7 Por exemplo, *ibidem*, p. 200, 249-50 [p. 178-9, 223-4].

8 Marx, *Grundrisse*, 1993, p. 505 [*Grundrisse*, 2011, p. 415].

9 PP, 1816, v. III, p. 362.

10 E. Mandel, "Introduction". *In*: K. Marx, *Capital*, v. I. Londres: Penguin, 1990, p. 60.

11 Marx, *Capital*, v. I, 1990, p. 290, 293 [*O capital*, livro I, 2013, p. 261, 263].

12 *Ibidem*, p. 133 [p. 120]. Sobre essa questão fundamental, ver ainda o excelente A. Schmidt, *The Concept of Nature in Marx*. Londres: Verso, 2009 [1962].

13 K. Marx, *Capital*, v. II. Londres: Penguin, 1992, p. 109, 132 [ed. bras.: *O capital*, livro II, *Crítica da economia política: o processo de circulação do capital*. Trad. R. Enderle. São Paulo: Boitempo, 2014, p. 107, 131].

14 Marx, *Capital*, v. I, 1990, p. 288 [*O capital*, livro I, 2013, p. 259].

15 *Idem*, *Grundrisse*, 1993, p. 90 [*Grundrisse*, 2011, p. 45].

16 *Idem*, *Capital*, v. II, 1992, p. 137 [*O capital*, livro II, 2014, p. 135]; *idem*, *Grundrisse*, 1993, p. 516 [*Grundrisse*, 2011, p. 425].

17 *Idem*, Capital, v. I, 1990, p. 727 [*O capital*, livro I, 2013, p. 657]. Ver também *ibidem*, p. 725-32 [p. 655-63]. Ver ainda, por exemplo, P. Burkett, *Marx and Nature: A Red and Green Perspective*. Londres: Springer, 1999, p. 108; *idem*, *Marxism and Ecological Economics: Toward a Red and Green Political Economy*. Leiden: Haymarket Books, 2006, p. 169; J. Kovel, *The Enemy of Nature: The End of Capitalism or the End of the World?* Londres: Zed, 2007 [2002], p. 42; e Foster, Clark & York, *The Ecological Rift*, 2010, p. 39.

18 Marx, *Capital*, v. I, 1990, p. 729 [*O capital*, livro I, 2013, p. 658]; Hornborg, *The Power of the Machine*, 2001, p. 31, 45.

19 F. B. Blauwhof, "Overcoming Accumulation: Is a Capitalist Steady-State Economy Possible?", *Ecological Economics*, v. 84, 2012, p. 259.

20 Essa analogia é uma variação de B. Fine, "Exploitation and Surplus Value". *In*: B. Fine & A. Saad-Filho (org.), *The Elgar Companion to Marxist Economics*. Cheltenham: Edward Elgar, 2012, p. 119-20.

21 B. Fine & A. Saad-Filho, *Marx's Capital*. Londres: Pluto, 2004, p. 37 [ed. bras.: *O capital de Marx*. Trad. B. Höfig e outros. São Paulo: Contracorrente, 2021, p. 52].

22 Marx, *Grundrisse*, 1993, p. 646 [*Grundrisse*, 2011, p. 541]; *idem*, *Capital*, v. II, 1992, p. 213 [*O capital*, livro II, 2014, p. 218].

23 *Idem*, *Theories of Surplus Value*. Nova York: Prometheus, 2000 [1862-1863], part 3, p. 56 [ed. bras.: *Teorias da mais-valia: história crítica do pensamento econômico — Livro 4 de O capital*, v. 3. Trad. Reginaldo Sant'Anna. São Paulo: Difel, 1985, p. 1.110], grifos nossos.

24 M. Joffe, "The Root Causes of Economic Growth under Capitalism", *Cambridge Journal of Economics*, v. 35, n. 5, 2011, p. 878.

25 Maddison, *The World Economy*, 2006, p. 19. O crescimento absoluto do PIB — que é o que vale para a natureza, como substituto para a taxa de produção total — mostra o mesmo padrão; ver, por exemplo, *ibidem*, p. 30, 262.

26 Marx, *Grundrisse*, 1993, p. 405, 334, 202 [*Grundrisse*, 2011, p. 330, 264, 148].

27 Ver ainda Burkett, *Marx and Nature*, 1999; *idem*, *Marxism and Ecological Economics*, 2006; Kovel, *The Enemy of Nature*, 2007; e Foster, Clark & York, *The Ecological Rift*, 2010.

28 Ver K. Marx, *Capital*, v. III. Londres: Penguin, 1991 [1894], p. 373 [ed. bras.: *O capital*, livro III, *Crítica da economia política: o processo global de produção*. Trad. R. Enderle. São Paulo: Boitempo, 2017, p. 303].

29 Marx, *Capital*, v. II, 1992, p. 208 [*O capital*, livro II, 2014, p. 210].

30 *Ibidem*.

31 T. F. Glick & H. Kirchner, "Hydraulic Systems and Technologies of Islamic Spain: History and Archaeology". *In*: P. Squatriti (org.), *Working with Water in Medieval Europe: Technology and Resource-Use*. Leiden: Brill, 2000.

32 A. Mikhail, *Nature and Empire in Ottoman Egypt: An Environmental History*. Cambridge: Cambridge University Press, 2011, p. 38, 23.

33 Y. Rapoport & I. Shahar, "Irrigation in the Medieval Islamic Fayyum: Local Control in a Large-Scale Hydraulic System", *Journal of the Economic and Social History of the Orient*, v. 55, n. 1, p. 1-31, 2012.

34 Mikhail, *Nature and Empire in Ottoman Egypt*, 2011, p. 11.

35 *Ibidem*, p. 39, 47, grifos nossos.

36 *Ibidem*, p. 51.

37 D. M. Varisco, "Sayl and Ghayl: The Ecology of Water Allocation in Yemen", *Human Ecology*, v. 11, n. 4, p. 365-83, 1983; P. Trawick, "The Moral Economy of Water: Equity and Antiquity in the Andean Commons", *American Anthropologist*, v. 103, n. 2, p. 361-79, 2001; *idem*, "Successfully Governing the Commons: Principles of Social Organization in an Andean Irrigation System", *Human Ecology*, v. 29, n. 1, p. 1-25, 2001.

38 Ver, por exemplo, E. Ostrom & P. Benjamin, "Design Principles and the Performance of Farmer-Managed Irrigation Systems in Nepal". *In*: S. Manor & J. Chambouleyron (org.), *Performance Management in Farmer-Managed Irrigation Systems*. Colombo: International Irrigation Management Institute, 1993; e E. Ostrom, "Beyond Markets and States: Polycentric Governance of Complex Economic Systems", *American Economic Review*, v. 100, n. 3, p. 641-72, 2010.

39 E. Ostrom & R. Gardner, "Coping with Asymmetries in the Commons: Self-Governing Irrigation Systems Can Work", *Journal of Economic Perspectives*, v. 7, n. 4, 1993, p. 109-10.

40 Ver, por exemplo, E. Ostrom, "Reformulating the Commons", *Swiss Political Science Review*, v. 6, n. 1, p. 29-52, 2000; T. Dietz, E. Ostrom & P. C. Stern, "The Struggle to Govern the Commons", *Science*, v. 302, n. 5.652, p. 1.907-12, 2003 e E. Ostrom & C. Hess, "Private and Common Property Rights". *In*: B. Bouckaert & G. de Geest (org.), *Encyclopedia of Law and Economics*, v. 5, *Property Law and Economics*. Cheltenham: Edward Elgar, 2010.

41 Brenner, "The Social Basis of Economic Development", 1986, p. 34; Marx, *Grundrisse*, 1993, p. 413-4, 651 [*Grundrisse*, 2011, p. 388, 545], grifos do original.

42 Brenner, "The Origins of Capitalist Development", 1977, p. 37, grifos nosos.

43 Babbage, *On the Economy of Machinery and Manufactures*, 1835, p. 203.

44 Marx, *Grundrisse*, 1993, p. 497, 476, 157-8 [*Grundrisse*, 2011, p. 408, 392, 105-7].

45 R. Luxemburgo, *The Complete Works of Rosa Luxemburg*, v. 1, *Economic Writings 1*. Londres: Verso, 2013, p. 134 [ed. bras.: *Introdução à economia política*. Trad. Carlos Leite. São Paulo: Martins Fontes, 1980, p. 102-3], grifos do original. De modo notável, Luxemburgo defende que essa anarquia – uma categoria central em sua economia política – impediu a adoção, na Alemanha, de projetos de administração racional da água tecnicamente possíveis e necessários para a proteção contra inundações (*ibidem*, p. 131 [p. 97-8]).

46 J. O'Neill, "Markets, Socialism, and Information: A Reformulation of a Marxian Objection to the Market", *Social Philosophy and Policy*, v. 6, n. 2, 1989, p. 209.

47 Tomlins, "Water, and Water-Courses", 1835, grifos nossos.

48 S. C. Wiel, "Natural Communism: Air, Water, Oil, Sea, and Seashore", *Harvard Law Review*, v. 47, n. 3, 1934, p. 430-1, grifos nossos. Ver o fascinante estudo de S. Barca, *Enclosing Water: Nature and Political Economy in a Mediterranean Valley, 1796-1916*. Cambridge: White Horse Press, 2010.

49 Wiel, "Natural Communism", 1934, p. 435, 457; Tomlins, "Water, and Water-Courses", 1835, grifos nossos.

50 Reid, *The Steam-Engine*, 1840, p. 230.

51 Marx, *Theories of Surplus Value*, part 3, 2000, p. 271 [*Teorias da mais-valia*, 1985, p. 1.319], grifos do original.

52 Ver, por exemplo, M. Storper & R. Walker, *The Capitalist Imperative: Territory, Technology, and Industrial Growth*. Oxford: Wiley-Blackwell, 1989, p. 9, 77-8, 108; D. Harvey, *The Limits to Capital*. Londres: Verso, 1999 [1982], p. 388 [ed. bras.: *Os limites do capital*. Trad. M. Lopes. São Paulo: Boitempo, 2013, p. 477-8]; e Smith, *Uneven Development*, 2008, p. 164-6.

53 Ver, por exemplo, Marx & Engels, *The German Ideology*, 1998, p. 82 [*A ideologia alemã*, 2007, p. 60-1]; Engels, *The Conditions of the Working Class in England*, 2009, p. 33-4 [*A situação da classe trabalhadora na Inglaterra*, 2010, p. 58-60]; H. Lefebvre, *The Production of Space*. Oxford: Wiley-Blackwell, 1991 [1974], p. 347; e Storper & Walker, *The Capitalist Imperative*, 1989, p. 77-81, 139-4.

54 Brenner, "The Social Basis of Economic Development", 1986, p. 31; Storper & Walker, *The Capitalist Imperative*, 1989, p. 145.

55 Storper & Walker, *The Capitalist Imperative*, 1989, p. 74-5, 177-8, 184.

56 Browning, *The Domestic and Financial Condition of Great Britain*, 1834, p. 226, grifos nossos.

57 Lefebvre, *The Production of Space*, 1991, p. 49.

58 *Ibidem*, p. 307, 101, 120.

59 Smith, *Uneven Development*, 2008, p. 115, 117.

60 Lefebvre, *The Production of Space*, 1991, p. 229.

61 Uma diferenciação adaptada de W. Boyd, W. S. Prudham & R. A. Schurman, "Industrial Dynamics and the Problem of Nature", *Society & Natural Resources*, v. 14, n. 7, 2001, p. 563, 565.

62 Para o conceito de tecnomassa, ver Hornborg, *The Power of the Machine*, 2001, p. 11, 17, 85, 94.

63 D. Harvey, *Justice, Nature and the Geography of Difference*. Malden: Wiley-Blackwell, 1996, p. 246.

64 Lefebvre, *The Production of Space*, 1991, p. 93, 71.

65 M. Postone, *Time, Labor, and Social Domination: A Reinterpretation of Marx's Critical Theory*. Cambridge: Cambridge University Press, 1993, p. 201-2 [ed. bras.: *Tempo, trabalho e dominação social: uma reinterpretação da teoria crítica de Marx*. Trad. A. Reis e P. C. Castanheira. São Paulo: Boitempo, 2014, p. 233-5].

66 E. P. Thompson, "Time, Work-Discipline, and Industrial Capitalism", *Past and Present*, v. 38, n. 1, 1967, p. 58, 60, 78 [ed. bras.: "Tempo, disciplina e capitalismo industrial". *In*: E. P. Thompson, *Costumes em comum: estudos sobre a cultura popular tradicional*. Trad. R. Eichenberg. São Paulo: Companhia das Letras, 1998, p. 269-71, 236].

67 T. Ingold, "Work, Time and Industry", *Time and Society*, v. 4, n. 1, 1995, p. 9, grifos do original.

68 Thompson, "Time, Work-Discipline, and Industrial Capitalism", 1967, p. 73 ["Tempo, disciplina e capitalismo industrial", 1998, p. 282].

69 Postone, *Time, Labor, and Social Domination*, 1993, p. 215 [*Tempo, trabalho e dominação social*, 2014, p. 248], grifos do original. Ver ainda J. Le Goff, *Time, Work, and Culture in the Middle Ages*. Chicago: The University of Chicago Press, 1982 [1980], p. 44-95 [ed. bras.: *Para uma outra Idade Média: Tempo, trabalho e cultura no Ocidente*. 3. ed. Trad. T. Florêncio e N. C. Sobrinho. Petrópolis: Vozes, 2014, p. 83-183].

70 Thompson, "Time, Work-Discipline, and Industrial Capitalism", 1967, p. 61, 90-1 ["Tempo, disciplina e capitalismo industrial", 1998, p. 272, 297-9]; Postone, *Time, Labor, and Social Domination*, 1993, p. 210-2 [*Tempo, trabalho e dominação social*, 2014, p. 244-6]; Harvey, *Justice, Nature and the Geography of Difference*, 1996, p. 241.

71 G. Lukács, *History and Class Consciousness: Studies in Marxist Dialectics*. Cambridge: MIT Press, 1971 [1923], p. 90 [ed. bras.: *História e consciência de classe: estudos sobre a dialética marxista*. Trad. Rodnei Nascimento. 3. ed. São Paulo: WMF Martins Fontes, 2018, p. 205].

72 K. Marx, *The First International and After: Political Writings*, v. 3. Londres: Verso, 2012, p. 79.

73 *Idem*, *Capital*, v. I, 1990, p. 533-4 [*O capital*, livro I, 2013, p. 482], grifos nossos.

74 Marx & Engels, *Marx Engels Collected Works*, v. 33, 1991, p. 335 [Marx, *Para a crítica da economia política*, 2010, p. 386], grifos do original.

75 N. Castree, "The Spatio-Temporality of Capitalism", *Time and Society*, v. 18, n. 1, 2009, p. 27-9, grifos do original.

76 J. Crary, *24/7: Late Capitalism and the Ends of Sleep*. Londres: Verso, 2013, p. 63 [ed. bras.: *24/7: Capitalismo tardio e os fins do sono*. Trad. J. Toledo Jr. São Paulo: Ubu, 2016, p. 73].

77 Postone, *Time, Labor, and Social Domination*, 1993, p. 213 [*Tempo, trabalho e dominação social*, 2014, p. 247]; Fairbairn, *Treatise on Mills and Millwork*, part 1, 1864, p. 93, grifos nossos.

78 Como defendido, em termos ligeiramente diferentes, por Altvater, "The Social and Natural Environment of Fossil Capitalism", 2007, p. 41.

79 Marx, *Capital*, v. I, 1990, p. 1.019 [*O capital*, livro I, *Capítulo IV (inédito)*, 1978, p. 53].

80 A. Negri, *Marx beyond Marx: Lessons on the Grundrisse*. Nova York: Autonomedia, 1991 [1979], p. 69-70 [ed. bras.: *Marx além de Marx: ciência da crise e da subversão*. Trad. B. Cava. São Paulo: Autonomia Literária, 2016, p. 137].

81 Marx, *Grundrisse*, 1993, p. 693-5 [*Grundrisse*, 2011, p. 581], grifos nossos; *idem*, *Capital*, v. I, 1990, p. 526 [*O capital*, livro I, 2013, p. 476].

82 R. Panzieri, "Surplus Value and Planning: Notes on the Reading of 'Capital'". *In*: Conference of Socialist Economists, *The Labour Process & Class Strategies*. Londres: Stage, 1976, p. 12.

83 Marx, *Capital*, v. I, 1990, p. 549, 1.054 [*O capital*, livro I, 2013, p. 495; *O capital*, livro I, *Capítulo IV (inédito)*, 1978, p. 76].

84 *Ibidem*, p. 1.056, 693, 503 [*O capital*, livro I, *Capítulo IV (inédito)*, 1978, p. 86-7], grifos nossos.

85 *Ibidem*, p. 342 [*O capital*, livro I, 2013, p. 307]; *idem*, *Grundrisse*, 1993, p. 470, 646, 660 [*Grundrisse*, 2011, p. 387, 541, 552]).

86 *Idem*, *Capital*, v. III, 1991, p. 779-82 [*O capital*, livro III, 2017, p. 703-4, 706, 708], grifos nossos.

87 Assim, a automação não se pauta apenas pelo consumo de energia em maiores *quantidades*, como no aspecto enfatizado, por exemplo, por R. Christie, "Why Does Capital Need Energy?". *In*: P. Nore & T. Turner (org.), *Oil and Class Struggle*. Londres: Zed, 1980, p. 16, 19; H. Cleaver, *Reading Capital Politically*. Leeds/Edimburgo: AntiThesis/AK Press, 2000 [1979], p. 102-3; e K. Abramsky, "Energy, Work, and Social Reproduction in the World-Economy". *In*: K. Abramsky (org.), *Sparking a Worldwide Energy Revolution: Social Struggles in the Transition to a Post-Petrol World*. Oakland: AK, 2010, p. 100. Ela também exige certos atributos qualitativos

da fonte de energia, mais especificamente os vários graus de abstração que se reúnem em um potencial geral para a internalização completa dentro do capital. Um argumento similar a esse é esboçado em P. Burkett & J. B. Foster, "Metabolism, Energy, and Entropy in Marx's Critique of Political Economy: Beyond the Podolinsky Myth", *Theory and Society*, v. 35, 2006, p. 133; T. Keefer, "Of Hand Mills and Heat Engines: Peak Oil, Class Struggle, and the Thermodynamics of Production", Research Paper, York University, 2005, p. 22-3; *idem*, "Machinery and Motive Power: Energy as a Substitute for and Enhancer of Human Labour". *In*: Abramsky, *Sparking a Worldwide Energy Revolution*, 2010, p. 177; Burkett, *Marx and Nature*, 1999, p. 67; e Huber, "Energizing Historical Materialism", 2008, p. 110.

88 Marx, *Grundrisse*, 1993, p. 651 [*Grundrisse*, 2011, p. 546].

89 Brenner, "The Origins of Capitalist Development", 1977, p. 59.

90 R. N. Adams, *Energy and Structure: A Theory of Social Power*. Austin: University of Texas Press, 1975, p. 12-3, grifos do original. Ver ainda capítulo 7.

91 H. Braverman, *Labor and Monopoly Capitalism: The Degradation of Work in the Twentieth Century*. Nova York: Monthly Review Press, 1998 [1979], p. 34-5 [ed. bras.: *Trabalho e capital monopolista: a degradação do trabalho no século* XX. 3. ed. São Paulo: LTC, 2021, p. 53].

92 Exemplos tomados de empréstimo de Russell *et al.*, "The Nature of Power", 2011, p. 250.

93 Acompanhando G. Palermo, "The Ontology of Economic Power in Capitalism: Mainstream Economics and Marx", *Cambridge Journal of Economics*, v. 31, n. 4, p. 539-61, 2007; citação de Adams, *Energy and Structure*, 1975, p. 299.

94 Lukes, *Power*, 2005, p. 66, 76, grifos nossos.

95 P. Malone, *Waterpower in Lowell: Engineering and Industry in Nineteenth-Century America*. Baltimore: Johns Hopkins University Press, 2009, p. 221. Ver ainda, por exemplo, Hunter, *A History of Industrial Power in the United States*, v. 1, 1979; *idem*, *A History of Industrial Power in the United States, 1780-1930*, v. 2, *Steam Power*. Charlottesville: MIT Press, 1985; J. Atack, F. Bateman & T. Weiss, "The Regional Diffusion and Adoption of the Steam Engine in American Manufacturing", *The Journal of Economic History*, v. 40, n. 2, p. 281-308, 1980; e M. J. Frank, *Carrying the Mill: Steam, Waterpower and New England Textile Mills in the Nineteenth Century* (tese de doutorado). Cambridge: Harvard University, 2008.

96 G. F. Swain, "Statistics of Water Power Employed in Manufacturing in the United States", *Publications of the American Statistical Association*, v. 1, n. 1, 1888, p. 34. Ver ainda, por exemplo, D. Jeremy, *Technology and Power in the Early American Cotton Industry: James Montgomery, the Second Edition of His "Cotton Manufacture" (1840), and the "Justitia" Controversy about Relative Power Costs*. Filadélfia: American Philosophical Society, 1990 [1840]; e Gordon, "Cost and Use of Water Power During Industrialization in New England and Great Britain", 1983.

97 Hunter, *A History of Industrial Power in the United States*, v. 1, 1979, p. 492; Frank, *Carrying the Mill*, 2008, p. 3, 14, 25, 89.

98 Ver L. Baldwin, *Report on Introducing Pure Water into the City of Boston*. Boston: Hilliard, Gray and Company, 1835; J. Montgomery, "A Practical Detail of the Cotton Manufacture of the United States of America". *In*: Jeremy, *Technology and Power in the Early American Cotton Industry*, 1990; J. Francis, "The American Society of Civil Engineers. Address of President Francis", *Scientific American*, v. 11, p. 113-27, 1881; P. Temin, "Steam and Waterpower in the Early Nineteenth Century", *The Journal of Economic History*, v. 26, n. 2, p. 187-205, 1966; T. Steinberg, *Nature Incorporated: Industrialization and the Waters of New England*. Cambridge: Cambridge University Press, 1991; N. Rosenberg & M. Trajtenberg, "A General-Purpose Technology at Work: The Corliss Steam Engine in the Late-Nineteenth-Century United States", *The Journal of Economic History*, v. 64, n. 1, p. 61-99, 2004; Hunter, *A History of Industrial Power in the United States*, v. 1, 1979; Gordon & Malone, *The Texture of Industry*, 1994; Frank, *Carrying the Mill*, 2008; e Malone, *Waterpower in Lowell*, 2009.

99 Também conhecido como Livro de Winchester, o *Domesday Book* é o primeiro registro público das terras inglesas e de seus proprietários. Elaborado por ordem de Guilherme I com o objetivo de aumentar a eficiência da tributação de seus súditos, o documento foi concluído em 1086 e, em meados do século XII, passou a ser apelidado de "Livro do Juízo Final" ("Doomsday Book", na grafia moderna) em razão da semelhança entre a abrangência dos dados coletados para a confecção do documento e a concepção popular, à época, a respeito do registro das ações de cada pessoa no Livro da Vida bíblico, com base no qual seria possível saber quem entraria ou não no céu. [N.T.]

100 Hunter, *A History of Industrial Power in the United States*, v. 1, 1979, p. 273.

101 J. P. Frizell, "Storage and Pondage of Water", *Transactions of the American Society of Civil Engineers*, v. 31, n. 1, 1894, p. 47, 53-4, grifos nossos.

102 "Steam and Water Power", *Scientific American*, 12 maio 1849, p. 269; Jeremy, *Technology and Power in the Early American Cotton Industry*, 1990, p. 196, 270-1.

103 Hunter, *A History of Industrial Power in the United States*, v. 1, 1979; v. 2, 1985.

104 Hunter, *A History of Industrial Power in the United States*, v. 1, 1979, p. 485; *ibidem*, v. 2, 1985, p. 81, grifos do original. A mesma inferência é feita em Atack, Bateman & Weiss, "The Regional Diffusion and Adoption of the Steam Engine", 1980; e em Rosenberg & Trajtenberg, "A General-Purpose Technology at Work", 2004.

105 W. E. Worthen, "Address at the Annual Convention at the Hotel Kaaterskill, New York, July 2, 1887", *Transactions of the American Society of Civil Engineers*, v. 17, n. 2, 1887, p. 4, grifos nossos.

106 C. E. Emery, "The Cost of Steam Power", *Transactions of the American Society of Civil Engineers*, v. 12, n. 1, 1883, p. 429-30.

107 Hunter, *A History of Industrial Power in the United States*, v. 1, 1979, p. 506-7.

108 *Ibidem*, v. 2, p. 393, 413, 429; Gordon & Malone, *The Texture of Industry*, 1994, p. 57, 117; Frank, *Carrying the Mill*, 2008, p. 23

109 K. Marx, *Das Kapital* I. Berlim: Dietz, 1951 [1867], p. 751.

110 Nef, *The Rise of the British Coal Industry*, 1966, v. 1, p. 161.

111 Flinn, *The History of the British Coal Industry*, 1984, p. 116. Ver também G. Hammersley, "The Crown Woods and Their Exploitation in the Sixteenth and Seventeenth Centuries", *Bulletin of the Institute of Historical Research*, v. 30, n. 82, p. 136-61, 1957; e V. Smil, *Energy Transitions: History, Requirements, Prospects*. Santa Barbara: Praeger, 2010, p. 29.

112 R. C. Allen, "Was There a Timber Crisis in Early Modern Europe?". *In*: S. Cavaciocchi (org.), *Economia e energia: secc.* XIII-XVIII. Florença: Fondazione Istituto Internazionale di Storia Economica Datini, 2003; W. E. Steinmueller, "The Pre-Industrial Energy Crisis and Resource Scarcity as a Source of Transition", *Research Policy*, v. 42, n. 10, 2013, p. 3-6.

113 Allen, "Was There a Timber Crisis in Early Modern Europe?", 2003, p. 34-40, 53; *idem*, *The British Industrial Revolution in Global Perspective*, 2009, p. 87-9; 2011; M. Žmolek, *Rethinking the Industrial Revolution: Five Centuries of Transition from Agrarian to Industrial Capitalism in England*. Leiden: Historical Materialism, 2013, p. 71-2, 91.

114 Hatcher, *The History of British Coal Industry*, 1993, p. 32.

115 Por exemplo, Nef, *The Rise of the British Coal Industry*, 1966, v. 1, p. 133-4; ver B. S. Osborne, "Commonlands, Mineral Rights and Industry: Changing Evaluations in an Industrializing Society", *Journal of Historical Geography*, v. 4, n. 3, 1978, p. 235, 247.

116 Nef, *The Rise of the British Coal Industry*, 1966, v. 1, p. 136-7, grifos nossos. Ver ainda *ibidem*, p. 135, 140-2, 282; Hatcher, *The History of the British Coal Industry*, 1993, p. 241-2; e Žmolek, *Rethinking the Industrial Revolution*, 2013, p. 76.

117 Nef, *The Rise of the British Coal Industry*, 1966, v. 1, p. 142-8, 320; *ibidem*, v. 2, p. 36; Hatcher, *The History of the British Coal Industry*, 1993, p. 246.

118 Nef, *The Rise of the British Coal Industry*, 1966, v. 1, p. 144, 156. Ver ainda *ibidem*, v. 1, p. 148-55; v. 2, p. 210, 328.

119 *Ibidem*, v. 1, p. 316. Ver ainda *ibidem*, v. 1, p. 156, 265, 310-6, 343; v. 2, p. 329-30. Conflitos similares no País de Gales dos séculos XVIII e XIX estão mapeados em Osborne, "Commonlands, Mineral Rights and Industry", 1978.

120 Nef, *The Rise of the British Coal Industry*, 1966, v. 1, p. 312. Ver ainda *ibidem*, v. 1, p. 308-9, 316-7; v. 2, p. 14-5; e Žmolek, *Rethinking the Industrial Revolution*, 2013, p. 87-8.

121 Nef, *The Rise of the British Coal Industry*, 1966, v. 1, p. 312-3, grifos nossos.

122 *Ibidem*, v. 1, p. 277, 286, 303, 310, 313-7.

123 *Ibidem*, v. 1, p. 46, 150, 152, 318, 343; v. 2, p. 72, 210, 330; Osborne, "Commonlands, Mineral Rights and Industry", 1978, p. 232; Žmolek, *Rethinking the Industrial Revolution*, 2013, p. 91, 102.

124 J. C. *The Compleat Collier*. Londres, 1708, p. 19, grifos nossos.

125 Nef, *The Rise of the British Coal Industry*, 1966, v. 1, p. 146, 150, 152; v. 2, 74-8; Buxton, "On the Rise of the Manufacturing Towns of Lancashire and Cheshire", 1978, p. 18; Hatcher, *The History of the British Coal Industry*, 1993, p. 327-8, 343-4, 351-3, 554.

126 Nef, *The Rise of the British Coal Industry*, 1966, v. 1, p. 266. Ver ainda *ibidem*, v. 1, p. 124-9, 156, 266-74, 284-9, 318; v. 2, p. 327-30.

127 Parthasarathi, *Why Europe Grew Rich and Asia Did Not*, 2011, p. 170-3.

128 Marx, *Capital*, v. I, 1990, p. 875 [*O capital*, livro I, 2013, p. 787].

14 A China como chaminé do mundo: o capital fóssil hoje

1 E. Rignot *et al.*, "Widespread, Rapid Grounding Line Retreat of Pine Island, Thwaites, Smith, and Kohler Glaciers, West Antarctica, from 1992 to 2011", *Geophysical Research Letters*, v. 41, n. 10, p. 3502-9, 2014; I. Joughin, B. Smith & B. Medley, "Marine Ice Sheet Collapse Potentially under Way for the Thwaites Glacier Basin, West Antarctica", *Science*, v. 344, n. 6.185, p. 735-8, 2014.

2 "Scientists Warn of Rising Oceans from Polar Melt", *The New York Times*, 12 maio 2014.

3 "Rocky Road for Canadian Oil", *The New York Times*, 12 maio 2014. Ver N. Swart & A. Weaver, "The Alberta Oil Sands and Climate", *Nature Climate Change*, v. 2, n. 3, p. 134-6, 2012.

4 R. Heede, "Tracing Anthropogenic Carbon Dioxide and Methane Emissions to Fossil Fuel and Cement Producers, 1854-2010", *Climatic Change*, v. 122, n. 1-2, 2014, p. 234.

5 Ver capítulo 1, nota 6, e, por exemplo, K. Anderson & A. Bows "Reframing the Climate Change Challenge in Light of Post-2000 Emission Trends", *Philosophical Transactions of the Royal Society A*, v. 366, n. 1.882, p. 3.863-82, 2008; *ibidem*, "Beyond 'Dangerous' Climate Change: Emission Scenarios for a New World", *Philosophical Transactions of the Royal Society A*, v. 369, n. 1.934, p. 20-44, 2011; e P. Sheehan, "The New Global Growth Path: Implications for Climate Change Analysis and Policy", *Climatic Change*, v. 91, n. 3-4, p. 211-31, 2008.

6 J. Gregg, R. Andres & G. Marland, "China: Emissions Pattern of the World Leader in CO_2 Emissions from Fossil Fuel Consumption and Cement Production", *Geophysical*

Research Letters, v. 35, n. 8, 2008; M. Levine & N. Aden, Global Carbon Emissions in the Coming Decades: The Case of China", *Annual Review of Environment and Resources*, v. 33, 2008, p. 21.

7 K. Sauvant *et al.*, "Preface". *In*: K. Sauvant *et al.* (org.), FDI *Perspectives: Issues in International Investment*. Nova York: Vale Columbia Center on International Investment, 2011; "Fear of the Dragon", *The Economist*, 9 jan. 2010.

8 W. Beckerman, "Economic Growth and the Environment: Whose Growth? Whose Environment?", *World Development*, v. 20, n. 4, 1992, p. 482, grifos nossos. A literatura sobre a CAK é gigantesca. Para algumas referências decisivas e uma discussão mais completa, ver A. Malm, "China as Chimney of the World: The Fossil Capital Hypothesis", *Organization & Environment*, v. 25, n. 2, p. 146-77, 2012.

9 L. Raymond, "Economic Growth or Environmental Policy? Reconsidering the Environmental Kuznets Curve", *Journal of Public Policy*, v. 24, n. 3, p. 327-48, 2004; D. Romero-Ávila, "Questioning the Empirical Basis of the Environmental Kuznets Curve for CO_2: New Evidence from a Panel Stationary Test Robust to Multiple Breaks and Cross-Dependence", *Ecological Economics*, v. 64, n. 3, p. 559-74, 2008; A. Kearsley & M. Riddel, "A Further Inquiry into the Pollution Haven Hypothesis and the Environmental Kuznets Curve", *Ecological Economics*, v. 69, n. 4, p. 905-19, 2010; J. Lipford & B. Yandle, "Environmental Kuznets Curves, Carbon Emissions, and Public Choice", *Environment and Development Economics*, v. 15, n. 4, p. 417-38, 2010. Quanto à medida da intensidade, ver mais adiante.

10 Para essa crítica à CAK, ver referências em Malm, "China as Chimney of the World", 2012.

11 Ver, por exemplo, G. Peters & E. Hertwich, "Post-Kyoto Greenhouse Gas Inventories: Production Versus Consumption", *Climatic Change*, v. 86, n. 1-2, p. 51-66, 2008; E. Hertwich & G. Peters, "Carbon Footprint of Nations: A Global, Trade-Linked Analysis", *Environmental Science & Technology*, v. 43, n. 16, p. 6.414-20, 2009; K. Caldeira & S. Davis, "Accounting for Carbon Dioxide Emissions: A Matter of Time", *Proceedings of the National Academy of Sciences*, v. 108, n. 21, p. 8.533-4, 2011; S. Davis, G. Peters & K. Caldeira, "The Supply Chain of CO_2 Emissions", *Proceedings of the National Academy of Sciences*, v. 108, n. 45, p. 18.554-9, 2011; e G. Peters *et al.*, "Growth in Emission Transfers via International Trade from 1990 to 2008", *Proceedings of the National Academy of Sciences*, v. 108, n. 21, p. 8.903-8, 2011.

12 G. Peters *et al.*, "Trade, Transport, and Sinks Extend the Carbon Dioxide Responsibility of Countries: An Editorial Essay", *Climatic Change*, v. 97, n. 3-4, 2009, p. 380, grifos do original.

13 J. Pan, J. Phillips & Y. Chen, "China's Balance of Emissions Embodied in Trade: Approaches to Measurement and Allocating International Responsibility", *Oxford Review of Economic Policy*, v. 24, n. 2, p. 354-76, 2008; C. Weber *et al.*, "The Contribution of Chinese Exports to Climate Change", *Energy Policy*, v. 36, n. 9, p. 3.572-7,

2008; M. Xu *et al.*, "CO_2 Emissions Embodied in China's Exports from 2002 to 2008: A Structural Decomposition Analysis", *Energy Policy*, v. 39, n. 11, 2011, p. 7.383; Le Quéré *et al.*, "Trends in the Sources and Sinks of Carbon Dioxide", 2009; Peters *et al.*, "Growth in Emission Transfers via International Trade from 1990 to 2008", 2011.

14 D. Guan *et al.*, "Journey to World Top Emitter: An Analysis of the Driving Forces of China's Recent CO_2 Emissions Surge", *Geophysical Research Letters*, v. 36, n. 4, 2009.

15 R. Andrew, S. Davis & G. Peters, "Climate Policy and Dependence on Traded Carbon", *Environmental Research Letters*, v. 8, n. 3, 2013, p. 4.

16 G. Peters *et al.*, "Growth in Emission Transfers via International Trade from 1990 to 2008", 2011, p. 8.907.

17 Y. Yunfeng & Y. Laike, "China's Foreign Trade and Climate Change: A Case Study of CO_2 Emissions", *Energy Policy*, v. 38, n. 1, 2010, p. 356, grifo nosso.

18 Xu *et al.*, "CO_2 Emissions Embodied in China's Export from 2002 to 2008", 2011, grifos nossos.

19 Os investimentos *greenfield* são tipos de investimento estrangeiro direto em que uma empresa abre uma subsidiária fora de seu país-sede e lá constrói do zero suas instalações – daí a referência ao "campo verde" (*green field*), o terreno explorável sobre o qual o estabelecimento será erguido. Diferem em linhas gerais dos investimentos *brownfield*, porque nestes a entrada em um mercado estrangeiro se dá com o aluguel ou a aquisição de estruturas e equipamentos já existentes. [N.T.]

20 G. Ádám, "Multinational Corporations and Worldwide Sourcing". *In*: H. Radice (org.), *International Firms and Modern Imperialism*. Harmondsworth: Penguin, 1975; M. Larudee & T. Koechlin, "Wages, Productivity, and Foreign Direct Investment Flows", *Journal of Economic Issues*, v. 33, n. 2, p. 419-26, 1999; *idem*, "Low-Wage Labor and the Geography of Production: A Qualified Defense of the 'Pauper Labor Argument'", *Review of Radical Political Economics*, v. 40, n. 3, p. 228-36, 2008.

21 M. Storper & R. Walker, "The Theory of Labour and the Theory of Location", *International Journal of Urban and Regional Research*, v. 7, n. 1, 1983, p. 34.

22 Ou seja, incluindo tanto realocações efetivas (com a transferência da fábrica X do país A para o B) quanto expansões mais velozes (a expansão da produção de uma companhia Y de forma mais rápida no país B do que no país A).

23 United Nations Conference on Trade and Development (Unctad), "World Investment Report 1994: Transnational Corporations, Employment and the Workplace", Nova York/Genebra, 1994, p. 253; *idem*, "World Investment Report 2002: Transnational Corporations and Export Competitiveness", Nova York/Genebra, 2002, p. 152-3.

24 J. Kentor & P. Grimes, "Foreign Investment Dependence and the Environment: A Global Perspective". *In*: A. Jorgenson & E. Kick (org.), *Globalization and the Environment*. Leiden: Brill, 2006, p. 67; S. Urata *et al.*, "Introduction". *In*: S. Urata, C. Yue & F. Kimura (org.), *Multinationals and Economic Growth in East Asia: Foreign*

Direct Investment, Corporate Strategies and National Economic Development. Abingdon: Routledge, 2006, p. 10; S. Urata, "FDI Flows, Their Determinants, and Economic Impacts in East Asia". *In*: Urata, Yue & Kimura (org.), Multinationals and Economic Growth in East Asia, 2006, p. 46-7; A. Khadaroo & B. Seetanah, "Transport Infrastructure and Foreign Direct Investment", *Journal of International Development*, v. 22, n. 1, p. 103-23, 2010.

25 Ver, por exemplo, G. Phylipsen, K. Blok & E. Worrell, "International Comparisons of Energy Efficiency: Methodologies for the Manufacturing Industry", *Energy Policy*, v. 25, n. 7-9, p. 715-25, 1997; J. Roberts & P. Grimes, "Carbon Intensity and Economic Development 1962-91: A Brief Exploration of the Environmental Kuznets Curve", *World Development*, v. 25, n. 2, 1997, p. 192-4; A. Richmond & R. Kaufmann, "Is There a Turning Point in the Relationship between Income and Energy Use and/or Carbon Emissions?", *Ecological Economics*, v. 56, n. 2, p. 176-89, 2006; J. Roberts, P. Grimes & J. Manale, "Social Roots of Global Environmental Change: A World-Systems Analysis of Carbon Dioxide Emissions". *In*: Jorgenson & Kick (org.), *Globalization and the Environment*, 2006, p. 91-9; e Roberts & Parks, *A Climate of Injustice*, 2007, p. 158-63, 174, 182-3.

26 Kentor & Grimes, "Foreign Investment Dependence and the Environment", 2006, p. 67-8; Roberts, Grimes & Manale, "Social Roots of Global Environmental Change", 2006, p. 85-7.

27 P. Grimes & J. Kentor, "Exporting the Greenhouse: Foreign Capital Penetration and CO_2 Emissions 1980-1996", *Journal of World-Systems Research*, v. 9, n. 2, 2003, p. 265, 270; S. Bunker & P. Ciccantell, *Globalization and the Race for Resources*. Baltimore: Johns Hopkins University Press, 2005; F. Curtis, "Peak Globalization: Climate Change, Oil Depletion and Global Trade", *Ecological Economics*, v. 69, n. 2, p. 427-34, 2009, p. 428.

28 Sauvant *et al.*, "Preface", *FDI Perspectives*, 2011, p. xix.

29 K. Bronfenbrenner & S. Luce, "The Changing Nature of Corporate Global Restructuring: The Impact of Production Shifts on Jobs in the U.S., China, and around the Globe", Research Paper, The U.S.-China Economic and Security Review Commission, 2004. Ver ainda, por exemplo, K. Davies, "Inward FDI in China and Its Policy Context", Vale Columbia Center on Sustainable International Investment, 2010.

30 J. Lu, Y. Lu & Z. Tao, "Exporting Behavior of Foreign Affiliates: Theory and Evidence", *Journal of International Economics*, v. 81, n. 2, p. 197-205, 2010. Ver também Ministry of Commerce, Investment Promotion Agency, "News Release of National Assimilation of FDI From January to November 2010", 2010.

31 "The Halo Effect", *The Economist*, 2 out. 2004.

32 J. Ceglowski & S. Golub, "Just How Low are China's Labour Costs?", *The World Economy*, v. 30, n. 4, 2007, p. 597-617; E. Lett & J. Banister, "China's Manufacturing Employment and Compensation Costs: 2002-06", *Monthly Labor Review*, p. 30-8,

abr. 2009; D. Yang, V. Chen & R. Monarch, "Rising Wages: Has China Lost Its Global Labor Advantage?", *Pacific Economic Review*, v. 15, n. 4, p. 482-504, 2010; J. Banister & G. Cook, "China's Employment and Compensation Costs in Manufacturing through 2008", *Monthly Labor Review*, mar. 2011, p. 39, 49.

33 Y. Yongding, "The Experience of FDI Recipients: The Case of China". *In*: Urata, Yue & Kimura (org.), *Multinationals and Economic Growth in East Asia*, 2006, p. 436-7; Banister & Cook, "China's Employment and Compensation Costs in Manufacturing through 2008", 2011, p. 46, 51.

34 M. Hart-Landsberg & P. Burkett, "China and the Dynamics of Transnational Accumulation: Causes and Consequences of Global Restructuring", *Historical Materialism*, v. 14, n. 3, p. 3-43, 2006; C. K. Lee, *Against the Law: Labor Protests in China's Rustbelt and Sunbelt*. Berkeley: University of California Press, 2007; P. Bowles & J. Harriss (org.), *Globalization and Labour in China and India: Impacts and Responses*. Basingstoke: Palgrave Macmillan, 2010. Ver ainda "Swimming Against the Tide: A Short History of Labor Conflict in China and the Government's Attempts to Control it", China Labour Bulletin, out. 2010.

35 R. Tang, A. Metwalli & O. Smith, "Foreign Investment: Impact on China's Economy", *The Journal of Corporate Accounting & Finance*, v. 21, 2010, p. 35; J. Whalley & X. Xin, "China's FDI and Non-FDI Economies and the Sustainability of Future High Chinese Growth", *China Economic Review*, v. 21, n. 1, 2010, p. 125.

36 Lu, Lu & Tao, "Exporting Behavior of Foreign Affiliates", 2010, p. 199.

37 "The Halo Effect", *The Economist*, 2 out. 2004. Números de A. Glyn, *Capitalism Unleashed: Finance, Globalization, and Welfare*. Oxford: Oxford University Press, 2006, p. 87-8; H. McKay & L. Song, "China as Global Manufacturing Powerhouse: Strategic Considerations and Structural Adjustment", *China & World Economy*, v. 18, n. 1, 2010, p. 15; Tang, Metwalli & Smith, "Foreign Investment", 2010, p. 37.

38 C. Cattaneo, M. Manera & E. Scarpa, "Industrial Coal Demand in China: A Provincial Analysis", *Resource and Energy Economics*, v. 33, n. 1, p. 12-35, 2011; M. Kuby *et al.*, "The Changing Structure of Energy Supply, Demand, and CO_2 Emissions in China", *Annals of the Association of American Geographers*, v. 101, n. 4, p. 795-805, 2011; S. Zhou *et al.*, "Energy Use and CO_2 Emissions of China's Industrial Sector from a Global Perspective", *Energy Policy*, v. 58, n. 5, p. 284-94, 2013; S. Zhang, P. Andrews-Speed & M. Ji, "The Erratic Path of the Low-Carbon Transition in China: Evolution of Solar PV Policy", *Energy Policy*, v. 67, p. 903-12, 2014.

39 R. Andres *et al.*, "A Synthesis of Carbon Dioxide Emissions from Fossil-Fuel Combustion", *Biogeosciences*, v. 9, n. 5, 2012, p. 1.852.

40 A. Jahiel, "China, the WTO, and Implications for the Environment", *Environmental Politics*, v. 15, n. 2, p. 310-29, 2006; D. van Vuuren & K. Riahi, "Do Recent Emission Trends Imply Higher Emissions Forever?", *Climatic Change*, v. 91, n. 3, p. 237-48, 2008; S. Dan, "Energy Restructuring in China: Retrospects and Prospects", *China*

& *World Economy*, v. 16, n. 4, p. 82-93, 2008; Y. Wang, A. Gu & A. Zhang, "Recent Developments of Energy Supply and Demand in China, and Energy Sector Prospects Through 2030", *Energy Policy*, v. 39, n. 11, p. 6.745-59, 2010; D. Mou & Z. Li, "A Spatial Analysis of China's Coal Flow", *Energy Policy*, v. 48, p. 358-68, 2012; K. Feng *et al.*, "Outsourcing CO_2 within China", *Proceedings of the National Academy of Sciences*, v. 110, n. 28, p. 11.654-9, 2013; Cattaneo, Manera & Scarpa, "Industrial Coal Demand in China", 2011.

41 As *boomtowns* são cidades que, criadas do zero ou não, passam por períodos de acelerado crescimento populacional e econômico, normalmente em função de sua proximidade de grandes obras públicas ou de fontes recém-disponibilizadas de recursos como ouro ou petróleo (seja por sua descoberta, seja pelo relaxamento de mecanismos de proteção). Exemplos recentes de *boomtowns* brasileiras são a cidade paraense de Altamira e os centros de urbanização em torno das zonas de garimpo na Amazônia, como Itaituba, também no Pará. [N.T.]

42 "Scramble for Coal Reaches Indonesia", *Financial Times*, 8 set. 2010; "The Indispensable Economy?", *The Economist*, 30 out. 2010; Berners-Lee & Clark, *The Burning Question*, 2013, p. 58.

43 F. Kahrl & D. Roland-Holst, "Energy and Exports in China", *China Economic Review*, v. 19, n. 4, p. 649-58, 2008; G. Leung, "China's Oil Use, 1990-2008", *Energy Policy*, v. 38, n. 2, p. 932-44, 2010; X. Zhao, C. Ma & D. Hong, "Why Did China's Energy Intensity Increase During 1998-2006: Decomposition and Policy Analysis", *Energy Policy*, v. 38, n. 3, p. 1.379-88, 2010; Dan, "Energy Restructuring in China", 2008; Kuby *et al.*, "The Changing Structure of Energy Supply", 2011.

44 Ministry of Commerce, Investment Promotion Agency, "Investment Environment", [2010].

45 Canadell *et al.*, "Contributions to Accelerating Atmospheric CO_2 Growth from Economic Activity", 2007, p. 18.866-7.

46 W. Graus, M. Voogt & E. Worrell, "International Comparison of Energy Efficiency of Fossil Power Generation", *Energy Policy*, v. 35, n. 7, p. 3.936-51, 2007; Levine & Aden, "Global Carbon Emission in the Coming Decades", 2008, p. 27; Kahrl & Roland-Holst, "Energy and Exports in China", 2008, p. 656-7; Leung, "China's Oil Use", 2010, p. 933-5; Kuby *et al.*, "The Changing Structure of Energy Supply, Demand, and CO_2 Emissions in China", 2011, p. 797-8.

47 W. Tseng & H. Zebregs, "Foreign Direct Investment in China: Some Lessons for Other Countries", IMF Policy Discussion Paper, PDP/02/3, 2002; L. Cheng & Y. Kwan, "What Are the Determinants of the Location of Foreign Direct Investment? The Chinese Experience", *Journal of International Economics*, v. 51, n. 2, p. 379-400, 2010; S. Zhao & L. Zhang, "Foreign Direct Investment and the Formation of Global City-Regions in China", *Regional Studies*, v. 41, n. 7, p. 979-94, 2007; J. Fuglestvedt *et al.*, "Climate Forcing from the Transport Sectors", *Proceedings of the National*

Academy of Sciences, v. 105, n. 2, p. 454-8, 2008; O. Andersen *et al.*, "CO_2 Emissions from the Transport of China's Exported Goods", *Energy Policy*, v. 38, n. 10, p. 5.790-8, 2010; M.-Á. Cadarso *et al.*, "CO_2 Emissions of International Freight Transport and Offshoring: Measurement and Allocation", *Ecological Economics*, v. 69, n. 8, p. 1.682-94, 2010; S. Davis, K. Caldeira & H. Matthews, "Future CO_2 Emissions and Climate Change from Existing Energy Infrastructure", *Science*, v. 329, n. 5.997, p. 1330-3, 2010.

48 "Strike in China Highlights Gap in Workers' Pay", *The New York Times*, 28 maio 2010; "A Labor Movement Stirs in China", *The New York Times*, 10 jun. 2010.

49 "Strikes Signal End to Cheap Labor", *China Daily*, 3 jun. 2010.

50 Para uma excelente análise das revoltas trabalhistas na China na década de 2000, ver Lee, *Against the Law*, 2007; para uma avaliação da onda grevista, ver F. Butollo & T. Ten Brink, "Challenging the Atomization of Discontent: Patterns of Migrant--Worker Protest in China During the Series of Strikes in 2010", *Critical Asian Studies*, v. 44, n. 3, p. 419-40, 2012; e C. Chan, "Contesting Class Organization: Migrant Workers' Strikes in China's Pearl River Delta, 1978-2010", *International Labor and Working-Class History*, n. 83, p. 112-36, 2013.

51 "The Next China", *The Economist*, 31 jul. 2010; "Move Over, Michigan, China Is the World's Next Rust Belt", *Forbes*, 12 set. 2012.

52 "Socialist Workers", *The Economist*, 12 jun. 2010.

53 "Plus One Country", *The Economist*, 4 set. 2010; "Rising Chinese Wages Pose Relocation Risk", *Financial Times*, 15 fev. 2011; "China Wage Gains Undermine Global Bond Investors as Inflation Accelerates", *Bloomberg*, 23 fev. 2011; "Why China's Heading for a Hard Landing, Part 2", *Bloomberg*, 28 jun. 2011; "Rising Wages Blunt Chinese Factories' Competitive Edge", *Focus on Fashion Retail*, jun. 2013; T. Ozawa & C. Bellak, "Will China Relocate Its Labor-Intensive Factories to Africa, Flying--Geese Style?". *In*: Sauvant *et al.*, *FDI Perspectives*, 2011.

54 "China Factories Eye Cheaper Labour Overseas", *Financial Times*, 8 nov. 2011; "Even as Wages Rise, Chinese Exports Grow", *The New York Times*, 9 jan. 2014; Ozawa & Bellak, "Will China Relocate Its Labor-Intensive Factories to Africa, Flying-Geese Style?", 2011, p. 43-4.

55 "Plus One Country", *The Economist*, 4 set. 2010; "A Labor Movement Stirs in China", *The New York Times*, 10 jun. 2010; "Vietnam Plans Biggest Coal Mining Project", *Asiaone*, 22 maio 2009. Ver ainda Q. Tran, "Sudden Surge in FDI and Infrastructure Bottlenecks: The Case of Vietnam", *ASEAN Economic Bulletin*, v. 26, n. 1, p. 58-76, 2009; e T. M. Do & D. Sharma, "Vietnam's Energy Sector: A Review of Current Energy Policies and Strategies", *Energy Policy*, v. 39, n. 10, p. 5.770-7, 2011.

56 D. Narjoko & F. Jotzo, "Survey of Recent Developments", *Bulletin of Indonesian Economic Studies*, v. 43, n. 2, 2007, p. 162; M. Hasan, T. Mahlia & H. Nur, "A Review on Energy Scenario and Sustainable Energy in Indonesia", *Renewable and Sustainable*

Energy Reviews, v. 16, n. 4, p. 2.316-28, 2012; "Scramble for Coal Reaches Indonesia", *Financial Times*, 8 set. 2010; "Slowing China Creates Business Opportunities for RI", *The Jakarta Post*, 12 maio 2014.

57 R. K. Srivastava, "Chinese Success with FDI: Lessons for India", *China: An International Journal*, v. 6, n. 2, 2008, p. 325, 327.

58 "India Benefits as China Begins to Lose Its Manufacturing Edge", *Business Today*, 12 fev. 2014; A. Petherick, "Dirty Money", *Nature Climate Change*, v. 2, n. 2, p. 72-3, 2012, grifos nossos.

59 "Many Factories in China's South Sound Last Whistle", *The Wall Street Journal*, 22 fev. 2008.

60 "Robots Lift China's Factories to New Heights", *Reuters*, 3 jun. 2012.

61 "Foxconn Begins Replacing Workers with Robots Ahead of U.S. Expansion", *The Verge*, 11 dez. 2012. Ver ainda "Nissan, Foxconn Fight Rising Costs with Automation", *Korea Herald*, 22 jun. 2010; "Foxconn Looks to a Robotic Future", *Financial Times*, 1 ago. 2011; "Foxconn Halts Recruitment as They Look to Automated Robots", *China Daily*, 20 fev. 2013; "China: Delta Blues", *Financial Times*, 22 jan. 2014.

62 "Rising Wages Blunt Chinese Factories' Competitive Edge", *Focus on Fashion Retail*, jun. 2013. Ver ainda, por exemplo, M. Das e P. N'Diaye, "The End of Cheap Labor", *Finance & Development*, jun. 2013.

63 "Cheap Labour Not the Only Driver of Factories' Flight from China", *South China Morning Post*, 24 fev. 2014; "Is China Losing Its Appeal as the Low-Cost Manufacturer of Choice?", *Electronics Weekly*, 21 jan. 2014; "Forty Percent of U.S. Firms Consider Moving Factories out of China", *Daily News*, 15 out. 2012; "Slowing China Creates Business Opportunities for RI", *The Jakarta Post*, 12 maio 2014.

64 P. Sheehan *et al.*, "China's Response to the Air Pollution Shock", *Nature Climate Change*, v. 4, n. 5, p. 306-9, 2014.

65 Para a lista do FMI, ver Das & N'Diaye, "The End of Cheap Labor", 2013.

66 E. Mandel, *Long Waves of Capitalist Development: A Marxist Interpretation*. Londres: Verso, 1995 [1980], p. 88, grifos nossos.

67 "Reserve Army of Underemployed", *The Economist*, 6 set. 2008.

68 *China Labour Bulletin*, "Wage Increases Quiet Worker Protest — For the Time Being", 3 nov. 2010. Ver ainda, por exemplo, C. Luo & J. Zhang, "Declining Labor Share: Is China's Case Different?", *China & World Economy*, v. 18, n. 6, p. 1-18, 2010; e Lee, *Against the Law*, 2007, p. 163-4.

69 Silver, *Forces of Labor*, 2003, p. 41.

70 B. Silver & L. Zhang, "China as an Emerging Epicenter of World Labor Unrest". *In*: H.-F. Hung (org.), *China and the Transformation of Global Capitalism*. Battimore: Johns Hopkins University Press, 2009, p. 174, grifos do original.

71 Friedlingstein *et al.*, "Persistent Growth of CO_2 Emissions and Implications for Reaching Climate Targets", 2014, p. 712; Oxfam, "Working for the Few: Political Capture and Economic Inequality", Oxfam Briefing Paper, n. 178, p. 1-32, 2014.

72 Marx, *Capital*, v. III, 1991, p. 343 [*O capital*, livro III, 2017, p. 275], grifos nossos.

73 Ver, por exemplo, Burkett & Foster, "Metabolism, Energy, and Entropy in Marx's Critique of Political Economy", 2006, p. 139.

74 Friedlingstein *et al.*, "Persistent Growth of CO_2 Emissions and Implications for Reaching Climate Targets", 2014, p. 713.

75 Hertwich & Peters, "Carbon Footprint of Nations", 2009, p. 6.419.

76 Mitchell, "Carbon Democracy", 2009, p. 21.

77 Ver *ibidem*, p. 19-27, 236.

78 *Ibidem*, p. 29. Ver ainda *ibidem*, cap. 1; e B. Podobnik, *Global Energy Shifts: Fostering Sustainability in a Turbulent Age*. Filadélfia: Temple University Press, 2006, cap. 4.

79 Para uma análise dos padrões de consumo global de carvão, ver B. Clark, A. Jorgenson & D. Auerbach, "Up in Smoke: The Human Ecology and Political Economy of Coal Consumption", *Organization & Environment*, v. 25, n. 4, p. 452-69, 2012.

80 G. S. Dai *et al.*, "The False Promise of Coal Exploitation: How Mining Affects Herdsmen Well-Being in the Grassland Ecosystems of Inner Mongolia", *Energy Policy*, v. 67, p. 146-53, 2014.

81 E. Togochog citado em "Amateur Images Are the Only Testimony of the Revolt in Inner Mongolia", *France 24*, 1 jun. 2011. Ver ainda "China Tries to Avert Inner Mongolia Protests", *Los Angeles Times*, 30 maio 2011; "Where Coal Is King in China", *Scientific American*, 4 nov. 2011.

82 Marx, *Grundrisse*, 1993, p. 106 [*Grundrisse*, 2011, p. 59].

83 Smil, *Energy in Nature and Society*, 2008, p. 222-3.

84 Harvey, *The Limits to Capital*, 1999, p. 220 [*Os limites do capital*, 2013, p. 300], grifos nossos.

85 Smil, *Energy Transitions*, 2010, p. 125-6; W. Carton, "Dancing to the Rhythms of the Fossil Fuel Landscape: The European Emissions Trading Scheme, Landscape Inertia, and the Limits to Market-Based Climate Change Governance", Draft Paper, Department of Human Geography, Lund University, 2013, p. 8.

86 R. Lempert *et al.*, "Capital Cycles and the Timing of Climate Change Policy", Pew Center on Global Climate Change, out. 2002.

87 Grubler, "Energy Transitions Research", 2012, p. 10.

88 C. Bertram *et al.*, "Carbon Lock-In through Capital Stock Inertia Associated with Weak Near-Term Climate Policies", *Technological Forecasting and Social Change*, v. 90, part A, 2015, p. 10, grifos nossos.

89 Todas as cifras são de S. Davis & R. Socolow, "Commitment Accounting of CO_2 Emissions", *Environmental Research Letters*, v. 9, 2014.

90 S. van Renssen, "Coal Resists Pressure", *Nature Climate Change*, v. 5, n. 2, p. 96-7, 2015; Smil, *Energy Transitions*, 2010, p. 126; Berners-Lee & Clark, *The Burning Question*, 2013, p. 105.

91 Van Renssen, "Coal Resists Pressure", 2015, p. 97; Davis, Caldeira & Matthews, "Future CO_2 Emissions and Climate Change from Existing Energy Infrastructure", 2010, p. 1.333.

92 "The 500 Largest Corporations in the World, 2013", *Fortune*, 2014.

93 H. Schücking *et al.*, "Bankrolling Climate Change: A Look into the Portfolios of the World's Largest Banks", Urgewald, Groundwork, Earthlife Africa Johannesburg, Bank Track, 2011.

94 J. Hansen *et al.*, "Climate Sensitivity, Sea Level and Atmospheric Carbon Dioxide", *Philosophical Transactions of the Royal Society A*, v. 371, n. 2.001, 2013; C. McGlade & P. Ekins, "Un-Burnable Oil: An Examination of Oil Resource Utilisation in a Decarbonised Energy System", *Energy Policy*, v. 64, 2014, p. 102-12; N. Klein, *This Changes Everything: Capitalism vs the Climate*, Londres: Penguin, 2014, p. 146-9 [ed. port.: *Tudo pode mudar: capitalismo vs. clima*. Trad. Ana Cristina Pais. Lisboa: Presença, 2016]; Berners-Lee & Clark, *The Burning Question*, 2013, p. 32-4, 85-94.

95 "Charlie Rose Talks to ExxonMobil's Rex Tillerson", *Business Week*, 7 mar. 2013.

96 Para uma lista convencional de fatores, ver D. Jamieson, *Reason in a Dark Time: Why the Struggle against Climate Change Failed – and What It Means for Our Future*. Nova York: Oxford University Press, 2014, cap. 3; para uma análise original, ver K. Norgaard, *Living in Denial: Climate Change, Emotions, and Everyday Life*. Cambridge: MIT Press, 2011.

97 Althusser, *On the Reproduction of Capitalism*, 2014 [*Sobre a reprodução do capitalismo*, 1999].

98 *Ibidem*, p. 259 [p. 286], grifos do original.

99 *Ibidem*, p. 264 [p. 290], grifos nossos.

100 Mosley, *The Chimney of the World*, 2001, p. 77, grifos do original.

101 William Bone citado em *ibidem*, p. 78, grifos nossos.

102 Para o estudo empírico mais incisivo até hoje, ver Huber, *Lifeblood*, 2013.

103 Marx, *Grundrisse*, 1993, p. 287 [*Grundrisse*, 2011, p. 225].

104 S. Weintrobe, "The Difficult Problem of Anxiety in Thinking about Climate Change". *In*: Weintrobe, *Engaging with Climate Change*, 2013, p. 43, grifos nossos.

105 Althusser, *For Marx*, 2005, p. 200 [*Por Marx*, 2015, p. 193], grifos do original.

106 Lukács, *History and Class Consciousness*, 1971, p. 208 [*História e consciência de classe*, 2018, p. 410]; Marx, *Grundrisse*, 1993, p. 408 [*Grundrisse*, 2011, p. 332], grifos nossos.

107 Lukács, *History and Class Consciousness*, 1971, p. 208 [*História e consciência de classe*, 2018, p. 410].

108 Althusser, *On the Reproduction of Capitalism*, 2014, p. 176 [*Sobre a reprodução*, 1999, p. 199].

109 Lukács, *History and Class Consciousness*, 1971, p. 93 [*História e consciência de classe*, 2018, p. 211].

110 Jamieson, *Reason in a Dark Time*, 2014, p. 1.

15 Um retorno ao fluxo? Obstáculos à transição

1 O. Edenhofer *et al.*, *Renewable Energy Sources and Climate Change Mitigation: Special Report of the Intergovernmental Panel on Climate Change*. Cambridge: Cambridge University Press, 2012, p. 183, 337, 340; Smil, *Energy Transitions*, 2010, p. 109.

2 C. Archer & M. Jacobson, "Evaluation of Global Wind Power", *Journal of Geophysical Research: Atmospheres*, v. 110, n. D12, 2005; K. Marvel, B. Kravitz & K. Caldeira, "Geophysical Limits to Global Wind Power", *Nature Climate Change*, v. 3, p. 118-21, 2013; Edenhofer *et al.*, *Renewable Energy Sources and Climate Change Mitigation*, 2012, p. 544-5. Observe-se que esses números se referem à potência eólica de baixa altitude.

3 M. Jacobson & M. Delucchi, "Providing All Energy with Wind, Water, and Solar Power, Part I: Technologies, Energy Resources, Quantities and Areas of Infrastructure, and Materials", *Energy Policy*, v. 39, n. 3, p. 1.154-69, 2011; M. Delucchi & M. Jacobson, "Providing All Energy with Wind, Water, and Solar Power, Part II: Reliability, System and Transmission Costs, and Policies", *Energy Policy*, v. 39, n. 3, p. 1.170-90, 2011; M. Jacobson *et al.*, "Examining the Feasibility of Converting New York State's All-Purpose Energy Infrastructure to One Using Wind, Water, and Sunlight", *Energy Policy*, v. 57, p. 585-601, 2013.

4 P. Schwartzman & D. Schwartzman, "A Solar Transition Is Possible", Institute for Policy Research & Development, Londres, mar. 2011; B. Sovacool & C. Watts, "Going Completely Renewable: Is It Possible (Let Alone Desirable)?", *The Electricity Journal*, v. 22, n. 4, p. 95-111, 2009; L. Leggett & D. Ball, "The Implication for Climate Change and Peak Fossil Fuel of the Continuation of the Current Trend in Wind and Solar Energy Production", *Energy Policy*, v. 41, p. 610-7, 2012.

5 Edenhofer *et al.*, *Renewable Energy Sources and Climate Change Mitigation*, 2012, p. 35. A cifra para fotovoltaicos cobre apenas os painéis conectados a redes elétricas, por isso trata-se de uma subestimação.

6 "Global Solar Dominance in Sight as Science Trumps Fossil Fuels", *The Telegraph*, 9 abr. 2014; "China's 12 GW Solar Market Outstripped All Expectations in 2013",

Frankfurt School-Unep Centre & Bloomberg New Energy Finance, 23 jan. 2014; "Kenya to Generate Over Half of Its Electricity through Solar Power by 2016", *The Guardian*, 17 jan. 2014; "Haiti Switches on to Solar Power as Sustainable Electricity Solution", *The Guardian*, 17 dez. 2013; Smil, *Energy Transitions*, 2010, p. 126-7; Edenhofer *et al.*, *Renewable Energy Sources and Climate Change Mitigation*, 2012, p. 172-5; Van Renssen, "Coal Resists Pressure", 2015, p. 96.

7 Edenhofer *et al.*, *Renewable Energy Sources and Climate Change Mitigation*, 2012, p. 187-9; T. Schmidt, R. Born & M. Schneider, "Assessing the Costs of Photovoltaic and Wind Power in Six Developing Countries", *Nature Climate Change*, v. 2, n. 7, p. 548-53, 2012.

8 K. Barnham, K. Knorr & M. Mazzer, "Benefits of Photovoltaic Power in Supplying National Electricity Demand", *Energy Policy*, v. 54, p. 385-90, 2013; G. Timilsina, G. van Kooten & P. Narbel, "Global Wind Power Development: Economics and Policies", *Energy Policy*, v. 61, p. 642-52, 2013; A. Petherick, "Here Comes the Sun", *Nature Climate Change*, v. 4, n. 5, p. 324-5, 2014; J. Trancik, "Renewable Energy: Back the Renewables Boom", *Nature*, v. 507, n. 7.492, p. 300-2, 2014; Sovacool & Watts, "Going Completely Renewable", 2009, p. 98; Delucchi & Jacobson, "Providing All Energy with Wind, Water, and Solar Power, Part II", 2011, p. 1.174-5; Schmidt, Born & Schneider, "Assessing the Costs of Photovoltaic and Wind Power in Six Developing Countries", 2012. Números sobre subsídios de B. Buchner *et al.*, "Global Landscape of Climate Finance 2013", Climate Policy Initiative, 2013, p. 33.

9 Marx, *Theories of Surplus-value*, 2000, p. 794 [*Teorias da mais-valia*, 1985, p. 1.170].

10 N. Lewis, "Toward Cost-Effective Solar Energy Use", *Science*, v. 315, n. 5.813, p. 798-801, 2007; D. Seifried & W. Witzel, *Renewable Energy: The Facts*. Londres: Routledge, 2010, p. 60; S. Reichelstein & M. Yorston, "The Prospects for Cost Competitive Solar PV Power", *Energy Policy*, v. 55, p. 117-27, 2013; "The Perovskite Light Bulb Moment for Solar Power", *The Observer*, 2 mar. 2014; "Perovskites: The Future of Solar Power?", *The Guardian*, 7 mar. 2014; "Cheap Batteries Will Revolutionise the Renewable Energy Market", *The Guardian*, 9 mar. 2014. [De fato, já é mais barato construir um parque de energia solar do que operar uma termelétrica a carvão nos Estados Unidos; ver Energy Innovation, "The Coal Coast Crossover 3.0", jan. 2023. — N.E.]

11 "Shell Goes Cold on Wind, Solar, Hydrogen Energy", *Reuters*, 17 mar. 2009. Ver ainda D. Miller, "Why the Oil Companies Lost Solar", *Energy Policy*, v. 60, p. 52-60, 2013.

12 "BP Bows Out of Solar, but Industry Outlook Still Sunny", NPR, 7 mar. 2013, grifos nossos. Ver ainda "BP Axes 620 Jobs from Solar Business", *The Guardian*, 1 abr. 2009; "BP Axes Solar Power Business", *The Guardian*, 21 dez. 2011.

13 Citações anônimas em Miller, "Why the Oil Companies Lost Solar", 2013, p. 58.

14 D. Powell, "Sahara Solar Plan Loses Its Shine", *Nature*, v. 491, n. 7.422, p. 16-7, 2012; "E.ON Quits Renewable Energy Consortium Desertec", *Reuters*, 11 abr. 2014.

15 "Power Cuts", *Nature*, v. 490, p. 5-6, 2012; D. Kennedy, *Rooftop Revolution: How Solar Power Can Save Our Economy – and Our Planet – from Dirty Energy*. San Francisco: Berrett-Koehler, 2012, p. 15-6; "Is Sustainability Losing Momentum in the Solar Industry?", *The Guardian*, 13 ago. 2013; "E.U. to Impose Anti-Dumping Tariffs on Chinese Solar Panels", *The Guardian*, 4 jun. 2013; Zhang, Andrews-Speed & Ji, "The Erratic Path of the Low-Carbon Transition in China", 2014.

16 Frankfurt School-Unep Centre & Bloomberg New Energy Finance, "Global Trends in Renewable Energy Investment 2014", 2014, p. 12. Todas as cifras (que incluem biocombustíveis) foram tiradas desse relatório. Ver Buchner *et al.*, "Global Landscape of Climate Finance 2013", 2013; e "Is Solar Power Facing a Dim Future?", *The Guardian*, 10 out. 2013.

17 Sobre o paradoxo de Lauderdale, ver Foster, Clark & York, *The Ecological Rift*, 2010, cap. 1.

18 Jacobson & Delucchi, "Providing All Energy with Wind, Water, and Solar Power, part I", 2011. Sobre o potencial de reciclagem, ver D. Müller *et al.*, "Carbon Emissions of Infrastructure Development", *Environmental Science & Technology*, v. 47, n. 20, 2013, p. 11.745.

19 Jacobson & Delucchi, "Providing All Energy with Wind, Water, and Solar Power, part I", 2011; Jacobson *et al.*, "Examining the Feasibility of Converting New York State's All-Purpose Energy Infrastructure to One Using Wind, Water, and Sunlight", 2013. Ver M. Dombi, I. Kuti & P. Balogh, "Sustainability Assessment of Renewable Power and Heat Generation Technologies", *Energy Policy*, v. 67, p. 264-71, 2014; e ainda T. Searchinger *et al.*, "Use of U.S. Croplands for Biofuels Increases Greenhouse Gases through Emissions from Land-Use Change", *Science*, v. 319, n. 5.867, p. 1.238-40, 2008.

20 C. Clevand citado em R. Kerr, "Do We Have Energy for the Next Transition?", *Science*, v. 329, n. 5.993, 2010, p. 780.

21 Edenhofer *et al.*, *Renewable Energy Sources and Climate Change Mitigation*, 2012, p. 342; Archer & Jacobson, "Evaluation of Global Wind Power", 2005; Reichelstein & Yorston, "The Prospects for Cost Competitive Solar PV Power", 2013; Timilsina, Van Kooten & Narbel, "Global Wind Power Development", 2013.

22 H. Scheer, *The Solar Economy: Renewable Energy for a Sustainable Global Future*. Londres: Routledge, 2004, p. 78.

23 *Idem*, *The Energy Imperative: 100 Per Cent Renewable Now*. Londres: Routledge, 2012, p. 23; *idem*, *The Solar Economy*, 2004, p. 66.

24 No original, *small is beautiful* ("pequeno é lindo", em tradução literal), em referência à coletânea de artigos escritos por E. F. Schumacher e reunidos em *O negócio é ser pequeno* (trad. Octávio Alves Filho, Rio de Janeiro: Zahar, 1983), em que são questionados aspectos como o culto obsessivo ao crescimento econômico

ilimitado, o papel da industrialização e a violência causada pelo sistema de produção à humanidade e à natureza. [N.T.]

25 Scheer, *The Solar Economy*, 2004, p. 80.

26 Como citado, por exemplo, em "Executive Life; Who Says Unions Must Dislike Their Chief?", *The New York Times*, 15 dez. 2002.

27 Scheer, *The Solar Economy*, 2004, p. 86; *idem*, *The Energy Imperative*, 2012, p. 35.

28 *Idem*, *The Solar Economy*, 2004, p. 183.

29 Crary, *24/7*, 2013, p. 88 [*24/7*, 2016, p. 97-8].

30 N. Gilbraith *et al.*, "Comments on Jacobson et al.'s Proposal for a Wind, Water, and Solar Energy Future for New York State", *Energy Policy*, v. 60, 2013, p. 68. Ver os artigos de Ted Trainer em *Energy Policy*: "A Critique of Jacobson and Delucchi's Proposals for a World Renewable Energy Supply", *Energy Policy*, v. 44, n. 6, p. 476-81, 2012; "Can Europe Run on Renewable Energy? A Negative Case", *Energy Policy*, v. 63, p. 845-50, 2013; "Some Inconvenient Theses", *Energy Policy*, v. 64, p. 168-74, 2014.

31 "Is America Ready to Quit Coal?", *The New York Times*, 14 fev. 2009; Bloomberg New Energy Finance, "Profiling the Risks in Solar and Wind: A Case for New Risk Management Approaches in the Renewable Energy Sector", 2013, p. 11.

32 D. Hess, "Industrial Fields and Countervailing Power: The Transformation of Distributed Solar Energy in the United States", *Global Environmental Change*, v. 23, n. 5, p. 847-55, 2013; Lukács, *History and Class Consciousness*, 1971, p. 99 [*História e consciência de classe*, 2018, p. 220].

33 Ver, por exemplo, Roeb & Müller-Steinhagen, "Concentrating on Solar Electricity and Fuels", *Science*, v. 329, n. 5.993, p. 773-4, 2010; P. Viebahn, Y. Lechon & F. Trieb, "The Potential Role of Concentrated Solar Power (CSP) in Africa and Europe: A Dynamic Assessment of Technology Development, Cost Development and Life Cycle Inventories until 2050", *Energy Policy*, v. 39, n. 8, p. 4.420-30, 2011; e J. Kaldellis & M. Kapsali, "Shifting towards Offshore Wind Energy: Recent Activity and Future Development", *Energy Policy*, v. 53, p. 136-48, 2013.

34 F. Zickfeld *et al.*, "2050 Desert Power: Perspectives on a Sustainable Power System for EUMENA", Dii Renewable Energy Bridging Continents, Munique, 2012, p. 6, 11.

35 "E.ON Quits Renewable Energy Consortium Desertec", *Reuters*, 11 abr. 2014; "Desert Solar Power Partners Desertec Foundation and DII Split Up", *The Guardian*, 5 jul. 2013; citação de "Desertec Abandons Sahara Solar Power Export Dream", *Euractiv*, 31 maio 2013.

36 F. Trieb *et al.*, "Solar Electricity Imports from the Middle East and North Africa to Europe", *Energy Policy*, v. 42, 2012, p. 353.

37 C. Cooper & B. Sovacool, "Miracle or Mirage? The Promise or Peril of Desert Energy Part 2", *Renewable Energy*, v. 50, 2013, p. 824, grifos nossos.

38 M. Delucchi & M. Jacobson, "Response to 'A Critique of Jacobson and Delucchi's Proposals for a World Renewable Energy Supply'", *Energy Policy*, v. 44, p. 482-4, 2012.

39 Jevons, *The Coal Question*, 1866, p. 152.

40 A. Gullberg, "The Political Feasibility of Norway as the 'Green Battery' of Europe", *Energy Policy*, v. 57, p. 615-23, 2013; "Norway Wants to Become Europe's Battery", *Der Spiegel*, 24 maio 2012.

41 Ver, por exemplo, M. Rasmussen, G. Andresen & M. Greiner, "Storage and Balancing Synergies in a Fully or Highly Renewable Pan-European Power System", *Energy Policy*, v. 51, p. 642-51, 2012; e Delucchi & Jacobson, "Providing All Energy with Wind, Water, and Solar Power, Part II", 2011.

42 Ver Klein, *This Changes Everything*, 2014, p. 394-5.

43 Blackstone, *Commentaries on the Laws of England*, 1770, p. 395, citado em Wiel, "Running Water", 1909.

44 Scheer, *The Energy Imperative*, 2012, p. 88, 97, grifos nossos.

45 R. Jacobsson & K. Karltorp, "Mechanisms Blocking the Dynamics of the European Offshore Wind Energy Innovation System: Challenges for Policy Intervention", *Energy Policy*, v. 63, p. 1.182-95, 2013; Trieb *et al.*, "Solar Electricity Imports from the Middle East and North Africa to Europe", 2012, p. 310-1; Buchner *et al.*, "Global Landscape of Climate Finance 2013", 2013, p. 28; Timilsina, Van Kooten & Narbel, "Global Wind Power Development", 2013, p. 650.

46 S. van Renssen, "Investors Take Charge of Climate Policy", *Nature Climate Change*, v. 4, n. 4, p. 241-2, 2014; "UN Climate Chief Calls for Tripling of Clean Energy Investment", *The Guardian*, 14 jan. 2014.

47 R. Jacobsson & S. Jacobsson, "The Emerging Funding Gap for the European Energy Sector: Will the Financial Sector Deliver?", *Environmental Innovation and Societal Transitions*, v. 5, p. 49-59, 2012.

48 M. Villaraigosa, V. Sivaram & R. Nichols, "Powering Los Angeles with Renewable Energy", *Nature Climate Change*, v. 3, n. 9, p. 771-5, 2013.

49 Klein, *This Changes Everything*, 2014, p. 96-100; R. Sullivan & A. Gouldson, "Ten Years of Corporate Action on Climate Change: What Do We Have to Show for It?', *Energy Policy*, v. 60, p. 733-40, 2013; H. Dulal *et al.*, "Renewable Energy Diffusion in Asia: Can It Happen without Government Support?", *Energy Policy*, v. 59, p. 301-11, 2013.

50 Scheer, *The Energy Imperative*, 2012, p. 149; R. York, "Do Alternative Energy Sources Displace Fossil Fuels?", *Nature Climate Change*, v. 2, n. 6, p. 443, grifos nossos.

51 Ver "Abundant Fossil Fuels Leave Clean Energy Out in the Cold", *The Guardian*, 7 nov. 2013.

52 Klein, *This Changes Everything*, 2014, p. 201.

53 Jacobson & Delucchi, "Providing All Energy with Wind, Water, and Solar Power, Part I", 2011; A. Giddens, *The Politics of Climate Change*. 2. ed. Cambridge: Polity,

2011, p. 93-9 [ed. bras.: *A política da mudança climática*. Trad. V. Ribeiro. Rio de Janeiro: Zahar, 2012].

54 M. Meinshausen *et al.*, "Greenhouse-Gas Emission Targets for Limiting Global Warming to 2 °C", *Nature*, v. 458, n. 7.242, p. 1.158-63, 2009; J. Rogelj *et al.*, "2020 Emissions Levels Required to Limit Warming to Below 2 °C", *Nature Climate Change*, v. 3, n. 4, p. 405-12, 2013; T. Stocker, "The Closing Door of Climate Targets", *Science*, v. 339, n. 6.117, p. 280-2, 2013; Luderer *et al.*, "Economic Mitigation Challenges", 2013; Peters *et al.*, "The Challenge to Keep Global Warming Below 2 °C", 2013; Friedlingstein *et al.*, "Persistent Growth of CO_2 Emissions and Implications for Reaching Climate Targets", 2014. A taxa necessária de redução de emissões globais seria, na verdade, de 5%, segundo Raupach *et al.*, "Sharing a Quota on Cumulative Carbon Emissions", 2014.

55 Ver ainda C. Parenti, "A Radical Approach to the Climate Crisis", *Dissent*, v. 60, n. 3, p. 51-7, 2013.

56 Ver Klein, *This Changes Everything*, 2014, p. 22, 153-4.

57 Scheer, *The Energy Imperative*, 2012, p. 110, 102, 106; *idem*, *The Solar Economy*, 2004, p. 172.

58 K. Anderson, "Climate Change Going Beyond Dangerous: Brutal Numbers and Tenuous Hope", *Development Dialogue*, n. 61, 2012, p. 25; Anderson & Bows, "Reframing the Climate Change Challenge in Light of Post-2000 Emission Trends", 2008, p. 3.880.

59 L. Trótski, *Terrorism and Communism: A Reply to Karl Kautsky*. Londres: Verso, 2007 [1920]; W. Benjamin, *The Arcades Project*. Cambridge: Harvard University Press, 2002, p. 473 [ed. bras.: *Passagens*. Trad. I. Aron e C. Mourão. Belo Horizonte/São Paulo: Editora UFMG/Imprensa Oficial do Estado de São Paulo, 2009, p. 516]. Ver Wainwright & Mann, "Climate Leviathan", 2013.

60 L. Delina & M. Diesendorf, "Is Wartime Mobilisation a Suitable Policy Model for Rapid National Climate Mitigation?", *Energy Policy*, v. 58, 2013, p. 376.

61 Peters *et al.*, "The Challenge to Keep Global Warming Below 2 °C", 2013.

62 Delina & Diesendorf, "Is Wartime Mobilisation a Suitable Policy for Rapid National Climate Mitigation?", 2013, p. 377.

63 Essa versão particular de definição vem de C. Hamilton, *Earthmasters: The Dawn of the Age of Climate Engineering*. New Haven: Yale University Press, 2013, p. 1.

64 P. Crutzen, "Albedo Enhancement by Stratospheric Sulfur Injections: A Contribution to Resolve a Policy Dilemma?", *Climatic Change*, v. 77, n. 3-4, p. 211-20, 2006. Sobre o artigo como a quebra de um tabu e a abertura das porteiras, ver E. Kintisch, *Hack the Planet: Science's Best Hope — or Worst Nightmare — for Averting Climate Catastrophe*. Hoboken: Wiley, 2010, p. 55-8; Hamilton, *Earthmasters*, 2013, p. 15-8, 147, 166; e D. Keith, *A Case for Climate Engineering*. Cambridge: MIT Press, 2013, p. 92.

65 Para duas excelentes sondagens sobre a geoengenharia, ver Kintisch, *Hack the Planet*, 2010; e Hamilton, *Earthmasters*, 2013. Uma crítica esplêndida é de H. Buck, "Geoengineering: Re-Making Climate for Profit or Humanitarian Intervention?", *Development and Change*, v. 43, n. 1, p. 253-70, 2012, assim como de Klein, *This Changes Everything*, 2014, cap. 8.

66 Keith, *A Case for Climate Engineering*, 2013, p. ix, 100.

67 *Ibidem*, p. 71. Ver ainda, por exemplo, Kintisch, *Hack the Planet*, 2010, p. 60-72; e S. Barrett *et al.*, "Climate Engineering Reconsidered", *Nature Climate Change*, v. 4, n. 7, p. 527-9, 2014.

68 K. McCusker *et al.*, "Rapid and Extensive Warming Following Cessation of Solar Radiation Management", *Environmental Research Letters*, v. 9, n. 2, 2014. Ver, ainda, por exemplo, V. Brovkin *et al.*, "Geoengineering Climate by Stratospheric Sulphur Injections: Earth System Vulnerability to Technological Failure", *Climatic Change*, v. 92, p. 243-59, 2009; A. Ross & H. Matthews, "Climate Engineering and the Risk of Rapid Climate Change", *Environmental Research Letters*, v. 4, n. 4, 2009; e W. Burns, "Climate Geoengineering: Solar Radiation Management and Its Implications for Intergenerational Equity", *Stanford Journal of Law, Science & Policy*, v. 4, p. 39-55, 2011.

69 Kintisch, *Hack the Planet*, 2010, p. 194-206; Hamilton, *Earthmasters*, 2013, p. 74-6; "Bill Gates Backs Climate Scientists Lobbying for Large-Scale Geoengineering", *The Guardian*, 6 fev. 2012.

70 "Climate Change Fears Overblown, Says ExxonMobile Boss", *The Guardian*, 28 jun. 2012.

71 Crutzen, "Albedo Enhancement by Stratospheric Sulfur Injections", 2006, p. 217.

72 Keith, *A Case for Climate Engineering*, 2013, p. 29.

73 *Ibidem*, p. 115.

16 Hora de arrancar os tampões: sobre o CO_2 como um resíduo do poder

1 Lynas, *The God Species*, 2011, p. 5-6, 55 [*A espécie divina*, 2012, p. 5, 55].

2 *Ibidem*, p. 197 [p. 197]. Ver ainda *ibidem*, cap. 11. Isso não quer dizer que a adesão ao "Antropoceno" *precise* levar ao apoio à geoengenharia – provavelmente uma pequena minoria de estudiosos do Antropoceno defende essa solução –, mas a lógica política da narrativa claramente se afasta de uma confrontação social.

3 Klein, *This Changes Everything*, 2014, p. 18.

4 John Gray, "*This Changes Everything: Capitalism vs the Climate* Review", *The Observer*, 22 set. 2014; P. Kingsnorth, "The Four Degrees", *London Review of Books*, v. 36, n. 20, 2014, p. 18, grifos nossos.

5 D. Chakrabarty, "Climate and Capital: On Conjoined Histories", *Critical Inquiry*, v. 41, n. 1, 2014, p. 11, grifos do original.

6 *Ibidem*, p. 14-6.

7 *Idem*, "The Climate of History: Four Theses", *Critical Inquiry*, v. 35, n. 2, 2009, p. 221-2. Para algumas tentativas de conceitualizar a vulnerabilidade diferencial às mudanças climáticas com o Egito como caso de estudo, ver A. Malm, "Sea Wall Politics: Uneven and Combined Protection of the Nile Delta Coastline in the Face of Sea Level Rise", *Critical Sociology*, v. 39, n. 6, p. 803-32, 2013; *idem*, "Tahrir Submerged? Five Theses on Revolution in the Era of Climate Change", *Capitalism Nature Socialism*, v. 25, n. 3, p. 28-44, 2014; A. Malm & S. Esmailian, "Ways In and Out of Vulnerability to Climate Change: Abandoning the Mubarak Project in the Northern Nile Delta, Egypt", *Antipode*, v. 45, n. 2, p. 474-92, 2012; *idem*, "Doubly Dispossessed by Accumulation: Egyptian Fishing Communities between Enclosed Lakes and a Rising Sea", *Review of African Political Economy*, v. 39, n. 133, p. 408-26, 2012.

8 Ver a extraordinária investigação de M. Funk, *Windfall: The Booming Business of Global Warming*. Nova York: Penguin, 2014.

9 Citação atribuída ao rei Luís XV, da França, com a qual teria sugerido a necessidade de aproveitar ao máximo sua condição de monarca antes da derrocada final daquela forma de governo. A frase também é utilizada de forma célebre por Marx no livro I de *O capital*: "Em qualquer manobra ardilosa no mercado acionário, ninguém ignora que uma hora ou outra a tempestade chegará, mas cada um espera que o raio atinja a cabeça do próximo, depois de ele próprio ter colhido a chuva de ouro e o guardado em segurança. *Après moi le déluge!* é o lema de todo capitalista e toda nação capitalista. O capital não tem, por isso, a mínima consideração pela saúde e duração da vida do trabalhador, a menos que seja forçado pela sociedade a ter essa consideração. Às queixas sobre a degradação física e mental, a morte prematura, a tortura do sobretrabalho, ele responde: deveria esse martírio nos martirizar, ele que aumenta nosso gozo (o lucro)?" (Marx, *O capital*, livro I, 2013, p. 342). [N.T.]

10 Por exemplo, D. Archer, "Fate of Fossil CO_2 in Geologic Time", *Journal of Geophysical Research: Oceans*, v. 110, n. C9, 2005; *idem*, *The Long Thaw*, 2009; D. Archer & A. Ganopalski, "A Movable Trigger: Fossil Fuel CO_2 and the Onset of the Next Glaciation", *Geochemistry, Geophysics, Geosystems*, v. 6, n. 5, 2005; A. Montenegro *et al.*, "Long Term Fate of Anthropogenic Carbon", *Geophysical Research Letters*, v. 34, 2007; D. Archer *et al.*, "Atmospheric Lifetime of Fossil Fuel Carbon Dioxide", *Annual Review of Earth and Planetary Sciences*, v. 37, p. 117-34, 2009; e IPCC,

Climate Change 2013: The Physical Science Basis. Contribution of Working Group I, 2013, p. 472-3. Ver Althusser & Balibar, *Reading Capital*, 2009, p. 110-6.

11 W. Benjamin, *One-Way Street and Other Writings*. Londres: Penguin, 2009, p. 58 [ed. bras.: *Rua de mão única*. Trad. R. Torres Filho e J. Barbosa. São Paulo: Brasiliense, 1987, p. 21].

12 Wrigley, *Energy and the English Industrial Revolution*, 2010, p. 247-8, grifos nossos.

13 Benjamin citado em M. Löwy, *Fire Alarm: Reading Walter Benjamin's "On the Concept of History"*. Londres: Verso, 2005, p. 57 [ed. bras.: *Walter Benjamin: aviso de incêndio. Uma leitura das teses "Sobre o conceito de história"*. Trad. W. Brant. São Paulo: Boitempo, 2005, p. 83].

14 Engels, *The Condition of the Working Class in England*, 2009, p. 165, 107-8, 72, 253-5, 282 [*A situação da classe trabalhadora na Inglaterra*, 2010, p. 192, 137, 136, 282, 308].

15 Sobre essa etimologia e a tradição do "apocalipse" no contexto das mudanças climáticas, ver Skrimshire (2010).

16 Benjamin citado em Löwy, *Fire Alarm*, 2005, p. 62 [*Aviso de incêndio*, 2005, p 87].

17 T. Adorno, *Minima Moralia: Reflections from Damaged Life*. Londres: Verso, 2005 [1951], p. 60, 248-9 [ed. bras.: *Minima Moralia: reflexões a partir da vida danificada*. Trad. L. Bicca. São Paulo: Ática, 1992, p. 47, 205], grifos nossos. "O horror consiste em que ele permanece sempre o mesmo – a persistência da 'pré-história' – realizando-se, porém, sempre de maneira diferente, imprevista, excedendo todas as expectativas, sombra fiel das forças produtivas a se desenvolverem" (Adorno, *Minima Moralia*, 2005, p. 249 [*Minima Moralia*, 1992, p. 205]).

18 Benjamin citado em Löwy, *Fire Alarm*, 2005, p. 42 [*Aviso de incêndio*, 2005, p. 65], grifos do original.

19 Ver Klein, *This Changes Everything*, 2014, parte 3.

20 Benjamin citado em Löwy, *Fire Alarm*, 2005, p. 66-7 [*Aviso de incêndio*, 2005, p. 93-4]; Benjamin, *One-Way Street and Other Writings*, 2009, p. 57 [*Rua de mão única*, 1987, p. 20].

Climate Change 2007: The Physical Science Basis. Contribution of Working Group I, 2008, p. 422-3. Ver Althouse & Babbitt, Reading Capital, 2009, p. 1096. [illegible]

[illegible]

15. [illegible]

[illegible]

ANDREAS MALM

é professor de ecologia humana na Universidade de Lund, Suécia, e um dos principais pensadores mundiais sobre o enfrentamento político da crise climática, além de militante da causa palestina. É autor de vários livros, entre os quais *A destruição da Palestina é a destruição do planeta* (Elefante, 2024), *How to Blow Up a Pipeline: Learning to Fight in a World on Fire* e *The Progress of This Storm: Nature and Society in a Warming World*, e coautor de *Overshoot: How the World Surrendered to Climate Breakdown*, que serão publicados pela Elefante.

Título original:
Fossil Capital: the Rise of Steam Power and the Roots of Global Warming
Verso, 2016

Primeira edição, março de 2025
São Paulo, Brasil

Dados Internacionais de Catalogação na Publicação (CIP)
Angélica Ilacqua CRB-8/7057

Malm, Andreas
Capital fóssil : a ascensão do motor a vapor e as raízes do aquecimento global / Andreas Malm ; tradução de Humberto do Amaral. — São Paulo : Elefante, 2025.
608 p. : il.

ISBN 978-65-6008-067-6

Título original: Fossil Capital: the Rise of Steam Power and the Roots of Global Warming

1. Aquecimento global 2. Mudanças climáticas 3. Homem - Efeito do clima 4. Combustíveis fósseis I. Título II. Amaral, Humberto

24-5658 CDD 304.28

Índices para catálogo sistemático:
1. Aquecimento global

---

elefante
editoraelefante.com.br
contato@editoraelefante.com.br
fb.com/editoraelefante
@editoraelefante

TIPOGRAFIA ABC Viafont, Barlow & Heldane

PAPEL Cartão 250 g/m² & Ivory slim 65 g/m²

IMPRESSÃO Margraf